总 主 编 简 介

朱崇实，1982年2月毕业于厦门大学经济系，获经济学学士学位；1990年5月毕业于南斯拉夫贝尔格莱德大学国际经济系，获经济学博士学位。现为厦门大学校长、厦门大学法学院教授、经济法学专业博士生导师，兼任中国法学会经济法研究会副会长。主要著作9部（含合著），发表论文40余篇。主持或参与国家级、部省级科研课题10项，科研成果先后获“孙冶方经济科学奖”、“国家首届人文社科优秀成果奖”和“福建省社会科学优秀成果奖”等。

执行总主编简介

朱福惠，湖南娄底人，1961年7月生。武汉大学法学博士，现为厦门大学法学院教授，宪法与行政法专业硕士生、博士生导师，兼任厦门大学法学院副院长、中国法学会宪法学研究会常务理事、中国比较法学会理事。主要学术成果有：《宪法与制度创新》(法律出版社2000年版)，《宪法至上——法治之本》(法律出版社2000年版)，《宪法学专论》(与刘连泰、周刚志合著，科学出版社2007年版)，《宪法学原理》(主编，中信出版社2005年版)。

主 编 简 介

李炳安，湖北荆州人，1964年4月生。华中师范大学法学学士、法学硕士，武汉大学法学博士。现为福建师范大学法学院教授、硕士生导师，兼任中国法学会社会法研究会理事、福建省法学会劳动法专业委员会副主任、中国商业法学会社会法制专业委员会秘书长。主要学术成果：《劳动权论》（人民法院出版社2005年版），《公司收购法律制度研究》（华中师范大学出版社2006年版）。

本书配有课件，请需要的教师与我社联系。电话：0592-2181253

高等学校**法学精品**教材系列

朱崇实 总主编

劳动和社会保障法

Labour and Social Security law

李炳安/主　编

胡玉浪　蓝潮永/副主编

撰稿人（按章节顺序）

李炳安　陈丽娟　蓝潮永　郑启福

潘　峰　胡玉浪　沈瞿和　翁连金

林丽敏　郑光辉

厦门大学出版社

XIAMEN UNIVERSITY PRESS

GAODENG FAXUEYUANXIAO JINGPIN JIAOCAI XILIE

高等法学院校精品教材系列编委会

厦门大学出版社

总　序

中国的改革开放要求建立一个法治社会,与这样的一个宏伟目标相适应,自1979年以来中国的法学教育蓬勃发展,截至2006年,全国已经成立了法律院校600多所,在读大学生数十万人(尚不包括大中专及夜大、成人教育的学生人数)。应该承认,我国法学教育在迅速发展的同时也存在教育质量参差不齐、不能完全适应社会发展需要等方面的问题。因而,积极推进教学方式改革,促进法学课程体系的完善,努力培养"宽口径、厚基础"的复合型法律人才,已经成为法学教育界的共识。为达成此种目的,法学教育中的课程建设及其相关的教材编写,在当前法学教育大调整的格局中显得尤其重要。基于上述考虑,我们特组织了福建省各高等法律院校的主要学术骨干编写了这套教材,各部教材的主编均是福建省高等学校法学院的主要学科带头人。如《国际经济法》主编廖益新教授、《民法总论》主编蒋月教授、《环境法》主编陈泉生教授、《宪法学》主编朱福惠教授、《刑法总论》主编陈晓明教授和《法理学》主编宋方青教授等,他们在本学科领域均有建树,都是得到同行认可并深受学生喜爱的优秀教师。其他参与教材编写的也都是教学第一线的中青年骨干教师,都具有良好的法学教育背景,许多人兼通中西法学。由于众多优秀教师参与编写,使这套教材的质量有了强有力的保障。

厦门大学法学院在编写这套教材中发挥了积极的作用。厦门大学是国内最早开设法科的高校之一,从事法学教育已经有八十多年的历史。改革开放以来,法学院在1986年即获得博士学位授予权,2006年获得法学博士授权一级学科,现设有国际法、经济法、民商法、宪法与行政法、法理学和刑法学六个博士点,拥有法学博士后流动站。国际法是国家重点学科,民商法、经济法、宪法与行政法是福建省重点学科。在学科建设取得重大成就的同时,法学院适应我国法制发展的需要,为国家和社会培养了大批优秀的法律人才,成为我国重要的法学研究和人才培养的基础。为了推动我国法学教育事业的发展,厦大学法院联合福建省各主要高校的法学院系编写了这套教材,其目的在于整合福建省高校法学教学资源,加强各高校法学教师的联系,总结教学经验,为福建省乃至全国的法学教育作出更多有益的工作。

这套教材具有如下几个特色：

第一，依据法学本科教育的特点和规律，吸收我国法学理论界近年来最新的、较为成熟的研究成果。我们认为，本科教学的特点在于：本科教育以培养初级法律人才为直接的教育目标，必须注重基本概念、基本原理与基本制度的讲解与传授，而不能一味求新求奇，更不能以个别专家的学术观点取代理论界已经形成的共识。但是，我国处于社会转型时期，改革开放事业日新月异的发展，国家的法律制度的变革十分迅速，法学理论的发展更是“一日千里”之势。为了确保本科教育的培养质量，我们在教材内容的甄选方面，努力做到既注重基本知识、理论共识，又注意吸纳理论界近年来最新的、较为成熟的研究成果。

第二，依据法律人的思维范式编撰教学内容，寓“德育”于法律知识教育之中。如前所述，法学教育的总目标在于培养社会主义法治国家的“治国之才”。新时代的法律人才不仅需要具备扎实的法学知识理论功底，而且还应该具有牢固的法律信仰和优秀的道德品质。法律人所具有的这种独特的信仰和道德，与其独特的知识背景和思维范式联系在一起，共同构成法律人所特有的人文精神。如欲培养法律人的道德品质，空洞的道德说教无济于事。唯有依据法律人独特的思维范式、将公平正义的法律理念融汇在教学内容当中，学生才能在学习的过程中逐渐自觉地确立法律信仰，而法律道德的培养才能初具成效。基于这种认识，我们依据法律人的思维范式编撰教学内容，力图寓“德育”于法律知识教育之中。

第三，依据当代中国社会对于法律人才的要求，努力建构完善的课程体系与教学内容体系。要培养合格的法律人才，建构完善的法学课程体系至关重要。我们根据本科教学的要求，首先将十四门核心课程组织编写相应的教材，对法学上的基本概念和基本原理作了较为清晰的阐释。除此之外，还组织编写了房地产法、证券法、公证与律师制度和知识产权法等与市场经济发展密切相关的法学教材。希望我们这一套教材能够为本科法学教材体系的发展作出微薄的贡献。

由于我们水平有限，缺点和错误在所难免，敬请读者批评指正。

2007年8月1日

前言

劳动和社会保障法是一门最新的法学核心课程，它的研究越来越受到国家和社会的重视。在当前，随着市场经济体制的逐步确立，建立在计划经济体制下、以劳动者为主体所构建的社会经济结构已经结束，行政化的劳动关系已为新型的、市场化的劳动关系所取代，劳动权益保障的方式和范围都发生了重大的变化。因此，加强对社会主义市场经济条件下的劳动关系特点研究，建立、健全适应社会主义市场经济体制的劳动与社会保障法体系，维护劳动者的合法权益，为改革开放提供稳定和和谐的社会环境，是目前我国劳动与社会保障法学研究的重要任务。

本书既积极吸收最新的理论研究成果，又非常关注最新的立法、司法动态，以此来阐述劳动与社会保障法的基本原理和主要制度。在注重基础知识的完整性和准确性的同时，还特别强调理论联系实际，启发学生独立思考，培养分析问题解决问题的能力。

现行《中华人民共和国劳动法》自 1994 年颁行以来，尽管法典本身一直未做修改，但是，国家随着经济的发展和社会的进步陆续制定了一些相关的法律、法规，如：全国人大常委会随后相继通过了《工会法》、《职业病防治法》、《安全生产法》、《民办教育促进法》、《职业病防治法》等法律性文件；国务院颁布了《失业保险条例》、《工伤保险条例》、《禁止使用童工规定（修订）》、《全国年节及纪念日放假办法》、《使用有毒物品作业场所劳动保护条例》、《中外合作办学条例》等行政法规；劳动保障部也先后颁布了《工资集体协商试行办法》、《劳动力市场管理规定》等十多件部门规章，内容涉及劳动者劳动权的各个方面。这些制度体系既是我们学习的参考，也是本书编写所涉相关知识的依据。值得一提的是，最新通过的《劳动合同法》的一些先进的立法理念和制度也为本书所吸收。

最高人民法院制定了一系列有关劳动争议处理的司法解释，例如《最高人民法院关于人民法院审理事业单位人事争议案件若干问题的规定》、《关于审理劳动争议案件适用法律若干问题的解释（一）》、《关于审理劳动争议案件适用法律若干问题的解释(二)》等,较好地弥补了劳动争议处理过程中的一些缺漏和不足,最大程度地保护劳动者在劳动争议处理过程中依法享有的权益,这些也是本书的指导和参考。

本书还非常关注国际劳工公约,尤其是我国已经承认和批准了的国际劳工公约,如1990年批准的《男女工人同工同酬公约》(1951年第100号公约)、1994年批准的《关于作业场所安全使用化学品公约》(1990年第170号公约)、1997年批准的《就业政策公约》(1964年第122号公约)、1998年批准的《最低就业年龄公约》(1973年第138号公约)、2001年批准的《劳动行政管理公约》(1978年第150号公约)、2001年批准的《建筑业安全卫生公约》(1988年第167号公约)、2005年批准的《歧视(就业和职业)公约》(1958年第111号公约)等。

本书的作者来自福建省多所法律院校,均具有劳动与社会保障法教学与研究的经验。具体的写作分工如下(以撰写章节先后为序):

李炳安:法学博士,福建师范大学法学院教授、硕士生导师。本书主编,撰写第一章、第三章。

陈丽娟:法学硕士,福建政法干部管理学院讲师。撰写第二章、第十四章、第十五章、第十六章。

蓝潮永:法学硕士,漳州师范学院副教授。本书副主编,撰写第四章第三节、第四章第四节、第二十二章。

郑启福:在读博士,福建师范大学讲师。撰写第四章第一节、第二节、第十二章。

潘　峰:厦门大学博士生。撰写第五章、第六章、第七章。

胡玉浪:在读博士,福建农林大学副教授。本书副主编,撰写第八章、第九章。

沈瞿和:法学硕士,福建经济管理干部学院副教授。撰写第十章、第二十一章。

翁连金:法学硕士,福州大学阳光学院讲师。撰写第十一章、第二十章。

林丽敏:法学硕士,福建政法干部管理学院讲师。撰写第十三章、第十九章。

郑光辉:法学硕士,福建政法干部管理学院讲师。撰写第十七章、第十八章。

尽管尽了最大的努力,但由于劳动与社会保障法的体系庞大、涉及面广,特别是由于近年来劳动与社会保障法为了适应市场经济的发展不断加大改

革，不断出现了一些体现新的社会关系（如劳动派遣）的法律法规，也产生了一些一时不好把握的新问题，加上作者的水平、能力所限，本书的不足之处在所难免，恳请读者批评指正，以便将来修订时改进。

李炳安　谨识

2007 年 6 月 18 日

目 录

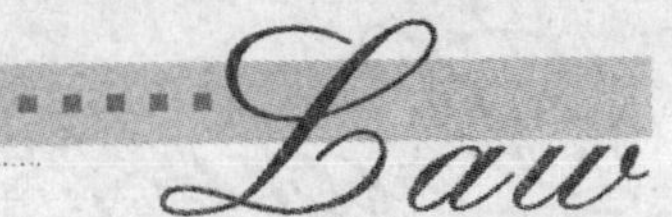

第二编 社会保障法理论与社会保障法律制度

第三编　劳动争议处理与劳动监察

第一编

劳动法的理论与劳动法律制度

LAW

第一章　劳动权的基本理论

第一节　劳动权产生的思想渊源和理论基础

一、空想社会主义的劳动权思想

(一)早期空想社会主义的劳动权思想

自从奴隶社会产生以后,劳动并不是作为公民的一项权利存在的,而是作为劳动者的一项义务来为统治阶级服务的。基督教的《圣经》里,就有“你要汗流满面,才可维持生计”的诅咒。拉丁语中的劳动(labor)一词有两个意思,即工作和痛苦,也绝非巧合。劳动权思想的萌芽源于空想社会主义者的人权论著中。最早提出有关劳动权思想的是16世纪初期英国著名的政治家和思想家托马斯·莫尔(Thomas more)。莫尔洞悉到当时社会存在着严重的不平等现象,认为人人都要参加劳动,“每一座城及其附近地区中凡年龄体力适合于劳动的男女都要参加劳动”①。这即是每一个人的权利,又是每个人都必须履行的义务。他认为“在公共需要不受损害的范围内,所有公民应该除了从事体力劳动,还有尽可能充裕的时间用于精神上的自由及开拓”②。莫尔强调男女在工作权方面既要形式平等,“乌托邦人不分男女都以务农为业”,也要注重实质平等,“妇女体力较弱,因而做轻易的工作,一般是毛织和麻纺。男人担任其余较繁重的活计”。③ 莫尔是近代第一个比较深刻揭露资本主义生产关系下劳动人民的人权状况的人,其思想“处处突破幻想的外壳而显露出来的天才的思想萌芽和天才思想”④。

① [英]托马斯·莫尔:《乌托邦》,戴镏龄译,商务印书馆1982年版,第58页。
② [英]托马斯·莫尔:《乌托邦》,戴镏龄译,商务印书馆1982年版,第60页。
③ [英]托马斯·莫尔:《乌托邦》,戴镏龄译,商务印书馆1982年版,第56页。
④ 《马克思恩格斯选集》第3卷,人民出版社1972年版,第409页。

16世纪末17世纪初的另一空想社会主义者托马佐·康帕内拉进一步发展了莫尔的人权思想。在他设想的“太阳城”里，一切人都是平等的，人人都劳动，没有穷人和富人之分，财产也是上帝赐予每个人的权利，因而也就不存在着人压迫人、人剥削人的现象。他提出消灭贫富对立的有效途径就是要人人都劳动，“在一切人之间平均地分配劳动”①，使劳动既成为全体居民的权利，又成为全体居民的义务，并将劳动视一项“光荣的事业”②。

(二)18世纪空想社会主义的劳动权思想

18世纪空想社会主义摩莱里(morelly)作为法国城乡无产者利益和意愿的代表，进一步提出了劳动是公民“光荣权利”的思想。他认为，人就其本性来说并不是懒惰的，人是生来就要活动的创造物。在摩莱里所设计的未来社会里，人人都参加劳动，都承担一定的工作。每个公民从5岁起就到儿童乐园去接受社会教育，并通过适合他们年龄的游戏和作业为将来的劳动打下基础。摩莱里还从平等原则出发，主张消灭脑力劳动和体力劳动的差别，摒弃在普通人之间不应有的“不同职业之间的奇怪的区分”③。

弗郎斯瓦·诺埃尔·巴贝夫的人权思想深受卢梭、摩莱里和马布利的影响，并以人道主义和自然法的理论作为出发点。他认为，大自然赋予一切人以平等地享受自然财富的权利，在自然状态下，人类生活在以平等和共有为基础的共产主义公社里，这是一种与人类天性相适应的自然制度。在这样的公社里，所有人都享有幸福的权利，并能保证他们每个人获得充足的生活资料。但建立在私有制基础上的资本主义制度并没有体现自然法的精神，劳动者的生存权利都难以得到保障，资本主义国家的法律是授予掠夺者的权利证书，资本主义制度是一种新的“奴隶制度，无耻的制度和饥饿的制度”④。在他看来，建立在私有制基础上的社会制度，只能在富人的人权和穷人的人权之间作出选择，资本主义制度维护的只是富人的人权，而穷人则毫无人权可言。在他设想的平等共和国里，劳动是人们平等享有的权利和义务，“人人无条件地参加工作，是社会的基本原则，只有工作才会让人享受这份权利，所以，将来没有一个

① [意]康伯内拉著:《太阳城》，陈大维、黎思复、黎廷弼译，商务印书馆1980年版，第66页。

② [意]康伯内拉著:《太阳城》，陈大维、黎思复、黎廷弼译，商务印书馆1980年版，第32页。

③ [法]摩莱里著:《自然法典》，黄建华、姜亚洲译，商务印书馆1982年版，第149页。

④ 《巴贝夫文选》，商务印书馆1962年版，第48页。

故意偷懒的人能够在社会生存”①。

(三)19世纪空想社会主义的劳动权思想

经过十七八世纪的资产阶级革命，特别是后来的产业革命，资本主义制度和资本主义生产方式在欧洲主要国家先后得以确立，资产阶级对无产阶级的压迫和剥削不断加强，社会矛盾日益激化，思想家们所宣扬的“平等博爱的社会”、“理性的国家”、“普遍的人权”完全破产。劳动人民虽然从封建贵族的奴役枷锁下摆脱出来，但又套上了资产阶级的压迫锁链，生活处于饥寒交迫之中。在这样的背景下，欧洲一些国家产生了空想社会主义及其人权思想，并把空想社会主义及其人权思想推向了更高的阶段。代表人物有傅立叶、圣西门和欧文等人。

19世纪空想社会主义者傅立叶对资本主义制度进行了全面、系统和深刻地批判。他认为资本主义制度扼杀了劳动人民的劳动权和财产权以及生存权，一无所有的工人不仅遭受沉重劳动的折磨，而且经常失去劳动权。于是，他从人的情欲出发，设计了建立在“情欲”基础上的“和谐制度”，并得出劳动权是人的“最主要的天赋人权”②的结论。他认为每个人生下来就有偏爱某种劳动的习性，因此，劳动过程要符合人的天然情欲，使劳动者得到肉体和精神上的满足，能够从一种劳动转到另一种劳动，并能够使各种类型的劳动者进行劳动竞赛和互争高低。③ 傅立叶证明，“每个人生下来就有一种偏好某种劳动的习性；绝对懒惰是胡说，这种情形从来未曾有过，也不可能有；人类精神本来就有活动的要求，并且有促使肉体活动的要求；因此，就没有必要像现今社会制度那样强迫人们活动，只要给人们的活动天性以正确的指导就行了”。④ 在傅立叶看来，劳动权的真正实现只能在未来的协调制度中，协调制度中的劳动与资本主义社会的强制劳动和单调劳动不同，它是自由的和多样化的，每个人都可以根据自己的爱好选择劳动，这样，劳动才能有吸引力，成为一种享乐。⑤ 恩格斯对傅立叶关于劳动权的思想给予了极高的评价，他指出“劳动权是傅立

---

① 《巴贝夫文选》，商务印书馆1962年版，第93页。

② 《傅立叶选集》第3卷，汪耀三、庞龙、冀甫译，商务印书馆1982年第2版，第135页。

③ 《傅立叶选集》第3卷，汪耀三、庞龙、冀甫译，商务印书馆1982年第2版，第333页。

④ 《马克思恩格斯全集》第1卷，人民出版社1956年版，第578页。

⑤ 《傅立叶选集》第3卷，汪耀三、庞龙、冀甫译，商务印书馆1982年第2版，第334页。

叶发明的"①。

19世纪另外两位空想社会主义者圣西门和欧文对丰富劳动权的思想也作出了重大贡献。圣西门在看到19世纪初期的工业危机及其所造成的失业现象后,提出了一切人都必须劳动,每个人都应当有获得工作机会的思想。他认为在实业体系下,一切人都是劳动者,每个人都有义务经常用自己的力量去为人类造福。② 在他看来,"实业制度"是自由权的基础,"真正的自由,在于尽量广泛地和毫无障碍地发展人们在世俗方面有利于集体的才能"③。由此看来,他所设计的社会制度就是要保障劳动者过上幸福的生活,保证最穷苦阶级的身心生活得到迅速和圆满的改善,为全体社会成员提供发挥才能的广阔的机会。

欧文从启蒙学者的理论出发,对资本主义社会的人权状况进行了深刻地揭露和批判。在他看来,追求幸福是符合人的本性的天赋权利,一切人生下来就有平等的权利,但在资本主义社会,到处都是赤贫,人民毫无幸福和平等可言。机器的使用本应改变贫穷的状况,但它却造成了大量工人失业,从而使工人丧失了生存的权利。"同机器竞争的人陷入贫困的深渊,终日为痛苦和灾难所折磨。"④于是,欧文提出了建立一种新制度的思想。新制度的原则是共同劳动,共同占有,权利平等和义务平等,保证人人享受物质生活和精神生活。国家必须为劳动阶级找到有益的职业,并使机器服从他们的劳动,而不要用机器来代替他们的劳动。应当提供条件让他们通过自己的劳动赚得一种可靠而舒适的生活,同时还要把他们安置在最有利于增进道德和幸福的环境中,不能也不应当让贫民和失业劳动阶级听天由命,否则其后果就必然会使我们全都陷于不幸的境况中。⑤ 欧文积极倡导天赋权利,并在他拟定的《人权宪章》中明确规定了工作权,即"为了替世界上每一个人创造最大量的财富,应在全国范围内使一切不能用其他方法找到生产工作或有益职业的人得到工作"。

① 《马克思恩格斯选集》第4卷,人民出版社1972年版,第444页。

② [法]圣西门:《圣西门选集》第3卷,董果良、赵鸣远译,商务印书馆1985年版,第226页。

③ [法]圣西门:《圣西门选集》第1卷,王燕生、徐仲年、徐基恩等译,商务印书馆1979年版,第256页。

④ [英]罗伯特·欧文:《欧文选集》第2卷,柯象峰、何光来、秦果显译,商务印书馆1981年版,第203页。

⑤ [英]罗伯特·欧文:《欧文选集》第1卷,柯象峰、何光来、秦果显译,商务印书馆1965年版,第180~189页。

他们在对未来社会的设想中，傅立叶提出的"劳动将由痛苦和谋生手段变为人们的乐生要素"的思想，圣西门提出的"人人应当劳动"的原则，欧文提出的"建立在真理和科学基础上的合理制度是保证人人享受物质生活和精神生活的幸福为目的"的主张，都是科学社会主义人权思想的重要来源。

二、经济学说中的福利国家思想

福利经济学产生于19世纪，形成于20世纪初，是从福利的观点来对经济体系的运行进行评价的学说。该学说主要特点是强调道德判断或价值判断，把是非善恶的标准引入到经济学中，着重说明经济行为的"应然"状态。福利经济学的出现，是西方主要资本主义国家，特别是英国的社会经济矛盾和阶级矛盾激化的结果。尽管福利经济学本质上是为资产阶级根本利益服务的，但在客观上也促进了保障劳动者基本权利原则的建立，一些相关的劳资立法也应运而生。

(一)早期资产阶级福利经济思想

亚当·斯密(1723—1790)，通常被人们认为是政治经济学之父。他与欧洲18世纪启蒙运动的思想尤为一致，并且对工人更富有同情心。他的《道德情操论》就是从人类的同情心出发来研究道德世界的，在亚当·斯密的经济学体系中首次出现了劳动者的重要地位，认为"劳动是第一性价格，是最初用以购买一切货物的代价。世间的一切财富，原来都是用劳动购买而不是用金银购买的"①。他对工人阶级的同情态度与大多数重商主义学者对工人阶级相当苛刻的态度形成了鲜明的对比。亚当·斯密不仅强调劳动是经济财富的唯一源泉，而且认为也不能随便剥夺，"劳动所有权是一切其他所有权的基础"②。亚当·斯密十分强调满足个人需要的必要性，并提出了生存工资的思想，"需要靠劳动过活的人，其工资至少须足够维持其生活。在大多数场合，工资还得稍稍超过足够维持生活的程度，否则劳动者就不能赡养家室而传宗接代了"③。如果劳动者生活维持费不足或处于饥饿状态，则是"社会停滞不进

---

① [美]保罗·丁·麦克纳尔蒂著:《劳动经济学的起源与发展》，扬体仁等译，中国劳动出版社1993年版，第45页。

② [美]保罗·丁·麦克纳尔蒂著:《劳动经济学的起源与发展》，扬体仁等译，中国劳动出版社1993年版，第54页。

③ 亚当·斯密:《国民财富的性质和原因的研究》(上卷)，商务印书馆1983年版，第62页。

的征候”和“社会急速退步的征候”①。亚当·斯密进一步认为,改善劳动者的生活状况不仅有利于劳动者个人,而且更有利于整个社会,他总是相信工资所得者的利益与社会利益是密切相关的。

英国资产阶级社会学家,哲学家和经济学家边沁(1748—1832),认为人们的理性活动是寻求快乐和避免痛苦,他认为这是人生的规律。边沁的功利主义原则的意义在于由于功利应当作为道德的最高准则,追求幸福也是人类本性的要求,因此,人们只有追求最持久、最确定、最切近、最广泛、最纯粹和最合算的快乐,才是最高的快乐。反之就不幸、不利、不道德。而社会又是个人的总和,最大多数人幸福的最大化又必然导致社会福利的最大化,因此,“最大多数人的最大幸福”成为调节社会关系的最高标准。边沁的思想对维护劳动者权利和利益,增加工人阶级的福利无疑有积极意义。

意大利庸俗经济学家帕累托(1884—1923),提出了“最大偏好状态”,即最优状态的理论。该理论是指在一定的经济组织下,为达到最大社会福利地位所需要具备的条件。最大偏好理论表明,如若生产和交换情形发生改变,导致部分人的境况变好,而另一部分人的境况变坏,则整个社会福利难以断定是增加或减少。只有在上述条件的改变使得部分人境况变好,另一部分的境况不至于变坏的情况下,社会福利才能说是增加的。帕累托的最优状态是一种理想的境界,而在这个理想的境界中可以得到最大的福利。

(二)庇古的福利经济学

1920年庇古的《福利经济学》出版标志着福利经济学的正式产生。庇古(1877—1959)是英国著名的庸俗经济学家。他声称要用经济学“作为改善人们生活的工具”,“要制止环绕我们的贫困和肮脏、富有家庭有害的奢侈以及笼罩许多穷苦家庭朝不保夕的命运等等罪恶”②。

庇古认为:“经济福利和国民收入是对等的,对其中之一的内容的任何表述,就意味着对另一个内容的相应表述。”③既然二者是相等的,那么,国民收入的增长也就意味着经济福利的增长,国民收入的总量愈大,也反映着国民福

---

① 亚当·斯密:《国民财富的性质和原因的研究》(上卷),商务印书馆1983年版,第67页。

② 庇古:《福利经济学》1932年版,转引自厉以宁、吴易风、李懿著:《西方福利经济学述评》,商务印书馆1984年版,第27页。

③ 庇古:《福利经济学》,1932年版,转引自厉以宁、吴易风、李懿著:《西方福利经济学述评》,商务印书馆1984年版,第37页。

利或全社会的福利愈大。因此,要增加经济福利,就要增加国民收入,增加国民产品的数量,消除国民收入分配的不均等。庇古认为任何能够增加穷人的实际收入而又不减少国民收入的措施都将增加经济福利。如果把富人的收入的一部分转移给穷人,社会的福利就会增大。转移的措施包括"自愿转移"和"强制转移"两种。"自愿转移"是指资本家自愿拿出部分剥削所得,来举办诸如娱乐、教育、保健等福利事业。"强制转移"是指国家通过征收累进所得税和遗产税,把其中的一部分国民收入再补贴给穷人。但庇古认为最好的补贴是那种"能够鼓励工作和储蓄"的补贴,反对像施舍性救济的收入转移。他认为,对那些低能力的人、多子女的寡妇、年老病弱的半劳动力,只要他们多少做了些工作,就可以给予相应的补贴。庇古的福利经济学说对资本主义国家社会福利政策的制定和完善,产生了积极的影响。

(三)凯恩斯、贝弗里奇的福利经济思想

作为资产阶级福利经济发展的重要标志,并对资产阶级政府制定社会政策和经济政策有重要影响作用的,是凯恩斯和贝弗里奇等人的社会福利论。

约翰·梅纳德·凯恩斯(1883—1946)是英国经济学家,1936年出版的《就业、利息和货币通论》,是20世纪最重要的福利经济学著作。凯恩斯主张抛弃自由放任的经济政策,而转向采取国家干预主义。国家通过扩大政府支出,实行赤字财政政策和税收政策鼓励资本家投资,并由政府直接兴办公共工程,实行社会保障,增加消费支出,扩大社会的总需求,实现充分就业,促进经济繁荣。正如美国凯恩斯主义代表人物汉森说:"福利国家中的累进所得税、社会保障支出、农场补助计划等因素,确实成了建立充分就业计划的坚实基础。"①

威廉·贝弗里奇(1879—1963)是福利国家的理论建构者之一,他于1942年发表《社会保险报告书》(Report on Social Insurance),也称《贝弗里奇报告》。报告认为,贫穷、疾病、愚昧无知、肮脏和懒惰是影响国民生活、阻碍社会发展的五大社会病毒。国家应建立全民保险制度,以消除这些社会病毒,实现充分就业。社会保障的项目应包括养老、疾病、残废、死亡、工伤、失业和家庭津贴等七大保险内容。该报告的意义在于,将社会保险与社会福利视为公民的一项权利,而不是社会的一种施舍。凡符合条件的公民,都有资格从社会获得救济。贝弗里奇报告在欧洲和北美产生了重要的影响,战后资本主义国家出现的"福利国家"的保障制度,基本上是按照贝弗里奇设想的模式建立起来

① [美]汉森:《美国的经济》,北京大学经济系译,商务印书馆1962年版,第35页。

的。

三、社会连带主义理论

社会连带主义在20世纪初出现有其深刻的社会原因。从19世纪末开始,西方主要资本主义国家进入垄断资本主义阶段。垄断资本主义的出现使各种社会矛盾趋向激化,由工业革命所带来的社会问题日益严重,工人运动此起彼伏。在这种情况下,资本主义国家不得不抛弃自由资本主义时期的“夜警”理论,开始关注以往国家不介入的劳动、福利、教育、经济等方面的问题,并运用法律的手段予以调节。这些社会问题和法律实践要求理论必须作出回答。社会连带主义就是在这种强烈的社会推动下应运而生的。法国著名的社会学家杜尔克姆和狄骥是其代表。

(一)杜尔克姆的劳动分工论

杜尔克姆(Emile Durkheim,1858—1917)是法国著名的社会学家。他在《社会劳动分工论》中指出,人类社会有两种连带关系:机械连带关系和有机连带关系。机械连带关系是一种建立在相似性的基础上而形成的关系,在机械连带关系占主导地位的社会里,社会分工不发达,人们之间的活动、经验、生活方式大体相同,有大致相同的信仰、道德及行为规范,有共同的价值观念,社会成员的同质性很高,能够形成具有强大约束力的集体意识,并以此把整个社会联系起来。在机械连带关系占主导的社会里,个体的主动性和创造性难以得到发挥。在有机连带关系占主导的社会里,每个人因为社会的分工都在从事某种专门的劳动,并形成了人们之间的相互依赖;而正是这种相互依赖关系使得整个社会得以协调一致。杜尔克姆把这种有机的连带关系比作人体器官之间的关系:社会是一个整体,每个个体是整体中的某个器官。在有机的连带关系占主导的社会里,个体的创造性得到发挥,独立意识得到焕发。杜尔克姆根据两种不同的连带关系,区分了两类不同的法律。在机械连带关系占主导地位的社会里,刑法起着主要作用;在有机连带关系占主导地位的社会里,起主要作用的是恢复法或合作法。随着人类社会的发展,法律就从惩罚法转向合作法,两种连带关系与两类法律类型相适应。

(二)狄骥的社会连带理论

狄骥创立的社会连带法学体系是建立在“社会连带”(social solidarity)范畴之上的。他指出,连带是一个永恒不变的客观事实:人在社会中生存,他永远并只能和他的同类一起在社会中生存,并且只有通过与其他人共同生活才能满足其需要,实现其愿望和要求。所有人无论过去、现在或者将来都是人类

群体的一部分，即个体与他人及其群体的联系是客观的。这种客观存在的联系就是社会连带关系，社会相互关联性都可归结为以下两个基本要素：(1)他们有共同的需要，这种需要只有通过共同集体生活才能得到满足；(2)他们有不同的需要和不同的才干，可以通过彼此交换服务，通过发挥及应用其不同才干，从而满足大家的不同需要。[①] 据此，他又把社会连带关系分为两种：一种是同求的社会连带关系；另一种是分工的社会连带关系。随着社会的进步，建立在劳动分工上的相互关系性越来越强，即分工的社会连带关系将占主导地位，因为人们之间的差异越来越大。狄骥根据他的社会连带学说，认为工会主义是值得极力鼓励的。因为工会主义运动是包括一切阶级的社会整体化大运动，它可以把各阶级整齐而协调地团结在一起，把散漫的群众组成一个稳定的法律结构，使得政府的权力分散。组织起来的工会组织可以有效地抵抗资产阶级，导致工人的劳动条件和经济生活的改善，达到劳资的利益协调，可使社会内部的斗争减至最低程度。狄骥强调，人类天生是一种社会动物，人的活动只能在集团中进行，并强调人类在20世纪只能在各种行业的工会中获得一种更为高级的社会生活。

第二节　劳动权的性质、内容

劳动权也称工作权，是公民的一项重要的宪法权利，是指人们享有从事社会劳动及其劳动保障，以获得生存和发展的权利。20世纪以来，劳动，作为公民的一项重要人权，日益受国际社会和各国政府的重视，并相继载入宪法。我国宪法也明确规定了公民享有劳动权。

一、劳动权的性质

(一)劳动权上升为基本人权是社会的进步

在以古典自由主义哲学为指导、以自由市场经济为基础的近代社会，强调意思自治、等价交换、私权神圣和契约自由精神至上，国家实行不干预政策，市场由“看不见的手”支配。这种指导思想在劳动关系方面的体现是自由雇佣学说，在现实层面上表现为国家对就业及其就业条件不干预，就业是个人之私事，雇主可以在任何时间以任何理由，或者根本无须理由均可随时解雇任何劳

① [法]莱昂·狄骥著：《宪法学教程》，辽海出版社、春风文艺出版社1999年版，第8～10页。

动者;劳动者也同样可以在任何时间,以任何理由辞职或另谋他就。[①] 这种雇佣关系看似是公平的,而实际上是不公平的。因为,劳动者的谈判能力不敌雇主的谈判能力,加之劳动力市场总是供大于求,雇主更加有恃无恐。由此,劳动者与雇主之间的地位从一开始就是一种虚幻的平等、形式上的平等,而实质上是严重的不平等。处于强势地位的雇主对弱势的劳动者实质上居于控制和支配地位,劳动者实际上处于意思不自由、地位不平等的状况。这种雇佣自由为雇主滥用资源提供了条件,导致社会问题不断增多。绝对的自由市场所带来的社会危害暴露了自由主义政治哲学的缺陷。为了克服这种缺陷及其导致的社会危机,国家必须积极干预劳动关系,以公共权力的积极作为来保障公民权利的实现。"在自由放任时代,劳动关系受契约法、侵权行为法及物权法之支配;但在今日,劳动关系之混乱状态实难容忍,国家乃对工资、休假及解雇原因,增设规定。"[②]宪法顺应这一要求,将劳动权从私权利上升为基本权利,纳入其调整的范围之内,课以国家保障劳动权的义务,要求国家依靠公共权力以积极作为的方式来促进、保障劳动权的实现,并采取积极步骤推动市场由放任的"自由市场"(free market)向有控制的"社会市场"(social market)发展。可见,劳动权上升为基本人权和宪法保护是社会的进步。

(二)劳动权是一项基本人权

在法律确认的权利体系中,一些权利居于基础地位,具有最高的法律价值,是国家保障个人权利的最高依据。法律必须以这些基础性权利为基础,并以保障这些权利的有效实现为目的。世界各国宪法一般都对这些基础性权利予以最高价值的确认,具有最高的法律效力。这些被宪法确认的基础性权利就称为基本权利或基本人权,又称宪法权利。基本权利是指宪法赋予的、表明权利主体在权利体系中重要地位的权利。[③] 世界各国宪法大都确认了公民的劳动权。

公民劳动权的基本人权性质突出表现为所有人权主体普遍享有的、体现人获得生存和追求发展的一项基础性权利。劳动权作为一项基本权利具有以下特征:

---

① See Patrick J. Cihon and James Ottavio Castagnern, *Employment and Labor Law*, West Educational Publishing Company, 1999, p. 4.

② 王泽鉴:《民法学说与判例研究》(第 2 册),中国政法大学出版社 1998 年版,第 383 页。

③ 董和平、韩大元、李树忠著:《宪法学》,法律出版社 2000 年版,第 308~309 页。

1.权利主体的普遍性

任何一项基本人权在本质上是所有社会主体所应该享有的人权，即基本人权应体现权利主体的普遍性。部分主体或特殊主体所享有的人权不是一项基本人权。任何人，不分种族、肤色、性别、语言、宗教、民族本源等任何区别，都应平等地享有劳动权，不受任何歧视。《经济、社会及文化权利国际公约》第三部分规定："人人应有凭其自由选择和接受的工作来谋生的权利"，"人人有权享受公正和良好的工作条件"，"人人有权组织工会和参加他选择的工会"。这里的权利主体是"人人"，是不受任何限制的普遍主体。

强调劳动权主体的普遍性，并不等于否定其特殊性的存在。在劳动权的具体实践环节方面，因权利主体的个性而给予一部分主体予以强化保障或特别对待，便是劳动权主体特殊性的反映。普遍性人权适用于某一特定主体时，就具有了一定相对性或特殊性。"我们要把人权的普遍性与其特殊性结合到一起，为了普遍人权而接受某些有限的相对性。"①

2.不可转让性

劳动权作为人权，是人类社会最普遍的权利，是人区别于动物的基本标准，是"人作为人的权利"。劳动权对于"人"具有不可或缺性。人的本质离不开人的劳动，人的劳动过程就是人的本质不断展现和丰富的过程。人是劳动的人，劳动是作为人的基本条件。人只有获得这种权利，才能实现在对自然改造基础上的保持自身存在的交往、生存和发展。

宪法上的劳动权和劳动法上的劳动权利都包括"资格"和"要求"这两个要素，但各有侧重。宪法上的劳动权作为一种与人身紧密关联的资格，往往比劳动法上的劳动权利更加注重人格因素，侧重保障公民个人的独立、平等的人格，一个人并不因为暂时没有劳动而失去劳动的资格，因而不具有转让性。劳动法上的劳动权利是以物为中介的人与人的关系表现，有明确、具体的权利客体，对于一个没有劳动的人来说，劳动法上的劳动权利难以成立，但却可以享受宪法上的劳动权。当然，二者又紧密联系，宪法上的劳动权是劳动法上的劳动权利的源头和基础，一个没有获得劳动资格的人就不可能在某国从事劳动；同时，作为一项母体权利，劳动权是宪法权利，但其子权利就可能是劳动法上的劳动权利了。其实，从立法的角度来看，劳动法上的劳动权利是立法机关履行宪法义务而对宪法上的劳动权的具体化，是为宪法的实施提供的法制条件，

① ［美］杰克·唐纳利著:《普遍人权的理论与实践》，王浦劬等译，中国社会科学出版社 2001 年版，第 137 页。

立法机关所制定的法律中所规定的公民权利实质上是宪法所规定的公民权利的实现权，是使宪法权利从主观权利状态转变成客观中为公民所实际享有的权利的辅助条件。① 但是，即使立法机关没有及时履行立法义务，宪法上的劳动权仍然为公民所实际享有；公民享有宪法上的劳动权并不因为没有立法而遭到否定。

劳动权作为人权，既具有绝对性，又具有相对性。劳动权作为人权的绝对性，是指劳动权作为人所特有的、不可剥夺、不可转让的基本属性，是作为"人"的一种资格，是"权利的绝对性与自足性的一面"②，这种资格是绝对的。凭借这种资格，才有提出要求的可能。劳动权作为人权的相对性，是指劳动权作为一种权利向他人或社会提出的要求，这种"要求"是确定的、可放弃的，强调的是"权利的相对性与关系性的一面"③。

3.地位的基础性

劳动权是一项实现人的生存与发展的必要手段性权利，集中体现社会主体参与社会生活的深度和广度。它的实现，制约着其他人权的实现，因为，劳动权是一种物质形态的权利，旨在为社会提供维持生存和促进发展所需的物质生活资料。"社会则应该努力解放劳动并营造更加轻松和痛苦更少的劳动条件，应该承认劳动的权利，即承认获得食物的权利，也就是生命的权利。"④否则，人的生存和发展就难以实现，其他人权诸如选举权、言论、出版、集会、宗教信仰自由、文化教育权、平等权等精神形态的权利就无从谈起。同时，劳动权在实现人的价值、促进人的全面发展及个人与社会的协调统一方面具有重要的作用。人只有在社会的劳动中才能不断丰富和发展自己的个性，才能不断实现自身的价值。人的个性与价值也只有在社会劳动实践中才能得以体现。"获得劳动的更大自由和快乐所意味的不是使个性在其劳动中的更大的社会化，而是个性更大的个体化。"⑤劳动是全面发展人的社会关系的需要。社会是劳动的社会，人类通过自己的劳动创造了自己社会的一切，包括一切社会关系。所有个人通过相互合作参与社会劳动实践从而充分发展他们所具有

---

① 莫纪宏著:《现代宪法的逻辑基础》，法律出版社 2001 年版，第 438 页。

② 夏勇著:《人权概念的起源——权利的历史哲学》，中国政法大学出版社 2001 年版，第 53 页。

③ 夏勇著:《人权概念的起源——权利的历史哲学》，中国政法大学出版社 2001 年版，第 53 页。

④ [俄]别尔嘉耶夫著:《论人的使命》，张百春译，学术出版社 2000 年版，第 284 页。

⑤ [俄]别尔嘉耶夫著:《论人的使命》，张百春译，学术出版社 2000 年版，第 284 页。

的人的潜能。劳动是一项创造性的实践活动，总是不断发展的，劳动的人也随着劳动的发展而发展，因劳动而产生的社会关系也随之日益深化。

（三）劳动权具有自由权和受益权的双重性质

各国宪法将基本权利分为二类：第一类为消极的基本权利，主要指自由权，其目的是保障公民拥有一个自由领域。国家有不加侵犯与防止侵犯的义务，以使“个人知识、道德及身体上的优性，得以尽量发展”①。第二类为积极的基本权利，亦称受益权，是公民可以请求国家积极行为的一种宪法权利。“为谋求个人知识、道德及身体上的优性的发展，有时候国家尚须对于个人积极地履行若干种活动；国家的这种积极义务，便构成我们之所谓个人的积极权利。”②自由权的主要目的，是防止国家权力干涉个人的自由领域；而受益权则要求国家及其社会，介入个人自由领域，以保障个人遭遇困难时能够得到国家及社会的救助。两者的出发点正好相反，一个是对国权的不信任，而另一个则是对私权的不信任。尽管二者出发点不同，但在尊重人的尊严、价值以及使每个人尽可能拥有更多的机会来发挥自己的才能方面，却殊途同归。③

劳动权作为一项基本人权，不仅要求国家消极被动地不予侵害，更需要国家及其社会采取积极措施加以促进和保障。也就是说，劳动权既具有自由权的性质，又具有受益权的特性。如若劳动权只具有自由权之性质，则不仅与劳动权产生的历史不符，而且诸如劳动权中的休息权、劳动报酬权等权利就难以得到保障。如若劳动权只具有受益权之性质，则劳动权中的自由择业权、结社权等子权利划归受益权不仅在理论上难以自圆其说，在实践上也极易导致国家及社会主体侵害劳动者根据自己的爱好兴趣自选职业的权利。劳动权只有具有这两种权利性质，才能有效保障劳动者的劳动权利。

二、劳动权的内容

劳动权作为一项母体权利，能够派生出诸多子权利和孙权利。一部分子权利和孙权利，劳动者作为其权利主体，可以独立行使，这些权利称为自益权；另一部分需要劳动者以组织体的名义集体行使，这些子权利称为共益权。

（一）劳动权中的自益权

作为自益权的子权利，是劳动者为自己的利益可以个人的名义行使的权

① 王世杰、钱端升著：《比较宪法》，中国政法大学出版社 1997 年版，第 61 页。
② 王世杰、钱端升著：《比较宪法》，中国政法大学出版社 1997 年版，第 61 页。
③ 陈新民著：《德国公法学基础理论》（下册），山东人民出版社 2001 年版，第 659 页。

利，其主要目标是维护劳动者个人的权利与自由，包括就业权、职业培训权、获得最低工资标准权、劳动安全权等内容。

就业权是指具有劳动能力的公民依法享有从事社会劳动的权利。主要包括平等就业权和自由择业权。平等就业权是指任何一个公民不论其民族、种族、性别、宗教信仰、语言、社会状况等方面的不同，均享有平等的就业机会，除能力、技术等限制外，不得有其他限制，对具有相同条件的公民，不能作出不同的待遇。

劳动者的择业自由权是指劳动者有根据自身的特点、爱好、才能及市场供求状况，自主选择职业，不受他人干涉、控制的权利，是劳动者人格独立和意志自由的体现。自由是人生来就具有的属性，是一个人存在和发展的基础，是肯定劳动者独立人格所不可缺少的。人的自由是一个整体，择业自由是人的自由的一个重要的不可分割的部分，劳动者的择业自由应该得到所有人，包括政府和社会的尊重，任何人都不得加以支配、干涉和控制。择业自由权，既属于人身自由权，又属于经济自由权，还属于精神自由的权利，即具有“三大自由”之属性。

职业培训权是指劳动者可以根据自己的择业需要和工作需要，有接受职业培训以培养和提高职业能力的权利。职业培训对于提高劳动者的素质和技能，促进社会生产力的发展具有重要的现实意义。职业培训权的实现，主要是通过学徒培训、就业训练、在职培训等途径来完成的。由于职业培训是惠及全社会的公益事业，国家应加大职业培训的财政经费支出，对各类培训给予必要的财政支持，对社会特需人才和特困职工实行公费培训；雇主应当有偿吸收、使用培训人员并对在岗人员的培训承担投资责任。

劳动报酬权是指劳动者有根据自己提供的劳动，向所在雇主要求支付劳动报酬的权利。国家为了保障劳动者的劳动报酬权，还实行了最低工资标准制度。最低工资标准制度是保护劳动者个人及其家庭成员基本生活的重要制度，尤其是在目前劳动力市场供大于求和私营企业兴起的情况下，该项权利的实现更有着重要的现实意义。劳动者拥有的最低工资标准权是一项基本权利，约束国家采取包括立法在内的有效措施来对劳动条件进行干预，雇主与劳动者所约定的劳动报酬不得低于劳动者所享有最低工资标准权的要求，否则，其约定无效。最低标准是对责任主体的最低要求，要求国家所保障的最低标准和雇主所提供的最低标准不得低于维持劳动者生存和发展所需要的报酬，即维持劳动者作为一个“人”体面生活的报酬。这个最低要求并不鼓励责任主体以此为满足，更不禁止劳动者为争取更高的报酬而努力，对有利于劳动者的

工资条件的劳动合同仍然有效。

劳动安全权是指劳动者在劳动过程中，享有身体健康和生命安全，免遭职业伤害的权利。劳动者的安全卫生环境，已经成为一个全球性的问题。劳动安全权是保护劳动者生命安全和身体健康的重要权利，国家有义务确保劳动者这一权利的实现，雇主有义务为劳动者提供一个免于已知危险的工作场所，提供一个合乎安全与卫生的工作环境，建立、健全劳动安全卫生管理制度，严格执行国家劳动安全卫生规程和标准，防止各类职业危害的发生。世界卫生组织（WHO）制定一个“优先健康照护计划”（Primary Health Care），要求任何一个国家的“PHC”制度中都应该包括以下必备要素：恰当营养的促进；充足安全水的供应；基本卫生服务的提供；母婴照护的提供；主要传染疾病的免疫；阻止或控制地方性疾病；健康教育七个方面。①

劳动者的休息权是指劳动者所享有的休息和休养的权利。休息是劳动者恢复劳动能力和享有人性化生活的必要条件，休息权是劳动权中不可缺少的内容。正如有学者所言：“休息权既是劳动权存在的一个前提条件，也是劳动权的一个派生形态。而从宽泛的意义上说，在劳动权概念的内部结构之中，尤其是在劳动条件受保障的具体内容之中，就已经内在地蕴含了休息权的内涵。”②《魏玛宪法》第 139 条规定：“星期日及由国家所认许之休假日为工作休息日及精神休养日，以法律保护之。”劳动者的休息权包括：工作日内和工作日间的休息权；公休假日权；法定节假日休息权；年休假权；探亲假；其他假期，如女职工产假、职工婚丧假等。劳动者是休息权的权利主体，主要体现为劳动者可自由支配其劳动时间之外的其他时间，不受雇主的限制与控制。雇主不得非法占用劳动者的休息时间，如需依法占用，应当给予特别补偿。雇主侵犯劳动者休息权的行为通常有三种：以劳动者自愿为名，延长劳动时间；强迫劳动者延长劳动时间；拒绝支付延长劳动时间的法定高额报酬。

（二）劳动权中的共益权③

劳动权的第二部分子权利是劳动权中的共益权，是劳动者集体共同行使

---

① See Theodor Meron, *Human Rights in International Law: Legal and Policy Issues*, Clarendon Press Oxford, 1984, p. 243.

② 林来梵著：《从宪法规范到规范宪法：规范宪法学的一种前言》，法律出版社 2001 年版，第 219 页。

③ See David A. Dilts, Clarence R. Deitsch, and Ali Rassuli, *Labor Relations Law in State and Local Government*, Westport, Conn.: Ouorum Books, 1992, p. 14.

的权利，其主要目标是维护劳动者集体的权利与民主，包括团结权、团体交涉权及团体行动权等。

团结权是指劳动者组织和参加工会并保证工会自主运行的权利，是由于劳资双方地位极端不平衡所致，是法律赋予劳动者通过集体的力量来改变个体弱者地位的有效手段。资方通过营利结社不断聚集巨资，从公司到财团再发展为跨国公司，其势力不断得到加强。因此，要维持劳资关系系统的稳定与平衡，单靠单个劳动者的力量是难以实现的，通过联合以集体的力量来抵抗雇主的专断和咨意行为是维护自己权利的有效途径。劳动者的这种“集体的力量”就是劳动者团结权行使的表现。对工会的作用，恩格斯在谈到英国工会时就指出：“规定工资，作为一个力量，集体地和雇主进行谈判，按雇主所获利润的多少来调整工资，在适当的时候提高工资，并使每一种职业的工资保持同一水平。因此，这些工会总是向资本家力争一个大家都得遵守的工资标准。”①

“雇主的经营权和雇员的通过集体谈判来获得体面经济生活的权利都是社会的基础。”②团体交涉权是指劳动者有通过自己的代表与雇主或雇主代表为签订集体合同而进行商谈的权利，主要通过集体协商谈判的方式。最早使用“集体协商谈判”这个概念的是波特尔在她 1891 年的著作《英国工会运动》和《产业民主》书中提出的。她认为集体协商谈判是“雇主不是面对雇佣劳动者个体并与之订立劳动合同，而是面对集体的意志、决定，订立统一合同，合同订立的原则是建立在当时条件下的雇佣劳动者的群体抉择”。③ 该概念体现了集体谈判的主要特征，即代表并体现群体意志的谈判，是劳资双方的一种博弈行为。二战以后，集体谈判已成为西方国家劳资冲突的最主要手段。

团体行动权与团体交涉权是一致的，像一个连体双胞胎(siamese twins)。团体行动权主要表现为劳动者为了改善劳动条件或获得其他经济利益而共同中止劳动行为的集体行动，是由工会有计划有组织的集体性中止工作的行为，是劳动者保护自己合法权益的经济武器。但团体行动权的行使不是无限制的，行使时应坚持以下基本原则：(1)正当目的的原则。团体行动应以增进劳动者的正当权利、改善劳动条件、提高工资福利待遇为目的。(2)公共利益优

---

① 《马克思恩格斯全集》第 2 卷，人民出版社 1957 年版，第 503 页。

② Fred Witney and Benjamin J. Taylor, *Labor Relations Law*, Englewood Cliffs, New Jersey: Prentice Hall, 1996, p. 319.

③ 波特尔：《产业民主》，格林出版公司 1926 年英文版，第 173～174 页，转引自陈恕祥：《西方发达国家劳资关系研究》，武汉大学出版社 1998 年，第 191 页。

位原则，也称公共利益拘束原则。团体行动不得损害公共利益、国家利益，应坚持公共利益、国家利益优先。(3)最后手段原则。团体行动应是在其他法定的救济手段用尽后的一种最后手段。(4)正当非暴力原则。团体行动应采取非暴力的手段，以和平的方式进行，超越了法定限制就要承担相应的法律责任。

第三节　劳动权的价值

劳动权是社会经济权利的基础，是一项基本人权。它的实现，不仅是解决权利主体的经济生存问题，而且还能促进社会的稳定和世界和平，促进社会正义的实现。1919 年的《国际劳工组织宪章》就认为，涉及很多人的不公，困难和贫困的劳动条件造成的动乱如此严重，以至世界和平与和谐受到威胁，只有在社会正义的基础上才能建立世界性的和永久的和平。将劳动权的实现上升到维持世界永久和平的高度，足以证明国际社会对人们的劳动权的重视。不仅如此，国际社会还将劳动权的实现与人的价值、尊严联系起来，认为劳动权是实现人的价值和个性发展的重要手段。《费城宣言》就载明："劳动不是商品"，"所有人……有权在自由和尊严、经济保障和机会均等的条件下谋求其物质福利和精神发展"。因此，劳动权不仅只体现人们的经济生存要求，而且还要置于人的价值、自我实现与人的个性发展的高度来认识，要考虑到劳动条件(labor conditions)、社会公正(social justice)和普遍的和平(universal peace)是相互依赖的。

劳动权的价值所反映的是作为主体的人对劳动权需要的层次、程度和劳动权对主体需要满足的功能。劳动权以维持社会秩序的稳定、保障人的生存和促进人的发展为主要目的。劳动权的价值主要表现为秩序价值、生存价值和发展价值。

一、秩序价值

"秩序的概念，意指在自然与社会进程运转中存在着某种程度的一致性、连续性和确定性的现象。另一方面，无序的概念则表明，普遍存在着无连续性、无规律性的现象，亦即缺乏可理解的模式——这表现为从一个事态到另一个事态的不可预测的突变情形。”[①]在一个稳定社会秩序的保障下，人们才会有自由，社会才会有安宁，国家才会有发展，人类才会有进步。

就业权是劳动权中的重要的自益权，对维护社会秩序的稳定具有重要的作用。就业是民生之本，涉及人们的切身利益，直接影响到社会秩序的稳定。失业是社会不安定的种子。失业首先威胁着作为社会细胞的家庭的稳定，进而影响到社会秩序的稳定。这种影响不仅是经济方面的，也有社会的和心理上的影响。失业者有可能失去原有的勇气、自信和自尊，引发各种反社会的行为，长期失业可能将个人推向厌烦、绝望、脾气恶劣、冷漠无情，也许还会导致家庭内部的冲突或酗酒，这种情况屡见不鲜。甚至那些保住了自己的工作的人也受到失业率的影响，因为他们开始为自己的前途担忧。[②] 这些不满情绪和愤怒，都可能导致社会的摩擦和冲突，甚至可能导致不同程度的骚乱，造成社会秩序的紊乱。就业和再就业工作，不仅关系着亿万人民群众的切身利益，而且关系着改革发展稳定的大局，关系着实现全面建设小康社会的宏伟目标，是我国深化改革，保持社会稳定和国家长治久安的一项根本性任务。

劳动权中的团结权、团体交涉权、团体行动权等共益权对维持劳资力量的平衡，促进社会秩序的稳定有重要的意义。社会经济结构所内蕴的社会利益关系的性质和要求，是社会秩序最深刻的现实基础。劳资之间的利益矛盾，是社会的最基本的矛盾，劳资关系也一直是社会经济生活中的最基本的社会关系。因此，劳资关系的和谐与稳定，在一定程度上决定着社会的稳定与发展。但劳资关系的和谐与稳定，又取决于劳资之间的权利配置。由于流动性差的劳动力对流动性强的资本的依附性，使得雇主的谈判能力相对于劳动者来说居于强势地位，雇主控制着劳动成果的分配权，而劳资双方利益的对立性，决定了雇主作为利害关系人来主持分配，不仅不可能保证分配结果的公平，而且甚至会导致雇主肆无忌惮地剥夺劳动者的权利，在这种情况下，仅靠单个的劳动者是难以对抗的。为此，国家必须加强干预，积极立法，赋予劳动者包括团结权、团体交涉权、团体行动权在内的劳动权，纠正社会权利的分配不公。国家借助保护劳动基本权，提高劳工的地位，强化他们对雇佣者的交涉力量，这样一方面可以维持和改善旨在达到上述各项目的的劳动条件，另一方面可以

① ［美］E.博登海默：《法理学：法律哲学与法律方法》，邓正来译，中国政法大学出版社1999年版，第207页。

② ［美］伊恩·罗伯逊：《社会学》（下），黄育馥译，商务印书馆1991年版，第618页。

又尽可能地维持劳工和雇佣者之间的力量的平衡。① 这样，劳动者就可以整体力量来对抗雇主，实现劳资力量的平衡，并进而实现经济和社会的稳定与发展。国际社会已充分认识到劳动权的实现不仅是促进社会经济可持续发展的不可或缺的制度和机制，而且还是世界和平的重要保障。

二、生存价值

生存是人类的第一公理。劳动权是实现生存权的一项重要的手段性权利，“劳动对于身体健康犹如吃饭对于生命那样必要……劳动给生命之灯添油，而思想把灯点燃”②。生存权的内容和发展方向规定着劳动权的内容和发展方向；生存权作为“目的”规定着劳动权作为“手段”的性质。在劳动领域中，首要的任务就是要实现劳动者的生存目的，确保劳动者在社会生活中应有的尊严，确保劳动者能像人那样的生活。“有工作权，其生存权始不至落空”③。劳动权作为人的一项生存权利，是社会经济权利的基础，是基本人权的重要内容。在一个以劳动为主要谋生手段的社会里，就业是人们获得基本的物质资料的主要途径，即就业权的实现，是人们获得维持自身及家庭生存最基本的条件，人们通过积极参与社会的劳动，获得相应的报酬，以满足自身及家庭基本生活的需要。人只有获得这种权利，才能实现在对自然改造基础上的保持自身存在的交往、生存和发展。最早将劳动权作为满足人们生存需要手段的宪法是 1919 年的德国的《魏玛宪法》。《魏玛宪法》第 163 条规定：“德国人民应有可能之机会从事经济劳动、以维持生计。”

三、发展价值

劳动权作为一项发展权，可称之为劳动发展权，是指劳动者享有通过自己的劳动，积极参与社会经济发展活动并获取社会经济发展所带来利益的权利。这里的“利益“既包括物质利益，也包括劳动者享受生活的精神利益，如获得更多的就业机会、专利成果的享有、职业技术培训、技术职称晋升、劳动报酬的晋级、健康的工作环境、充足的闲暇时间等。其中，职业技术培训权在当今是一项非常重要的发展权。职业技术培训权在经济学界称为“劳动力产权”或“劳

---

① ［日］大须贺明著：《生存权论》，林浩译，法律出版社 2001 年版，第 9 页。

② 约翰·贝勒斯：《关于创办一所一切有用的手工业和农业的劳动学院的建议》（1696 年伦敦版），见马克思：《资本论》第 1 卷，人民出版社 1975 年版，第 535 页。

③ 管欧著：《宪法新论》，五南图书出版公司 1987 年 8 月，第 125 页。

动力发展权”。[①] 劳动力发展权在实现人的现代化过程中有着非常重要的作用,可以这样说,劳动力发展权的实现程度直接决定着一个社会的发展水平,因为劳动力是生产力中唯一的能动因素,劳动力的不断发展就是生产力的不断发展,劳动者的现代化就是一个社会的现代化。

从劳动本身的特性来看,劳动是人类的本质活动,在人和人类社会形成过程中起了决定性作用:劳动使人脱离了动物界,使人类社会与自然界区别开来,劳动创造了人和人类社会。人类经历了采集和渔猎经济、农业经济、工业经济、知识经济,人类的历史,就是劳动解放和劳动发展的历史。在劳动的发展中,劳动者是首要的、起主导作用的因素,劳动的发展过程,在本质上就是劳动的创造性和劳动者的创造能力不断提升的过程。创造性是劳动的本质特性,“劳动是积极的、创造性的活动”[②]。劳动者的创造能力,是人类社会经济发展的根本动力和源泉。一切物质的和精神的产品,都是人类劳动运用自然资源创造出来的。人类劳动所独有的创造性,正是科学技术发展的源泉。科学技术的发展,是劳动创造性不断提高的集中体现,也为人自身的发展提供了物质条件。

劳动作为一项创造性活动,劳动本身具有促进人的个性、才智和身心能力全面发展的功能,劳动权利的行使过程,就是权利主体的劳动者充分发挥主观能动性不断改造客观世界的过程。健康的体魄、丰富的知识、科学化的思想都离不开劳动的塑造。正如马克思指出,劳动的结果是“人的本质力量的公开展示”[③],是“一本打开了的关于人的本质力量的书”[④]。劳动不仅能创造一个有利于生存和发展的外部环境,而且还改造了自己,提高了自身的素质,使人的本质力量不断得到丰富和完善。

劳动权的最高价值目标就是人的全面发展。人的全面发展体现着劳动权价值的根本追求,不管劳动权的价值有多少,也不管它们中的序列如何,但它们都是为人的生存而存在的,都是为人的发展而发展。人的生存是人的发展的基础与内容,人的全面发展是劳动权的必然归属,人的全面发展对于所有劳动权的价值都具有根本的意义,具有超越于一切价值的价值地位,是劳动权价值中最高层次的价值。

---

① 王玉敏、扬先华:《论劳动力产权中的劳动力发展权》,《经济评论》1997 年第 2 期。

② 《马克思恩格斯全集》第 46 卷(下),人民出版社 1980 年版,第 116 页。

③ 《马克思恩格斯全集》第 42 卷,人民出版社 1979 年版,第 128 页。

④ 《马克思恩格斯全集》第 42 卷,人民出版社 1979 年版,第 127 页。

第二章　劳动法的产生和发展

第一节　国外劳动法的发展与现状

一、资本主义国家劳动法的形成与发展

（一）资本主义国家劳动法的形成

劳动法作为法律体系中的一个独立法律部门，产生于经济、法律发展的一定历史阶段。劳动力和生产资料分别由不同主体所有所形成的社会劳动关系的出现，是劳动法赖以产生的社会基础。纵观人类社会历史可知，原始社会、奴隶社会和封建社会中的劳动过程，都是在劳动力和生产资料归同一主体所有的条件下实现的，因而不存在劳动关系；当人类社会步入资本原始积累阶段，圈地运动所导致的劳动力与生产资料所有者在全面分离基础上走向市场交易性结合，劳动力与生产资料分别归属于不同主体的现象才首次出现，即劳动力归无产者所有、生产资料归资本家所有，才使大量的占主导地位的社会性劳动关系产生成为可能，进而才使以主要调整这种关系的劳动法得以形成。[①]从具体过程看，劳动法的形成经历了“劳工法规”调整到“工厂立法”与民法共同调整两个基本阶段。[②]

1.“劳工法规”时期

在资本主义国家产生的初期，尤其是在资本主义原始积累时期，由于资产阶级国家政权尚不稳定，其生产关系尚不成熟，特别是在社会生产力尚不发达、物质生活资料比较匮乏的情况下，资产阶级不能单纯地靠经济手段来规制其雇佣劳动关系，而必须运用国家力量即借助国家行政手段来维持对工人阶

---

① 全承相：《世界劳动立法发展的历史轨迹与动态趋势》，《湖南财经高等专科学校学报》1998 年第 4 期。

② 王全兴主编：《劳动法学》，人民法院出版社、中国人民公安大学出版社 2005 年版，第 2 页。

级的残酷剥削。[①] 为了加速资本主义原始积累，推动资本主义生产关系的发展，自1349年英皇爱德华三世颁布第一个劳工性法规至18世纪末长达400多年的时期内，英国等欧洲国家制定了一系列血腥恐怖的“劳工法规”。

“劳工法规”的内容是以维护资本家对工人的剥削与压榨为特征，具有相当鲜明的阶级压迫性和残酷性，它对劳动关系的调整主要体现在以下两个方面：一是强迫被剥夺了土地的劳动者同资本家建立雇佣劳动关系。如英国亨利八世时期，“1530年，允许年老和无劳动能力的乞丐行乞。但对身强力壮的流浪者则加以鞭打和监禁。他们要被绑在马车后面被鞭打到遍体流血为止然后要发誓回到原籍或最近三年所居住的地方去‘从事劳动’……亨利八世二十七年又重申了以前的法令，但由于加上了新的条款而更严厉了。如果在流浪时第二次被捕，就要再受鞭打并被割去半只耳朵；如果第三次被捕就要被当作重罪犯和社会的敌人处死”[②]。二是站在维护雇主利益角度，规定最低工时和最高工资，通过压低工资和延长劳动时间来强化雇用剥削。“新兴的资产阶级为了‘规定’工资，即把工资强制地限制在有利于赚钱的界限内，为了延长工作日并使工人本身处于正常程度的从属状态，就需要并运用了国家权力。这是所谓原始积累的一个重要因素”[③]。“法律规定了城市和农村，计件劳动和日劳动的工资率。农村工人受雇期限应为一年，城市工人则应在‘自由市场’上受雇。支付高于法定工资的人要被监禁，但接受高工资的人要比支付高工资的人受到更严厉的处罚。”例如，伊丽莎白的《学徒法》第18条和第19条规定，支付高工资的人监禁10天，而接受的人，则监禁31天。1360年的法令加重了处罚，甚至授权雇主按法定的工资率通过体罚去榨取劳动。国家虽然规定了工资的最高限度，但从来没有规定工资的最低限度。[④]

马克思在研究了这一段非常特殊的历史后曾经指出：“现在的工人阶级的祖先，当初曾因被迫变成了流浪者和贫民而受到惩罚。”[⑤]这样，被暴力剥夺了土地、被驱逐出来而变成了流浪者的农村农民，由于这些古怪的恐怖的法律，通过鞭打、烙印酷刑，被迫习惯于雇佣劳动制度所必需的纪律。[⑥] “劳工法规”

---

① 秦国荣：《劳动与社会保障法律制度研究》，南京师范大学出版社2004年版，第20页。

② 马克思：《资本论（第一卷）》，人民出版社1979年版，第803页。

③ 马克思：《资本论（第一卷）》，人民出版社1979年版，第806页。

④ 马克思：《资本论（第一卷）》，人民出版社1979年版，第807页。

⑤ 《马克思恩格斯全集》第23卷，人民出版社1975年版，第192页。

⑥ 《马克思恩格斯全集》第23卷，人民出版社1975年版，第805页。

对劳动关系调整的出发点，主要不是保护劳动者的人权，而是将劳动视为劳动者的应尽义务。这同后来以保护劳工权益为主旨、限制雇佣剥削的劳动立法截然不同。也正因为如此，有的学者认为这不是现代意义上的劳动法的起源，①这一时期的法律是赤裸裸地迫害劳动者的血腥法律，与以后的劳动立法性质完全不同。②

2. 劳动法的开端——“工厂立法”的出现(19 世纪前期)

19 世纪初，资本主义开始进入自由竞争阶段。此时，资本主义生产方式已成长壮大，单靠经济关系的无声强制就足以保证资本家对工人的剥削和统治，再无需借助国家的非经济强制手段。工人健康受到严重摧残，死亡率不断提高，劳资关系日趋紧张。无产阶级状况的恶化不仅引起了工人本身的反抗，而且引起社会各界的关注，限制雇主剥削、保护劳工权利成为了一种社会思潮。此时资产阶级人文主义思想的兴起，对资本主义法律的制定也产生了较大的影响。1804 年，法国颁布了第一部资产阶级民法典《法国民法典》，将资本家对工人的劳动力雇佣关系称为“劳动力租赁”。③ 1900 年，德国颁布《德国民法典》，对雇佣劳动作了明确的解释，认为雇佣契约是指一方当事人(受雇人)履行约定劳动的义务，他方当事人(雇佣人)给予报酬的契约。④ 以后各资本主义国家的立法不仅均将劳动雇佣关系作为一种“自由”与“平等”的契约关系加以规定，而且在立法的价值取向上开始贯彻权利本位思想。即将市场经济中的每一个社会主体都视为既是权利主体，也是义务主体，这表明了自由竞争时期的资本主义商品经济观念和法律平等观念对自然经济观念和法律观念的超越。同时随着生产力的发达，资本主义的生产方式日趋成熟，也为资本主义采用法律手段缓和阶级矛盾提供了物质条件。

在各方面的压力和影响下，英国议会于 1802 年被迫通过了一项以限制工作时间为主要内容的法律——《学徒健康与道德法》，该法规定：纺织厂不能雇佣 9 岁以下的学徒；童工每天工作不得超过 12 小时，而且限于清晨 6 时至晚间 9 时之间，禁止做夜工。在随后的几十年中，英国相继又通过了几项法规，

---

① 王全兴主编：《劳动法学》，人民法院出版社、中国人民公安大学出版社 2005 年版，第 2 页。

② 任扶善：《世界劳动立法》，中国劳动出版社 1991 年版，第 27 页。

③ 王全兴主编：《劳动法学》，人民法院出版社、中国人民公安大学出版社 2005 年版，第 3 页。

④ Harald Schliemann：《中德劳动合同法——劳资协定法之比较》，载《中德劳动与社会保障法：比较法文集》。

逐步扩大了禁止使用童工的适用范围和适用对象。英国颁布工厂法具有一定的必然性:第一,工厂立法是资产阶级整体利益和长远利益的内在要求。它的颁布是为了节制资本无限度地榨取劳动力的渴望,以免使国家的生命力遭到根本的摧残。第二,工厂法的普遍实施是统治阶级为了缓和阶级矛盾和阶级斗争所采取的迫不得已的措施,是工人阶级的不断斗争使资本家阶级被迫作出的让步。第三,工厂法的制定,是大工业的必然产物。[①]

继英国之后,瑞士于1815年、德国于1839年、法国于1841年、挪威于1860年、瑞典于1864年、丹麦于1873午、意大利和俄国于1886年也先后颁布了限制童工工作和夜工法律。[②] 这一阶段的立法统称为"工厂立法",是"资本主义国家初期制定的工厂内部以劳动时间、劳动保护、工资福利、实施义务等为主要内容的法规"[③]。较之资本主义萌芽时期的"劳工法规"有着本质区别,"现代的工厂法强制地缩短工作日,而当时的劳动法力图强制地延长工作日"[④]。因此,各国学者都公认工厂法为世界劳动法的起源,并把英国的《学徒健康与道德法》视为劳动法产生的标志。

"工厂立法"的出现,意味着资产阶级政府放弃了对于劳资关系"自由放任"的不干预政策,改变可完全以民法原则来调整劳动关系的做法,对于劳动关系的法律调整已不再限于通过私法实施劳资自治,将劳动者作为一种社会的特殊群体加以特殊的法律保护,此时的劳动法视为民法的特殊法出现的。劳动关系在同一时期同时由民法和工厂法调整,反映了资本主义商品经济对劳动力商品的双重需要,一方面需要按照一般商品交换的规则进行劳动力商品买卖;另一方面需要将劳动力作为一种特殊商品由国家出面对其买卖中的劳动者进行必要的保护。二者的有机结合从理论上使一个兼有"当事人平等协商"的民法精神和"国家干预"的经济行政法意志特点的,以保护劳动者为核心任务的新兴独立的劳动法律部门存在成为可能。[⑤] 但当时适用范围较窄,很多法律仍然只适用于部分行业和部门而不具备普遍意义,且规范事项不多,确定标准较低,实施措施不力,因而实际效果并不十分理想。工厂立法在世界

---

① 参见李光灿、吕世伦主编:《马克思、恩格斯法律思想史》,法律出版社1991年版,第408～410页。

② 李炳安:《劳动权论》,人民法院出版社2006年版,第168页。

③ 张伟主编:《外国劳动法和劳动行政管理》,中国劳动出版社1990年版,第4页。

④ 《马克思恩格斯全集》第23卷,人民出版社1972年版,第300页。

⑤ 史探径著:《劳动法》,经济科学出版社1990年版,第6页、第8页。

各国及其不同时期的发展也具有不平衡性，美、日等国直到 20 世纪上半叶才开始大规模工厂立法；法条的不严谨为雇主逃避法律责任留有余地，执法措施和监督机构不完备，致使工厂法的执行和劳动者权益的保护因劳资力量对比关系变化而不断变化，呈现出极大的不稳定性。①

（二）资本主义国家劳动立法的发展

自从"工厂立法"出现以后，资本主义国家的劳动法随着资本主义制度的发展而逐步发展起来。世界各国开始普遍采用立法手段调整劳动关系，并且逐步形成劳动基准制度和劳动保护制度，现代意义上的劳动法开始形成。第一次世界大战后，"劳动法"这个名称被固定下来，并成为一个新的法律部门而为各国所接受。根据所处社会阶段的不同，资本主义国家劳动立法的发展可划分为三个阶段。

1. 劳动法的发展——工厂法的发展与工会法的出现（19 世纪后期）

当时，资本主义经济仍处于自由竞争阶段，国家不干预经济的政策保障了经济的正常发展，但劳资关系对国家干预的需求却有增无减。由于工厂立法的产生以及工人运动的普遍高涨，各国更加重视劳动法的作用，大多数国家都在本国工厂立法的基础上制定了大量的劳动法规。19 世纪中叶开始，工会有了很大发展。这一时期的劳动法也得到进一步发展，主要特点有：

（1）工厂法的发展。这一阶段，各国的劳动立法基本上仍以工厂立法为主。制定工厂法的国家不断增加，欧美各资本主义国家差不多都制定了工厂法或类似法规，有些殖民地和附属国也开始制定工厂法。工厂法的适用范围逐步扩大，欧洲一些资本主义国家的工厂法已从只适用于纺织工业发展成为普遍适用于所有工矿业，但还未包括一切生产部门的一切工人。同时工厂法的内容逐渐充实，不仅缩短了工作日长度和提高了儿童受雇年龄，而且逐渐增加了一些过去没有的内容，如增加了有关安全卫生（1864 年英国在工厂法里增加了粉刷墙壁等清洁措施及通风和危险机器防护措施）、工人教育（1867 年英国规定工厂主应对工人的教育负责，不得雇用在校学生等）、工资支付保障（规定时间、地点和形式，防止克扣和任意罚款）等方面的新内容。② 此外，还就工资问题作了规定。其主要内容是限制资本家任意罚款和扣发工资，并且还相应设立了劳资协商组织，议定并监督实施本行业工人的最低工资标准。值得一提的是，新西兰 1894 年的最低工资立法是世界上最低工资立法的开

① 王昌硕主编：《劳动法教程》，中国政法大学出版社，1995 年版，第 3～4 页。

② 任扶善：《世界劳动立法》，中国劳动出版社 1991 年版，第 35～40 页。

端。德国1891年的《德意志帝国工业法》，法国1874年的《劳动保护法》，英国1901年的《工厂及作业场法》和1908年的《煤矿业限制法》，俄国1882年的《雇佣童工、童工劳动时间和工厂检察机构法》等等，都是这一时期工厂立法的重要成果。①

(2)工会法的演变。在劳动法产生的初期，民法对雇佣关系作了全面的法律调整。然而，随着经济的发展，劳资双方的实际经济地位越来越不平等，资本家往往利用这种合同苛刻地对待工人，侵犯劳动者的权益。劳动者为了改善自身的工作和生活条件，在确定工资和工时、改善工作条件、保障充分就业等方面，逐步利用集体力量为个人创造更好的生存环境，从而促使劳动者团体出现。工会的产生成为保护劳动者个人权利的重要工具，工会代表了劳动者的利益，为实现雇主和劳动者的权利平等起到了重要作用。英国1871年颁布了世界上第一部现代《工会法》(随后1875年又进行过修订)。它使英国工会地位在世界范围内，率先从1800年《结社法》完全不准工人组织工会及活动的"绝对禁止"阶段，历经1824年废除《结社法》原则上承认工人的结社权、例外情况下仍要加以处罚的"相对禁止"阶段，最终"基本承认"工人有组织工会及活动(包括罢工)的权利。工会立法虽相对于工厂立法有较强的独立性，但二者之间又有着有机的不可分割的内在联系，工会法是以工厂法为核心的劳动法的重要组成部分。它的进步与完善标志着劳动立法的内容构成发生了又一次质的飞跃。在这一时期，欧洲各国多已承认工会为工人的合法组织。

(3)社会保险立法的开端。社会保险制度的产生有其深刻的经济和社会原因：产业革命的完成是它产生的前提；无产阶级的斗争是催促其产生的动力；各种进步的社会理论学说和马克思主义则成为社会保障理想由孕育、萌芽以至实现的思想基础。② 正是在以上多种因素影响下，国家遂采用立法的形式，规定建立社会保险制度。这项制度逐渐成为当今文明社会的一项重要制度。社会保险立法开始于德国。1883年，德国政府颁布了《劳工疾病保险法》，这是世界上第一个劳动保险即社会保险法律。德国于1884年又颁布了《劳工伤害保险法》，1889年颁布了《残废和老年保险法》。德国的社会保险立法，一时间成为各国立法仿效的楷模。

(4)劳动争议处理法的出现。以前各国对劳动争议没有专门的审理办法，

---

① 王全兴主编：《劳动法学》，人民法院出版社、中国人民公安大学出版社2005年版，第6页。

② 史探径：《世界社会保障立法的起源和发展》，载《外国法译评》1999年第2期。

而是适用民事、刑事案件的有关审理办法。在19世纪后半期，英国、法国、新西兰、美国等国家，陆续设立了劳动争议调解、仲裁的专门机构。到19世纪末，新西兰于1890年通过立法，第一个开始对劳资纠纷实行强制仲裁，其他先进的工业国家也纷纷效仿，在劳动立法中规定了处理劳动纠纷的法律程序。

这一时期的劳动立法已明显脱离了资本主义经济发展初期工厂立法的范畴，逐渐确立了劳动法的各项原则。劳动立法逐渐脱离民法视野而独立发展，是这一时期劳动法发展的重要内容。劳动法的独立发展突出表现在，公共力量(国家)和社会力量(工会)在平衡劳资双方力量上的作用日益合法化并得以强化。①

2.劳动法的高潮——专门劳动立法时期(20世纪前期)

20世纪前期，西方发达资本主义国家先后进入了垄断资本主义时期。在这个时期，自由市场经济的弊端日益暴露，资本主义世界的各种矛盾进一步尖锐化，俄国十月社会主义革命的胜利提高了工人阶级的觉悟和斗志，劳资矛盾和斗争也更加激烈。其中，1929—1933年的经济危机给了资本主义社会以极为沉重的打击，危机不仅动摇了人们对资本主义的信心，而且成为第二次世界大战的经济导火索。在这种情况下，以主张运用国家宏观调控手段对国民经济进行全面干预的凯恩斯理论开始兴起并逐渐为各国所接受。资产阶级国家开始放弃自由竞争时期的政府无为思想，在继续充当财产所有者“守夜人”与“夜警”角色的同时，更多地开始采用政府调控的“有形之手”直接或间接干预经济运行方式，以及包括劳动关系在内的社会生活关系。② 工厂法、劳动保护法、劳动保险法、工会法、劳动争议处理法等法律进一步完善，相应的劳动行政管理机构也开始出现，劳动法有了很大发展。主要表现在：

(1)制定和颁布工厂法的国家更加普遍，工厂法的内容和适用范围不断扩大。在改善劳动条件、限制最高工时、建立最低工资制等方面，发达的资本主义国家普通颁布或修订工厂法。

(2)劳资关系立法出现分化。这一时期主要资本主义国家在工会和劳资关系方面的立法出现了两种不同的趋势，有的趋于民主，有的趋于反动，这与各国执行的政策和国际形势的变化有关。

(3)社会保险立法的普及。继德国以后，许多国家相继建立了疾病、伤害、

---

① 冯彦君:《民法与劳动法:制度的发展与变迁》，载《社会科学战线》2001年3期。

② 秦国荣:《劳动与社会保障法律制度研究》，南京师范大学出版社2004年版，第23～24页。

老年和残废保险制度。为了解决失业问题，各国在工人运动的压力下，还采取了包括实行失业保险等一些减轻失业的法律，社会保险立法日趋完整化。[①]到1925年止，资本主义国家颁布疾病保险法的已有20余个。颁布老年和残废保险法的也有20多个国家，颁布伤害保险法的则达40多个国家。[②]

(4)劳动合同由民法转入劳动立法的范围。1910年的法国《劳动法典》第一卷将雇佣合同列为第二篇，受其影响，其他国家开始把劳动合同置于劳动立法的范围之内，有的国家在劳动法列入劳动合同一章，有的国家颁布劳动合同的单行法规。

这些专门立法的出现标志着各国的劳动法律体系框架已经基本形成，劳动法已经开始进入了一个成熟时期，这时的劳动法已经完全从民法中脱离出来，成为一个新的、独立的法律部门[③]，和民法、商法、经济法等法律部门处于同等的法律地位。

3.劳动法的转折——从福利国家到放松规制(20世纪中后叶)

随着资本主义国家由私人垄断发展到国家垄断的新阶段，资本主义国家的劳动立法发生了新的变化，国家用以调整劳资关系的手段趋于完备、立法体系不断完善、劳资关系的运行方式逐渐发展成一种有序的组织行为，解决劳资矛盾、劳资争端的途径趋于制度化、法律化。以美国为代表的发达国家逐步认识到劳动法对于维持社会稳定的重要性，开始将劳动法与社会保障法视为维护社会安全的法律。[④] 西方主要资本主义国家相继宣布要建立不同模式的“福利国家”，对劳动者的保护开始以人权为中心向更深层次发展。政府进一步加强了对劳资关系、对劳动力再生产的全面干预，并形成了一整套规范化、制度化的法律体系和调整机制。比如美国1946年的《就业法》、1964年的《民权法》等法律，强调就业机会均等、职业安全卫生、综合就业与训练等；日本颁布了《雇用保险法》等一系列有针对性的促进就业的特别法规，建立了具有自己特色的以稳定就业为宗旨的“终身雇用”、“年功工资”等就业保障制度。英国也颁布了雇佣保障、社会保障等法律。联邦德国1952年的《企业管理法》与

---

① 任扶善:《世界劳动立法》，中国劳动出版社1991年版，第64页。

② 王彩莲、尉文明、张安顺:《新劳动法教程》，青岛海洋大学出版社1995年版，第26页。

③ 周长征:《劳动法原理》，科学出版社2004年版，第19页。

④ 秦国荣:《劳动与社会保障法律制度研究》，南京师范大学出版社2004年版，第24页。

1972年的《新企业管理法》中制定了相应的工人在企业中的民主参与制度，宣称要在劳资之间建立“社会伙伴”关系。[①]“福利国家”的建成，降低了广大劳动者的社会风险，缓解了社会矛盾。

20世纪70年代以后，特别是撒切尔夫人上台以后，开始推行新自由主义经济政策，大幅度削减社会福利开支。同时还开始大幅度地放宽劳动标准方面的法律规制，提倡劳动力市场的弹性。英国的政策得到了美国里根政府的支持，同时也对世界大多数国家产生了很大的影响。例如1974年美国的《雇员退休收入保障法》的一个中心主题就是退休金，其内容尽管涉及了令人头晕目眩的细节，但却从未要求雇主提供退休金。1985年美国对《公平劳动标准法》修订时允许公共雇主用补偿性休息时间（简称“补休时”）代替以现金支付超时奖金；《公平劳动标准法》对最低工资和超时工资虽有明确的规定，但1990年以后，由于联邦对工资和工作时间放松了规制，大多数计算机程序员从最低工资和超时条款中豁免。在美国“假如在终止合同前雇主已经依法提前通知，就无须再过问解雇的动机和方式”[②]，越来越多的雇佣合同要求对劳动争议进行仲裁而不是仅仅依靠法院的强制判决。[③] 在1990年前苏联东欧集团解体以后，由于冷战压力的消失，西方国家更是放宽了对劳动者的保护性立法。[④] 克林顿总统上台后，提出了在全国推进劳资关系双方伙伴关系的政治主张。在许多发展中国家，特别是一些亚洲国家，为了提高本国经济竞争力，并且吸引外国投资，也有意地放宽了劳动标准，某些国家甚至还采取了一些限制工人权利的政策。

从一定程度上讲，劳动立法出现放松规制的趋势一方面与80年代后劳资关系双方当事人的市场契约意识与利益分配意识有所增强有关，与国际劳工组织和美国等国政府积极介入、大力支持和推动劳资关系协调工作密不可分；另一方面也与经济全球化趋势紧密相关。

（三）新世纪资本主义国家劳动法发展趋势

世界是不断变化的，特别在现代条件下，科学技术日新月异，国际交往日

① 孟钟捷：《1920年德国〈企业代表会法〉出台的历史起源》，http://www.zisi.net/，下载日期：2006年11月1日。

② ［美］Lammy Betten：《再议劳动合同》，转引自杨燕绥等编著《劳动法新论》，中国劳动社会保障出版社2004年版，第231～233页。

③ ［美］Daniel Foote：《美国劳动法的放松规制》，载《江海学刊》2002年第1期。

④ 周长征：《劳动法原理》，科学出版社2004年版，第19页。

趋频繁，社会联系日益增加，在全球范围内社会经济、政治、文化、科技诸种因素紧密相关，形成有机整体。以下四方面的趋势将支配21世纪劳动关系与劳动法的形成与发展①：

(1)扬弃意识形态枷锁，进入合作本位的新时代。工业革命以来曾经被认为是劳资间互动基础的阶段“斗争”正逐渐消失，以“合作”为本质的劳资关系体制则逐渐形成。劳资政各方合作共同提升工作环境的品质，落实工作环境权，可断言将成为21世纪劳资关系体制的主轴。

(2)未来之劳动关系将以社会安全体系为基础。从劳资关系法制化的角度观察，21世纪劳资关系发展的基础，必然以建立完整的社会安全网为前提。二次大战后，解决劳动问题的主要手段，逐渐超出单纯劳动法的范畴，借由社会法所建立之社会安全网共同完成。

(3)经贸全球化强烈冲击劳动市场。在全球化的时代环境中，不但国际之间贸易竞争激烈，国内市场也将向世界开放，而完全暴露在全球激烈的市场竞争当中，过去以国内为基础的各国劳资关系体制将遭到严重的挑战。一方面是企业在劳动市场竞争中，跨国经营的多国籍企业与本国大企业比较利益的结果，很容易移往海外劳动成本较低的地区，而造成严重的社会治安问题。

(4)资讯化造成结构性的影响。资讯化的推进，未来将深刻地影响目前劳资关系的组成与结构，不但工会的组织动员方式、劳资关系的游戏规则不断推陈出新，甚至在雇主与劳工的个别关系上，亦即劳动契约制度上，根本的转变已然形成，这对于21世纪整体劳资关系体制将产生重大影响。

二、社会主义国家劳动立法的发展

社会主义劳动法是无产阶级在取得革命胜利后，劳动人民掌握了国家政权的条件下开始出现的。前苏联的劳动立法是世界上第一个社会主义国家劳动立法的。在国内战争和外国干涉期间，苏维埃政权就于1918年通过了第一部《苏俄劳动法典》，把十月革命后颁布的各项劳动法令用法典的形式固定下来。该法典共17章190条，对集体合同、劳动合同、内部劳动规则、工资、工时、女工和未成年工、工会、劳动保护、劳动保险以及劳动争议处理等方面都作了规定。此外为了战时共产主义时期的需要，规定了普遍劳动义务制，全面实行劳动合同制，并把职工在劳动方面取得的成果加以巩固和扩大。② 由于劳

---

① 黄越钦：《劳动法新论》，中国政法大学出版社2003年版，第6～8页。

② 任扶善：《世界劳动立法》，中国劳动出版社1991年版，第115页。

动政策上的变化,1922年《苏俄劳动法典》进行了修订,列宁对新法典给予了高度的评价"在各国都向工人阶级进攻的时候,我们通过了一个巩固地规定劳动立法原则的法典,这是苏维埃政权的一大胜利。"[①]该法典一直沿用到20世纪60年代末,长达40年之久。1970年苏联最高苏维埃又通过了《苏联和各加盟共和国劳动立法纲要》,共15章107条,对集体合同、劳动合同、工作时间与休息时间、劳动报酬、劳动纪律、劳动的安全与卫生、妇女劳动、未成年人劳动,在职培训的优待、劳动争议、工会与职工参与生产管理、国家社会保险、遵守劳动立法的监督检查等方面作出了具体规定。各加盟共和国依照《纲要》的精神,结合本加盟共和国的具体情况,分别通过了新的劳动法典。进入20世纪80年代,苏联最高苏维埃主席团先后通过了两项法令对《劳动立法纲要》进行了修订。

除制定与修订劳动法典之外,前苏联还发布了一些单行劳动法规,如1972年的《标准内部劳动规则》,1974年的《劳动纠纷审理程序条例》,1983年的《劳动集体法》,1989年的《工会及其权利和活动保障法》等。前苏联在1981至1985年以及1986至1990年的经济社会发展基本方针中还提出了劳动立法的发展方向:(1)合理使用劳动资源,提高社会生产效率和职工的劳动生产率及完成工作的质量;(2)巩固劳动纪律和生产秩序,节约劳动时间,改善劳动保护和对劳动者的社会保障;(3)加强对劳动量和消费量的监督,改进工资制度,扩大运用集体形式的劳动组织和劳动报酬,增进人民福利;(4)提高工会和劳动集体组织在社会主义劳动竞赛中的作用,吸引劳动者参加生产管理。当然随着前苏联的解体,这些计划都未能付诸实施。

第二次世界大战后,东欧各社会主义国家相继出现,各国在工人阶级掌握政权后,均颁布了一系列改善劳动条件、解决就业、实行工人监督等法令。在20世纪50年代至70年代期间,这些国家普遍重视劳动法典的制定,又相继制定并颁布了内容比较完备的劳动法典。例如,原罗马尼亚、保加利亚、匈牙利、民主德国、南斯拉夫、捷克斯洛伐克、阿尔巴尼亚、波兰以及朝鲜等国家,根据本国宪法规定的基本原则,都先后制定了劳动法典。在此期间,各国还颁布了一批单行劳动法规,其中特别受到重视、发展比较充分的是劳动保险立法和职业技术培训立法。[②]

随着世界风云巨变,一批社会主义国家已经瓦解,但作为一种新型的劳动

---

① 列宁:《列宁选集》第33卷,人民出版社1972年版,第352页。

② 参见石美遐:《劳动法学》,中国劳动社会保障出版社2004年版,第54页。

法律制度，在劳动法发展历史上具有重要的意义。这类立法具有如下鲜明特点：(1)在宪法中对劳动权都作了明确规定，并宣布劳动为公民的光荣义务。如前苏联和东欧各国的宪法都确认，一切公民都有劳动的权利，同时，宣布劳动是一切有劳动能力的公民的普遍和光荣的义务。(2)劳动法典是社会主义劳动立法的基本形式。这在劳动立法史上具有划时代的意义，即意味着以法典的形式使劳动法彻底脱离民法的范畴。(3)各社会主义国家在劳动立法的初期，大多借鉴苏联劳动法的原则和内容，以后才逐步修改制定了适合本国国情的劳动法。20 世纪 60 年代以来，随着劳动立法的成熟，各国根据本国经济和社会发展的需要，及时地修订或重新制定了劳动法典。①

第二节　中国劳动法的产生与发展

在我国，现代意义上的劳动制度是伴随着外国列强对中国的侵略和外国资本的涌入而诞生的。这种由西方殖民者带来的资本主义的生产方式，不可避免地与中国的封建主义紧密结合在一起，使其带有浓厚的封建色彩，从严格意义上来说它还不是真正的资本主义生产方式。正因为如此，新中国诞生以前，现代意义上的劳动制度并没有真正建立起来。②

一、建国以前的我国劳动立法

(一)旧中国劳动立法概况

1840 年鸦片战争以后，我国逐步沦为半殖民地、半封建社会，外国侵略者为了利用我国廉价劳动力和丰富资源，在华创办了企业，促进了早期工人阶级的产生。同时清政府的洋务派和中国的民族资本家也先后创办了近代军事工业、以官督商办为主的民用工业和以轻工业为主体的民族资本主义工业，伴随着中国民族资本主义的诞生并不断发展，工人阶级也发展壮大。中国的劳动工人从一诞生起就身受帝国主义、封建主义和资本主义三重压迫，工作时间长，工资低微，劳动条件恶劣，不但生活极其贫困，而且毫无民主权利和法律保障。20 世纪初，随着中国政治、经济、社会各方面情况的变化，同时，受世界范

---

① 王全兴主编：《劳动法学》，人民法院出版社、中国公安大学出版社 2005 年版，第 11～12 页。

② 苏树厚、段玉恩、张福明：《新中国劳动制度发展与创新研究》，山东人民出版社出版 2006 年版，第 1 页。

围现代劳工法发展的影响，在工人运动和社会各界的压力下，为了缓和矛盾，近代中国历届政府及各政权都相继制定和颁布了一些劳工法规。

1923年北洋政府公布了《暂行工厂规则》。这是我国第一部调整劳动关系的法律，共有28条，内容包括最低的受雇年龄、工作时间和休息时间、童工女工工作的限制、工资福利、补习教育等规定。这一法律公布后虽然没有真正付诸实施，但它却被认为是我国最早的劳动立法，标志着中国劳动法的产生。①

1923年11月，中国共产党与孙中山领导的国民党进行了第一次国共合作，确立了联俄、联共、扶助农工三大政策。1924年11月，广州国民政府由孙中山以大元帅的名义颁布了《工会条例》，规定承认工会的地位和相关权利。1926年1月，国民党第二次全国代表大会通过了《工人运动决议案》，提出实行小时工作制，制定了最低工资标准，保护女工、童工，改建工厂卫生设施，厉行工人教育等措施，同时还颁布了《劳工仲裁条例》、《国民政府组织解决雇主雇工争执仲裁条例》等法令。

1927年7月，南京国民党政府设立了劳动法起草委员会，但未能完成劳动法典的编纂工作。1929年春，广东省农工厅劳动法起草委员会完成了《劳动法典草案》，并以单行法形式颁布，主要包括《工会法》、《工厂法》、《劳资争议处理法》、《团体协议法》、《最低工资法》、《劳动契约法》等法令。抗战期间，重庆国民党政府也先后颁布了《职工福利条例》、《职工福利条例实施细则》、《职工福利委员会组织规程》、《非常时期工会管制暂行办法》等法令。②

旧中国处于中央地位的劳工立法，不论是北京国民政府抑或南京国民政府，都始终无法摆脱封建传统、派系斗争和战争环境的消极影响，使其难以真正发挥调整劳动关系、缓和劳资关系和稳定社会秩序的作用，以致最终动摇了中央政权的统治基础，导致了法律体系的颠覆，乃至政权的瓦解。③

（二）革命根据地的劳动立法

作为代表广大被压迫工人阶级根本利益的政党，中国共产党自1921年成立后，一直非常重视进行劳动立法。1922年7月至8月，中国共产党领导的中国劳动组合书记部发起了劳动立法运动，发出了《关于开展劳动立法运动的通知》，并拟订了《劳动立法原则》和《劳动法案大纲》。《劳动法案大纲》共19

① 参见石美遐：《劳动法学》，中国劳动社会保障出版社2004年版，第55页。

② 周长征：《劳动法原理》，科学出版社2004年版，第19页。

③ 刘长英：《近代中国劳工法制刍议》，载《襄樊职业技术学院学报》2005年第4期。

条，中心内容是要求北洋军阀政府承认劳动者有集会结社权、同盟罢工权，同时对制定工资福利、工作时间、休息休假、劳动保护、女工和童工的特别保护、劳动补习教育、社会保险等法规提出了具体的要求，从而在中国工运史上揭开了劳动立法新的一页。继中国劳动组合书记部领导发动的劳动立法运动之后，1926 年 5 月 1 日，中华全国总工会在广州召开第三次全国劳动大会，通过了《劳动法大纲决议案》。这是工人运动中提出的一个重要的劳动立法文献。① 1927 年以后中国共产党独自负担起中国新民主主义革命的历史使命，在新民主主义革命时期，中国共产党及其领导的革命政权历来重视劳动立法，制定了许多劳动法规和劳动立法建议书。这可以认为是中国社会主义劳动法的萌芽。

1. 土地革命时期的劳动立法

在国共对立的 10 年中，我党在革命根据地卓有成效地制订了劳动法律制度，其中突出表现是 1931 年 11 月在中央苏区的瑞金召开的中华苏维埃第一次全国代表大会通过的《中华苏维埃共和国劳动法》。这是第二次国内革命时期农村根据地的最重要、最完备的劳动立法。② 此外各根据地也制定过劳动法规，如《赤色工会组织法》、《劳动保护法》、《暂行劳动法》。

2. 抗日战争时期的劳动立法

抗日战争时期，革命根据地的劳动立法有了新的发展。在中国共产党的领导下的各边区政府基于既要照顾拥护抗日的民族资本家的利益，又要保护工人基本权利、改善工人生活的方针，进行了劳动立法。如《陕甘宁边区劳动保护条例（草案）》、《陕甘宁边区关于公营工厂工资标准之决定》、《陕甘宁边区战时公营工厂集体合同准则》、《晋年冀鲁豫边区劳工保护暂行条例》、《晋西北工厂劳动暂行条例》、《战时劳动保护法规》、《战时工厂法》、《战时工会法》、《雇工法》等。这一时期的劳动法基本能结合当时的实际情况，并注意抗日民族统一战线，既对劳动者的劳动条件、劳动时间和其他合法权益进行了切实有效的保护，也注意对雇主的权益进行实事求是的维护，因而对抗日根据地的生产起到了很好的保护与促进作用。

3. 解放战争时期的劳动立法

---

① 赵映林：《对我党劳动立法的历史回顾与展望》，载《工会理论与实践—中国工运学院学报》1996 年第 6 期。

② 韩延龙、常兆儒：《中国红色区域劳动立法史料简析》，载《法律文献信息与研究》2006 年第 1 期。

从1947年6月底开始，中国人民解放军转入了战略进攻，面对迅速发展的革命形势，争取解放战争的彻底胜利，我党提出了在解放区不许以片面的维护所谓劳动者福利为目标，提出过高的劳动条件，而必须严格地符合新民主主义经济政策的基本方针为原则确立了劳动立法的基本指导思想。劳动立法的总体原则和目标是："发展生产、繁荣经济、公私兼顾、劳资两利。"根据党中央制定的劳动立法的总方针和各项政策，各解放区相继颁布了一系列单行法规和文件，用以调整各解放区的劳动关系。如东北行政委员会颁布了《关于私营企业劳资争议调处程序暂行办法》。在"十六字"原则的指导下，1948年8月我党在哈尔滨举行的第六次全国劳动大会，通过了《关于中国职工运动当前任务的决议》，其中提出了劳动立法的十一点建议，涉及"企业民主管理"、"劳动时间"、"工资"、"女工、青工、童工、学徒"、"劳动保护"、"劳动保险"、"失业救济"、"劳动契约"、"工会"等方面的内容。这些建议不仅为各解放区调整劳动关系提供了指导，而且为新中国初期制定劳动政策和法规奠定了基础。①

二、中华人民共和国成立以后的劳动法

中华人民共和国的成立，标志着民主革命阶段的结束，社会主义建设的开始，我国的劳动立法也从此进入了又一个新的历史时期。从1949年到2005年，我国劳动法的发展经过了艰难曲折的历程。对于劳动立法发展阶段的划分，尽管，目前专家学者的观点并不一致，但基本上可以我国第一部劳动法典的出台作为前后两个历史时期来划分为两个阶段：

（一）劳动立法形成和发展阶段（1949—1993年）

在建国初期的经济恢复时期，由于我国既存在国营企业劳动关系，也存在私营企业劳资关系，在对劳动关系进行立法的过程中，我们党正确提出并贯彻了"劳资两利、公私兼顾"的政策。新中国《共同纲领》第32条提出："公私企业目前应实行8小时至10小时的工作制，特殊情况得酌情办理。人民政府应按照各地各业的情况规定最低工资逐步实行劳动保险制度。保护青工、女工的特殊利益。实行工矿检查制度，以改进工矿的安全和卫生设备。"为贯彻这一原则，1950年中央人民政府颁布了《工会法》，劳动部颁布了《工厂暂行条例（草案）》、《关于劳动争议解决程序的规定》，政务部颁布了《劳动保险条例》、《关于劳动就业问题的决定》等法规。这一阶段的劳动立法反映了我国从新民

---

① 董保华编著：《"劳工神圣"的卫士——劳动法》，上海人民出版社1997年版，第27～32页。

主主义社会向社会主义社会过渡的历史特点。

1954年9月第一届全国人民代表大会第一次会议通过了《中华人民共和国宪法》,其中包括许多有关劳动问题的原则性规定。如公民有劳动的权利、劳动者有休息的权利,公民有享受物质帮助的权利和遵守劳动纪律的义务等。为了实现宪法的各项规定,有关部门进一步加强了有关工厂管理民主化、劳动就业、工资、劳动安全与卫生、劳动保险、劳动纪律、劳动争议处理等方面劳动法规的制定工作,使新中国的劳动立法得到较快的发展。① 如1956年国务院颁布了《关于工资改革的决定》、《工厂安全卫生规程》、《建筑安装工程安全技术规程》、《工人职员伤亡事故报告规程》等法规。1956年,劳动部组织了《劳动法》的起草工作,但到1958年由于极"左"路线的干扰,起草工作被迫终止。② 自此以后,国家颁布的劳动法规极少,平均主义与大锅饭成为主流。十年"文化大革命"浩劫,更是使我国的各项事业都陷入停滞和倒退状态。

1978年月,党的十一届三中全会召开,揭开了我国民主与法制建设的新阶段。在邓小平同志建设中国特色社会主义思想的指导下,我国的劳动立法获得了巨大发展,以"砸三铁"为契机,旨在全面确立劳动合同制度的劳动法制建设全面展开。1982—1993年这一时期的劳动立法主要体现在:

(1)制定了有关建立劳动关系的法规,推行劳动合同制。作为经济体制改革的重要内容之一,对用工制度进行改革,把长期以来实行的以固定工为主体的用工制度逐渐改为实行固定工、合同工等多种用工形式并存的劳动合同制。1982年2月,劳动人事部发布了《关于积极试行劳动合同制的通知》,1986年7月,国务院发布了《国营企业实行劳动合同制暂行规定》等法规。这些法规的颁布,对于清除平均主义和打破大锅饭,在包括国有企业在内的企事业单位建立劳动合同制度有着重要的意义。

(2)加强劳动保护,发布了规范劳动安全卫生的法规。这一时期国家特别重视劳动安全卫生方面的立法,出台了一系列重要法规:1982年3月,国务院发布了《矿山安全条例》、《矿山安全监督条例》和《锅炉压力容器安全监察条例》,1987年6月,劳动人事部发布了《严格禁止招用童工的规定》,1988年7月,国务院发布了《女职工劳动保护规定》,1990年1月,劳动部又颁布了《女职工禁忌劳动的规定》,1991年国务院发布了《企业职工伤亡事故报告和处理规定》,1992年全国七届人大常委会通过了《矿山安全法》。

---

① 任扶善:《新中国劳动立法的发展》,载《首都经济贸易大学学报》2000年第1期。

② 关怀:《劳动法学》,法律出版社1996年版,第140页。

(3)发布了有关工资方面的一系列法规,改革工资制度。为了贯彻按劳分配的原则,恢复和改进了计件和奖励工资制度。同时对多年来实行的等级工资制度进行改革,赋予企业工资、奖金分配自主权,使企业的经济效益与其工资总额相挂钩。1985年国务院颁布了《关于国营企业工资改革问题的通知》、《关于国家机关和事业单位工作人员工资制度改革问题的通知》以及相配套的《工资基金暂行管理办法》、《国营企业奖金税暂行规定》、《国营企业工资调节税暂行规定》、《事业单位奖金税暂行规定》等;1990年,国务院批转了原劳动部《关于加强城镇集体所有制企业职工工资收入管理的通知》,国家统计局发布了《关于工资总额组成的规定》;1992年,原劳动部会同有关部门发布了《关于深化企业劳动人事、工资分配、社会保险制度改革的意见》、《关于股份制试点企业劳动工资管理暂行规定》、《城镇集体所有制企业工资总额与经济效益挂钩办法》;1993年原劳动部会同有关部门发布了《企业最低工资规定》,国务院办公厅转发了《劳动部关于加强企业工资总额宏观调控的意见》等。

(4)发布了有关社会保险方面的一系列法规,初步建立了失业保险等社会保障制度。为健全职工养老制度,1978年五届人大常委会第二次会议原则上批准了国务院《关于安置老弱病残干部的暂行办法》和《关于工人退休、退职的暂行办法》;1986年开始建立我国的失业保险制度,国务院发布了《国营企业职工待业保险暂行规定》(1986年)、《国营企业职工待业保险规定》(1993年);1991年对实行多年的养老保险进行改革,发布了《关于企业职工养老保险改革的决定》(1991年)、《企业职工养老基金管理规定》;在女职工劳动保护方面,有《女职工劳动保护规定》(1988年)、《女职工保健工作暂行规定》等。①

(5)发布了有关劳动就业方面的一系列法规,确定了"三结合"的就业方针。所谓"三结合"就业方针是指在国家统筹规划和指导下,实行劳动部门介绍就业、自愿组织起来就业和自谋职业相结合的方针。这一时期有关这方面的主要立法有:《进一步做好城镇劳动就业工作》(1980年)、《关于广开门路、搞活经济,解决城镇就业问题的若干决定》(1981年)、《关于招工考核、择优录用的暂行规定》(1983年)、《城镇待业人员登记管理办法》(1984年)、《国营企业招用工人暂行规定》(1986年)、《全民所有制企业临时工管理暂行规定》(1989年)、《全民所有制企业招用农民合同制工人的规定》(1991年)等。其中最为突出的是1982年宪法中明确"中华人民共和国公民有劳动的权利和义

---

① 苏树厚、段玉恩、张福明:《新中国劳动制度发展与创新研究》,山东人民出版社2006年版,第250～273页。

务”,“国家通过各种途径,创造劳动就业,加强劳动保护,改善劳动条件,并在发展生产的基础上,提高劳动报酬和福利待遇”。

(6)发布了劳动者民主参与方面的一系列法规,恢复职工民主代表大会制。1986 年中共中央、国务院颁发了《全民所有制工业企业职业代表大会条例》,在国营企业恢复职工代表大会制度,保障职工参与民主管理和当家作主的权利;1992 年七届全国人大第五次会议通过了《中华人民共和国工会法》。

(7)发布有关劳动争议处理程序方面的法规,恢复和统一劳动争议处理制度。1987 年发布的《国营企业劳动争议处理暂行规定》,恢复了中断多年的劳动争议处理法律程序;1993 年国务院发布《企业劳动争议处理条例》,同年劳动部发布《劳动争议仲裁委员会办案规则》、《劳动争议仲裁委员会组织规则》、《企业劳动争议调解委员会组织及工作规则》。

此外我国还在职工培训、劳动管理等方面颁布了一系列的重要法规,使得劳动法得以恢复并有了长足的发展。但是由于当时处于计划经济体制之下,所制定的劳动法部可能超脱于计划经济体制,在当今市场经济条件下,有许多法律制度已不能适用,而亟须修改和废止。①

(二)劳动立法成熟阶段(1994 年至今)

1993 年开始,我国由传统的计划经济向社会主义市场经济转变,经济体制上的变革有力地促进了劳动立法的大发展,劳动法得到了强化,劳动立法进入成熟时期②:

(1)制定了一部较为系统和完备的《劳动法》。1993 年初,中共中央明确确立建设中国特色社会主义市场经济的目标,《劳动法》的起草工作顺利加快,经过多次的研究、论证、修改和补充,《劳动法》草案逐步完善。1994 年 1 月 7 日,经国务院第十四次常委会议审议,原则上通过了《劳动法》(草案)。经第八届全国人大常委会广泛征求各方意见后,对《劳动法》(草案)又做了认真的修改、补充,最后 1994 年 7 月 5 日,经第八届全国人大常委会第八次会议审议通过,并于 1995 年 1 月 1 日开始施行。劳动法的颁发与实施,使得我国宪法中有关劳动的规定具体化、明晰化,同时又为制定各种具体的劳动法律规范性文件提供了依据。它是我国第一部系统的完备的劳动法典,它的贯彻实施具有

---

① 关怀:《十一届三中全会以来我国劳动法学的发展》,载《法学家》1999 年第 1、2 期。

② 石美遐:《劳动法学》,中国劳动社会保障出版社 2004 年版,第 58～61 页。

重要的意义。[①]《劳动法》颁布后，有关部门抓紧进行了配套法规、规章和规定的制定，以建立更为完备的劳动法体系。

(2)注重劳动条件和劳动标准的立法。实行社会主义市场经济后，我国对劳动关系的调整由计划经济下的行政管理变为依法管理，国家注重劳动条件和劳动标准的立法，主要有：劳动部 1994 年发布的《关于实施最低工资保障制度的通知》、《工资支付暂行规定》、《未成年工特殊保护规定》；国务院 1994 年发布的《关于职工工作时间的规定》；2001 年 10 月 27 日九届全国人大常委会第 24 次会议通过的《职业病防治法》、2002 年 6 月 29 日九届全国人大常委会第 24 次会议通过的《安全生产法》、2002 年 5 月国务院发布的《使用有毒物品作业场所劳动保护条例》、2002 年 10 月国务院发布修订过的《禁止使用童工规定》、2004 年 1 月劳动部发布的《最低工资规定》等。

(3)完善劳动合同和集体合同制度。为破除传统计划经济体制下行政分配式的劳动用工制度，建立与社会主义市场经济体制相适应的用人单位与劳动者双向选择的劳动用工制度，实现劳动力资源的市场配置，促进劳动关系和谐稳定，在《中华人民共和国劳动法》和《关于贯彻执行〈中华人民共和国劳动法〉若干问题的意见》有关劳动合同和集体合同规定的基础上，劳动部于 1994 年相继发布了《违反和解除劳动合同的经济补偿方法》、《集体合同规定》、《企业经济性裁减人员规定》，1995 年 5 月发布了《违反〈劳动法〉有关劳动合同规定的赔偿办法》、1996 年发布了《劳动部关于订立劳动合同有关问题的通知》和《劳动部关于实行劳动合同制若干问题的通知》，在认真总结我国现行劳动合同制度实施经验并借鉴一些发达市场经济国家劳动合同制度的基础上，劳动和社会保障部 2004 年 1 月发布了《集体劳动合同规定》。

(4)改革工资制度。为了建立健全企业工资总额宏观调控机制，促进企业经济效益的增长和职工积极性的提高，使企业的工资增长与经济效益增长保持合理关系，1994 年 12 月劳动部和国家体改委联合发问《股份有限公司劳动工资管理规定》，1996 年 12 月劳动保障部发布了《关于改进完善企业工资总额同经济效益挂钩方法的通知》，2000 年 11 月发布了《进一步深化企业内部分配制度改革的指导意见》，2003 年 11 月劳动保障部与财政部联合发文《关于进一步做好企业工资总额同经济效益挂钩工作的通知》。

(5)统一社会保险制度。随着社会主义市场经济地位的确立和发展，在全

---

① 关怀：《适应市场经济要求，进一步完善劳动法制——纪念〈劳动法〉颁布十周年》，载《法学杂志》2004 年第 6 期。

国建立统一和完善的社会保险制度尤为必要。这一时期的社会保险立法比较多:1994 年劳动部发布《企业职工生育保险试行办法》,1997 年 7 月国务院颁布《关于建立同意企业职工基本养老保险制度的决定》,1998 年 12 月国务院颁布《关于建立城镇职工基本医疗保险制度的决定》,1999 年 1 月国务院颁布《失业保险条例》、《社会保险费征缴暂行条例》,1999 年 2 月国务院办公厅发布《关于进一步做好国有企业下岗职工基本生活保障和企业离退休人员养老金发放工作有关问题的通知》,1999 年 3 月国务院办公厅和社会保障部发布《社会保险登记管理暂行条例》、《社会保险费申报缴纳管理暂行办法》,1999 年 4 月劳动和社会保障部、民政部和财政部联合发布《关于做好国有企业下岗职工基本生活保障失业保险和城市居民最低生活保障制度衔接工作的通知》,2001 年 5 月劳动和社会保障部发布的《社会保险行政争议处理办法》、2003 年 2 月劳动和社会保障部发布的《社会保险稽核办法》,2003 年 4 月国务院发布的《工伤保险条例》,2003 年 9 月劳动和社会保障部发布的《工伤认定办法》、《因工死亡职工供养亲属范围规定》、《非法用工单位伤亡人员一次性赔偿办法》等。

(6)完善争议处理程序。针对劳动争议处理过程中暴露出来的一些问题,1995 年 8 月全国总工会发布《工会参与劳动争议处理试行办法》,2001 年 4 月最高人民法院通过并发布《关于审理劳动争议案件适用法律若干问题的解释》,2006 年 7 月,最高人民法院又通过了《关于审理劳动争议案件适用法律若干问题的解释(二)》,较好地弥补了劳动争议处理过程中的一些缺漏,最大限度地保护劳动者在劳动争议处理过程中依法享有的权益。

在完善劳动监察制度、促进劳动力市场的形成等方面,我国相关部门也制定了不少法律规范,如劳动监察方面有《劳动保障监察条例》、《劳动监察员管理办法》、《劳动监察程序规定》、《劳动监察准则》等;就业促进和职业培训方面。主要有《劳动力市场管理规定》、《人才市场管理规定》、《就业登记规定》、《职业指导规定》、《职业介绍规定》、《境外就业中介管理规定》,《农村劳动力跨省流动就业管理暂行规定》、《就业训练规定》、《职业培训实体管理规定》、《企业职工培训规定》、《职业教育法》等。

这样,我国基本上形成了比较健全的劳动法律法规规章体系。全国各省、市、自治区以上述立法为指导也基本建立了最低工资保障制度、劳动社会保险制度、劳动争议解决的法律机制以及劳动监察制度等,从而建构起了对劳动者

合法权益进行有效保护的劳动法律制度体系。①

第三节　国际劳工立法的发展历程

一、国际劳工组织

(一)国际劳工组织成立的原因

国际劳工组织(简称 ILO)是联合国负责劳工问题的国际机构,成立于1919 年 10 月,是联合国诸多机构中成立最早、地位十分重要的一个专门机构。它的成立有其深刻的时代背景和社会基础。

国际劳动法产生于 19 世纪欧洲资本主义工业国家。首倡国际劳动法的思想家主要有英国的空想社会主义者欧文和法国社会活动家大卫·李格兰。为了使各国工人的劳动状况能得到同样的改善,他们提出制定国际劳动法的倡议。1978 年,欧文上书"神圣同盟"会议,提出制定国际劳工法的建议。李格兰也在 1840—1855 年多次向欧洲一些主要国家政府呼吁制定国际劳工法,并提出了系统的国际劳工立法设想。倡议提出之初,不仅遭到各国政府拒绝,而且遭到自由派经济学家的激烈反对。② 19 世纪下半叶工人运动高涨,制定国际劳工法以改善各国工人阶级劳动条件的思想为一些工人组织所接受,他们积极为此而进行斗争和呼吁。在工人运动高潮中,一些进步的思想家、社会活动家,甚至进步的企业家也再次为制定国际劳工法进行宣传和鼓动。一些欧洲国家的政府和社会主义者开始试图促进制定统一的国际劳动标准。③

1890 年 3 月德国政府在柏林召开了由 15 个国家参加的有关保护工人和国际劳工法的会议,会议讨论并通过了星期日休息、童工最低年龄等议案。这次会议只是流于形式并未取得实际效果,但是它毕竟是第一次由各国政府正式派代表讨论国际劳工法的会议,对于推动国际劳工法的产生还是有积极作用的。柏林会议以后,同年在巴黎组成了一个国际劳工立法协会,协会是由赞成国际劳工立法的社会活动家、工人领袖等组成的非官方组织。协会的一项重要宗旨就是提倡制定关于劳动状况的公约。该协会在 1905 年由瑞士政府

---

① 秦国荣:《劳动与社会保障法律制度研究》,南京师范大学出版社 2004 年版,第 33 页。

② 赖达清主编:《劳动法学》,中国检察出版社 2001 年版,第 59 页。

③ 王家宠:《国际劳动公约概要》,中国劳动出版社 1991 年版,第 4～5 页。

召开的13个国家参加的伯尔尼国际会议上，提交了《关于禁止工厂女工做夜工》和《关于禁止火柴制造中使用白（黄）磷》两个公约草案，经会议讨论通过。因第一次世界大战爆发，协会工作也宣告停止，国际劳工立法因战争而中断，但为其成立和发展奠定了基础。战后，各参战国于1919年在巴黎召开和平会议，在第一次预备会议上决定组织一个委员会，从国际方面考察工人状况，并研究国际立法，以便对劳动问题采取一致的行动，并建议组织一个永久性机构，对劳工问题从事调查研究等事宜。根据这一决议，由英、美、法、日、意等国派15人组成委员会，起草了一个《国际劳工组织章程》草案和一个包括九项原则的宣言，于1919年4月提交和会讨论通过，编入《凡尔赛和平条约》第13篇，即"国际劳动宪章"。1919年6月，国际劳工组织正式宣告成立。

根据巴黎和约，第一届国际劳工大会于1919年10月在华盛顿召开，39个国家派三方代表团出席。第一届劳工大会讨论了一些实质性问题，主要是战后劳动人民最关心的工时和失业问题。除此之外，大会还通过了关于女工上夜班、保护产妇、工业部门工人最低就业年龄及青工上夜班等四项国际公约。国际劳工组织成立的初衷及其主要活动是从事国际劳动立法，即制订和推动实施国际劳工公约和建议书，统称国际劳工标准，以促进对全世界劳动者基本权利的保护。

作为国际劳动立法的专门机构，国际劳工组织从1919年成立以来经历了三个发展阶段：从1919年到1939年，它作为国际联盟的自治性附属机构开展活动；国际联盟解体后，它便作为一个独立的国际组织存在；1946年，成为新成立的联合国负责社会和劳工事务的一个专门机构。国际劳工组织的总部设在瑞士的日内瓦，截至2003年12月31日，国际劳工组织的成员国有177个。国际劳工组织作为联合国的一个专门机构，基本上是一个政府间的组织。但在联合国体系中，它是唯一具有"三方性"体制的组织，即：政府、工人、雇主三方都可自由参加会议，独立表决。① 因此，国际劳工组织自称是有史以来第一个工人代表在其中有发言权和表决权的国际性政府间组织。目前联合国其他机构如教科文、世界卫生组织等也开始加强与国际工会组织的联系，重视工会意见。

（二）国际劳工组织的宗旨和职能

1. 国际劳工组织的宗旨

《国际劳工组织章程》（1972年修订）明确规定国际劳工组织的宗旨是通

---

① 郭懋安、黄汝接：《国际劳动立法》，《中国工会财会》2004年第11期。

过劳工立法和开展技术合作，促进“社会正义”，“维护世界持久和平”。《国际劳工组织章程》指出，只有以社会正义为基础，才能建立世界持久和平。考虑到恶劣的劳动条件会使人遭受不公正、困难和贫困，使世界和平与正义受到威胁。为了改善工人劳动条件，国际劳工组织将工作重点确定在以下方面：(1)调整工时，包括制定最大限度的工作日和工作周；(2)调整劳动力供给，防止失业，规定足够维持生活的工资；(3)对工人因患病和因工负伤予以保护；(4)保护儿童、青年和妇女；(5)规定养老金和残疾抚恤金；(6)保护工人在外国受雇时的利益；(7)承认同工同酬原则；(8)承认结社自由原则；(9)组织职业教育和技术教育。与《国际劳工组织章程》具有同等地位的《费城宣言》，又被称为“关于国际劳工组织的目标和宗旨的宣言”，明确国际劳工组织的目标和宗旨是：在社会正义的基础上实现持久和平，从而使全人类不分种族、信仰和性别都有权在自由和尊严、经济保障和机会均等的条件下谋求物质福利和精神发展。可见，国际劳工组织的基本宗旨是，通过促进全世界劳动条件的改善和生活水平的提高，最终在实现社会正义的基础上建立世界的持久和平。

2. 国际劳工组织的职能

国际劳工组织在劳工领域里开展的活动范围非常广泛，其主要职能是①：

(1)从事国际劳工立法并监督国际劳工标准的实施。国际劳工组织最主要的职能就是从事国际劳动立法，制定劳工标准，以供各会员国批准和采纳，并促进和监督它们的实施。这些公约和建议书规定国际公认的关于处理劳动关系及保障劳动力再生产相关事宜的原则、规则和制度，即“国际劳工标准”。一般来说，重要的劳工问题都采取公约的形式，其他一些问题则采用建议书的形式。公约和建议书在效力上有所不同。公约是具有法律效力的文件，必须经过会员国批准才能生效。而建议书仅具有参考性，不要求各会员国批准，也无拘束力，只为各国提供立法指导。从 1919 年第 1 届到 2004 年第 92 届国际劳工大会，国际劳工组织共制定了 185 项国际劳工公约和 195 项建议书。有些公约是以保证结社自由权利、禁止强迫劳动及消除工作中的歧视来体现工人的自由和尊严的；另一些公约则涉及促进充分就业、职业培训、工作条件(工时、工资和带薪休假)、职业安全与卫生和产业关系等。有些只适用于某些类别的工人，如移民工人、海员、妇女或青年。

(2)在社会政策和管理、人员培训和使用技术方面提供技术援助。为推动国际劳工标准的实施，国际劳工组织在第二次世界大战后利用联合国开发计

① 《国际劳工组织简介》，《中国工运》1999 年第 8 期。

划署提供的资金逐步开展技术合作活动。同时工业化国家也提供捐助，帮助发展中国家发展劳工事业。技术合作活动注重长远利益，如举办培训班、派专家提供咨询，在立法、提高生产率、扩大就业、开展人力资源、职业培训等方面提供援助和必要的设备，以促进成员国实施国际劳工标准。

(3)进行劳工问题的研究和教育。国际劳工组织参与了大量的研究计划与数据的汇编分析工作，每年都为成员国提供不同语种的各类信息数据和文献资料。主要有：有关经济和社会问题的《国际劳工评论》，转载劳工和社会保障领域的重要文献；有关国家和国际当前重大事件的《社会和劳工公报》及《劳工统计年鉴》，不断传递成员国的信息数据等。除此之外，还出版内容广泛的书籍，各种问题的国际研究、产业专题论著、职业安全与卫生法规、工人教育课程和管理丛书等。

(三)国际劳工组织的组织机构

1.国际劳工大会

国际劳工大会是最高权力机构。大会每年 6 月的第一个星期三在日内瓦万国宫举行。每个成员国的代表团由 2 名政府代表和 1 名雇主代表、一名工人代表及若干顾问组成。各位代表享有同等权利，可自由发表意见并根据自己的意愿进行表决。联合国和其他的政府间组织以及各国际工会组织也派代表以观察员身份参加大会。国际自由工联、世界劳联和世界工联的代表在大会及所有下设委员会的工人组中起重要的咨询作用。国际劳工大会的主要工作是：听取国际劳工局长的报告；制定和通过以公约和建议书为形式的国际劳工标准，并审查各国执行公约和建议书的情况；制定和修改本组织章程；审议通过理事会提交的两年度计划和预算草案；每三年改选一次理事会理事；成立技术委员会，对劳工和社会领域的专门问题进行审议，以决定本组织活动方向。

2.理事会

理事会可以说是国际劳工组织这一"车轮"的轴，国际劳工组织的一切活动都围绕理事会展开。在国际劳工大会闭会期间指导国际劳工局各项工作，对国际劳工组织总的事务进行监督；负责拟定国际劳工大会和国际劳工组织其他会议的议程；为国际劳工大会通过公约和建议书进行必要的技术准备；讨论两年度预算并提交大会以及决定设立国际劳工组织的其他机构和劳工局长的任命等。实际上理事会是一个决策执行机构。

理事会设主席一名，副主席二名，每年改选一次。按照惯例，主席从政府理事中产生，副主席分别从工人理事和雇主理事中产生。享有咨询地位的国

际工会组织可参加理事会议。一般选一个国际工会组织的代表担任工人组秘书,并常驻日内瓦,便于代表工人组与国际劳工局联系。理事会下设若干委员会专门讨论各技术性问题。

3. 国际劳工局

设在日内瓦的国际劳工局是国际劳工组织的常设秘书处,对理事会负责。它负责为大会和专门会议起草必需的文件和报告以及背景材料;招聘和指导国际劳工组织在全世界进行技术合作的专家;发行各种专门性出版物和期刊;对世界各国的技术合作计划进行指导和提供咨询;从事教育和研究工作,并与各国劳工和社会事务部门、雇主和工人组织(工会)密切合作。所以,国际劳工局也可以说是一个行政机构,一个研究和文献中心。来自100多个国家的3000名官员和技术顾问,在日内瓦总部、在国际劳工组织与之进行技术合作的国家,在40个外地办事处分别担任工作。国际劳工局根据两年度计划预算定期召开地区会议和专门会议,专门会议由专设的一些技术性委员会召开。如联合海事、农村发展咨询等。

国际劳工局由局长负责。局长由理事会选举产生,每届5年。国际劳工局下设国际劳工标准、技术合作、部门活动、会务、人事、新闻出版等十多个司处。此外还拥有国际劳工组织国际培训中心(设在意大利都灵,1965年成立)和国际劳工问题研究所(1960年成立)。

二、国际劳工立法

严格来讲国际劳动立法既来源于国际劳工组织,也有来源于联合国和区域性组织的文件以及有关的双边条约。但国际劳工组织的劳动立法是国际劳动立法最主要的来源。

(一)国际劳工组织的立法原则①

国际劳工组织进行国际劳动立法所遵循的原则,在第二次世界大战以前是1919年《国际劳动宪章》所规定的九项原则,第二次世界大战后是1944年《费城宣言》所规定十项原则。近些年来,联合国大会所通过的一些有关劳动和社会问题的重大决议,也是国际劳工立法必须遵循的原则。

《国际劳动宪章》的九项原则是:(1)在法律上和事实上,人的劳动不应视为商品;(2)工人和雇主都有结社的权利,只要其宗旨合法;(3)工人应该得到足以维持适当生活水平的工资;(4)工人的工作时间以每日8小时或每周48

① 任扶善:《世界劳动立法》,中国劳动出版社1991年版,第227~228页。

小时为标准;(5)工人每周至少有持续24小时的休息,并尽量把星期日作为公休日;(6)工商业不得雇用14岁以内的童工,并限制14—18周岁男女青年的劳动;(7)男女工人同工同酬;(8)各国给予有合法居住权的外籍工人以与本国工人同样的劳动条件和待遇;(9)各国应设立劳动监察制度,以保证劳动立法的实施,监察人员应有妇女参加。

《费城宣言》的十项原则是:(1)达到充分就业和提高生活标准;(2)使工人受雇于他们最理想的工作,以充分发挥其技能与特长,作出最大贡献;(3)为达到上述目的的手段,必须在有关方面充分保证,提供训练,对易地就业的迁移调动等方面提供方便;(4)关于工资、收入、工时和其他工作条件的政策拟定应能保证将进步成果公平地分配给一切人,将维持最低生活的工资给予一切失业的并需要此种保护的人;(5)切实承认集体谈判的权利,在不断提高生产力的情况下,实行劳资双方的合作以及工人和雇主在制定和实施社会经济措施方面的合作;(6)扩大社会保障措施,以便使所有需要此种保障的人得到基本收入,并提供完备的医疗;(7)充分保护各业工人的生命和健康;(8)提供儿童福利和产妇保护;(9)提供充分的营养、住宅和文化娱乐设施;(10)保证教育和就业机会均等。

(二)国际劳动立法的形式

1.国际劳工组织国际劳动立法的形式

(1)国际劳工组织章程。国际劳工组织的成员有义务遵守国际劳工组织章程,该章程在其序言和不可分割的附件《费城宣言》里,确认了处理劳动问题的总的原则

(2)国际劳工公约和建议书。这是国际劳动立法的主要形式。由国际劳工公约和建议书所构成的国际劳工法,与其他公约相比,有其独特之处,主要表现在:第一,立法机构的组成具有“三方性”。这是其他国际机构所没有的独特原则。政府、劳工、雇主三方代表都参加各类会议(包括国际劳工大会)和机构,劳工和雇主代表可以自由讨论,独立表决。第二,立法所规范的范围,具有“国内性”。国际劳工公约和建议书所规定的条款,绝大部分是调整成员国的内部劳动关系的。只有极少数公约和建议书涉及其他国家的问题,如对外籍工人给予平等待遇以及对外国海员协助遣返本国等。第三,会员国接受立法的约束具有“自愿性”。国际劳工公约和建议书在通过后并不直接发生效力。公约经成员国批准才对该成员国有约束力,而成员国是否批准公约,则完全由成员国自行决定,国际劳工组织无法干涉。至于建议书,则不需要批准,成员国是否采纳建议书的内容,可完全根据自己的需要来决定,并且在采纳时可以

任意取舍。①

2.其他国际劳动立法的形式。主要包括:(1)联合国有关劳动问题的文件;(2)区域组织有关劳动问题的文件;(3)两国间有关劳动问题的双边条约。

(三)国际劳动立法的内容

国际劳动立法的主要内容涉及以下七个方面:

1.基本人权。它的基本内容为结社自由,工人有权建立和加入自己选择的工人组织;免于强制劳动的自由,禁止任何强迫劳动;免于歧视的自由,不分种族、肤色、性别、宗教、政治观点、民族和社会出身,在就业和职业上一律机会均等和待遇平等。国际劳工组织把结社自由、免于强制劳动的自由和免于歧视的自由列为事关基本人权的国际劳动标准,把它们当作改善各方面工人处境的根本保证。

2.就业政策和人力资源开发。国际劳工组织在促进实现充分的、生产性的和自由选择的就业政策,建立免费的职业介绍机构和加强对收费的职业介绍机构的管理;组织职业指导和职业培训,完善就业服务体系四个方面订立了国际劳动标准。此外,《世界人权宣言》和《经济、社会和文化权利国际公约》都明确规定人人有劳动的权利。

3.普遍性的就业条件。规定不得无理终止雇员的就业合同;规定最低工资;保障工人按时足额得到工资以及工人享有使用其工资的充分自由;规定工作时间,逐步缩短工时;规定每年享有付薪的假期。

4.职业安全与卫生。制定和实行有关保障工人职业安全与健康的国家政策;建立相应基础设施,规定政府、雇主、工人三方应负的责任;加强预防工作,防止劳动事故发生,在企业建立承担预防职能的职业卫生设施;对一些容易发生因工伤亡事故和对工人健康有害的劳动环境和产业部门,制定关于职业安全与卫生方面的专业标准,如防止有毒物质、空气污染和噪音的标准等。

5.社会保障。在这方面的基本文件是1952年的《社会保障(最低标准)公约》(第102号公约)。该公约确立了应把社会保障作为普遍实行的制度的原则,并规定社会保障的内容为:医疗保健、疾病补助、伤残补助、养老补助、遗属补助、工伤(包括职业病)补助、失业补助、家庭补助、生育补助,并且规定了每项补助的最低标准。

6.易受伤害群体的特殊保护。规定童工和青少年工人的最低就业年龄、

---

① 王全兴主编:《劳动法学》,人民法院出版社、中国公安大学出版社2005年版,第34页。

体格检查、限制在劳动中承受的最大重量、限制夜间劳动；有关女工生理的特殊保护、避免从事繁重或有毒有害工作、男女就业机会均等和同工同酬；有关残疾工人的康复和就业、有关年龄较大工人利益的保障；有关非全日工、临时工以及在家工作的工人的就业条件（包括工资待遇、社会保障、假期等）的保障。

7. 劳资关系。规定并保障劳资间进行集体谈判、签订集体合同的权利；劳资争议的处理、调解和仲裁；企业事业单位内部劳资之间的协商与合作；跨国公司企业职工委员会的建立与职权；建立有关劳动问题的三方协商和合作机制等。

在上述公约和建议书中，其中涉及劳动者基本人权方面的内容被称为“核心劳动标准”，包括结社自由、集体谈判、废除强迫劳动、就业无歧视、消除剥削性的童工这五个方面工人基本权利的八个公约，即《结社自由和保护组织权利公约》（第 87 号公约）、《组织权利和集体谈判权利原则的实施公约》（第 98 号公约）、《强迫或强制劳动公约》（第 29 号公约）、《废除强迫劳动公约》（第 105 号公约）、《对男女工人同等价值的工作付予同等报酬公约》（第 100 号公约）、《就业和职业歧视公约》（第 111 号公约）、《准予就业最低年龄公约》（第 138 号公约）、《禁止和立即行动消除最恶劣形式的童工劳动公约》（第 182 号公约）。

三、中国与国际劳工组织的关系

（一）中国与国际劳工组织的关系

1919 年“巴黎和会”上，北洋军阀政府在《对奥和约》上签字，因而中国成为国际联盟的原始成员国，同时也就成了国际劳工组织的创始国之一。1944 年，中国成为国际劳工组织的 10 个常任理事国之一。

中华人民共和国政府于 1984 年 5 月对旧中国政府批准的 14 个劳工公约予以重新承认，这 14 个公约为：《确定准许儿童在海上工作的最低年龄公约》（1920 年第 7 号公约）；《农业工人的集会结社权公约》（1921 年第 3 号公约）；《工业企业中实行每周休息公约》（1921 年第 14 号公约）；《确定准许使用未成年人为扒炭工或司炉工的最低年龄公约》（1921 年第 15 号公约）；《在海上工作的儿童及未成年人的强制体格检查公约》（1921 年第 16 号公约）；《本国工人与外国工人关于事故赔偿的同等待遇公约》（1925 年第 19 号公约）；《海员协议条款公约》（1926 年第 22 号公约）；《海员遣返公约》（1926 年第 23 号公约）；《制订最低工资确定办法公约》（1928 年第 26 号公约）；《航运的重大包裹标明重量公约》（1929 年第 27 号公约）；《船舶装卸工人伤害防护公约》（《防止

码头工人事故公约》)(1932 年第 32 号公约);《各种矿场井下劳动不得使用妇女公约》(1935 年第 45 号公约);《确定准许使用儿童于工业工作的最低年龄公约》(1937 年第 59 号公约);《对国际劳工组织全体大会最初 28 届会议通过的各公约予以局部的修正以使各该公约所赋予国际联盟秘书长的若干登记职责今后的执行事宜有所规定并因国际联盟的解散及国际劳工组织章程的修正而将各该公约一并酌加修正公约》(《最后条款修正公约》)(1946 年第 80 号公约)。

此后,我国政府又批准了 10 个国际劳工公约:1987 年批准的《残废人职业康复与就业公约》(1983 年第 159 号公约);1990 年批准的《男女工人同工同酬公约》(1951 年第 100 号公约);1990 年批准的《三方协商促进贯彻国际劳工标准公约》(1976 年第 144 号公约);1994 年批准的《关于作业场所安全使用化学品公约》(1990 年第 170 号公约);1997 年批准的《就业政策公约》(1964 年第 122 号公约);1998 年批准的《最低就业年龄公约》(1973 年第 138 号公约);2001 年批准的《劳动行政管理公约》(1978 年第 150 号公约);2001 年批准的《建筑业安全卫生公约》(1988 年第 167 号公约);2002 年批准的《禁止和立即行动消除最恶劣形式的童工劳动公约》(1990 年第 182 号公约);2005 年批准的《歧视(就业和职业)公约》(1958 年第 111 号公约)。截至 2007 年 3 月,我国已经承认和批准了 25 个公约,还在生效的有 22 个公约,其中三个早期的公约因第 138 号公约被批准而失效。①

(二)国际劳工立法对我国的影响

国际劳动立法对于中国的影响绝不仅仅只限于上述 21 个国际公约,即便是那些还没有批准的公约和建议书,对我国的国内的劳动立法,也有着极大的参考借鉴作用。例如我国《劳动法》在起草和制订过程中,除了根据我国宪法中对劳动制度的原则性规定和我国国情之外,也借鉴了国际劳动立法的经验,特别是国际劳动公约和建议书的具体内容,包括批准的与未被批准的。例如,最低工资制度、工时制度、禁止童工、对妇女的特殊保护、禁止就业歧视促进就业的措施、禁止强迫劳动、劳动安全卫生条件、劳动监督检查制度等等。② 我

① 这三个公约分别是《确定准许儿童在海上工作的最低年龄公约》(1920 年第 7 号公约)、《确定准许使用未成年人为扒炭工或司炉工的最低年龄公约》(1921 年第 15 号公约)、《确定准许使用儿童于工业工作的最低年龄公约》(1937 年第 59 号公约)。

② 王全兴主编:《劳动法学》,人民法院出版社、中国公安大学出版社 2005 年版,第 39～41 页。

国《劳动法》与国际劳动立法的内容是密不可分的，即使从国际角度来看，它也算是一部对劳工权利保护水平相当高的法律，这充分体现了国际劳工标准发展的大趋势和我国社会主义制度的优越性。此外，我国已经或正在制订与《劳动法》配套的相关法律和行政法规，也都不同程度地要参考相关国际公约和建议书。随着我国社会主义市场经济的发展，在国企改革、减员增效、下岗分流的新形势下，社会的弱势群体有所扩大，如何更充分地维护他们的合法权益是目前改革的一个迫切问题。

加入 WTO 后，我国进入了世界经济贸易的舞台，在全球化的背景下我国与国际劳工组织以及世界贸易组织及等国际组织的关系将越来越密切，国际劳工标准对我国劳动立法的影响会日益加深。作为一个发展中国家，一方面，我国要参照国际劳工标准，不断发展和完善中国劳动立法，从而使我国劳动者的合法权益得到进一步的保护；另一方面，也应当清醒地认识到，劳动者权益的保障和改善是一个发展过程，受到经济、社会、历史和文化等条件的制约，我国应当从国情出发，逐步实现与国际劳工标准的接轨。①

① 周长征：《全球化与中国劳动法制问题研究》，南京大学出版社 2003 年版，第 166～179 页。

第三章 劳动法概述

第一节 劳动法的概念和调整对象

一、劳动法的概念和特征

(一)劳动法的概念

我国传统的劳动法几乎所有的重要范畴均照搬于前苏联的劳动法。那时的劳动法实际上为“劳动行政法”,与高度集中统一管理体制相适应。随着我国市场经济体制的建立,劳动法也开始恢复其本来面目,正在社会主义市场经济建设过程中发挥着重要的作用。

何谓劳动法?不同的国家、学者对劳动法的概念有不同的理解,主要有以下几种主张:

(1)法律原则和规则说。英国《牛津法律大辞典》对劳动法的解释是:劳动法是与雇佣劳动相关的全部法律原则和规则,大体与工业法相同,它规定的是雇佣劳动和劳动或工业法律方面的问题。①

(2)生存权说。韩国劳动法是以劳动者与使用者之间的劳动关系为调整对象,具有修正市民法产生的社会弊害,以确保劳动者生存为目的的法律规范。②

(3)劳动关系说。我国台湾学者史尚宽在其《劳动法原论》中论述道:“劳动法为关系劳动之法。详言之,劳动法为规律劳动关系及其附随一切关系之法律制度之全体。”③

我国台湾学者黄越钦也持该说,认为劳动法之内容应为一切劳动关系直接间接有关法律之总和,包括雇佣关系法(个别劳动关系)、劳资关系法(集体

---

① 《牛津法律大辞典》,光明日报出版社 1988 年版,第 511 页。

② 王益英:《外国劳动法和社会保障法》,中国人民大学出版社 2001 年版,第 487 页。

③ 史尚宽:《劳动法原论》,上海正大印书馆 1934 年版,第 1 页。

劳动关系)、劳工社会安全与福祉法、劳动市场法、工作环境权法。他强调劳动法的领域仍在扩张之中,在界定劳动法时,还需要与其他法律相区别,才能得出较完整的概念。①

本书采用通说,即劳动法是调整劳动关系以及与劳动关系密切联系的其他社会关系的法律规范的总和,即不仅包括国家最高立法机构制定颁布的全国性综合性的劳动法,即法典式的劳动法,还包括其他各种规范性文件中有关调整劳动关系以及与劳动关系有密切联系的其他关系的法律规范。

(二)劳动法的法律属性与特点

劳动法发端于民法,又脱离了民法,并成为独立的法律部门。从性质上看,劳动法已经不属于私法的范畴,它具有社会法的品格。作为独立部门的劳动法,具有自身特点。

1. 劳动法是劳动权利保护法

劳动法并非用人单位管理劳动者的法律,而是以保护劳动者合法权益、贯彻宪法劳动权为首要宗旨的法律。因为在劳动关系中,劳动与资本的力量是不平衡的,资本的巨大支配力很容易使劳动合同附合化,劳动者的合法利益常常得不到有效保护。要使劳动者获得体面和有尊严的劳动,就必须通过法律的强制来弥补劳动者的弱势地位,因此,保护劳动者是劳动法与生俱来的使命。但这并不意味着资本者或经营者的利益就可以不保护,物权法、合同法、公司法、知识产权法等都是保护资本者或经营者财产的法律制度。②

2. 强制性规范与任意性规范相结合,以强制性规范为主

强制性规范是人们必须遵守的规范,任意性规范是可以选择适用的规范。一般说来,作为一部法律,既包括强制性规范,也包括任意性规范,只不过在不同的法律中强制性规范和任意性规范的比例是不一样的。劳动法作为劳动者的权益保障法,具有鲜明的国家干预性,因此以强制性规范为主,如劳动基准制度以强制性规范规定工资、工时、劳动安全卫生、职业培训、保险福利、女职工和未成年工特殊保护等方面的最低劳动标准,用人单位必须严格遵守,不能降低标准,只能在最低标准之上给予劳动者更好的劳动条件和工资福利待遇。但劳动法在突出强制性规范的同时,也强调任意性规范,如集体合同制度和劳动合同制度主要表现为任意性规范。强制性规范与任意性规范在劳动法中有

---

① 黄越钦:《劳动法新论》,中国政法大学出版社 2003 年版,第 17～18 页。

② 林嘉:《十届全国人大常委会法制讲座第十八讲讲稿:我国的劳动法律制度》,http://npc.people.com.cn,下载日期:2007 年 03 月 22 日。

机结合在一起,共同发挥作用。

3.劳动法兼具实体法和程序法的双重性质

实体法是程序法产生和存在的前提,程序法是实体法贯彻实施的保证方法和手段。一般而言,实体法和程序法是一种互为依存的关系,有实体法就有与之对应的程序法,如民法与民事诉讼法、刑法与刑事诉讼法。但劳动法则不然,其本身既有实体性法律规范,也有程序性法律规范,这是由劳动法的特殊性所决定的。由于劳动争议案件的复杂性、特殊性、疑难性以及劳动争议案件所适用的法律法规、规章、其他规范性文件的复杂性,劳动争议的解决程序有不同于普通民事纠纷和商事仲裁的特点,这就使得劳动法既有实体法的内容又有程序法的内容。[①]

二、劳动法的调整对象

(一)劳动关系

1.劳动关系的概念

人在劳动过程中,在与自然界发生关系的同时,人与人之间也必然发生一定的社会关系。社会劳动关系可以分为两类:一类是劳动者在集体劳动过程中与其他劳动者或单位之间产生的关系;另一类是劳动者在实现集体劳动过程中与用人单位之间发生的关系。劳动法所调整的劳动关系仅限于后者,是指在劳动为和生产资料分别归属于不同所有人的情况下,劳动力所有者按生产资料所有者的指示工作,生产资料所有者向劳动力所有者支付工资,从而形成的社会关系。因此,劳动法所调整的劳动关系,是劳动者与用人单位在实现劳动过程中发生的社会关系,其基本内容是劳动者提供劳动,用人单位使用该劳动并支付工资。[②] 劳动关系内在的实质就是,劳动者无生产资料,需要和用人单位的生产资料结合才能获得收入,得以生存。劳动者的劳动不是为自己获得利润而劳动,而仅仅是提供自己的劳动力,为用人单位的利益而劳动。《中华人民共和国劳动合同法(草案)》(第一稿)对劳动关系进行了界定,即是指用人单位招用劳动者为其成员,劳动者在用人单位的管理下提供有报酬的劳动而产生的权利义务关系。

---

① 林嘉:《十届全国人大常委会法制讲座第十八讲讲稿:我国的劳动法律制度》,http://npc.people.com.cn,下载日期:2007年03月22日。

② 林嘉:《十届全国人大常委会法制讲座第十八讲讲稿:我国的劳动法律制度》,http://npc.people.com.cn,下载日期:2007年03月22日。

2.劳动关系的法律特征

作为劳动法调整对象的劳动关系和其他社会关系相比较，具有以下几方面的特征：

(1)劳动关系中的主体一方是劳动者，可以支配自己的劳动力，在劳动过程中向用人单位提供体力、脑力、技能；另一方是用人单位，即生产资料的所(占)有者、经营者和管理者。劳动者的劳动力与用人单位提供的生产资料相结合才能得以完成劳动过程，也是劳动关系赖以产生的条件。如果在劳动过程中不是劳动者与用人单位之间发生的关系，而仅仅是劳动者之间发生的联系，或者是用人单位之间的协作关系，这就不是劳动法中的劳动关系。同样，劳动者运用自己的劳动对象、劳动工具进行劳动，也不产生劳动法中的劳动关系。如农村村民的联产承包、个体劳动者的劳动，由于劳动力与生产资料的结合在同一组织内实现的，因而不能纳入劳动法的调整范围。①

(2)劳动关系离不开劳动过程。劳动过程是人与物、劳动力和生产资料相结合的过程。只有劳动者在劳动组织内和生产资料结合，使劳动对象发生形态的变化和价值的增加，才会发生现实的劳动关系。这里所说的劳动过程，是指活劳动与物化劳动的交换过程，而不是指物与物交换的实现过程。前者是劳动法的调整范围，后者则属于民法学研究的范畴。②

(3)劳动关系兼有人身关系和财产关系的双重性质。人身关系是指具有人身属性的社会关系，是与公民的人身密切联系的社会关系。劳动力存在于劳动者肌体内不能分离，劳动者向用人单位提供劳动力，将其劳动力使用权在一定限度内交给用人单位，也将其人身在一定限度内交给了用人单位，因此，劳动关系就这种意义上来说，是一种人身关系；同时，劳动力消耗过程和劳动者生存过程是高度统一的，用人单位要向劳动者支付工资等物质待遇，使劳动力不仅能得以维持，而且还能得到发展，因此，劳动关系又同时是一种财产关系。前苏联学者加明斯卡娅给劳动关系下了如下的定义："凡是在人的劳动是用来换取报酬，同时他的直接劳动成果并不属于工作者自己而属于他为之进

---

① 陶勇：《略论劳动法的调整对象》，http://www.akfy.org.cn/，下载日期：2004年12月20日。

② 陶勇：《略论劳动法的调整对象》，http://www.akfy.org.cn/，下载日期：2004年12月20日。

行的那一个人(法人或自然人)的情况下,摆在我们面前的就是劳动关系。"[①]从财产关系的角度来看,劳动法所调整的财产关系和民法所调整的财产关系也是不一样的。民法所调整的是主体之间因交换物化了的劳动(劳动成果)而发生的关系;劳动法所调整的是"活劳动"和"物化劳动"相交换的财产关系,通过交换用人单位取得"活劳动"的支配权。[②]

(4)劳动关系具有平等关系和隶属关系的特征。随着市场经济体制的逐步确立,建立在计划经济体制下的以劳动者为主人翁所构建的社会经济结构已经结束,行政化的劳动关系已为新型的市场化的劳动关系所取代,劳动者开始以劳动力的所有者身份进入劳动力市场,劳动者和用人单位是平等的主体,劳动者可以根据自己的意愿选择适合的用人单位,用人单位也根据它的需要,进行劳动力的选择和吞吐,即双方是否建立劳动法律关系及建立劳动法律关系的条件由其双方平等协商决定。劳动关系一经确定,劳动者根据约定进入用人单位,使自己的劳动力归用人单位支配,并服从用人单位的指挥,遵守用人单位合法的劳动纪律和规章制度。这种关系体现了用人单位与劳动者之间的管理和被管理的隶属关系。但这种隶属关系只具有相对性和契约性,用人单位的指挥权和管理权也只是一种相对的契约性权利,不具有绝对性。劳动者并非是"进门就放弃了一切自治",他们仍享有如平等权、人格尊严权等诸多权利,这些非契约性权利贯穿劳动过程的始终,并不随着劳动者与用人单位签订劳动合同而丧失,不随着用人单位的意志的变化而变化,是劳动者作为一个人所固有的权利。用人单位不能因为根据劳动契约获得了用工权就可以将劳动者矮化为物,将劳动者视为获取利润的工具,让劳动者屈辱地工作。

3.劳动法调整劳动关系的范围

劳动法调整劳动关系的范围经过了一个由小到大的长期发展过程。从现代各国的劳动法来看,调整劳动关系的范围有三种情况[③]:(1)将各种劳动关系都纳入劳动法的调整范围,如朝鲜。(2)劳动法调整一定范围内的劳动关系,而将法定某种或某几种劳动关系列于劳动法调整范围之外,如日本、加拿大、巴林、匈牙利、波兰等国劳动法只调整城镇的劳动关系而不调整乡村的劳

① 中国人民大学民法教研室编译:《劳动法论文选择》,中国人民大学出版社出版,第65页。

② 董保华:《关于建立"现代劳动法学"的一些思考——兼论劳动关系调整的法律机制》,http://www.cnlsslaw.com,下载日期:2007年5月1日。

③ 王全兴:《劳动法学》,高等教育出版社2004年版,第55~56页。

动关系，政府雇员、家庭佣人的劳动关系在许多国家劳动法的调整范围中也未包括。(3)原则上将各种劳动关系都纳入劳动法调整范围，但同时又将特定某种或某几种劳动关系置于各项具体劳动法律制度的调整范围之外，例如，前苏联、蒙古的劳动法对集体农庄社员和其他合作社社员的劳动关系的调整，就是如此。

我国《劳动法》第2条确定了调整的范围，即在中华人民共和国境内的企业、个体经济组织(以下统称用人单位)和与之形成劳动关系的劳动者，适用本法。国家机关、事业组织、社会团体和与之建立劳动合同关系的劳动者，依照本法执行。该规定体现的调整范围可作如下理解①：(1)企业、个体经济组织的劳动关系都归劳动法调整，这里的"企业"包括各种法律形态、各种所有制用工、各种行业的企业。(2)国家机关、事业组织、社会团体的劳动关系中，仅限于劳动合同关系归劳动法调整。(3)国家机关、事业组织、社会团体的非合同劳动关系，即公务员和依法参照执行公务员制度的劳动者的劳动关系，以及农村农业劳动者、现役军人、家庭佣人等的劳动关系，不归劳动法调整，而分别归相应的公务员法、农业法、军事法、民法调整。

《中华人民共和国劳动合同法》第2条规定："中华人民共和国境内的企业、个体经济组织、民办非企业单位等组织(以下称用人单位)与劳动者建立劳动关系，订立、履行、变更、解除或者终止劳动合同，适用本法。国家机关、事业单位、社会团体和与其建立劳动关系的劳动者，订立、履行、变更、解除或者终止劳动合同，依照本法执行。"在调整范围上第一次使用"等组织"，表明其调整范围极其广泛，而且，该法第96条又规定："事业单位与实行聘用制的工作人员订立、履行、变更、解除或者终止劳动合同，法律、行政法规或者国务院另有规定的，依照其规定；未作规定的，依照本法有关规定执行。"事业单位人员聘用制是指事业单位与受聘人员依据国家有关规定、法规、规章和政策，在平等自愿、协商一致的基础上，通过签订聘用合同，确定聘用关系，明确双方权利和义务的人事管理制度。由于在事业单位实行全员聘用制度是大势所趋，因此，事业单位的人事关系全面纳入劳动合同法的调整已不成问题。

(二)与劳动关系有密切联系的其他社会关系

1. 与劳动关系有密切联系的其他社会关系的概念

劳动关系是劳动法调整的基本的、主要的对象。但劳动关系不是孤立的，与社会有着极其广泛的联系，因此，劳动法律制度也调整一些与劳动关系有密

① 王全兴：《劳动法学》，高等教育出版社2004年1月第1版，第56页。

切联系的社会关系，这些关系是附随于劳动关系发生的，也称“附属于劳动关系的各种关系”或“附随关系”，是指在劳动关系运行过程中及其前后为实现劳动关系而发生的社会关系。这些关系或是发生劳动关系的必要前提，或是劳动关系的直接后果，或是随着劳动关系附带发生的，还有的是为了维护劳动关系的合法性而产生的。主要包括劳动部门、就业服务机构在劳动力招收、职业指导、职业介绍、职业培训等方面发生的社会关系；工会组织在集体谈判、签订集体合同和维护职工权益方面发生的社会关系；社会保险机构与劳动者和用人单位在社会保险方面发生的社会关系；劳动监察机构在监督检查劳动法实施中发生的社会关系；劳动争议处理机构在处理劳动争议中发生的社会关系等等。①

2.劳动法所调整的其他社会关系的性质

劳动法所调整的其他社会关系的性质有②：(1)劳动行政关系，即行政机关和经授权具有行政职能的有关机构与用人单位及其团体、劳动者及其团体和劳动服务主体之间，由于执行劳动行政职能而发生的社会关系。国家劳动行政部门、卫生部门等与用人单位之间因监督、检查劳动法律、法规的执行而产生的关系。(2)劳动服务关系，即劳动服务主体与用人单位和劳动者之间由于为劳动关系运行提供社会服务而发生的社会关系。如劳动服务公司、职业介绍机构、职业培训机构为劳动力的配置与流动提供服务过程中与用人单位、劳动者之间发生的关系。(3)劳动团体关系，即由于工会、雇主联合会为协调劳动关系和维护劳动关系当事人的利益而发生的社会关系。工会代表职工整体利益在开展各种活动中与用人单位之间发生的关系。(4)劳动争议处理关系，即劳动争议处理机构与劳动争议当事人之间因调解、仲裁劳动争议而发生的社会关系。劳动争议仲裁机构与用人单位、职工之间由于调处和审理劳动争议而产生的关系。

综上所述，我国劳动法调整的对象既包括劳动关系，这是主要的调整对象，也包括与劳动关系有密切联系的其他社会关系。这两类社会关系中，既有实体方面的权利义务关系，又有处理劳动争议程序方面的关系。

(三)劳动法调整范围的几个问题

1.公务员是否属于劳动法的调整范围

---

① 林嘉：《十届全国人大常委会法制讲座第十八讲讲稿：我国的劳动法律制度》，http://npc.people.com.cn，下载日期：2006年03月22日。

② 王全兴：《劳动法学》，高等教育出版社2004年版，第57页。

不同研究领域的学者对公务员是否属于劳动法的调整范围看法不同。大多行政法学者认为，公务员并非一般劳动者，应属于行政法调整，其理由有[①]：(1)公务员之任用系公法行为性质，与一般关系的私法契约有明显的不同。(2)公务员具有"公共性格"，即为社会公共利益服务，限制公务员的团结权并不违宪。(3)宪法所确定的基本人权，是用以保障人民对国家的权利，公务员乃国家机关，若承认公务员是属于劳工而享有劳动基本权则使国家不能成立。(4)近代劳动者保护，是针对私人经营的企业中的劳动者，使之能与雇主对等交涉，公平分配利润；而国家并非是为了追求利润而存在，公务员是为社会提供服务，劳资关系与公务员对国家的关系全然不同。

但多数劳动法学者却认为，公务员属于劳动法调整，其理由有[②]：(1)公务员作用行为的性质，并非国家单方的行为，而属于契约性质。公法学者及政府方面强调公务员身份的取得，系任用行为而非契约关系，是过时的想法。(2)在资本主义社会下，公务员除了其雇主为国家、地方自治政府或公营事业较为特殊以外，其提供劳动力以换取报酬来维持生活的基本性格与一般劳工并无两样。(3)否认公务员和雇主(行政主体)间有对立的劳资关系存在，与宪法所强调的基本人权，产生严重的冲突。因为公务员亦是人民之一，人民所享有的基本人权，公务员亦应享有。(4)公务员的"公共性格"，并非公务员所特有，有些劳工也从事公共性质的劳务，如客运公司的司机、水厂工人等从事公共性质的劳动，与一般民生有重大关联。

我们认为，尽管公务员有其特殊性，对其调整也应特别对待，但从本质意义上来看，公务员从事公务并受雇于国家，其目的仍然是为了获得生存，以实现宪法所保障的工作权。因此，应该属于劳动法来调整，但公务员工作的特殊性，应该以劳动法的特别法来规范更为妥当。

2. 国有企业的厂长、经理是否属于劳动法意义上的劳动者

在非公有制企业，由于产权关系均很明晰，厂长、经理多为事实上的产权代表者，其本人自然没有与他人签订劳动合同义务的必要和可能。而国有企业的厂长、经理也是劳动者，因为他们没有资产，而且企业管理也是劳动，那么国有企业的厂长、经理是否属于劳动法所调整的劳动者呢？劳动部印发《关于贯彻执行〈中华人民共和国劳动法〉若干问题的意见》的通知的11项规定：经理由其上级部门聘任(委任)的，应与聘任(委任)部门签订劳动合同。实行公

① 黄越钦：《劳动法新论》，中国政法大学出版社2003年版，第111～112页。

② 黄越钦：《劳动法新论》，中国政法大学出版社2003年版，第112～113页。

司制的经理和有关经营管理人员，应依据《中华人民共和国公司法》的规定与董事会签订劳动合同。这种规定在政企职责不分的计划经济时代有存在的理由，但与市场经济条件下要求政府机关转变职能的现代经营理念不符。

从产权的角度来看，经营者在劳动关系中，是作为劳动关系一方的劳动力使用者的代表，他们在劳动关系中代表产权并向产权人负责。在劳动关系中，劳动者是与用人单位相对应而存在的，不管企业性质如何，只要代表产权并向产权人负责的就不应属于劳动法意义上劳动者的范畴。否则，就会出现劳动关系中劳动力使用者的主体虚化。从劳动合同的基本原理来看，厂长、经理如果作为劳动者，其用人单位只能是聘任或委任部门，通常为企业上级主管部门，也即企业厂长是其上级主管部门的雇工。这显然与厂长、经理的实际地位不符。因为厂长、经理并非根据上级主管部门的劳动指令从事工作，也并非由上级主管部门根据其劳动贡献支付工资以及承担投保社会保险的义务，而是根据企业享有的法人自主权直接指挥、组织所在企业的生产，其劳动不具有从属性。再者，如此规定势必导致企业劳动关系中一方当事人在法律上出现“缺位”现象，会导致厂长、经理在与政府部门、下属职工关系中的角色混乱，使法定代表人与普通职工在企业中不同的身份和职责难以区分，无法解释厂长、经理在实践中行使管理权、奖惩权，代表用人单位参与劳动争议的调解、仲裁和诉讼及代表用人单位与劳动者签订劳动合同等，无法解释目前我国普通职工的工资制度和企业经营者“年薪制”的区别，前者基本稳定，不受风险影响，后者要根据经营者的经营实绩、责任轻重、风险程度等因素来确定其收入。

3. 劳动法是否调整事业单位的人事关系

我国事业单位人事制度是在计划经济体制下形成和发展起来的，显然不能适应市场经济的发展。近年来事业单位人员聘用制度改革备受瞩目。事业单位为了激活聘用关系，开始推行聘用合同制度，打破身份界限，破除干部身份终身制和固定工制，由过去的行政任用关系向平等协商的聘用关系转变。为了适应这种变化，2002 年 7 月国务院办公厅转发了人事部《关于在事业单位试行人员聘用制度的意见》，这标志着全国范围内的事业单位人事聘用制度包括人员聘用程序、考核制度、聘用合同以及人事争议仲裁制度等改革开始启动。2003 年 9 月最高人民法院《关于人民法院审理事业单位人事争议案件若干问题的规定》(法释[2003]13 号)的出台，确立了人事争议先裁后审的程序模式，打破了人事争议仲裁裁决不服不能向人民法院起诉的僵局。此后，人事部于 2003 年 9 月 29 日发布了《关于推动人事争议仲裁工作有关问题的通知》，许多省市在此后制定了《人事争议处理办法》等地方规章。

行为，因此是一种继续性关系，侧重强调劳动过程，劳动者一般不太关心劳动的结果，只要亲自履行劳动义务即可。即使在劳动者依雇主的生产计划所提出的劳动而无成果时，也必须给付全额工资，即雇主对劳动者给付的劳务，并无瑕疵担保请求权。只能在劳动者无正当理由而不为劳动给付时，雇主始有免除给付义务之可能性。但劳务合同是一种以劳务为标的合同类型，它包括承揽合同、基本建设承包合同、运输合同、技术服务合同、委托合同、信托合同和居间合同等，强调的是劳动后的成果，并以其劳动成果作为交易的对象，其交易所遵循的是商品等价交换原则，由成本加利润来确定；无劳动成果时，相对人就可以不支付对价。

目前我国对劳动关系中对劳动者与雇佣关系的劳动者的法律保护是有很大的区别的。劳动关系中对劳动者的保护则是全面的。从劳动开始之前的劳动技能培训，到劳动过程中的最高工作时间、劳动环境、节假日、职业病的预防和治疗，再到无过错责任的工伤保护以及解除劳动关系的补偿和安排，可谓是全方位的。即使劳动合同中有些劳动者权利没有写入，当发生劳资纠纷时，劳动法律和规章所规定的权利可自然适用。在我国，除了《劳动法》对劳动法律关系专门调整外，国务院、劳动部制定的一系列《劳动法》配套法规或者规章，最高人民法院的一系列司法解释等均可适用。而雇佣关系的劳动者，劳动者的权利仅受私法调整，完全是平等民事主体之间所产生的民事权利义务关系，对劳动者在雇佣劳动期间所遭受的人身伤害，只能根据过错程度来合理分摊。

无论是雇佣关系，还是因形式要件存在瑕疵的事实劳动关系，并不是对立的，在本质上均为劳动关系，这些劳动者都是在劳动过程中来实现自己生存的目的，都是在雇主（用人单位）的监督和控制下进行劳动，无论是劳动的形式，还是劳动的目的，都不具有经营的目的，都是为了获得生存，法律应平等视之。但不同的雇佣关系也有不同的特点，审理时我们也要加以区别对待。根据雇佣的目的不同，我们将雇佣人划分为赢利雇佣人和非赢利雇佣人。前者是从事经营活动并从社会获取赢利的人，无论是否取得合法资格，也不论其组织规模有多大，只要其目的是为了从社会中获取赢利，就可以称之为“赢利雇佣人”，从社会获取赢利的人应该对社会负责。后者是指为了生活的需要而雇佣他人的人，一般是指自然人与自然人之间的雇佣，如雇佣保姆、雇佣私家车司机、雇请钟点工等。基于前者所形成的雇佣关系，在法律层面上应按照劳动关系来对待，对于后者所形成的雇佣关系，考虑到自然人承受能力的有限性，也考虑到从社会所获利益不同，对保险等待遇可以尊重当事人的意志，但对劳动报酬、工时等方面应参照遵循劳动基准法的规定，避免变相以低于劳动基准的

“小时工资”来剥夺劳动者的合法权利。

5.劳动法是否调整劳动派遣关系

劳动派遣作为一种灵活便捷的就业和用工方式，最早起源于上世纪七十年代末的美国，随后在欧洲、日本和台湾地区得到了较快的发展。尽管劳动派遣这种用工形式得到了学者的认同和国家的认可，但也有极少数的学者持否定态度。他们认为用人单位向劳动者支付报酬和劳动者向用人单位履行劳动义务是一种对应关系，这种对应关系不能有它方来替代，否则就会导致责任不清，权利义务不明。由于劳动派遣中派遣单位与劳动者存在劳动关系，但劳动者实际履行劳动给付义务的对象却是要派机构，实际履行劳动给付义务的对象“错位”，这与劳动合同的本质不符，且劳动者的权益容易受到侵害，故主张劳动派遣无效。

劳动关系由两方向三方转化，带来了劳动关系中权利义务的复杂化，而要明确三方的责、权、利，就必须要认识劳动派遣所体现关系的特定和性质。一般认为，劳动派遣（dispatched employment）是指派遣劳动者（dispatched workers）被具有派遣资格的劳动派遣单位（dispatched firm）雇佣后，根据派遣单位和要派单位（user firm）的约定，派往要派单位指定的工作场所，并在要派单位的指挥监督下完成要派单位所安排的工作内容的用工形式。与传统劳动关系相比，劳动派遣关系有以下特征：(1)雇佣与使用的分离。在传统劳动关系中，雇佣与使用是统一的，雇佣者也就是使用者，责任主体比较明确。而在劳动派遣法律关系中，由于雇佣与使用的分离，派遣单位通常负责受派劳动者的录用、派遣、档案管理、工资支付、社会保险登记和缴费等非生产性事务，受派劳动者与派遣单位签订劳动协议，与派遣单位成立劳动关系，成为派遣单位的员工，但不在派遣单位从事劳动，即所谓的“有关系，无劳动”；要派单位则负责安排受派劳动者从事劳动，并承担安全卫生管理、劳动纪律制定和生产性事务管理等义务。要派单位虽然是劳动力的实际使用者，但他并不与受派劳动者订立劳动合同，与受派劳动者没有合同意义上的劳动关系，即所谓的“有劳动，无关系”。(2)主体呈现三方两层。“三方”即指派遣单位、要派单位和受派劳动者，但这三方并不处于同一层面，且两个层面关系的主体相互联系并相互牵制。具体来说，派遣单位和要派单位没有隶属关系，是相互独立的主体，二者的关系是一般的民事关系，但又制约着受派劳动者与派遣单位建立的劳动关系；派遣单位与受派劳动者是劳动关系，但也制约者前者的实现及其程度。(3)派遣期限和派遣范围的限定性。由于劳动派遣对劳动者权利保障具有不确定性和风险性，对派遣的期限和行业范围进行限制是必要的。

劳动派遣关系所体现的是“双边、一重劳动关系”，因为劳动派遣中所体现的劳动关系与一般的劳动关系在权利义务的总量上相当，只是权利义务在结构上略有不同，即劳动派遣中的劳动关系有两个雇主，但两个雇主所享有权利和履行的义务在总量上也与一般劳动关系中一个雇主相当，所以应认定为一重劳动关系。在这里，受派劳动者与派遣单位和要派单位的关系都是劳动关系，“双边”的劳动关系在总量上构成一个劳动关系。根据一重劳动关系的观点，派遣单位与要派单位都应对派遣劳动者有管理权，其管理权可以根据他们的约定来分配与运作，但法律强制一方履行的义务例外，如劳动过程中的安全保障义务。我们要强调的是，这里的一重劳动关系所体现的是两个雇主的连带责任，这对保护劳动者的合法权益具有重要的现实意义，可以避免或减少派遣单位与要派单位相互推诿、逃避责任，甚至相互勾结共同坑害受派劳动者之后，劳动者状告无门的现象发生。我国劳动合同法已明确将劳动派遣关系纳入其调整的范围，并确定两个雇主之间的连带责任。

三、劳动法与相邻部门法的区别

劳动法主要是调整劳动关系的，这种关系具有区别于法律所调整的其他社会关系的特有性质。劳动法调整的社会关系的内容也有其特点，它不仅包括经济方面的内容，而且还包括政治、文化、人身保护方面的内容等。劳动关系的特殊性质和特定内容，使得劳动法成为我国法律体系中的一个独立部门，它与相邻近的法律部门之间有明显的区别。

(一)劳动法与民法的区别

劳动法与民法有如下区别[①]：(1)民法最主要的原则是契约自由原则，以个人主义为前提，私人间契约即为私人间法律，不但在当事人、方式上自由，在契约内容上亦一样。而劳动法则不然，作为劳动契约内容的劳动条件，并非当事人可以任意决定，而是受相当程度上的限制。一方面，政府为了保障劳动者的权益，往往以“劳动基准”作为劳动条件的上限或下限；另一方面，劳动条件还受团体协约的限制。(2)民法的另一重要原则为财产权绝对。尽管民法已对财产权的绝对性作了修正，但仍然有限。在劳动法上，对财产权的态度与民法差异很大。财产权可分为两个方面，一是“所有权”，一为“经营权”。就所有权而言，利益参与制与劳工股份制已对雇主的所有权构成冲击，即所谓的“所有权社会化”。在经营权方面，走向民主化，劳资共同参与经营已为劳动法所

① 黄越钦：《劳动法新论》，中国政法大学出版社 2003 年版，第 32～37 页。

肯定。由此看来，劳动法的演进过程，即是不断对民法财产权中“所有权”与“经营权”的调整过程。(3)民法尽管已采用了非过失主义原则，但过失责任原则仍然是最主要的原则之一。在劳动法中，由于社会连带思想的影响，在职业灾害补偿方面，以非过失责任为原则，配合社会法的劳工保险制度，则事实上接近“结果主义原则”。(4)在民法中，劳务的买卖当事人，除提供劳务与支付价金之外，并无其他债权债务关系外之特别义务。在劳动法中，非常重视人格关系，强调以人为本，因此，雇主对劳工除了有工资给付义务外，尚有保护照顾义务。(5)民法坚持“对价等值”。在交易中，凡双方有偿契约，必须有给付对价关系存在，否则性质上就变为无偿契约，同时对价又必须有等值性，相差甚远，即为显失公平的情形，为民法所不许。然而劳动法中，对价等值原则作了相当程度的修正，如带薪休假制度。

(二)劳动法与经济法的区别

劳动法并不隶属于经济法，二者是平行的两个独立的法律部门，其区别主要表现在：(1)价值目标不同。经济法的宗旨，就是促进并保障国民经济的良性运行，并使之由低质态向高质态发展，主要任务是促进国民经济的良性运行。劳动法的主要价值目标在于公平优先，保持弱者的利益，维护社会稳定，主要任务是保护劳动者的合法权益。(2)调整的对象不同。经济法是调整国民经济运行的法，是调整宏观调控机制与市场机制相结合的国民经济统一运行过程。[①] 劳动法主要是调整劳动者与用人单位之间的劳动关系，其中，劳动合同关系又是基于双方平等自愿和协商一致的原则来设定的。(3)国家干预的方式不同。劳动法所规范的国家干预，是以标准化和行政监督为主要手段的干预；而经济法所规范的国家干预，是以国民经济运行为对象，以经济调节如价格、税收和信贷等为主要手段的干预。

(三)劳动法与行政法的区别

劳动法与行政法的区别如下：(1)调整对象不同。行政法调整的对象主要是行政主体行使行政权而形成或引发的各种社会关系，是行政主体与行政受体之间构成的种种法律关系。劳动法只限于劳动领域的社会关系，且以用人单位与劳动者之间的劳动关系为主。(2)法律关系的主体不同。行政法律关系的主体范围十分广泛，但法律关系主体的一方必是国家行政机关，即主体上的恒定性和排他性。劳动法律关系主体的一方是公民或用人单位，双方可以互为原被告。(3)法律关系产生的根据不同。行政法律关系是国家行政机关

① 刘瑞福：《经济法学原理》，北京大学出版社 2000 年版，第 33 页。

在执行职务活动中产生的，这种法律关系只要具有该项职能的国家单方的意思表示即可产生，无须征得另一方当事人的同意，在违反另一方当事人意愿情况下也可以产生，即行政法律关系在内容上具有法定性和不可自由处分性。劳动合同的订立则是基于双方当事人平等自愿和协商一致的原则而产生的，大部分的内容都具有自由处分的性质。

第二节　劳动法的基本原则

劳动法的原则是劳动法律制度的核心和灵魂。它集中体现了劳动法的本质和基本精神，是调整劳动关系以及与劳动关系密切联系的其他社会关系时所必须遵循的基本准则，是劳动立法、守法、执法、司法的根基和出发点，对各项劳动法律制度起着指导和统帅作用，有助于劳动法制的统一、协调和稳定。

一、劳动法基本原则内容的争论

国内关于劳动法的基本原则主要有以下几种观点：(1)单一原则说。该说认为劳动法基本原则只有一个，就是保护劳动者合法权益原则，而其他基本原则均可被包含在该总原则之中。(2)多层次原则说。该说认为各项劳动法的基本原则的地位并不相同，有高有低，应该进行细化，分为若干个层次，每个层次上又有若干条基本原则。(3)宪法依据说。该说通常将宪法中有关劳动方面的条文直接移植为劳动法的基本原则。如前苏联学者亚历山洛夫就认为苏维埃社会主义劳动法的原则最明显地展现在宪法的相关条文上面。[①] 我国有学者在计划经济时代也认为劳动法基本原则依据宪法，宪法中有以下内容可以作为劳动法的基本原则：公民有劳动的权利和义务；劳动者有按劳取酬的权利；劳动者享有休息和劳动保护的权利；劳动者享有物质帮助的权利；劳动者有遵守劳动纪律的义务；劳动者有集会结社和参加民主管理的权利。[②] (4)理论概括说。有些学者认为劳动法基本原则是劳动法学者根据法制的实践作出的理论上的概括，是理论工作者对客观真理的探究。因此，学者站的角度不同，其概括的基本原则也会有异，如有学者概括的基本原则有保障劳动权原则、依照团体交涉决定劳动权原则、劳动关系安定原则、保障公正的劳动条件

① [苏]亚历山洛夫：《苏维埃劳动法教程》，李光谟、康宝田译，中国人民大学出版社1955年版，第37页。

② 关怀：《劳动法学》，群众出版社1983年版，第92页。

原则、产业的民主化原则。[①] 也有概括为维护劳动者合法权益与兼顾用人单位利益相结合的原则、贯彻按劳分配与公平救助相结合的原则、坚持劳动者平等竞争与特殊劳动保护相结合的原则、实行劳动行为自主与劳动标准制约相结合的原则,[②]等等,不一而足。

我们根据劳动过程,概括劳动法的三大基本原则,即就业平等原则、劳动保障原则和同工同酬原则。

二、劳动法的基本原则

(一)就业平等原则

平等的就业权,是指劳动者平等地获得就业的权利,即在就业的获得方面,劳动者不因性别、年龄、种族和宗教信仰等方面的不同而受歧视,就业机会面前一律平等。就业平等原则是平等就业权的反映。平等作为现代化民主社会的重要原则,是人类长期追求的目标,是指所有的公民不论性别、种族、身份等方面的不同,应用同等地享受相同的权利和承担相同的义务,体现的是人与人之间的同等对等的社会关系。平等是"一切人都可以享受的权利和正义"。[③] 欧盟在罗马条约 119 条中首次确立了"同等工作同等付薪"的原则,而后,随着欧盟一体化和女权运动的发展,一些相关立法不断出台,工作平等权的保护也逐步走向深化。美国于 1963 年制定了《同酬法》(Equal pay Act of 1963),主要规定雇佣者对具有同等技能,付出同等努力和负担同等责任,并在同一单位同一工作环境下从事大体相同工作的男性或女性受雇者,均应支付相同的报酬。随后,美国 1964 年的《民权法》,1965 年的第 1146 号总统行政命令,1967 年的《就业年龄歧视法》,1978 年的《禁止怀孕歧视法》等都是对平等就业权的保障。我国 1994 年制定了《中华人民共和国劳动法》,并随后出台了与之相配套的诸多规章。目前,我国已经初步形成以宪法为基础,以《妇女权益保障法》为主体,包括法律法规在内的保护平等就业权益,促进男女平等的法律保障体系。平等就业也是国际公约坚持的原则,如《消除对妇女一切形式歧视公约》第 11 条规定:禁止以怀孕或产假为理由予以解雇,以及以婚姻状况为理由予以解雇的歧视。女性享有相同的就业机会的权利,还包括在就业方面与男性相同的甄选标准;雇佣者不能直接或间接地提高女性的录用标准。

---

① 杨体仁:《劳动法学》,红旗出版社 1993 年版,第 48~57 页。

② 郭婕、刘俊、杨森:《劳动法学》,中国政法大学出版社 1999 年版,第 47~51 页。

③ [法]皮埃尔·勒鲁,《论平等》,王允道译,商务印书馆 1988 年版,第 272 页。

要保障劳动者的平等就业权，就是要反对各类就业歧视，如身高歧视、血型歧视、属相歧视、年龄歧视以及基因歧视[①]等都是对平等就业原则的违背。

(二)劳动保障原则

劳动保障是劳动法的宗旨和使命，是整个劳动法律制度为之而努力的中心环节。劳动保障原则是劳动保障权的具体体现。劳动保障权是指劳动者在劳动过程中，享有身体健康和生命安全，免遭职业伤害的权利。

为了保护劳动者的生命与健康不受侵害，能得以生存和发展，劳动者应享有如下由劳动保障权派生出来的子权利：(1)参与用人单位安全卫生决策之权。劳动者有参与判别和解决他们所面临的劳动安全卫生问题的权利。国际劳工组织在第155号公约中规定：劳工代表应在企业内与用人单位合作改善劳工安全卫生；并进一步强调，企业内劳资应充分合作才能达成该公约所追求的目标。欧盟颁布的有关安全卫生指令也强调，用人单位应与劳工或其代表协商，并使其有机会参与讨论劳工安全卫生有关决策。目前，大多数国家的立法都规定设立劳资的安全卫生代表机构来负责监督实施，小型企业则由工会代表或全体员工选出的员工代表来负责监督实施，并参与有关决策。我国也特别强调职工的参与权。《中华人民共和国职业病防治法》第37条规定："工会组织应当督促并协助用人单位职业卫生宣传教育和培训，对用人单位的职业病防治工作提出意见和建议，与用人单位就劳动者反映的有关职业病防治的问题进行协调并督促解决。"(2)知情的权利(Right to Know)。劳动者有知晓他们可能面临的任何潜在危险的权利，并有接受必要的职业培训，以具备对工作环境、生产过程、机械设备和危险物质等方面的安全卫生知识。用人单位有关安全卫生及工作环境的内容应让劳动者充分知晓。劳动者在不泄露商业秘密的情况下，可将用人单位的有关资讯进行讨论。诸多国家均通过立法苛以用人单位给予劳动者这类资讯的义务，如美国现行劳工安全卫生法就规定，由工会依法选派的劳工安全卫生代表，有权要求用人单位提供一切必要的资讯。用人单位需要提供的信息包括：材料的安全数据，包括材料的物理和化学性质、该材料对健康的危险性、注意事项及施救技术；工作场所的容器上应贴上警告标致；员工训练计划等。[②] (3)拒绝危险工作的权利。劳动者在确认自己或其他人的安全健康受到威胁的情况下，有拒绝劳动的权利。国际劳工组

---

① 邱格屏：《就业基因歧视与我国未来法制设计》，载《法学》2001年第7期。

② See Bruce D. may, *Hazardous Substance*: *OSHA Mandates the Right to Know*, Personnel Journal GS, no. 8(August 1986), pp. 128～130.

织155号公约特别规定，劳工在工作场所中，遇有安全或健康上立即危害之虞的情况，应向其直接上级主管报告后停止工作，除非用人单位已采取防止危害的有效措施，否则不得要求该劳工复工。美国职业安全卫生法亦规定，劳工在工作场所中，遇到可能遭到危害之虞时，得拒绝进行工作。(4)安全卫生代表的处置权。由劳动者选出来的安全卫生代表，在用人单位遇到特殊危险状况时，具有特别的处置权限，即有权决定停止工作或撤离现场的权利。世界上一些国家，均通过立法赋予了安全卫生代表这种权利，如丹麦1975年工作环境法就规定：安全卫生委员会，遇有可能危害劳工安全与健康的事情，可以不通知用人单位，即可立即下令停工。芬兰、挪威、瑞典、法国、奥地利、美国等都有类似的规定。① 这里的安全和健康的工作条件，不仅包括工作场所，而且还包括用人单位所提供的运输工具和住所等。美国在1983年的Frank Diehl Farms v. Secretary of Labor案中②，利用与雇佣直接相关的判断标准（Directly related to employment），认定工人的住所与工作条件或工作环境有内在的不可分割的关系，因而，用人单位要承担保障的义务。

劳动保障权是一项非契约性权利，不随劳动者与用人单位签订劳动合同而丧失，不随着用人单位的意志的变化而变化。保护劳动者的生命安全和身体健康永远是任何一个用人单位的不能以任何方式免除的重要义务。用人单位对劳动力的使用要符合人性的要求，要体现社会的进步。

(三)按劳分配、同工同酬原则

《中华人民共和国劳动法》第46条规定："工资分配应当遵循按劳分配原则，实行同工同酬。"按劳分配就是按劳动的数量和质量进行分配，实质就是多劳多得、少劳少得，使劳动者的所得与其付出的劳动相对等。"同工同酬"，根据劳办发(1994)289号《关于劳动法若干条文的说明》的解释，是指用人单位对于从事相同工作，付出等量劳动且取得相同劳动业绩的劳动者，支付同等的劳动报酬。由此，同工同酬必须具备三个条件：一是劳动者的工作岗位、工作内容相同；二是在相同的工作岗位上付出了与别人同样的劳动工作量；三是同样的工作量取得了相同的工作业绩。按劳分配与同工同酬的价值目标是一样的，但二者的侧重点略有不同，"按劳分配"强调分配的方式，以打破平均分配为使命；"同工同酬"强调分配的结果，以防止歧视为目标，尤其是防止性别歧

---

① 黄越钦：《劳动法新论》，中国政法大学出版社2003年版，第435页。

② See Mark A. Rothstein, Andria S. Knapp&Lance Liebman, *Case and Materials on Employment Law*, The Foundation Press Inc., 1991, pp. 586～589.

视。

1951 年，国际劳工大会通过了《关于男女工人同工同酬的公约》(第 100 号公约)。该公约第 2 条规定：每一缔约国应以符合现行决定报酬率办法的适当方法促进并在符合这些办法的范围内保证男女工人同工同酬的原则对一切工人适用。同工同酬原则要求男女两性应该享有同等的职业培训、平等的晋升机会和平等的劳动报酬等权利。同等的职业培训权利，是指男女两性有接受职业训练和再训练，包括实习训练、高等职业训练和经常训练的权利。世界经济日益全球化，技术变革的加聚都对劳动者的素质提出了更高的要求。女性劳动者只有不断接受培训，才能获得新技术、新知识，才能在劳动力市场获得主动，从而保证女性与男性有均等的竞争力。因此，女性的职业培训权利尤为重要，既是实现就业权的重要途径，也是获得平等待遇实现同值同酬的重要条件。平等的晋升机会，是指两性在相同的晋升标准下有相同的晋升权利。由于男性优先的传统意识根深蒂固，升职方面依然是男女有别。从世界范围来看，女性升迁到高职位的情况较少，高层管理职位对女性来说是高不可攀的“玻璃天花板”，为此美国于 1991 年特别制定的《玻璃天花板法》(*Glass Ceiling Act*)，并成立了玻璃天花板委员会(Glass Ceiling Commission)，来扫除女性晋升到经理及决策层的人为障碍，以增进女性晋升之机会。《经济、社会、文化权利国际公约》第 7 条规定：“人人在其行业中有适当的提级的同等机会，除资历和能力和考虑外，不受其他考虑的限制。”平等的劳动报酬，根据《同工同酬公约》规定，是反映因工人就业而由雇佣者直接或间接以现金、实物向其支付的常规的基本或最低的工资或薪金，以及任何附加报酬。劳动报酬涉及的范围很广，除了基本工资以外，还包括以非工资形式支付的各种利益。在支付报酬时，允许有差别，但这种差别应遵循“同值同酬原则”，①只要男女所涉劳动对雇佣者而言，具有大体平等价值(relatively equal value to)就应给予相同的报酬。

---

① 关于同等报酬问题，《世界人权宣言》确立的原则是“同工同酬”(equal pay for equal work)，在《经济、社会、文化权利国际公约》中，确定的是“同值工作同酬”(equal remuneration for work of equal value)。“同工同酬”远比“同值工作同酬”的范围狭小。前者主要是针对两性不同的工资制度，这种不同的工资制度产生的理由是丈夫是家庭的主要养家糊口者，因此，该原则实际上是根据需要支付(payment in accordance with need)原则。后者的目的是避免间接违反同酬原则。参见〔瑞典〕格德门德尔·阿尔弗雷德松、[挪]阿斯布佐恩·艾德编：《〈世界人权宣言〉努力实现的共同标准》，四川人民出版社 1999 年版，第 507 页。

总之,雇佣者采取的任何措施,尤其是涉及劳动报酬、职业培训、定级、晋升等方面的措施均不得以性别作为衡量的标准。但如果某一措施对妇女有利,旨在提高女性的就业机会或增加女性的劳动待遇,以弥补女性事实上的不平等地位,则应当鼓励。“如果一些政策和条款是关于保护妇女,特别是孕妇和母亲,以及促进男女两性平等机会的措施,则这种平等对待措施的例外是公正的,因而是允许的。”①

第三节 劳动法的渊源与体系

一、劳动法的渊源

(一)劳动法渊源的含义

法的渊源一词是一个有种种诠释、包括多种含义的概念。它既可以指法的实质渊源,即法是根源于社会物质生活条件还是神的意志、君主意志抑或人民意志;也可以指法的形式渊源,即法的各种具体表现形式,如宪法、法律、法规;还可以指法的效力渊源,即法产生于立法机关还是其他主体,产生于什么样的立法机关或其他主体;可以指法的材料渊源,即形成法的材料来源于成文法还是来源于政策、习惯、宗教、礼仪、道德、典章或理论、学说。在我国,法的渊源,就是指法的效力渊源,指一定的国家机关依照法定职权和程序制定或认可的具有不同法律效力和地位的法的不同表现形式。劳动法的渊源就是指具有不同法的效力或地位的劳动法律规范的表现形式。在我国,劳动法的渊源不仅限于各种硬法规范(正式法的渊源),而且还包括各类软法规范(非正式法的渊源)。认识劳动法的渊源有助于采取适当法的形式表现不同的法的效力等级,有助于立法者采取适当法的形式运用特定立法技术制定或认可特定形式的法,有助于发挥硬法和软法的各自功能,以达到“软硬兼施”。

(二)劳动法的渊源

1.硬法规范

作为劳动法的硬法规范主要有以下几种:

(1)宪法作为劳动法的渊源,是国家最高权力机关经由特殊程序制定和修

① Klaartje Wentholt, Formal and Substantive Equal Treatment: the Limitations and the Potential of the Legal Concept of Equality, see *Non—Discrimination Law: Comparative Perspective*, Edited by Titia Loenen and Petev R. Rodrigues, 1999, p. 54.

改的，综合性地规定国家、社会和公民生活的根本问题的，具有最高法的效力的一种法。从世界各国的立宪实践来看，世界 142 个国家中约有 55％的国家在宪法中规定了劳动权。① 德国在 1919 年颁布的《魏玛宪法》中明确规定："德国人民应有可能之机会，从事经济劳动，以维护生计。"这是第一次用宪法的形式来规定公民有劳动的权利，首创劳动权为宪法权利的先河。虽然该法不久被废除，但它所体现的一些基本原则，如保障生存权原则、国家对劳动力保护原则等，意义是非常重大的。随后，各国宪法纷纷对公民的劳动权作出了明确的规定，例如，《意大利宪法》(1947 年)规定："共和国承认全体公民均享有劳动权，并帮助建立实现此项权利的条件。"《德意志联邦共和国基本法》(1949 年)规定："所有德国人都有自由选择他们的营业、职业或专业，工作地点和受培训地点的权利。""不得强迫任何人从事某一特定职业。"《日本国宪法》(1946 年)规定："一切国民都享有劳动的权利，承担劳动的义务。"《希腊共和国宪法》(1975 年)规定："劳动是一种权利，受国家保护。"社会主义国家建立以后，也都在宪法中规定劳动权，例如 1936 年的《苏维埃社会主义共和国联盟宪法》(根本法)第 118 条规定："苏联公民有劳动的权利，即有获得有保障的工作并按劳动的数量和质量领取报酬的权利。"我国 1954 年宪法、1975 年宪法及 1978 年宪法均规定了公民有劳动的权利，1982 年宪法第 42 条规定："公民有劳动的权利和义务。"

(2)法律。法律是由全国人大及其常委会依法制定的规范性文件，是行政法规、地方性法规和行政规章的立法依据或基础。作为劳动法渊源的法律有三种表现形式②：一是统帅整个劳动法体系的劳动法典；二是就劳动法关系的某一方面单项作出规定的劳动法律，如我国的《中华人民共和国安全生产法》(2002 年)、《中华人民共和国职业病防治法》(2001 年)等。三是其他法律规范中的劳动法律规范，如《公司法》、《妇女权益保障法》等法律规范中的相关规定。

(3)行政法规。行政法规是由最高国家行政机关，即国务院依法制定的规范性文件。有了行政法规，宪法和法律的原则和精神便能具体化，便能更好地、有效地实现。由国务院颁布的劳动行政法规主要有《女职工劳动保护规定》、《禁止使用童工规定》、《失业保险条例》、《工伤保险条例》、《企业劳动争议

---

① ［荷］亨利·范·马尔赛文等著：《成文宪法的比较研究》，陈云生译，华夏出版社 1987 年版，第 155 页。

② 王全兴：《劳动法学》，高等教育出版社 2004 年版，第 72 页。

处理条例》、《劳动保障监察条例》等。

(4)地方性法规。省、自治区、直辖市、省级政府所在地的市、经国务院批准的较大市的人大及其常委会，根据本地的具体情况和实际需要，在不同宪法、法律、行政法规相抵触的前提下，可以制定和颁布地方性法规，报全国人大常委会和国务院备案。地方性法规在本行政区域的全部范围或部分区域有效。

(5)行政规章。行政规章是有关行政机关依法制定的事关行政管理的规范性法文件的总称。分为部门规章和政府规章两种。部门规章是国务院所属部委根据法律和国务院行政法规、决定、命令，在本部门的权限内，所发布的各种行政性的规范性法文件，亦称部委规章。政府规章是有权制定地方性法规的地方的人民政府根据法律、行政法规，制定的规范性法文件，亦称地方政府规章。劳动和社会保障部颁布的配套规章主要有《集体合同规定》、《违反和解除劳动合同的经济补偿办法》、《违反〈劳动法〉有关劳动合同规定的赔偿办法》、《企业最低工资规定》等。《劳动法》赋予了省、市、自治区制定劳动合同实施办法的权力，各地制定了大量的地方性法规和地方政府规章，如《北京市劳动合同规定》、《上海市劳动合同条例》等。

(6)国际条约。国际条约指两个或两个以上国家或国际组织间缔结的确定其相互关系中权利和义务的各种协议，是国际间相互交往的一种最普遍的法的渊源或法的形式。我国已加入了 20 多个关于保护劳动者劳动权的国际条约。国际劳动立法主要以国际劳工组织制定的公约和建议书的形式表现出来的，仅就某一项劳动权或某一劳动权的某一方面作出保护规定。

2.软法规范

在转型时期，劳动关系处于高度复杂、变动的态势，硬法难以覆盖劳动关系的方方面面，这是软法就有了作用空间。其实，在我国，像劳工政策这样的软法一直在发挥作用，或是硬法的先导，或是硬法的具体化，使硬法更顺畅、更灵活地适应每一具体环境。这些政策往往以“纲要”、“通知”、“指导意见”等形式出现。“纲要型”如中共中央办公厅、国务院办公厅《关于印发〈2002—2005年全国人才队伍建设规划纲要〉的通知》、国务院发布的《中国妇女发展纲要(1995—2000 年)》、《福建省妇女发展纲要(2001—2010 年)》等；“通知型”有劳动和社会保障部《关于进一步推动再就业培训和创业培训工作的通知》(2003年)、财政部、劳动和社会保障部《关于促进下岗失业人员再就业资金管理有关问题的通知》(2002 年)、劳动和社会保障部、教育部、人事部等部委颁发的《关于积极推进劳动预备制度加快提高劳动者素质意见的通知》(1999 年)、中共中央、国务院发布的《关于切实做好国有企业下岗职工基本生活保障和再就业工作的通知》(1998 年)和劳动部《关于建立和实施名师带徒制度的通知》(1998 年)、劳动部、农业部颁发的《关于开展乡镇企业职工职业技能培训及职业技能考核鉴定工作的通知》(1997 年)、劳动和社会保障部和中华全国总工会《关于加强劳动保障监察与工会劳动保障法律监督相互协调配合工作的通知》(2001 年)、中华全国妇女联合会发布的《关于进一步做好下岗失业妇女再就业工作的通知》(2003 年)等;“意见型”有国务院下发的《关于进一步做好下岗失业人员再就业工作的通知若干问题的意见》(2002 年)、劳动和社会保障部、中华全国总工会、中国企业联合会、中国企业家协会发布的《关于建立健全劳动关系三方协调机制的指导意见》(2002 年)等。

二、劳动法的体系

劳动法的体系是指保障劳动权及其子权利的所有劳动法律制度的有机构成体,也就是要在宪法的统摄下形成结构严谨、层次分明、内容协调、错落有致的制度格局,使劳动法律法规的不同层级的规范组成和谐的、有机统一整体。我国目前已经形成了以宪法和劳动法为核心的保护劳动者劳动权的多层次的法律体系,立法工作正在朝着形成中国特色社会主义劳动保障法律体系方向不断迈进。从总体来看,我国劳动法律制度体系在规范层面上呈现的状况如下:

第一,明确了保障劳动权的法律体系的基本内容。为了贯彻落实党的十六大关于到 2010 年形成有中国特色社会主义法律体系的要求,加强对劳动者劳动权的法律保障,加快劳动保障立法,我国确立了以宪法为龙头,以劳动保障法律为骨干,以法规、规章等其他法律规范为重要组成部分,层次分明、内容完整的劳动保障法律体系。

第二,一批法律法规和部门规章相继颁布,完善了保障劳动者劳动权的法律框架。自 1994 年颁布《劳动法》以来,全国人大常委会又通过了《工会法》、《职业病防治法》、《安全生产法》、《民办教育促进法》,国务院颁布了《失业保险条例》、《工伤保险条例》、《禁止使用童工规定(修订)》、《全国年节及纪念日放假办法》、《使用有毒物品作业场所劳动保护条例》、《中外合作办学条例》等行政法规,为劳动者的劳动保护、休息休假、职业培训等权利的实现提供了有力的法律保障。劳动保障部也自 1999 年始先后颁布了《工资集体协商试行办法》、《劳动力市场管理规定》等十多件部门规章,内容涉及劳动者劳动权利的各个方面。这些法律法规和部门规章,共同构建并不断完善了我国劳动和社

会保障法律体系框架。

第三，地方劳动保障立法工作取得重大进展。各地根据宪法和法律的规定，紧密结合本地实际情况，创造性地开展地方立法，不断地推动了劳动保障立法向前发展。这些地方性法规规章不仅对劳动者劳动权提供了有力的保障，而且也为国家的立法提供了经验。

根据现实的需要，诸如《就业促进法》、《社会保险法》、《劳动争议仲裁法》等劳动法律制度亟须出台。

从劳动法律规范所体现的职能来看，职能不尽相同的各种劳动法律规范所体现的劳动法体系如下：①

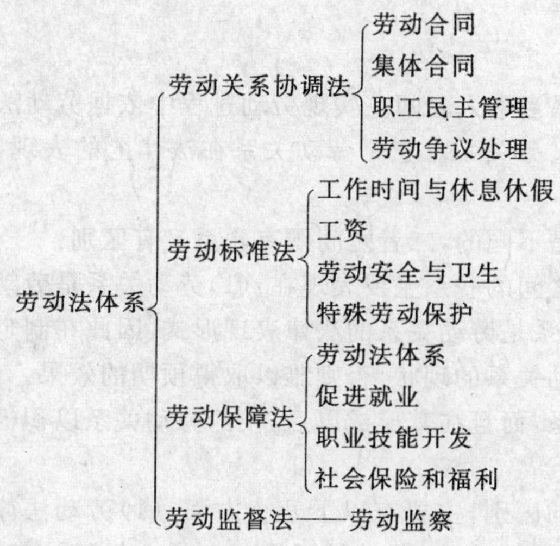

① 郭婕：《劳动法学》，中国政法大学出版社 1999 年版，第 14 页。

第四章 劳动法律关系

第一节 劳动法律关系概述

一、劳动法律关系的概念

劳动法律关系是指劳动关系当事人之间在实现劳动过程中依据劳动法律规范而形成的劳动权利和劳动义务关系。它是劳动关系在法律上的表现，是劳动关系为劳动法调整的结果。

劳动法律关系与劳动关系是不同的，二者之间既有联系又有区别：

劳动法律关系与劳动关系之间的联系主要表现在：(1)劳动关系是劳动法律关系的现实基础，劳动法律关系是劳动关系的法律表现形式，因此在制定劳动法律时应当充分考虑现实劳动关系的现状，否则难以取得预期的效果。(2)劳动法律关系不仅反映劳动关系，而且在其形成以后，便给劳动关系以积极的影响，其运行过程才有法律保障。①

劳动法律关系与劳动关系的区别，主要有以下几个方面：(1)劳动法律关系是思想意志关系，属于社会的上层建筑；劳动关系则属于社会的经济基础。(2)劳动法律关系是劳动法调整劳动关系的结果；劳动关系则是劳动法调整的对象。(3)劳动法律关系具有法律效果；劳动关系不具有法律效果。(4)劳动法律关系属于形式范畴；劳动关系属于内容范畴。②

二、劳动法律关系的特征

劳动法律关系除了具有法律关系的共同特征以外，还具有自己独有的特征。

1. 劳动法律关系主体的特定性

---

① 林清高：《劳动法学》，东北财经大学出版社 2006 年版，第 51 页。

② 张志京：《劳动法学》，复旦大学出版社 2006 年版，第 44～45 页。

劳动法律关系的主体一方是劳动者，另一方是用人单位，即主体是特定的。劳动者是指达到法定年龄、具有劳动能力并自愿参加社会劳动的自然人。用人单位一般包括企业、个体经济组织，也包括国家机关、事业单位和社会团体。

2.劳动法律关系的主体双方具有平等性和隶属性

在劳动法律关系建立前，劳动者与用人单位是平等的主体，双方是否建立劳动关系以及建立劳动关系的条件由其按照平等自愿、协商一致的原则依法确定。劳动法律关系建立后，劳动者是用人单位的职工，处于提供劳动力的被领导地位；用人单位则成为劳动力使用者，处于管理劳动者的领导地位，双方形成领导与被领导的隶属关系。①

3.劳动法律关系的内容具有较强的国家干预性

劳动法律关系是双方当事人之间在平等自愿、协商一致的基础上建立的，因此，劳动法律关系的内容主要体现了双方当事人的意志，但是，由于劳动法律关系的特殊性，双方当事人在确定其劳动权利和劳动义务时，不能违反国家法律的强行性规定，否则不能产生双方预期的法律后果。

4.劳动法律关系具有在社会劳动过程中形成和实现的特点

劳动法律关系的现实基础就是劳动关系，它与社会劳动过程密不可分。从劳动法律关系的形成看，只有劳动者与用人单位提供的生产资料相结合，进行社会劳动，那么主体双方之间才能形成劳动法律关系；从劳动法律关系的实现看，社会劳动的实现过程，也是主体双方各自劳动权利和劳动义务的实现和履行的过程，从而实现主体双方的劳动法律关系，可见，劳动法律关系是在社会劳动中形成和实现的。

三、劳动法律关系的种类

根据不同的分类标准来划分，劳动法律关系可以分为不同类型。一般而言，劳动法律关系可以作以下分类：

1.按照用人单位生产资料所有制形式来划分

按照用人单位生产资料所有制形式的不同，劳动法律关系可以分为国有单位劳动法律关系、集体所有制单位劳动法律关系、劳动者个体经营单位劳动法律关系、私营企业劳动法律关系、中外合资经营和中外合作经营企业劳动法

① 李瑛：《浅议劳动法律关系与雇佣法律关系》，载《黑河学刊》2002年第4期。

律关系;外商独资经营企业劳动法律关系。[①]

2.按照劳动法律关系所发生的依据不同来划分

按照劳动法律关系所发生的依据不同,劳动法律关系可以分为个别劳动法律关系和集体劳动法律关系。个别劳动法律关系是劳动者个人直接与用人单位签订劳动合同而形成的劳动法律关系,这种劳动法律关系发生的依据是劳动合同。集体劳动法律关系则是劳动者集体通过职工代表(或工会)与用人单位(或用人单位团体)签订集体劳动合同而形成的劳动法律关系,这种劳动法律关系所发生的依据是集体劳动合同。

3.按照劳动法律关系是否具有涉外因素来划分

按照劳动法律关系是否具有涉外因素的不同,劳动法律关系可以分为涉外劳动法律关系和国内劳动法律关系。涉外劳动法律关系指在主体、客体和内容方面含有一个或一个以上的涉外因素或称具有外国成分的劳动法律关系。其涉外因素主要有以下几种情形:(1)主体的一方或双方是外国的自然人,有时也可能是无国籍人;(2)这种劳动法律关系的客体具有涉外因素,例如,工作任务、内容需在外国实施或完成;(3)产生、变更或者消灭劳动关系的法律事实发生在国外。

我国《劳动法》第2条规定,在中华人民共和国境内的企业、个体经济组织和与之形成劳动关系的劳动者,适用本法。国家机关、事业组织、社会团体和与之建立劳动合同关系的劳动者,依照本法执行。按照上述规定,劳动法律关系可以划分为:企业劳动法律关系、个体经济组织劳动法律关系、国家机关劳动法律关系、事业组织劳动法律关系、社会团体劳动法律关系。

第二节　劳动法律关系的要素

劳动法律关系的要素是指构成劳动法律关系不可或缺的组成部分。任何一种劳动法律关系都存在构成劳动法律关系的三要素:劳动法律关系的主体、劳动法律关系的内容、劳动法律关系的客体,这三个要素缺一不可。

一、劳动法律关系主体

劳动法律关系主体是指在实现社会劳动过程中依照劳动法律享有权利并

---

① 曾咏梅:《劳动法》,武汉大学出版社2005年版,第26页。

承担义务的人。它是劳动法律关系的参加者，具有特定性。劳动法律关系主体是构成劳动法律关系的第一要素，包括劳动者和用人单位。

(一)劳动者

1.劳动者的概念

一般认为，劳动法中的劳动者，是指达到法定年龄、具有劳动能力，以从事某种社会劳动获取收入为主要生活来源的自然人，包括我国公民、外国人和无国籍人。本书无特别说明时，仅指我国公民。

根据我国劳动法律法规的规定，劳动者具体包括企业、个体经济组织的劳动者、实行企业化管理的事业组织的工作人员、与国家机关、事业组织、社会团体建立劳动关系的劳动者(即工勤人员)，以及其他通过劳动合同(包括聘用合同)与国家机关、事业单位、社会团体建立劳动关系的劳动者。

2.劳动者的劳动权利能力和劳动行为能力

(1)劳动者的劳动权利能力和劳动行为能力的概念

劳动权利能力是指公民能够依法享有劳动权利和承担劳动义务的法律资格。它是公民参与劳动法律关系成为主体的前提条件。劳动行为能力是指公民依法能够以自己的行为行使劳动权利和履行劳动义务的资格。无劳动行为能力者，就不能够实际参与劳动法律关系享受权利和承担义务。

(2)劳动者具有劳动权利能力和劳动行为能力的条件

根据我国法律规定，劳动者要具有劳动权利能力与劳动行为能力应当具有如下条件：

第一，达到法定年龄。我国《劳动法》第 15 条规定，禁止用人单位招用未满十六周岁的未成年人。文艺、体育和特种工艺单位招用未满十六周岁的未成年人，必须依照国家有关规定，履行审批手续，并保障其接受义务教育的权利。可见，我国最低就业年龄为 16 周岁，而文艺、体育和特种工艺行业如果需要招用未满 16 周岁的未成年人，必须依照国家有关规定，办理相应的审批手续，并保障其接受义务教育的权利。

第二，具有劳动能力。劳动能力属于自身生理因素，而不属于法律强制性规定的范畴。一般而言，劳动能力可以分为三种：有完全劳动能力、有部分劳动能力和无劳动能力。公民只有具有完全劳动能力或者具有部分劳动能力时，才能实现其劳动权利、履行劳动义务；无劳动能力的公民因无法实现其劳动权利和履行其劳动义务，而不能成为劳动者。

总之，一个公民有无劳动权利能力和劳动行为能力应当从法定就业年龄和有无劳动能力两个方面来判断。只有达到法定就业年龄，并具有相应劳动能力的公民，才具有劳动权利能力和劳动行为能力。

(二)用人单位

1.用人单位的概念

用人单位是具有用人权利能力和用人行为能力，并按照法律规定或合同约定向提供劳动条件、劳动保护和支付劳动报酬的组织。既包括中国境内的企业、个体经济组织、民办非企业单位；还包括与劳动者建立劳动关系的国家机关、事业单位、社会团体。

2.用人单位的劳动权利能力和劳动行为能力

用人单位的劳动权利能力是指用人单位依法享有用人权利和承担用人义务的法律资格。它是用人单位参与劳动关系、成为合法主体的前提条件。用人单位不同，其劳动权利能力的范围也不同。这种制约因素通常表现为国家允许用人单位使用劳动力的限度和要求用人单位提供劳动条件和劳动待遇的限度。如可能受最低工资标准、劳动条件和劳动保护、社会保险、社会责任等条件制约。①

用人单位的劳动行为能力是指用人单位依法能够以自己的行为实际行使用人权利和履行用人义务的资格。它是用人单位参与劳动法律关系、享受权利和履行义务的基本条件。一般要求用人单位应当具有一定的、能够独立支配的财产，同时用人单位还应当有固定的工作场所和组织机构。只有符合上述条件的用人单位，才有可能实现劳动力与生产资料的结合，顺利实现劳动过程。

二、劳动法律关系的内容

劳动法律关系的内容是指劳动法律关系主体双方依法享有的劳动权利和承担的劳动义务。它是劳动法律关系的基础和核心，没有劳动法律关系的内容，劳动法律关系就失去实际意义。

劳动法律关系内容中的劳动权利是指劳动法主体依法能够为一定行为和不为一定行为或要求他人为一定行为和不为一定行为，以实现其意志或利益的可能性。劳动法律关系内容中的劳动义务是指劳动法主体根据法律的规定，为满足权利主体的要求，劳动过程中履行某种行为的必要性。劳动权利与劳动义务是相互对应的，即劳动法律关系主体双方既享有一定的权利，又承担一定的义务。劳动法不允许一方只享受权利而不承担义务，或者只承担义务

---

① 郑尚元：《劳动法学》，中国政法大学出版社 2004 年版，第 48 页。

而不享受权利。同时，劳动义务是实现劳动权利的条件，与劳动权利形成对应统一关系。

（一）劳动者的劳动权利和劳动义务

1.劳动者的劳动权利

劳动者的劳动权利是指劳动者享有的、以就业权为核心的诸多权利的总和。具体包括劳动就业权、劳动报酬权、休息、休假权、劳动安全卫生保护权、社会保险和福利权、接受职业技能培训权、结社权与集体协商权等。

2.劳动者的劳动义务

根据我国《劳动法》规定，劳动者的基本劳动义务有完成劳动任务、提高劳动技能、执行劳动安全卫生规程、遵守劳动纪律和职业道德以及法律规定的其他义务等。

（二）用人单位的权利和义务

1.用人单位的权利

用人单位有通过与就业者的双向选择自主招录的权利，有了解劳动者与订立和履行劳动合同直接相关的年龄、身体状况、工作经历、知识技能以及就业现状等情况的权利，有维护自身权益，对涉及单位机密的信息实行保密的权利等。

2.用人单位的义务

用人单位的义务主要包括：应当如实告知劳动者工作内容、工作条件、工作地点、职业危害、安全生产状况、劳动报酬，以及劳动者希望了解的其他与订立和履行劳动合同直接相关的情况，支付劳动报酬，提供约定的劳动条件、提供符合法定标准的安全卫生条件，安排劳动者休息休假，提供必要的职业培训机会，依法交纳社会保险费用，不干涉劳动者组建工会、不抵制集体协商等。

三、劳动法律关系的客体

劳动法律关系的客体是指劳动法律关系主体双方的权利和义务所共同指向的对象。在劳动法律关系中，客体作为权利和义务的承载体，实现双方当事人的利益；同时，客体作为双方当事人所支配的共同对象，是双方当事人相互利益的连接点。所以它是劳动法律关系赖以存在的客观基础。

关于劳动法律关系的客体，劳动法学界有不同见解。一种观点认为，劳动法

律关系的客体是劳动活动。[①] 另一种观点认为，劳动法律关系客体是劳动力，[②]还有一种观点认为不只是劳动行为或劳动力。[③] 一般认为，劳动法律关系的客体按照其在劳动法律关系中的地位和作用，可以分为基本客体和辅助客体两大类，其中基本客体是指劳动行为，辅助客体是指劳动待遇和劳动条件。

(一)劳动行为

劳动行为是指劳动者在实现劳动过程中所实施的行为。它包括劳动者与生产资料结合直接从事生产活动的行为，职工完成单位所交付的工作任务的行为，以及用人单位对全部劳动过程实行劳动管理的行为。在劳动法律关系中，劳动行为的形式、质量和数量都具有重要的法律意义。

(二)劳动待遇和劳动条件

劳动待遇是指劳动者因实施劳动行为而有权获得的、用人单位因支配劳动行为而有义务提供的各种待遇。劳动待遇具体包括各种形式的劳动报酬、各种项目的劳动保险和福利等。

劳动条件是指生产过程中有关劳动者的安全、卫生和劳动强度等方面的条件。劳动条件具体包括用人单位提供的各种劳动工具、劳动保护设施、技术资料等。

作为劳动法律关系客体的劳动待遇和劳动条件，有的表现为行为，有的表现为物，有的表现为行为、物和技术的结合。这类辅助客体从属和受制于劳动行为这一基本客体，即其从属于劳动行为能力而存在，并在种类、数量等方面受劳动行为的制约，或者是实施劳动行为能力的必要条件，或者是实施劳动行为能力的必然结果，主要体现劳动者的利益。

第三节 劳动法律关系的产生、变更和消灭

一、劳动法律关系的产生、变更和消灭的概念

劳动法律关系的产生是指劳动者同用人单位依据劳动法律规范和劳动合同约定，明确相互间的权利义务，形成劳动法律关系。一般而言，在我国，劳动

① 关怀:《劳动法》，中国人民大学出版社 2000 年版，第 82 页。

② 董保华:《劳动关系调整的法律机制》，上海交通大学出版社 2000 年版，第 284～286 页。

③ 王全兴:《劳动法学》，高等教育出版社 2004 年版，第 83～84 页。

法律关系发生的方式有:(1)行政方式。即劳动者和用人单位之间的劳动法律关系是通过行政机关的行政指令确立的。这种形式是我国计划经济时期普遍采取的方式。(2)合同方式。即劳动者和用人单位之间的劳动法律关系是通过劳动合同来确立的。市场经济条件下,合同方式是劳动法律关系确立的主要方式。

劳动法律关系的变更是指劳动者同用人单位根据劳动法律规范,变更原来劳动合同中确定的权利义务的内容。引起变更劳动法律关系的客观情况,一般是劳动法律关系主体双方意思表示一致的合法行为。在特定条件下,当事人单方的法律行为依法也能产生变更劳动法律关系的效果。

劳动法律关系的消灭是指劳动者同用人单位根据劳动法律规范,终止其相互间的劳动权利义务关系。消灭劳动法律关系的客观情况,一般包括行为人的合法行为和违法行为及事件。在实践中,劳动法律关系消灭的情形有:因有效期限届满或目的实现而终止;因主体消灭或丧失一定资格而消灭等。例如,经过双方协商或单方依法解除劳动合同,以及劳动合同期限届满,均可以引起劳动法律关系的消灭;因劳动者违反劳动纪律被除名,或者因触犯刑法被监禁,从而引起劳动法律关系的消灭;劳动者完全丧失劳动行为能力或者死亡,也会引起劳动法律关系的消灭。

二、劳动法律事实

(一)劳动法律事实的概念

劳动法律事实是指劳动法规定的,能够引起劳动法律关系的产生、变更和消灭的客观情况。劳动法律规范所确认的劳动法律关系主体双方的权利义务,只是表明劳动法律关系主体依法享受权利和承担义务的资格和可能性,并不是现是存在的实际权利义务关系。要使这种可能性变为现实,必须通过一定的劳动法律关系。[①] 例如,劳动者和用人单位要实现自身的劳动权利和劳动义务,就必须通过协商达成一致意见并签订劳动合同,建立劳动法律关系。可见,劳动者和用人单位之间签订劳动合同并确立劳动关系的客观情况,就是引起劳动法律关系产生的法律事实。同样,劳动法律关系的变更或消灭,也都通过一定的法律事实才能引起。因此,劳动法律规范、劳动法律事实和劳动法律关系之间的关系是:劳动法律规范是确认法律事实的依据;劳动法律事实是引起劳动法律关系产生、变更和消灭的原因;劳动法律关系是劳动法律事实引

① 李景森、贾俊玲:《劳动法学》,北京大学出版社 2000 年版,第 51 页。

起的结果。

(二)劳动法律事实的种类

根据我国劳动法的规定,能够引起劳动法律关系产生、变更和消灭的劳动法律事实是多种多样。按照其发生是否以行为人的意志为转移来划分,可以将其分为行为和事件两大类。

1.行为

劳动法律事实的行为,是指劳动法规定的,能够引起劳动法律关系产生、变更和消灭的人的有意识的活动。按照行为是否符合法律规定,可以将行为分为合法行为和违法行为。按照行为人所处的地位和实施行为的目的、性质和职责,可以将其分为劳动法律行为、劳动行政管理行为、劳动仲裁行为和劳动司法行为四类。

2.事件

劳动法律事实的事件,是指不以行为人的意志为转移的客观现象。事件包括自然现象和社会现象。自然现象如地震、洪水以及劳动者的人身伤残、疾病、死亡等。社会现象如战争、动乱等。这些事件虽然不以人的意志为转移,但在一定条件下,能够引起劳动法律关系的产生、变更和消灭。

(三)劳动法律事实的特点

1.引起劳动法律关系产生的法律事实一般为合法行为

引起劳动法律关系产生的法律事实,一般只能是当事人双方一致的合法意思表示的劳动法律行为,即合法行为。例如,劳动者经用人单位的考核,并经协商一致签订劳动合同,这时双方当事人之间特定的劳动法律关系才能建立。而单方的意思表示和违法行为,都不可能产生劳动法律关系。这一点与产生民事法律关系的法律事实不同。一般情况下,在民事法律关系的产生中,除主体双方一致的合法意思表示的法律行为外,单方的意思表示(例如立遗嘱行为)或违法行为(例如公民损坏他人财产的行为),也会产生民事法律关系。

2.引起劳动法律关系变更、消灭的法律事实,不同于引起劳动法律关系产生的法律事实

在引起劳动法律关系变更、消灭的法律事实中,除了双方一致的合法意思表示外,还包括法律事实中的违法行为和事件。当事人双方一致的合法意思表示,例如劳动者要求调整工作岗位,经用人单位同意,就会引起劳动法律关系的变更。违法行为,例如因劳动者的违规操作,而造成重大伤亡事故,被用人单位开除,从而引起劳动法律关系的消灭。事件,例如劳动者由于疾病、死亡,导致劳动法律关系的变更、消灭。

第四节　附随劳动法律关系

一、概念

附随劳动法律关系，是指劳动法在调整与劳动关系密切联系的其他社会关系时所形成的权利义务关系。劳动法调整劳动关系这一基本的社会关系之外，还调整与劳动关系有密切联系的某些其他社会关系，从而形成附随劳动法律关系。

二、种类

一般而言，附随劳动法律关系可以分为劳动行政法律关系、劳动服务法律关系和团结劳动法律关系。

（一）劳动行政法律关系

劳动行政法律关系，是指劳动行政部门与劳动行政相对人之间，为实现劳动关系而依据劳动法律规范和有关行政法律规范所形成的权力（权利）和义务关系。或者说，它是劳动法和行政法调整劳动行政关系所形成的权利和义务关系。劳动行政法律关系是劳动行政关系的法律表现形式。[①] 例如，劳动工资、劳动保护、社会保险等方面的管理关系；劳动监察、监督法律关系等。

劳动行政法律关系的主体，是指劳动行政法律关系的参与者，包括劳动行政主体和劳动行政相对人。劳动行政主体是劳动行政法律关系中处于管理者地位的一方当事人，主要包括劳动行政机关、兼有劳动行政职能的其他行政机关（如人事行政机关、卫生行政机关等）以及经授权具有一定劳动行政职能的机构（如社会保险经办机构、劳动安全卫生检测机构等）。行政相对人是劳动行政法律关系中处于被管理者地位的一方当事人，主要是劳动者和用人单位，此外，还包括工会和用人单位团体、劳动服务机构等。

劳动行政法律关系的内容，是指劳动行政法律关系主体享有的权利和承担的义务。它主要包括劳动行政主体对劳动力、劳动报酬、劳动安全卫生、社会保险等方面进行管理时，双方主体享有的权利和承担的义务。在这一法律关系中，劳动行政主体具有代表国家依法履行劳动行政的职权和职责，它依法

---

① 王全兴：《劳动法学》，高等教育出版社 2004 年版，第 87 页。

实施的劳动管理行为对劳动行政相对人具有法律约束力；劳动行政相对人负有服从国家宏观劳动管理的义务，必须按照劳动行政主体的要求进行活动，其中，劳动关系的内容和运行必须符合劳动行政主体依法制定的劳动标准和其他规范，必须接受劳动行政主体的监督。应当注意的是，劳动行政主体在行使相关劳动管理职权时，应当遵守劳动法律法规的规定，不得违法行政。

（二）劳动服务法律关系

劳动服务法律关系，是劳动服务机构在为劳动者和用人单位提供劳动服务的过程中，依据与劳动者和用人单位之间形成的权利义务关系。实践中，劳动服务机构可以从事法律法规规定的各种劳动服务。以人才中介服务机构为例，人才供求信息的收集、整理、储存、发布和咨询服务；人才信息网络服务；人才推荐；人才招聘；人才培训；人才测评；法规、规章规定的其他有关业务。劳动服务机构除了在就业阶段可以提供相应的劳动服务外，还可以就劳动保护、工资指导、社会保险、社会福利等方面提供相应的服务。

劳动服务法律关系的特征主要表现在：(1)它的双方当事人分别固定为特定的主体，其中，劳务提供方固定为依法取得特定劳动服务资格的社会组织，劳务接受方固定为劳动者和用人单位；(2)它以实现劳动关系为目的，即它的存续是为了在劳动力市场上和劳动过程中给劳动关系正常运行创造条件；(3)它的标的限定为劳动服务行为，这是一种特殊劳务，其服务对象、服务项目和服务规则为劳动法规政策和劳动行政部门所规定；(4)它的内容一般具有非营利性和公益性，其中有的是无偿提供服务：(5)它的运行大多由政府有关部门或机构所组织，并且受到较强力度的宏观控制。①

劳动服务法律关系的主体，是指劳动服务法律关系的参与者，具体包括劳动服务机构、劳动者和用人单位。目前，我国专门从事劳动服务的机构主要有：职业介绍机构、劳动服务企业、职业培训机构、社会保险经办机构、劳动保护服务机构等。劳动服务机构的资格取得，一般应当具备一定的条件，并经过相应的审批手续后，才能设立。

劳动服务法律关系的内容，是指劳动服务主体与劳动者和用人单位之间，因劳动服务而产生的相关权利和义务。一般情况下，劳动服务主体的权利和义务由劳动法律法规直接规定，无需双方当事人就此进行约定。例如，在我国，社会保险服务机构一旦依法设立，就应当依照法律法规的规定为劳动者和用人单位提供相应的劳动服务，同时，当事人依照法律法规规定的内容，各自

① 王全兴：《劳动法学》，人民法院出版社 2005 年版，第 94～95 页。

享有相应的权利和义务。当然，在某些情况下，劳动者或用人单位与劳动服务主体之间需要通过签订合同才能确立相互之间的权利义务。例如，用人单位办理委托人才中介服务机构进行人事代理时，须向代理机构提交有效证件以及委托书，确定委托代理项目。经代理机构审定后，由代理机构与委托单位签订人事代理合同书，明确双方的权利和义务，确立人事代理关系。

（三）团结劳动法律关系

团结劳动法律关系，是指工会作为劳动者合法权益的代表者，为代表和维护劳动者的合法权益和利益，与劳动者、用人单位及有关国家机关依法形成的权利义务关系。

团结劳动法律关系的主体包括工会和用人单位。根据我国《工会法》的规定，工会是职工自愿结合的工人阶级的群众组织。中华全国总工会及其各工会组织代表职工的利益，依法维护职工的合法权益。因此，作为团结劳动法律关系主体的工会，包括中华全国总工会、地方总工会、产业工会和基层工会组织。其中中华全国总工会、地方总工会和产业工会依法自批准之日起，即具有社会团体法人资格。基层工会组织具备民法通则规定的法人条件的，依法取得社会团体法人资格。

团结劳动法律关系的内容，是指团结劳动法律关系主体与劳动者和用人单位之间，因团结劳动关系而产生的相关权利和义务。一般地，劳动者在团结劳动法律关系中，享有以下权利：结社权；要求工会支持、帮助其维权；接受工会教育的权利等。劳动者也要承担相应的义务，主要包括：缴纳会费、参与工会组织的相关活动等。用人单位在团结劳动法律关系中也享有相应的权利，如要求工会配合对职工进行相关的教育等权利，也要承担相应的义务，如依法为工会的工作提供经费和必要的物质条件、为工会工作人员支付工资等各项物质待遇、支持工会依法开展工作、接受工会的监督等。

第五章 劳动合同法律制度

第一节 劳动合同概述

一、劳动合同的概念和特征

(一)劳动合同的概念

劳动合同是世界各国普遍采用的建立劳动关系的法定方式。在有的国家,劳动合同也被称为雇佣合同或雇佣契约。史尚宽先生认为:"劳动契约,广义言之,则凡一方对他方负劳动给付义务之契约。"[①]1936 年原南京国民政府公布的《劳动契约法》(未施行)第 1 条规定:"称劳动契约者,谓当事人之一方,对于他方在从属关系提供其职业上之劳动力,而他方给付报酬之契约。"我国《劳动法》第 16 条第 1 款规定:"劳动合同是劳动者与用人单位确立劳动关系、明确双方权利和义务的协议。"

(二)劳动合同的特征

1. 劳动合同具有一般合同的性质

劳动合同属于有偿合同、双务合同。作为合同的一种,劳动合同具有合同的一般特征:(1)劳动合同是用人单位和劳动者之间的合意,即意思表示一致的结果。(2)劳动合同的双方当事人法律地位平等。(3)劳动合同双方当事人的权利义务是对等的,没有只享受权利而不承担义务的一方。(4)劳动合同属于法律事实中的法律行为,将导致一定法律关系的产生,对当事人双方均有法律约束力。

2. 劳动合同的社会法属性

劳动合同又是一种特殊的合同,具有不同于其他合同的社会法属性:

(1)劳动合同的主体是特定的。劳动合同的主体一方是劳动者,一方是具

① 史尚宽:《劳动法原论》,正大印书馆 1978 年版,第 13 页。

有劳动用工资格的用人单位。根据我国法律规定，能够成为劳动合同劳动者一方的只能是年满16周岁至法定退休年龄的自然人。而用人单位可以是具有劳动用工资格的国家机关、事业单位、社会团体、企业、个体经济组织、民办非企业单位等组织。

(2)劳动合同的标的是劳动者的劳动行为。劳动合同订立后，劳动者一方必须加入到用人单位的生产和工作中去，成为该单位的一名职工，有获得报酬的权利，有获得社会保险和生活福利的权利，相应地有完成劳动行为的义务；用人单位有权依照劳动合同的约定组织管理劳动者，在劳动中对其指挥和监督，使其完成约定的劳动行为，同时有义务支付劳动报酬、为职工参加社会保险和提供生活福利。

(3)劳动合同的内容涉及劳动者完成再生产的过程。劳动力有自然老化的过程，劳动力还有本身再生产的特征。劳动合同不仅要约定用人单位与劳动者本人的权利义务，而且还要涉及劳动者的直系亲属在一定条件下享有的物质帮助权。如果职工因年老、疾病、工伤、残废、死亡等原因，暂时或永久丧失劳动能力，中断劳动可能不能获得劳动报酬时，用人单位不仅要负担职工本人的社会保险待遇，而且要对职工所供养的直系亲属给予一定的物质帮助。就劳动者而言，自身老化的需求和劳动力再生产的需求都是通过他的劳动来实现的，需要解决的问题虽是缘于劳动者的劳动，但劳动者的劳动本身并不能直接解决这些问题。因此，用人单位在使用劳动者的劳动时，应当为劳动者提供全面需求的满足条件。[①]

(4)劳动合同内容的法定性。在劳动关系中，劳动者相对于用人单位处于弱势地位，如果合同条款完全由合同双方自由约定，就极可能使劳动者的合法权益受到侵害，不利于社会的稳定和发展。为了实现保护劳动者合法权益的立法宗旨，我国《劳动合同法》将劳动合同特定的内容以必备条款的形式加以明确规定，包括：用人单位的名称、住所和法定代表人或者主要负责人；劳动者的姓名、住址和居民身份证或者其他有效身份证件号码；劳动合同期限；工作内容和工作地点；工作时间和休息休假；劳动报酬；社会保险；劳动保护、劳动条件和职业危害防护；法律、法规规定应当纳入劳动合同的其他事项。

(5)劳动合同的双方当事人具有从属关系。在建立劳动关系时，劳动合同主体之间的法律关系是平等的。建立劳动关系以后，劳动者与用人单位间形成隶属关系：劳动者成为用人单位的成员，以用人单位名义进行工作；劳动成

---

① 黎建飞：《劳动法的理论与实践》，中国人民公安大学出版社2004年版，第277页。

果归属于用人单位，在劳动过程中发生的风险由用人单位承担；劳动者须接受用人单位的指挥和管理，遵守用人单位的内部劳动规则。

二、劳动合同与集体合同、劳务合同的区别

(一)劳动合同与集体合同的区别

劳动合同与集体合同有如下区别：(1)目的不同。订立集体合同的目的是为了维护劳动者整体的合法权益，调整和改善劳动关系，促进企业和劳动者的共同发展；而劳动合同是劳动者个人与用人单位确立劳动关系，明确双方权利义务的协议，目的在于在双方当事人之间建立劳动关系，利用合同制度实现和保护当事人的权利和义务。(2)主体不同。集体合同的主体是雇主或雇主团体和由工会代表的全体职工，在我国是用人单位与由工会(没有建立工会的企业，由职工推举的代表)代表的全体职工；劳动合同的主体是雇主与单个雇员，在我国是用人单位与劳动者个人。(3)内容不同。集体合同不仅规定本企业的一般劳动条件，而且涉及劳动关系的各个方面，内容具有广泛性、整体性的特点。劳动合同规定劳动者个人和用人单位的权利和义务，内容多是关于劳动条件的规定。(4)法律效力不同。集体合同的效力高于劳动合同，集体合同适用于全体职工；劳动合同仅对个别劳动者有约束力。集体合同规定了本企业的最低劳动标准，用人单位与劳动者订立的劳动合同中劳动报酬和劳动条件等标准不得低于集体合同规定的标准。

(二)劳动合同与劳务合同的区别

劳务合同是实践中经常使用的一个概念，但是，对劳务合同的定义，不但现行立法未规定，学术上观点也不一致。根据给付的标的，合同可以分为三大类，一类是以财产为给付标的的合同，例如买卖合同、赠与合同、借用合同；第二类是以劳务为给付标的合同，例如承揽合同、委托合同、保管合同、雇佣合同；第三类是以共同从事一定工作为目的的合同，例如合伙合同。从最广义的角度讲，第二类合同可以称为劳务合同。

劳动合同和劳务合同的区别主要在于：(1)主体不同。劳动合同的主体只能是劳动者和具有劳动用工资格的用人单位，劳务合同的主体则可以都是单位或都是个人。(2)内容不同。劳动合同的主要内容是合同期限、工作内容、劳动条件、劳动报酬等，劳务合同的内容则主要是劳动项目的名称、数量、质量、价款金额等。(3)标的不同。劳动合同的标的是劳动行为，即劳动合同只要求劳动者已经按合同约定给付劳动，即使最终没有达成雇主所希望的结果，但对劳动者而言，合同应视为已经履行，用人单位必须支付报酬。而劳务合

同，如委任合同或承揽合同，是以劳动结果为给付报酬的前提的；劳动合同中的劳动者作为用人单位的一员，是利用用人单位的生产资料，在用人单位的组织和指挥下从事劳动的。而劳务活动是劳务提供方利用自己的生产资料所进行的，并且由自己组织、指挥和承担风险。(4)主体间关系不同。劳务合同主体是平等的民事主体，不具有从属关系。而劳动合同的主体之间具有人格上和经济上的从属关系。在劳动合同履行的过程中，双方当事人之间即形成了管理者与被管理者的隶属关系。劳动者是劳动力的提供者，处于被管理的地位，必须服从和接受用人单位的管理。用人单位则成为劳动力的使用者，按照其内部劳动规则对劳动者行使管理权，处于管理劳动者的领导地位。

三、劳动合同的种类

(一)以合同表现形式为标准的分类

劳动合同按其表现形式可分为书面、口头和默示三种。

书面劳动合同指劳动者与用人单位以书面形式建立劳动关系，表达双方劳动权利义务的书面协议。书面劳动合同常常以劳动合同书、劳动协议书、聘用合同书等形式出现。书面劳动合同的优点是：双方权利义务记载清楚，便于履行，发生纠纷时容易举证和分清责任。缺点是书面合同订立的手续比较繁琐，变更与终止麻烦。

口头劳动合同指劳动者或用人单位向对方提出建立劳动关系的要约，对方表示承诺，从而确立劳动权利义务关系的协议。口头劳动合同不寄托于书面材料，若发生争议需双方无异议或有工资表、考勤卡等书面资料旁证。口头劳动合同灵活简便，实践中短暂的临时性用工常使用此种类型的。其缺点是发生纠纷难以取证，不易分清责任。

默示劳动合同指劳动关系双方当事人没有书面或口头明确的意思表示，但双方的行为表明已建立劳动关系的劳动合同。默示的劳动合同多发生在如下情形：一是原劳动合同期满，由于种种原因，双方对是否续签劳动合同问题不进行协商，劳动者继续提供劳动，单位也接受，并照原合同支付报酬。二是从未订立过书面劳动合同，劳动者向用人单位提供劳动，用人单位接受，并当作自己的职工对待。默示的劳动合同一般不是当事人主动追求的方式，这一种合同稳定性不足。

我国《劳动合同法》第10条规定："建立劳动关系，应当订立书面劳动合同。已建立劳动关系，未同时订立书面劳动合同的，应当自用工之日起一个月内订立书面劳动合同。"第69条规定："非全日制用工双方当事人可以订立口头协议。”因此，全日制用工必须签订书面劳动合同。但在现实中，存在用人单位和劳动者仅订立口头协议或无任何协议，劳动者向用人单位提供劳动、用人单位对其支付劳动报酬从而形成事实劳动关系的情况。这就产生了与我国《合同法》相对应的口头形式的劳动合同和默示形式的劳动合同。这两种形式的合同的成因大约有以下几种：(1)原劳动合同期满后由于种种原因，双方对是否续签合同不进行协商，但仍然维持双方的劳动关系；(2)用人单位招聘新职工，只办理了录用手续而没有签订劳动合同(或在没有及时签订劳动合同之前)，但在事实上将新招的劳动者视为本单位的职工；(3)其他原因，例如更换工作任务、调整岗位等引起的劳动合同的变更或终止，从而形成事实劳动关系，即默示形式的劳动合同。其实事实劳动关系的内容与书面劳动合同的内容并无差别，只是劳动者和用人单位之间的权利义务关系没有得到书面形式的确认，而是以口头形式或以默示形式加以确认。

(二)以合同期限为标准的分类

劳动合同期限分为固定期限、无固定期限和以完成一定工作任务为期限三种。固定期限劳动合同，是指用人单位与劳动者约定合同终止时间的劳动合同。无固定期限劳动合同，是指用人单位与劳动者约定无确定终止时间的劳动合同。以完成一定工作任务为期限的劳动合同，是指用人单位与劳动者约定以某项工作的完成为合同期限的劳动合同。

与固定期限劳动合同相比，无固定期限劳动合同更有利于保护劳动者利益，许多国家和地区的立法将无固定期限劳动合同放在高于固定期限劳动合同的地位。例如，我国台湾地区“劳动基准法”第 9 条将固定期限劳动合同限于“临时性、短期性、季节性及特定性工作”，并将固定期限劳动合同届满后的两种情形也视为无固定期限劳动合同：劳工继续工作而雇主不即表示反对意思者；虽经另订新约，惟其前后劳动契约之工作期间超过 90 日，前后契约间断期间未超过 30 日者。

在我国，固定期限的劳动合同适用范围较广，而无固定期限的劳动合同适用范围较窄。《劳动合同法》第 14 条规定：“用人单位与劳动者协商一致，可以订立无固定期限劳动合同。有下列情形之一，劳动者提出或者同意续订、订立劳动合同的，除劳动者提出订立固定期限劳动合同外，应当订立无固定期限劳动合同：(一)劳动者在该用人单位连续工作满十年的；(二)用人单位初次实行劳动合同制度或者国有企业改制重新订立劳动合同时，劳动者在该用人单位连续工作满十年且距法定退休年龄不足十年的；(三)连续订立二次固定期限劳动合同，且劳动者没有本法第三十九条和第四十条第一项、第二项规定的情

形，续订劳动合同的。用人单位自用工之日起满一年不与劳动者订立书面劳动合同的，视为用人单位与劳动者已订立无固定期限劳动合同。”

（三）以用人方式为标准的分类

按照用人方式的不同，可将劳动合同分为录用合同、聘用合同和借调合同。

录用合同是录用单位与被录用劳动者之间，为确立劳动关系，明确相互权利义务关系的合同。企业、个体经济组织、国家机关、事业组织、社会团体等用人单位招收录用劳动者时与其签订的劳动合同，就属于录用合同。

聘用合同，又称聘任合同，指聘用单位与被聘用劳动者之间为确立劳动关系明确双方权利义务的合同。聘用合同一般适用于招聘有技术业务专长的特定劳动者。例如企业，事业组织聘请专家、技术顾问、法律顾问等。

借调合同，又称借用合同，指借调单位、被借调单位与借调职工之间，为借调职工从事短期性工作，约定借调期间三方当事人之间权利义务的合同。借调合同一般适用于借调单位急需使用的工人、管理人员或技术人员。

（四）以就业方式为标准的分类

根据就业方式的不同，劳动合同可分为全日制劳动合同与非全日制劳动合同。全日制劳动合同即劳动者和用人单位依据国家法定劳动时间的规定，达成的从事全时工作的协议。非全日制劳动合同是劳动者与用人单位约定的主要以小时作为工作时间单位确立劳动关系的协议。《劳动合同法》第 68 条规定：“非全日制用工，是指以小时计酬为主，劳动者在同一用人单位一般平均每日工作时间不超过四小时，每周工作时间累计不超过二十四小时的用工形式。”非全日制就业是随着市场经济的健全和完善而发展起来的多样化的就业形式，突破了传统的全日制就业模式，适应了用人单位灵活用工和劳动者自主择业的需要，已成为促进就业的重要途径。

四、劳动合同的内容

劳动合同以约定劳动者与用人单位之间的权利义务为目的，其内容极为广泛，包括工作种类、工作时间、工资待遇、奖金津贴、退休资遣、安全生产、劳工教育、劳工福利、灾害补偿、纪律奖惩等。[①] 因此，劳动合同的内容，亦即劳动合同条款，是指劳动合同中合同双方当事人对权利义务的具体约定。从世界各国的劳动立法和劳动实践来看，依据劳动合同内容产生的根据及其性质，

① 林丰宾：《劳动基准法论》，三民书局 2003 年版，第 82 页。

可将劳动合同内容分为法定必备条款和约定条款。

(一)劳动合同的法定必备条款

法定必备条款,是指法律规定各种劳动合同必须具备的条款。这些条款是劳动立法要求用人单位与劳动者在订立劳动合同时必须考虑的内容,对于确定双方当事人的权利义务关系来说,具有法律的强制性。它是劳动合同不可或缺的内容,劳动合同只有具备了这些条款,才能成立和生效。

《劳动合同法》第 17 条规定:"劳动合同应当具备以下条款:(一)用人单位的名称、住所和法定代表人或者主要负责人;(二)劳动者的姓名、住址和居民身份证或者其他有效身份证件号码;(三)劳动合同期限;(四)工作内容和工作地点;(五)工作时间和休息休假;(六)劳动报酬;(七)社会保险;(八)劳动保护、劳动条件和职业危害防护;(九)法律、法规规定应当纳入劳动合同的其他事项。"

根据我国和其他国家劳动法中关于劳动合同法定必备条款的规定,可以归纳出法定必备条款一般包括以下几项:(1)劳动合同主体名称和住址,包括用人单位的名称和住址及劳动者的姓名和住址。(2)劳动合同期限,指劳动合同的有效期间。法学界对劳动合同期限有两种观点:一种认为可将劳动合同期限分为固定期限和无固定期限,另一种认为劳动合同期限可分为固定期限、无固定期限和以完成一定的工作任务为期限。不同期限的劳动合同的双方当事人的权利义务的存续期间不同。我国《劳动法》和《劳动合同法》采纳第二种观点,将劳动合同分为固定期限劳动合同、无固定期限劳动合同和以完成一定工作任务为期限的劳动合同。(3)工作内容,指劳动者为用人单位提供的劳动,包括工作岗位、工作任务和工作要求等。(4)劳动保护。劳动合同中的劳动保护条款只能高于国家规定的标准。(5)劳动条件,即劳动者完成劳动任务的必要条件。用人单位应为劳动者提供劳动安全卫生条件和必备的生产资料条件。劳动者根据工作需要,要求用人单位提供特殊的劳动保护和劳动条件的,应同用人单位进行协商,并在合同中明确约定。(6)劳动报酬。该条款是劳动合同的核心条款。劳动报酬通常又指工资,一般包括计件工资、计时工资、奖金、津贴、延长工作时间的劳动报酬以及特殊情况下支付的工资。工资水平不得低于国家最低工资标准,也不得低于集体合同中规定的工资标准。此外,还应在劳动合同中约定劳动报酬的具体构成、工资的计算方法、奖金和津贴的条件、工资支付期限和扣除条件等。(7)社会保险。用人单位必须按时足额为劳动者缴纳社会保险金,包括养老保险金、医疗保险金、失业保险金、工

伤保险金、生育保险金以及住房公积金。①

(二)劳动合同的约定条款

劳动合同约定条款是指劳动合同的主体在劳动合同中自由选择议定的条款。约定条款可以是劳动法律法规中提示的,也可以是劳动合同双方当事人根据自己的实际需要,在协商一致的基础上,约定的有关各自权利义务的补充条款。约定条款一般也比较重要,但立法不宜作强行性规定,可以只是提示劳动合同双方当事人给予必要的重视或者作必要的补充。根据各国的劳动立法,约定条款主要包括:试用期条款、保密条款、竞业禁止条款、第二职业条款以及补充保险和福利待遇条款等。《劳动合同法》第 17 条第 2 款规定,除法定必备条款外,用人单位与劳动者可以约定试用期、培训、保守秘密、补充保险和福利待遇等其他事项。

1. 试用期条款

劳动合同的试用期指用人单位与劳动者建立劳动关系、订立劳动合同时,在劳动合同期间之内特别约定的供劳动合同主体互相考察的期间。试用期是劳动关系双方以最低限度风险相互考察对方的一种手段。② 在试用期限内,用人单位考察劳动者是否符合录用条件,劳动者考察用人单位介绍的劳动条件是否符合实际情况。同时,在该期限内双方均可以考核对象与自己的适应性。一般在初次就业或重新就业后改变工作岗位和工作性质时,用人单位和劳动者才在合同中约定试用期。

各国立法对于试用期一般只设定上限,劳动合同主体不得通过约定改变这一上限,体现了试用期具有限制性。我国《劳动合同法》第 19 条规定:“劳动合同期限三个月以上不满一年的,试用期不得超过一个月;劳动合同期限一年以上不满三年的,试用期不得超过二个月;三年以上固定期限和无固定期限的劳动合同,试用期不得超过六个月。同一用人单位与同一劳动者只能约定一次试用期。以完成一定工作任务为期限的劳动合同或者劳动合同期限不满三个月的,不得约定试用期。试用期包含在劳动合同期限内。劳动合同仅约定试用期的,试用期不成立,该期限为劳动合同期限。”第 70 条规定:“非全日制用工双方当事人不得约定试用期。”

关于试用期内的工资,原劳动部《关于贯彻执行〈中华人民共和国劳动法〉若干问题的意见》第 57 条规定:“劳动者与用人单位形成或建立劳动关系后,

---

① 杜波:《劳动合同研究与实践》,煤炭工业出版社 2003 年版,第 80 页。

② 董保华:《劳工神圣的卫士——劳动法》,上海人民出版社 1997 年版,第 124 页。

试用、熟练、见习期间，在法定工作时间内提供了正常劳动，其所在的用人单位应当支付其不低于最低工资标准的工资。”《劳动合同法》第 20 条做出了更有利于劳动者的规定：“劳动者在试用期的工资不得低于本单位相同岗位最低档工资或者劳动合同约定工资的百分之八十，并不得低于用人单位所在地的最低工资标准。”

2. 保密条款

保密条款是指用人单位与劳动者在劳动合同中约定的劳动者对用人单位的商业秘密和与知识产权相关的保密事项负有保密义务的条款。保密条款一般应包含：(1)界定用人单位商业秘密的范围；(2)保密的具体事项；(3)根据商业秘密的重要性程度约定保密期限；(4)争议解决方式。目前，一些地方立法已明确规定劳动合同当事人可以在合同中约定保密条款。例如，《上海市劳动合同条例》第 15 条规定：“劳动合同当事人可以在劳动合同中约定保密条款或者单独签订保密协议。商业秘密进入公知状态后，保密条款、保密协议约定的内容自行失效。对负有保守用人单位商业秘密义务的劳动者，劳动合同当事人可以就劳动者要求解除劳动合同的提前通知期在劳动合同或者保密协议中做出约定，但提前通知期不得超过六个月。在此期间，用人单位可以采取相应的脱密措施。”《劳动合同法》第 23 条第 1 款规定：“用人单位与劳动者可以在劳动合同中约定保守用人单位的商业秘密和与知识产权相关的保密事项。”

3. 竞业限制条款

竞业限制条款是指限制劳动者在劳动合同期间以及劳动合同解除或终止后一段期间内从事竞争性的兼职的条款。大陆法系认为，劳动关系存续期间劳动者不得为第三人提供劳务以获取报酬，但不违背其忠实义务，尤其是竞业禁止义务者不在此限。这意味着，原则上如果没有特殊约定，劳动者有兼职的自由，但这一自由的行使应当以不违背忠实义务为限。而竞业显然构成对忠实义务的违反，因此劳动者竞业就是违法兼职，将构成不法劳动。①

我国已有地方立法对竞业限制条款做出规定。例如，《上海市劳动合同条例》第 16 条规定：“对负有保守用人单位商业秘密义务的劳动者，劳动合同当事人可以在劳动合同或者保密协议中约定竞业限制条款，并约定在终止或者解除劳动合同后，给予劳动者经济补偿。竞业限制的范围仅限于劳动者在离开用人单位一定期限内不得自营或者为他人经营与原用人单位有竞争的业务。竞业限制的期限由劳动合同当事人约定，最长不得超过三年，但法律、行

① 黄越钦：《劳动法新论》，中国政法大学出版社 2003 年版，第 175 页。

政法规另有规定的除外。”

《劳动合同法》第 23 条第 2 款和第 24 条对竞业限制条款做了明确的规定:(1)对负有保密义务的劳动者,用人单位可以在劳动合同或者保密协议中与劳动者约定竞业限制条款,并约定在解除或者终止劳动合同后,在竞业限制期限内按月给予劳动者经济补偿。劳动者违反竞业限制约定的,应当按照约定向用人单位支付违约金。(2)竞业限制的人员限于用人单位的高级管理人员、高级技术人员和其他负有保密义务的人员。竞业限制的范围、地域、期限由用人单位与劳动者约定,竞业限制的约定不得违反法律、法规的规定。(3)竞业限制的期限不得超过 2 年。有学者认为,①该规定过于模糊,不利于维护劳动者的权利以及法院就目的是否适当进行判断,应借鉴国外成熟立法采取列举性的规定。例如,《瑞士债务法》第 340 条规定:“竞业禁止以劳动关系中劳动者获有顾客来源或制造、营业机密,而此等知识的运用对原用人单位可能造成重大损害为限。”

4.第二职业条款

第二职业条款是约定劳动者是否可以从事第二职业以及如何从事第二职业的劳动合同条款。所谓“第二职业”,是与本职工作相对应的概念,指劳动者在本职工作之外,从事比较固定的工作,占用比较固定和比较多的时间,获得比较稳定的报酬的工作。就其工作性质和内容而言,可能与本职工作有关,也可能无关。

就劳动者是否可以从事第二职业,其他国家和地区的立法多允许合同当事人约定。如德国在立法中规定,如雇主无反对的意思表示,受雇人可以从事第二职业,但不能损害其对雇用人的劳动给付为限;受雇人非得雇用人同意,不得参加与雇用人竞争的营业。《瑞士债务法》也规定,劳动关系存续期间,劳动者不得为第三人提供劳务以获取报酬,但不违背其忠实义务,尤其是竞业禁止义务不在此限。② 我国目前对于是否允许劳动者从事第二职业,区分全日制用工和非全日制用工做了不同的处理。按照《劳动合同法》第 39 条的规定,劳动者同时与其他用人单位建立劳动关系,对完成本单位的工作任务造成严重影响,或者经用人单位提出,拒不改正的,用人单位可以解除劳动合同。因此,对于全日制用工,如果劳动者从事第二职业未受到用人单位反对,未影响

① 黎建飞、丁广宇:《竞业禁止义务规范研究——以英国法为比较视角》,载《法学杂志》2006 年第 4 期。

② 黄越钦:《劳动法新论》,中国政法大学出版社 2003 年版,第 175 页。

本单位的工作，应当允许以改善劳动者的生活，充分发挥劳动者的体能和技能潜力。而对于非全日制用工，《劳动合同法》第69条第2款规定："从事非全日制用工的劳动者可以与一个或者一个以上用人单位订立劳动合同；但是，后订立的劳动合同不得影响先订立的劳动合同的履行。"

5.保险和福利条款。我国社会保险实行国家基本险、用人单位的补充保险和个人储蓄保险相结合的原则。在法定的社会保险条款以外，双方当事人还可以就补充保险、集体或者个人特殊福利待遇问题进行协商，并以明示条款确定下来。职工福利又可称为职业福利或劳工福祉，其意义非常广泛，凡劳工将待遇以外的所有有价补助，而又能增进劳工幸福与利益者，①均涵盖其内。福利待遇可概括为三类：第一类是为减少劳动者生活费用开支和解决劳动者生活困难而提供的各种补贴；第二类是为方便劳动者生活和减轻劳动者家务负担而提供的各种生活设施和服务；第三类是为活跃劳动者文化生活而提供的各种文化设施和服务。②

6.违约金条款。违约金是指当事人在合同中约定的或法律所规定的，一方违约时应当支付给对方的一定数量的货币。劳动合同中的违约金条款在一定程度上限制了劳动者的自由择业权，因此各国劳动法对是否允许约定违约金规定不一。有些国家遵循合同法原理认可了违约金，而有些国家则禁止劳动合同约定违约金或赔偿金数额。例如，日韩等国立法明文禁止劳动合同规定违约金条款。我国《劳动法》并未规定违约金条款。《劳动合同法》第22条、第23条、第25条对违约金条款给予了范围、条件和金额的严格限制：(1)违约金条款仅适用于劳动者违反服务期约定、违反保密协议和违反竞业禁止约定三种情形；(2)只有在用人单位为劳动者提供专项培训费用，对其进行专业技术培训的情况下，才可以与约定服务期；(3)约定违反服务期违约金的数额不得超过用人单位提供的培训费用；(4)劳动者违反服务期约定时，所支付的违约金不得超过服务期尚未履行部分所应分摊的培训费用。

① 黄越钦：《劳动法新论》，中国政法大学出版社2003年版，第361页。

② 黄越钦：《劳动法新论》，中国政法大学出版社2003年版，第376页。

第二节　劳动合同的订立和续订

一、劳动合同订立的原则和程序

(一)劳动合同订立的原则

《劳动法》第17条规定:"订立和变更劳动合同,应当遵循平等自愿、协商一致的原则,不得违反法律、行政法规的规定。"《劳动合同法》第3条第1款规定:"订立劳动合同,应当遵循合法、公平、平等自愿、协商一致、诚实信用的原则。"

1.合法原则

无论合同的当事人、内容和形式,还是订立合同的程序,都必须符合有关劳动法律法规的要求。凡与劳动合同相关的强行性法律规范和强制性劳动标准,都必须严格遵守。具体而言,依法订立劳动合同,必须符合三项要求:(1)当事人必须具备合法的资格。作为用人单位,应是依法成立的企业、个体经济组织、国家机关、事业组织、社会团体等用人单位。作为劳动者,必须是年满16周岁和具有劳动行为能力的自然人。(2)劳动合同的内容合法。劳动合同各项条款必须符合国家法律、行政法规的规定。(3)订立劳动合同的程序和形式,必须符合劳动法律法规的规定。只有依法订立劳动合同,才能得到国家承认,并受法律的保护。因此,在劳动合同订立过程中只能有限制地体现契约自由原则。

2.公平原则

公平原则是指订立劳动合同应当平衡劳动者和用人单位的利益,合理分配当事人之间的权利和义务。用人单位不能滥用经济上的优势地位,迫使劳动者订立不公平的合同。

3.平等原则

平等原则是指劳动合同的当事人在合同关系中法律地位平等。主要体现在以下几点:(1)在订立合同时双方当事人法律地位平等,劳动合同主体平等地享有权利与承担义务,对劳动合同内容的约定必须经过双方当事人反复磋商,才能订立。(2)在履行劳动合同时,劳动合同的任何一方当事人不得擅自变更或解除劳动合同。在一般情况下,如果遇到特殊情况需要变更或者解除劳动合同的,必须经过双方当事人协商一致。(3)在承担劳动合同责任时,任何一方不履行劳动合同规定的义务，都应承担法律责任。

4.自愿原则

自愿原则指劳动合同的订立，应完全出自双方当事人的自由意愿，任何一方都不得把自己的意志强加给对方；除合同管理机关依法监督外，任何第三人都不得干涉合同的订立。自愿原则的具体要求包括：(1)劳动合同的双方当事人有权依照自己的意志自主地决定订立或不订立劳动合同。(2)劳动合同的双方当事人有权自由决定同谁订立劳动合同。(3)在符合法律规定的情况下，劳动合同的双方当事人可以自主约定劳动合同的部分内容。(4)用人单位与劳动者有权按照法律的规定变更与解除劳动合同。(5)劳动合同的当事人有权选择劳动法规定的劳动合同的形式。

5.协商一致原则

协商一致原则建立在平等原则和自愿原则的基础上。平等自愿基础上的协商一致是劳动合同双方当事人就劳动合同的各项条款，经过反复磋商，取得完全一致的意见的过程，是劳动合同双方当事人意思表示一致的过程。只有在完全达成一致意见的基础上签订劳动合同，才算是贯彻了协商一致的原则；也只有在贯彻协商一致原则的基础上签订劳动合同，法律才能够要求双方当事人认真履行合同规定的义务，维护双方当事人的合法权益。

6.诚实信用原则

诚实信用原则是民法的基本原则，其功能与价值不仅适用于民事领域，实践证明在劳动合同领域中，诚实信用原则也是不可或缺的一项基本原则。在劳动合同的订立过程中，诚实信用原则主要体现在双方当事人的告知义务上，要求合同双方诚实守信地订立劳动合同，相互告知与订立和履行劳动合同直接相关的各种情况，不得欺诈隐瞒。《劳动合同法》第8条规定："用人单位招用劳动者时，应当如实告知劳动者工作内容、工作条件、工作地点、职业危害、安全生产状况、劳动报酬，以及劳动者要求了解的其他情况；用人单位有权了解劳动者与劳动合同直接相关的基本情况，劳动者应当如实说明。"

(二)劳动合同订立的程序

根据合同法理论，合同的订立分为要约和承诺两个基本阶段。要约，是希望和他人订立合同的意思表示。提出要约的一方称为要约人。劳动合同的要约通常由用人单位发出，但在某些情形下劳动者也可以成为要约人，如自荐行为。承诺包括应招表示和应招行为。应招表示，是指受要约人在要约规定的期限内表示愿意接受要约的内容。应招行为，是指受要约人按照要约人的要求提交有关证明文件、填写招工表格、接受考试、考核和体检等行为。受要约

人只有应招表示而无应招行为或者应招行为不符合要约人规定的条件的，并不构成承诺，不发生约束力。只有受要约人既有应招表示、应招行为，又符合要约人要约条件的，双方才能签订劳动合同，确立劳动关系。

劳动合同的订立一般包括确定合同当事人和确定合同内容两个阶段。劳动合同当事人的选择阶段，由用人单位与劳动者通过一定的方式进行相互选择，以确定劳动合同的双方当事人，它一般由用人单位的招工（招聘）行为和劳动者的应招（应聘）行为相结合而构成。在劳动合同的内容确定阶段，用人单位与劳动者就劳动合同的具体内容，通过平等协商，实现意思表示一致，以确立劳动关系和明确相互权利义务。①

从实践中来看，比较典型的劳动合同的订立程序通常包括以下几个步骤：(1)招聘。招工是用人单位提出招聘简章，并向社会公布，吸引劳动者报名应招的行为。招聘在订立劳动合同的程序中，具有要约邀请的性质。(2)报名和提交证明材料。报名是劳动者根据自己的意愿，按照招聘简章或招聘广告的要求，到指定地点报名应招的行为。报名应当自愿进行，任何单位或个人不得强迫。劳动者选择自己认为合适的工种，提交身份证明、毕业证书或者其他证明文件，以此保证符合用人单位的录用条件，保证用人单位了解录用职工的文化技术水平和工作能力，便于分配工作，用其所长。(3)考核。考核是用人单位对报名应招的劳动者进行考查，核实该劳动者是否具备从事某一工作岗位的劳动能力的行为。雇主可以通过审查申请资料、背景调查、面试、笔试、实地操作、体检等多种方式，对符合基本资格条件的报名人员的品德、业务技能及其水平、身体、心理素质等各方面进行全面考核。(4)录用。录用是用人单位根据考核的成绩录取劳动者的行为。雇主对报名者全面考评后，择优确定被录用人，向其发出书面通知。(5)签约。签约是在企业录用后，由用人单位提出劳动合同文本，由被录用劳动者与用人单位就该合同文本进行平等协商，并在达成一致意见后，签订劳动合同的行为。签约行为在劳动合同中具有合同确认的性质。(6)鉴证。劳动合同鉴证是劳动行政部门依法审查、证明劳动合同真实性和合法性的一项行政监督、服务措施。按照国家规定或当事人要求而需要鉴证的劳动合同，应当将合同文本送交合同签订地或履行地的合同鉴证机关即劳动行政部门，由鉴证机关进行审查，确定合同的合法性。需要鉴证的合同，只有在鉴证后才会生效。

---

① 王全兴：《劳动法》，法律出版社 2004 年版，第 132 页。

三、劳动合同的法律效力

(一)劳动合同的有效

从理论上归纳,劳动合同的生效要件一般包括:(1)合同主体适格。即一方必须是达到法定就业年龄、具有劳动能力的公民,另一方必须是具有用人资格的劳动组织。(2)合同内容合法。即劳动合同必须具备法定必备条款,并且所载各项条款的内容,都必须符合劳动合同法和集体合同的要求。(3)意思表示真实。合同是当事人之间的合意,是意思表示一致的产物。这种合意是否产生法律上的效力,取决于意思表示是否真实。生效要件的意思表示与成立要件的意思表示,虽然都涉及意思表示一致,但二者的侧重点又有所不同。合同的成立要求意思表示一致,即承诺的内容必须与要约的内容一致。而合同的生效则进一步要求意思表示的自主性和真实性。① 按照《劳动合同法》第 26 条的规定,以欺诈、胁迫的手段或者乘人之危,使对方在违背真实意思的情况下订立或者变更劳动合同的,合同无效或者部分无效。(4)合同形式合法。全日制用工应当订立书面劳动合同。非全日制用工可以订立口头协议。(5)订立程序必须合法。劳动合同的订立必须完成各项法定必要程序,并且在订立程序中,必须严格遵循各项法定规则,尤其应当遵循平等自愿和协商一致的原则。

(二)无效劳动合同

1. 无效劳动合同的概念

无效劳动合同是指所订立的劳动合同不符合法定条件,不能发生当事人预期的法律后果的劳动合同。劳动合同的无效,包括全部无效和部分无效。其中全部无效的劳动合同,它所确立的劳动关系应自始无效;部分无效的劳动合同,它所确立的劳动关系可依法存续,只是部分合同条款无效,如果不影响其余部分的效力,其余部分仍然有效。

2. 劳动合同无效的原因

《劳动合同法》第 26 条第 1 款规定了三类无效劳动合同:(1)以欺诈、胁迫的手段或者乘人之危,使对方在违背真实意思的情况下订立或者变更劳动合同的;(2)用人单位免除自己的法定责任、排除劳动者权利的;(3)违反法律、行政法规强制性规定的。

---

① 安玉萍:《论劳动合同书面形式的法律效力》,《山东大学学报》(哲学社会科学版)2003 年第 2 期。

我国劳动法理论界将劳动合同无效的原因归结为以下几个方面:(1)劳动合同的主体不合法。作为用人单位不具有合法用人资格,作为劳动者不具有合法资格。如没有达到法定的年龄,或者是没有劳动行为能力。(2)劳动合同的内容不合法。即劳动合同缺少法定的必要条款,或者条款的内容违反法律规定。(3)合同订立的程序不完备,即订立合同没有履行法定的程序。如有的用人单位招用劳动者,未到县级以上劳动行政部门办理录用、养老、失业保险和劳动合同签证手续。(4)意思表示不真实。即订立合同的过程中,由于欺诈、胁迫等原因而导致当事人的意思表示不真实。

3. 劳动合同无效的确认

劳动合同的无效,与一般合同无效不同,不采取当然无效说,而是由劳动争议仲裁机构或者人民法院确认。根据立法经验,对全部无效的劳动合同的认定应持谨慎的态度。一些国家和地区在处理这一问题时,主要采用下面这两条措施:第一,放宽劳动合同的生效要件。《法国劳动法典》L122－3－1规定:"定期劳动合同必须用书面形式制定并应准确表述订立合同之原因,非如此,订立的合同视为无确定期限。"我国台湾地区"劳动基准法"第9条也规定,定期契约届满后,劳工继续工作而雇主不即表示反对意思者,视为不定期契约。这些规定都有防止产生无效劳动合同的功效。在我国劳动法则没有做出特别的规定。在司法实践中,大多将劳动合同规定为要式合同,不符合形式要件的一般都做无效处理。第二,对于事实劳动关系,在确实需要消灭这种劳动关系时一般按解除劳动关系处理。① 王泽鉴先生认为,"倘若劳动关系业经进行,尤其是在劳务给付之后,始发现劳动契约具有瑕疵时,亦又不能径适用无效撤销规定,令既已发生之关系,自始归于消灭,非特使问题难予处理,在甚多情形对于劳工之保护,亦嫌不周。"②

4. 劳动合同无效的后果

无效劳动合同的处理,在《劳动法》上只规定了"无效的劳动合同,从订立的时候起,就没有法律约束力",却未明确其法律后果。《劳动合同法》第28条规定:"劳动合同被确认无效,劳动者已付出劳动的,用人单位应当向劳动者支付劳动报酬。劳动报酬的数额,参照本单位相同或者相近岗位劳动者的劳动报酬确定。"第86条规定:"劳动合同依照本法第二十六条规定被确认无效,给对方造成损害的,有过错的一方应当承担赔偿责任。"

---

① 董保华:《论事实劳动关系》,载《中国劳动》2004年第7期。

② 王泽鉴:《民法学说与判例研究》(一),中国政法大学出版社1998年版,第120页。

学界对劳动合同无效的法律后果存在两种不同的观点。一种观点认为，劳动合同无效的法律后果有两种：(1)在劳动合同订立后、但未实际履行前，合同全部自始无效。但如果只是劳动合同劳动条件的约定，违反劳动法强制性规定的，应只限于该违法部分无效，其余部分仍有效。(2)雇员如已开始工作，劳动合同因错误、诈欺、胁迫而撤销时，应使撤销的效果溯及既往。① 另一种观点认为，《劳动法》规定无效劳动合同自签订时起不具备法律效力，对此应理解为自订立时起无效劳动合同就不能作为确定当事人权利义务的依据。②

按合同法理论，如果劳动者已提供了劳动，则自始无效的劳动合同已不能成为劳动者与用人单位双方相互提出请求权的基础，因该合同取得的财产，应当予以返还。显然，劳动合同无法适用合同法的原理，人身性的劳动力一旦付出，就无法恢复到合同订约前的状态。故对因劳动合同无效而发生的劳动关系，同样应当视为一种事实劳动关系。在这种情况下，劳动者应当依照法律规定对已给付的劳动提出报酬请求权。对于这种事实劳动关系的处理，按《劳动合同法》的规定，一是用人单位对劳动者付出的劳动应支付劳动报酬，数额参照本单位相同或者相近岗位劳动者的劳动报酬确定；二是如果订立无效劳动合同是因一方过错所致，给对方造成损害的，有过错的一方应承担赔偿责任。

（三）可撤销的劳动合同

按照诚实信用的原则，双方当事人在签订劳动合同时负有如实陈述的义务，任何一方有欺诈行为者，对方有权单方不经通知即终止合同。我国台湾地区《劳动基准法》第 12 条和第 13 条规定，雇主或者劳工与订立劳动契约时为虚伪之意思表示，使对方误信而有受损害之虞者，对方在知悉其情形之日起 30 日内得不经预告终止契约。德国劳动法也规定，如果雇员在聘用时隐瞒重要事实，即使双方已经签订劳动合同，雇主也可以直接撤销合同，视为合同从来都不存在，不需要对该雇员进行经济补偿。

我国《劳动法》和《劳动合同法》未设立可撤销劳动合同制度。③

---

① 黎建飞：《劳动法的理论与实践》，中国人民公安大学 2004 年版，第 307 页。

② 于新华、杜波：《试论无效劳动合同》，《中国农业大学学报》(社会科学版)2002 年第 3 期。

③ 《劳动合同法》(草案)(第一次审议稿)在第 19 条对可撤销劳动合同做了规定，包括：①存在重大误解的劳动合同；②显失公平的劳动合同；③用人单位乘人之危，使劳动者在违背真实意思的情况下订立的劳动合同。在第二次审议稿时该条文被删除。

四、劳动合同的续订

劳动合同的续订是指在劳动合同的有效期届满或即将届满时，用人单位和劳动者通过平等协商达成一致，继续履行原合同的权利义务，使原定劳动合同的有效期延长的法律行为。用人单位应当在劳动合同期满前 1 个月向劳动者提出终止或续订劳动合同的书面意向，并及时办理有关手续。

可以续订的劳动合同只限于一定范围内的定期劳动合同。根据我国劳动法规的规定，临时工劳动合同、已满 8 年的农民定期轮换工劳动合同、已满 5 年的外国人劳动合同、以完成一定工作为期限的劳动合同都不得续订。同时，劳动合同续订不能超过一定的次数或期限。有的国家由于对定期劳动合同的最长期限作了规定，因而立法中对其续订的次数和期限也予以限制。在我国的现行立法中，对农民定期轮换工劳动合同和外国人劳动合同的最长期限(分别为 8 年、5 年)作了规定，因而这两种合同的续订不得超过此期限。①

在续订劳动合同时，应当坚持平等自愿原则，任何一方都不得强迫另一方与其续订劳动合同，否则所续订的合同无效。按照《劳动合同法》第 14 条的规定，有下列情形之一，劳动者提出或者同意续订劳动合同的，除劳动者提出订立固定期限劳动合同外，应当订立无固定期限劳动合同：(1)劳动者在该用人单位连续工作满 10 年的；(2)用人单位初次实行劳动合同制度或者国有企业改制重新订立劳动合同时，劳动者在该用人单位连续工作满 10 年且距法定退休年龄不足 10 年的；(3)连续订立 2 次固定期限劳动合同，且劳动者没有本法第 39 条和第 40 条第 1 项、第 2 项规定的情形，续订劳动合同的。②

---

① 王全兴：《劳动法》，法律出版社 2004 年版，第 138 页。

② 《劳动合同法》第 39 条规定："劳动者有下列情形之一的，用人单位可以解除劳动合同：(一)在试用期间被证明不符合录用条件的；(二)严重违反用人单位的规章制度的；(三)严重失职，营私舞弊，给用人单位造成重大损害的；(四)劳动者同时与其他用人单位建立劳动关系，对完成本单位的工作任务造成严重影响，或者经用人单位提出，拒不改正的；(五)因本法第二十六条第一款第一项规定的情形致使劳动合同无效的；(六)被依法追究刑事责任的。"第 40 条规定："有下列情形之一的，用人单位提前三十日以书面形式通知劳动者本人或者额外支付劳动者一个月工资后，可以解除劳动合同：(一)劳动者患病或者非因工负伤，在规定的医疗期满后不能从事原工作，也不能从事由用人单位另行安排的工作的；(二)劳动者不能胜任工作，经过培训或者调整工作岗位，仍不能胜任工作的；(三)劳动合同订立时所依据的客观情况发生重大变化，致使劳动合同无法履行，经用人单位与劳动者协商，未能就变更劳动合同内容达成协议的。"

劳动合同的续订是劳动合同订立的一种特殊形式，它是在原劳动合同的基础上对原劳动合同确定的劳动法律关系的完全顺延。因此劳动合同续订的程序相对简单，不必经过招聘录用阶段，也不用实行试用期，双方继续享有并承担与原劳动合同基本相同的权利义务，只需就劳动合同中需要修改的内容进行协商，达成一致后就可以直接签订书面协议，协议一经签订就产生法律效力。如果原劳动合同需要经过鉴证、备案或其他程序，续订合同的协议也应经历同样的程序。

第三节 劳动合同的履行、变更和中止

一、劳动合同的履行

《劳动法》第 17 条第 2 款规定："劳动合同依法订立即具有法律约束力，当事人必须履行劳动合同规定的义务。"《劳动合同法》第 29 条也规定："用人单位与劳动者应当按照劳动合同的约定，全面履行各自的义务。"因此，劳动合同一旦订立并且生效，双方当事人都应当认真履行各自的义务，这是劳动合同效力的重要体现。

（一）履行的原则

1.亲自履行原则，即除了双方有特别约定外，劳动者要亲自履行依据劳动合同所承担的义务，而不能委托第三方代为履行。劳动合同作为特定主体之间的协议，劳动者选择某一用人单位，是基于自身经济收入、个人发展等方面利益的需要；用人单位之所以选择该特定劳动者，则是由于该劳动者具备用人单位所需要的基本素质和要求，即用人单位是看中了该劳动者的特殊才能、才华、技能、水平或其他素质。

2.实际履行原则，即除了法律和劳动合同另有规定或者客观上已不能履行的以外，当事人要按照劳动的规定完成义务，不能用完成别的义务来代替劳动合同约定的义务。① 但与民事合同不同的是，劳动给付具有高度的人格意

① 也有学者认为，实际履行原则是指在个别劳动关系建立、履行、变更、消灭的过程中，双方合意履行的内容构成法律调整的劳动关系双方的权利义务。该观点将实际履行原则视为调整个别劳动关系的法律原则。参见董保华、陆胤：《论实际履行原则——调整个别劳动关系的基本原则》，《中国劳动》2005 年第 9 期。

义，不得强制履行。即使劳动者未履行义务或未按约定履行，基于人格权保障的绝对性，用人单位的请求权也不得以强制方式得到实现。

3.全面履行原则，即双方当事人严格按照劳动合同约定的时间、地点、方式、报酬、工作条件等适当地履行全部义务。劳动合同当事人不得擅自变更合同，更不得任意不履行合同。对于用人单位而言，应当按照劳动合同约定和国家规定，向劳动者及时足额支付劳动报酬。对于劳动者而言，必须遵守用人单位的内部劳动规则，认真履行自己的劳动职责，并且亲自完成劳动合同约定的工作任务。

4.协作履行原则，即不仅要求当事人适当履行自己的合同义务，而且基于诚实信用原则要求对方当事人协助其履行合同义务。在现代化大生产条件下，尽管劳动合同履行是单个劳动者按照与用人单位之间签订的协议所进行的，但由于每个劳动者的劳动都是在用人单位内部生产分工情形下形成相应协作关系，因而特别需要劳动者在履行劳动合同时与其他劳动者保持密切配合与合作。每个劳动者只有与其他劳动者以及与用人单位之间保持团结协作关系，才能真正完成劳动合同规定的义务。

（二）履行的时间和地点

劳动合同履行的时间，即劳动者的工作时间，应当以法定的工时制度为基础，双方进行约定。法律对于劳动时间的限制性规定属于强行性规定，当事人的约定如果违反此类强行性规定，则一律无效。劳动者原则上只在约定的时间内工作，除非法律或者集体合同有特别规定，或者劳动的性质有特殊要求，否则劳动者在约定的时间之外没有工作的义务。根据劳动合同的性质，劳动者负有先履行义务，即使合同没有约定履行顺序，也不能行使同时履行抗辩权。

劳动合同履行的地点，一般按照约定履行。原则上劳动者没有义务在约定的地方之外进行工作。如果劳动使用者需要将劳动者调至其他地点工作，而且在劳动合同中没有约定的，应当事先征得劳动者的同意。对于因为改变劳动地点所额外支付的费用，劳动者有权请求劳动使用者支付。

二、劳动合同的变更

（一）劳动合同变更的含义

劳动合同变更是指劳动合同当事人双方或一方对劳动合同的内容提出修改或补充，意在重新确立双方当事人权利义务的法律行为。

基于合同法原理，劳动合同是当事人合意的产物，应允许双方经过协商而变更甚至解除合同。合同的变更主要是对于合同的期限、工作内容、工作地点、劳动报酬等问题进行重新约定。《劳动合同法》第35条规定："用人单位与劳动者协商一致，可以变更劳动合同约定的内容。变更劳动合同，应当采用书面形式。变更后的劳动合同文本由用人单位和劳动者各执一份。"

未取得对方当事人同意，单方强行变更劳动合同无效，单方变更的一方构成违约行为，应承担违约责任。但是，在特殊条件下，某些国家的劳动立法也允许单方变更或解除合同。在德国，劳动使用者可以单方提出"变更性解雇"，比如改变劳动任务等。若劳动者拒绝，则劳动关系解除；若劳动者接受，则劳动关系在新的条件下继续存在；劳动者也可以先接受并保留请法院审查的权利。若胜诉则保留原来的合同，若败诉则适用新的条件。①

(二)劳动合同变更的原因

根据我国劳动法律法规的相关规定，当事人可以变更劳动合同的情形是：(1)经双方当事人协商同意变更。协商一致原则是劳动合同变更的一般原则，当事人在合法的前提下，经双方协商一致，可以就劳动合同的条款做出变更。(2)订立劳动合同时所依据的法律、法规修改或废止。劳动合同的订立与履行是以合法为前提的，如果劳动合同订立时所依据的法律法规发生修改或废止情况，则当事人双方必须根据新的法律法规要求变更劳动合同。(3)用人单位经上级主管部门批准或根据市场变化决定转产或调整生产任务。(4)劳动合同订立时所依据的客观情况发生重大变化。这实质上是民法上的情势变更原则在劳动合同中的具体应用与体现。

(三)劳动合同变更的条件

劳动合同变更的法律构成要件包括：(1)必须是劳动合同当事人双方在劳动合同已经订立但尚未履行完毕的有效期内进行。(2)必须是劳动合同当事人在平等自愿、协商一致的基础上进行，劳动合同条款的变更须经双方当事人的同意。(3)劳动合同变更既可因当事人一方认为利益受损或权利义务不平衡而向另一方当事人主动提出，也可因劳动合同订立时所依据的客观情况发生变化而不得不进行变更。(4)劳动合同变更必须是劳动合同当事人双方在不违反法律、法规和规章规定的情况下，依照法定的程序进行。变更只是对原订劳动合同的修改和增删，而不是彻底否定或推倒重新订立劳动合同。如果提出劳动合同变更的一方当事人因此而给他方当事人造成经济损失的，应当给予赔偿。

---

① 任扶善：《世界劳动立法》，中国劳动出版社1991年版，第25页。

（四）劳动合同变更的程序

劳动合同的变更必须严格按照法律法规规定的程序进行。从劳动合同变更的法律程序要求来看，一般分为三个阶段：(1)一方提出变更要求。主动提出变更劳动合同的一方当事人应当向对方提出明确的变更劳动合同的意思表示，并说明理由、内容、条件以及请求对方答复的期限等。(2)对方当事人的答复。另一方当事人在得知情况后，应明确做出同意、不完全同意或不同意的意思表示。(3)双方达成书面协议。如果双方就变更劳动合同的内容经协商能够取得一致意见，应当就相关内容签订书面协议。

（五）劳动合同变更的后果

劳动合同依法变更，合同当事人的权利义务就应当按照变更后的劳动合同来确认，被变更的原劳动合同条款将自动丧失法律效力。

三、劳动合同的中止

劳动合同的中止，即在劳动合同履行期间，由于某种特殊情形的出现，致使劳动合同约定的各项权利和义务暂停履行。待到法定或约定的原因消除后，劳动合同继续履行。中止履行包括法定的中止履行和约定的中止履行。

一些国家和地区的劳动立法对劳动合同中止作出了规定。例如，《德国劳动岗位法》第 1 条第 1 款规定，如果雇员被征召服基本兵役或者进行军事训练，结果是劳动关系并不结束，而只是暂停，也就是说，劳动合同中基本义务（劳动给付，工资）取消。

我国《劳动法》和《劳动合同法》中并未设置劳动合同中止制度。[①] 但原劳动部《关于贯彻执行〈劳动法〉若干问题的意见》（劳部发[1995]309 号）第 28 条规定，劳动者涉嫌违法犯罪被有关机关收容审查、拘留或逮捕的，用人单位在劳动者被限制人身自由期间，可与其暂时停止劳动合同的履行。该规定首次对暂时停止履行劳动合同的情形进行了规定，但仅仅对劳动者被限制人身自由期间的劳动关系处理进行了明确规定。原劳动部办公厅对《关于取保候审的原固定工不签订劳动合同的请示》（劳办发[1997]23 号）的复函中进一步规定："对原固定工在取保候审期间，用人单位可以暂缓与其签订劳动合同，但不能以此为由予以辞退。在审理结束后，可视具体情况，依据有关法律法规进

① 《劳动合同法》（草案）（第一次审议稿）第 27 条、第 28 条对劳动合同中止的条件、期限、中止期间的权利义务等做出了规定，第二次审议稿中删除了劳动合同中止的有关条文。

行处理。"此外，地方立法中也出现了劳动合同中止的规定。例如，《上海市劳动合同条例》第26条规定："劳动合同期限内，有下列情形之一的，劳动合同中止履行：(一)劳动者应征入伍或者履行国家规定的其他法定义务的；(二)劳动者暂时无法履行劳动合同的义务，但仍有继续履行条件和可能的；(三)法律、法规规定的或者劳动合同约定的其他情形。劳动合同中止情形消失的，劳动合同继续履行，但法律、法规另有规定的除外。"

第四节 劳动合同的解除和终止

一、劳动合同的解除

(一)劳动合同解除的含义

劳动合同的解除就是在劳动合同签订以后，尚未履行完毕以前，合同当事人双方或一方以法律行为向将来消灭双方之间的劳动合同关系。

劳动合同的解除可分为单方解除和协议解除两种。协议解除是指经劳动合同双方当事人协商一致而解除劳动合同。单方解除，是指享有单方解除权的当事人以单方意思表示解除劳动合同。所谓单方解除权，是指当事人依法享有的，无需对方当事人同意而单方决定解除合同的权利。按照行使单方解除权的主体不同，劳动合同的单方解除又可分为用人单位单方解除(又称辞退或解雇)和劳动者单方解除(通常称为辞职)。

(二)协商解除的条件和程序

《劳动法》第24条规定："经劳动合同当事人协商一致，劳动合同可以解除。"《劳动合同法》第36条也规定："用人单位与劳动者协商一致，可以解除劳动合同。"

协商解除劳动合同必须具备以下条件：(1)双方自愿。协商解除劳动合同必须是合同当事人双方出于自愿，而不能是一方强迫另一方，或第三方强迫一方或双方解除劳动合同。(2)平等协商。协商解除劳动合同时，双方当事人应就解除劳动合同的所有问题进行平等协商，决不允许一方将自己的意志强加给对方。(3)不得损害一方的利益。劳动合同当事人双方在平等协商的基础上达成解除劳动合同的协议，应保持双方权利义务的平衡，不得损害一方的利益，尤其应注意维护劳动者的利益。

双方协商解除劳动合同，应由当事人双方按照要约、承诺的程序达成解除

劳动合同的书面协议。

(三)用人单位单方解除的方式和程序

有关用人单位单方解除(解雇)理论的发展,在历史上曾存在解雇自由说、解雇权滥用说和正当事由说。其中,正当事由说现已成为世界各国劳动法中解雇理由的通说,我国劳动法也采取该理论。正当事由说对解雇自由权做了很大的抑制,认为非由正当事由,不得解雇。正当事由说对民事法上基本契约自由原则做了根本修正,由于对生存权、劳动权的确认,因此扬弃解雇自由原则,而以正当事由作为解雇权内在的制约,必须法有明文,始得行使解雇权,违法解雇则无效。① 正当事由说体现了对劳动者的工作保障,承认了劳动者对工作的所有权,保护了劳动者在工作中的尊严和自主权。国际劳工组织1963年《中断劳动关系建议书》(第119号建议书)即认为:"劳动合同的解除必须持有正当理由,表明该合同解除是由于劳动者的能力或者行为引起的,或者是由于事业经营的需要引起的。"

通常,用人单位单方解除劳动合同的原因可以分为两类:一是劳动者方的原因,例如,劳动者严重渎职或失职、违反劳动纪律、不能胜任工作等;二是用人单位方的原因,例如,企业经营困难、破产整顿、转产及其他经营需要等。

用人单位单方解除劳动合同的方式有:

1. 即时辞退

因劳动者不符合录用条件或者有严重过错或触犯刑律,用人单位可随时通知劳动者解除劳动合同。按照《劳动合同法》第39条规定,劳动者有下列情形之一的,用人单位可以解除劳动合同:(1)在试用期间被证明不符合录用条件的;(2)严重违反用人单位的规章制度的;(3)严重失职,营私舞弊,给用人单位造成重大损害的;(4)劳动者同时与其他用人单位建立劳动关系,对完成本单位的工作任务造成严重影响,或者经用人单位提出,拒不改正的;(5)劳动者以欺诈、胁迫的手段或者乘人之危,使用人单位在违背真实意思的情况下订立或者变更劳动合同,致使劳动合同无效的;(6)被依法追究刑事责任的。

2. 预告辞退

因劳动者不能胜任工作或因客观原因致使劳动合同无法履行的,用人单位可以提前通知劳动者或支付代通知金而解除劳动合同。

《劳动合同法》第40条规定:"有下列情形之一的,用人单位提前三十日以书面形式通知劳动者本人或者额外支付劳动者一个月工资后,可以解除劳动

① 黄越钦:《劳动法新论》,中国政法大学出版社2003年版,第157页。

合同:(一)劳动者患病或者非因工负伤,在规定的医疗期满后不能从事原工作,也不能从事由用人单位另行安排的工作的;(二)劳动者不能胜任工作,经过培训或者调整工作岗位,仍不能胜任工作的;(三)劳动合同订立时所依据的客观情况发生重大变化,致使劳动合同无法履行,经用人单位与劳动者协商,未能就变更劳动合同内容达成协议的。"需要注意的是,《劳动法》仅规定了用人单位提前30日以书面形式通知劳动者解除劳动合同一种方式。而《劳动合同法》一方面延续了《劳动法》的规定,另一方面考虑到在这30日期间内,劳动者往往需要时间去寻找新的工作,因此,借鉴一些国家和地区实行的代通知金(payment in lieu of notice)制度,增加了支付代通知金的替代方式,即在符合以上三种法定情形时,用人单位既可以提前30日以书面形式通知劳动者本人,也可以额外支付劳动者1个月工资,然后解除劳动合同。

3.经济性裁员

经济性裁员是指用人单位由于生产经营状态发生变化等经济方面的原因而出现劳动力过剩而大批裁员并以此作为改善生产经营状态的一种手段。[①]经济性裁员是大批量地辞退劳动者,用人单位必须严格依照法定的程序与被裁减人员解除劳动合同。《劳动合同法》第41条规定:"有下列情形之一,需要裁减人员二十人以上或者裁减不足二十人但占企业职工总数百分之十以上的,用人单位提前三十日向工会或者全体职工说明情况,听取工会或者职工的意见后,裁减人员方案经向劳动行政部门报告,可以裁减人员:(一)依照企业破产法规定进行重整的;(二)生产经营发生严重困难的;(三)企业转产、重大技术革新或者经营方式调整,经变更劳动合同后,仍需裁减人员的;(四)其他因劳动合同订立时所依据的客观经济情况发生重大变化,致使劳动合同无法履行的。裁减人员时,应当优先留用下列人员:(一)与本单位订立较长期限的固定期限劳动合同的;(二)与本单位订立无固定期限劳动合同的;(三)家庭无其他就业人员,有需要扶养的老人或者未成年人的。用人单位依照本条第一款规定裁减人员,在六个月内重新招用人员的,应当通知被裁减的人员,并在同等条件下优先招用被裁减的人员。"

预告辞退和经济性裁员是有禁止性条件的。《劳动合同法》第42条规定:"劳动者有下列情形之一的,用人单位不得依照本法第四十条、第四十一条的规定解除劳动合同:(一)从事接触职业病危害作业的劳动者未进行离岗前职

---

① 陈敬春等:《论我国经济性裁员制度的完善》,载《南华大学学报》(社会科学版)2003年第1期。

业健康检查，或者疑似职业病病人在诊断或者医学观察期间的；（二）在本单位患职业病或者因工负伤并被确认丧失或者部分丧失劳动能力的；（三）患病或者非因工负伤，在规定的医疗期内的；（四）女职工在孕期、产期、哺乳期的；（五）在本单位连续工作满十五年，且距法定退休年龄不足五年的；（六）法律、行政法规规定的其他情形。"

（四）劳动者单方解除的方式和程序

1.劳动者预告辞职

《劳动合同法法》第37条规定："劳动者提前三十日以书面形式通知用人单位，可以解除劳动合同。劳动者在试用期内提前三日通知用人单位，可以解除劳动合同。"这一规定的目的主要是保护劳动者的辞职权，维护劳动自主的权利。除满足提前30日书面通知的程序以外，对于劳动者提出辞职，没有任何其他条件的限制。

2.劳动者立即解除劳动合同

《劳动合同法》第38条第2款规定："用人单位以暴力、威胁或者非法限制人身自由的手段强迫劳动者劳动的，或者用人单位违章指挥、强令冒险作业危及劳动者人身安全的，劳动者可以立即解除劳动合同，不需事先告知用人单位。"

3.劳动者随时通知解除劳动合同

按照《劳动合同法》第38条第1款规定，用人单位有下列情形之一的，劳动者可以解除劳动合同：(1)未按照劳动合同约定提供劳动保护或者劳动条件的；(2)未及时足额支付劳动报酬的；(3)未依法为劳动者缴纳社会保险费的；(4)用人单位的规章制度违反法律、法规的规定，损害劳动者权益的；(5)劳动合同无效的；(6)法律、行政法规规定劳动者可以解除劳动合同的其他情形。该条规定是为了保障劳动者的劳动报酬权、社会保险权和劳动安全卫生权而赋予劳动者随时通知用人单位解除劳动合同的权利。由于劳动者有正当理由而提出解除劳动合同，所以无须设立解除劳动合同的附加条件，只要随时通知用人单位即可解除劳动合同。

二、劳动合同的终止

（一）劳动合同终止的含义

广义的劳动合同终止包括劳动合同解除，是指劳动合同的法律效力被依法消灭。而狭义的劳动合同的终止是指劳动合同的双方当事人已经履行完毕了合同约定的所有权利和义务或者由于一定的法律事实的出现而使得劳动合同双方当事人之间的权利义务关系的消灭。狭义的劳动合同的终止虽然和劳动合同的解除一样，都是消灭劳动法律关系的行为，但是两者有着明显的区别。[①] 劳动合同的终止是企业劳动合同关系的正常结束，而劳动合同的解除是劳动合同关系的提前消灭，是劳动合同终止的一种特殊形式，包含在广义的劳动合同的终止之中。我国《劳动法》和《劳动合同法》中规定的劳动合同终止都是狭义上的。

（二）劳动合同终止的原因

我国《劳动合同法》第 44 条规定："有下列情形之一的，劳动合同终止：(一)劳动合同期满的；(二)劳动者开始依法享受基本养老保险待遇的；(三)劳动者死亡，或者被人民法院宣告死亡或者宣告失踪的；(四)用人单位被依法宣告破产的；(五)用人单位被吊销营业执照、责令关闭、撤销或者用人单位决定提前解散的；(六)法律、行政法规规定的其他情形。"《劳动合同法》取消了《劳动法》中所规定的劳动合同的约定终止，规定劳动合同只能因法定情形出现而终止。换言之，劳动合同当事人不得约定劳动合同终止条件；即使约定了，该约定也无效。

因此，能够引起劳动合同终止的原因主要有下列几种：(1)劳动合同的期限届满。对于固定期限的劳动合同而言，在合同约定的期限届满后，如果双方当事人没有续订或者依法延期，劳动合同终止。为了体现对劳动者利益的维护，《劳动合同法》第 45 条规定，劳动合同期满，有下列情形之一的，劳动合同应当续延至相应的情形消失时终止：从事接触职业病危害作业的劳动者未进行离岗前职业健康检查，或者疑似职业病病人在诊断或者医学观察期间的；在本单位患职业病或者因工负伤并被确认丧失或者部分丧失劳动能力的；患病或者非因工负伤，在规定的医疗期内的；女职工在孕期、产期、哺乳期的；在本单位连续工作满十五年，且距法定退休年龄不足五年的；法律、行政法规规定的其他情形。但是，在本单位患职业病或者因工负伤并被确认丧失或者部分丧失劳动能力的劳动者的劳动合同的终止，按照国家有关工伤保险的规定执行。(2)劳动者死亡，或者被人民法院宣告死亡或者宣告失踪的。(3)企业依法被宣告破产、解散、关闭或者撤销，主体资格消灭。(4)劳动者达到退休年龄

① 需要指出的是，我国《劳动合同法》中的解除相当于大陆法系国家和地区的终止。例如，我国台湾地区"劳动基准法"第 24 条规定，"有下列情形之一者，劳工得不经预告终止契约：……"，第 11 条规定，"非有下列情形之一者，雇主不得预告劳工终止劳动契约"。这些规定中的终止与我国《劳动合同法》中的解除是一个概念。

或者完全丧失劳动能力而办理退休手续。

(三)劳动合同终止的法律后果

劳动合同终止后,当事人之间的权利义务关系消灭,但根据诚实信用、互相协助等原则双方仍应当承担一些附随义务。对于劳动者而言,在劳动合同终止后,根据忠实义务的要求,应当结束其正在进行中的事务,对紧急事务作应急处理,并且办好事务的移交手续;对于其在劳动法律关系存续期间得知的商业秘密,在劳动合同终止后的一定期限内应当继续保密。对于用人单位而言,应当向社会保险经办机构缴足应当由用人单位为劳动者缴纳的社会保险等有关费用,在15日内为劳动者办理档案和社会保险关系转移手续;出具终止劳动合同的证明;返还劳动者寄存在企业的各项财产。

三、劳动合同解除和终止的经济补偿金

(一)经济补偿金的概念

经济补偿金,又称离职费、遣散费,是指劳动合同解除或终止后,由用人单位按照法律的规定给予劳动者的一次性的经济上的补助。用人单位给劳动者的经济补偿金一般包括两方面:一是生活补助费,二是医疗补助费。实行劳动合同经济补偿制度,是为了使劳动者在劳动合同解除或终止以后,寻找到新的工作以前,基本生活开支有必要的保障,或者有能力继续医治疾病。

(二)经济补偿金的适用条件

在因劳动者方原因解除合同的情形,当雇主依法解除劳动合同时,除法国等少数国家要求雇主在解雇无过错的雇员时应支付少量辞退补偿金外,美国、英国、德国、日本等国的劳动法均未要求雇主向雇员支付辞退补偿金,雇员失业的救济主要是通过建立社会保障制度,逐步扩大失业保险的覆盖面来解决的。例如在美国,从1932年威斯康星州政府正式通过美国第一部失业保险法以后,失业保险制度便逐步在全国各州普及。1935年,联邦政府颁布社会保障法,明确规定雇用8人以上人员的雇主应为雇员缴纳失业补偿税。1956年,征税范围扩大到雇用4人以上人员的雇主,但公用事业及非营利性机关人员、临时劳动者、慈善教育机关团体的被雇人员、看护业的工作者及18岁以下的报童等除外。在美国,大多数州规定保险失业补偿税由雇主负担,少数州规定由雇主、雇员双方共同负担而雇员只负担雇主的一半。由于雇主已普遍为雇员缴纳了失业补偿税,所以在依法解除合同时,法律不要求雇主再向雇员支付补偿金。但如果雇主违反法定条件或法定程序解雇雇员,且当事人不愿意

继续保持劳动关系时，雇主则应向雇员支付补偿金。[①] 可见，雇主解雇补偿金的支付遵循的是过错责任原则。

在经济性裁员的情形下，各国的规定则有所不同。有些国家仍采取不支付补偿金的做法，比如美国、德国和日本。但也有些国家对裁员做了例外的规定，要求雇主支付一定补偿金。比如英国法律规定："雇员被同一雇主连续雇用超过两年的，被解雇时可以获得法定的裁员支付，其数额取决于其年龄、被连续雇用的期限以及周工资标准，可计算的最长雇佣期为 20 年。"[②]法国法律规定，少于 50 人的企业，1 个月内 10 人以上的经济性裁员，企业应与国家和工商部门就业协会之间签订一份安置被裁减雇员的协议。根据该协议，雇员在最初的 6 个月可以享受等待安置津贴，在这 6 个月中，雇员接受职业指导和培训评价，并可接受最长为 300 个小时的职业培训。6 个月以后，仍未得到安置的，即开始领受失业救济金。50 人以上的企业，1 个月内 10 人以上的经济性裁员，企业应提供关于"社会性计划"的情况，即提出减少裁员或重新安排工作的措施。[③]

按照我国《劳动合同法》第 46 条的规定，在下列情形下，用人单位应当向劳动者支付经济补偿：(1)劳动者依照《劳动合同法》第 38 条规定即时解除劳动合同的；(2)用人单位向劳动者提出解除劳动合同并与劳动者协商一致解除劳动合同的；(3)用人单位依照《劳动合同法》第 40 条规定预告辞退劳动者的；(4)用人单位因经济性裁员而解除劳动合同的；(5)除用人单位维持或者提高劳动合同约定条件续订劳动合同，劳动者不同意续订的情形外，固定期限劳动合同因期满而终止的；(6)因用人单位被依法宣告破产、被吊销营业执照、责令关闭、撤销或者用人单位决定提前解散而导致劳动合同终止的；(7)法律、行政法规规定的其他情形。同时，《劳动合同法》第 71 条规定："非全日制用工双方当事人任何一方都可以随时通知对方终止用工。终止用工，用人单位不向劳动者支付经济补偿。"

因此，经济补偿金的适用条件应当包括[④]：(1)用人单位与劳动者之间存在劳动关系。合法有效的劳动合同的存在是用人单位与劳动者之间劳动关系

① 王益英：《外国劳动法和社会保障法》，中国人民大学出版社 2001 年版，第 387～389 页。

② 王益英：《外国劳动法和社会保障法》，中国人民大学出版社 2001 年版，第 40 页。

③ 王益英：《外国劳动法和社会保障法》，中国人民大学出版社 2001 年版，第 214 页。

④ 杜波、方仲炳：《略论劳动法中经济补偿》，载《当代法学》2005 年第 2 期。

的证明，也是用人单位向劳动者支付经济补偿的前提条件。(2)非因劳动者过错而解除劳动合同。按照法理要求，当事人的主观过错是其承担法律责任的基础。将用人单位的过错作为其向劳动者支付经济补偿的条件，而不强调劳动者的主观过错主要出于保护劳动者的合法权益的考虑。(3)经济补偿在劳动合同解除或劳动合同终止两种情况下应由用人单位支付。

(三)经济补偿金的支付标准

从理论上说，用人单位因劳动合同解除或者终止所负的经济补偿义务，应当由劳动贡献积累补偿、失业补偿和其他特殊补偿这几部分构成。劳动贡献积累补偿，是对劳动者在劳动关系存续期间为用人单位已做贡献的积累所给予的经济补偿，其数额一般应当与本单位工龄挂钩，除了劳动者因有过错行为而被辞退以外，在劳动合同终止时用人单位应当支付这种补偿。失业补偿是对劳动者因劳动合同解除而丧失原劳动合同所约定的就业机会的经济补偿，其数额应当与劳动合同解除时所剩余的未履行期限挂钩，除了劳动者因有过错行为而被辞退和在试用期内解除劳动合同以外，合同解除时用人单位应当支付这种补偿。其他特殊补偿是对劳动合同终止有病伤未愈等特殊困难的劳动者所给予的经济补偿，除了劳动者因有过错行为而被辞退以外，在劳动合同终止时用人单位应当支付这种补偿。①

根据《劳动合同法》第 47 条、第 85 条和第 87 条的规定，对解除和终止劳动合同的经济补偿的具体办法是：(1)经济补偿按劳动者在本单位工作的年限，每满 1 年支付 1 个月工资的标准向劳动者支付。6 个月以上不满 1 年的，按 1 年计算；不满 6 个月的，向劳动者支付半个月工资的经济补偿。劳动者月工资高于用人单位所在直辖市、设区的市级人民政府公布的本地区上年度职工月平均工资 3 倍的，向其支付经济补偿的标准按职工月平均工资 3 倍的数额支付，向其支付经济补偿的年限最高不超过 12 年。月工资是指劳动者在劳动合同解除或者终止前 12 个月的平均工资。(2)用人单位解除或者终止劳动合同，未依照《劳动合同法》向劳动者支付经济补偿的，由劳动行政部门责令限期支付；逾期不支付的，责令用人单位按应付金额 50%以上 100%以下的标准向劳动者加付赔偿金。(3)用人单位违反《劳动合同法》规定解除或者终止劳动合同的，应当依照经济补偿标准的 2 倍向劳动者支付赔偿金。

---

① 王全兴：《劳动法》，法律出版社 2004 年版，第 153 页。

第六章 集体合同法律制度

第一节 集体合同概述

一、集体合同的概念和特征

(一)集体合同的概念

集体合同,又称"集体协议"、"团体契约"、"集体契约"等。国际劳工组织1951年《集体协议建议书》(第91号)将集体合同定义为:"由一个或几个雇主或其组织为一方与一个或几个工人的代表组织(不存在这种组织的,应由通过按照国家法律或法规由工人正常选举产生并认可的工人代表)所达成的,涉及工作条件和就业条件的任何书面协议。"该定义主要从集体合同主体、集体合同内容两方面对集体合同进行界定。与此相似的定义如我国台湾地区"团体协约法"第1条规定:"称团体协约者,谓雇主或有法人资格之雇主团体,与有法人资格之工人团体,以规定劳动关系为目的所缔结之书面契约。"也有一些国家的立法从其他角度如集体合同的功能、作用等来定义集体合同。例如,1992年《俄罗斯联邦集体合同和协议法》将集体合同定义为"调整企业、机关和组织中雇主和职工之间劳动、社会经济和职业关系的法律文件"。

我国劳动立法对集体合同概念的界定经历了几次变化。1994年原劳动部《集体合同规定》将集体合同定义为"集体协商双方代表根据法律、法规的规定就劳动报酬、工作时间、休息休假、劳动安全卫生、保险福利等事项在平等协商一致基础上签订的书面协议"。1995年中华全国总工会为集体合同所下的定义与之相似:"集体合同是企业工会代表职工与企业就劳动报酬、工作时间、休息休假、劳动安全卫生、保险福利等事项通过平等协商订立的书面协议。"①而2004年劳动和社会保障部修正发布的《集体合同规定》则将集体合同定义

① 参见中华全国总工会《工会参加平等协商和签订集体合同试行办法》(总工发[1995]第12号文件)。

为“企业和实行企业化的事业单位与本单位职工根据法律、法规、规章的规定，就劳动报酬、工作时间、休息休假、劳动安全卫生、职业培训、保险福利等事项，通过集体协商签订的书面协议。”这三个定义的差别：一是在主体范围扩大了，即从未明确规定主体，到将主体明确为企业和工会所代表的职工，再到企业、实行企业化的事业单位和本单位职工；二是在 2004 年《集体合同规定》中专门强调了集体协商为集体合同的订立程序。

我国学术界对于集体合同的概念存在多种表述。具有代表性的概念主要有：(1)集体合同又称团体协约、劳资条件及劳资合约，在我国现阶段叫双保合同、共保合同、包保合同等，是用人单位或者有法人资格的用人单位团体与法人资格的劳动者团体以规定劳动关系为目的所订立的书面契约。① (2)集体合同是工会组织(或职工代表)代表职工与企业之间订立的关于企业内部劳动关系问题的协议，是调整企业劳动关系的一项法律制度。② (3)集体合同是指本单位全体职工通过工会或职工代表与用人单位、产业部门及雇主组织之间签订的，以改进劳动组织、改善劳动条件和生活条件、协调劳动关系为主要内容的协议。③ (4)集体合同是指工会和用人单位或其团体为规范劳动关系而订立的，以全体劳动者的共同利益为中心内容的书面协议。④

对集体合同进行定义应结合现行《集体合同规定》的规范，从主体、内容、程序这三个要件来加以阐释，即集体合同指工会组织(或职工代表)代表职工与用人单位之间通过集体协商订立的，以规范劳动关系和劳动条件为内容的协议。

(二)集体合同的特征

集体合同具有以下法律特征：

1. 主体的特定性

集体合同的主体，一方为劳动者，另一方为劳动力的使用者，在国外一般表现为雇主，在我国表现为企业和企业化的事业单位。有学者认为，工会或工人代表是集体合同的一方主体。⑤ 也有学者主张，集体合同的劳方主体应由

---

① 强磊：《劳动法新论》，中国物价出版社 1994 年版，第 168 页。

② 关怀：《〈中华人民共和国劳动法〉导读》，法律出版社 1994 年版，第 226 页。

③ 石美遐：《劳动法学》，中国劳动社会保障出版社 2004 年版，第 106 页。

④ 王全兴：《劳动法》，法律出版社 2004 年版，第 160 页。

⑤ 沈同仙：《中外集体合同制度的比较与评析》，载《中国法学》1996 年第 4 期；石美遐：《劳动法学》，中国劳动社会保障出版社 2004 年版，第 106 页。

工会和劳动者共同组成，劳动者是意志主体，工会是形式主体。[①] 但是，集体谈判权是“劳动者的权利”或“劳工权利”，这一点无论在国际劳工公约还是在我国的劳动立法中，都是明确无误的。从现行关于集体合同的法律规范来看，劳动者应为集体合同的当事人，工会只是作为其代理人与用人单位协商订约，是劳动者利益的代表，只拥有代表权。

2. 内容的广泛性

集体合同与劳动合同虽然都以规定劳动者工作任务和劳动条件为基本内容，但劳动合同的内容比较简单，因为其标准条件，如工作时间、休息休假、劳动保护、劳动保险等在国家法律、法规中都有原则性规定。除了专项集体合同外，集体合同的内容一般涉及企业、企业化的事业单位中劳动者生活的各个具体方面，当个别劳动关系内容中的某些问题未由法律、法规加以调整时，才在集体合同中加以规定。因此，集体合同的内容较为复杂、具体。虽然在一些集体合同制度发达的国家，如日本、德国、美国，其法律上关于集体合同法定内容的规定较为简略，但是，在实践中这些国家集体合同的内容却极为广泛和复杂。例如在美国，集体合同往往包括下列内容：工资和工资管理；工资附加福利——节假休假养老金保健和保险计划等；劳动条件、安全、车间规章以及有关的问题；劳动计划、工时、班次、加班加点规定；临时解雇手续、资历、提升、调迁等；以及关于执行协议的条款（如提出要求和仲裁程序确定谈判单位、工会保障、纪律、合同期限等等）。[②]

3. 功能的特定性

在市场经济体制下，劳动关系的调整方式主要有：劳动法律法规、劳动合同、集体合同、企业内部劳动规则、劳动争议处理制度等。上述调整方式各具特色，但又都有一定的局限性。例如，劳动法律法规的调整具有最高的权威性，但他对劳动条件的决定是最低标准；企业内部劳动规则与企业运行状况密切联系，直接反映企业管理的特点，但它是企业单方意志的体现；劳动争议处理是事后调整。在上述调整方式中，集体合同处于极为重要的地位。集体合同的内涵是法律确认劳资双方具有平等的法律地位，作为劳动关系主体，双方透过集体协商，互相享有权利义务。其主要功能在于：(1)弥补劳动立法和个别劳动合同的不足；(2)劳动立法所规定的劳动标准是最低标准，集体合同则

① 常凯：《劳权论——当代中国劳动关系的法律调整研究》，中国劳动社会保障出版社 2004 年版，第 255 页。

② 王益英：《外国劳动法和社会保障法》，中国人民大学出版社 2001 年版，第 321 页。

有助于提升劳动者权益的保护水平;(3)提供了劳动关系稳定运行的和谐机制。

4.效力的普遍性和优先性

集体合同效力的普遍性和优先性是相对于个别劳动合同而言的。个别劳动合同仅对单个的用人单位和劳动者有法律效力;而集体合同对签订合同的单个用人单位或者用人单位团体所代表的全体用人单位,以及工会所代表的全体劳动者,都有法律效力。集体合同的效力高于个别劳动合同的效力,个别劳动合同的条款不能与集体合同相抵触,如果二者的规定发生抵触时,以集体合同条款为准。

二、集体合同的法律性质

由于世界各国政治状况、法律传统等的差异,对集体合同性质的认识也存在着不同。

对于集体合同性质的认识,目前主要有两种观点:

第一种观点认为集体合同是一种"君子协定",主要为英国学者及其司法实践所认同。这种观点强调:英国判例从未明示团体协议属契约或具有法律上之约束力;团体协议之所以不构成契约,主要是由于当事人缺乏创设法律关系之意思。团体协议虽也产生权利义务关系,但因此种权利义务不具有法律上之意义,因此违约不受法律的制裁(legal sanction),而受社会的制裁(social sanction),这实际上是指集体协议在英国只具有道德上的效力。①

第二种观点主要存在于大陆法系国家和地区,认为集体合同具有法律上的约束力。这种观点为绝大部分国家所接受,但其又存在"规范说"和"契约说"的争论。一般来说,"规范说"更关注集体合同对于个体合同的优先效力,及其作为自主规范的法律意义。例如在日本,集体合同称为劳资协约,被认为具有与制定法相对应的自治法律准则的性质,以不违背制定法为限,因此是"第二位法律准则",甚至具有优先于行业规则的法律效力。而"契约说"更强调集体合同是依工会与企业的合意而成立。近年来,大陆法系各国的观点渐趋统一,大都认同集体合同具有双重性质。例如,德国学者认为,集体合同具有双重特性,一方面是一个双务合同,受到德国民法有关规定的调整,如《德国民法典》第145条,有些意向性错误根据《德国民法典》第119条、123条又可能撤销;另一方面,在规范部分中,集体合同又包含了对集体合同双方成员有

---

① 董保华:《劳动法论》,世界图书出版公司1999年版,第62页。

约束力的法律规范，从这点来说，集体合同在实质上有法律的效力。而在法国，理论与实践上也趋向于认为，集体合同既是为签约人设定义务的一项契约，也是适用于个人的一般劳动规则。它既有契约性（合同义务），又有规范性（确立规则）。[①] 我国台湾地区学者黄越钦先生认为，集体合同的规范效力是“团体规章制定权”的衍生物，规章制定权非团体的固有权，而系国家权利的授与。但此项规章制定权的行使并非国家统治权的作用，仍属私法自治的范畴。也就是说，集体合同性质上是契约行为和团体规章制定行为的结合。[②] 在前苏联和部分东欧国家，1930 年以后，集体合同是一种旨在鼓励职工超额完成生产计划，提高职工物质文化水平的政治经济性文件，集体合同成为了企业生产管理形式。我国也深受前苏联和东欧国家的影响，在很长一个时期内，仅从集体合同能否促进企业“利益”的角度来看待集体合同，将集体合同等同于“共保合同”。[③]

现行我国《集体合同规定》第 6 条明确承认了集体合同对用人单位和本单位的全体职工的法律约束力。但在理论上，目前的教材和论著较少明确区分集体合同性质的双重性，往往是单一地提及其契约性或规范性，而二者之中，又多倾向于认同和强调集体合同的契约性，例如，董保华教授认为：“集体合同具有债的性质，债是特定的当事人之间的法律关系，债的一方享有请求他方为一定的行为或不为一定的行为的权利，他方负有满足该项请求的义务。因此，某些市场经济国家在规定集体合同履行时，除法律的特别规定外，规定可适用债权的一般规定。”[④]

三、集体合同的分类

集体合同涉及范围广、内容复杂，依照不同的标准，可分为下列几类：(1)按照适用范围划分，可以分为全国集体合同、地方集体合同、行业集体合同、职业集体合同和企业集体合同。(2)按集体合同内容划分，可分为全面性集体合同和专项集体合同。(3)按照内容的繁简程度划分，可以划分为立法集体合同

---

① 王益英：《外国劳动法和社会保障法》，中国人民大学出版社 2001 年版，第 85 页。

② 黄越钦：《劳动法新论》，中国政法大学出版社 2004 年版，第 300 页。

③ 董保华：《劳动法论》，世界图书出版公司 1999 年版，第 62 页。“共保合同”指工会代表工人与企业负责人（如厂长），签订完成一定工作量后即提高劳动者劳动条件的合同，其目的在于提高企业生产量与改善劳动者生活。

④ 董保华：《劳动法论》，世界图书出版公司 1999 年版，第 66 页。

和行政集体合同。立法集体合同指双方当事人详细规定有关工资、工作时间、工作条件及其他条款的集体合同。行政集体合同是指双方当事人只约定相互关系的一般原则，其详细内容由各个小集体合同补充。(4)按集体合同是否由双方当事人依自由意思签订划分，可分为自由集体合同和强制集体合同。(5)按集体合同的期限划分，可分为定期集体合同、不定期集体合同和以完成一定工作为期限的集体合同三种。

第二节　集体协商制度

集体协商(Collective Bargaining)，又称集体谈判，是指劳动者为保障自己的利益，通过工会或职工代表与雇主或其组织就劳动标准和劳动条件进行协商，并签订集体合同的行为。按集体合同的订立过程中是否含有集体协商，可划分为谈判型和非谈判型。谈判型订立程序即集体协商程序，非谈判型订立程序，一般为社会主义国家所适用。我国 2004 年施行的《集体合同规定》将两种订立程序合并，确立了集体协商制度，其第 4 条规定："用人单位与本单位职工签订集体合同或专项集体合同，以及确定相关事宜，应当采取集体协商的方式。"

一、集体协商制度的历史沿革

考察西方国家劳动关系史可以看出，集体协商制度的发展并不是一帆风顺的，它经历了萌芽、成长、成熟的历程，直到第二次世界大战以后，集体协商才作为西方国家工会的普遍权利确定下来。

集体协商的出现，最初是与工业革命所出现的社会经济、技术、人口的变化分不开的。18 世纪末的资本主义自由竞争时期，英国雇佣劳动者团体与工厂雇主签订的劳动协定，是资本主义国家集体合同的萌芽。① 在产业革命过程中，工人由于受到了沉重的剥削进行了激烈的集体反抗。早期的工人组织设立目的并不都相同，有些组织强调设置行业门槛，以防止本行业合格劳动力对市场的过度供给；还有一些强调当工人由于失业、年老、疾病而失去生活来源时，组织可以作为一个利益共同体进行互助。虽然早期的协商没有统一的模式，但它已经将工资和其他基本的就业条件作为最重要的目标。在这个时

---

① 石美遐:《集体合同 集体谈判》，法律出版社 1996 版，第 2 页。

期，代表雇主利益的资产阶级政府采取了源于自由经济理论中反垄断原则的公共政策，在立法上禁止工人结社、示威和罢工。19世纪中叶以后，工人要求改善劳动条件的罢工斗争日益高涨。在工人运动的压力下，政府相继废除了禁止结社的法律，但当时所签订的集体合同只是劳资双方的“君子协定”，不具有法律效力。

集体协商发展的关键阶段是在19世纪末到第二次世界大战期间。随着雇佣劳动和垄断资本之间的矛盾日益激化，各国政府力图以一种较为平和的方式处理对抗的劳资矛盾。他们开始在立法上承认工人享有结社权、工会享有谈判权，逐渐确认了集体合同的法律效力。1871年英国颁布了世界上第一个《工会法》，又于1875年颁布了允许工人团体与企业主签订契约或合同的《企业主和工人法》。1904年，新西兰制定了有关集体合同的法律。到1919年，奥地利、荷兰、德国、法国等相继颁布了集体协商的有关法律。第一次世界大战后，集体合同的立法逐步增多，集体协商的范围逐渐扩大。除传统的工时、工资、劳动条件、假期和福利问题外，集体协商的内容还扩展到企业人事、投资等问题。①

第二次世界大战后后，西方市场经济国家普遍承认了集体协商制度，集体合同和集体协商成为市场经济国家调整劳动关系的最基本的法律制度。人们认识到，通过集体协商可以使劳资双方在对抗中寻求合作，集体谈判为协调劳资间的经济利益提供了一条有效的途径，它符合双方的利益。集体协商已经成为雇佣关系中决定规则的主要手段，它不仅是对劳动者的一种契约保障，而且也成为雇主谋求工业和平和工业利润的手段之一。② 二战结束后，集体协商和集体合同的立法在更大范围内被建立和颁布。国际劳工组织也通过了一系列推动集体谈判的公约、建议书等文件，规范了集体谈判的概念、原则、地位和实施方法。③ 20世纪80年代以来，国际劳工组织基于经济全球化发展趋势，提出了以三方性原则协调劳动关系的新机制，越来越多的国家在此基础上也建立了包括集体协商和集体合同制度在内的社会伙伴、社会对话和社会合作的新机制。

---

① 常凯:《劳权论——当代中国劳动关系的法律调整研究》，中国劳动社会保障出版社2004年版，第246页。

② 程延园:《集体谈判制度研究》，中国人民大学出版社2004版，第34页。

③ 例如，1951年的《集体协议建议书》(第51号建议书)，1981年的《关于促进集体谈判的公约》(第154号公约)和《集体谈判建议书》(第163号建议书)。

二、集体协商的主体

集体协商的主体与集体合同的主体不同，它是指代表集体合同当事人进行集体协商并签订集体合同的主体，包括劳动者方代表和雇主方代表。根据我国《集体合同规定》第 19 条的规定，集体协商代表，是按照法定程序产生并有权代表本方利益进行集体协商的人员。集体协商主体的确定是集体协商的先决条件，也为集体合同的签订和集体合同的履行奠定基础。雇主方代表可能是一个雇主，也可以是一类雇主或雇主组织，如雇主协会；劳动者方代表一般是工会或工人代表。

(一)劳动者方代表

关于集体协商中的劳动者方代表，国际劳工组织规定为"一个或几个劳动者组织"，"在没有此类组织的情况下，由有关劳动者依据本国法律或条例正式选出或委任的代表"，也可作为缔约方。[①] 我国《劳动合同法》第 51 条第 2 款规定："集体合同由工会代表企业职工一方与用人单位订立；尚未建立工会的用人单位，由上级工会指导劳动者推举的代表与用人单位订立。"《集体合同规定》第 20 条规定："职工一方的协商代表由本单位工会选派。未建立工会的，由本单位职工民主推荐，并经本单位半数以上职工同意。职工一方的首席代表由本单位工会主席担任。工会主席可以书面委托其他协商代表代理首席代表。工会主席空缺的，首席代表由工会主要负责人担任。未建立工会的，职工一方的首席代表从协商代表中民主推举产生。"因此，我国集体协商的劳动者方代表可区分为工会选派和职工民主推选两种情形。

(二)雇主方代表

《集体合同规定》第 21 条规定："用人单位一方的协商代表，由用人单位法定代表人指派，首席代表由单位法定代表人担任或由其书面委托的其他管理人员担任。"雇主方协商代表与劳动者方协商代表不得相互兼任。

在其他所有制的企业中，由企业法定代表人指派代表参与集体协商理所当然。但过去在国有企业中，企业经营者代表国家，并无企业经营自主权，且与劳动者的利益一致，故其指定集体协商代表的资格存有疑问。确立社会主义市场经济体制以来，在推行"政企分离"与"国有企业股份制"的改革下，国有企业已普遍建立现代企业制度，集体协商的雇主方代表资格已具正当性。[②]

---

① 参见国际劳工组织 1951 年《集体协议建议书》(第 51 号建议书)第 9 条。

② 石美遐：《集体合同 集体谈判》，法律出版社 1996 版，第 166 页。

从我国的实践来看，发展集体协商制度，仍需要对已有的雇主组织进行改革和调整，减少和消除官办色彩，建立与工会结构对等的雇主组织、行业雇主协会，使其能够承担劳动关系协调的功能和责任。

三、集体协商的内容

集体协商的内容即集体合同的条款。由于集体合同的内容取决于双方协商范围的划定，因此对协商内容的合理界定是完善集体协商制度的核心。

从西方发达国家劳动法的实践来看，对协商内容的界定主要有三种方式：(1)法律明确规定协商涉及的问题范围。例如，《法国劳动法典》将全国性集体合同应当包括的一般条款列举为 15 项，特别条款列举为 8 项，并对其中有的项目还列举了若干项。① (2)由协商主体决定协商内容，包括劳动条件的基本标准和劳动权益等，法律很少具体规定集体协商的内容。例如，英国法对集体协商未设直接规定，而适用契约法的一般原则。② (3)通过司法判例来解释协商的内容范围，将协商内容划分为义务性或强制性事项和允许性或约定性事项，对允许性事项雇主可以不必与工会协商，使雇主保留对企业重大事务的决策权，避免在一些重大问题上与工会分享决策权力。例如，新加坡 1968 年修订的《劳动关系法》明确规定了"不可协商的问题"，如雇员的晋升、调动职位、招聘、工作分配等不列为集体协商的内容，而由资方独立决定。③美国在实践中也将集体协商的内容划分为三类：(1)强制性谈判议题，即劳资双方进行集体协商时，在一方提出的情况下另一方不得拒绝的协商主题，它是集体协商中涉及劳动者最基本劳动权利并为国家法律法规所规定的核心内容，如劳动报酬、工作时间、休息休假、劳动安全卫生、保险福利及雇主、雇员和工会之间关系等。(2)许可性谈判议题，即除强制性谈判主题之外的其他主题，如工资和劳动时间等。它反映了集体协商主题的弹力性，协商双方可以根据双方的关系、地位和其他特殊情况，为了双方的最大利益而在强制性协商主题之外确定其他协商主题，以便更好的协调劳动关系、维护雇主及雇员的切身利益。(3)不合法谈判议题，即法律规定不在集体协商范围的事项。④

---

① 王全兴：《劳动法学》，人民法院出版社 2005 年版，第 214 页。

② 王泽鉴：《民法学说与判例研究》(2)，中国政法大学出版社 1998 年版，第 362 页。

③ 程延园：《集体谈判制度研究》，中国人民大学出版社 2004 年版，第 204 页。

④ 杨燕绥：《新劳动法概论》，清华大学出版社 2004 年版，第 182 页。

一般认为，完整的集体合同内容，应当由以下几类内容构成：[①](1)标准性条款。它规定的是单个劳动关系内容的标准，即单个劳动关系当事人双方的权利和义务的标准，如劳动标准、工作时间、休息休假、保险福利、劳动安全卫生等方面的标准。(2)目标性条款。它规定的是在集体合同的有效期内应当达成的具体目标和实现该目标的主要措施。这类条款主要适用于基础集体合同。(3)劳动关系运行规则条款。主要是集体合同的期限，以及集体合同的履行、续订、变更、解除、违约责任、争议处理等方面的规则。我国《集体合同规定》第 8 条对集体协商的内容做出了规定："集体协商双方可以就下列多项或某项内容进行集体协商，签订集体合同或专项集体合同：(一)劳动报酬；(二)工作时间；(三)休息休假；(四)劳动安全与卫生；(五)补充保险和福利；(六)女职工和未成年工特殊保护；(七)职业技能培训；(八)劳动合同管理；(九)奖惩；(十)裁员；(十一)集体合同期限；(十二)变更、解除集体合同的程序；(十三)履行集体合同发生争议时的协商处理办法；(十四)违反集体合同的责任；(十五)双方认为应当协商的其他内容。"

四、集体协商的程序

集体协商程序一般包括以下环节：

(一)要约阶段

要约是集体协商的第一步。我国《集体合同规定》第 32 条规定："集体协商任何一方均可就签订集体合同或专项集体合同以及相关事宜，以书面形式向对方提出进行集体协商的要求。一方提出进行集体协商要求的，另一方应当在收到集体协商要求之日起 20 日内以书面形式给以回应，无正当理由不得拒绝进行集体协商。"但对于何种情况属于"正当理由"，条文中并未列举，有可能造成劳动者与用人单位间出现认知差距而产生纠纷。例如，用人单位以生产经营状况发生困难为由而拒绝与劳动者协商，能否构成正当理由？相比之下，我国台湾地区"团体协约法"(草案)对构成"无正当理由"的情况进行了列举和推定，可资借鉴。[②] 其第 6 条规定："劳资之一方向他方提出团体协约之协商时，应将协商之时间、地点、代表人数、主题及方案等事项告知他方，他方应于被告知之日起六十日内提出对应方案，并进行协商。他方违反前项规定

① 王全兴：《劳动法学》，人民法院出版社 2005 年版，第 215～216 页。

② 我国台湾地区"团体协约法"(草案)由"行政院"提出，于 2004 年 6 月 4 日在"立法院"完成一读程序，但目前仍未获得审议通过。

者，视为无正当理由拒绝协商。”第 7 条规定：“劳资之一方为进行团体协约之协商，得请求他方提供合理之必要数据；不提供者，视为无正当理由拒绝协商。”

（二）准备阶段

签约双方为进行集体协商进行各项准备工作，主要包括确定协商代表、拟定谈判要点、商定具体谈判内容、日期和地点、向对方提供有关资料等。一般来说，在集体合同制度完善的国家，协商前的准备工作除了协商双方确定协商的基本内容外，各方还要做很多市场调研和信息收集，例如在德国，在协商开始前，工会和雇主协会都会收集其成员的意见，观察有关工业的市场情形，预测经济数据，研究政治环境和公众舆论。一旦信息齐备，双方都会将信息公开化，依据这些信息来向公众解释各自要求的合理性。当然，也有一些劳资关系缓和的部门在收集信息后并不展开公开的辩论，而是直接进行协商。① 在有的国家，如美国，协商准备工作还须包括对工会、雇主组织作为协商代表的资格的承认。② 我国《集体合同规定》第 33 条对协商准备阶段做出了强制性的要求：“协商代表在协商前应进行下列准备工作：（一）熟悉与集体协商内容有关的法律、法规、规章和制度；（二）了解与集体协商内容有关的情况和资料，收集用人单位和职工对协商意向所持的意见；（三）拟定集体协商议题，集体协商议题可由提出协商一方起草，也可由双方指派代表共同起草；（四）确定集体协商的时间、地点等事项；（五）共同确定一名非协商代表担任集体协商记录员。记录员应保持中立、公正，并为集体协商双方保密。”

（三）协商阶段

我国《集体合同规定》第 34 条规定了集体协商会议的程序：“集体协商会议由双方首席代表轮流主持，并按下列程序进行：（一）宣布议程和会议纪律；（二）一方首席代表提出协商的具体内容和要求，另一方首席代表就对方的要求做出回应；（三）协商双方就商谈事项发表各自意见，开展充分讨论；（四）双方首席代表归纳意见。达成一致的，应当形成集体合同草案或专项集体合同草案，由双方首席代表签字。”协商过程一般可以分为正常情况下的协商和冲突情况下的协商两种。前者指协商顺利，双方就各方面达成一致后签署集体合同；而后者指协商双方立场对立，很难达成妥协。在出现冲突的情况下，按

① 王益英：《外国劳动法和社会保障法》，中国人民大学出版社 2001 年版，第 108 页。

② ［美］道格拉斯 · L. 莱斯利著：《劳动法概要》，张强等译，中国社会科学出版社 1997 年版，第 12～13 页。

各国立法，协商各方可采取不同的应对手段。例如，在德国，一旦协商双方立场曝光，双方发现难以达成合意，则开始调解和仲裁，仲裁员负责协调双方的意见；若仲裁失败，则工会信守和平的义务结束，可以组织象征性的罢工，以向资方施加压力；若仍无法达成和解，可诉诸法律，司法为最终解决手段，但劳资双方都不允许政府介入。[①] 我国《集体合同规定》第35条对协商过程中的冲突做出了规定："集体协商未达成一致意见或出现事先未预料的问题时，经双方协商，可以中止协商。中止期限及下次协商时间、地点、内容由双方商定。"

（四）讨论通过阶段

我国《劳动合同法》第51条第1款规定："集体合同草案应当提交职工代表大会或者全体职工讨论通过。"《集体合同规定》第34条规定："经双方协商代表协商一致的集体合同草案或专项集体合同草案应当提交职工代表大会或者全体职工讨论。职工代表大会或者全体职工讨论集体合同草案或专项集体合同草案，应当有三分之二以上职工代表或者职工出席，且须经全体职工代表半数以上或者全体职工半数以上同意，集体合同草案或专项集体合同草案方获通过。"第37条规定："集体合同草案或专项集体合同草案经职工代表大会或者职工大会通过后，由集体协商双方首席代表签字。"

（五）确认阶段

集体合同是要式合同，大多数国家都规定了集体合同必须是书面的，并必须经行政部门确认方能生效。例如，《法国劳动法典》第132-1条规定，法国的集体合同必须以书面形式订立，否则无效。签订后必须公布于众，并向省劳动事务厅和当地劳资委员会提供5份和1份。这样做的主要目的是通过政府的确认来监督和指导集体合同的订立，有确保集体合同内容公平、合法、完备的作用。

我国《劳动合同法》第54条第1款规定："集体合同订立后，应当报送劳动行政部门；劳动行政部门自收到集体合同文本之日起十五日内未提出异议的，集体合同即行生效。"《集体合同规定》第六章对集体合同的审查备案作了具体的规定，包括：(1)双方首席代表签字之日起的10日内，由用人单位一方将文本一式三份送劳动保障行政部门审查；(2)劳动保障行政部门对集体合同或专项集体合同有异议的，应当自收到文本之日起15日内将《审查意见书》送达双方协商代表。《审查意见书》应当载明以下内容：(1)集体合同或专项集体合同

---

① 王益英主编：《外国劳动法和社会保障法》，中国人民大学出版社2001年版，第110页。

当事人双方的名称、地址;(2)劳动保障行政部门收到集体合同或专项集体合同的时间;(3)审查意见;(4)做出审查意见的时间。3、劳动保障行政部门自收到文本之日起 15 日内未提出异议的,集体合同或专项集体合同即行生效。

(六)公布阶段

为了保证集体合同的履行,使双方当事人及时知晓自己的权利和义务,劳动合同在经劳动行政部门确认生效后应及时公布。我国《集体合同规定》第 48 条中规定:"生效的集体合同或专项集体合同,应当自生效之日起由协商代表及时以适当的形式向本方全体人员公布。"其他国家劳动法中也有类似的规定。例如,《卢旺达劳工法》中特别要求有集体合同或与企业集体协定有关联的资方,应采取措施,使有关劳动者了解要在企业中执行的契约或协定的内容。《几内亚共和国劳动法》第 316 条也规定:"受约于劳资协议的雇主应给其企业各工会代表一份劳资协议,并为全体员工准备一份劳资协议。"

第三节 集体合同的效力

集体合同效力,也即集体合同的法律效力,是指依法成立的集体合同对用人单位和所有劳动者具有约束力。集体合同只要完全具备有效要件,即主体合格、内容和形式合法、意思表示真实、订立程序合法,就具有法律效力,其条款在一定范围内成为劳动关系的规范,并设定债权债务。集体合同的效力问题包括效力范围和效力形式两个方面。

一、集体合同的效力范围

集体合同的效力范围主要包括三个方面:对人效力、时间效力、空间效力。

(一)对人效力

对人效力即集体合同对人的适用范围。一般认为,受集体合同约束的人包括集体合同的当事人和关系人。前者指订立集体合同并且受集体合同约束的主体,即工会组织和用人单位或其团体。后者指无权订立集体合同却直接由集体合同获得利益并且受集体合同约束的主体,即工会组织所代表的全体劳动者和用人单位团体所代表的各个用人单位。集体合同关系人主要包括:集体合同订立前已属于集体合同当事人团体的雇主及工人;集体合同订立时或订立后加入该团体的雇主及工人。当用人单位由于某些原因解散后,其成员在集体合同存续期间仍然是集体合同的关系人,仍然受到集体合同的约束。这是因为,在集体合同有效期间内,如果允许个体劳动者"以失去团员资格为

由，而免协约的支配，则发现于己不利之时，从皆可以推出团体之方法而逃免协约之适用”。[①] 集体合同对其关系人的效力包括不可贬低性效力、不可抛弃效力、补充性效力。我国《劳动合同法》第 54 条第 2 款规定：“依法订立的集体合同对用人单位和劳动者具有约束力。行业性、区域性集体合同对当地本行业、本区域的用人单位和劳动者具有约束力。”

（二）时间效力

集体合同的时间效力，是指即集体合同何时开始生效、何时终止效力以及是否具有溯及力。我国《劳动合同法》第 54 条第 1 款规定：“集体合同订立后，应当报送劳动行政部门；劳动行政部门自收到集体合同文本之日起十五日内未提出异议的，集体合同即行生效。”这是对生效时间的规定，终止时间则由当事人自行决定。时间效力的表现形式有三种类型：(1)当期效力，即集体合同在其存续期间内具有约束力。(2)溯及效力，即集体合同可追溯到对其成立前已签订的劳动合同发生效力。法不溯及既往是自罗马法以来的一般原则，但在必要的时候，法律仍可以特别规定其有溯及力。因此，“劳动规范于有特别理由时，亦可许其溯及”。[②] 当然，所谓的特别理由应当由有关的部门做出明文规定。(3)余后效力，即当集体合同终止后，在一定的条件下，仍然有效。例如，我国台湾地区的“团体协约法”第 17 条规定，团体协约终止时，对尚存在的劳动契约于契约存续期间仍然有效，但是当事人可以在团体协约终止后自由制定新的团体协约。这种规定避免了新旧集体合同交替期间效力脱节的情况，最大限度地保护了劳动者的权利。上述三种时间效力形式中，当期效力是无条件的，溯及效力和余后效力都只限于一定条件；溯及效力与余后效力有冲突的，新、旧集体合同比较，哪个对劳动者更有利，哪个就有约束力。

（三）空间效力

空间效力是指集体合同在哪些地域、产业（职业）发生效力。从地域的角度划分，集体合同包括企业集体合同、地方集体合同和全国集体合同，它们分别在企业单位内、产业范围内、全国范围内发生效力。例如，法国的全国协约有 1969 年 2 月 10 日的《工作保障协定》、1977 年 12 月 10 日的《月薪制协议》和 1981 年 7 月 17 日《工作时间和劳动组织议定书》等，这些集体合同在法国境内都具有法律效力。行业适用范围是指协约效力及于从事协约所定的一定种类行业的劳动者。例如，美国全国铁路业从 1932 年开始组成全国铁路协

---

① 史尚宽：《劳动法原论》，正大印书馆 1977 年版，第 115 页。

② 史尚宽：《劳动法原论》，正大印书馆 1977 年版，第 117 页。

会，负责制定全国协约，并适用于全国的铁路业，由各个工会和各铁路公司根据全国协约再制定相应的集体合同。近年来我国劳动和社会保障部开始推动区域性、行业性集体协商签订劳动合同的工作。2006 年劳动部牵头制定的《关于开展区域性行业性集体协商工作的意见》第 2 条规定："区域性行业性集体协商一般在小型企业或同行业企业比较集中的乡镇、街道、社区和工业园区（经济技术开发区、高新技术产业园区）开展。在行业特点明显的区域重点推行行业性集体协商和集体合同工作，具备条件的地区可以根据实际情况在县（区）一级开展行业性集体协商签订集体合同。"①《劳动合同法》第 53 条规定："在县级以下区域内，建筑业、采矿业、餐饮服务业等行业可以由工会与企业方面代表订立行业性集体合同，或者订立区域性集体合同。"

二、集体合同的效力形式

集体合同的效力形式包括准法规效力、契约效力和组织效力。

（一）准法规效力

准法规效力，又称规范效力或物权效力，是指集体合同的标准性条款和单个劳动关系运行规则条款对其关系人具有相当于法律规范的效力。规范效力又可分为自动的效力和不可变效力两个方面。自动的效力是指，集体合同所规定的劳动条件规范，在其适用范围内，对于各个劳动合同，不论合同当事人意思如何，都直接成为其劳动合同的内容。这一效力意味着集体合同具有准法规的性质，集体合同中的规定，无论劳动者同意与否，都将直接确定其与用人单位的权利义务关系，而且对于集体合同中规定的权利，劳动者也无权放弃。这一效力被我国台湾学者黄越钦称为"团体协约的不可低贬原则"和"不可抛弃原则"。② 不可变效力是指，异于集体合同规定的劳动条件规范的劳动合同无效，无效的部分以集体合同的规定代替。这种不可变的效力，不仅对集体合同成立后所订立的劳动合同发生作用，也对先于集体合同订立的劳动合同发生作用，这些合同中如有与集体合同不符合之处，也视为无效，无效部分由集体合同相应的内容代替。很多国家和地区在集体合同法中都赋予了集体合同以自动效力和不可变效力。例如，我国台湾地区的"团体协约法"第 16 条规定："团体协约所定劳动条件当然为该团体协约所属雇主及工人间所定劳动

---

① 参见劳动和社会保障部、中华全国总工会、中国企业联合会、中国企业家协会《关于开展区域性行业性集体协商工作的意见》（劳社部发[2006]32 号文件）。

② 黄越钦：《劳动法新论》，中国政法大学出版社 2004 年版，第 303 页。

契约之内容。如劳动契约有异于该团体协约所定之劳动条件者，其相异部分无效，无效之部分以团体协约之规定代之。”

（二）契约效力

债法效力是指集体合同的目标性条款和集体合同运行规则条款对其当事人具有设定债务的效力。依据契约必须严守的原则，集体合同的双方当事人必须尽其注意义务履行契约，由此集体合同具有了对其当事人设定债务的效力。这种义务被称为维持和谐义务。所谓“和谐义务”是指当事人应当遵守集体合同的运行规定，维持集体合同的和谐。当然，维持和谐义务的范围以维持集体合同中规定的内容为限，同时，这种义务是一种相对义务，也就是说，对集体合同中规定部分在合同有效期内不得争议，只允许对合同未规定部分做补充性争议，而且这种争议还不能影响合同已规定的部分。违反和谐义务就构成违约，相对人可以主张对方不作为义务，并具有履行请求权、同时履行抗辩权、损害赔偿请求权和协约解除权等权利。

（三）组织效力

组织效力又称组织法效力，是指集体合同的某些条款对其关系人具有设定组织法义务的效力。台湾学者黄越钦将其归入债权效力称为“敦促义务”。[①] 鉴于组织法上的效力是专门针对内部关系，与一般理解上的债权效力不同，因此，采用组织法上的效力之说。组织效力包括两个方面的内容：(1)协约团体的成员由于该团体对于他方当事人负担集体合同上的义务，则与这些义务相应，而对于团体所负的义务。(2)有一些事项或规定，团体于集体合同上对于他方并不负义务，但出于团体本身的利益，团员也有遵守的必要。协约团体在其成员违反集体合同义务的时候，可以行使团体力量或者其他法律方法敦促其履行义务。

第五节　不当劳动行为

一、不当劳动行为概述

（一）不当劳动行为的概念

不当劳动行为(unfair labor practice)，又称为不公正劳动行为或不公正

① 黄越钦：《劳动法新论》，中国政法大学出版社 2004 年版，第 302 页。

劳工措施。作为劳动法律的概念，不当劳动行为是将商法上为维持自由竞争的关于不正当竞争（unfair competition）或不当商业习惯（unfair trade practice）的原理适用于劳动关系而形成的。其含义最初是指雇主凭借其经济上的优势地位，以违反劳动法律原则的手段来对抗工会的措施或行为。但在一些国家，不当劳动行为的内容也涵盖了工会和劳动者在劳资关系中以不法手段来对抗雇主的措施或行为，其不当劳动行为的主体，不仅包括资方，同时也包括劳方。不当劳动行为制度，既有不当劳动行为的禁止规范，又有不当劳动行为的救济程序。①

不当劳动行为的主体，主要是雇主，在少数情况下也包括工会。

在劳动法中，不当劳动行为法律制度是广义团结权的保障措施，也是市场经济条件下规范和平衡劳动关系的一项重要的法律措施。我国台湾学者黄越钦指出："工会基于劳工权益的争取，往往使雇主采取妨害劳工从事工会活动甚或去支配工会，结果工会核心份子遭雇主解雇或工会整个沦为御用工会的情形遂层出不穷，实有必要建立妥当制度加以规范。"②作为劳动法学理论的一个重要范畴，不当劳动行为法律制度也是市场经济条件下劳动法学体系的一个不可或缺的构成部分。不当劳动行为法律制度在国外立法上出现已有70年的历史，目前，在我国劳动法学界以及劳动法实务界很少提及，相关的理论研究成果也为数不多。虽然我国新修订的《工会法》中有些条款涉及了不当劳动行为及其救济，然而离满足市场经济发展和保护劳动权的要求还有一定的距离。

（二）不当劳动行为的立法概况

不当劳动行为立法发端于美国。1935 年美国《国家劳工关系法》（又称《瓦格纳法》）最早提出了不当劳动行为（unfair labor practice）的概念。在该法关键的第 7 条中规定了雇员的权利，即"雇员有权自我组织、组成、加入或帮助劳工组织，通过自己选出的代表来进行集体协商，为集体协商或其他形式的互助或相互保护来进行协同行动。"第 8 条作为第 7 条的实施条款，该条款列举了雇主的不当劳动行为。《瓦格纳法》通过以后，工会无论从成员人数，还是经济力量上都得到了长足的进步，在某些事件中，工会甚至被认为在滥用其新增长的力量。于是，1947 年美国国会又通过了《劳资关系法》（又称《塔夫特一哈特利法》），该法修订了《国家劳工关系法》的第 8 条，对工会活动进行了一定

① 常凯：《论不当劳动行为立法》，载《中国社会科学》2000 年第 5 期。

② 黄越钦：《劳动法新论》，中国政法大学出版社 2003 年版，第 311 页。

限制，扩大了不当劳动行为的范围，将工会的某些行为也规定为不当劳动行为。1959年美国国会又通过了《劳资管理报告及披露法》（又称《兰德拉姆一格里芬法》），要求工会对其财务状况进行适当的披露，禁止某些工会通过集体合同条款限制雇主权利的行为。①

日本战后的《工会法》，将美国的不当劳动行为法律制度引入，其《工会法》第7条对此作了较为详细的规定。比如，不得以劳工为工会会员、加入工会、拟组织工会或行使工会之正当行为为由而解雇该劳工或予以不利益待遇等。②

我国台湾地区原未完整继受不当劳动行为法律制度，仅在部分法律中存在类似规定。例如，台湾地区"工会法"第35条规定："雇主或其他代理人，不得因工人担任工会职务，拒绝雇用或解雇及为其他不利之待遇。"该条所规制的行为类型即不当劳动行为中的不利待遇。"工会法"第36条规定，雇主或其代理人，对于工人，不得以不任工会职务为雇用条件，与不当劳动行为法律制度中的"黄犬契约"无效的内容相近。但在2006年初由台湾地区"行政院"院会所提出的"劳资争议处理法"修正草案中，创设了不当劳动行为裁决机制，其目的是师法其他国家（尤其是美国）的做法，为台湾地区集体劳资关系法制的发展奠定良好基础，虽然最后立法并未如愿通过，但引入不当劳动行为法律制度已成为台湾地区学术界和实务界的共识。

我国现行《劳动法》并没有采用不当劳动行为的概念。但是，在《工会法》第六章"法律责任"中有一些类似于不当劳动行为制度的规定。例如，《工会法》第50条规定："违反本法第三条、第十一条规定，阻挠职工依法参加和组织工会或者阻挠上级工会帮助、指导职工筹建工会的，由劳动行政部门责令其改正；拒不改正的，由劳动行政部门提请县级以上人民政府处理；以暴力、威胁等手段阻挠造成严重后果，构成犯罪的，依法追究刑事责任。"第51条规定："违反本法规定，对依法履行职责的工会工作人员无正当理由调动工作岗位，进行打击报复的，由劳动行政部门责令改正、恢复原工作；造成损失的，给予赔偿。"第52条规定："违反本法规定，有下列情形之一的，由劳动行政部门责令恢复其工作，并补发被解除劳动合同期间应得的报酬，或者责令给予本人年收入二倍的赔偿：（一）职工因参加工会活动而被解除劳动合同的；（二）工会工作人员

① ［美］道格拉斯·L.莱斯利：《劳动法概要》，张强等译，中国社会科学出版社1997年版，第3～5页。

② 黄越钦：《劳动法新论》，中国政法大学出版社2004年版，第312页。

因履行本法规定的职责而被解除劳动合同的。"第53条规定:"违反本法规定,有下列情形之一的,由县级以上人民政府责令改正,依法处理:(一)妨碍工会组织职工通过职工代表大会和其他形式依法行使民主权利的;(二)非法撤销、合并工会组织的;(三)妨碍工会参加职工因工伤亡事故以及其他侵犯职工合法权益问题的调查处理的;(四)无正当理由拒绝进行平等协商的。"

二、不当劳动行为的构成要件

不当劳动行为的构成要件,从理论上来说,可以分为主观要件和客观要件。在日本劳动法学界存在"主观要件说"和"客观要件说"两派。"主观要件说"又被称为"意思必要说",它以民法中过失责任原则的"意思主义"为理论依据,主张雇主的不当劳动行为必须有雇主的反工会意图或动机为必要。"客观要件说"又被称为"意思不要说",认为不当劳动行为制度的目的是排除对团结权的危害,顺利实现团体交涉,这种特殊性使得雇主的主观意思不应当成为不当劳动行为的根据。但对于"意思必要说"中雇主反工会的意图或动机证明上采用举证责任倒置的作法,即推定雇主有此意图即可。由此观之,两种学说虽然在理论上有所差别,但在实践中却都是以雇主的种种事实来推定的,即不当劳动行为的成立主要还是依据客观要件。①

三、不当劳动行为的具体类型

不当劳动行为根据主体的不同,可分为雇主的不当劳动行为和工会的不当劳动行为两大类。但对于法律是否需要规定工会的不当劳动行为,国际学术界争议很大。日本劳动法学界的主导性意见为:所谓的工会不当劳动行为并未影响劳资关系和社会安定,在宪法保障团结权的情况下,工会不当劳动行为立法是对于团结权的限制;如果确有工会侵害雇主利益的行为,使用民法的侵权原理救济即可。②

(一)雇主的不当劳动行为

1.不利待遇

所谓不利待遇,是指雇主对正常参加工会活动的劳动者实行歧视待遇,使之遭受物质和精神上的损害。美国的《国家劳资关系法》第8条(a)款第(4)项规定"由于职工根据本法提出控诉或作证而对他进行歧视或者加以开除"为雇

---

① 常凯:《论不当劳动行为立法》,载《中国社会科学》2000年第5期。

② 常凯:《论不当劳动行为立法》,载《中国社会科学》2000年第5期。

主对劳动者的不公平措施。[①] 日本法律的具体规定是："雇主因劳动者是工会会员，或因参加或组织工会或从事正当的工会活动，而对其采取解雇或其他不利之待遇。"国际劳动组织第 98 号公约《组织与集体协商权利的原则的实施公约》，旨在保护工人免受反工会的歧视行为，保护工人组织与雇主组织顺畅交涉。公约首先规定工人应享有充分的保护，以抵制在雇佣方面的反工会的歧视行为，该公约第 1 条即规定"因工人为工会会员，或因其在工作时间外，或经雇主同意在工作时间内参加工会活动，而将其开除，或用其他方法使其蒙受损害"为雇主的不当劳动行为。不利待遇实质上是雇主侵害或消解团结权的一种手段，劳动者由于惧怕雇主解雇或其他物质损失而不得不远离工会，使得劳动者无法顺利行使团结权。

雇主之所以对于劳动者实行这种不利待遇，原因主要有：(1)劳动者在没有工会的企业组织工会；(2)劳动者在有工会的企业参加工会；(3)劳动者加入工会后从事工会的正常活动。

不利待遇的形式主要有：(1)经济上的不利待遇，包括解雇、停职、调动、减薪、降职、停止升迁等；(2)精神上的不利待遇，主要是指雇主在工作过程中给予工作原因之外的精神压力或负担；(3)工会活动上的不利待遇，主要是指虽然不影响个人的利益，但却影响工会活动的行为，如以平调甚至提升工会干部的职务来影响和干扰工会活动的行为。[②]

2. 黄犬契约

黄犬契约(Yellow-dog Contract)是国外劳动法律中约定俗成的概念，意为卑鄙的合同，指雇主以不参加或退出工会为条件与劳动者签订的雇佣合同。[③] 美国《国家劳资关系法》第 8 条规定，雇主不得"以雇佣或就业期限或任何就业条件上的歧视，来鼓励或阻碍职工参加劳工组织"。1945 年日本《工会法》第 7 条也将"缔结以劳动者不加入或退出工会为雇佣条件的劳动合同"视为不当劳动行为。国际劳工组织第 98 号公约也规定雇主以劳动者不加入或退出工会为雇佣条件的劳动合同作为不当劳动行为。黄犬契约也是对劳动者的一种不利待遇，只不过它预先以劳动合同排斥劳动者加入工会而已。按照民法上的公序良俗原则和不得违背社会公共利益原则，这种合同应属无效。

---

① 劳动人事部政策研究室：《外国劳动法选》(第二辑)，劳动人事出版社 1983 年版，第 489 页。

② 常凯：《论不当劳动行为立法》，载《中国社会科学》2000 年第 5 期。

③ 常凯：《论不当劳动行为立法》，载《中国社会科学》2000 年第 5 期。

由于此类合同侵害了劳动者的团结权，应直接归于违法，并予以救济。

3. 拒绝集体协商

拒绝集体协商是指雇主在无正当理由的情况下拒绝同工会或劳动者代表进行集体协商。它表现为雇主对集体协商的不作为，雇主的这种不作为使得劳动者的团结权无从行使，即直接侵害了团结权。美国的《国家劳资关系法》规定“拒绝按照本法第九条(a)款的规定同职工代表进行集体协商”为雇主的不当劳动行为。《组织权利和集体协商权利公约》第 4 条规定：“必要时应采取符合国情的措施，鼓励和推动雇主或雇主组织同工人组织之间最广泛地发展与使用集体协议的自愿协商程序，以便通过这种方式确定就业条款和条件。”

4. 控制干涉工会

控制干涉工会主要是指雇主控制或干涉工会组织的成立或活动。美国的《国家劳资关系法》将“控制或干涉任何一个劳工组织的成立或活动，或给它以财政或其他方式的支持”规定为雇主的不当劳动行为。日本法律也将“对劳动者成立工会或开展工会活动进行控制或干涉，对工会活动经费的开支在财政上给予援助”规定为雇主的不当劳动行为。① 控制干涉工会就是雇主将自己的意图直接或间接施加给工会，改变工会的独立性，影响工会正常开展活动。控制或干涉只是在作用程度上的差异，两者没有本质上的不同。“控制”即表示雇主可以按自己的意志直接左右工会的成立或活动；“干涉”即仅表示雇主可以间接影响工会的成立或活动。应当说，控制干涉工会是雇主诸多不当劳动行为中危害最甚的一种，这种“老板工会”或“黄色工会”不仅侵害和剥夺了劳动者的团结权，而且在实际的劳资冲突中，很难切实维护劳动者的权益。

(二)工会的不当劳动行为

美国 1935 年《国家劳工关系法》最初没有规定工会的不当劳动行为。但是随着美国一些工会的“恶劣行为”出现，美国国会在 1947 年《劳资关系法》增加了针对工会不当劳动行为的规定。根据《劳资关系法》的规定，工会的不当劳动行为以行为对象来划分，主要包括三类，一是针对雇主或雇主组织的不当劳动行为；二是针对非本工会劳动者的不当劳动行为；三是其他不当劳动行为。需要说明的是，美国一个企业中可能会有一个以上的工会存在，它们的会员是不相同的。

---

① 劳动人事部政策研究室：《外国劳动法选》(第二辑)，劳动人事出版社 1983 年版，第 488 页。

1.针对雇主或雇主组织的不当劳动行为

针对雇主或雇主组织的不当劳动行为，是指某工会通过法律禁止的手段强迫雇主承认其为企业职工的协商代表，或干扰雇主正常的生产经营活动。比如，引诱或鼓励在商业部门或同商业有关的工业部门中受雇佣的任何人进行罢工，或一致拒绝使用、制造、加工、运输任何商品、物品、物资或用品，或拒绝工作或服务；或威胁、强迫或抑制在商业部门或同商业有关的工业部门就业的任何人，目的在于"强迫或硬要这位雇主承认一个特定的劳工组织为他的职工的代表或同他进行协商"，或者是为了"强迫一位雇主将一定的工作交给加入一个特定的劳工组织的职工或一个特定的行业、职业或类别的职工去做，而不给加入另一个劳工组织的职工或另一个行业、职工或类别的职工去做"。

2.针对非本工会劳动者的不当劳动行为

针对非本工会劳动者的不当劳动行为，是指一个工会以非法手段排除、限制本工会外职工的权利，或诱使雇主对其采取歧视待遇。比如，造成或企图造成雇主违反规定对一名职工进行歧视，或对一名并非由于不按时交纳会费和入会费而被拒绝或中止会籍的职工进行歧视。

3.其他不当劳动行为

工会的其他不当劳动行为包括：被推出的职工代表拒绝同雇主进行集体协商；工会或其负责人或职工代表，请求、要求、收取或接受雇主或雇主组织或按雇主利益行事的任何人的任何款项、贷款或赠款等。

四、不当劳动行为的救济机制

雇主的不当劳动行为是雇主滥用自己优势地位的违法行为，它侵害了劳动者的团结权，损害了劳动者的合法权利，也破坏了和谐的劳资关系，不利于社会的稳定和健康发展。因此，世界各国政府都通过立法有效控制雇主的不当劳动行为，规定了不当劳动行为的救济内容。

不当劳动行为的救济包括救济机关和救济方式两方面的内容。救济机关有行政机关救济和司法机关救济两种；救济方式有行政救济和司法救济两类型。下面以美国和日本为例进行说明。

（一）美国的不当劳动行为救济

根据美国现有法律的规定，其对不当劳动行为的救济分为行政救济和司法救济，主要采用司法救济的模式。

在美国，专门负责处理不当劳动行为救济的机构是国家劳动关系委员会(NLRB)。该委员会有5名委员，其中包括两名地区总监和两名行政法法官，还有一名首席法律顾问。这5名委员须经参议院提名通过，由总统任命，任期为五年。

国家劳动关系委员会在全国各地有30多家地区办事处，其负责人叫地区总监，是由首席法律顾问任命并对首席法律顾问负责的。首席法律顾问负责各地区办事处对不当劳动行为指控的调查和起诉工作，同时以国家劳动关系委员会代表的身份出庭。实践中，相当部分的不当劳动行为案件是由地区办事处处理的。如果雇主、工会、或两者的代理人实施了法律规定的不当劳动行为，任何一方可向国家劳动关系委员会的地区办事处提起指控。若当事人提出了指控，地区总监就会启动调查程序，以确定是否存在不当劳动行为。如果查证属实，就可以正式提起一项地区控诉。如果查证不属实，则可以驳回当事人的指控。即使受到地区性指控的案件中，大约三分之一的指控被驳回，三分之一的指控被撤回，四分之一的指控或在起诉书发出之前，或在起诉书发出之后但在行政法官做出决定之前在地区办事处的主持下得到和解或调解，实际发出的起诉书只占提出控诉的10%。①

若地区总监提出了不当劳动行为控诉，就应当由行政法法官召开公开的听证会。当然，这些行政法法官同国家劳动关系委员会的委员们一样，并不具有真正的法官身份。在听证会上，控方为地区办事处的一名律师，而被诉人则是从事了不当劳动行为的雇主或工会等。听证会结束后，行政法官当即会做出一个决定，该决定只是一项建议性的命令。如果当事人在决定颁发之日起20日内没有提出异议，则该决定被国家劳动关系委员会在华盛顿的总部所接受。

一旦当事人不服行政法官的决定，提出异议，则与该案有关的所有文件和材料都将移送到华盛顿总部重新审理。而实际上，只有不到4%的案件作为争议案件由5人委员会决定。一般的案件由3名委员就可以做出决定，特别重大的案件则需要经过全体委员协商和共同决定。②

国家劳动关系委员会对不当劳动行为受害方的救济措施有：(1)要求被诉人立即停止某项不当劳动行为；(2)若劳动者因雇主的不当劳动劳动行为而被解雇时，裁定该雇主补发积欠的工资；(3)命令被诉人对其不当劳动行为给对

---

① [美]罗伯特·A.高尔曼：《劳动法基本教程》，马静等译，中国政法大学出版社2003年版，第10页。

② [美]罗伯特·A.高尔曼：《劳动法基本教程》，马静等译，中国政法大学出版社2003年版，第10页。

方造成的损失进行补偿。

因为国家劳动关系委员会是行政机构而非法院，因此其所制发的各项命令并无直接的强制执行力。但是，国家劳动关系委员会有权向案发地的美国上诉法院申请强制执行其裁定。而且，被诉人或者投诉人也可以向上诉法院提出对该裁定进行复审的请求。上诉法院复审的结果是85%的判决全部或部分维持了原决定。① 如果当事人依然不遵守上诉法院的强制执行令则会以藐视法庭罪而受到法律制裁。

(二)日本的不当劳动行为救济

日本对不当劳动行为的救济以行政救济为主。在日本，专门负责不当劳动行为救济的机构是劳动委员会，它是一个行政机构，由雇主、劳动者和公益等三方的代表组成。劳动委员会具有的职能和权限主要是：劳动争议的斡旋、调停、仲裁和不当劳动行为的审查、救济。同时，劳动委员会分为两个层级：中央劳动委员会和地方劳动委员会，二者为上下级隶属关系。中央劳动委员会有制定、公布其实施细则活动和地方劳动委员会的实施细则的权限。日本劳动委员会的特色即在于不当劳动行为救济与劳动争议处理并存，这两类权限或程序可以平行或替代。日本不当劳动行为的司法救济，是指不当劳动行为的被侵害者直接向法院提起违法行为无效确认、或损害赔偿、或要求对方一定作为或不作为的给付之诉。一般来说，日本不当劳动行为的行政救济属于第一次权利救济，而司法救济属于补充的第二次救济。②

① [美]罗伯特·A.高尔曼：《劳动法基本教程》，马静等译，中国政法大学出版社2003年版，第10页。

② 常凯：《论不当劳动行为立法》，载《中国社会科学》2000年第5期。

第七章　工会与职工参与

第一节　工会制度

一、我国工会的组织体系和组织原则

(一)组织体系

我国工会的组织体系,由中华全国总工会、地方总工会、产业工会和基层工会组成。

全国建立统一的中华全国总工会。中华全国总工会是各地方总工会和各产业工会全国组织的领导机关。

省、自治区、直辖市、自治州、市、县(旗)建立地方总工会。地方总工会是当地地方工会组织和产业工会地方组织的领导机关。根据工作需要,省、自治区总工会可在地区设派出代表机关。直辖市和设区的市总工会可在区建立区一级工会组织或设派出代表机关。县和城市的区可在乡镇和街道建立乡镇工会和街道工会组织。

同一行业或者性质相近的几个行业,可以根据需要建立全国的或者地方的产业工会。产业工会全国组织的设置,由中华全国总工会根据需要确定。各级地方产业工会组织的设置,由同级地方总工会根据本地区的实际情况确定。

企业、事业单位、机关有会员 25 人以上的,应当建立基层工会委员会;不足 25 人的,可以单独建立基层工会委员会,也可以由两个以上单位的会员联合建立基层工会委员会,也可以选举组织员一人,组织会员开展活动。女职工人数较多的,可以建立工会女职工委员会,在同级工会领导下开展工作;女职工人数较少的,可以在工会委员会中设女职工委员。企业职工较多的乡镇、城市街道,可以建立基层工会的联合会。

(二)组织原则

根据我国《工会法》和《中国工会章程》的规定,我国工会实行的组织原则:

一是民主集中制的根本原则，二是产业与地方相结合的组织领导原则。

我国工会实行民主集中制的根本原则，主要内容是：(1)个人服从组织，少数服从多数，下级组织服从上级组织。(2)工会的各级领导机关，除它们派出的代表机关外，都由民主选举产生。(3)工会的最高领导机关，是工会的全国代表大会和它所产生的中华全国总工会执行委员会。工会的地方各级领导机关，是工会的地方各级代表大会和它所产生的总工会委员会。(4)工会各级委员会，向同级会员大会或会员代表大会负责并报告工作，接受会员监督。会员大会和会员代表大会有权撤换或者罢免其所选举的代表和工会委员会组成人员。(5)工会各级委员会，实行集体领导和分工负责相结合的制度。凡属重大问题由委员会民主讨论，做出决定，委员会成员根据集体的决定和分工，履行自己的职责。(6)工会各级领导机关，经常向下级组织通报情况，听取下级组织和会员的意见，研究和解决他们提出的问题。下级组织向上级组织请示报告工作。

我国工会实行产业和地方相结合的组织领导原则。同一企业、事业、机关单位中的会员，组织在一个工会基层组织中；同一行业或性质相近的几个行业，根据需要建立全国的或地方的产业工会组织。除少数行政管理体制实行垂直管理的产业，其产业工会实行产业工会和地方工会双重领导，以产业工会领导为主外，其他产业工会均实行以地方工会领导为主，同时接受上级产业工会领导的体制。各产业工会的领导体制，由中华全国总工会确定。

二、工会的性质和主要职责

(一)工会的性质

对于工会的性质，我国《工会法》第 2 条规定："工会是职工自愿结合的工人阶级的群众组织。中华全国总工会及其各工会组织代表职工的利益，依法维护职工的合法权益。"《中国工会章程》在"总则"中也明确指出："中国工会是中国共产党领导的职工自愿结合的工人阶级群众组织，是党联系职工群众的桥梁和纽带，是国家政权的重要社会支柱，是会员和职工利益的代表。"因此，我国工会具有以下性质：

1. 阶级性

工人阶级是我国的领导阶级，是先进生产力和生产关系的代表，是改革开放和社会主义现代化建设的主力军，是维护社会安定的强大而集中的社会力量。工会的阶级性是指工会是工人阶级的组织即以工人阶级作为自己的阶级基础，具体表现在两个方面：第一，工会会员必须是工人阶级的成员。也就是说，确定是否为工会会员的标准只有一个，即以工资收入为主要生活来源的劳动者。第二，工会是根据大多数工人阶级成员即职工群众的要求而成立的，并在政治上接受工人阶级政党的领导，这也体现了工会的阶级性。

2. 群众性

工会的群众性体现在四个方面：第一，会员的广泛性体现了工会的群众性。只要是工人阶级成员，不分民族、种族、性别、职业、宗教信仰、教育程度，承认工会章程，都有组织和加入工会的权利。我国《工会法》第 3 条规定："在中国境内的企业、事业单位、机关中以工资收入为主要生活来源的体力劳动者和脑力劳动者，不分民族、种族、性别、职业、宗教信仰、教育程度，都有依法参加和组织工会的权利。任何组织和个人不得阻挠和限制。"第二，组织和参加工会是职工自愿的，也就是说职工的意愿是组织工会或参加工会的前提条件。第三，工会主要是根据大多数会员的意愿和要求来开展工作，广大会员群众的意愿和要求是工会全部工作的出发点。第四，工会的活动方式和工作方法，主要采取引导、协商、教育和服务等方式。

3. 自愿性

结社自由是我国《宪法》规定的公民的基本权利。组织工会自然也应遵循这一原则。工会是职工自愿结合的组织，是按照自愿的原则由职工参加或组织起来的。自愿性体现在是否参加工会是每个职工的自由权利，任何组织和个人不得强迫职工加入工会或者不加入工会。

4. 独立性

我国《工会法》第 4 条规定，工会"依照工会章程独立自主地开展工作。"因此，在坚持党的领导的原则下，工会的运作应当独立于企业的管理、独立于地方行政权力，以客观地维护职工合法权益。

(二)工会的主要职能

对于工会的职能，《工会法》第 5 条规定："工会组织和教育职工依照宪法和法律的规定行使民主权利，发挥国家主人翁的作用，通过各种途径和形式，参与管理国家事务、管理经济和文化事业、管理社会事务；协助人民政府开展工作，维护工人阶级领导的、以工农联盟为基础的人民民主专政的社会主义国家政权。"《中国工会章程》也对中国工会的主要社会职能做出了规定："维护职工的合法利益和民主权利；动员和组织职工积极参加建设和改革，完成经济和社会发展任务；代表和组织职工参与国家和社会事务管理，参与企业、事业和机关的民主管理；教育职工不断提高思想道德素质和科学文化教育素质，建设有理想、有道德、有文化、有纪律的职工队伍。"

工会的主要职能包括：

1.维护职工合法权益

我国《工会法》第 6 条规定："维护职工合法权益是工会的基本职责。工会在维护全国人民总体利益的同时，代表和维护职工的合法权益。"在劳动关系中，用人单位是强势的一方，实践中不签订劳动合同、拖欠克扣工资、延长工作时间等侵害劳动者合法权益的现象严重，客观上要求工会必须肩负起维护职工合法权益的责任，维护职工合法权益就成为工会的基本职责。基于这一职责的要求，工会必须密切联系职工，听取和反映职工的意见和要求，关心职工的生活，帮助职工解决困难，全心全意为职工服务。

2.协调劳动关系

我国《工会法》第 6 条规定："工会通过平等协商和集体合同制度，协调劳动关系，维护企业职工劳动权益。""工会依照法律规定通过职工代表大会或者其他形式，组织职工参与本单位的民主决策、民主管理和民主监督。"法律赋予工会代表劳动者进行集体协商的权利，以使劳动者与用人单位在地位上获得一定程度的平等，从而有利于帮助劳动者争取合法的劳动权益。同时，工会通过职工代表大会的形式，组织和引导职工积极参与企事业单位的民主决策、民主管理和民主监督，从而有效地化解劳动关系中的矛盾，为企业的发展奠定良好的基础。

3.参与管理国家事务、经济和文化事业、社会事务

我国《工会法》第 5 条、第 33 条、第 34 条规定工会行使国家赋予的参与权利，代表职工参与国家和社会事务的管理，组织职工开展民主管理、民主监督，进行参政议政活动。这充分体现出工会与人民政府是相互支持、相互配合、团结协作的关系，工会是国家政权的重要社会支柱和推动社会主义市场经济发展的重要力量，是人民政府不可离开的重要支持者与合作者。

4.动员、组织和教育职工

我国《工会法》第 7 条规定："工会动员和组织职工积极参加经济建设，努力完成生产任务和工作任务。教育职工不断提高思想道德、技术业务和科学文化素质，建设有理想、有道德、有文化、有纪律的职工队伍。"

三、工会的权利和义务

(一)工会在企业层面的权利和义务

1.维护职工的参与权

我国《工会法》第 19 条规定："企业、事业单位违反职工代表大会制度和其

他民主管理制度,工会有权要求纠正,保障职工依法行使民主管理的权利。法律、法规规定应当提交职工大会或者职工代表大会审议、通过、决定的事项,企业、事业单位应当依法办理。”对于妨碍工会组织职工通过职工代表大会和其他形式依法行使民主权利的,《工会法》规定,工会有权向县级以上人民政府提出要求予以纠正。人民政府有责任责令企业、事业单位改正。对于拒不改正的,人民政府应当给予相应的处罚,对有关责任人给予相应的处分。

2.维护职工的劳动权益

我国《工会法》第 25 条规定:“工会有权对企业、事业单位侵犯职工合法权益的问题进行调查,有关单位应当予以协助。”这一规定,强化了工会对侵犯职工合法权益行为的监督权。工会有权进入企业,及时了解、发现侵犯职工合法权益的问题,企业有义务予以协助。《工会法》第 22 条规定:“企业、事业单位违反劳动法律、法规规定,有下列侵犯职工劳动权益情形,工会应当代表职工与企业、事业单位交涉,要求企业、事业单位采取措施予以改正;企业、事业单位应当予以研究处理,并向工会做出答复;企业、事业单位拒不改正的,工会可以请求当地人民政府依法做出处理:(一)克扣职工工资的;(二)不提供劳动安全卫生条件的;(三)随意延长劳动时间的;(四)侵犯女职工和未成年工特殊权益的;(五)其他严重侵犯职工劳动权益的。”

3.帮助、指导职工签订劳动合同

我国《工会法》第 20 条规定:“工会帮助、指导职工与企业以及实行企业化管理的事业单位签订劳动合同。”根据我国《劳动法》的规定,建立劳动关系必须签订劳动合同。劳动合同是职工与用人单位依法在平等自愿和协商一致的基础上签订的,确定双方劳动关系,明确双方权利义务的协议。劳动合同一经签订就具有法律效力,受法律保护,双方必须严格履行,不得随意改变或解除,否则要承担相应的法律责任。这就要求职工签订劳动合同时必须慎重,同时要求工会给职工以帮助和指导。

4.代表职工进行集体协商,签订集体合同

我国《工会法》第 20 条第 2 款规定:“工会代表职工与企业以及实行企业化管理的事业单位进行平等协商,签订集体合同。集体合同草案应当提交职工代表大会或者全体职工讨论通过。”集体合同制度是维护职工合法权益、协调劳动关系的有效机制。工会组织必须积极代表职工与企事业单位开展集体协商、签订集体合同。

5.对用人单位违法解除劳动合同进行干预

根据我国《工会法》第 21 条的规定:“企业单方面解除职工劳动合同时,应

当事先将理由通知工会，工会认为企业违反法律、法规和有关合同，要求重新研究处理时，企业应当研究工会的意见，并将处理结果书面通知工会。”工会认为企业处理决定不正确，有权提出意见、建议，要求重新研究处理。但是工会不能代替职工决定是否服从处理决定。职工申请仲裁或者向人民法院提起诉讼，工会可以给予帮助和支持，但不能代替职工申请仲裁、提起诉讼。

6.主持劳动争议调解

我国《工会法》第 28 条第 1 款规定：“工会参加企业的劳动争议调解工作。”《企业劳动争议处理条例》规定，企业可以设立劳动争议调解委员会，负责调解本企业发生的劳动争议。调解委员会由职工代表、用人单位代表、企业工会代表组成。调解委员会办事机构设在企业工会委员会。① 根据上述规定，企业工会委员会有责任和义务做好企业劳动争议的调解工作。作为办事机构，工会负责组织召开劳动争议调解委员会会议，受理争议案件，主持调解委员会的工作。

7.协助解决停工、怠工事件

我国《工会法》第 28 条规定：“企业、事业单位发生停工、怠工事件，工会应当代表职工同企业、事业单位或者有关方面协商，反映职工的意见和要求并提出解决意见。对于职工的合理要求，企业、事业单位应当予以解决。工会协助企业、事业单位做好工作，尽快恢复生产、工作秩序。”在处理停工、怠工事件上，工会是职工方面的代表者，有权代表职工与用人单位协商，提出意见和建议；用人单位应满足职工的合理要求，同时工会应协助用人单位做工作，尽快恢复生产、工作秩序。

8.提供法律服务

我国《工会法》第 21 条第 3 款规定：“职工认为企业侵犯其劳动权益而申请劳动争议仲裁或者向人民法院提供诉讼的，工会应当给予支持和帮助。”第 29 条规定：“县级以上各级总工会可以为所属工会和职工提供法律服务。”市场经济环境下，寻求法律救济是劳动者权益保护的主要途径，工会应当积极为职工提供法律服务与帮助，协助其申请仲裁或起诉。在未发生劳动争议时，工会也有义务为职工提供法律服务。

9.教育和动员职工促进企业发展

我国《工会法》第 7 条规定：“工会动员和组织职工积极参加经济建设，努力完成生产任务和工作任务。”第 31 条规定：“工会会同企业、事业单位教育职

---

① 参见《企业劳动争议处理条例》第 7 条、第 8 条。

工以国家主人翁态度对待劳动，爱护国家和企业的财产，组织职工开展群众性的合理化建议、技术革新活动。”

（二）工会在政府层面的权利和义务

1. 参政议政

我国《工会法》第33条规定：“县级以上各级人民政府制定国民经济和社会发展计划，对涉及职工利益的重大问题，应当听取同级工会的意见。”“县级以上各级人民政府及其有关部门研究制定劳动就业、工资、劳动安全卫生、社会保险等涉及职工切身利益的政策、措施时，应当吸收同级工会参加研究，听取工会意见。”

2. 参加劳动关系三方协商

我国《工会法》第34条第2款规定：“各级人民政府劳动行政部门应当会同同级工会和企业方面代表，建立劳动关系三方协商机制，共同研究解决劳动关系方面的重大问题。”劳动关系三方协商机制是指由政府、企业方面的代表和工会三方就劳动法律和政策的制定与实施进行相互协商的组织体制、运作程序的制度。工会作为职工利益的代表参与其中，享有权利，履行义务。

3. 参加劳动争议仲裁

我国《工会法》第28条第2款规定：“地方劳动争议仲裁组织应当有同级工会代表参加。”《企业劳动争议处理条例》规定，劳动争议仲裁委员会由劳动行政主管部门、工会和政府指定的经济综合管理部门的代表组成。[①] 工会作为三方代表之一，参加劳动争议仲裁，有助于对争议案件做出及时、公正的裁决。

4. 开展劳动安全卫生的“三同时监督”

我国《工会法》第23条规定：“工会依照国家规定对新建、扩建企业和技术改造工程中的劳动条件和安全卫生设施与主体工程同时设计、同时施工、同时投产使用进行监督。对工会提出的意见，企业或者主管部门应当认真处理，并将处理结果书面通知工会。”这一规定强化了工会对劳动安全卫生“三同时”的参与权与监督权。“三同时”是指在新建、扩建、技术改造工程项目中，坚持劳动条件和安全卫生设施与主体工程同时设计、同时施工、同时投产使用的原则。要求在设计审查和竣工验收时，要有劳动、卫生、环保等部门和工会组织的代表参加。

5. 参与调查处理工伤事故和其他侵害职工合法权益的问题

① 参见《企业劳动争议处理条例》第13条。

我国《工会法》第 26 条规定："职工因工伤亡事故和其他严重危害职工健康问题的调查处理，必须有工会参加。工会应当向有关部门提出处理意见，并有权要求追究直接负责的主管人员和有关责任人员的责任。对工会提出的意见，应当及时研究，给予答复。"工会参加伤亡事故和危害职工健康问题的调查，可以监督和防止出现对伤亡事故隐瞒不报、虚报或者故意延迟报告的情况，促使有关方面关注危害职工健康问题，及时保护职工的合法权益。《工会法》第 53 条还规定，"妨碍工会参加职工因工伤亡事故以及其他侵犯职工合法权益问题的调查处理的"，"由县级以上人民政府责令改正，依法处理"。这从法律上保障了工会参加伤亡事故调查处理的权利。

6. 做好劳动模范的评选、表彰、培养和管理工作

我国《工会法》第 32 条规定："根据政府委托，工会与有关部门共同做好劳动模范和先进生产（工作）者的评选、表彰、培养和管理工作。"

第二节　职工参与制度概述

一、职工参与的概念、特征和功能

（一）职工参与的概念

职工参与，又称职工民主管理或企业民主管理。学术界一般所理解的职工参与，是根据 1967 年国际劳工组织"关于工会代表及职工参与企业决策专门会议"对职工参与所做出的具有权威性的解释，亦即职工参与是指劳动者"参与"企业经营的"意思决定"（决策），并对企业的决策"产生影响"而不是作为旁观者。也就是说，职工参与意味着职工通过某种机制或方式对企业的经营决策给予直接影响。①

依据职工参与的广度和深度，可以从三个层次对职工参与进行定义②：

广义的职工参与，指所有职工参与企业内部任何事务。

狭义的职工参与，指职工通过一定的企业机关（主要是法定的企业机构），参与企业决策或对企业决策施加影响。

---

① 周超：《职工参与制度法律问题研究》，西南政法大学博士论文，2005 年。

② 职工参与的广度，指职工参与管理事务的范围；职工参与的深度，指职工对参与管理事项的介入程度。参见王全兴：《职工参与制度探微》，载《中国劳动科学》1995 年第 7 期。

最狭义的职工参与是指职工基于其在企业中的劳动者地位，而非以股东身份通过法定的方式和制度安排，以直接或间接的方式参与公司经营和管理的情形。[①] 国际劳工组织、经济合作与发展组织(OECD)等国际组织及一些欧美学者认为，在现存的职工参与中，劳动者往往并不是通过成为企业股东才参与企业经营的。在参与企业利润分配的某些制度中，即便职工参与了企业利润的分配，却往往并未参与企业的经营管理活动。有一些意见认为，这种参与不是严格意义上的职工参与。他们认为，除此之外的劳资协议制度、职工董事与职工监事制度、职工参与企业经营管理以及集体谈判制度等，才是典型意义上的职工参与。[②]

本书坚持广义说，即职工参与制度是指劳动者通过一定形式在一定程度上参与用人单位经营管理活动的制度。职工参与应包括职工参与管理、参与决策、参与监督、参与利润分享等各种形式。

(二)职工参与的特征

职工参与有以下几个特征：

(1)职工参与是职工以劳动者的身份参与企业事务。“职工”也称为工人、劳工、雇员，它是相对于雇主、资方而存在的，这里的职工不包括企业的高级雇员。

(2)职工参与制度是职工在一定程度上参与企业的事务。关于职工参与的程度，包括广度和深度。从广度上来说，凡是与企业经营有关的事项，不论是劳动条件、人事变动、企业的财务或企业发展规划，都是职工参与的范围。职工参与深度，即职工对管理事项介入程度，包括了解情况、听取报告、提出意见、质询、同意或否决、批准或决定等不同程度。

(3)职工参与企业事务是职工通过一定的方式参与。这种方式可以是法定的，也可以是非法定的。

(三)职工参与的功能

职工参与制度有如下功能：

(1)缓和劳资关系，维护职工利益。职工参与制度的实行，使职工不再是简单的劳动工具，而成为劳动主体，并且有权参与企业的管理，这种制度有利于增进劳资双方的了解，把劳资双方的争议消灭在萌芽状态，缓和了劳资的矛盾。同时职工通过自己的代表机构或代言人，在涉及自身利益问题上向雇主

---

① 石少侠:《论职工参与权》，载《法制与社会发展》1999 年第 3 期。

② 周超:《职工参与制度法律问题研究》，西南政法大学博士论文，2005 年。

提出合理的要求，一定程度上保护了职工的自身权益，也一定程度上缓和了劳资矛盾。

(2)促进企业经济民主。企业经济民主是现代民主理念在经济领域的体现。各国在推行职工参与制度时，尽管立法体例、法律构建也许全然不同，但公司经济民主的价值取向则大致相同。职工参与制度意味着企业管理的权力不再仅由劳动关系的一方来行使，而是由所有当事人共同决定。这样使原先被企业经营决策所涉及的职工有一定的参与决策的机会，促进企业的经济民主和秩序安定。

(3)提高企业的经济效益。职工参与制度能够扩大企业职工对信息的有效把握，提高职工对企业目标和价值的认同，融洽经营者与职工的关系，发挥团队工作水平，发挥职工的积极性和创造性，改善工作质量，减少内部冲突，提高企业的经济效率。

二、职工参与的方式

考察西方发达国家职工参与实践，比较有代表性的几种方式主要包括：职工持股制度、职工董事、监事制度和劳资协议制度。这三种中的每一种都能单独运用，但在实践中也经常被互相结合起来同时运用，从而产生协同性效益。

(一)职工持股制度

职工持股制度是指职工通过拥有企业股份成为股东，并以行使股东权的方式来实现对企业的参与权。职工持股不仅能使职工对企业产生认同感，激发劳动积极性，而且还能使企业优化产权结构，实现产权的混合多元化。所有制参与不仅局限于利润分享，还包括参与企业的控制和管理，在所有制参与模式中职工股东不仅享有自益权，还应享有共益权。由于所有制参与是职工以股东的身份参与企业事务，它不会产生因职工直接以职工身份参与企业事务从而与传统企业的本质和目的相冲突的矛盾。

(二)职工董事、监事制度

职工董事、监事制度指职工代表直接进入董事会、监事会，参与经营决策。职工董事、监事制度是大多数欧洲国家企业经营制度中不可或缺的重要环节。以德国为例，1951 年 5 月德国制定了《煤炭、钢铁企业共同决定法》。依据该法的规定，在煤炭、钢铁行业的劳动者，可以向决定企业经营的最高决策机关——监事会，选送经职工选举产生的利益代表。基于劳资关系的对等原则，除处于中立立场的会长之外，职工代表人数与经营者代表的人数是相等的。1952 年 10 月德国又制定了适用于除煤炭、钢铁企业外其他产业领域企业的

《企业组织法》。该法要求企业监事会成员的 1/3 必须是劳动者代表。1956 年的《煤炭、钢铁企业共同决定法补充法》使早先《煤炭、钢铁企业共同决定法》的适用范围进一步扩大到了与煤炭、钢铁企业有着资本关系的其他相关企业。1972 年 1 月，德国修改了 1952 年的《企业组织法》，扩大了企业监事会的共同决定事项，进一步强化了职工参与的力度。1976 年 5 月，德国通过了新《共同决定法》，它确认 1951 年《煤炭、钢铁企业共同决定法》和 1956 年《煤炭、钢铁企业共同决定法补充法》继续有效，并进一步将涉及职工董事、监事的有关条款，适用于除 1972 年《企业组织法》第 118 条规定的"倾向性企业"之外的所有企业。

(三)劳资协议制度

劳资协议制度指劳资双方组成劳资协议机关，进而以企业的生存、维持及发展为前提，站在合作协力的立场上展开对话的制度。所谓"劳资协议机关"，大体上有两种情形：一是仅由职工代表组成的机关；二是由劳资双方代表共同组成的劳资合意性机关。前者以德国、法国的企业委员会为典型，后者以英国的工厂委员会为典型。与集体协商制度有所不同，劳资协议制度仅针对企业生产和经营等具有共同利害关系的事项，由劳资双方在对等立场上相互协商合作、相互沟通。

第三节　职工持股制度

一、职工持股制度的概念、特征及其历史发展

(一)职工持股的概念

职工持股，是指在一定条件下，公司职工通过购买或有偿分享公司利润等途径取得公司股份，交由特定载体统一管理的股权制度。美国将其称为职工持股计划(Employee Stock Ownership Plan，简称 ESOP)。公司职工通过职工持股形式获得的公司股份成为职工股。职工持股制度是当代产权主体的社会化和产权实体的广泛化的最主要形式之一，是职工以特殊股份分享企业资本收益，承担资本风险的一种新的企业制度。

(二)职工持股的特征

职工持股制度尽管在各国的实践存在较大差异，但一般而言具有以下几个特征：

1. 持股人身份的双重性

在职工持股制度下，持股人必须是本企业的职工，对本企业以外的人具有排他性。在职工股东的身上，职工身份与股东身份得到统一。但并不是只要持股人同时是公司职工就属于职工持股，职工身份是取得股份的前提，即职工股东是取得职工身份在前，而取得股东身份在后。

2. 股份获取途径的多样性

一般股东获得公司股份通常只能通过现金和实物认购，而职工股东除了以与普通股东相同的方式认购本企业股份外，还有以下途径：(1)用现金以优惠价格认购本企业股份；(2)从职工持股专项贷款资金中获得贷款认购本企业的股份；(3)由公司将历年积累的公益金转化为股份划转给职工；(4)职工因工作业绩而获得公司的奖励股票；(5)有组织地从公司股东手中购买本企业股份；(6)其他方式无偿获得公司股份，如俄罗斯私有化改革时的私有化债券转化为公司股份。

3. 受益人员的广泛性

在推行职工持股的情况下，法律通常要求职工的广泛参与，并以此作为公司及出让股票股东获得税收优惠的前提。而在经理股票期权和 MBO 的情况下，参与持股的只能是公司管理人员和少数技术人员。①

4. 股东权益的受限性

在职工持股的情况下，虽然职工所持的股份与普通股东所持的股份在传统法律分类上都属于普通股，但职工股东与普通股东的权益是不同的。职工所持股票的流通转让以及投票表决原则上都受到较严格的限制。职工股东权益的受限性主要是防止职工股东的短期套利行为，使职工的利益与企业的利益更紧密地连接。

5. 收益分配的复合性

在职工持股的公司中，分配方式有别于传统的分配方式。在传统的劳动分配方式中，是按劳取酬。而在职工持股情况下，则是按劳取酬与按股分红相结合。企业职工除按一般市场经济原则和按劳取酬原则获取劳动报酬外，还

---

① 经理股票期权(Executives Stock Option)是公司赠予给经营者的股票期权，又可称为购股权计划或购股选择权，就是公司与经营者(高层管理者)事先进行约定的、允许经营者在未来的一段时间内按某一事先规定的价格购买公司一定比例股票的权利。MBO 是英文 Management Buy-out 的缩写，意为管理层收购，主要是指公司的经理层利用借贷所融资本或股权交易收购本公司的一种行为。通过收购使企业的经营者变成了企业的所有者。

按利益共享、风险共担原则，以其拥有公司股份参与公司利润的分配。

(三)职工持股制度的产生与发展

职工持股制度最早起源于19世纪中叶的法国。巴黎福查奈斯油漆装潢公司老板勒克莱尔于1842年在自己的工厂中实施了职工参与利润分配的制度。他在约有200名工人的工厂中，以通用的亦即固定工资或薪水的方法支付劳动报酬。他自己的报酬除资本利息外，还有一笔作为股东的股息收入，用来支付自己作为工厂经理付出的劳动和承担的责任。年终再将工厂剩余的利润按照每个工人薪金的比例进行分配。①

现代意义上的职工持股实践是在美国展开的。19世纪晚期至20世纪初期，为了改善劳资间的紧张关系，有些美国公司开始采用雇员购买股票计划，在每个工资支付期内从雇员的工资中扣除一部分用于购买公司的股票，公司有时也会折价向雇员出售股票。到了50年代，所有权与经营权的分离诱发了物质资本所有权的弱化与经理阶层的崛起。为了平衡企业经理与企业所有者之间的冲突，一些公司开始对企业经理实施股票奖励计划。职工持股计划在美国的大力推广及其产生的积极影响，引起了众多国家的关注和重视，发达国家率先开始研究并推行职工持股制度。随着职工持股的发展，一些转型和发展中国家也逐渐接受并推广职工持股制度。

二、职工持股制度的意义

(一)增进职工福利

随着公司股票的升值，职工股权也在不断增值，当职工退休或离职时，公司按规定兑现给职工。这就相当于职工在职期间积累了财富。因此，职工持股计划在美国也被作为退休金计划的一种形式。在美国，在典型的职工股份所有制中，职工每年从这种股票中获得的红利相当于年薪的40%。在某些公司，普通职工离职时，其手中拥有了价值数十万美元的股票，他们因此成为美国百里挑一的富裕控股者。②

(二)有利于激励职工

职工持股的实施有利于企业以股权为纽带，使企业所有者、经营者和职工三者利益走向趋同，从而有效地提高企业生产率，改善企业经营管理状况。职工持股改变了企业职工原有的劳动工人的单一身份，使其转变为职工与股东

① 参见周超：《职工参与制度法律问题研究》，西南政法大学博士论文，2005年。

② [美]考雷·尔森：《美国的职工股份制》，载《中外管理》1996年第1期。

的统一体，增强了职工的责任感和劳动积极性。他们的利益通过持有公司的股份而紧密地与公司的业绩联结起来，从而充分发挥职工在企业中的作用，有利于职工与企业结成“风险共担、命运与共”的利益共同体，进而有利于激发职工的劳动热情，提高劳动生产率，增进企业效益。

（三）完善公司治理结构

职工持股改变了职工的地位，为职工参与公司经营提供了所有权基础，有利于职工股东监督经营者的行为，改善公司治理结构，从而体现其治理功能。职工持股后其身份具有双重性，一方面作为股东，其对企业各种经营行为进行主动监督是从关心自身利益着眼的，因而这种监督是自发的、持续的、不受外力干涉的；另一方面作为职工，由于对企业经营实际状况等了如指掌，因而能及时发现企业经营中的各种违纪行为，有利于对公司管理层的监督。而且，职工持股有助于增强职工对自身的监督。实施职工持股制度后，由于企业利润最大化与职工的利益较大化具有内在的一致性，因此，职工能在工作中更加约束自己。从企业的角度，也有利于降低对职工的监督成本。

（四）有利于减少劳资纠纷

职工持股是职工参与一种重要方式。通过职工持有股份，职工以股东身份参与企业的决策，加强了企业的民主管理，增进劳资双方的相互了解，从而有助于改善劳资关系，减少劳资纠纷。

三、我国职工参与法律制度

（一）我国职工参与制度的历史沿革

在我国，早在1922年中国共产党就提出了劳动者参加企业管理的原则。在第二次国内革命战争时期，在中国共产党所领导的中央苏区工厂里，职工就通过职工工会参加工厂的管理。到了抗战后期，工厂的民主管理有了进一步的发展。例如，晋察冀北岳区在一些企业中建立了生产管理委员会，吸收工人参加管理。生产管理委员会负责提出生产计划，召开工人大会和干部会对计划进行讨论，并保证计划的完成。解放战争时期，边区曾采用厂务委员会，生产管理委员会、工厂管理委员会的形式，吸收职工参与管理。

建国以后，1950年2月中央人民政府财经委员会发出《关于国营工厂建立管理委员会的指示》，这是我国工人的民主管理权，在全国范围内得到实现的第一个法律性文件。从1951年开始，在一部分国营工厂企业中建立厂长领导下的工人管理委员会。1957年4月，中共中央《关于研究有关工人阶级几个重要问题的通知》规定，把企业中由工会主持的职工代表会议改为职工代表大会并对职工代表大会的职权做了规定。1965 年，中共中央在对《关于国营工业企业工作条例(草案)》的修改中，进一步确定了职工代表大会的组织制度和职权。十年动乱中，我国的企业民主管理制度遭到严重的破坏。

1978 年 4 月中共中央制定了《关于加快工业发展若干问题的决定(草案)》，规定了党委领导下的职工代表制。1981 年国务院转发了《国营工业企业职工代表大会暂行条例》，确认职工代表大会是企业实行民主管理的基本形式，并对其职权也做出了规定。这是改革开放以来，企业职工民主管理制度的一个重要法规。1982 年五届人大五次会议通过了新宪法，以国家基本法的形式肯定了职工参与企业民主管理的权利。1986 年国务院又颁布了《全民所有制工业企业全民所有制工业企业职工代表大会条例》，这一法规为确立企业职工参加民主管理的组织形式及基本权利提供了有力的法律依据。1988 年颁布的《中华人民共和国全民所有制工业企业法》和《中华人民共和国城镇集体所有制企业条例》也用专章对企业职工代表大会制度作了规定。1993 年我国第一部《公司法》及 1993 年修改后的《中华人民共和国宪法》第 16 和第 17 条分别规定，“国有企业依照法律规定，通过职工代表大会和其他形式，实行民主管理”，“集体经济组织实行民主管理，依照法律规定选举和罢免管理人员，有权决定经营管理的重大问题”。1996 年 4 月 1 日全国总工会、国家经贸委和国家体改委联合下发了《关于国务院确定的百家现代企业制度试点中工会和职工民主管理的实施意见》中指出，在国有股份制企业中应坚持和完善以职工代表大会为基本形式的职工民主管理制度，国有资本控股的企业可采用职工代表大会制或由工会代表职工实行民主管理，并积极探索其他实现职工民主管理的形式。2006 年 1 月 1 日，我国修改后的《公司法》正式施行。新《公司法》对职工参与制度做出了重大发展，主要体现在将职工代表大会的适用范围扩大至非国有的公司，以及进一步细化职工董事、监事制度，充实了职工参与的法律制度。

(二)职工代表大会制度

1. 职工代表大会的性质和任务

职工代表大会制度是我国企业制度的重要组成部分，也是企业实行民主管理的基本形式。职工代表大会的性质是职工行使民主管理权力的机构。《全民所有制工业企业职工代表大会条例》第 3 条、《全民所有制工业企业法》第 51 条对职工代表大会的此种性质作了明确规定。但《工会法》第 35 条，将职工代表大会这一组织形式限定于国有企业，规定“国有企业职工代表大会是企业实行民主管理的基本形式，是职工行使民主管理权力的机构，依照法律规

定行使职权”。2006 年 1 月 1 日施行的新《公司法》第 18 条第 2 款规定：“公司依照宪法和有关法律的规定，通过职工代表大会或者其他形式，实行民主管理。”该条文扩大了职工代表大会的适用范围。

对职工代表大会的性质可主要从以下几方面来理解：

(1)职工代表大会是一个“行使权力”的机构，在其职权范围内可依法审议、通过企业重大决策和措施，决定企业的重大问题。它依法行使权利做出的决定不仅对全体职工有约束力，对企业行政也有某种支配作用。

(2)职工代表大会行使的权力是企业民主管理权，它既非行使“国家权力”，亦非行使“行政权力”，而是行使企业“民主管理权力”的机构。民主管理权力的主要内容包括审议企业重大决策、监督企业管理者和维护职工合法权益。

(3)职工代表大会行使的权力是全体职工的共同权力。职工代表大会是企业全体职工的代表机构，为使职工代表大会能真正代表全体职工，就要求职工代表大会本身充分发挥民主，即代表应由职工民主选举产生，职工代表大会须充分反映职工意见，职工代表大会做出的决定须体现企业大多数职工的意志和利益。①

职工代表大会的性质决定了它的任务。作为职工行使民主管理权力的机构，其基本任务是：(1)正确处理和协调国家、企业和职工个人三者间的利益关系；(2)协调企业内部矛盾，动员职工努力工作，不断提高企业经济效益，富有成效地完成各项任务；(3)维护职工的合法权益等。

2.职工代表大会的职权

职工代表大会不是一般的民间团体组织，也不是政治性团体，而是企业实行民主管理的机构。据现行《全民所有制工业企业职工代表大会条例》、《全民所有制工业企业法》及其他相关法律法规的规范，我国国有企业和集体企业的职工代表大会拥有以下职权：

(1)职工代表大会有权就企业重大经营决策听取厂长的报告，审议企业经营方针、长远和年度计划、重大技术改造和技术引进计划、职工培训计划、财务预决算、自有资金分配和使用方案，并提出意见和建议。② 职工代表大会就企

---

① 马原：《〈劳动法〉条文精释》，人民法院出版社 2003 年版，第 69～70 页。

② 《全民所有制工业企业职工代表大会条例》第 7 条、《全民所有制工业企业厂长工作条例》第 7 条、第 12 条、《全民所有制工业企业法》第 52 条、《城镇集体企业条例》第 28 条。

业重大决策行使审议权，一方面是要保障职工参与企业民主管理的权利，另一方面也是为了保障企业决策的科学化。

(2)职工代表大会有权审查并同意或否决企业经营方针、长远和年度计划、重大技术改造和技术引进计划、职工培训计划、财务预决算、自有资金分配和使用方案以及企业工资调整方案、奖金分配方案、劳动保护措施、奖惩办法和其他重要的规章制度等。①

(3)职工代表大会可审议厂长和企业有关行政部门就职工福利基金的使用方案、职工住宅分配方案和其他涉及职工生活福利的重大事项所提出的方案，并做出决定交由企业行政部门执行。②

(4)职工代表大会有权对企业各级管理者、职能部门、车间负责人进行评议监督，提出奖惩和任免建议。职工代表大会对企业管理者进行评议后，可向上级主管部门提出晋级、提职或建议任免和撤职处分。③

(5)职工代表大会有权根据政府主管部门的意见推选厂长，并报主管部门批准。政府主管部门委任或招聘厂长，由主管部门免职或解聘厂长，须征求职工代表大会的意见；职工代表大会选举的厂长，得由职工代表大会罢免并报政府主管部门批准。④

但是，对于非公有制的公司来说，职工代表大会应享有哪些职权，现行立法并不明确。《公司法》第 18 条规定："公司研究决定改制以及经营方面的重大问题、制定重要的规章制度时，应当听取公司工会的意见，并通过职工代表大会或者其他形式听取职工的意见和建议。"而对于其他事项，《公司法》第 18 条仅规定："公司依照宪法和有关法律的规定，通过职工代表大会或者其他形

---

① 《全民所有制工业企业职工代表大会条例》第 7 条、《全民所有制工业企业职工代表大会条例》第 7 条、《全民所有制工业企业法》第 52 条、《城镇集体企业条例》第 28 条、《企业转换机制条例》第 24 条。

② 《全民所有制工业企业职工代表大会条例》第 7 条、《全民所有制工业企业法》第 45 条、第 52 条、《城镇集体企业条例》第 28 条。

③ 《全民所有制工业企业职工代表大会条例》第 7 条、《全民所有制工业企业厂长工作条例》第 7 条、《全民所有制工业企业法》第 52 条、《乡村集体企业条例》第 26 条。

④ 《全民所有制工业企业职工代表大会条例》第 7 条第 5 款、《全民所有制工业企业厂长工作条例》第 9 条、第 10 条、《全民所有制工业企业法》第 44 条、第 52 条、《城镇集体企业条例》第 28 条。

式，实行民主管理。”①

（三）职工董事、监事制度

我国立法上规定职工董事、监事制度始于1993年《公司法》，2006年施行的新《公司法》对职工董事、监事制度做出了重大发展。到目前为止，我国尚无任何一部法律使用过“职工董事、监事”的概念，而主要采用“董事会以及监事会中的职工代表”来指称，但学术界已普遍将“董事会、监事会中的职工代表”理解为“职工董事、监事”。

1.职工董事、监事制度的适用范围

1993年《公司法》对职工董事、监事问题作了规定，但对于非国有控股的有限责任公司和股份有限公司的职工董事制度缺乏规制，致使两这类公司建立职工董事制度缺少法律依据。2006年施行的新《公司法》第45条明确规定：“两个以上的国有企业或者两个以上的其他国有投资主体投资设立的有限责任公司，其董事会成员中应当有公司职工代表；其他有限责任公司董事会成员中可以有公司职工代表。”第68条规定，国有独资公司“董事会成员中应当有公司职工代表”。第109条规定，股份有限公司“董事会成员中可以有公司职工代表”。第52条、第71条、第118条又规定，国有独资公司、有限责任公司和股份有限公司监事会中都应当有适当比例的公司职工代表，其中职工代表的比例不得低于三分之一，具体比例由公司章程规定。

2.职工董事、监事的产生方式

1993年《公司法》没有对职工董事产生的程序做出具体规定，致使实践中部分公司出现职工民主选举产生职工代表后还要提交股东会再行选举的错误做法。按照新《公司法》第45条的规定，两个以上的国有企业或者两个以上的其他国有投资主体投资设立的有限责任公司、其他有限责任公司、股份有限公司“董事会中的职工代表由公司职工通过职工代表大会、职工大会或者其他形式民主选举产生”。按照《公司法》第52条、第118条的规定，有限责任公司、股份有限公司“监事会中的职工代表由公司职工通过职工代表大会、职工大会或者其他形式民主选举产生。”《公司法》第68条、71条则规定，国有独资公司董事会、监事会成员中的职工代表则由公司职工代表大会选举产生。

① 在一些地方法规中，对非公有制企业的职工代表大会参与民主管理的事项有所明确。例如，《福建省企业职工合法权益保障条例》第4条规定：“企业制定涉及职工切身利益的规章制度，必须提交职工大会或职工代表大会讨论通过。”该条文就没有区别公有制和非公有制的企业，一体进行规范。

3. 职工董事、监事的职责

职工董事、职工监事的身份不同于代表企业股东利益的董事、监事，但他们作为企业董事、监事的职责并无区别。职工董事、监事作为职工利益的代表在其任期内，享有与其他董事、监事同等的权利。由于我国在企业实践中董事会、监事会多采用集体行使职权制，故对于董事、监事的个人职责，《公司法》并没有作出直接规定。不过，按照公司法涉及职工代表的相关规定，公司董事会在研究决定涉及职工切身利益的重大问题时，应充分听取职工董事的意见；职工董事、职工监事因履行职责（含参加培训等）占用工作时间，应按正常出勤享受应得待遇。

（四）职工持股制度

与西方发达国家不同的是，职工持股制度在我国常被作为国有企业改制的一项重要举措。由于历史短暂、经验欠缺以及股份制思想和理念远未普及等多种原因的影响，目前我国职工持股制度的立法层次不高，大多属于一些地方性法规或规章，基本上没有全国性立法。立法的欠缺和不尽完善，是我国职工持股制度发展迟缓的一个较为直接的制度性障碍。同时，国有企业在改制中必然会涉及的历史、政治和社会等各种复杂因素，也使中国在建立和发展职工持股制度的过程中，无法避免面临着一些其他国家不曾有过的复杂性。① 但随着我国《证券法》和《公司法》的修改，公司股份制改造稳步进行，职工持股的环境将会日渐改善。②

从实践来看，我国股份有限公司职工持股曾存在以下方式：

1. 内部职工股

内部职工股伴随定向募集股份有限公司而产生。定向募集股份有限公司根据 1992 年 5 月 15 日国家体改委《股份有限公司规范意见》及 1993 年 7 月 1 日国家体改委《定向募集股份有限公司内部职工持股管理规定》等有关规定，发行内部职工股。内部职工股的产生和发展历程证明其并不成功，超比例、超范围的“双超”现象使内部职工股的发行未起到应有的作用。1994 年 6 月 19 日，国家体改委发布《关于立即停止审批定向募集股份有限公司并重申停止审批和发行内部职工股的通知》，要求各地方、各部门立即停止审批定向募集股

① 周超:《职工参与制度法律问题研究》，西南政法大学博士论文，2005 年。

② 例如，中国人民银行行长周小川在出席 2006 年 5 月召开的“2006 中国经济高峰会”时表示，国内金融企业的股份制改革已经取得了重大进展，实行“职工持股计划”的条件日趋成熟。

份有限公司，同时立即停止内部职工股的审批和发行。。

2.职工持股会和工会持股

职工持股会和工会持股曾经是我国企业改制职工持股的主要方式。但是，根据2000年7月6日民政部办公厅《关于暂停对企业内部职工持股会进行社团法人登记的函》和《中华人民共和国工会法》的有关规定，证监会法律部于2000年12月在《关于职工持股会及工会能否作为上市公司股东的复函》中明确指出："职工持股会属于单位内部团体，不再由民政部门登记管理。对此前已登记的职工持股会在社团清理整顿中暂不换发社团法人证书。因此，职工持股会将不再具有法人资格。在这种情况改变之前，职工持股会不能成为公司的股东。另外，根据中华全国总工会的意见和《中华人民共和国工会法》有关规定，工会作为上市公司股东，其身份与工会的设立和活动宗旨不一致，可能会对工会正常活动产生不利影响。因此，我会也暂不受理工会作为股东或发起人的公司公开发行股票的申请。"

3.股份合作制企业

关于股份合作制企业，目前尚无国家层面的法律规定，只有原劳动部等制定的《劳动就业服务企业实行股份合作制规定》、国家经济体制改革委员会制定的《关于发展城市股份合作制企业的指导意见》和一些地方性法规、地方政府规章。

4.公司职工股

按照国务院《股票发行和交易管理暂行条例》第8条，公司公开向社会发行股票时，公司职工可以按发行价格认购不超过拟向社会公众发行股本总额的10%的公司职工股，这些股份在本公司股票上市6个月后即可安排上市流通。但1998年11月25日，证监会下发《关于停止发行公司职工股的通知》指出，股份有限公司公开发行股票一律不再发行公司职工股，尚未发行的，一律停止发行。

5.委托或信托持股

2005年12月27日，国家工商行政管理总局发布新修订的《公司注册资本登记管理规定》，自2006年1月1日起实施。《公司注册资本登记管理规定》修订前后均明确规定，股东或者发起人必须以自己的名义出资，可见国家工商行政管理总局似乎完全排除了委托或信托的操作方式。

6.职工直接持股

职工直接持股本来是最简单的方式，但其又被持股人数所限制。2002年《首次公开发行股票公司改制重组指导意见》(公开征求意见稿)规定：公司采取发起设立的，发起人人数不得超过50人。该指导意见虽未生效，但实践中，股份公司职工直接持股人数如超过50人，则在发行文件申报前往往被要求进行清理。压缩转让本是清理的简单有效的方式，但很多时候，职工因为看好企业发展前景而都不愿意转让所持股份，企业只好一直暂停上市工作。

7. 职工持股公司

职工持股公司采取有限责任公司或者股份有限公司的形态。依据我国的《公司法》，公司持股不具有法律主体地位，不能作为企业发起人参与企业的发起设立；持股员工超过50人时，与有限责任公司股东人数不超过50人相冲突；而且设立公司员工股票分红时还存在双重纳税的问题。

(五)职工大会制度

职工大会是企业全体职工以职工大会的形式，行使民主参与权力的一种形式。从组织的性质、职能和作用看，职工大会与职工代表大会基本上相同。职工大会的主体是企业全体职工，它也是企业职工行使民主管理权力的机构。采用此种形式旨在从更大范围内吸纳更多职工的意见和建议，让更多的职工为企业发展献计献策，参与管理与决策，实行更广泛的民主管理。职工大会式的职工参与容量大，规模也大，如经常性启动和运作，势必影响企业生产经营的正常进行。若无必要，一般较少采用。相比之下，采用由全体职工民主选出代表组成职工代表大会的形式，则要经济和方便很多。《城镇集体企业条例》第27条规定，“一百人以下的集体企业，建立职工大会制度”，“三百人以上的集体企业建立职工代表大会制度”，“一百人以上三百人以下的集体企业，建立职工大会或者职工代表大会制度，由企业自定”。可见，职工代表大会制度与职工大会制度，在职工参与中没有本质不同，而主要是对应于不同的企业规模而设计的。

(六)企业管理委员会制度

企业管理委员会又称工厂管理委员会，是指由企业各个方面负责人和职工代表组成的，协助企业行政领导进行经营管理决策的机构。《全民所有制工业企业厂长工作条例》第11条规定，“企业设立管理委员会，就企业经营管理中的重大问题协助厂长决策。”“管理委员会由厂长、副厂长、总工程师、总经济师、总会计师，党委书记、工会主席、团委书记和职工代表大会选出的职工代表组成”，“职工代表(包括工会主席)人数一般应当为管理委员会全体成员的三分之一。厂长任管理委员会主任”。《全民所有制工业企业法》第47条规定：“企业设立管理委员会或者通过其他形式，协助厂长决定企业的重大问题。管理委员会由企业各方面的负责人和职工代表组成。厂长任管理委员会主任。”

从上述规定可以看出，企业管理委员会是以厂长为首、有企业各方面负责人和职工代表参与的民主管理和集体决策机构。企业现实的经营活动要求企业管理委员会应由一批专业知识强、有较高管理才能的人组成，它是协助厂长决定企业生产经营等重大事项，保证厂长优化决策并具备可行性和合理性的民主管理机构。因此，它也是我国职工民主管理体系的重要组成部分。①

① 关怀：《劳动法学》，法律出版社 2000 年版，第 494 页。

第八章 工作时间和休息休假制度

第一节 工作时间制度

一、工作时间的概念和特征

工作时间，又称为劳动时间，是指根据法律规定，劳动者为完成劳动义务，在一昼夜之内或一周之内从事劳动或工作的时间限度。工作时间一般以小时为计算单位，它包括每天工作的小时数和每周工作的天数和小时数。每天工作的小时数称为工作日，每周工作的天数称为工作周。工作时间的主要表现形式是工作日。

工作时间作为法律上的概念，具有下列特征：

(1)工作时间是劳动者履行劳动义务的时间和雇主计发劳动报酬的主要依据。劳动者按照合同约定的或依法规定的工作时间从事生产或工作，履行劳动义务，用人单位依照劳动者在工作时间内完成的劳动数量和质量计发劳动报酬。

(2)工作时间的标准长度和最长限度由法律直接规定。法律关于工作时间的规定是一种相对强行性规定。劳动合同或集体合同可以做出比法定工作时间更有利于劳动者的约定，但一般禁止雇主延长工作时间。雇主依法延长工作时间的，应当对劳动者予以时间补偿（补休）或经济补偿（支付加班加点工资）。

(3)工作时间的范围包括实际完成生产和工作的时间，从事生产和工作所需要的进行准备和结束工作的时间，劳动者在生产和工作中自然需要中断的时间，工艺中断时间，连续从事有毒有害工作所需要的间歇时间，女工哺乳时间，因公外出的时间以及依照法律规定或有关机关的指令履行公民义务的时间等。

二、工作时间立法概述

工作时间的长短，关系到资本家的利润，也影响着工人的身体健康，所以工作时间立法是现代劳动立法中最古老、最重要、最有代表性的内容之一。1802 年英国颁布的被认为是现代劳动立法起源的《学徒健康与道德法》就是一项以限制劳动时间为主要内容的立法。早期的工作时间立法，存在于工厂立法之中，以限制童工、女工的最高工作时间为主要目的，随后才扩展到对成年男工工作时间的限制。但当时限制的工时还比较长，且主要是出于健康理由。如 1848 年法国规定工作时间不得超过 12 小时，1877 年瑞士规定工作时间不得超过 11 小时。8 小时工作制是空想社会主义者罗伯特·欧文在 1817 年设想的“空想社会”的重要内容。1866 年第一届国际日内瓦代表大会，根据马克思的提议，提出了“8 小时工作、8 小时自己支配、8 小时休息”的口号，要求各国制定法律予以确认。1886 年 5 月 1 日，美国芝加哥 20 万工人举行罢工，提出“工作 8 小时、教育 8 小时、休息 8 小时”的口号，要求实行 8 小时工作工作制，并最终取得胜利。可见，“正常工作日的确立是资本家阶级和工人阶级之间长期的多少隐蔽的内战的产物”。① 8 小时工作制立法，最早出现在 1908 年的新西兰。1917 年 11 月 11 日，即俄国十月革命胜利后的第 4 天，俄罗斯联邦政府颁布了列宁签署的《关于 8 小时工作日、工作时间的长度和分配》的第一个工时劳动法令。第一次世界大战后，欧洲资本主义各国的劳工立法基本上都采取了 8 小时工作制。1919 年第一届国际劳工大会通过了工业劳动一日 8 小时的第 1 号公约。从 20 世纪三四十年代开始，工作时间问题开始从人性化角度和社会整体利益角度立法，有些国家实行每周 5 日 40 小时工作制。1935 年第 19 届国际劳工大会通过了每周工作时间减至 40 小时的第 47 号公约。

三、确定工作时间的原则

1. 保护劳动者的身体健康，兼顾用人单位的利益和经济发展的原则

工作时间是劳动者应当受雇主支配的时间，不包括不受雇主支配的休息时间。② 因此，规定了劳动者的工作时间也就相当于划定了劳动者的休息时间。工作时间和休息时间之间存在此消彼长的关系。从雇主的角度看，工作

① 马克思：《资本论》第 1 卷，人民出版社 1975 年版，第 332 页。

② 王家庞：《国际劳动立法概要》，中国劳动出版社 1991 年版，第 125 页。

时间就是雇主的生产时间，生产时间愈长，雇主赢利就愈多，因此，雇主有不断延长工作时间的欲望和冲动。从劳动者的角度看，休息时间是恢复和增强劳动力的必要时间，是劳动者享受家庭生活、社会生活、教育子女的时间，因此，劳动者希望尽可能的延长休息时间。工作时间超过一定的限度，就不能保证劳动者休息的时间和质量，会使其身体机能不能恢复，劳动能力萎缩，直接损害其身体健康，而且身心疲惫的劳动者在劳动中更容易发生工伤事故，影响生产，使雇主付出更大的代价。因此，保护劳动者的身体健康，保障劳动者的休息权，是确定工作时间的首要因素。同时，工作时间又是劳动者的劳动能力与生产资料相结合的时间，它是劳动的自然尺度，因为任何一项劳动都是在一定的时间条件下进行的，因此，工作时间的确定也不能只考虑劳动者一方的利益。因为一味的强调对劳动者身体健康的保护，而不考虑雇主的利益，不仅会使雇主的生产积极性受到严重的挫伤，而且也会给社会经济的发展带来不利的影响。因此，工作时间的确定应在保护劳动者身体健康的前提下，兼顾雇主利益和社会经济发展的需要。

2.统一性与灵活性相结合的原则

劳动过程是一种复杂的社会实践过程。在劳动过程中，各种不同的劳动既具有产业性、职业性、有偿性、从属性等共同的属性，又因为行业、工种、岗位、条件的不同而具有独特的个性。因此，工作时间的确定既要考虑劳动者享有平等的劳动和休息的权利，确定每一个劳动者都能承受、生产任务又不受影响的相对统一的标准，又要根据行业、工种、岗位、条件的不同情况和劳动消耗的不同程度而具有一定的灵活性。例如对于无法实行标准工作日的实行不定时工作日，对从事繁重体力劳动、矿山井下劳动以及对身体有害的劳动，实行缩短工作日等。

3.在经济发展的基础上，逐步缩短工作时间、增加休息时间原则

缩短工作时间、增加休息时间是世界工作时间立法的必然趋势，是劳动法文明和进步的重要标志。如国际劳工组织在1919年第一届国际劳工大会通过的第1号公约《工业工作时间每日限8小时及每周为48小时公约》的基础上，1935年又制定了第47号公约《每周工作时间减至40小时公约》。美国在1840年颁布了实行10小时工作日的法令，取代此前普遍实行的12小时工作日，1938年颁发的《公平劳动标准法》进一步确认，全国性的标准工作时间为40小时工作周，到1979年美国生产工人工作周的平均时数为36.5小时。1980年以来，由于科技的发展，煤矿、化工、石油、冶炼、新闻通讯等部门和企业，已试行每两周工作7天，休息7天，平均每周工作28小时的作业计划。法

国 1981 年规定每周工作时间为 39 个小时，从 2002 年起又缩短为 35 小时。北欧的挪威等国每周工作时间甚至只有 30 小时。因此，我国关于工作时间立法，也应当在充分考虑中国国情的基础上，兼顾国际惯例，逐步缩短工作时间、增加休息时间，这样不仅可以使我国的工作时间制度能够得到国际社会的普遍认同，而且也有利于在经济全球化背景下的国际交往。同时，缩短工作时间也可以创造更多的就业机会，缓解就业压力。①

四、工作时间的种类

工作时间的种类，一般分为工作周和工作日。

(一)工作周

工作周是指法律规定的劳动者在一周(7 天)内从事劳动和工作的时间。工作周以日历为计算单位，一年内有 52 个工作周。

工作周的天数和工作时间长度由法律规定。中华人民共和国建国以来，很长一段时间内，实行职工每周工作 6 天、48 小时的工作周制度。1994 年 1 月 24 日国务院通过了《关于职工工作时间的规定》，规定从 1994 年 3 月 1 日起，在中国境内的国家机关、社会团体、企业事业单位以及其他组织的职工，统一实行每日工作 8 小时，平均每周工作 44 小时的工作周制度。1994 年全国人大常委会通过的《中华人民共和国劳动法》第 36 条以法律的形式确认每日工作时间不超过 8 小时、平均每周工作时间不超过 44 小时的工作周制度。1995 年 2 月 17 日国务院通过的《关于修改〈国务院关于职工工作时间的规定〉的决定》规定，从 1995 年 5 月 1 日起我国实行每周工作 5 日、每日工作 8 小时的工作周制度，1995 年 5 月 1 日施行有困难的企业、事业单位，可以适当延期，自 1997 年 5 月 1 日起统一实施。

关于工作周的规定，一般认为起源于宗教。例如在《圣经》中，上帝教诲道："你们要守安息日，把它看作神圣的一天。六天之内，你们要工作谋生，但到了第七天，你们就什么也不可做，唯独要向上帝守安息日。"可见，在《圣经》中，安息日并不等于休息日，毋宁说它是犹太教的最主要的表征。当然，在安息日，劳动者也可以获得休息。现在意义上的工作周制度主要与劳动者休息权利的保护有关。为此，一些关于工作周的立法对休息时间直接进行强调，甚

① 例如，在第二次世界大战以后，德国已成功的将每周工作时间从 48 小时缩短为 36.4 小时，从而保留并创造了 100 万个工作岗位。参见杨燕绥：《劳动法新论》，中国劳动社会保障出版社 2004 年版，第 49 页。

至直接指明该休息时间不能放弃。例如国际劳工组织先后通过了《工业企业中实行每周休息公约》(第 14 号)、《商业和办事处所每周休息公约》(第 106 号)和同名的建议书(第 103 号)等。《欧洲社会宪章》第 2 条第 5 款规定,各缔约国承诺“确保每周的休息时间,此种时间应尽可能与有关国家或地区的传统或习俗所确认的休息时间一致起来”。《意大利宪法》第 36 条第 2 款规定:“劳动者享有每周休息和每年带薪休假的权利,此项权利不得放弃。”《南斯拉夫宪法》第 160 条也有类似的规定。

(二)工作日

工作日,又称为劳动日,是指法律规定的或者劳动合同、集体合同依法约定的,劳动者在 1 昼夜内的工作时间长度(小时数)。它是以日为计算单位的工作时间。工作日是劳动者创造物质财富的时间,是计算出勤率、工资标准、工资定额、工作效率的基础。国家一般通过立法确定劳动者正常状态下的工作时间的标准,并根据这一标准,确定劳动者在劳动关系中的基本权利和义务。

根据工作的性质、特点、条件等,工作日可分为计时工作日和计件工作日。其中,计时工作日又可以分为标准工作日和非标准工作日。标准工作日以外的计时工作日都属于非标准工作日,非标准工作日包括缩短工作日、不定时工作日等。具体如下:

1. 标准工作日

标准工作日,是指法律规定的、在正常情况下普遍实行的工作日。由于标准工作日符合人们的正常作息习惯,因而标准工作日在我国的适用范围最广。国家机关、企事业单位、社会团体以及其他组织的职工均可适用标准工作日。由于工作性质或职责及生产经营的特点,不能实行标准工作日的,可以实行其他形式的工作日,但是必须依法履行审批手续。

标准工作日的特点及其意义是:

(1)标准工作日是以正常情况作为其适用条件;

(2)标准工作日普遍适用于一般劳动者;

(3)标准工作日是按正常作息办法安排工作时间,属于均衡工作制;

(4)标准工作日是确定其他工作日长度的基准;

(5)标准工作日是以法定最高工时为其时间长度。用人单位可以根据本单位的特点,规定短于标准工作日的工作时间。用人单位在标准工作日以外依法延长工作时间的,应当按照加班加点处理,并加发相应的劳动报酬。

2. 缩短工作日

缩短工作日，又称为缩短长度工作日，是指法律规定的少于标准工作日或标准工作周时数的工作日，即每日少于 8 小时、每周少于 40 小时的工作日。它是在特殊情况下对标准工作日长度的缩短，目的是保护特殊条件下从事劳动或有特殊情况的劳动者的身体健康。我国《劳动法》未对缩短工作日做出明确规定。国务院《关于职工工作时间的规定》第 4 条规定："在特殊条件下从事劳动和有特殊情况，需要适当缩短工作时间的，按照国家有关规定执行。"劳动部、人事部《贯彻〈国务院关于职工工作时间的规定〉的实施办法》第 4 条规定："在特殊条件下从事劳动和有特殊情况，需要在每周工作 40 小时的基础上再适当缩短工作时间的，应在保证完成生产和工作任务的前提下，根据《中华人民共和国劳动法》第 36 条的规定，由企业根据实际情况决定。"根据劳动部、人事部的相关法规规定，缩短工作日主要适用于以下劳动者：

(1)从事矿山、井下、高山、高温、有毒、有害、特别繁重或过度紧张的劳动的职工，实行每日工作少于 8 小时的工作时间。根据国家有关劳动法规的规定，这些情况主要包括：

第一，化工行业从事有毒有害作业的工作，根据生产的特点和条件分别实行"三工一休"制(即工作 3 天，休息 1 天)、每日工作 6 小时或 7 小时的工作制或"定期轮换脱离接触"(即工人每年轮流脱离原作业岗位 1 个半月，包括公休假日在内，脱离期满后仍回原岗位工作)的工时制度；

第二，煤矿、井下作业实行四班 6 小时工作时间制度；

第三，纺织行业实行"四班三运转"工作时间制度；

第四，建筑、冶炼、地质勘探、森林采伐、装卸搬运等从事繁重体力劳动行业，根据本行业的特点实行不同程度的缩短工作时间制度。

(2)从事夜班工作的劳动者，实行缩短工作时间。一般认为，夜班工作时间是从本日 22 时到次日 6 时从事工作或劳动的时间。① 因为夜班改变了劳动者正常的生活规律、作息习惯，增加了劳动者的精神紧张和身体疲倦程度，所以实行三班制的企业中从事夜班工作的劳动者，其日工作时间比标准工作日缩短 1 小时，并按规定发给夜班津贴。连续生产不容间断工作的，如发电、钢铁冶炼等夜班工作时间可以与白班相等，但要给夜班工作的职工增发夜班津贴。

(3)在哺乳期工作的女职工，实行缩短工作时间。根据规定，哺乳不满 1

① 根据国际劳工组织《1990 年夜间工作公约》(第 171 号)的规定，"夜班工作"是指在不少于 7 个连续小时，其中包括午夜 0 时到上午 5 时期间内从事的一切工作。

周岁婴儿的女职工，在每个工作日内有两次哺乳（含人工哺乳）时间，每次30分钟。多胞胎生育的，每多哺乳一个婴儿，每次哺乳时间增加30分钟。女职工的哺乳时间和在本单位往返途中的时间，算作劳动时间。即女职工在哺乳期内的实际工作时间少于8小时。怀孕7个月以上的女职工，在正常工作时间内应安排一定的休息时间。

(4)未成年工。目前我国劳动法规尚无对未成年工适用缩短工作日的规定，但从保护未成年人健康出发，对未成年工应当实行少于8小时的工作日。

3.不定时工作日

不定时工作日（不定时工作制），是指没有固定工作时间限制的工作日，主要适用于一些因工作性质或工作条件不能受标准工作日限制的工作。由于企业的生产特点、职责范围关系等原因，有许多岗位上的劳动者的日工作时间无法以固定的时数来确定，对这些劳动者适用不定时工作日。根据《劳动部关于企业实行不定时工作制和综合计算工时工作制的审批办法》第4条的规定，企业对符合下列条件之一的职工，可以实行不定时工作日：

(1)企业中的高级管理人员、外勤人员、推销人员、部分值班人员和其他因工作无法按标准工作时间衡量的职工；

(2)企业中的长途运输人员、出租汽车司机和铁路、港口、仓库的部分装卸人员以及因工作性质特殊需机动作业的职工；

(3)其他因生产特点、工作特殊需要或职责范围的关系，适合实行不定时工作制的职工。

实行不定时工作日的，应当履行审批手续。其中，中央直属企业实行不定时工作制的，经国务院行业主管部门审核，报国务院劳动行政部门批准。地方企业实行不定时工作制的，由各省、自治区、直辖市人民政府劳动行政部门核定，报国务院劳动行政部门备案。

需要注意地是，不定时工作制并非对工作时间毫无限制，而是基本上按照标准时间执行。因此，企业应当根据标准工作时间合理确定劳动者的劳动定额和其他考核标准，以便安排劳动者休息。在特别需要的情况下，其工作时间超过标准工作时间长度的，可以不受限制，且超出部分也不算延长工作时间，不给予加班加点报酬，只是给予补假休息。

4.综合计算工作日

综合计算工作日是指因用人单位生产或工作的特点，劳动者的工作时间不宜以日计算，需要分别以周、月、季、年等为周期，综合计算工作时间长度（小时数）的一种工作时间形式。根据《劳动部关于企业实行不定时工作制和综合

计算工时工作制的审批办法》的规定，符合下列条件之一的职工，可实行综合计算工时工作制：

(1)交通、铁路、邮电、水运、航空、渔业等行业中因工作性质特殊，需连续作业的职工；

(2)地质及资源勘探、建筑、制盐、制糖、旅游等受季节和自然条件限制的行业的部分职工；

(3)其他适合实行综合计算工时工作制的职工，如亦农亦工或由于受能源、原材料供应等条件限制难以均衡生产的乡镇企业的职工等。此外，对于那些在市场竞争中，由于外界因素影响，生产任务不均衡的企业的部分职工，也可以参照综合计算工作日的办法实施。

实行综合计算工作日，需要注意以下几点：

(1)实行综合计算工作日的，应当履行审批手续。其审批手续与不定时工作日相同。

(2)实行综合计算工作日形式的企业，无论是以周、月为周期，还是以季、年为周期综合计算工作时间，职工的平均日工作时间和平均周工作时间应与法定标准工作时间基本相同，超过法定标准工作时间部分，应视为延长工作时间，企业应按《劳动法》第 44 条第(1)项的规定支付工资报酬，其中法定休假日安排劳动者工作的，按《劳动法》第 44 条第 3 款的规定支付工资报酬。而且，延长工作时间的小时数平均每月不得超过 36 小时。

(3)实行综合计算工作日和不定时工作日，企业要在保障职工身体健康并充分听取职工意见的基础上，采用集中工作、集中休息、轮休调休、弹性工作时间等适当方式，确保职工的休息休假权利和生产、工作任务的完成。对于第三级以上(含第三级)[①]体力劳动强度的工作岗位，劳动者每日连续工作时间不得超过 11 小时，而且每周至少休息 1 天。

5.计件工作日

计件工作日，是指以劳动者完成一定劳动定额为标准的工作时间。《劳动法》第 37 条规定："对实行计件工作的劳动者，用人单位应当根据本法第三十六条规定的工时制度合理确定其劳动定额和计件报酬标准。"这是企业实行计件工作日的法律依据。根据该规定，实行计件工作日的用人单位，必须以劳动者在一个标准工作日或一个标准工作周的工作时间内完成的计件数量为标准，合理确定劳动者一个工作日或一个工作周的劳动定额。超过这个标准就

① 关于劳动强度指数，请参见《体力劳动强度分级》的有关规定。

等于延长了劳动者的工作时间，侵犯了劳动者的休息权，因此计件工作日实际上是标准工作日的转化形式，但又比标准工作日具有更大的灵活性。

根据相关的规定，所谓劳动定额，是指在一定的生产技术和生产组织条件下，为生产一定量合格产品或完成一定量的工作所预先规定的劳动消耗标准，或是在单位时间内预先规定的完成合格产品数量的标准，劳动定额包括时间定额和产量定额两种形式。劳动定额水平的计算必须有科学的依据，按先进合理的原则来确定。所谓计件报酬标准是指预先规定的用以计算劳动者劳动报酬的计件单位。它体现了劳动成果和劳动报酬的关系，直接影响到劳动者的劳动报酬水平，因此，必须运用科学的方法规定。

6. 弹性工作日

弹性工作日，是指在工作周时数不变的情况下，在标准工作日的基础上，按照预先规定的办法，由劳动者个人有限度地自主安排工作时间的工作日。它是标准工作日的转换形式。从实践情况看，各国实行弹性工作日的具体办法不一，有的做法是每周工作时数不变，保证每天核心工作时间（如上午 9 时至 11 时，下午 1 时半至 4 时半或者 2 时至 5 时）不缺勤，由职工个人安排上下班时间。有的做法则是 40 小时工作周不变，但是工作日可以减至 4 天或 4 天半。弹性工作日是 20 世纪 60 年代末期从原联邦德国发展起来的。由于弹性工作日能够使劳动者拥有更多的可以自由支配的时间和宽松的工作环境，使其在时间、金钱、家庭和工作之间获得更大的平衡，因此，目前弹性工作日在瑞士和其他一些欧洲国家较为盛行。美国 1997 年对自 1938 年实行的每周 40 小时工作周法案进行修订，取而代之的是新的"弹性工作制"法案。我国也有一些用人单位试行弹性工作日，但法律对此尚无规定。

7. 非全时工作日

非全时工作日，是指每日或每周实际工作时间少于标准工作时间，并按照实际工作时间支付劳动报酬的工作日。劳动者根据自己的意愿，可以在 1 天内只工作几小时，也可以在一周内只工作几天。据统计，实行非全时工作制的大多数劳动者每周平均工作时间为 20 小时左右。

非全时工作制是流行于欧美的一种工作时间制度，主要适用于妇女、老年人、残疾人、退休人员等。实行非全时工作日制，可以吸引更多的劳动者参加社会劳动，可解决就业率低、劳动力资源缺乏的矛盾。近年来，随着我国改革开放的深入和第三产业的发展，一些商店、旅馆、饭店等服务性单位和事业单位也开始实行非全时工作日工作时间制度，雇用非全时工人。

第二节　休息休假制度

一、休息时间的概念

休息时间，是指劳动者在法定的工作时间以外，免于履行劳动义务而自行支配的时间。它包括以下几层含义：(1)休息时间是相对于工作时间而言的，是劳动者实现休息权利的保障条件。没有工作时间就没有休息时间；没有休息时间，就不可能有效地利用工作时间。劳动时间和休息时间两者之间的比例的确定，受到历史和社会因素的影响。(2)休息时间是劳动者自由支配的时间，不受雇主的控制和限制。劳动者可以利用休息时间休息、休养，进行业务学习，参加社会活动，料理家务等。(3)休息时间有狭义和广义之分，狭义上的休息时间包括每天休息的时数、每周休息的天数；广义上的休息时间还包括法定节假日、探亲假、年休假等。(4)用人单位不得非法侵占劳动者的休息时间，如需依法占用，应当给予劳动者相应的时间补偿或经济补偿。

休息时间是劳动者实现休息权的法定必要时间。劳动者的休息权，是指劳动者所享有的休息和休养的权利。劳动者的休息权是一项基本人权，如1948年《世界人权宣言》第24条规定："人人有享受休息和闲暇的权利，包括工作时间有合理限制和定期给薪休假的权利。"1966年《经济、社会、文化权利国际公约》第7条重申，人人都有权享受"休息、闲暇和工作时间的合理限制，定期给薪休假以及公共假日报酬"。国际劳工组织也先后通过了1919年《工业工作时间每日限8小时及每周为48小时公约》(第1号)，1921年《工业企业中实行每周休息公约》(第14号)，1935年《每周工作时间减至40小时公约》(第47号)，1957年《商业和办事处所每周休息公约》(第106号)和相应的建议书(第103号)等。劳动者的休息权也是一项宪法权利。现代宪法最早对休息权做出规定的是1919年的魏玛宪法，其第139条规定："星期日及由国家所认许之休假日为工作休息日及精神休养日，以法律保护之。"1936年《苏联宪法》第119条规定，苏联公民有休息的权利，同时规定了劳动权利的保证。这是社会主义国家的宪法首次对休息权进行规定。此后，其他社会主义国家宪法纷纷效仿，如1972年《朝鲜民主主义共和国宪法》第57条、1976年《古巴共和国宪法》第45条等。

我国建国之后颁布的4部宪法均将休息权规定为劳动者的一项独立权利。并且除了1975年宪法因过于简略而未规定休息权的保障措施外，其他3

部宪法都规定了休息权的保护措施，如 1982 年《宪法》第 43 条规定："中华人民共和国劳动者有休息的权利。国家发展劳动者休息和休养的设施，规定职工的工作时间和休假制度。"目前我国关于休息时间的法律法规主要有：《中共中央国务院关于职工休假问题的通知》，《中华人民共和国劳动法》第 38 条、第 39 条、第 40 条、第 45 条的规定，劳动部《关于贯彻执行〈中华人民共和国劳动法〉若干问题的意见》，《全国年节及纪念日放假办法》(1949 年 12 月 23 日政务院发布，1999 年 9 月 18 日国务院修订公布)，《国务院关于职工探亲待遇的规定》等。另外，我国还批准了国际劳工公约《工业企业中实行每周休息公约》。

休息是劳动者恢复劳动能力和享受人性化生活的必要条件。为了切实保障劳动者休息权的实现，一些国家还规定了安排休息时间的具体原则①：

(1)劳动间歇原则。如日本《劳动标准法》规定，雇主对于劳动时间超过 6 小时者，应在劳动中给予不少于 45 分钟的休息；劳动时间超过 8 小时者应给予至少 1 小时的休息。德国工作场所条例规定，有至少 10 名雇员的单位应为雇员提供工间休息房间；如工作时间超过 6 小时，应为雇员提供一次至少 30 分钟或两次 15 分钟的工间休息；在连续工作的单位，三班倒的雇员应当有适当的工间休息。

(2)同时休息原则。雇主安排休息时间要保证劳动者身体上和精神上同时处于休息状态。

(3)自由利用原则。休息时间是劳动者不受雇主的指挥命令而自行支配的时间。雇主为维护工作场所秩序可以制定规范化措施，但不得对劳动者的休息时间的利用方式进行任何干涉。

二、休息时间的种类

(一)工作日内的休息时间

工作日内的休息时间又称为间歇休息时间，是指单位工作时间内劳动者所享有的用以解除工作紧张状态的工间休息时间和用膳时间。受人的生理规律的限制，劳动者经过一段时间的劳动，其体力和脑力都会感到疲劳，如果不及时安排休息和补充能量，必然会损害劳动者的身体健康，降低劳动生产率，因此法律或劳动合同规定，用人单位在一个工作日内，应根据劳动者的生理特

---

① 郭捷主编：《劳动与社会保障法》，中国政法大学出版社 2004 年版，第 210～211 页。

点和习惯，安排一定的休息时间。工间休息时间和用膳时间因工作岗位和工作性质的不同而有所不同，一般休息一至两个小时，最少不低于30分钟。工作不能中断的单位和企业，应保证劳动者在工作时间内有用膳时间和短暂的休息时间。

间歇时间不算作工作时间。

在实践中，一些用人单位还实行工间操制度，即在上午和下午的各4小时的工作时间中间，规定20分钟的休息时间，一般在工作两个小时后开始，这种工间操与间歇时间不同，应计入工作时间。

（二）工作日间的休息时间

工作日间的休息时间是指两个邻近工作日之间的休息时间，即一个工作日结束到下一个工作日开始前的休息时间。规定此种休息时间的目的，是确保劳动者经过一个工作日所支出的体力和脑力能够得到较充分的恢复，避免劳动者在完成一个工作日之后马上开始下一个工作日。工作日间的休息时间的长度一般为15至16个小时，无特殊情况，应保障劳动者连续使用，不得间断。实行轮班制工作的，其班次必须平均调换，一般应在休息日之后调换。在调换班制时，不得让劳动者连续工作两班。因为这既侵犯了劳动者的休息权，也会对劳动者的身体健康造成严重的伤害。

（三）周休息日

周休息日，又称为公休假日，是指劳动者工作满一周后所享有的休息时间。它是每周的公休日。法律保障劳动者工作满一个工作周以后享有一定的连续休息时间。周休息日一般安排在星期六和星期日。

我国自1995年5月1日起，国家机关、企事业单位、社会团体等用人单位实行每日工作8小时、每周工作40小时的工作时间制度，星期六和星期日为周休息日。企业和不能实行上述统一周休息日的事业单位，经与工会和劳动者协商后，可以根据实际情况灵活安排周休息日。根据《劳动法》第38条的规定，用人单位应保证劳动者每周至少休息1日。

三、休假的种类

休假，是指劳动者在正常工作日内免于工作并享受工资保障的连续休息时间。从本质上讲，休假也是广义上的休息时间的重要组成部分，主要是为劳动者家庭生活和社会活动提供便利，提高其休息的质量，且有些休假规定体现

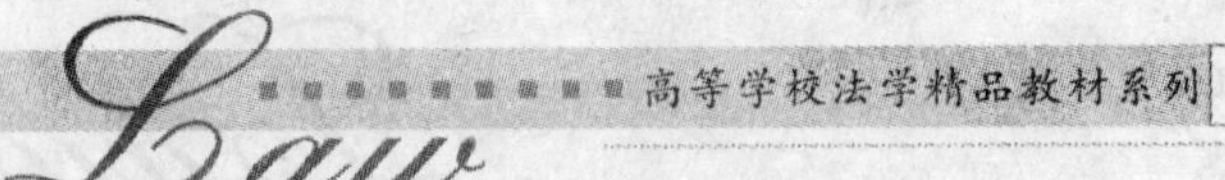

了国家的公共政策。休假与狭义上的休息时间的主要区别是①:(1)享用条件看,劳动者休息是无条件的,每一个工作周、工作日和工作日之间,都按法律规定或劳动合同、集体合同的约定休息;休假,除无条件享用法定节日休假外,享用年休假和探亲假都是有条件的,只有符合法律、法规规定条件的劳动者才能享用。如1991年6月5日《中共中央、国务院关于职工休假问题的通知》第2条规定:"确定职工休假天数时,要根据工作任务和各类人员的资历、岗位等不同情况,有所区别,最多不得超过两周。"根据《国务院关于职工探亲待遇的规定》第1条,享受探亲假也有"职工同亲属长期远居两地"的限制。(2)从享用时间看,休息时间比较短,工间休息时间最短只有20分钟,周休日最长为2天;休假时间比较长,最长可达45天(指探亲假)。(3)从享用方式看,休息时间主要用于休息、休整等;休假时间主要用于休养、旅游、探亲和参加纪念活动等。

休假的种类及其主要内容如下:

(一)法定节日

法定节日,是指法律规定全体或特定公民②所享有的用以开展庆祝纪念活动或参与政治活动以及用以休闲娱乐等的一段时间。从来源上讲,包括政治性节日、传统习惯性节日、职业性节日等。

根据《劳动法》第40条的规定,用人单位在下列节日期间应当依法安排劳动者休假:元旦;春节;国际劳动节;国庆节;法律、法规规定的其他休假节日。这是《劳动法》对适用于全体公民的节假日所做的原则性规定。为了统一全国年节及纪念日的假期,根据1949年12月23日政务院发布、1999年9月18日国务院修订公布实施的《全国年节及纪念日放假办法》(以下简称为《办法》)的规定:

属于全体公民放假的节日有:(1)新年,放假1天(1月1日);(2)春节,放假3天(农历正月初一、初二、初三);(3)劳动节,放假3天(5月1日、2日、3日);(4)国庆节,放假3天(10月1日、2日、3日)。

属于特定公民放假的节日及纪念日有:(1)妇女节(3月8日),妇女放假半天;(2)青年节(5月4日),14周岁以上的青年放假半天;(3)儿童节(6月1

① 王昌硕主编:《劳动和社会保障法学》,中国劳动社会保障出版社2005年版,第146页。

② 《全国年节及纪念日放假办法》第6条采用的是"部分公民"的概念,我们认为将其表述为"特定公民"更为妥当。

日)，13 周岁以下的少年儿童放假 1 天；(4)中国人民解放军建军纪念日(8 月 1 日)，现役军人放假半天。

属于少数民族习惯性的节日，由各少数民族聚居地区的地方人民政府，按照各民族习惯，规定放假日期。

《办法》还规定了各种政治性节日、职业性节日，如二七纪念日、五卅纪念日、七七抗战纪念日、九三抗战胜利纪念日、九一八纪念日、教师节、护士节、记者节、植树节等其他节日、纪念日，均不放假。

为了保证公民休假权的切实实现，《办法》规定属于全体公民放假的假日，如果适逢星期六、星期日，应当在工作日补假。特定公民放假的假日，如果适逢星期六、星期日，则不补假。

从上述规定可以看出：第一，节日和假日是两个不同的法律概念，节日未必是假日，假日未必过节。第二，属于全体劳动者享有的法定节日长达 10 天，但种类只有 2 个，即元旦、春节属于传统文化性节日，劳动节、国庆节属于政治性节日，对于其他传统文化节日如元宵节、清明节、端午节、中秋节、重阳节、农历除夕等均未予以考虑。① 第三，基于经济上的考虑，劳动节和国庆节由原先的 1 天延长到 3 天，但由此带来了"黄金周"期间各大中城市、旅游景区交通、住宿等方面的巨大压力。为改变上述状况，近年来，不少人大代表、政协委员、专家学者纷纷提出改造我国节假日制度的意见和建议，例如，取消"黄金周"制度，强制推行年休假制度，以缓解"黄金周"期间各地交通、住宿的巨大压力，也能够更好地满足劳动者的个人需要；将元宵节、清明节、端午节、中秋节、重阳节等规定为法定节日，以弘扬传统文化等。这些观点值得有关部门进一步重视和思考。②

(二)年休假

年休假，是指劳动者按照法律规定工作满一定期限后，每年享有的保留工作和带薪连续休息的时间。实行年休假制度的目的，在于强制劳动者休息，以恢复劳动能力。因为在现代生产生活条件下，工作紧张程度大大增加，劳动者

① 根据联合国教科文组织《保护非物质文化遗产公约》的规定，节庆属于非物质文化遗产的组成部分。2005 年 11 月 24 日由韩国申报的江陵端午祭被联合国教科文组织正式确定为"人类传说及无形遗产著作"，一度沸沸扬扬的中韩端午节"申遗"之争以韩国的胜利而告终，由此也说明了我国加强传统文化保护的重要性和紧迫性。

② 郑尚元：《中国法定假日、假期理性的法律规制——整合我国法定假日、假期的立法思考》，《云南大学学报(法学版)》2005 年第 3 期；周长征：《劳动法原理》，科学出版社 2004 年版，第 179～180 页。

体力和脑力的消耗普遍增大，从生理角度看，必须有一段较长时间的集中休息来缓解紧张情绪，恢复体力和精力。正是基于这一考虑，一些国家的法律规定，休假权不能放弃，如《意大利宪法》第36条第2款规定："劳动者享有每周休息和每年带薪休假的权利，此项权利不得放弃。"一些国家的法律还规定，雇员享受年休假时不得再从事有报酬的劳动，否则雇主有权追回已领的年休假工资。

年休假是劳动者的一项基本权利。如《世界人权宣言》第24条、《经济、社会、文体权利国际公约》第7条都规定，劳动者享有定期给薪休假的权利。国际劳工组织也通过了一系列有关年休假的公约，主要有：1936年《工资照付年假公约》(第52号)、1949年《带薪休假(海员)公约(修正本)》(第91号)、1970年《带薪假期公约(修正本)》(第132号)等。《欧洲社会宪章》第2条第3款也规定：劳动者享有"至少两周的工资照付的年假"。

我国在20世纪50年代初曾一度试行给予职工12个工作日的年休假制度，后因经济条件有限而中断。20世纪90年代初期，休假制度在许多单位恢复。如1991年6月15日《中共中央、国务院关于职工休假问题的通知》规定，确定职工休假天数时，要根据工作任务和各类人员的资历、岗位等不同情况，有所区别，最多不超过2周。从法律渊源的角度分析，《通知》并不具有法律效力。1994年通过的《劳动法》第45条规定："国家实行带薪年休假制度。劳动者连续工作一年以上的，享受带薪年休假。具体办法由国务院规定。"基于各种考虑，国务院至今未制定出具体办法，因此，劳动者的年休假权利仍然停留在"纸上的权利"阶段。① 关于年休假制度，我国台湾地区"劳动基准法"第38条规定："劳工在同一雇主或事业单位继续工作满一定期间者，每年应依左列(下列)规定给予特别休假：(一)一年以上三年未满者七日；(二)三年以上五年未满者十日；(三)五年以上十年未满者十四日；(四)十年以上者，每年加给一日，加至三十日为止。"第39条规定，劳工享受第38条规定之特别休假，工资应由雇主照给。第40条规定，因天灾、事变或突发事件，雇主认为有继续工作之必要时，劳工之特别休假可以停止，但停止假期之工资，应加倍发给，并应于事后补假休息。第41条规定："公用事业之劳工，当地主管机关认为有必要

---

① 在1994年《劳动法》制定之前，我国是国际劳工组织100多个成员国中仅有的4个没有实行带薪年休假制度的国家之一，另外3个国家是越南、纳米比亚和圣卢西亚(参见最高人民法院劳动法培训班编：《劳动法基本理论与实务讲座》，法律出版社1995年版，第30页)。《劳动法》对年休假制度做出原则性的规定估计与上述事实和特定考虑有关。

时，得停止第38条所定之特别休假。假期内之工资应由雇主加倍发给。”“劳动基准法”施行细则第24条规定：计算特别休假之工作年资，以劳工服务同一事业单位为限，并自受雇当日起算；特别休假日期应由劳雇双方协商确定；特别休假因年度终结或终止契约而未休者，其应休未休之日数，雇主应发给工资。可见，我国台湾地区劳动法对年休假制度的适用条件、期限标准、工资待遇、补救措施等都有明确规定，可资借鉴。

（三）探亲假

探亲假，是指劳动者每年享有的保留工作和带薪连续休息以便与分居两地的配偶、父母团聚的假期。实行探亲假制度，在于满足劳动者家庭生活的需要，提高其休息的质量，同时也体现了国家对劳动者的人文关怀。从另一方面看，探亲假制度是计划经济时代的产物，是在我国缺乏年休假制度的情况下，解决职工探亲问题的一种补充。但探亲假制度在不同职工之间造成了休假权利的不平等，例如本地职工与外地职工之间、已婚职工与未婚职工之间、本地已婚职工与外地已婚职工之间，都存在着不同的休假待遇。带薪休假本身也是广义上的一种劳动报酬，相同的劳动者提供了相同的劳动，却不能平等地享受休假权利，这实际上违背了同工同酬原则。[①] 因此，从历史发展的角度分析，我国应当取消探亲假制度，建立国际上通行的、适用于全体劳动者的年休假制度。因为取消了探亲假制度以后，职工同样可以在年休假期间探望父母和配偶，不会影响职工享有家庭幸福的权利。

根据1981年国务院《关于职工探亲待遇的规定》，探亲假制度的主要内容是：

1.探亲假的适用范围。探亲假制度适用于在国家机关、人民团体和全民所有制企业、事业单位工作满一年的固定职工，其与配偶不住在一起，又不能在公休假日团聚的，可以享受探望配偶的待遇；其与父亲、母亲都不住在一起，又不能在公休假日团聚的，可以享受探望父母的待遇。但是，职工与父亲或与母亲一方能够在公休假日团聚的，不能享受本规定探望父母的待遇。

2.探亲假的假期。职工探望配偶的，每年给予一方探亲假一次，假期为30天。未婚职工探望父母，原则上每年给假一次，假期为20天。如果因为工作需要，本单位当年不能给予假期，或者职工自愿两年探亲一次的，可以两年给假一次，假期为45天。已婚职工探望父母的，每四年给假一次，假期为20天。探亲假期是指职工与配偶、父、母团聚的时间，另外，根据实际需要给予路

---

① 周长征：《劳动法原理》，科学出版社2004年版，第179页。

程假。上述假期均包括公休假日和法定节日在内。另外，根据实际需要给予职工探亲路程假。凡实行休假制度的职工(例如学校的教职工)，应在休假期间探亲；如果休假期较短，可补足其探亲假的天数。

3.探亲假期间的待遇。职工在规定的探亲假期和路程假期内，按照本人的标准工资发给工资。职工探望配偶和未婚职工探望父母的往返路费，由所在单位负担。已婚职工探望父母的往返路费，在本人月标准工资30%内的，由本人自理，超过部分由所在单位负担。

(四)其他假期

除以上假期外，我国法律规定的其他假期有职工婚丧假、女职工生育时的产假等。

婚丧假是婚假和丧假的总称，指劳动者本人结婚或其近亲属死亡时，其所在用人单位给予的一种假期。根据劳动部1959年6月1日发布的《对企业单位工人职员在加班加点、事假、病假和停工期间工资待遇的意见》和1980年2月国家劳动总局、财政部发布的《关于国营企业职工请婚丧假和路程假问题的通知》的规定，职工本人结婚或职工近亲属(父母、配偶和子女等)死亡时，可以根据具体情况，由本单位行政领导批准，酌情给予1～3天的婚丧假；职工结婚，双方属晚婚的，婚期延长到15日。职工结婚时双方不在一地工作的，职工在外地的直系亲属死亡时需职工本人去外地料理丧事的，都可以根据路程远近，另给予路程假。在批准的婚丧期和路程假期间，职工的工资照发，途中的车船费等，全部由职工自理。

《劳动法》第62条规定："女职工生育享受不少于九十天的产假。"关于女职工产假假期及其待遇，参见女职工特殊保护和生育保险章节的内容。

第三节 限制加班加点制度

一、加班加点的概念和限制加班加点的意义

(一)加班加点的概念

加班，是指劳动者按照用人单位的要求，在法定节假日或周休日从事生产或工作，通常以工作日计算。

加点，是指劳动者按照用人单位的要求，在法定标准工作日以外继续从事生产或工作，通常以小时计算。

加班和加点，既存在相同之处，也存在明显的区别。其相同之处在于：(1)

均属于延长工作时间。除周休日加班可以给予补休之外,在法定节假日、周休日加班,或者在正常工作日以外加点,都属于延长工作时间。(2)加班加点都有时间的限制。(3)均加发劳动报酬。除周休日加班予以补休的以外,用人单位均需依照法律规定对劳动者加发劳动报酬。(4)程序相同。加班加点都必须事先与工会及劳动者协商,经过同意才能进行。

加班加点的区别在于:(1)加班时间限于法定节假日和周休日,而加点时点限于正常工作日。(2)在周休日加班,首先应安排劳动者补休,不能补休的,应加发劳动报酬;在节假日加班,不能以安排劳动者补休的方式替代,加点则不予补休而加发劳动报酬。(3)加班的劳动报酬高于加点的劳动报酬。

(二)限制加班加点的意义

法律关于工作时间的标准长度和最长限度的规定是一种强制性规定,因此,除特殊情况外,各国原则上都对加班加点予以明确禁止,如《俄罗斯联邦劳动法典》第 54 条第 1 款规定:"加班一般是禁止的。"中华人民共和国成立以后,也颁布了一系列限制加班加点的规范性文件,如 1994 年国务院《关于职工工作时间的规定》第 6 条规定:"任何单位和个人不得擅自延长职工工作时间。因特殊情况和紧急任务确需延长工作时间的,按照国家有关规定执行。"《劳动法》第 43 条规定:"用人单位不得违反本法规定延长劳动者的工作时间。"

限制加班加点的意义在于:

(1)保护劳动者的身体健康,保障劳动者休息权的实现。工作时间是劳动者履行劳动义务的法定时间,工作时间之外就是劳动者自行支配的休息时间。在正常工作时间之外要求劳动者加班加点就是对劳动者休息时间的侵占,同时也会对劳动者的身体健康产生不良影响,因此法律严格限制加班加点,目的是为了防止用人单位滥用加班加点,保护劳动者的身体健康,保障劳动者休息权的实现。

(2)推动企业加强经营管理,发展高新技术,增强竞争力。市场经济是竞争经济,企业竞争手段多样,其中价格优势也是竞争手段之一,而价格优势的取得与降低产品成本密切相关,产品成本中人工成本又占一定比例,因此,有些企业为降低产品成本,以过度延长劳动时间、牺牲劳动者的健康为代价。法律限制加班加点的目的在于促使企业改善经营管理,通过提高劳动管理水平、革新设备和工艺,发展高新技术来降低产品成本,增强竞争力,而不是把任意要求加班加点、延长工作时间作为提高竞争力的手段。

(3)防止和避免强迫劳动行为的发生。在实践中,一些用人单位通过减少法定工作时间内的劳动报酬、提高延长工作时间期间的劳动报酬的方式,变相要求劳动者“自愿”加班加点，一些用人单位甚至要求劳动者在法定工作时间之外义务劳动或只是象征性的发放一点点加班加点期间的劳动报酬。实际上，劳动法关于加班加点的时间限制属于强制性规范，无论是用人单位还是劳动者都不得违反。限制加班加点的一个重要目的就是为了防止用人单位假借劳动者“自愿”的名义强迫劳动，同时也有利于劳动力市场以及生产者之间的公平竞争。

二、限制加班加点的措施

为了保护劳动者的身体健康，保证劳动者能劳逸结合，使劳动者能够以更充沛的精力从事生产劳动和工作，料理家务和教育子女，提高劳动生产率和工作效率，我国《劳动法》、《违反〈中华人民共和国劳动法〉行政处罚办法》等法律、规章通过一系列的措施限制加班加点。

(一)适用人员范围的限制

根据《劳动法》第 61 条、第 63 条的规定，对怀孕 7 个月以上的女职工、哺乳未满周岁婴儿的女职工，用人单位不得安排其延长劳动时间。《中华人民共和国未成年人保护法》亦有禁止安排未成年工加班加点的明文规定。

(二)适用条件、程序、时间的限制

《劳动法》第 41 条规定，由于生产经营需要，经与工会和劳动者协商后可以延长工作时间，一般每日不得超过 1 小时；因特殊原因需要延长工作时间的，在保障劳动者身体健康的条件下可以延长工作时间，但是每日不得超过 3 小时，每月不得超过 36 小时。上述规定表明，用人单位不得擅自安排劳动者加班加点，即用人单位安排加班加点应同时满足下列条件：

(1)生产经营需要。根据 1994 年 9 月 5 日《劳动部关于〈劳动法〉若干条文的说明》的解释，所谓生产经营需要，是指来料加工，商业企业在旺季完成收购、运输、加工农副产品紧急任务等情况。

(2)必须与工会和劳动者协商。工会具有监督用人单位执行劳动法律法规的权利和维护劳动者利益的职责，用人单位延长工作时间必须征求工会意见，以征得工会的同意。但我国《劳动法》对于劳动者可以基于何种事由拒绝延长工作时间未做规定，对此，台湾地区“劳动基准法”第 42 条规定：“劳工因健康或其他正当理由，不能接受正常时间以外之工作者，雇主不得强制其工作。”这一规定具有借鉴意义。

(3)加班加点不得超过法律规定的最长限度。即每日不得超过 3 小时，每月不得超过 36 小时。

当然，在某些特殊情况下，如果用人单位不安排加班加点，则不仅自身利益受到一定的损害，而且，可能使公共利益受到严重的影响，为此，法律对限制加班加点制度出做了一些例外规定。在这些情况下，用人单位可以延长工作时间，而不受上述条件的限制。根据我国《劳动法》第 42 条以及劳动部、人事部分别制定的《关于贯彻〈国务院关于职工工作时间的规定〉的实施办法》的规定，这些例外情况包括：(1)在法定节假日和公休日内工作不能间断，必须连续生产、运输或营业的；(2)发生严重自然灾害、事故或其他灾害使人民的安全健康和国家财产遭到严重威胁，需要紧急处理的；(3)由于生产设备、交通运输线路、公共设施发生故障，影响生产和公众利益，必须及时抢修的；(4)必须利用法定节日或公休假日的停产期间进行设备检修、保养的；(5)为完成国防紧急任务，或者完成上级在国家计划外安排的其他紧急生产任务，以及商业、供销企业在旺季完成收购、运输、加工农副产品紧急任务的；(6)法律、行政法规规定的其他情形。例如，经批准实行不定时工作制的劳动者，不受《劳动法》第 41 条规定的日延长工作时间标准和月延长工作时间标准的限制，但用人单位应采用弹性工作时间等适当的工作和休息方式，确保劳动者休息休假权利和生产、工作任务的完成。

(三)确定较高的加班加点的工资报酬

加班加点属于劳动者在正常工作时间之外的额外劳动消耗，因此，法律要求用人单位必须以高于正常工作时间的工资标准，支付劳动者加班加点期间的工资报酬。这样，一方面要求用人单位对劳动者额外付出的劳动予以经济补偿，另一方面可以迫使用人单位尽量减少加班加点，以减少工资成本的支出，从而达到限制用人单位延长工作时间，保障劳动者身体健康的目的。根据《劳动法》第 44 条的规定，用人单位延长工作时间的，应当按照下列标准支付劳动者工资报酬：(1)安排劳动者延长工作时间的，支付不低于工资的 150％的工资报酬；(2)休息日安排劳动者工作又不能安排补休的，支付不低于工资的 200％的工资报酬；(3)法定休假日安排劳动者工作的，支付不低于工资的 300％的工资报酬。

理解和适用关于加班加点工资待遇的规定，需要注意以下几点：

(1)休息日安排劳动者加班工作的，应当首先按照同等时间安排劳动者补休，不能安排补休的，应按正常工资标准 200％的比例支付加班期间的工资报酬；在工作日安排劳动者加点或在法定节假日安排劳动者加班的，只能按照法律规定支付加班加点工资报酬，不能以安排补休代替，否则就是对劳动者权益的侵犯。

(2)根据国务院《全国年节及纪念日放假办法》中关于妇女节、青年节等特定公民放假的规定，在特定公民放假的节日期间，对参加社会或单位组织的庆祝活动和照常工作的职工，用人单位应支付工资报酬，但不支付加班工资。如果该节日恰逢星期六、星期日，用人单位安排劳动者加班工作，则应当依法支付休息日的加班工资。

(3)实行计件工资的劳动者，在完成计件定额任务后，由用人单位安排其加班加点的，应根据《劳动法》第 44 条的规定，分别按照不低于其本人法定时间计件单价的 150％、200％、300％支付其工资。

(4)经劳动行政部门批准实行综合计算工时日的，其综合计算工作时间超过法定标准工作时间的部分，应视为加班加点，并应按规定支付劳动者加班加点工资。

关于延长工作时间，还有一个问题需要注意。《劳动法》第 36 条规定："国家实行劳动者每日工作时间不超过八小时、平均每周工作时间不超过四十四小时的工时制度。"1995 年 3 月 25 日《国务院关于修改〈国务院关于职工工作时间的规定〉的决定》第 3 条规定，"职工每日工作 8 小时，每周工作 40 小时。"为此，用人单位要求劳动者每周工作超过 40 小时但不超过 44 小时，且不作延长工作时间处理是否允许？对此，《劳动部关于职工工作时间有关问题给广州市劳动局的复函》指出："《国务院关于职工工作时间的规定》(国务院令第 174 号)是根据《劳动法》第三十六条的规定，按照我国经济社会发展的需要，在标准工时制度方面进一步做出的规定。如果用人单位要求劳动者每周工作 40 小时但不超过 44 小时，且不作延长时间处理，劳动行政机关有权要求其改正。"上述《决定》、《复函》都是从有利于劳动者的角度进行规定和解释，也能够获得社会大众的理解和支持，但是从依法治国的角度出发，我国应当尽快解决《劳动法》与《国务院关于职工工作时间的规定》之间的立法冲突，从而建立一个和谐的工时立法体系。

四、劳动行政部门的监督检查

根据《劳动法》第 90 条以及劳动部《违反〈中华人民共和国劳动法〉行政处罚办法》的有关规定，县级以上(含县级)各级人民政府劳动和社会保障行政部门负责对本行政区域内用人单位组织劳动者加班加点的情况进行监督检查，对用人单位违反法律规定，任意要求劳动者加班加点的行为给予警告、责令改正、并可以处以罚款。具体如下：用人单位未与工会和劳动者协商，强迫劳动者延长工作时间的，应给予警告，责令改正，并可按每名劳动者每延长工作时

间1小时罚款100元以下的标准处罚；用人单位在生产经营需要而延长工作时间的情况下，每日延长劳动者工作时间超过3小时或每月延长工作时间超过36小时的，应给予警告，责令改正，并可按每名劳动者每超过工作时间1小时罚款100元以下的标准处罚；用人单位安排在哺乳未满一周岁的婴儿期间的女职工和怀孕7个月以上的女职工延长工作时间和夜班劳动的，应责令改正，并按每侵害一名女职工罚款3000元以下的标准处罚。

第九章　工资法律制度

第一节　工资概述

一、工资的概念、特征

1. 工资的概念

在我国，劳动法上的工资有广义和狭义之分。

广义上的工资，即劳动报酬，是指用人单位依据国家有关规定或劳动合同的约定，根据劳动者提供的劳动质量和数量，以货币形式直接支付给劳动者的劳动报酬。工资的范围一般包括计时工资、计件工资、奖金、津贴和补贴、延长工作时间的工资报酬以及特殊情况下支付的工资等。但劳动者的以下收入不属于工资范围：(1)单位支付给劳动者个人的社会保险福利费用，如丧葬抚恤救济费、生活困难补助费、计划生育补贴等；(2)劳动保护方面的费用，如用人单位支付给劳动者的工作服、解毒剂、清凉饮料费用等；(3)按规定未列入工资总额的各种劳动报酬及其他劳动收入，如根据国家规定发放的创造发明奖、国家星火奖、自然科学奖、科学技术进步奖、合理化建议和技术改进奖、中华技能大奖等，以及稿费、讲课费、翻译费等。①

---

① 在我国，工资的范围历经变化。1951 年 5 月 21 日政务院批准颁布的《关于工资总额组成的暂行规定》规定，职工工资由劳动消耗在工作上所得到的收入，包括计时工资、计件工资、各种经常性奖金以及工资性津贴四个部分构成。1955 年 5 月 21 日国务院批准《国家统计局关于工资总额组成的暂行规定》规定，工资总额的组成包括计时工资、计件工资、工资津贴、工资补贴、包工工资等总计达 25 种之多。1990 年 1 月 1 日国家统计局经国务院批准发布的《关于工资总额组成的规定》规定，工资总额由计时工资、计件工资、津贴和补贴、加班加点工资、特殊情况下支付的工资等六个部分组成。1995 年 8 月 11 日《劳动部关于贯彻〈中华人民共和国劳动法〉若干问题的意见》第 53 条规定，工资的范围一般包括计时工资、计件工资、奖金、津贴和补贴、延长工作时间的工资报酬以及特殊情况下支付的工资等七个部分构成。

狭义上的工资，仅限于劳动报酬中的基本工资部分，即计时工资或计件工资，不包括奖金、津贴和补贴等。

区分广义和狭义工资的意义在于，劳动法规定的用人单位计发加班加点基数的“工资”、作为退休金等社会保险待遇计算依据的“工资”等，均是指狭义上的工资。

在国际公约和其他国家的劳动法中，一般都采用广义的工资概念。如1949年国际劳工组织《工资保障公约》(第95号)和同名的建议书(第85号)规定：“工资：无论名称或计算方法如何，而能以货币表明，并能以双方协议或国家法律或条例确定，依据书面或非书面的雇用合同为已作或将作为工作或为已有或将有的劳动，雇主应付给受雇用人的报酬或收入。”美国《公平劳动基准法》第3条第15款规定：“所谓工资，包括由雇主供给受雇人之食宿、宿舍、或其他设备之合理费用。”日本《劳动基准法》第11条规定：“本法所称工资，系指不论以工资、薪金、津贴、奖金以及任何名义，雇主对劳工因劳动之对待给付者均属之。”沙特阿拉伯《劳工法》第7条规定：“工资，系指按雇佣合同的规定，根据雇员工作情况所给予的一切报酬，不论是否为书面合同，也不论工资性质如何(现金还是实物)；是按月、按周、按日支付，还是按生产额、计件、小时计付；不管工资的全部或部分是否由佣金或小费组成，小费是按照一般的惯例付给，还是按准确计算的规则付给。”相对而言，广义上的工资概念，其外延更加广泛，对劳动者利益的保护也更有利。

除了工资的概念以外，现在很多国际公约及国家更多的使用“报酬”(remuneration)概念。如1951年国际劳工组织《男女同工同酬公约》规定“‘报酬’一语指普通的、基本的或最低限度的工资或薪金以及任何其他因工人的工作而由雇主直接地或间接地以现金或实物支付给工人的酬金”。1966年联合国《经济、社会、文化权利国际公约》第7条①、1967年联合国《消除对妇女歧视宣言》第10条、1979年联合国《消除对妇女一切形式的歧视公约》第11条、《欧共体条约》第141条等都采用“报酬”(remuneration)概念。使用“报酬”概

---

① 该条同时出现 remuneration，wage，pay 三个单词，但以使用 remuneration 一词为主，如该条甲款第一项的原文为：Fair wages and equal remuneration for work of equal value without distinction of any kind，in particular women being guaranteed conditions of work not inferior to those enjoyed by men，with equal pay for equal work. 但我国《劳动法》中出现的工资、劳动报酬二词的权威英文对译分别为 wage、labour remuneration，未使用 pay 一词。参见《中华人民共和国劳动法》，中国法制出版社 2000 年版；《中华人民共和国劳动法》，中国劳动社会保障出版社 2001 年版。

念的好处在于:第一,“报酬”的含义覆盖了基于雇佣关系而产生的全部薪酬,既包括直接成分,也包括间接成分,其含义比通常所指的数额固定并且定期支付的“工资”一词来的丰富。也就是说,劳动报酬的含义,“除了工资以外,还可能包括奖金、佣金,认股权、人寿保险、养老金计划,医疗保险,住房补贴等一切与劳动关系有关的好处或权益”。① 第二,报酬(remuneration)概念既可以用来表示体力劳动收入(wage),也可以用来表示经营和管理工作收入(salary),因此适用主体更加广泛。

2.工资的特征

工资的特征,主要包括两个方面的内容:

(1)工资是劳动者通过提供劳动所获得的报酬。不是通过劳动所获得的收入,不属于工资的范畴,如购买本公司的股票、债券所获得的股息、利息,符合计划生育政策而发给的独生子女补贴等。需要注意的是,工资给付与劳动给付并非完全对应,因为在特定情况下(如年休假、产假等),即使未付出劳动,劳动者也享有要求雇主支付工资的法定权利。同时,由于雇主购买的是劳动力的使用过程即劳动的过程,而不是劳动的结果,因此,工资与劳动成果无关。劳动成果能否转化为商品,实现价值,也与劳动者的工资收入无关。

(2)工资是劳动者基于劳动关系而获得的劳动报酬。这是工资与其他收入形式的本质区别。也就是说,并不是所有通过劳动获得的报酬,都属于劳动法意义上的工资,如果双方当事人不存在劳动关系,一方从另一方获得某项报酬,则不受劳动法的调整,如承揽合同中的报酬收入,非职务作品的稿酬收入等。

3.工资的法律意义

(1)工资是劳动者的基本生存保障。工资是劳动力价值的货币表现,是劳动者及其家人最重要的生活来源,是实现生存权、发展权的最基本的物质基础。马克思指出:“我们首先应当确定一切人类生存的第一个前提也就是一切历史的第一个前提,这个前提就是:人类为了能够‘创造历史’,必须能够生活。但是为了生活,首先就需要衣、食、住以及其他东西。”②解决生存问题的途径主要有三个:一是通过财产,但在任何时代能够依靠财产生存者都只占社会成员的少数,并且这个财产也只能来源于其本人或他人、现在或过去的劳动积累。二是通过社会保障,但国家的帮助义务只限于不能劳动和无法从家属中

---

① 周长征:《劳动法原理》,科学出版社2004年版,第158页。

② 《马克思恩格斯全集》第3卷,人民出版社1972年版,第31页。

得到帮助的人，同时，社会保障的物质基础来源于社会财富的再分配，并最终来自劳动者的劳动。三是通过劳动获得工资，这是解决人类社会绝大多数人生存问题的最重要途径。“概括而言，人类获得其生存所需之物质条件，非出于财产，即出于劳动，尤以‘劳动’之给付，为绝大多数不具有资本及生产工具者赖以维生之手段。因此经由个人自由选择从事工作，以求得合理报酬，维持个人及其家属之生活，此一过程对整个社会产生重大意义。”①

(2)工资是劳资双方关注的重点和矛盾斗争的焦点。众所周知，“在市场经济条件下，劳动者是为了获得劳动报酬才与雇主缔结劳动关系的，获得劳动报酬，是劳动者进入劳动关系的直接目的和追求。”②而雇主也同样关注劳动者的工资问题，因为对于雇主来说，工资是可变资本和劳动力成本的重要组成部分，直接影响到企业利润的高低。因此，劳动者追求工资收入最大化和雇主追求利润最大化是劳动关系中最基本的利益关系，关于工资问题的斗争是劳资双方矛盾斗争的焦点和核心。例如，根据1997—2001年《中国劳动和社会保障年鉴》的统计分析，“因劳动报酬和保障福利问题产生的争议，平均超过总数的一半以上，占全部受理案件的55%，居于首位，居于第二位的是因变更、解除和终止劳动合同发生的争议，平均占案件总数的26%”。③

二、工资给付的基本原则

工资给付的基本原则，是由立法确认的贯穿于整个工资制度的基本准则，是实现工资制度立法目的的核心组成部分。根据《劳动法》及相关规定，我国工资给付应当遵守下列原则。

1.按劳分配原则

按劳分配是指根据劳动者提供的劳动数量和质量分配个人消费品，等量劳动取得等量劳动报酬，多劳多得，少劳少得，不劳不得。每个劳动者将根据自己提供的劳动量，取得相应的劳动报酬。按劳分配原则体现了劳动者履行劳动义务与享受劳动报酬权利的一致性，是个人劳动收入分配必须坚持的一项基本原则。实行按劳分配原则，要充分体现脑力劳动与体力劳动、复杂劳动与简单劳动、熟练劳动与非熟练劳动、繁重劳动与非繁重劳动的差别，奖勤罚懒、奖优罚劣，既要反对平均主义，又要反对分配不公、收入差别过分悬殊的做

① 黄越钦：《宪法中劳动基本权之意义与展望》，载《政大劳动学报》第11期。

② 常凯：《劳权论》，中国劳动社会保障出版社2004年版，第164页。

③ 程延园：《集体谈判制度研究》，中国人民大学出版社2004年版，第27页。

法。

2.同工同酬(同值工作同酬)原则

同工同酬原则是指用人单位对于从事相同工作或同等价值工作的劳动者,应当支付相同的劳动报酬。同工同酬原则旨在消除工资分配中基于人的自然身份(民族、种族、性别、年龄等)的不合理的差别,换言之,只要劳动者付出了同等数量、同等质量的劳动,用人单位就应当给付同样的劳动报酬。

根据同工同酬原则,用人单位在工资支付过程中不得对从事相同工作、提供同等价值劳动的劳动者因其民族、种族、性别、年龄等方面的不同而支付不等量的劳动报酬。实行同工同酬,充分体现了我国公民在法律面前一律平等,也是实行按劳分配原则的具体体现。只有实行同工同酬,才能保证我国劳动者真正享有平等的劳动报酬权。规定同工同酬原则,是为了保护全体劳动者的合法权益,防止发生性别歧视、民族歧视等各种歧视性行为。需要注意的是,同工同酬原则并不排斥用人单位可以对虽从事同种工作但劳动价值和劳动贡献不同的劳动者支付不等量的劳动报酬。

3.在经济发展的基础上逐步提高工资水平原则

工资水平,是指在一定时期内职工平均工资的高低程度。工资水平是反映经济发展水平和劳动者物质文化生活水平的一个重要指标,同时也在一定程度上体现了国家、雇主和劳动者个人三者之间的利益分配关系。工资水平的高低,直接关系到劳动者生活的改善。工资水平要在经济发展的基础上逐步提高:

(1)要逐步提高工资水平。社会主义生产的目的,就是要在生产发展的基础上通过经济的不断增长,最大限度地满足人民群众不断增长的物质和文化需要。只有逐步提高劳动者的工资水平,劳动者才能及时分享社会发展的成果,更好地发挥劳动者的生产积极性和创造性。

(2)工资水平的提高必须以经济发展为前提。生产决定分配,生产决定消费。工资水平的提高最终取决于生产发展水平和劳动生产率的提高。只有生产发展了,劳动生产率提高了,才能创造更多的社会财富,为提高职工的工资水平奠定坚实的物质基础。

(3)工资水平提高应当与经济发展相适应。一般认为,影响工资水平的因素包括:第一,国内生产总值的增长速度;第二,积累基金与消费基金的比例关系;第三,社会生活消费品可供量;第四,新增就业人口数量。根据这些要素,工资水平提高应当与经济发展相适应,切实做到工资总额的增长速度不超过国民收入的增长速度,职工平均工资增长速度不超过劳动生产率的增长速度,

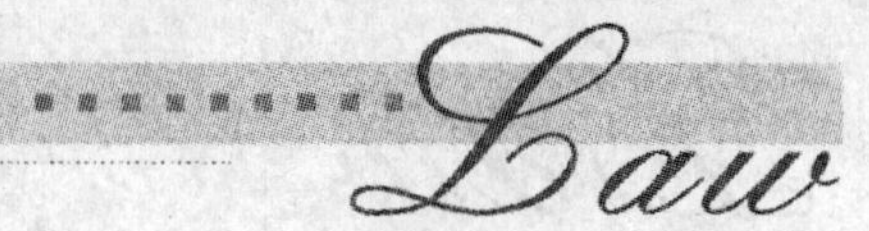

使提高工资水平与增强国民经济发展后劲并行不悖，以保持国民经济持续、稳定、协调发展。

三、工资权利(权力)体系

(一)劳动者的工资权

工资权，又称为劳动报酬权，是指劳动者基于从属劳动关系而享有的获得劳动报酬的权利。其主要涵义是：第一，工资权必须基于从属劳动关系而产生，不是基于从属劳动关系而获得的劳动收入不属于劳动法上的工资范畴；第二，在从属劳动关系中，劳动者享有获得劳动报酬的权利，这一权利与劳动给付无必然的联系。工资权是劳动者在劳动关系中享有的一项核心权利，也是国际人权法和各宪法中明确规定的一项基本权利。工资权的主要内容是：

1.工资决定权

从现实情况看，工资形成机制主要有两种：一是由劳资双方共同决定；二是由雇主单方决定，并且以雇主单方决定为主。确立工资决定权的目的就是强调劳动者有权参与工资分配过程，反对雇主就工资问题进行单方决定。从形式上讲，工资决定权包括单个劳动者有权与雇主就工资问题进行个别协商，以及劳动者有权通过工会组织与雇主或雇主组织就工资问题进行集体谈判。从内容上讲，工资决定权涉及工资数量的决定，工资的范围，工资支付的时间、地点、方式，雇主违反工资支付义务的法律责任等。

2.工资请求权

工资请求权是指劳动者享有要求雇主依法支付工资的权利。工资请求权的内容包括：(1)劳动者在付出正常劳动的情况下，享有要求雇主依法支付工资的权利。(2)在工伤、休假、履行公民义务等特定情况下，即使未付出劳动，劳动者也享有要求雇主继续支付工资的权利。(3)在雇主违反了法定或约定的工资支付义务的情况下，劳动者有权要求雇主承担违约责任。

3.工资优先权

工资优先权，是指在企业破产、清算等无支付能力的条件下，劳动者对于破产、清算前应得的工资，享有优先于其他一般债权甚至担保债权受偿的权利。确立工资优先权的目的在于破除债权平等原则，保证工资债权能够优先于其他债权获得清偿，保障劳动者生存权的实现。

(二)用人单位的工资分配自主权

《劳动法》第 47 条规定："用人单位根据本单位的生产经营特点和经济效益，依法自主确定本单位的工资分配方式和工资水平。"这是用人单位享有工资分配自主权的法律依据。工资分配自主权是市场经济体制对现代企业制度的必然要求。在市场经济中，企业作为市场的主要主体，依法拥有包括工资分配自主权在内的经营管理自主权。工资立法应当为企业行使工资分配自主权提供保障和指导，以形成企业依法自主分配的机制。劳动者可以通过工会与用人单位进行集体协商、签订集体合同参与工资分配过程，确定工资分配的具体方式、工资水平，使劳动者的工资得到合理的分配。

用人单位工资分配自主权的主要内容包括：(1)用人单位有权根据生产经营状况和劳动力供求关系，自主确定工资总额和工资水平；(2)用人单位有权根据生产经营特点和经济效益，确定本单位的工资形式和分配办法；(3)用人单位有权根据实际需要，自主确定晋级增薪、降级减薪的办法、条件和时间；(4)除国家另有规定外，用人单位有权拒绝任何部门和单位提出的，由企业对职工发放奖金或晋级增薪的要求。

需要注意的是，用人单位享有工资分配自主权，并不意味着用人单位可以随心所欲的决定工资分配，而是必须依法行使，是法定范围内的自主。这主要包括两种情况：一是用人单位必须遵守法律规定的工资分配规则，例如《劳动法》第 46 条规定的按劳分配原则、同工同酬原则，《劳动法》第 48 条规定的最低工资标准等。二是用人单位必须遵守法律规定的工资分配程序，例如，全民所有制企业的工资分配方案必须得到职工代表大会的批准，外商投资企业的工资分配方案必须按受集体合同的制约等。

(三)国家对工资的宏观管理权

当前，我国正处于向市场经济过渡阶段，市场机制发育不够健全，价格体系不够合理等影响公平竞争的因素很多。劳动力市场开放程度低，使劳动力再生产费用缺乏公认的社会标准；各生产要素流动困难，社会平均利润率难以形成；企业自我约束机制相当薄弱等，由此决定了国家还必须对工资进行宏观管理。即使在市场经济体制建成以后，国家对工资进行宏观管理仍然是必要的。现代市场经济的实践证明，在市场调节工资的基础上，国家对工资的宏观管理对于保护劳动者的工资权和维护、制约企业的工资分配自主权，对于实现工资分配中的效率目标和公平目标，都很必要。但是，国家在工资管理权限上应当适当，既要确保国家对工资分配实行有效的管理，又不能与工资分配中的市场机制相冲突。

国家对工资的宏观管理权主要体现在三个层面：一是对全社会工资分配的一般管理，例如制定工资法律、法规和政策，控制工资分配总量等。二是对企业工资分配实行间接管理。例如，对企业工资总额进行宏观调控，发布企业

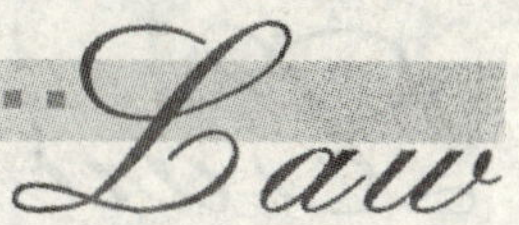

工资水平指导线,①确定最低工资标准等。三是通过征收个人所得税调节劳动者的收入水平,实现效率优先,兼顾公平。

关于工资的宏观管理权,当前我国的一个社会热点和难点问题是如何加强对垄断行业高工资的管理。目前,我国垄断经营性企业除极少数如军工企业等受历史、地区因素影响而导致职工收入水平偏低外,绝大多数企业职工工资水平普遍偏高,工资收入增长过快。部分垄断行业工资的增长速度明显高于全国人均工资增长水平。例如,国家统计局的统计数据显示,1990 年至 1999 年全国职工平均工资年均增长率为 16.5%,金融业为 21.4%,邮电通讯业为 20.2%,航空运输业为 19.9%,高于全国平均增长速度 3.4～4.9 个百分点。垄断经营性企业职工收入水平过高的根本原因在于垄断企业能够依靠其垄断地位获得超额的垄断利润,从而有条件超过工资总额发放工资,或通过工资外收入的形式变相发放工资。解决垄断经营性行业职工收入过高问题的根本出路,就是深化劳动人事分配制度改革,打破垄断,特别是要打破行政性垄断和行政性色彩较浓厚的行业垄断,同时国家要加强对垄断经营性企业的监督和管理。

第二节 工资的形式与类型

工资形式即计量劳动和支付工资的方式,也就是按照确定的劳动标准和报酬标准,根据每个劳动者实际付出的劳动量计算并支付其应得的劳动报酬的方式。工资作为对劳动者支出劳动力的物质补偿,同劳动力的质量结构、支付状况和使用效果的复杂性相对应,而具有结构性,即工资因取决于或受制于多种因素而由若干部分构成。各个部分都有其质和量的规定性及特定的存在形式、作用对象和专门职能,且各个组成部分之间具有内在的逻辑关系,互相联系、互相制约、相互补充,共同使工资的职能得以充分发挥。各国立法关于工资形式的规定各不相同。如美国《公平劳动标准法》第 3 条规定,工资包括由雇主供给受雇人之食宿、宿舍或其他设备之合理费用。日本《劳动基准法》第 11 条规定,工资,系指不论以工资、薪金、津贴、奖金以及任何名义,雇主对劳工因劳动之对待给付。在加拿大,报酬包括薪金、佣金、奖金、用车津贴、使用公车、集团人寿保险和养老计划付款等。我国工资立法所规定的工资形式,

① 参阅 1997 年劳动部《试点地区工资指导线制度试行办法》、1999 年劳动和社会保障部《关于建立劳动力市场工资指导价位制度的通知》。

主要表现为基本工资和辅助工资。

一、基本工资

根据劳动部办公厅《关于终止劳动合同支付经济补偿金有关问题的复函》第2条的规定，基本工资（又称为标准工资）是指企业与劳动者在劳动合同中约定的与劳动者所在岗位（职务）相对应的工资。实际上，基本工资就是劳动者在法定时间内提供正常劳动所得的劳动报酬。与奖金、津贴、补贴等其他劳动报酬相比，基本工资的主要特点是：(1)常规性。即基本工资所对应的是劳动者在法定工作时间内和正常条件下所完成的恒常劳动或定额劳动。(2)固定性。即劳动者所享有的基本工资标准，在一定期限内一般固定不变或者说不具有浮动性，当然这并不意味着基本工资不可变动。(3)主体性。即基本工资构成劳动者所得全部工资额中的主干部分，亦即占全部工资额的较大比重。(4)基准性。即基本工资往往是计算和确定其他工资收入（如加班加点工资）和其他待遇（如失业、养老等社会保险费的计算）的标准。(5)等级性。即基本工资体现了不同劳动者劳动质量、技能水平、岗位条件等多方面的差异，具有一定的等级差别。

我国企业现行的基本工资形式包括计时工资和计件工资。

1.计时工资

即按照单位时间工资标准和劳动者实际工作时间计付给劳动者劳动报酬的工资形式。计时工资一般分为月工资标准、日工资标准和小时工资标准。在目前我国每周40小时、每天8小时的工时制度下，日工资标准＝月工资/21.16天，小时工资标准＝日工资标准/8小时。劳动者出全勤，按月工资标准计发工资；劳动者缺勤或加班加点，按日工资标准或小时工资标准扣发或加发工资。在实行计时工资的条件下，劳动者完成法定工作时间和劳动定额后，按本人的工资等级和工资标准领取的工资数额，即为基本工资。它是工资的基本部分，可作为计算工资的其他组成部分、计件工资的计件单价以及某些目的的社会保险待遇的基础或依据。

计时工资的优点是操作简单易行，适用于任何企业和工种，有利于鼓励和促使劳动者提高出勤率和关注产品的质量，而且劳动者不致追求产量而过于工作紧张，有益于身心健康；其缺点是以劳动时间作为计算劳动报酬的依据，不能完全将劳动报酬与劳动的数量和质量直接联系起来，也不能将不同劳动者的劳动贡献准确地反映出来。

2.计件工资

即在一定的技术条件下，根据劳动者完成的合格产品数量或工作量，按照事先规定的计件单价计算劳动报酬的一种工资形式。计件工资的特点是把直接用时间单位计量劳动者的劳动转化为凝结着一定时间的劳动成果来计量劳动者的劳动。它用间接劳动时间来计量，是计时工资的转化形式。计件工资的核心是计件单价，即生产某一产品或完成某一单位工作的应得工资额，亦即单位产品(工作)工资率。在正常条件下，计件单价是根据一定技术等级的劳动者的工资标准和劳动定额计算出来的，即计件工资＝单位时间的工资标准/单位时间的劳动定额。正是在此意义上，计件工资是计时工资的转化形式。

计件工资的优点是计算方式简单，能够从劳动成果上反映劳动的差别，有利于工作方法的改进和工作时间的改进，激励性和公平性强。缺点是容易出现追求产量，忽视质量。因此，计件工资相应要付出较高的技术监督的成本，而且计件工资的适用范围较为有限，一般只适用于劳动工序相对独立、产量或工作量能够精确计算、产品质量有明确标准并能科学测定，生产过程能正常进行，管理制度比较健全的企业。[①] 同时，由于企业以利润最大化为目标，容易导致对计件工资制的滥用，使“计件工资成为延长劳动时间和降低工资的手段。”[②]从劳资双方看，计件工资在一定程度上有利于雇主，可以保证雇主只为雇员有效率的工作支付报酬。雇员身体或精神状态不好时就会影响到其个人收入。

二、辅助工资

1.奖金

奖金是支付给劳动者的超额劳动报酬和增收节支的劳动报酬。与基本工资相比，奖金的主要特征是：

(1)奖励性。即奖金按劳动者付出的超额劳动来支付，是对劳动者做出优异成绩的一种奖赏。这里的“超额”主要表现为劳动质量、劳动成果上的超额，不包括劳动时间上的超额，因为劳动时间的超额要通过补休或支付加班加点工资进行补偿。

(2)不确定性。即劳动者是否获得奖金以及用人单位是否发放奖金、发放多少，取决于劳动者是否提供了超额劳动以及劳动者的超额劳动给用人单位带来多少经济效益而定。

---

① 王全兴:《劳动法》，法律出版社 2004 年版，第 240 页。

② 马克思:《资本论》第 1 卷，人民出版社 1975 年版，第 609 页。

(3)非普遍性。即法律并不要求对每个劳动者都一定要支付奖金。换言之,奖金只适用于符合奖励条件的场合。

(4)补充性。即奖金不能独立存在,只能与其他工资形式结合使用。它是工资的一种辅助形式,可以弥补计时工资和计件工资的不足。

奖金的种类繁多,主要有以下几种:

(1)超产奖。按超额劳动成果的数额支付,适用于有劳动定额的工种。

(2)质量奖。在完成产量的前提下,以产品质量合格率作为考核标准。

(3)节约奖。在完成生产任务的前提下,按节约原材料、燃料消耗的数额支付。

(4)安全奖。在完成产量的前提下,按安全生产的情况给予奖励。

(5)综合奖。以劳动者全面完成各项技术经济指标为得奖条件,主要适用于不能用某项指标来衡量劳动量或工作量而需用多种指标考核生产工人、服务人员和企业技术人员、管理人员等。

2. 津贴

津贴是为了补偿劳动者额外的和特殊的劳动消耗而发给的劳动报酬。在劳动过程中,由于劳动者所处的劳动条件不同,在相同的劳动时间内,劳动者的实际劳动给付往往并不相同。设立津贴的目的就是为了体现劳动者在不同劳动条件下劳动消耗等因素的差别,并给予适当的经济补偿。我国津贴的种类繁多。根据设立目的津贴可分为:

(1)为补偿劳动者在特殊劳动条件下的劳动消耗和额外劳动消耗而建立的津贴,如矿山井下津贴、高温津贴、高空津贴、野外施工津贴、夜班津贴等。

(2)保健性津贴。具体有:卫生防疫津贴、医疗卫生津贴、科技保健津贴、各种社会福利院职工特殊保健津贴等。

(3)技术性津贴。具体有:特级教师补贴、科研津贴、工人技师津贴、中药老药工技术津贴、特殊教育津贴等。

(4)年功性津贴。具体有:工龄津贴、教龄津贴和护士工龄津贴等。

(5)其他津贴。具体有:直接支付给个人的伙食津贴、合同制职工的工资性补贴以及书报费等。

3. 补贴

补贴是为了保障劳动者的工资水平不受特殊因素的影响而支付给劳动者的工资形式。如为了保证劳动者工资水平不受物价上涨或变动的影响而支付的各种补贴,包括副食品补贴、粮价补贴、煤价补贴、房贴、水电贴以及提高煤炭价格后部分地区实行的民用燃烧和照明用电价格补贴等。补贴与劳动者的

劳动没有直接关系，其发放根据主要由国家有关政策规定。

三、工资的类型

工资的类型是工资形式的进一步细化。从实践看，工资的类型包括效益工资制、职位工资制、技能工资制、能力工资制、年功工资制、结构工资制、年薪制等。这里只对其中较为几种常见的形式作简要介绍。[①]

1. 职位工资制

职位（职务）工资制是我国长期实行的一种工资制度。职位工资制主要反映员工所承担的职位的价值，对岗不对人。其基本方法是把各种各样的任务归类为职位，同时确定不同职位的相对价值，建立职位结构；再根据市场薪资调研及组织业绩和人事战略，确定组织中全部职位的平均工资水平；最后确定每个职位的绝对工资水平，形成工资结构。这样，每个职位都会对应某一工资等级，员工在什么职位就领取什么工资，员工可以从某个职位到另外一个职位进行流动，但各个职位本身及其所对应的基本工资是不变的。

职位工资制的优点是：易于操作，只要职位评价合理，一定程度上能够调动员工的劳动积极性。其缺点是：职位与工资直接相对应，因此，人们要想获得更高的工资，就只能从事更高级别的职位，而且人们一旦占据该职位，即使不做很大努力，同样享有该职位的一切待遇，这必然使得那些已经具备条件，更具竞争力，但是由于职位的缺乏而不能及时得到晋升的员工产生不公平感。同时，职位越高，职数越少，晋升越难，员工的提升机会更趋减少，职位的激励作用也随之大大降低。

2. 技能工资制

技能工资制是根据员工所掌握的技能水平和技能数量来确定其工资水平，即根据员工技术知识在质量和数量方面的某种结合来支付员工的工资，它主要反映的是员工所具备的技能的价值。

技能工资制相对于职位工资制有明显的优点：(1)职位是不变的，一旦拥有了某一职位，就享有与该职位相对应的工资；技能和知识是可变的，即使是在同一职位，人们的技术和知识也是不同的。(2)在同一职位上，工资和努力程度几乎没有关系，而即使是在同一职位，技术和知识的增加和人们的努力程度成正比。(3)职位总是和资历相联系，人们在一个职位干得越久，工资就会越高；而技能和资历关系不大。(4)职位是有限的，所以职位工资制带给员工

① 刘爱军：《8种常见的基本工资制度的比较》，《人才资源开发》2006年第1期。

的发展机会比较少；而技能是无限的，人们可以通过学习使技能不断增强或增多，所以技能工资制鼓励员工学习新技能，并给员工提供更多的流动和发展机会。总之，技能工资制适应了一般员工的价值观，能有效调动员工学习新知识，掌握新技能的积极性，有利于提高员工素质和劳动生产率。但是这种方法也存在一定的问题，如技能认证较复杂，易造成组织直接劳动成本和培训成本的增加。

3. 年功工资制

年功工资也称年资工资、工龄工资，其确定是以员工的工作年限，即按照连续工龄或本企业工龄决定其工资标准，并且随工龄增加逐年增加工资。其特点是，基本工资按年龄、本企业工龄和学历等因素决定，与工作、能力没有直接联系，普遍实行定期增薪制度，随着工龄的增长每年增加一次工资，退休金以基本工资和本企业工龄为计算基础。

年功工资制萌芽于20世纪初期，在日本较为流行，被称为“年功序列工资制度”。实行年功工资制主要是为了防止工人从这个企业跳到另一个企业，培养和稳定忠于本企业的熟练工人。但是，随着环境的急剧变化、职工流动性加剧以及高技能人才的全球性短缺，年功工资制的弊端日益突出。

4. 结构工资制

结构工资制，又称为分解工资制，即把劳动者的工资与本人的职务、技能、责任、业绩等结合起来的工资制度。结构工资一般由基础工资、工龄工资、技能工资、岗位工资等不同职能的工资组成。其中，基础工资是用来维持员工基本生活的那部分工资；工龄工资，根据员工在企业工作时间的长短来计量；技能工资根据员工的工作技能来确定；岗位工资根据员工的职务（工作内容）来确定。

结构工资制吸收了前面几种工资制度的长处，有较强的灵活性、适应性，有利于合理安排企业内部各类员工的工资关系，能够有效地调动员工的工作积极性，充分发挥工资的激励功能。但是，结构工资的设计及其各工资单元的相对比重如何合理确定，操作起来比较复杂。

5. 年薪制

年薪制是指以企业财务年度为单位，根据经营者管理业绩和承担的责任、风险确定其工资收入的一种工资形式。年薪制起源于美国，并得到大多数工业化国家的普遍承认和推行，其一般适用于企业的高级职员。实践证明，经营者资源是经济资源中最为珍贵的资源之一，是一种“价值量”极高的生产要素，合理确定经营者的年薪收入，对于吸引优秀人才加入企业家队伍，造就高素

质、职业化的企业家，促进企业的发展具有重要意义

我国《劳动法》对年薪制尚无明文规定。1994年劳动部制定了《企业经营者年薪制试行办法》。1997年劳动部正式决定在百家国企中推广年薪制试点工作。由于种种原因，1998年1月，劳动部宣告年薪制试点在全国暂停。1999年9月，十五届四中全会报告指出："少数企业试行经理（厂长）年薪制、持有股权等分配方式，可以继续探索，及时总结经验，但不要刮风。"2000年11月劳动和社会保障部在《进一步深化企业内部分配制度改革指导意见》中指出，要在具备条件的企业积极试行董事长、总经理年薪制。国家人事部也表示，我国将对国有企业经理人员任用制度进行重大改革，计划用五年时间建立一支职业化的国有企业经营管理队伍，并推行年薪制。

年薪制的主要特点是：

(1)经营者的年薪一般高于企业职工的工资水平，但与职工工资水平挂钩。按规定，经营者年薪高于职工工资水平的部分，应当限于国家允许的本企业职工同口径计算的年平均工资收入的一定倍数之内。

(2)经营者年薪由企业投资者（所有者）与经营者以经营合同的形式具体规定，而不是由劳动合同或集体合同规定。

(3)年薪有奖励性和风险性。其奖励性表现在，企业经济效益越好，年薪越高，二者成正比例。其风险性在于，在规定年薪的情况下，经营者不得领取工资、奖金、津贴等收入，只领取生活费，甚至在完不成经营合同的计划时要负一定的责任。

(4)确定经营者的年薪时，必须与企业经济效益及国有资产保值增值挂钩，同时还要对经营者实行收入和财产申报制度，减少隐性化和"灰色"收入，从而为经营者的健康成长提供保障。

年薪制可以进一步强化约束机制，激发经营者的工作热情，保护出资者利益，因此，随着市场化改革进程的加快和现代企业制度的逐步建立，年薪制在国有企业中推行是必然趋势。但也应当看到，年薪制对企业的基础管理要求很高，实行年薪制的企业必须建立完善的现代企业制度，要以契约的形式规范经营者的责、权、利，管理、监督机制科学、严谨，更要有一套全面反映企业状况的指标体系以及社会评估机构的介入，否则，极易造成经营者的特权和腐败，过分拉大企业内部的收入差距，导致更大的社会不公。

第三节 工资支付保障

工资支付是指雇主依照法律规定或者劳动合同、集体合同的约定,使劳动者应得的工资转变为实际所有的工资的过程。工资支付保障,就是要保障劳动者按时得到其应得到的全部工资,保障工人享有使用其工资的自主权,以及不容许对工人的工资进行任何非法的扣除或扣留,从而保障劳动者得以依赖其工资维持本人与家庭的生计。从各国工资立法及其实践看,工资支付保障的主要内容包括规定工资支付的一般规则,特定情况下的工资支付保障,雇主破产、清算条件下的工资支付保障等。

一、工资支付的一般原则

工资支付的一般原则,是指劳动者在法定或依法约定的工作时间内提供了正常劳动的情况下,雇主支付工资时必须遵守的原则。

1. 货币支付原则

所谓货币支付原则,是指除法定情况外,工资应当以法定货币形式支付,不能以实物形式支付。实行货币支付的原因,是为了限制或取消实物支付,使个人收入货币化、规范化,提高收入的透明度,充分实现劳动者的劳动价值,加强对雇主收入分配的财务监督和个人所得税调节收入分配的职能,更重要的原因是,在商品经济条件下,货币是一种充当一般等价物的特殊商品。工资采取货币支付形式,它就具有了货币充当一般等价物的性质:一方面,它提供了价值尺度,可以对各种劳动进行衡量和比较,同时相应地提供了劳动者消费的尺度;另一方面,它提供了交换手段,通过货币这一交换媒介,以货币的形式取得劳动报酬,又到市场上以劳动报酬的表现形式——货币购买回个人消费品,从而实现一种劳动和其他劳动的交换。可见,工资只有采用货币的形式,才能适应人们的收入有高有低、消费需求多种多样的要求。工资采用货币形式,这是商品经济的必然产物和内在要求。①

以货币工资替代实物工资,有一个发展的过程。"实物工资制始于英国。"②19 世纪初期,英国许多雇主以实物替代现金支付工资,这样虽然推销了其产品,降低了产品的成本,但却大大降低了工人的实际工资水平,使工人的

---

① 康士勇、林玳玳主编:《工资理论与实务》,中国经济出版社 1998 年版,第 12 页。

② 谢振民、康士勇:《中国民国立法史》,中国政法大学出版社 2000 年版,第 1103 页。

生活更加贫困。经过工人阶级的长期斗争，1831 年英国议会公布的 Truck-Act（实物工资法）规定，发放工资必须采用通用货币，否则为非法和无效。此后，瑞士（1877 年）、匈牙利（1884 年）、奥地利（1885 年）等国家先后颁布了禁止发放实物工资的法令。

以货币形式支付工资，是当今国际上通行的做法。如美国 1938 年《公平劳动标准法》规定，临时凭证、代价券、存款卡、内部支票、债息票以及类似的媒介物，都是非法的工资支付手段。该法还禁止雇员从获得的劳动报酬中给雇主支付“回佣”。新加坡法律规定工人的薪金应用合法货币支付，不得使用其他货币。禁止在劳动合同中规定薪金的全部或任何部分用其他方式支付，或如何支配工资。每个工人都有权通过法院或劳动专员索回未曾用合法货币支付给他的薪金。我国《劳动法》第 50 条规定：“工资应当以货币形式按月支付给劳动者本人。”根据劳动部办公厅《〈中华人民共和国劳动法〉若干条文的说明》第 50 条的解释，这里的“货币形式”意味着“排除发放实物、发放有价证券等形式。”劳动部颁布的《工资支付暂行规定》第 5 条也强调：“工资应当以法定货币支付。不得以实物及有价证券替代货币支付。”

理解货币支付原则，需要注意以下几点：

(1)工资应当以法定货币支付。如 1949 年国际劳工组织《工资保障公约》(第 95 号)规定，当工资是以货币形式支付时，必须使用法定货币，禁止使用期票等凭证。在我国，所谓以法定货币支付就是以人民币支付劳动者工资。特定用人单位（如外商投资企业）或对于特定劳动者（如外籍劳动者），可以按规定用外币支付工资。

(2)这里的货币不能理解为现金。在现实中，常常有用人单位采用现金支票的形式发放工资，或者把工资直接划到指定的银行账户。这两种方式是金融现代化的产物，可以随时兑现，因此也是合法的工资支付形式。

(3)不能将货币支付原则绝对化。如 1949 年国际劳工组织通过的《工资保障公约》规定，如果根据惯例，或者由于环境特殊的需要，或者集体协议或仲裁裁决有此规定，或者征得了有关工人的同意，政府主管机关可以准许或者规定以银行支票、邮局支票、邮局汇票作为支付工资的形式。而且《工资保障公约》也不禁止实物形式的工资，而是规定在国家法律或规章、集体协议或仲裁裁决核准有些工业或职业可以用实物支付工资的情况下，应当采取措施保证这种实物适合于个人使用，对于工人及其家庭也是有利的，而且这种实物的作

价是公平合理的。[①] 我国台湾地区“劳动基准法”第22条也规定：“工资之给付，应以法定通用货币为之。但基于习惯或业务性质，得于劳动契约内订明一部以实物给付之。工资之一部以实物给付时，其实物作价应公平合理，并适合劳工及其家属之需要。”

2.直接支付原则

直接支付原则，是指工资应当直接支付给劳动者本人，由劳动者本人直接领取，除非出现特定的情况或经劳动者本人同意由他人代领。如国际劳工组织《工资保障公约》第5条规定，工资应直接支付给有关的工人，除非国家法律或条例、集体协议或仲裁裁定另有规定，或者有关工人同意其他办法。利比里亚《劳工法》第1511条第3款规定：“工资应当直接支付给本人或本人书面指定的家庭成员。”菲律宾《劳动法典》第105条规定：“工资必须直接支付给应当得到它的雇员，除非：(1)在遇到不可抗拒之力量而使工资支付不可能，或者有劳动部规定的特殊情况时，这时工资可以支付给由雇员书面授权的人。(2)当工人死亡时，雇主把工资付给他的继承人，并且不需要遗嘱。”我国台湾地区“劳动基准法”第22条第2款规定：“工资应全额支付给劳工。但法令另有规定或劳雇双方另有约定者，不在此限。当该工人死亡时，雇主可将死亡人之工资，付给其继承人，不论有无遗嘱。”我国《劳动法》第50条规定：“工资应当以货币形式按月付给劳动者本人。”《工资支付暂行规定》第6条规定：“用人单位应将工资支付给劳动者本人。劳动者本人因故不能领取工资时，可由其亲属或委托他人代领。用人单位可委托银行代发工资。用人单位必须书面记录支付劳动者工资的数额、时间、领取者的姓名以及签字，并保存两年以上备查。用人单位在支付工资时应向劳动者提供一份其个人的工资清单。”上述规定表明，除非法律、集体协议另有规定或劳动者本人同意，任何人(包括劳动者本人的家属)不得代领劳动者的工资。同时，雇主也负有不得向劳动者以外的任何第三人支付工资的义务，否则，即使雇主已实际支出该项工资，劳动者仍享有要求雇主支付工资的权利，如果因此造成劳动者损失，雇主还应当承担赔偿责任。当然，如果劳动者在劳动关系存续期间死亡，其合法继承人有权代领其未领部分的工资。

3.全额支付原则

所谓全额支付原则，是指在劳动者提供了足额劳动或全部劳动的情况下，雇主应当全额支付劳动者工资，除法定可以扣除的项目以外，雇主不得非法克

---

① 王家庞：《国际劳动公约概要》，中国劳动出版社1991年版，第121页。

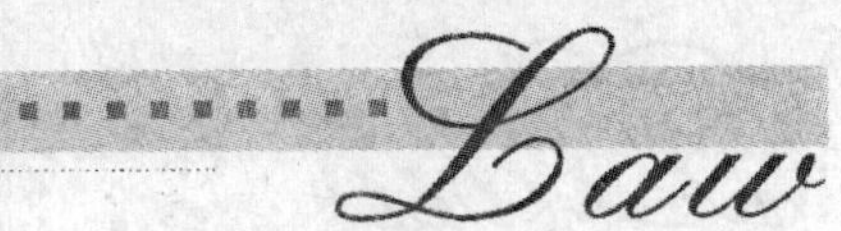

扣劳动者的工资。

克扣劳动者工资是侵犯劳动者工资支配自主权的行为。为保障劳动者能够自由支配工资，满足劳动者本人及其所赡养的家庭成员的生活需要，法律禁止雇主非法扣除劳动者的工资。只有在法律规定允许扣除工资的情况下才可以扣除工资；在法律规定禁止扣除工资的情况下，不得做出允许扣除工资的约定。即使在法律规定允许扣除工资的情况下，每月扣除的工资额也不得超出法定限度。从国际上看，禁止非法克扣工资的规定包括：

(1)目的限制。如国际劳工组织 1949 年《保护工资公约》第 9 条规定："任何以确保工人向其雇主或雇主代表或任何中间人(如签订合同或招聘劳动力的中间人)直接或间接交纳一笔钱以换取或保留工作为目的的扣除工资的作法，应予禁止。"

(2)条件和比例的限制。如 1961 年《欧洲社会宪章》第 4 条第 5 项规定："只有在国家法律或法规所规定或者集体协议或仲裁所确定的条件和范围内才允许克扣工资。"《瑞士债务法》第 323 条(A)规定，根据双方约定，或者依照习惯，或者标准劳务合同或者集体合同有规定时，雇主可以扣付一部分工资。但是除标准劳务合同或者集体合同另有规定外，扣付的工资不得超过某一支付日到期应当支付工资的十分之一，并不得超过一个星期工资的总额。新加坡法律规定，雇主以预付为由，对工资做出利息之类的扣除或者在工作地点向劳动者出售商品处以 2000 元以下罚款或者 1 年以下徒刑；且可两者并处；克扣劳动者工资处以 5000 元以下罚款或者 6 个月以下徒刑，且可两者并处。

(3)抵消的限制。如阿拉伯也门共和国《劳工法》第 83 条规定："任何债权人不得扣除他们的工资或补贴来清偿其在业主处的债务。"日本《劳动基准法》第 17 条规定："雇主不得从工资中扣除以前借款或其他以工作为条件的借款。"

(4)禁止预定违约金或损害赔偿金。如日本《劳动基准法》第 16 条规定："雇主不得以契约预定不履行劳动契约时之违约金或预定损害赔偿额。"我国台湾地区"劳动基准法"第 26 条规定："雇主不得预扣劳工工资作为违约金或赔偿费用。"

(5)禁止以克扣工资作为对工人的报复手段。如菲律宾《劳动法典》第 118 条规定："以任何方式歧视、开除对工作不满，或依本法进行诉讼以及在诉讼中已经作证或要作证的雇员，拒付或少付其工资的做法都是违法的。"

在我国，工资全额支付原则主要通过禁止非法克扣工资的规定实现。如《劳动法》第 50 条规定："不得克扣或者无故拖欠劳动者的工资。"根据 1994 年劳动部《对〈工资支付暂行规定〉有关问题的补充规定》第 3 条的解释，所谓“克扣”是指用人单位对履行了劳动合同规定的义务和责任，保质保量完成生产工作任务的劳动者，不支付或未足额支付其工资。按照规定，用人单位可以从职工的工资中代扣工资的情况只限于：

(1)根据《工资支付暂行规定》第 15 条的规定，有下列情况之一的，用人单位可以代扣劳动者工资：第一，用人单位代扣代缴的个人所得税；第二，用人单位代扣代缴的应由劳动者个人负担的各项社会保险费用；第三，法院判决、裁定中要求代扣的抚养费、赡养费。

(2)根据《工资支付暂行规定》第 16 条的规定，因劳动者本人原因给用人单位造成经济损失的，用人单位可按照劳动合同的约定要求其赔偿经济损失。经济损失的赔偿，可从劳动者本人的工资中扣除。但每月扣除的部分不得超过劳动者当月工资的 20%。若扣除后的剩余工资部分低于当地月最低工资标准，则按最低工资标准支付。

(3)根据劳动监察法规规定，由于行政领导人员违反劳动保护法给国家或劳动者造成损失的，劳动监察机关或监察人员有权根据其所犯错误的性质和情节，对责任人处以不超过本月标准工资的 20%的罚款，并从其工资中扣除。

(4)法律、法规规定可以从劳动者工资中扣除的其他费用。

根据原劳动部《对〈工资支付暂行规定〉有关问题的补充规定》第 3 条的规定，以下减发工资的情况不属于克扣：第一，国家的法律、法规中有明确规定的；第二，依法签订的劳动合同中有明确规定的；第三，用人单位依法制定并经职代会批准的厂规、厂纪中有明确规定的；第四，企业工资总额与经济效益相联系，经济效益下浮时，工资必须下浮的(但支付给劳动者工资不得低于当地的最低工资标准)；第五，因劳动者请事假等相应减发工资等。

4.定期支付原则

所谓定期支付原则，即雇主应当按照法律规定或合同约定的时间发放工资。定期支付原则的含义包括：(1)雇主必须按照法律规定的支付周期发放工资。如国际劳工组织《工资保障公约》第 12 条规定：“工资应定期支付”。《工资保障建议书》进一步明确规定：“对于以小时、日或周计算报酬的工人，每月至少发工资两次，间隔期至多为 16 天；对于按月或年计酬的雇用人员，至少每月发一次工资；而对于按件劳动或产量来获得报酬的工人，其工资的发放每月至少应两次，间隔期最多为 16 天。”菲律宾《劳动法典》第 103 条规定：“工资必须最少两周支付一次或每月支付两次，间隔不超过 16 天。”我国台湾地区“劳动基准法”第 22 条第 3 款规定：“工资之给付，除当事人有特别约定或按月预

付者外，每月至少定期给付二次；按件计酬者亦同。”(2)雇主必须按照法律规定或合同约定的支付日期发放工资，如果约定的工资支付日期是周休日或法定节日，雇主应当提前在最近的工作日支付工资。如我国台湾地区“劳动基准法”第27条规定，雇主如不按期支付工资者，“主管机关得限期令其给付”。(3)当劳动者遇到疾病、灾难等紧急情况急需用钱时，劳动者有权要求雇主提前支付其应得的工资。如日本《劳动基准法》第25条规定：“当工人遇有生育、疾病、灾难等法律所规定的其他情况急需用款时，雇主应当提前发放即将给付的工资。”我国台湾地区“工厂法”第47条规定，劳动者可“请求预支一个月以内之工资或发还储金之全部或一部”。(4)劳动关系解除时，应在劳动关系终了之日支付工资，但非法解除劳动合同除外。如沙特阿拉伯《劳工法》第117条规定：“雇员终止工作后，应立即向其支付工资；假如雇员自愿脱离工作，其工资可在他离开工作之日后不超过7天内支付。”我国台湾地区“劳动基准法”施行细则第9条规定：“依本法终止劳动契约时，雇主应即结清工资给付劳工。”(5)劳动者死亡时，应及时结清工资。如我国台湾地区“劳动基准法”施行细则第16条规定：“劳工死亡时，雇主应即结清其工资给付其遗属。”

我国《劳动法》第50条规定：“工资应当以货币形式按月支付给劳动者本人。不得克扣或者无故拖欠劳动者的工资。”根据劳动部办公厅《〈中华人民共和国劳动法〉若干条文的说明》的解释，这里的“按月支付”应理解为每月至少发放一次工资，实行月薪制的单位，工资必须每月发放，超过企业与职工约定或劳动合同规定的每月支付工资的时间发放工资即为不按月支付。实行小时工资制、日工资制、周工资制的单位工资也可以按日或按周发放，并且要足额发放。《劳动合同法》第85条规定：“用人单位有下列情形之一的，由劳动行政部门责令限期支付劳动报酬、加班费或者经济补偿；劳动报酬低于当地最低工资标准的，应当支付其差额部分；逾期不支付的，责令用人单位按应付金额百分之五十以上百分之一百以下的标准向劳动者加付赔偿金：(1)未按照劳动合同的约定或者国家规定及时足额支付劳动者劳动报酬的；(2)低于当地最低工资标准支付劳动者工资的；(3)安排加班不支付加班费的；(4)解除或者终止劳动合同，未依照本法规定向劳动者支付经济补偿的。”

从我国现实情况看，没有定期支付工资即无故拖欠工资现象主要发生在广大农民工身上。据建设部副部长黄卫介绍，2003年以前全国拖欠农民工工资323亿元，2003年全国拖欠农民工工资总量160多亿元；有部分农民工工资被拖欠超过10年。[①] 2003年底温家宝总理为四川农家妇女熊德明讨工资一事经媒体报道后引起全社会对拖欠农民工工资问题的关注,熊德明因此成为中央电视台评选的2003年度"十大经济人物"之一。种种迹象表明,当前拖欠农民工工资已经成为威胁农民工生存发展和社会和谐稳定的一个重大问题。关于拖欠农民工工资的原因,除了用人单位恶意欠薪之外,主要与法律制度的不完善有关。根据劳动部《〈中华人民共和国劳动法〉若干条文的说明》的解释,所谓无故拖欠是指用人单位无正当理由在规定时间内故意不支付劳动者工资的行为。《对〈工资支付暂行规定〉有关问题的补充规定》第4条进一步规定,无故拖欠不包括:第一,用人单位遇到非人力所能抗拒的自然灾害、战争等原因、无法按时支付工资;第二,用人单位确因生产经营困难、资金周转受到影响,在征得本单位工会同意后,可暂时延期支付劳动者工资,延期时间的最长限制可由各省、自治区、直辖市劳动行政部门根据各地情况确定。根据上述规定,意味着只要有正当理由,用人单位就可以拖欠工资。而一些用人单位正是把经营状况和第三方责任作为拖欠工资的"正当"理由。可见,对于解决拖欠农民工工资问题,除了各级党委、政府对这一工作的高度重视之外,修改和完善相关的法律法规,加重雇主欠薪的法律责任甚至刑事责任,[②]才是治理欠薪问题的根本之策。

工资支付的一般原则除了前述四项内容之外,国际劳工公约和一些国家的劳动法还对工资支付的地点作了规定。如国际劳工组织《工资保障公约》第13条规定:"当工资用货币发放时,其发放只应在工作日和工作场所或工作场所附近进行;禁止在酒店或其他类似地点发放工资。"《俄罗斯劳动法典》第97条规定:工人的工资一般应在其完成工作的地点支付。一些国家还同时或专门规定,不能在公共场所、娱乐场所、旅馆、贩卖货物的地点及打赌的地方支付工资,除非劳动者在那里工作,因为劳动者在这些地方易受诱惑而浪费。卢旺达《劳工法》第92条规定:"除发生不可抗力的情况外,一律在工作地点支付工资。在任何情况下,不能在商店或娱乐场所支付(除非劳动者在那里工作),也

---

① 《建设部副部长黄卫警告说拖欠农民工工资影响社会稳定》,载《中国劳动保障报》2004年8月28日。

② 例如,我国香港地区《雇佣条例》第23条规定:在任何情况下,工资不得迟于工资期满后7天支付。第63C条规定,雇主如故意及无合理理由辩解违反上述条款,即属犯罪,可以罚款200000港元及监禁1年。据报道,香港七成欠薪雇主被定罪。转引自《北京青年报》2003年1月20日。

不能在休息日支付。”尼日利亚《劳工法》第3条规定:“不应在贩卖致醉饮料或零售货物的场合给工人发放工资,但在这些场合雇佣的工人除外。”

二、特定情况下的工资支付保障

(一)特定情况下的工资支付保障的特点

特定情况下的工资,是指依照法律规定或者劳动合同、集体合同的约定,在特殊时间内或特殊情况下支付给劳动者的工资。其特点是:(1)它是以存在某种法定非正常情况作为工资支付的依据。一般认为,劳动者在正常时间内履行劳动给付义务而支付工资,是工资支付的正常情况,此外其他应支付工资的情况,即为非正常情况。至于哪些属于应支付工资的非正常情况,取决于各国法律法规的明文规定。(2)它是以劳动者本人工资标准作为工资支付的基准。或者按计时工资标准进行全额支付,即工资照发。或者按计时工资的一定比例进行支付;或者按计时工资的一定倍数进行支付。各种支付方式分别适用于哪些非正常情况,也取决于法律法规的具体规定。

(二)特定情况下的工资支付保障的具体情形

特定情况下工资支付保障就是法律规定劳动者在特定情况下获得工资的保障措施。其具体情形包括:

1.履行公民义务期间的工资支付保障

如参加选举、出庭作证、服兵役等。如《美国劳动协议》第14条第2款规定:“在每个日历年度内履行后备军人义务最多15天的雇员,应当在其请假期间得到一周的全工资。”《韩国劳动标准法》第9条规定:“雇主不得拒绝职工在工作时间内行使投票权或其他公民权利或者履行公共职责的请求;但如在不妨碍这些权利的行使或公民职责的履行的情况下,职工要求的时间可以变更。”我国《工资支付暂行规定》第10条规定,“劳动者在法定工作时间内依法参加社会活动期间,用人单位应视同其提供了正常劳动而支付工资。社会活动包括:依法行使选举权或被选举权;当选代表出席乡(镇)、区以上政府、党派、工会、青年团、妇女联合会等组织召开的会议;出任人民法庭证明人;出席劳动模范、先进工作者大会;《工会法》规定的不脱产工会基层委员会委员因工作活动占用的生产或工作时间;其他依法参加的社会活动。”

2.雇员加班加点、年休假、婚丧假、探亲假、产假期间的工资支付保障

具体内容见本书第八章。

3.雇员生病、工伤期间的工资支付保障

如德国《继续支付工资法》第3条规定,职工在生病情况下,享有继续支付

工资请求权，此项请求权在劳动关系不间断地存在 4 个星期以后产生。[①] 我国《劳动部关于贯彻执行〈中华人民共和国劳动法〉若干问题的意见》第 59 条规定："职工患病或非因工负伤治疗期间，在规定的医疗期间内由企业按有关规定支付其病假工资或疾病救济费，病假工资或疾病救济费可以低于当地最低工资标准支付，但不能低于最低工资标准的 80%。"《工伤保险条例》第 31 条规定："职工因工作遭受事故伤害或者患职业病需要暂停工作接受工伤医疗的，在停工留薪期内，原工资福利待遇不变，由所在单位按月支付。停工留薪期一般不超过 12 个月。伤情严重或者情况特殊，经设区的市级劳动能力鉴定委员会确认，可以适当延长，但延长不得超过 12 个月。工伤职工评定伤残等级后，停发原待遇，按照本章的有关规定享受伤残待遇。工伤职工在停工留薪期满后仍需治疗的，继续享受工伤医疗待遇。生活不能自理的工伤职工在停工留薪期需要护理的，由所在单位负责。"

4. 企业停工期间的工资支付保障

如阿尔巴尼亚《劳动法典》第 38 条规定："工人、职员因本身过失使其担任的工作发生停工风险，不得发给工资。"依此作反面解释，对于非因工人、职员的过失而导致的停工，雇主应支付工资。我国《工资支付暂行规定》规定："非因劳动者原因造成用人单位停工、停产在一个工资支付周期内，用人单位应按劳动合同规定的标准支付劳动者工资。超过一个工资支付周期的，若劳动者提供了正常劳动，则支付给劳动者的劳动报酬不得低于当地的最低工资标准；若劳动者没有提供正常劳动，应按国家有关规定办理。"1957 年国务院《关于工业、基本建设、交通运输企业工人、职员停工津贴的暂行规定》规定：职工因本身过失造成停工的，不发给过失者津贴。非因职工本身过失造成停工的，一般按本人计时工资标准的 75%发给停工津贴；试制新产品，试用新机器、新工具，试用先进生产经验及试行合理化建议期间，非职工本人过失造成停工的，按照本人计时工资标准的 100%发给停工津贴；停工期间的地区津贴、野外津贴、生活补贴均按停工津贴的比例发给。

5. 离职（脱产）学习期间的工资支付保障。在世界范围内规定工人享受有工资的离职学习权利是最近才出现的。1974 年国际劳工大会通过了《带酬脱产学习公约》（第 140 号）和同名的建议书。公约规定，"带酬脱产学习"是指某一工人在某一特定时期的工作时间内为接受教育而离开工作岗位，并享有适当报酬的资格。带酬脱产学习的内容可包括各级水平的培训，一般、社会及公

---

① ［德］W. 杜茨著：《劳动法》，张国文译，法律出版社 2005 年版，第 90 页。

民的教育和工会教育。带酬脱产学习时期应等同于实际工作时期，以便确定有关社会福利权利和其他与就业关系相关的权利。

此外，在我国，特定情况下的工资支付保障还包括以下情况：(1)根据《劳动部关于贯彻执行〈中华人民共和国劳动法〉若干问题的意见》第57条的规定，劳动者与用人单位形成或建立劳动关系后，试用、熟练、见习期间，在法定工作时间内提供了正常劳动，其所在的用人单位应当支付其不低于最低工资标准的工资。(2)根据《劳动部关于贯彻执行〈中华人民共和国劳动法〉若干问题的意见》第58条的规定，企业下岗待工人员，由企业依据当地政府的有关规定支付其生活费，生活费可以低于最低工资标准，下岗待工人员重新就业的，企业应停发其生活费。女职工因生育、哺乳请长假而下岗的，在其享受法定产假期间，依法领取生育津贴；没有参加生育保险的企业，由企业照发原工资。(3)经济困难的企业的工资支付保障。《关于做好国有企业职工和离退休人员基本生活保障工作的通知》规定："企业发放工资确有困难时，应发给职工基本生活费，具体标准由各地区、各部门根据实际情况确定。"《关于国有企业流动资金贷款的紧急通知》规定，"地方政府通过财政补贴，企业主管部门有可能也要拿出一部分资金，银行要拿出一部分贷款，共同保证职工基本生活和社会的稳定。"国务院《国有企业富余职工安置规定》规定："企业可以对职工实行有限期的放假。职工放假期间，由企业发给生活费。"(4)根据2000年3月17日劳动和社会保障部《对〈工资支付暂行规定〉有关问题的补充规定》第5条的规定，劳动者受行政处分后仍在原单位工作(如留用察看、降级等)或受刑事处分后重新就业的，应主要由用人单位根据具体情况自主确定其工资报酬；劳动者受刑事处分期间，如收容审查、拘留(羁押)、缓刑、监外执行或劳动教养期间，其待遇按国家有关规定执行。① (5)新就业复员军人的工资待遇由用人单位自主确定。分配到企业的军队转业干部的工资待遇，按照本人原在军队职务(技术等级)工资、军衔(文职级别)工资、基础工资和军龄工资四项之和80%

① 具体请参阅1984年劳动人事部《关于国家职工在公安机关收容审查期间工资问题的处理意见》、1978年国家劳动总局、公安部《关于原系职工的劳动教养分子生活费标准等问题的通知》、1986年最高人民检察院、公安部、劳动人事部《关于检察机关决定不起诉、免予起诉的原系国家职工的被告人羁押期间工资是否补发问题的答复》、1984年劳动人事部《关于工作人员被判处徒刑、缓刑、免刑后的工作和工资问题的复函》、1972年公安部《关于监外执行人员工资待遇问题》、1982年国家劳动总局《关于刑满释放人员就业安置问题复贵州省劳动局的函》、1995年劳动部《关于贯彻执行〈中华人民共和国劳动法〉若干问题的意见》第28条等相关规定执行。

的数额，就近就高套入所在企业相当职务的工资标准（不含奖金和各种补贴）。①

三、破产程序中的工资支付保障

企业破产、解散是市场经济条件下的正常现象。企业破产将对所有债权人造成损害，对劳动者造成的损害尤其值得关注。为此，1949 年国际劳工组织《工资保障公约》和同名的建议书（第 85 号）规定，当企业倒闭或判决清理时，该企业的工人均应享有优先债权人的地位。工资构成一种优先债权，应在普通债权人提出任何分割资产的要求前予以全部支付。1992 年国际劳工组织《保护工人债权公约》（我国已参加）第 3 条要求，凡批准本公约的会员国，应承诺以优先权手段保护工人债权，或承诺以担保机构保护工人债权，或同时承诺以优先权和担保机构保护工人债权。从各国立法实践看，在企业破产、清算的条件下，确保工资债权实现的主要手段有两个：

1. 工资担保制度

根据《保护工人债权公约》的规定，在雇主因破产而无法偿付时，工人因就业而出现的对其雇主的债权的偿付应由担保机构予以担保。受担保保护的工人债权应至少包括：(1)工人对一段规定时间内的工资所拥有的债权，这段规定时间不得少于破产前或终止雇用前的八周；(2)工人根据其在一段规定时间内所从事的工作而在假日报酬方面拥有的债权，这段规定时间不得少于破产前或终止雇用前的六个月；(3)工人对一段规定时间内的其他形式的有酬缺勤报酬所拥有的债权，这段规定时间不得少于破产前或终止雇用前的八周；和(4)工人因其终止雇用而应该得到的离职金。目前，已建立工资担保制度的国家包括法国、德国、韩国以及我国香港、台湾地区等。如我国香港地区《破产欠薪保障条例》规定，政府设立由雇员代表、雇主代表和公职人员三方组成的“破产欠薪保障委员会”，负责管理破产欠薪保障基金。如遇雇主无力清偿债务而有欠付雇员工资时，雇员只需书面声明将该数额的优先受偿权转让给破产欠薪保障基金委员会，即可向委员会提出申请，由该基金先行垫支工资款项。

2. 工资优先权制度

工资优先权是指在企业破产、清算等无支付能力的条件下，劳动者对于破产、清算前应得的工资，享有优先于其他一般债权甚至担保债权受偿的权利。

---

① 1995 年 7 月 7 日国务院、中央军委《关于确定军队转业干部工资待遇问题的通知》（国发[1995]19 号执行）第 3 条。

如非律宾《劳动法典》第 110 条规定:“在雇主破产或清算时,雇员应被优先考虑工资和货币要求,没有支付的工资应在政府或其他债权人受偿前全部支付。”西班牙《劳动者宪章》第 32 条规定:(1)工资的支付享有比用人单位其他支付的优先权;(2)应支付的工资具有比其他任何应支付的款项均优先的权利,哪怕这些权利是以财产抵押的。除上述国家之外,法国、日本、意大利、阿尔及利亚、智利等国家的民法典以及法国、喀麦隆、马达加斯加等国家和我国台湾地区的劳动法都对工资优先权有明确的规定。①

从上述实践看,一些国家和地区同时设立工资担保制度和工资优先权制度,以加强对工资债权的保护。例如,《法国民法典》规定,受雇人员当年及过去一年的报酬、薪金雇工和学徒最后 6 个月的工资,作为不动产一般优先权不必登记,优先于不动产特别优先权、抵押权受偿。在破产程序中,根据 1935 年 8 月 8 日的政府法令及其后的修改,在司法清算或整顿程序中,领薪者和学徒最后 60 天的酬金以及旅行推销员最后 90 天的酬金,可以优先于诉讼费用和担保债权而作为超级优先权获得清偿。根据 1973 年 12 月 27 日的法律,法国建立工资强制保险制度,其立法理由是,尽管民法典中规定了优先权制度,但是,如果雇主破产时没有足够的清偿能力,那么工资优先权仍然难以获得实现,因此,需要雇主就其因为破产而无法清偿工资所承担的风险向保险公司投保,以保险的方式为其雇工的工资支付提供担保。② 韩国《劳动标准法》第 30—2 条规定:“(1)工资、退休津贴、事故补偿和其他源于雇用的债权,应优先于税收、公共征税或其他对雇主全部财产的债权(用抵押或典当担保的某些债权除外)予以支付。(2)尽管有第(1)款的规定,但最近 3 个月的工资、退休津贴和事故补偿的支付应优先于任何债务、税收、公共征税或其他从雇主所有财产中由典当或抵押担保的支付。”尽管有上述规定,韩国政府意识到如果雇主无偿还能力,工资债权上的优先权不过是理论上的权利。因此于 1998 年又制定了工资债权保障法,决定设立工资债权保障基金,以代替业主在无偿还能力时保障对工人的支付。工资债权保障基金来源于业主的缴费,业主的费用在当年劳动者工资额的 2/1000 范围内,通过工资债权保障基金审议委员会的审议后确定,乘以劳动部长规定的比率即得出总金额。我国台湾地区“劳动基准

---

① 相关内容请参阅蒋月:《中国农民工劳动权利保护研究》,法律出版社 2006 年版,第 187～188 页。

② 于海涌:《法国不动产担保物权研究——兼论法国的物权变动模式》,法律出版社 2004 年版,第 26 页。

法"第 28 条规定:"雇主因歇业、清算或宣告破产,本于劳动契约所积欠之工资未满六个月部分,有最优先受清偿之权。"该条同时规定雇主应当按其当月雇佣劳工投保薪资的总额及规定的费率(由中央主管机关在 10%的范围内拟定)缴纳一定数额的积欠工资垫偿基金,此基金累计至规定的金额后,应当降低费率或暂停收缴。此基金由中央主管机关设立的管理委员会进行管理,并可运用以产生孳息。雇主因歇业、清算或宣告破产,根据劳动契约所积欠的工资未满 6 个月部分,优先于一般债权受偿。未获得清偿的,由积欠工资垫偿基金垫偿,而雇主应在规定的期限内,将垫偿款偿还给积欠工资垫偿基金。

在我国,根据《破产法》第 113 条、《民事诉讼法》第 204 条的规定,职工工资债权被列为优先拨付破产费用和共益债务后的第一顺序受偿。《工资支付暂行规定》第 14 条重申:"用人单位依法破产时,劳动者有权获得其工资。在破产清偿中用人单位应按《中华人民共和国企业破产法》规定的清偿顺序,首先支付欠付本单位劳动者的工资。"由于在企业破产之前,破产企业的资产大多已设定了抵押权,而根据《破产法》的规定,已作为担保物的财产不属于破产财产,因此,在担保债权的挤压之下,在破产实践中职工工资债权的清偿率几乎为零。在破产法修改过程中,如何处理职工工资债权与担保债权(主要是银行债权)的关系,加强破产企业职工工资债权的法律保护,是一个各方争论十分激烈的棘手问题。根据 2006 年 8 月 27 日第 10 届全国人民代表大会常务委员会第 23 次会议修改通过的新《破产法》的规定,工资债权仍然后于担保物权受偿。从工资担保实践看,1996 年深圳市颁布了《深圳经济特区企业欠薪保障条例》。这是我国第一个有关欠薪保障的地方性法规。《条例》规定欠薪保障实行缴费与共济、垫付与追偿相结合的原则;并且就欠薪保障机构、欠薪保障基金、欠薪的垫付与追偿作了明确地规定。继深圳市之后,上海市《关于本市小企业欠薪保障金收缴的实施意见》、《北京市工资支付规定》等也对工资保障制度进行规定。

第四节　最低工资制度

一、最低工资的概念

所谓最低工资,是指国家依法规定的,劳动者在法定工作时间或劳动合同依法约定的工作时间内提供了正常劳动的前提下,雇主支付给劳动者的工资必须达到的法定最低限额。理解最低工资的含义,需要注意以下几点:

(1)最低工资以劳动者在法定工作时间内或劳动合同依法约定的工作时间内提供了正常劳动为前提条件。所谓法定工作时间，就是法定工时。所谓正常劳动，指劳动者根据依法签订的劳动合同的约定，在法定工作时间或劳动合同约定的工作时间内从事的劳动。如果劳动者在法定工作时间或劳动合同约定的工作时间之外提供了超额劳动，或者劳动场所、方式、环境发生了不利于劳动者的变化的情况下提供了劳动，则劳动者应得到额外的劳动报酬。如果劳动者未完成劳动合同约定的工作，则雇主可以扣除劳动者的收入，即使扣除后不足最低标准也不受限制。

(2)最低工资制度是劳动基准法的重要组成部分。所谓基准，就是“最低的标准”；所谓劳动基准法，就是国家规定最低劳动条件的法律规范的总称。作为劳动基准法的组成部分，最低工资标准由国家直接规定，而不是由劳资双方自行协商确定。劳动合同或集体合同约定的工资标准不得低于最低工资标准，否则无效，并改按最低工资标准执行；当事人约定的工资标准高于最低工资标准，其约定有效，按当事人的约定执行。如日本《最低工资法》第 5 条第 2 款规定：“适用最低工资规定的工人和雇主签订的劳动合同达不到法定最低工资额时，其工资部分应视为无效。其无效部分应改按法定的最低工资执行。”第 44 条：“违反第五条第一项规定者处以一万元以下的罚金。”我国《劳动法》第 48 条第 2 款规定：“用人单位支付劳动者的工资不得低于法定最低工资标准。”第 91 条规定：用人单位“低于当地最低工资标准支付劳动者工资的”，“由劳动行政部门给予警告，责令改正，并可以处以罚款。”可见，最低工资制度是一种相对强制性规范。

(3)最低工资与等级工资制中的起点工资不同。起点工资，是基本工资制度中各工种(岗位)的最低一级工资标准。确定起点工资，除了要考虑职工基本生活需要，还要考虑其他因素，如各工种(岗位)的技术业务因素、劳动强度、技能要求等，因而不同工种(岗位)的起点工资不尽相同。而最低工资仅与劳动者基本生活需要对应，与其他因素无关，并不因工种(岗位)的不同而有所不同。

(4)最低工资不同于平均工资，也低于平均工资。据统计，加拿大、美国的最低工资标准相当于平均工资的 40%～50%，法国、荷兰的最低工资标准相当于平均工资的 60%左右。① 我国 1994 年劳动部颁布的《企业最低工资规定》(已废除)第 7 条也明确要求，最低工资率应“高于当地的社会救济金和待

① 黎建飞：《劳动法的理论与实践》，中国人民公安大学出版社 2004 年版，第 391 页。

业保险金标准，低于平均工资”。

(5)最低工资主要体现为生产和再生产劳动力的必要费用。马克思指出：“简单劳动的生产费用就是维持工人生存和延续工人后代的费用。这种维持生存和延续后代的费用价格就是工资。这样决定的工资就叫最低工资。”[①]这就是说，最低工资就是工人维持生存和延续后代费用的价格。其构成包括：第一，维持工人自身生存所必须的生活资料费用；第二，延续工人后代所必需的生活费用；第三，一定的教育和训练费用。

二、最低工资制度的适用范围

最低工资制度的适用范围，即应当受到最低工资保障的行业和劳动者的范围。从历史发展看，最低工资的适用范围有一个不断扩大的过程。世界上最早实行最低工资制度的国家是新西兰(1894 年)和澳大利亚(1896 年)，实施范围主要限于劳动强度大、工作环境恶劣的行业以及工资被认为太低的行业。20 世纪初期，最低工资制度的实施范围已延伸到大部分的工商业部门，部分国家还覆盖了农业工人。如法国 1915 年的法律规定，对家庭女工实行最低工资，1922 年和 1926 年两次修改法律，将最低工资适用于一切家内工作的女工和男工。在美国，1906 年加利福尼亚州在公共团体中最早实行最低工资制度，1912 年马萨诸塞州通过最低工资法令，适用于女工、童工。1933 年美国国会通过《公共契约法》，对公共事业的雇员实行最低工资制度，1938 年美国国会通过《公平劳动标准法》，开始对一般的工人实行最低工资规定。1928 年国际劳工组织《制定最低工资确定办法公约》(第 26 号)规定：“凡批准本公约的会员国应承允制定或维持一种办法，以便为那些在无法用集体协议或其他方法有效规定工资、且工资特别低的若干行业或部门(特别是在家庭工作的行业)中工作的工人，确定最低工资率。”1951 年又制定了适用于农业工人的《农业中确定最低工资办法公约》(第 99 号)和《农业中确定最低工资办法建议书》(第 89 号)。1970 年国际劳工组织通过的《特别参照发展中国家情况确定最低工资标准公约》(第 131 号)第 1 条规定：“凡批准本公约的国际劳工组织会员国，承诺建立一种最低工资制度，其范围包括雇用条件适合于该范围的一切工资劳动者。”《特别参照发展中国家情况确定最低工资标准建议书》(第 135 号)进一步规定，应将第 131 号《公约》第 1 条范围内的人数和群体数保持在最低限度。该建议书还规定，可通过确定一种普遍适用的单一最低工资，或确定

① 《马克思恩格斯选集》第 1 卷，人民出版社 1972 年版，第 361 页。

一系列适用于各特定工人群体的最低工资。

在我国,《最低工资规定》第 2 条规定:“本规定适用于在中华人民共和国境内的企业、民办非企业单位、有雇工的个体工商户(以下统称用人单位)和与之形成劳动关系的劳动者。国家机关、事业单位、社会团体和与之建立劳动合同关系的劳动者,依照本规定执行。”但《最低工资规定》没有规定最低工资适用的排除范围。一般认为,在下列范围内的企业和劳动者不适用最低工资制度的规定:

1.公务员和公益团体的人员

根据国际通行做法,一般把公务员①排除在最低工资制度之外,因为国家公务员以政府为雇主,其实际工资水平大大高于维持其自身和其家庭成员生活的水平,不存在给予最低工资保护的需要。公益团体工作人员(其雇佣临时工除外)的工作目的不是为了获取报酬,而是为了慈善事业或公益事业,因此也不适用最低工资制度保护。

2.租赁经营企业或承包经营企业的租赁人或承包人

租赁人或承包人虽然目前仍具有企业职工的身份,但是其收入主要来源于承包收入或租赁收入,此收入由承包合同或租赁合同进行确定,企业一般也不向其发放工资。因此对这部分人不适用最低工资。但在全员承包中,虽全体职工与企业主管部门签订了承包合同,但每个职工与企业仍有劳动合同或集体合同存在,因此职工仍然可以受到最低工资制度的保护。

3.学徒、利用假期勤工俭学的学生、身体残疾的人等

因为在学徒期间尚不能提供正常劳动,也就不存在适用最低工资保护的前提;勤工俭学的学生没有对社会负担给付劳动的义务,不需要赡养他人,不受最低工资制度的保护;身体残疾的人,只能提供少量的简单劳动,如果将其规定在最低工资保护的范围之内,可能会危及其就业的机会,因此也不受最低工资制度的保护。

三、最低工资标准的确定

最低工资标准,又称为最低工资率,是指国家依法规定的单位劳动时间的最低工资数额。最低工资标准的确定,是最低工资立法中的核心问题,

---

① 《劳动部关于〈中华人民共和国劳动法〉若干条文的说明》第 2 条;《劳动部关于贯彻执行〈中华人民共和国劳动法〉若干问题的意见》第 4 条。

(一)最低工资标准的确定方式

最低工资标准的确定方式有两种:(1)立法上直接规定最低工资标准。如加拿大、美国等。(2)立法不直接规定最低工资标准,而只规定如何确定最低工资标准的原则和具体规则,并授权有关机构确定具体的最低工资标准。多数国家采用这一方式,即使在有联邦一级法定最低工资标准的美国,各州也采用这种方式。考虑到我国幅员辽阔,东西南北生产、生活水平差异较大等因素,《劳动法》第 48 条规定:"国家实行最低工资保障制度。最低工资的具体标准由省、自治区、直辖市人民政府规定,报国务院备案。用人单位支付劳动者的工资不得低于当地最低工资标准。"《最低工资规定》第 8 条规定:"最低工资标准的确定和调整方案,由省、自治区、直辖市人民政府劳动保障行政部门会同同级工会、企业联合会、企业家协会研究拟订,并将拟订的方案报送劳动保障部。"这就是说,我国不实行全国统一的最低工资标准,允许各地根据具体情况确定。

(二)最低工资标准的确定因素

1. 国际劳工公约的规定

1928 年国际劳工组织《制定最低工资确定办法公约》规定:"凡批准本公约的会员国,应自由决定最低工资确定办法的性质与形式及其实行的方法。"未对确定最低工资标准应考虑的因素进行具体地规定。1970 年国际劳工组织《特别参照发展中国家情况确定最低工资标准公约》列举了在决定最低工资水平时要考虑的两大因素:第一,工人及其家庭的需求,需考虑本国总的工资水平、生活费用、社会保障的补助,以及社会其他群体的相对生活水平。第二,经济因素,包括发展经济的需要、生产率的水平、获得和维持高水平就业的需要。公约的上述规定基本上为各国最低工资立法所接受。

2. 一些国家的特殊标准

从立法实践看,各国确定最低工资标准的因素不尽相同,主要有:

(1)地区因素。有的国家(如美国、加拿大)实行全国统一的最低工资标准。而有些国家基于地区间经济发展不平衡,要求各地区的最低工资标准应有适当的区别。如《埃及劳动法》第 32 条第 2 款规定,在某些地区,根据工资协助和咨询委员会的决定,工人的最低工资可以提高。阿拉伯也门共和国《劳工法》第 84 条规定:"在工资最低限的决议中,要考虑时间和地点的条件。"此外,菲律宾《劳动法典》第 124 条、马达加斯加《劳工法》第 63 条等都有类似的规定。

(2)行业(职业)因素。一些国家的法律规定,最低工资标准应当根据行业

的不同而制定不同的标准，如韩国《最低工资法》第 4 条规定："最低工资要考虑工人的生活费用、相关工人的工资以及劳动生产率，按照行业分别规定。"此外，埃及《劳动法》第 32 条、马达加斯加《劳工法》第 63 条等也有类似的规定。而英国、加拿大等国家则未采用这种做法。

(3)雇主的支付能力。有的国家要求最低工资标准不应超过雇主的支付能力，如日本《最低工资法》第 3 条规定："最低工资必须参照工人的生活费、同类工人的工资以及一般企业的支付能力来确定。"有的国家对这种做法则不予认同，如韩国在制定最低工资法时，负责引入最低工资制度的实施班子虽然提出了企业的支付能力也是准则之一，但在最终审议过程中以"会给人造成太偏向企业的误解"为理由取消了。①

(4)关于工人及其家庭成员的生活需要。有的国家(如伊拉克)只规定最低工资应能保障工人本人的生活需要，而不包括其家庭成员的生产需要。泰国法律规定，最低工资标准应"使雇员能够维持他们自己及其两名家属与社会上其他成员一样的正常生活水平"。菲律宾《劳动法典》第 124 条规定，确定最低工资标准应考虑"雇员及其家人的需要"。

我国《劳动法》第 49 条规定，确定最低工资应当考虑下列因素：

(1)劳动者本人及平均赡养人口的最低生活费用。实行最低工资保障的直接目的是确保劳动者维持最基本的生活需要。因此，最低工资标准不应低于劳动者本人的生活费用及其应尽法定义务所平均赡养人口的最低生活费用。所谓最低生活费用，是指为维持劳动者本人及其赡养人口的最低生活需要而必须支出的生活费用，包括吃、穿、用、住、行等方面。所谓平均赡养人口，按照 2004 年国家确定的 1.87 计算。

(2)社会平均工资水平。是指政府统计部门提供的职工平均工资水平。最低工资标准应当低于职工平均工资，高于失业保险金、社会救济金的标准。

(3)劳动生产率。是指政府统计部门提供的当地社会劳动生产率，即单位时间内劳动者为社会工作的效率，是有效劳动量与劳动时间之比。在不同行业、不同地区，劳动生产率的不同意味着在单位时间劳动者对社会贡献有所差别。也意味着各行业、各地区的用人单位对劳动者工资的支付能力存在着差别。劳动生产率是平均工资增长的前提条件，确定和调整最低工资标准，也要充分考虑劳动生产率因素。

---

① [韩]金秀坤著：《韩国劳资关系》，方振邦译，经济科学出版社 2005 年版，第 314 页。

(4)就业状况。即整个社会劳动者的就业率和就业部门的情况。就业状况与整个地区和部门的工资支付水平有一定的关系。就业状况越好,最低工资标准应当越高;在就业状况较差的地区和行业,最低工资标准就定得低。最低工资制应当尽量保证更多的人就业。

(5)地区之间经济发展水平的差异。我国幅员辽阔,地区之间经济状况差别很大,在经济发展水平不同的地区,其工资标准应当有适当的差异。经济发展较好的地区,最低工资水平较高;经济发展水平较差的地区,最低工资水平就低。最低工资标准由省级人民政府确定,正是为了使最低工资标准能较准确地反映各省、自治区、直辖市之间经济发展水平的差异。各省、自治区、直辖市也应从本地实际情况出发,根据需要和可能,允许同一地区内不同辖区的最低工资存在差异。

2004 年劳动和社会保障部颁布的《最低工资规定》第 5 条:"最低工资标准一般采取月最低工资标准和小时最低工资标准的形式。月最低工资标准适用于全日制就业劳动者,小时最低工资标准适用于非全日制就业劳动者。"第 6 条规定:"确定和调整月最低工资标准,应参考当地就业者及其赡养人口的最低生活费用、城镇居民消费价格指数、职工个人缴纳的社会保险费和住房公积金、职工平均工资、经济发展水平、就业状况等因素。确定和调整小时最低工资标准,应在颁布的月最低工资标准的基础上,考虑单位应缴纳的基本养老保险费和基本医疗保险费因素,同时还应适当考虑非全日制劳动者在工作稳定性、劳动条件和劳动强度、福利等方面与全日制就业人员之间的差异。"上述规定对确定最低工资标准时应考虑的因素作了进一步完善。

为了保证最低工资的确定具有科学性、准确性,劳动部关于《〈中华人民共和国劳动法〉若干条文的说明》指出,最低工资包括基本工资和奖金、津贴、补贴,但不包括加班加点工资、特殊劳动条件下的津贴,国家规定的社会保险和福利待遇。《最低工资规定》第 12 条规定,下列各项不属于最低工资的组成部分:(1)延长工作时间工资;(2)中班、夜班、高温、低温、井下、有毒有害等特殊工作环境、条件下的津贴;(3)法律、法规和国家规定的劳动福利待遇(包括劳动培训费用、劳保用品、计划生育补贴、特别困难补助、住房补贴、社会保险费用)等;(4)根据 1994 年原劳动部《关于实施最低工资保障制度的通知》的规定,用人单位通过贴补伙食、住房等支付给劳动者的非货币收入,也不属于最低工资的组成部分;(5)除此之外,劳动者所得的非经常性奖金,如竞赛奖、体育奖、合理化建议奖等也不列入用人单位最低工资的范畴。

综上,我国政府从正反两个方面对确定和调整最低工资标准的因素作了

明确具体的规定，兼顾了劳动者个人及其家庭的需要、经济发展水平、地区差异等，具有保障性、可行性、科学性。当然，我国最低工资标准也存在不足。例如，未考虑在现有经济条件下，不同所有制企业、不同行业的工资水平差异等。

（三）最低工资标准的具体测算方法

1. 确定最低工资标准应考虑的因素

确定最低工资标准一般考虑城镇居民生活费用支出、职工个人缴纳社会保险费、住房公积金、职工平均工资、失业率、经济发展水平等因素。可用公式表示为：M＝f(C、S、A、U、E、a)，各字母所代表的内容为：M 最低工资标准；C 城镇居民人均生活费用；S 职工个人缴纳社会保险费、住房公积金；A 职工平均工资；U 失业率；E 经济发展水平；a 调整因素。

2. 确定最低工资标准的通用方法

(1)比重法，即根据城镇居民家计调查资料，确定一定比例的最低人均收入户为贫困户，统计出贫困户的人均生活费用支出水平，乘以每一就业者的赡养系数，再加上一个调整数。

(2)恩格尔系数法，即根据国家营养学会提供的年度标准食物谱及标准食物摄取量，结合标准食物的市场价格，计算出最低食物支出标准，除以恩格尔系数，得出最低生活费用标准，再乘以每一就业者的赡养系数，再加上一个调整数。

以上方法计算出月最低工资标准后，再考虑职工个人缴纳社会保险费、住房公积金、职工平均工资水平、社会救济金和失业保险金标准、就业状况、经济发展水平等进行必要的修正。

举例：某地区最低收入组人均每月生活费支出为 210 元，每一就业者赡养系数为 1.87，最低食物费用为 127 元，恩格尔系数为 0.604，平均工资为 900 元。

(1)按比重法计算得出该地区月最低工资标准为：

$$\text{月最低工资标准}=210\times 1.87+a=393+a(\text{元}) \quad ①$$

(2)按恩格尔系数法计算得出该地区月最低工资标准为：

$$\text{月最低工资标准}=127\div 0.604\times 1.87+a=393+a(\text{元}) \quad ②$$

公式①与②中 a 的调整因素主要考虑当地个人缴纳养老、失业、医疗保险费和住房公积金等费用。

另外，按照国际上一般月最低工资标准相当于月平均工资的 40—60%，则该地区月最低工资标准范围应在 360 元—540 元之间。

(四)最低工资标准的制定程序

根据《最低工资规定》的规定,最低工资标准的制定程序如下:

1. 拟定方案。

在劳动部的指导下,由省级人民政府劳动保障行政部门会同同级工会、企业联合会/企业家协会研究拟订最低工资标准。由于确定最低工资标准要综合参考多种因素,因此拟定最低工资标准时,应当向当地工商业联合会、财政、民政、统计等部门咨询。

2. 征求意见。

省级劳动保障行政部门应将拟定的当地最低工资标准及其依据、详细说明和适用范围(包括地区、行业和人员)报劳动部征求意见。劳动部在收到各地拟定的最低工资标准后,应召集全国总工会、中国企业联合会/企业家协会共同确定。如报送的最低工资标准及其适用范围有不妥之处,劳动部有权提出变更意见,并在 14 日以书面形式予以回复。

3. 批准、公布

省级人民政府劳动保障行政部门应将本地区最低工资标准方案报省、自治区、直辖市人民政府批准,并在批准后 7 日内在当地政府公报上和至少一种全地区性报纸上发布。省级人民政府劳动保障行政部门应在发布后 10 日内将最低工资标准报劳动保障部。

4. 实施、调整

最低工资标准发布实施后,如果确定最低工资标准所依据的因素发生变化,或本地区劳动者生活费用价格指数累计变动较大时,应适时调整。调整最低工资的程序与上述程序相同。最低工资标准每两年至少调整一次。

四、最低工资标准的效力

最低工资标准依法制定即具有法律效力。如国际劳工组织 1928 年《确定最低工资办法的制订公约》第 3 条规定:"凡已经确定的最低工资率,对有关的雇主与工人应有效力,双方均不得以个人协议或集体协议予以减低,但集体协议经主管机关通案或专案核准者不在此限。"第 4 条规定:"(一)凡批准本公约的会员国,应采取必要的措施,实行一种监督与制裁办法,以保证有关的雇主与工人明了现行最低工资率,并保证在适用最低工资率的场合支付的工资不少于最低工资率。(二)凡适用最低工资率的工人,其工资的支付少于此项工资率者,应有经由司法或其他合法手续在国家法律或条例规定的期限内追还其被短付数额的权利。"1970 年通过的《确定最低工资特别考虑发展中国家公

约》规定,最低工资制度应具有法律效力,并不得予以降低。不执行最低工资者应受到适当的惩罚或其他制裁。为保证实现最低工资,应建立监察制度,并配合采取其他适当措施。

我国《劳动法》第48条规定:“国家实行最低工资保障制度……用人单位支付劳动者的工资不得低于当地最低工资标准。”这一规定的法律效力具体表现在:(1)劳动合同和集体合同中约定的工资标准,不得低于当地最低工资标准。(2)只要劳动者在法定时间内提供了正常劳动,用人单位支付给劳动者的工资不得低于当地最低工资标准。(3)劳动者依法享受带薪年休假、婚丧假、生育(产)假、节育手术假等国家规定的休假期间,以及法定工作时间内依法参加社会活动期间,视为提供了正常劳动,用人单位也不得向劳动者支付低于当地最低工资标准的工资。(4)劳动者与雇主建立了劳动关系以后,试用、熟练、见习期间,劳动者在法定工作时间内提供了正常劳动,雇主就应当支付不低于最低工资标准的工资。(5)劳动者在法定时间内未提供正常劳动,如果不是由于本人原因造成的,用人单位也应当按照不低于最低工资标准的要求向劳动者支付工资。(6)实行计件工资或提成工资等工资形式的用人单位,在科学合理的劳动定额基础上,其支付劳动者的工资不得低于相应的最低工资标准。(7)用人单位支付给劳动者的工资低于最低工资标准的,由当地劳动保障行政部门责令其限期补发所欠劳动者的工资,并可责令其按所欠工资的1至5倍向劳动者支付赔偿金。(8)县级以上地方人民政府劳动保障行政部门负责对本行政区域内用人单位执行最低工资的情况进行监督检查。各级工会组织依法对本规定执行情况进行监督,发现用人单位支付劳动者工资违反本规定的,有权要求当地劳动保障行政部门处理。

第十章 劳动安全卫生法律制度

第一节 工业风险与劳动保护

一、工业风险与职业伤害

工业风险是指工业生产过程中物质因素（劳动对象、劳动工具、劳动环境）等固有的物理、化学或生物性能所含有的危险性和危害性。职业伤害是指工业风险对劳动者人身造成有害后果，它既可能表现为急性伤害，即劳动者伤亡，也可能表现为慢性伤害，即劳动者患职业病或身体早衰。[①] 工业风险并不必然会导致职业伤害，只表明发生职业伤害的可能性。尤其是随着科学技术的进步，防护手段会越来越多且越来越有效。因而，职业伤害既具有客观现实性，又具有可避免性，所以，世界各国都非常重视工业风险的防范。

国际劳工组织关注重大工业事故的预防始于印度博帕尔事故后的 1985 年。1985 年 6 月国际劳工大会通过一项有关因使用危险物质所带来风险和事故的预防措施的决议。随后，1985 年 10 月召开了预防重大危险方法的三方专家会议、1988 年出版重大危险控制手册、1990 年通过了重大工业事故预防实用规程等。更重要的是 1993 年国际劳工组织通过了第 174 号《预防重大工业事故公约》。第 174 号公约的目的是预防重大事故发生和减轻重大事故后果。“重大事故”是指发生在重大危害源（设施）内的突发性事故，诸如严重泄漏、火灾或爆炸，涉及一种或一种以上的危害物质，并造成对工人、公众或环境即刻的或日后的严重危险。“重大危险设施”是指长期或临时的加工、生产、处置、搬运、使用或储存数量超过临界量的一种或多种危险物质的设施（不包括核设施、军事设施以及设施现场之外的非管道的运输）。“临界量”由国家法规标准规定的关于特定条件下某种或某类危险物质的规定数量，若超过该数

① 王全兴:《劳动法》,法律出版社 2004 年版，第 264 页。

量，则列为重大危害源。公约要求国际劳工组织成员国须制定、实施并定期审查有关保护工人、公众和环境免于重大事故风险的一贯国家政策，并须通过为重大危害源制定预防和保护措施来实施这一政策，并酌情促进使用最佳安全技术。公约的主要内容包括重大危险源的辨识、重大危险源的评价、重大危险源的管理、重大危险源安全报告、应急计划、工厂选址和土地使用规划、重大危险源的监察。按照公约的规定，雇主须根据国家建立的重大危险源管理规定，辨识其管辖的任何重大危害源，并将已识别的所有重大危害源向主管部门通报。企业应在规定的期限内，对已辨识和评价的重大危险源向政府主管部门提交安全报告。如属新建的重大危险源，则应在其投入运转之前提交安全报告。安全报告应详细说明重大危险源的情况，可能引发事故的危险因素以及前提条件、安全操作和预防失误的控制措施、可能发生的事故类型、事故发生的可能性和后果、限制事故后果的措施、现场应急计划等。安全报告应根据重大危险源的变化以及新知识和技术进展的情况进行修改和增补，并接受政府主管部门经常进行检查和评审。企业在对重大危险源进行辨识和评价后，应对每一个重大危险源制定出一套严格的安全管理制度，通过技术措施和组织管理措施，对重大危险源进行严格控制和管理。公约要求政府主管部门应制定应急预案和程序，协调相关部门并及时向可能受影响的公众通报有关情况。政府须制定综合性的工厂选址和土地使用政策，确保重大危险源与居民区和其他工作场所、机场、水库、其他危险源和公共设施安全隔离。政府主管部门必须派出经过培训的、考核合格的技术人员定期对重大危险源进行监察、调查、评估和咨询。公约明确了职工及其代表的权利和义务。为确保工作安全，雇主须通过适当的合作机制，同职工及其代表进行协商。尤其是，职工及其代表须充分和适当地获知重大危害源有关的各种危害及其可能发生的后果；知悉主管部门发布的所有规定、文件和建议；参与安全报告、应急计划和程序、事故报告的准备和协商；就预防重大事故、控制可能导致重大事故发生的事态发展的做法和程序，以及一旦发生重大事故时应遵循的应急程序，定期地得到指导和培训；在其工作范围内和不会受到不公正对待的情况下，职工根据已接受的培训和其经验而有正当理由认为重大事故迫在眉睫时，应采取纠正行动，必要时中断活动，并酌情在采取此种行动之前或之后，立即通知其直接上级或发出警报。

此外，欧共体在 1982 年 6 月颁布了《工业活动中重大事故危险法令》(EEC Directive82/501，简称《塞韦索法令》)，并在此基础上，于 1996 年颁布了《塞韦索法令》Ⅱ。《塞韦索法令》Ⅱ给出了所列危险物质的高、低两个极限值，并对满足高限要求的重大危险源采取更为严格的要求。如在提交的安全报告中,应明确描述所采用的安全管理体系和风险评价方法;制定厂区内、外的应急预案和响应计划以及向公众通报有关信息。2003年欧盟又对《塞韦索法令》Ⅱ进行了修订,扩大了其实施范围,进一步强化了安全距离、应急预案、人员培训等方面的要求。①

中国已经批准了国际劳工组织170号《工作场所安全使用化学品公约》以及第167号《建筑业安全卫生公约》,并且准备批准第155号《职业安全卫生公约》,在其相关立法和标准中,充分借鉴国际标准。

二、劳动安全卫生标准制度

劳动安全卫生标准,是指国家劳动安全卫生行政部门依照法定程序制定和发布的执行劳动安全卫生法规时参照或依据的各项指标或规定。劳动安全卫生标准是劳动保护工作实行科学管理的基础。通过制订各种技术标准,为生产工具和设备、工艺流程以及厂房的设计提供科学依据,从根本上控制事故的发生;通过制订劳动安全管理标准,把管理系统的活动内容、相互间关系、工作程序等,用标准的形式加以确定,可使管理工作经验规范化、程序化、科学化。

劳动安全卫生标准是强制性标准,这是由于它涉及人体健康、人身和财产安全所决定的。劳动安全卫生标准一经发布,必须贯彻实施。涉及安全卫生的产品(如劳动防护用品、起重设备、电气设备等)必须进行安全检验,获得安全标志以后,才能出售,执行强制性安全认证制度。

我国劳动安全卫生标准分为三级,即国家标准、行业标准和地方标准,国家标准是劳动保护的全国范围内的统一标准。这些标准是劳动保护技术政策的体现,也是建立劳动保护监督检查、检测和检验的主要依据。行业标准是在一个行业或部门范围内统一的专用技术法规,有些国家标准不成熟时,也先制订为行业标准。地方标准是省、自治区、直辖市区域内统一的标准,是根据本区域内工业生产结构特点和劳动保护管理工作需要制订的标准,是国家监察安全管理工作的必要补充。我国劳动安全卫生标准按照系统工程原理可分为五类,即通用标准、基础标准、安全工程标准、卫生工程标准和个体防护用品标准,这五大类标准形成一个科学的有机整体——职业安全卫生标准体系。

---

① 朱常有:《国际“重大工业事故预防”经验》,载《新安全》2005年第12期。

三、劳动保护

(一)劳动保护概述

劳动保护是社会生产发展的客观需要，是基于劳动过程中存在各种不安全、不卫生工业风险而产生的，是指直接保护劳动者在职业劳动中生命安全和身体健康的法律制度。[①] 具体又可分：一般保护，即对全体劳动者都适用的劳动保护制度，主要包括以下方面内容：(1)劳动安全技术规程；(2)劳动安全卫生或职业病防治；(3)劳动安全卫生管理制度。特殊保护，即女职工和未成年工的特殊保护制度。劳动保护的特征是：(1)受保护者是劳动者，保护者是用人单位和国家相关部门。(2)保护的对象是劳动者的安全和健康。劳动力是以劳动者人身为载体，劳动者只有在其人身处于安全和健康的状况下，其劳动力才能正常存续和发挥，所以保护劳动者的安全和健康也即保护劳动者的劳动力。(3)保护的范围仅限于劳动过程。劳动保护是基于劳动关系产生的，因而，用人单位只对劳动者在劳动过程中的安全和健康负有保护义务，而对劳动者在劳动过程之外的安全和健康则无此义务。[②]

(二)劳动保护立法的意义

劳动保护立法的意义主要体现在以下几个方面：

1.用法律的形式确认安全与生产的关系

人类自从事生产劳动以来，安全就是生产劳动中的一个不可分离的组成部分。一个生产过程的顺利完成，是由决策、生产和安全三者结合在一起进行的。特别是在现代化大生产的过程中，没有可靠的安全保障，整个生产过程就寸步难行。如果对生产中的事故隐患和人为的不安全因素不采取必要的措施及时予以控制或消除，事故的发生就是不可避免。所以把安全与生产的关系用法律形式固定下来，是依法监督和制止人们在进行决策和生产劳动中违反劳动法规的行为，保证生产顺利进行的有效手段。

2.用法律形式建立国家劳动保护监督制度

国家劳动保护监督，是指法律授权各级政府劳动社会保障部门设立的劳动保护监督机构，以国家的名义并运用国家的权力，依法对用人单位和国民经济各部门履行劳动保护职责和执行劳动保护法规、政策的情况进行监督、纠正和惩戒。国家实行劳动保护监督制度，是当今世界许多国家强化安全生产管

① 关怀、林嘉主编：《劳动法》，中国人民大学出版社 2006 年版，第 255 页。

② 王全兴：《劳动法》，法律出版社 2004 年版，第 263 页。

理所普遍采用的方法。

3. 用法律形式规范生产中的安全行为

从设计、施工、原材料的选择和使用、工艺流程、操作，到产品的包装、运输、贮存等环节所采取的预防措施、组织管理措施和工程技术措施作出法律性规定，强制企业和有关人员执行，尽可能地消除职业伤害所赖以发生的条件。同时，法律制定违反劳动保护的罚则，对违反规定的行为和责任者进行必要的处分或处罚，有力推动用人单位建立正常的安全生产秩序。

（三）劳动保护管理制度

劳动保护管理制度是指为了保障劳动者在劳动过程中的安全和健康，由法律所规定的国家和用人单位在组织劳动和科学管理方面而所采取的各项管理制度的统称。其中既包括宏观劳动保护管理，也包括微观劳动保护管理；既包括劳动保护综合管理，也包括劳动保护专项管理。[①] 劳动保护管理制度的主要内容有：

1. 安全生产责任制度

安全生产责任制度是各级人民政府及其职能部门、用人单位、用人单位负责人员和在特殊岗位工作的劳动者和安全检查人员对各自职务或业务范围内安全生产负责的一种制度。《安全生产法》第 4 条规定：生产经营单位必须遵守本法和其他有关安全生产的法律、法规，加强安全生产管理，建立、健全安全生产责任制度，完善安全生产条件，确保安全生产。《矿山安全条例》规定：矿山企业及其主管部门都必须建立安全生产责任制。矿山各职能机构的人员和各工种的工人，都必须在各自的业务范围内，对实现安全生产的要求负责。矿山企业及其主管部门违反本条例，有下列情形之一的，应当追究主要领导人的责任：(1)发布的指示、命令、决定、规章制度违反本条例的；(2)对职工不按规定进行安全教育和技术培训，职工由于不会操作或不懂安全规程而造成事故的；(3)由于设备超过检修期限运行或设备有缺陷面造成事故的；(4)由于作业环境不安全造成事故的；(5)违反本条例第 59 条至第 61 条的规定造成事故的；(6)发生事故后，不积极组织抢救，或事后不采取防范措施致使同类事故重复发生的；(7)挪用安全技术措施经费的。《矿山安全条例》第 71 条规定有下列情形之一的，应当追究当事人或事故肇事者的责任：(1)违章作业或违章指挥造成事故的；(2)玩忽职守，违反安全生产责任制造成事故的；(3)发现有立即发生事故的危险情况，不采取防止事故的措施，又不及时报告的；(4)事故发

① 王全兴：《劳动法》，法律出版社 2004 年版，第 270 页。

生后，隐蔽不报，虚报或者故意拖延报告的；(5)对批评或者制止违章作业，违章指挥的人员进行打击报复的。与此同时，对矿山企业职工的权利和义务也进行了规定。

2001年《关于特大安全事故行政责任追究的规定》第2条规定地方人民政府主要领导人和政府有关部门正职负责人对下列特大安全事故的防范、发生，依据法律、行政法规和本规定的规定有失职、渎职情形或负有领导责任的，依照本规定给予行政处分，构成玩忽职守或其他罪的，依法追究刑事责任：(1)特大火灾事故；(2)特大交通事故；(3)特大建筑质量安全事故；(4)民用爆炸物品和化学危险品特大安全事故；(5)煤矿和其他矿山特大安全事故；(6)锅炉、压力管道和特种设备特大安全事故；(7)其他特大安全事故。地方人民政府和政府有关部门对特大安全事故的防范、发生直接负责的主管人员和其他直接责任人员，给予行政处分；构成玩忽职守罪或其他罪的，依法追究刑事责任。同时，对负责行政审批的政府部门或机构，对不符合法律、法规和规章规定的安全条件予以批准的，对行政不作为的，与当事人勾结串通的，对部门或机构的正职负责人，根据情节轻重，给予降级、撤职直至开除公职的行政处分，构成受贿罪，玩忽职守罪或其他罪的，依法追究刑事责任。

2.劳动安全卫生教育制度

劳动安全卫生教育制度是对劳动者进行安全卫生知识、安全技术、劳动卫生法规知识的教育、培训和考核制度。其内容包括安全卫生知识教育、遵守劳动安全卫生法律制度教育、劳动纪律教育以及典型经验和事故教训教育等方面。安全卫生教育可采取多种形式，主要有：①

(1)对新职工必须实行三级安全卫生教育，即入厂教育、车间教育、班组教育，经考试合格后方可进入操作岗位。

(2)对特种作业人员进行生产技术和特定的安全技术培训，并经考核取得合格证，方准上岗；此外对生产管理人员、特种设备检验人员、救护人员也应进行相应的安全卫生教育。

(3)凡采用新工艺、新技术、新材料或者使用新设备，应对职工重新进行相应的生产安全卫生技术教育，使其掌握其安全技术特性；对调任新工作职务的管理人员进行与新业务相应的安全卫生教育。

(4)坚持经常性的安全卫生教育。

(5)职业培训实体应开设劳动安全卫生方面的理论和操作技能课程。

---

①　王全兴：《劳动法》，法律出版社2004年版，第271页。

3.劳动安全卫生认证制度

劳动安全卫生认证制度是指在生产经营进行之前,依法对参与生产经营活动主体的能力、资格以及其他安全卫生因素进行审查、评价并确认资格或条件的制度。包括对与安全卫生联系特别密切的某些人员和某些单位的资格认证,对与安全生产联系特别密切的物质技术要素的质量认证。《安全生产法》第23条规定:生产经营单位的特种作业人员必须按照国家有关规定经专门的安全作业培训,取得特种作业操作资格证书,方可上岗作业;第30条规定:生产经营单位使用的涉及生命安全、危险性较大的特种设备,以及危险物品的容器、运输工具,必须按照国家有关规定,由专业生产单位生产,并经取得专业资质的检测、检验机构检测、检验合格,取得安全使用证或者安全标志,方可投入使用;检测、检验机构对检测、检验结果负责。

4.配置安全生产管理机构或者专职管理人员制度

安全生产管理机构或者专职安全生产管理人员制度,是指用人单位须依法设立管理机构或配备专职人员专门从事安全生产指挥、管理、调查的一种制度。《安全生产法》第19条规定:矿山、建筑施工单位和危险物品的生产、经营、储存单位,应当设置安全生产管理机构或者配备专职安全生产管理人员;其他从业人员超过300人的生产经营单位,应当设置安全生产管理机构或者配备专职安全生产管理人员;从业人员在300人以下的,应当配备专职或者兼职的安全生产管理人员,或者委托具有国家规定的相关专业技术资格的工程技术人员提供安全生产管理服务。生产经营单位的主要负责人对本单位的安全生产工作全面负责。生产经营单位的主要负责人和安全生产管理人员必须具备与本单位所从事的生产经营活动相应的安全生产知识和管理能力。危险物品的生产、经营、储存单位以及矿山、建筑施工单位的主要负责人和安全生产管理人员,应当由有关主管部门对其安全生产知识和管理能力考核合格后方可任职。

5.劳动安全卫生检查制度

劳动安全卫生检查制度,是指国家有关行政部门以及用人单位执行劳动安全卫生有关法律规定的情况进行定期或不定期检查的制度。《安全生产法》规定负有安全生产监督管理职责的部门依法对生产经营单位执行有关安全生产的法律、法规和国家标准或者行业标准的情况进行监督检查,行使以下职权:(1)进入生产经营单位进行检查,调阅有关资料,向有关单位和人员了解情况。(2)对检查中发现的安全生产违法行为,当场予以纠正或者要求限期改正;对依法应当给予行政处罚的行为,依照本法和其他有关法律、行政法规的

规定作出行政处罚决定。(3)对检查中发现的事故隐患,应当责令立即排除;重大事故隐患排除前或者排除过程中无法保证安全的,应当责令从危险区域内撤出作业人员,责令暂时停产停业或者停止使用;重大事故隐患排除后,经审查同意,方可恢复生产经营和使用。(4)对有根据认为不符合保障安全生产的国家标准或者行业标准的设施、设备、器材予以查封或者扣押,并应当在15日内依法作出处理决定。同时规定,监督检查不得影响被检查单位的正常生产经营活动。

生产经营单位对负有安全生产监督管理职责的部门的监督检查人员(以下统称安全生产监督检查人员)依法履行监督检查职责,应当予以配合,不得拒绝、阻挠。安全生产监督检查人员应当忠于职守,坚持原则,秉公执法,执行监督检查任务时,必须出示有效的监督执法证件;对涉及被检查单位的技术秘密和业务秘密,应当为其保密。安全生产监督检查人员应当将检查的时间、地点、内容、发现的问题及其处理情况,作出书面记录,并由检查人员和被检查单位的负责人签字;被检查单位的负责人拒绝签字的,检查人员应当将情况记录在案,并向负有安全生产监督管理职责的部门报告。负有安全生产监督管理职责的部门应当互相配合,实行联合检查;确需分别进行检查的,应当互通情况,发现存在的安全问题应当由其他有关部门进行处理的,应当及时移送其他有关部门并形成记录备查,接受移送的部门应当及时进行处理。

6.劳动安全卫生监督制度

劳动安全卫生监督制度,是指国家有关行政部门对劳动安全卫生进行检查监督,并对违法行为进行制止和处罚的制度。劳动安全卫生的监督检查,由卫生部门、安全卫生监督管理部门、特种设备安全监督管理部门等有关部门按照有关法律、行政法规的规定执行。其主要职责包括:(1)监督、检查行业管理部门、用人单位执行劳动保护法律、法规、规章以及国家、行业管理部门执行劳动安全卫生规程和标准的情况;(2)督促行业管理部门和用人单位编制、落实劳动保护技术措施计划;审查用人单位新建、改建、扩建和技术改造项目中有关劳动保护的工程技术措施;(3)监督用人单位的劳动者安全教育和安全技术培训工作;负责用人单位生产经营主要负责人、劳动保护专职管理人员和特种作业人员的考核、发证工作;(4)负责锅炉、压力容器和特种劳动防护用品生产许可证的管理工作,对特种设备进行产品安全认可;对特种设备的安装、维修保养和检测检验单位以及特种作业人员的培训机构进行资质认可;(5)对用人单位的劳动卫生工程技术措施及其组织管理实施监察;(6)组织重大事故隐患评估分级和伤亡事故的调查处理,参加职业病的调查,按照规定通报伤亡事故和职业病情况;(7)对违反劳动保护法律、法规和规章的用人单位,发出劳动保护监察指令书。

7.安全生产举报、伤亡事故统计报告制度

安全生产举报、伤亡事故统计报告制度是指有关国家行政部门和用人单位依法对劳动者在劳动过程中发生的违法安全生产行为和伤亡事故进行举报、统计、报告的制度。国家制定对劳动者在劳动生产过程中发生的和生产有关的伤亡事故的报告、登记、调查、处理、统计和分析的规定。其目的是及时报告、统计、调查和处理职工伤亡事故,采取预防措施,总结经验,追究事故责任,防止伤亡事故再度发生。《安全生产法》规定:负有安全生产监督管理职责的部门应当建立举报制度,公开举报电话、信箱或者电子邮件地址,受理有关安全生产的举报;受理的举报事项经调查核实后,应当形成书面材料;需要落实整改措施的,报经有关负责人签字并督促落实。任何单位或者个人对事故隐患或者安全生产违法行为,均有权向负有安全生产监督管理职责的部门报告或者举报。居民委员会、村民委员会发现其所在区域内的生产经营单位存在事故隐患或者安全生产违法行为时,应当向当地人民政府或者有关部门报告。县级以上各级人民政府及其有关部门对报告重大事故隐患或者举报安全生产违法行为的有功人员,给予奖励。新闻、出版、广播、电影、电视等单位有进行安全生产宣传教育的义务,有对违反安全生产法律、法规的行为进行舆论监督的权利。

生产经营单位发生生产安全事故后,事故现场有关人员应当立即报告本单位负责人。单位负责人接到事故报告后,应当迅速采取有效措施,组织抢救,防止事故扩大,减少人员伤亡和财产损失,并按照国家有关规定立即如实报告当地负有安全生产监督管理职责的部门,不得隐瞒不报、谎报或者拖延不报,不得故意破坏事故现场、毁灭有关证据。负有安全生产监督管理职责的部门接到事故报告后,应当立即按照国家有关规定上报事故情况。负有安全生产监督管理职责的部门和有关地方人民政府对事故情况不得隐瞒不报、谎报或者拖延不报。

县级以上地方各级人民政府负责安全生产监督管理的部门应当定期统计分析本行政区域内发生生产安全事故的情况,并定期向社会公布。

8.应急求援、处理制度

县级以上地方各级人民政府应当组织有关部门制定本行政区域内特大生产安全事故应急救援预案,建立应急救援体系。危险物品的生产、经营、储存单位以及矿山、建筑施工单位应当建立应急救援组织和配备必要的应急救援

器材、设备，并进行经常性维护、保养，保证正常运转。生产经营规模较小，可以不建立应急救援组织的，应当指定兼职的应急救援人员。

有关地方人民政府和负有安全生产监督管理职责的部门的负责人接到重大生产安全事故报告后，应当立即赶到事故现场，组织事故抢救。任何单位和个人都应当支持、配合事故抢救，并提供一切便利条件。

事故调查处理应当按照实事求是、尊重科学的原则，及时、准确地查清事故原因，查明事故性质和责任，总结事故教训，提出整改措施，并对事故责任者提出处理意见。生产经营单位发生生产安全事故，经调查确定为责任事故的，除了应当查明事故单位的责任并依法予以追究外，还应当查明对安全生产的有关事项负有审查批准和监督职责的行政部门的责任，对有失职、渎职行为的，依法追究法律责任。任何单位和个人不得阻挠和干涉对事故的依法调查处理。

第二节　劳动安全技术规程

一、劳动安全技术规程的概念

劳动安全技术规程是国家为了防止和消除在生产过程中的伤亡事故，保障劳动者的生命安全和减轻繁重体力劳动，以及防止生产设备遭到破坏而制定的法律规范。我国劳动保护法规定，劳动安全卫生设施必须符合国家规定的标准；新建、改建、扩建工程的安全卫生设施必须与主体工程同时设计、同时施工、同时投入生产和使用。劳动者在劳动过程中必须严格遵守安全操作规程。劳动者对用人单位管理人员违章指挥、强令冒险作业，有权拒绝执行；对危害生命安全和身体健康的行为，有权提出批评、检举和控告。

劳动安全的重点应放在事先防范上，在生产的过程中遵循安全技术规程和操作规程，消除危险因素，而不是在造成职业伤害后，再进行治理和补救。从劳动安全技术规程来看，国家针对不同的劳动设备和条件不同行业的生产特点，规定了适合各行业的较全面的安全技术规程。《劳动法》第 6 章“劳动安全卫生”对安全技术规程作了原则规定，具体的规程主要有《工厂安全技术规程》、《建筑安装工程安全技术规程》、《矿山安全条例》、《矿山生产法》、《乡镇煤矿安全生产若干暂行规定》、《起重机械安全规程》、《磨削机械安全规程》、《压力机的安全安置技术条件》等等。①

二、安全技术规程的主要内容

安全技术规程以防止和消除劳动过程中伤亡事故的技术规则为基础内容，旨在保护劳动者安全。由于各行业的特点、工艺过程不同，需要解决的安全技术也不同，规定的劳动安全卫生技术规程也不一样，但它们有一些基本规程是相同的，主要有以下几个部分：②

(一)工厂安全技术规程

其内容主要包括下列几个方面：

1. 厂房、建筑物和通道的安全要求

建筑物(厂房)必须坚固，以防垮塌，如有损坏或危险的迹象则应立即修理；动力间、锅炉房、瓦斯发生室与其他工作间隔开，其屋顶要求轻便，楼房应设置安全梯和其他便于脱险设备，等等。厂院内交通要道必须平坦、畅通；夜间要有足够的照明设备；交叉处须有明显的警告标志、信号装置或落杆；为生产需要所设的坑、壕、池，应有围栏或盖板，等等。

2. 工作场所的安全要求

机器和工作台等设备的布置，必须科学、合理，便于安全操作；原材料、成品、半成品的堆放必须不妨碍生产活动的正常进行和通行；工作地点局部照明的光度应符操作要求；爆炸危险场所，应当选择物质危险性小、工艺较缓和较成熟的工艺路线，对爆炸性混合物的生产、使用、储存和装卸要采取预防性措施，等等。

3. 生产设备总是安全要求

其总的要求是：设备的设计、制造、安装必须符合劳动安全法、标准的要求；所用设备对人体有危害的应采取有效防护措施；对容易发生危险的特种设备，必须严格管理，操作人员应经过专门培训考核，持证上岗操作。

4. 个人防护用品的安全要求

企业必须对处于可能危害劳动者安全岗位上的劳动者提供安全帽、呼吸护具、眼防护具、听力护具、防护鞋、防护手套、防护坠落具、护肤品等相应的防护用品，对特种劳动防护用品、用具的效能，应定期检验和鉴定并且按规定报

---

① 周学荣：《我国生产安全与卫生管制正式制度变迁研究》，《皖西学院学报》2005年第4期。

② 王全兴：《劳动法》，法律出版社2004年版，第267～269页。

废和更新，失效的一律不准使用。

(二)建筑安装工程安全技术规程

其内容主要包括下列几个方面：

1.施工现场的安全要求

在现场周围和悬崖、陡坎处所，应该用篱笆、木板或铁丝网等围设栅栏；工地的沟、坑应填平或设围栏、盖板。施工现场要有交通指示标志，危险地区应悬挂“危险”或者“禁止通行”的明显标志，夜间有红灯示警；架设高压线、材料存放、爆炸物存放等应按规定采取有安全措施；施工现场的附属企业、机械装置临时工程设施的位置、规格都应在施工组织设计时详细规定，等等。

2.脚手架的安全要求

凡是承载机械或超过15米高的脚手架，必须先行设计，经批准后才可搭设。搭设好的脚手架经施工负责人验收后，才能使用，使用期间应经常检查。

3.土石方工程和拆除工程的安全要求

进行土石方工程之前，应做好必要的调查和勘察工作。拆除工程应在施工之前对建筑物现状进行详细调查，并组织设计，经总工程师批准后才可动工。

4.高处作业的安全要求

对于从事高处作业的职工，必须进行身体检查，不能使患有高血压、心脏病、癫痫病的人和其他不适于高处作业的人从事高处作业；遇有六级以上强风气候，禁止露天进行起重工作和高空作业。

5.防护用品等其他方面的安全要求。

(三)矿山安全技术规程

其内容主要包括下列几个方面：

1.矿山建设的安全要求

矿山建设工程设计文件必须符合矿山安全规程和行业技术规范，其主要设计项目包括矿井通风系统、供电系统、提升运输系统、防火灭火系统、防水排水系统、防瓦斯系统、防尘系统等等。每个矿井必须有两个以上能行人的安全出口，出口之间的水平距离必须符合矿山安全规程和行业技术规范。矿山必须有与外界相通的、符合安全要求的运输和通讯设施。

2.矿山开采的安全要求

矿山开采必须具备保障安全生产的条件，应按开采的矿种类不同分别遵守相应的矿山安全规程和行业技术规范。矿山使用特殊安全要求设备、器材、防护用品和安全测试仪器，必须符合国家标准或行业安全标准，否则，不得使用。矿山企业必须对机电设备及其防护装置、安全检测仪器进行定期检查、维修，保证使用安全。对地下开采的矿山，井口、建筑物的位置应不受地表塌陷、山洪暴发和雪崩的危害；主要井巷的位置应布置在稳定的岩层中，避免开凿在含水层、断层和受断层破坏的岩组中。对于露天开采的矿山，要求其工作帮和非工作帮的边坡角、台阶高度、平台宽度及台阶坡度等应符合设计要求，影响边坡稳定的滑体，应当按设计要求采取有效措施。对有自然发火倾向的煤层要有灭火系统和设施等。

3. 作业场所的安全要求

作业场所是劳动者直接从事采矿作业的场所。依照规定，矿山企业必须下列危害安全的事故采取预防措施：(1)对冒顶、片帮、边坡滑落和地表塌陷；(2)瓦斯、煤尘爆炸；(3)冲击地压、瓦斯突出、井喷；(4)场面和井下火灾、水害；(5)爆破器材、爆炸作业发生危害；(6)粉尘、有毒有害气体、放射性物质和其他有害物质引起的危害安全的事故等等。矿山企业必须对作业场所中的有毒有害物质和井下空气含氧量进行检测，保证符合安全要求。对使用机械、电气设备、排土声、尾矿库和矿山闭坑后可能引起的危害，应当采取预防措施。

第三节 劳动卫生与职业病的防治

一、劳动卫生概述

劳动卫生指国家为了保护劳动者在劳动过程中的健康、防止有毒有害物质的危害和防止职业病发生所采取的各种防护措施。劳动卫生规程是指劳动者在生产、工作过程中的健康而制定的各种法律法规和技术标准的总和。包括各种工业生产卫生、医疗预防、健康检查等技术和组织管理措施。国家颁布的有关劳动卫生方面法律规章制度主要有：[①]《工厂安全卫生规程》、《关于防止沥青中毒办法》、《关于防止厂、矿企业中矽尘危害的决定》、《关于加强防尘防毒工作的决定》、《尘肺病防治条例》、《工业企业设计卫生标准》、《工业企业噪声卫生标准》和 2001 年第九届全国人民代表大会常务委员会第二十四次会议通过的《中华人民共和国职业病防治法》以及 2002 年卫生部根据《中华人民共和国职业病防治法》制定了《职业健康监护管理办法》、《职业病诊断与鉴定

① 关怀主编：《劳动法》，中国人民大学出版社 2005 年版，第 195 页。

管理办法》、《国家职业卫生标准管理办法》、《职业因素分类目录》等各项卫生行政法规。此外，还制定了一些关于劳动卫生的国家标准和行业标准。它们关于劳动卫生基本的要求，概括起来主要有以下几个方面：

1. 防止粉尘危害

尘肺病是指因吸进粉尘而引起的以肺组织弥漫性纤维化为主的全身性疾病，会引起胸闷、胸痛、呼吸困难、咳嗽、咯血、全身无力等症状，重者甚至会丧失劳动能力。目前，全国报告的各类职业病发病数中，尘肺病占了80%，是我国最主要的职业病。① 尘肺的病因是吸入致病的生产性矿物性粉尘，没有粉尘或控制粉尘浓度在容许的浓度之下，则可以消除尘肺或明显降低尘肌的危害，因此，防止粉尘危害，关键是工程中防止粉尘的产生和扩散。② 根据规定，厂矿企业的车间或者工地每立方米所含游离二氧化矽 10%以上的粉尘或石棉尘最高容许浓度为 2 毫克。凡有粉尘作业的企业、事业单位应采取综合防尘措施和无尘措施或低尘的新技术、新工艺、新设备，使作业场所的粉尘不超过国家卫生标准。任何企业、事业单位除特殊情况外、未经上级主管部门批准，不得停止运行或者拆除防尘设施。凡是粉尘作业的用人单位，要努力实现生产设备的机械化、密闭公和自动化、设置吸尘、滤尘和通风设备，矿山采用湿式凿岩和机械通风；对接触粉尘的工人发给防尘口罩、防尘工作服和保健食品，并定期进行健康检查，等等。

2. 防止有毒物质危害

凡散发有害健康的蒸汽、气体的设备应加以密闭，必要时应安装通风、净化装置；有毒物品和危险物品应分别储藏在专设处所，并严格管理；对有毒或有传染性危险的废料，应在卫生机关的指导下进行处理；对接触有毒有害气体或液体的职工应供给有关防护用品，等等。

3. 防止噪音和强光危害

对产生强烈噪音的生产，应尽可能在设有消声设备的工作房中进行，并实行强噪声和低噪声分开作业。在有噪声、强光等场所操作的工人，应供给护耳器、防护眼镜等；要用低噪声的设备和工艺代替强噪声的设备和工艺，从声源上根治噪声危害，等等。

---

① 卫生部：《关于 2001 年全国职业病发病报告情况的通报》，http://news.xinhuanet.com/health，下载日期：2007 年 1 月 3 日。

② 李德鸿：《我国尘肺防治工作 55 年》，http://www.safety.com.cn/life，下载日期：2007 年 1 月 3 日。

4.防止电磁辐射危害

凡是存在电磁辐射的工作场所,应当设置电场屏蔽体或磁场屏蔽体将电磁能量限制在所规定的空间内;实行远距离控制作业和自动化作业;用能吸收能量的材料与屏蔽材料叠加一起,吸收辐射能量和防止透射;对作业人员采取必要的个人防护措施。

5.防暑降温、防冻取暖和防潮湿

工作场所应当保持一定温度和湿度,不宜过热、过冷和过湿。室内工作地点的温度经常高于摄氏35度的,应当采取降温措施;低于摄氏5度的,应当设置取暖设备;对高潮湿场所,应当采取防潮措施。

6.通风和照明

工作场所的光线应当充足,采光部分不要遮蔽;工作地点局部照明应符合操作要求,但也不宜强光刺目;通道应有足够的照明。生产过程温度和风速要求不严格的工作场所应保证自然通风;有瓦斯和其他有毒气体集聚的工作场所,必须采取机械通风。通风装置必须有专职或兼职人员管理,并应定期检修和清扫,遇有损坏应立即修理或更换。

7.卫生保健

为增强从事有害健康作业的职工抵抗职业性中毒的能力,应满足其特殊营养需要,免费发给保健食品。对高温作业的职工,应免费供给高温饮料,以补充水分和盐分。另外用人单位应根据需要,设置浴室、厕所、更衣室、妇女卫生室等生产辅助设施。并经常保持设施完好和清洁卫生

二、职业病的防治

在职业病防治中,劳动安全卫生行政管理部门、用人单位和劳动者,享有不同的权利和承担不同的义务。

(一)劳动安全卫生行政管理部门的职责

劳动安全卫生行政管理部门的职责有:(1)根据管理权限及时制定、修订有关安全生产的国家标准或行业标准,使职业病防治卫生制度管理科学化、规范化,并力争同国际劳动立法标准(OHSMS)接轨。(2)组织和推动职业病防治科学研究工作,为建立科学合理的职业病防治卫生法律制度提供科学依据,开发更多的职业病防治的产品,并负责组织推广。(3)建立和健全职业病防治管理制度,如职业病统计报告制度,依法公布职业病目录,建立职业病危害因素监测、检测和评价制度,职业健康监护制度等。(4)对用人单位执行职业病防治管理制度进行监督、检查以及对违反《职业病防治法》的单位或个人依法

给予处罚。(5)开展职业病防治宣传教育的职责。各级人民政府及其有关部门应当采取多种形式,加强对有关职业病防治的法律、法规和知识的宣传,提高职工的职业病防治意识。

(二)用人单位的职责

根据《职业病防治法》的规定,在职业病防治过程中,用人单位要履行健康保障义务、保险等义务,劳动者享有获得职业健康检查、职业病诊疗、康复等职业病防治服务权等基本权利。

1.用人单位应当履行的法定职责

主要包括:(1)告知义务,对可能产生职业病危害的作业场所或者设备、材料,应当履行如实告知的义务,以保障劳动者的知情权;(2)健康保障义务,为劳动者提供符合国家职业卫生标准和卫生要求的工作场所、环境和条件;(3)职业卫生管理义务、保险义务,用人单位应当依法参加工伤社会保险;(4)报告义务,用人单位应当及时如实向卫生行政部门申报职业病危害项目,报告职业病危害事故和职业病危害检测、评价结果;(5)卫生防护义务,用人单位必须设置有效的职业病防护设施,并为劳动者提供个人防护用品;(6)职业病危害检测义务,用人单位应当定期对工作场所进行职业病危害检测、评价;(7)职业病危害告知义务,用人单位应当知悉其产生的职业病危害,不得隐瞒其危害;(8)及时控制职业病危害事故义务;培训教育义务,用人单位对劳动者应当进行上岗前、在岗期间的职业卫生培训和教育;(9)健康监护义务,用人单位应当组织从事接触职业病危害因素的劳动者进行上岗前、在岗期间和离岗时的职业健康检查;(10)特殊劳动者保护义务,用人单位不得安排未成年人从事接触职业病危害因素的作业;不得安排孕妇、哺乳期的女工从事对本人和胎儿、婴儿有危害的作业等等。

2.鼓励用人单位建立职业安全健康管理体系(OHSMS)

职业安全健康管理体系(OHSMS)是20世纪80年代后期在国际上兴起的现代安全生产管理模式,它与ISO9000和ISO14000等标准规定的管理体系一并被称为后工业化时代的管理方法。它是运用市场经济机制,突破了职业安全卫生管理的单一管理模式,将单纯靠强制型管理的政府行为,转变为自愿参与的市场经济行为,由被动的消极服从转变为积极的主动参与。这种自发的职业安全管理有利于促进组织职业安全卫生管理水平的提高。20世纪90年代中后期,国际标准化组织(ISO)一直在努力使职业安全健康标准化管理体系(Occupational Safety and Health Standard Management System,

OSHSMS)发展成为与 ISO 9000 和 ISO14000 类似的规模。①

OHSMS 产生的主要原因是企业自身发展的要求。随着企业规模扩大和生产集约化程度的提高,对企业的质量管理和经营模式提出了更高的要求。为了提高自己的社会形象和控制职业伤害给企业带来的损失,一些企业开始建立自律性的职业安全管理制度并逐步形成了比较完善的体系。OHSMS 产生的另一个原因是世界经济化和国际贸易发展的需要。WTO 的最基本原则是"公平竞争",其中包含环境保护和职业健康安全问题。OHSMS 标准是市场经济体制下的产物,它将其职业安全卫生与组织的管理融为一体。

企业实施职业安全健康管理体系的作用意义在于:(1)为企业提高职业健康安全绩效提供了一个科学、有效的管理手段;(2)有助于推动职业健康安全法规和制度的贯彻执行,使职业健康安全管理由被动强制行为变为自动自愿行为;(3)有助于消除贸易壁垒,会对企业产生直接和间接的经济效益,将树立企业良好的社会形象和品质。

(三)劳动者享有的权利

劳动者享有的安全卫生权利包括:接受职业卫生教育、培训权;获得职业健康检查、职业病诊疗、康复等职业病防治服务权;对工作场所状况及职业病相关防护措施的知情权;要求健康工作条件权;检举控告权;拒绝违章作业权;职工卫生工作的民主管理权;要求赔偿权。

第四节 女职工和未成年工的特殊保护

一、女职工与未成年工特殊保护的概述

女职工是指一切以工资收入为主要生活来源的女性劳动者,包括从事体力劳动和脑力劳动的妇女。未成年工是指处于法定年龄阶段的未成年劳动者,在我国是指年满 16 周岁未满 18 周岁的劳动者。

由于女职工与未成年工有着特殊的生理特点和身体条件,以及他们在社会发展中担负着特殊的任务,因而需要在法律上对女职工与未成年工给予特

① 王起全:《职业安全健康管理体系的历史沿革及其在国内的发展现状》,载《中国安全科学学报》2003 年第 6 期。

殊保护，严格规定女职工与未成年工所不能从事的一些职业，不宜的工作环境，特殊的福利制度等。① 其法律制度具有以下特点：

（1）女职工与未成年工特殊保护制度，是国家为实现社会目标的一种宏观控制性质的法律制度。它基于社会公平而产生，并为促进社会进步发挥作用。因此，女职工与未成年工特殊保护法律制度中一些基本规则和标准，不是依据短期内在经济上是否有利可图，或者依据一个小范围的标准制定的，而是从长远利益以及社会的整体利益着眼来确定的。

（2）由于女职工与未成年工特殊保护制度建立的基础，是女职工和未成年工生理上的特殊性，因此，为消除生理差异而制定的女职工与未成年工特殊保护制度，具有高度的法律强制性。这一法律特征，决定了用人单位在与劳动者签订劳动合同时，双方都不能就国家关于对女职工与未成年工特殊保护的规定进行约定。凡是不符合国家立法规定的对女职工与未成年工特殊保护的条款，不论其是否经该女职工或未成年工同意，一律无效。

（3）对女职工与未成年工特殊保护的保障水平是以劳动者之间的实际平等和有利于促进社会发展为目的的。

二、女职工特殊保护

根据《宪法》、《妇女权益保障法》、《女职工禁忌劳动范围的规定》等法律、法规和政策，对女职工实行特殊劳动保护的规定主要包括以下几个方面：

1. 男女同工同酬、就业平等

《宪法》第 48 条规定，国家保护妇女的权利和利益，实行男女同工同酬。《妇女权益保障法》第 24 条规定，在分配住房和享受福利待遇方面男女平等。男女就业平等，企业招工时不得歧视妇女。《劳动法》第 13 条规定，国家保障妇女享有与男子平等的劳动权利。各单位在录用职工时，除不适合妇女的工种或者岗位外，不得以性别为由，拒绝录用妇女或者提高对妇女的录用标准。根据《女职工劳动保护规定》第 3 条规定，凡适合妇女从事劳动的单位，不得拒绝招收女职工。不得在女职工怀孕期、产期、哺乳期降低其基本工资，或者解除劳动合同。

2. 禁止安排女职工从事有害妇女健康的劳动

禁止安排女职工从事以下劳动：（1）从事高劳动强度的劳动，如矿山井下、森林业伐木、归楞及流放作业；（2）《体力劳动强度分级》标准中第四级体力劳

① 关怀、林嘉主编：《劳动法》，中国人民大学出版社 2006 年版，第 255 页。

动强度的作业,建筑业脚手架的组装和拆除作业,以及电力、电信行业的高处架线作业;(3)连续负重(指每小时负重次数在6次以上)每次负重超过20公斤,间断负重每次负重超过25公斤的作业。

3.对妇女生理机能变化过程中保护

一般是指女职工的经期、孕期、产期、哺乳期的保护。女职工在月经期间,不得安排高处、低温、冷水作业和国家规定的第三级体力劳动强度的劳动。女职工的孕期保护是保证女职工身体健康和胎儿正常发育的重要环节。在怀孕期间,不得安排女职工从事以下劳动:(1)作业场所空气中铅及化合物、汞及化合物、苯、镉、一氧化碳、三硫化碳、苯胺、甲醛等有毒物质浓度超过国家卫生标准的作业;(2)制药行业中从事抗癌药物及乙烯雌酚生产的作业,作业场所放射性物质超过《放射防护规定》中规定剂量的作业;(3)人力进行的土方和石方作业;(4)《体力劳动强度分级》国家标准中第三级体力劳动的作业;(5)伴有全身强烈振动的作业,如,风钻、捣固机、锻造等作业,以及拖拉机驾驶等;(6)工作需要频繁弯腰、攀高、下蹲的作业,如焊接作业等;(7)国家标准《高处作业分级》中规定的一级高处坠落作业,即凡在坠落高度基准面2米(含2米)以上有可能坠落的高处进行的作业。对怀孕7个月以上的女职工,不得安排其延长劳动时间和夜班劳动,在劳动时间内应当安排一定的休息时间不得在正常劳动日以外延长劳动时间;对不能胜任原劳动的,应当根据医务部门的证明,予以减轻劳动量或者其他劳动。对于女职工产期,女职工生育应该享受不少于90天的产假。

哺乳期指女职工生产后,对未满1周岁的婴儿进行哺乳的期间。女职工在哺乳期内,不得安排其从事国家规定的第三级体力劳动强度的劳动和哺乳期禁忌从事的劳动,不得延长劳动时间,一般不得安排其从事夜班劳动,女职工在哺乳期主要禁忌从事有毒有害物质的工作,避免接触能够从乳汁中排出化学物质,以保证婴儿有丰富、优质的乳汁喂养。女职工哺乳期禁忌劳动包括:作业场所空气中铅及化合物,汞及化合物,苯、镉、一氧化碳、三硫化碳、苯胺、甲醛等有毒物质浓度超过国家卫生标准的作业;伴有全身强烈振动的作业,如,风钻、捣固机、锻造等作业,以及拖拉机驾驶等。

4.对女职工劳动保护设施和其他保护措施的规定

为了更好地落实女职工特殊保护措施,《女职工劳动保护规定》规定,女职工比较多的单位,应当按照国家有关规定,以自办或者联办的形式,逐步建立女职工卫生室、孕妇休息室、哺乳室、托儿所、幼儿园等设施,并妥善解决女职工在生理卫生、哺乳、照料婴儿方面的困难。

近年来，性骚扰也成为一个不能忽视的问题。所谓性骚扰，是指通过身体接触、语言以及暴露性器官等行为，在工作场所或其他场所欺凌、侮辱、恐吓、控制、压抑其他人的行为。①《妇女权益保障法》规定：禁止对妇女实施性骚扰，受害妇女有权向单位和有关机关投诉。此外，劳动（聘用）合同或者服务协议中如果有限制女职工结婚、生育的内容，侵犯了妇女的婚姻、生育权利，应属无效。

5.女职工权益被侵害时的保护

女职工劳动保护的权益受到侵害时，除了一般的劳动争议解决方式和途径外，还有下列解决途径：(1)向所在单位的主管部门或当地劳动部门提出申诉，受理申诉的部门应当自收到申诉书之日起 30 日内作出处理决定。女职工对处理决定不服的，可以在收到处理决定之日起 15 日内向人民法院起诉。(2)向妇女组织投诉，由妇女组织要求有关部门或单位查处。(3)向人民法院直接提起诉讼。

用人单位违反有关女职工劳动保护规定，对女职工造成损害的，应当承担赔偿责任。《劳动保障监察条例》规定，用人单位从事下列行为的，由劳动保障行政部门给予行政处罚：(1)安排女职工从事矿山井下劳动、国家规定的第四级体力劳动强度的劳动或者其他禁忌从事的劳动；(2)安排女职工在经期从事高处、低温、冷水作业或者国家规定的第三级体力劳动强度的劳动；(3)安排女职工在怀孕期间从事国家规定的第三级体力劳动强度的劳动或者孕期禁忌从事的劳动；(4)安排怀孕 7 个月以上的女职工夜班劳动或者延长其工作时间；(5)女职工生育享受产假少于 90 天；(6)安排女职工在哺乳未满 1 周岁的婴儿期间从事国家规定的第三级体力劳动强度的劳动或者哺乳期禁忌从事的其他劳动，以及延长其工作时间或者安排其夜班劳动。

对女职工实施性骚扰或者家庭暴力，构成违反治安管理行为的，受害人可以提请公安机关对违法行为人依法给予行政处罚，也可以依法向人民法院提起民事诉讼。

三、未成年工保护

未成年工保护是指根据未成年工人身体未发育成熟的特点，为其健康成长而对他们采取的各种特殊劳动保护措施。它是由未成年工本身的特点所决定和要求的，对于保障未成年工的正常发育和安全健康有重要作用。

---

① 关怀、林嘉主编：《劳动法》，中国人民大学出版社 2006 年版，第 263 页。

1.最低就业年龄规定

对未成年工的劳动保护，是国际工人运动长期斗争的重要内容之一。在资本主义发展的初期，资本家大量使用和剥削未成年工和童工，但迫于工人阶级的斗争和工业发展的需要，资产阶级国家不得不采取一定的保护措施，如英国议会于1802年通过了《学徒健康与道德法》，是世界上第一部限制纺织厂童工工作时间的劳动保护立法。该法规定：禁止纺织厂使用9岁以下儿童，学徒工作时间不得超过12小时，并禁止从事夜班劳动。1919年，国际劳工组织成立时，就在其章程中规定"保护儿童、青工和妇女"；同年召开的第一届国际劳工大会通过的第5号公约即《确保儿童受雇用于工业工作的最低年龄公约》规定："凡儿童在14岁以下者，不得受雇用于任何公营或私营工业或其任何部分。"第6号公约即《受雇用于工业的未成年人夜间工作公约》规定："凡18岁以下的未成年人在任何公营和私营的工业企业或其任部分，均不得于夜间工作。"

我国根据实际情况和《义务教育法》的实施，确定公民的最低就业年龄为16周岁。《未成年人保护法》规定，任何组织和个人不得招用未满16周岁的未成年人。《劳动法》规定，除了文艺、体育和特殊工艺以外，任何用人单位不得招用不满16周岁的未成年人。国务院颁发的《禁止使用童工的规定》规定，对于文艺、体育单位招用不满16周岁的专业文艺工作者、运动员的，必须先经未成年人的父母或者其他监护人同意，并由用人单位保障被招用者接受义务教育的权利。

2.未成年工禁忌从事的劳动作业

在我国，为了培养青年工人和其他方面的特殊需要，允许招收16—18岁的未成年工，但在安排未成年工的劳动时应注意他们的生理特点。为保护未成年人的健康成长，禁止用人单位安排未成年工从事以下范围的劳动：(1)《生产性粉尘作业危害程度分级》国家标准中第一级以上的接尘作业；(2)《有毒作业分级》国家标准中第一级以上的有毒作业；(3)《高处作业分级》国家标准中第二级以上的高处作业；(4)《冷水作业分级》国家标准中第二级以上的冷水作业；(5)《高温作业分级》国家标准中第三级以上的高温作业；(6)《低温作业分级》国家标准中的第三级以上的低温作业；(7)《体力劳动强度分级》国家标准中第四级体力劳动强度的作业；(8)矿山井下及矿山地面采石作业；(9)森林业中的伐木、流放及守林作业；(10)工作场所接触放射性物质的作业；(11)有易燃易爆、化学性烧伤和热烧伤等危险性大的作业；(12)地质勘探和资源勘探的野外作业；(13)潜水、涵洞、涵道作业和海拔三千米以上的高原作业(不包括世

居高原者)；(14)连续负重每小时在六次以上并每次超过 20 公斤，间断负重每次超过 25 公斤的作业；(15)使用凿岩机、捣固机、气镐、气铲、铆钉机、电锤的作业；(16)工作中需要长时间保持低头、弯腰、上举、下蹲等强迫体位和动作频率每分钟大于 50 次的流水线作业；(17)锅炉司炉。

禁止用人单位安排患病或者生理缺陷的未成年工从事以下劳动作业：(1)《高处作业分级》国家标准中第一级以上的高处作业；(2)《低温作业分级》国家标准中第二级以上的低温作业；(3)《高温作业分级》国家标准中第二级以上的高温作业；(4)《体力劳动强度分级》国家标准中第三级以上体力劳动强度的作业；(5)接触铅、苯、汞、甲醛、二硫化碳等易引起过敏反应的作业。

3. 未成年工的定期健康检查

对未成年人进行定期体检是预防疾病，保障未成年人身体健康的重要措施。用人单位应依法对未成年工定期进行健康检查：(1)安排工作岗位之前；(2)工作满一年；(3)年满 18 周岁，距前一次的体检时间已超过半年。

4. 对未成年工的使用和保护实行登记制度

用人单位招收使用未成年工，除符合一般用工要求外，还须向所在地的县级以上劳动行政部门办理登记。劳动行政部门根据《未成年工健康检查表》、《未成年工登记表》，核发《未成年工登记证》。

5. 违反未成工保护的法律责任

《劳动保障监察条例》规定用人单位有下列行为之一，由劳动保障行政部门处罚：(1)安排未成年工从事矿山井下、有毒有害、国家规定的第四级体力劳动强度的劳动或者其他禁忌从事的劳动；(2)未对未成年工定期进行健康检查。《禁止使用童工的规定》规定有下列行为之一，由县级以上劳动行政部门处以罚款：(1)单位或者个人使用童工；(2)父母或者其他监护人允许未满 16 周岁的少年、儿童做童工，经批评教育仍不改正；(3)职业介绍机构或其他单位或者个人为未满 16 周岁的少年、儿童介绍职业；(4)单位或者个人为未满 16 周岁的少年、儿童做童工出具假证明的。用人单位有下列行为，由公安机关给予治安处罚，构成犯罪的，由司法机关依法追究刑事责任：(1)拐骗童工的；(2)虐待童工的；(3)强令童工冒险作业造成伤亡事故的；(4)对童工人身健康造成其他伤害的。对违反规定的从事下列行为的人员，由县级以上劳动行政部门提请有关主管部门给予行政处分：(1)使用童工单位的法定代表人和直接责任者；(2)为未满 16 周岁的少年、儿童核发个体营业执照的工商行政管理部门的行政负责人和直接责任者；(3)为未满 16 周岁的少年、儿童介绍职业的职业介绍机构以及有关单位的负责人和直接责任者；(4)为未满 16 周岁的少年、儿童出具假年龄证明的有关单位的直接责任者。

违反劳动管理法规，雇用未满 16 周岁的未成年人从事超强度体力劳动的，或者从事高空、井下作业的，或者在爆炸性、易燃性、放射性、毒害性等危险环境下从事劳动，情节严重的，对直接责任人员，处 3 年以下有期徒刑或者拘役，并处罚金；情节特别严重的，处 3 年以上 7 年以下有期徒刑，并处罚金。

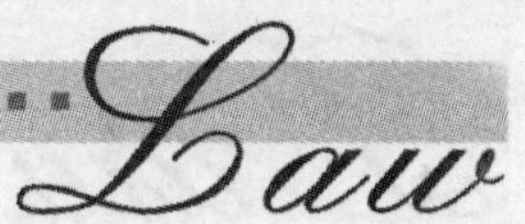

第十一章　劳动就业法律制度

第一节　劳动就业概述

一、劳动就业的涵义

（一）劳动就业的概念

劳动就业，是指具备了就业资格和就业愿望的人，从事一定社会经济活动，并取得合法劳动报酬或者经营收入的活动或状态。劳动就业具有如下内涵：(1)就业人员是具备法定的就业资格即劳动权利能力和劳动行为能力的公民，包括在法定劳动年龄内能够参加劳动的盲、聋、哑和其他有残疾的公民。(2)就业人员有就业愿望。如果一个公民具备就业资格，但无就业的需求，国家就无需保障其就业。公民办理失业或求职登记，就是有就业愿望的表示。(3)就业人员必须从事为国家和社会承认的某种社会职业，即合法的劳动。公民从事不合法的活动，不能视为就业。(4)就业人员所从事的社会职业必须是有一定的劳动报酬或经营收入，能够用来维持劳动者本人及其所赡养一定的家庭人口的基本生活需要。如果公民虽从事一定社会劳动，但其劳动所得不足以维持其生活的，就不能认为其已实现就业。实现就业与否，通常以公民在一定期间内参加劳动所取得的劳动报酬或收入是否足以构成其生活主要来源为标准。国际劳工组织统计会议规定，从事规定时间有酬（或收入）工作的和在规定时间内正规从事 1/3 以上时间工作的，才可视为已经就业。我国规定，就业人员劳动报酬达到和超过当地最低工资标准的，为充分就业；劳动时间少于法定工作时间，且劳动报酬低于当地最低工资标准、高于城市居民最低生活保障标准，本人愿意从事更多工作的，为不充分就业。①

就业人员实现就业的方式主要有：(1)正规就业，即就业人员在用人单位

① 劳动和社会保障部《关于落实再就业政策考核指标的几个具体问题的函》（劳社厅[2003]227 号）。

从事全时制劳动;(2)非正规就业,又称灵活就业,即就业人员从事非全时制劳动,如弹性就业①、阶段性就业②等;(3)个体经营劳动,即就业人员从事个体工商业经营活动,广义上还包括农民承包农村土地从事农业生产经营活动。

(二)失业的概念

失业,是指具有就业资格、劳动能力和就业愿望的公民未能实现就业的状态。失业人员指在法定劳动年龄内,有工作能力,无业且要求就业而未能就业的人员。虽然从事一定社会劳动,但劳动报酬低于当地城市居民最低生活保障标准的,视同失业。我国由于一直存在着城乡二元就业机制,政策法规中的失业概念仅指城镇失业,而乡村中的未就业者称为农村剩余劳动力。

把握失业概念应注意以下要点:(1)失业者仅限于依据有关法规和政策应当予以就业保障的公民。不满或超过法定劳动年龄、完全丧失劳动能力和没有就业愿望的人员以及在校学生、现役军人和其他依法不列入就业保障范围的人员,均不存在失业问题。(2)失业必须是处于未获得就业岗位的状态,既包括从未获得就业岗位,也包括失去原有就业岗位后未获得新就业岗位。(3)失业的表现形式仅以显性失业为限。经济学意义上的隐蔽性失业不包括在内。

二、劳动就业立法概况

就业问题历来是世界各国的普遍性社会问题。由于就业是民生之本,是关系亿万人民群众切身利益的大事,是关系社会发展和稳定的大事,解决好就业问题成了各国政府义不容辞的责任。为有效促进就业,法律已经普遍成为世界各国促进就业的主要手段。促进就业立法一直是近现代劳动保障立法中最为活跃的领域之一。德国有专门的劳动法院体系,与普通的刑法、民法法院等并列,英国有《劳动就业与培训法》,美国更是颁布了《人力开发与培训法》、《职业教育法》、《就业机会法》、《青年就业与示范教育计划法》和《就业培训合

① 弹性就业,是指不限时间、不限收入、不限场所的灵活多样的就业形式。它是相对于全日制就业形式而言的。弹性就业包括非全日制就业、临时就业(如短期就业、季节就业、承包就业、传呼就业、独立就业)、派遣就业(雇佣型派遣就业和登记型派遣就业)、钟点工等。目前我国城镇已广泛存在着弹性就业现象。

② 阶段性就业,是指劳动者再职业生涯中,自愿退出社会劳动一个阶段后,再参加社会劳动的一种就业形式。它是与终生就业相对应的。我国目前存在的在职人员脱产上学,实际上就是阶段性就业的一种形式。

作法》等多项专门的法律和法规来促进就业。①

在我国，计划经济条件下形成的就业制度造成了扭曲的“充分就业”，当时基本上不存在就业问题。在实行社会主义市场经济的进程中，高失业这一极难解决的负面现象相伴而生，就业问题凸现出来。为解决就业问题，我国政府采取了控制人口增长、促进经济发展、调整产业结构、完善经济体制、健全劳动力市场、提高劳动者素质等一系列促进就业措施和手段。

当前我国的就业问题总量之大、矛盾之复杂，是任何国家都未曾遇到过的。我国就业问题主要表现为：劳动力供求总量矛盾和结构性矛盾同时并存，城镇就业压力加大和农村富余劳动力向城镇转移速度加快形成叠加，新成长的劳动力就业和下岗失业人员再就业相互交织。面对严峻的就业形势，我国政府把促进就业确定为我国当前和今后长时期重大而艰巨的战略任务，并实施了大量促进就业的措施。党的十六届三中全会通过的《中共中央关于完善社会主义市场经济体制若干问题的决定》指出，要把扩大就业放在经济社会发展更加突出的位置，实施积极的就业政策，努力改善创业和就业环境，坚持劳动者自主择业、市场调解就业和政府促进就业的方针。劳动和社会保障部发布的《劳动和社会保障事业发展“十一五”规划纲要（2006 年—2010 年）》中明确提出“十一五”时期我国劳动保障事业发展的主要目标之一是就业持续增长，并规划采取有力的措施以促进目标实现。

从近年来我国促进就业工作的实践来看，促进就业措施主要来自政府的政策，规范化、制度化的法律措施不多。当前我国关于劳动就业问题的法律、法规和规章包括：《劳动法》关于“促进就业”的专章规定，以及《妇女权益保障法》、《残疾人保障法》对妇女和残疾人的就业问题所作的规定；相关法规及部门规章，如《劳动就业服务企业管理规定》、《农村劳动力跨省流动劳动就业管理暂行规定》、《职业指导办法》、《就业登记规定》、《劳动力市场管理规定》等；地方性法规和规章，如《山东省就业促进条例》、《天津市劳动就业管理条例》等。在上述劳动就业法律规范中，《劳动法》等法律关于劳动就业的规定过于原则，缺乏可操作性；而法规规章虽然比较具体，但效力等级低，并且相互冲突。总的来讲，现行劳动就业立法过于分散，缺乏统一性、规范性、权威性和配套性，而且内容还不完善，存在不少立法空白。可以说，现行立法在解决就业问题上显得相当无力。

促进就业，不仅需要政策的实施和推动，更需要法律的规范和保障。现行

① 李萌：《〈促进就业法〉寄望促进就业》，载《中国经济周刊》2005 年第 24 期。

诸多劳动就业政策需要法律的支撑，因为缺乏法律支撑的政策措施的出台过程一般都相当艰难，实施过程也存在着不少问题和障碍，或多或少影响着促进就业活动的有效开展。[①] 因此，我国现阶段应注重充分发挥法律在促进就业中的作用，建立、健全促进就业的法律体系，从而为实现充分就业提供有力的法律支持，为新的促进就业措施的制定赋予法律上的义务，为促进就业措施的实施提供国家强制力的保障。这是贯彻依法治国基本方略的客观要求，是做好就业和再就业工作的可靠保障，也是解决好我国劳动就业问题的必由之路。

根据立法规划，我国正在起草《促进就业法》。国外关于促进就业的专项立法例有广义、中义、狭义三种模式。广义《促进就业法》的内容，涵盖就业前和就业中两个阶段，劳动合同和就业后职业培训包括其中，如《秘鲁就业促进法》。中义《促进就业法》的内容，仅涵盖就业前阶段，以未实现就业和未实现充分就业的劳动者为促进对象，其中不包括劳动合同制度，但包括职业培训和失业保险制度，如《波兰就业与失业法》、《俄罗斯联邦居民就业法》等。狭义《促进就业法》的内容也仅涵盖就业前阶段，但劳动合同、职业培训和失业保险制度都不包括在其中，如《日本职业安定法》等。我国《劳动法》结构中的促进就业制度也是如此。[②] 依据《劳动法》的内容设计，我国将要制定的《促进就业法》应当选择狭义模式。我国的劳动立法规划拟对职业培训专门立法，而失业保险已被纳入社会保险法体系，所以将要制定的《促进就业法》不必对职业培训和失业保险作专门规定。[③] 有鉴于此，可以考虑《促进就业法》的内容包括（但不限于）就业调控、劳动力市场管理、劳动就业服务和特殊群体就业保障。

值得注意的是，由于促进就业政策性强，在制定《促进就业法》时，应着重处理好政策与法律的关系。法律和政策是促进就业的两大手段，加强促进就业立法，制定《促进就业法》，并不排斥法律以外的手段，尤其是政策手段。在促进就业立法中，应当合理界定这两种手段的分工，并处理好这两种手段的互动关系。政策性强是《促进就业法》的一项基本特征，这既是它的优势，也是它的劣势。作为优势，它能够对以往促进就业政策，特别是其中的基本政策和长期政策进行总结，以实现政策法律化；而作为劣势，它可能以政策表述为主要内容，甚至以政策语言替代法律语言，使法律丧失其规范性，这就是所谓的法

---

① 李萌：《〈促进就业法〉寄望促进就业》，载《中国经济周刊》2005 年第 24 期。

② 劳动科学研究所课题组：《制定〈促进就业法〉若干问题研究》，载《中国劳动》2005 年第 3 期。

③ 王全兴著：《劳动法》，法律出版社 2004 年版，第 286 页。

律政策化现象。因而，在制定《促进就业法》时，既要重视将就业促进政策上升为法律，又要防止过重的法律政策化现象。这里的关键是如何上升。上升不是照搬、照抄，而是要提炼和转化，即用具体的制度和规则来体现和贯彻政策精神，用确定性强的法律语言，如主体、权利、义务、程序、构成要件、法律责任等来表述政策要求。政策可以分为两种：一种是导向性的，一种是规范性的。导向性政策是指导工作的方向，内容通常比较宏观和抽象；规范性政策直接表现为具体规则，内容比较具体，其中又有长期、中期和短期（临时）之分。在现行的积极就业政策体系中，新时期就业方针、逐渐统一城乡劳动力市场、将控制失业率和增加就业岗位纳入国民经济和社会发展计划、提高就业服务效率、发展职业培训事业、健全宏观调控体系、完善社会保障制度等，属于导向性政策；税费减免、小额贷款、社保补贴、就业援助、就业服务特殊措施、财政投入的特别安排等，则属于规范性政策。对于导向性政策，只要经过实践证明是正确的，《促进就业法》就应予以确认，上升为法律，并通过制度设计和条文设置保证其落实；对于长期性的规范性政策，也可以将其确认为法律条款，作为《促进就业法》的一部分；对于临时性的规范性政策，则不能直接将其上升为法律，而是要将其制度化。即通过立法，规定什么样的条件下政府哪个部门应该制定什么样的促进就业政策，制定促进就业政策应当履行什么样的程序，对于出台的促进就业政策应当怎样保证其实施效果即可。至于政策的具体内容，则由相关责任部门依照法定的职责、权限和程序予以确定。①

三、劳动就业的方针

劳动就业的方针，是指国家根据不同时期的社会劳动力供求情况以及社会经济、政治状况，为充分利用劳动力资源和实现劳动力供求基本平衡所确定的用以指导劳动就业工作的总原则。我国的劳动就业方针自建国以来经历了如下几个阶段：

第一阶段是新中国成立以来到1978年改革开放以前。我国建国初期，城镇失业人口为472.2万人，失业率高达23.6%。为解决旧中国遗留下来的城镇失业问题，党和政府制定了一系列有关劳动就业和用工方面的政策、法规，一方面，国家实行“包就业”政策，即除有重大政治历史问题的人外，全部包下来，并规定大中专、技校毕业生由国家统一分配工作；另一方面，对失业人员采

① 劳动科学研究所课题组：《制定〈促进就业法〉若干问题研究》，载《中国劳动》2005年第3期。

取了积极救济和安置就业的措施，缓解就业压力。针对这些失业人员的就业，政务院于 1953 年 8 月召开劳动就业座谈会，提出“政府介绍就业和群众自行就业相结合”的劳动就业方针。在这一方针的引导下，到 1957 年全国不仅解决了旧社会遗留下来的失业问题，而且对新成长起来的劳动力也作了妥善安置。到 1956 年三大改造完成后，国家“包就业”的范围进一步扩大，并在就业招工和劳动力调配、复转军人安置、多余职工安置、招用临时工和使用计划外用工等方面都做出了明确规定。总的来讲，我国在这一阶段实行的是高度集中统一的计划经济管理体制下的以统包统配和固定工制度为主要内容的劳动就业制度。这种就业制度，从积极意义上讲，保证了我国经济建设对劳动力的需求，使劳动力得到了充分运用，保证了社会的稳定和安全。但经过文化大革命十年动乱，全国又出现了严重的失业问题。

党的十一届三中全会以后，中共中央、国务院为了解决长期以来郁积的大量失业青年的就业问题，于 1980 年 8 月在北京召开全国劳动就业工作会议，提出了解决城镇就业问题的“三结合”方针，即在国家统筹规划和指导下，实行劳动部门介绍就业、自愿组织起来就业和自谋职业相结合的就业方针。“三结合”的就业方针是适应和发展以公有制为主体的多种经济需要而产生的，体现了解放思想、广开就业门路的精神。实践证明，之后十几年我国劳动就业工作之所以取得很大成绩，就是因为贯彻执行该就业方针的结果。

1992 年党的十四大提出建立社会主义市场经济体制，因而培育劳动力市场、确定适应市场经济需要的新劳动就业方针成为十分重要的任务。1998 年 6 月国务院在《关于切实做好国有企业下岗职工基本生活保障和再就业工作的通知》中提出：“建立和完善市场就业机制，实现在国家政策指导下，劳动者自主择业、市场调节就业和政府促进就业的方针。”劳动者自主择业，是指劳动者进入劳动力市场，通过各种渠道自谋职业。在劳动力市场上劳动者就是就业的主体，是劳动力的所有者，拥有并可以自行支配自己的劳动力，享有我国法律赋予的就业权和择业权。市场调节就业，是指通过培育和发展劳动力市场，以市场机制作为配置劳动力资源的基础性调节手段，实现用人单位和劳动者的双向选择。用人单位与劳动者均是劳动力市场主体，双方根据劳动力市场的供求规律、劳动力的价值，形成劳动者自由选择用人单位、用人单位自主择优录用劳动者的就业模式。以市场调节就业，有利于达到劳动力资源的合理和效率配置。政府促进就业，是指政府通过宏观经济与就业协调发展的政策，对劳动力市场进行宏观调控，并采取各种措施，创造就业条件和扩大就业机会，帮助公民实现就业。市场机制虽是配置劳动力资源的基础性调节手段，

但仅依靠单纯的市场机制不能完全解决就业问题，完善的劳动力市场还需要政府的宏观调控。该方针的确立是劳动就业方针从计划经济体制下的安置就业向市场经济体制下的促进就业的一个重大政策突破。这一方针的贯彻实施，必将在我国形成一个市场就业、政府指导、社会服务的全方位劳动就业制度。

四、劳动就业制度的基本原则

劳动就业制度的基本原则，是指劳动法规定的劳动就业工作必须遵循的基本准则。根据劳动就业方针和现行劳动法的规定，劳动就业制度的基本原则有以下几项。

（一）市场调节就业与宏观调控相结合的原则

国家宏观调控的重要职能是促进就业。社会主义市场经济体制中劳动就业制度的模式，应当是国家宏观调控下的劳动力市场资源配置模式。在此模式中，把市场调节作为劳动力资源的基础性配置机制，使劳动者和用人单位在劳动力市场上自主地双向选择；国家依法运用政策、计划、经济杠杆、行政监督等手段，对劳动力资源市场配置实行间接调控为主的宏观调控，促进经济和社会发展，创造就业条件，扩大就业机会，充分实现就业目标以及与其他宏观目标相协调。需要强调的是，市场调节是基础性配置机制，宏观调控和政府促进就业也要遵循市场规律，如政府开发就业岗位，购买培训成果都要通过市场进行。更广范围内，政府促进就业的政策和公共就业服务也都要遵循市场规律，要有助于调动、激发劳动者自主就业、自主创业的积极性。市场调节与宏观调控必然要有机结合，其基础就是市场机制。因此，上述原则也可以简称为市场导向就业原则。①

（二）平等就业原则

平等就业，又称反就业歧视，是指劳动者享有平等的就业权利和就业机会。它的涵义有三：一是劳动者享有平等的就业权利，二是劳动者享有平等竞争的就业机会；三是劳动者享有平等的就业待遇。为了切实保障广泛公民实现平等就业的权利，我国在就业促进法中完善对反就业歧视问题的规范已成当务之急。我们建议，在立法中首先应当参照公约的规定，扩大公民就业平等权的范围，增加禁止现实中已出现的与工作无关而需要禁止的血型、容貌、疾

---

① 劳动科学研究所课题组：《制定〈促进就业法〉若干问题研究》，载《中国劳动》2005年第3期。

病等歧视类型，并设立“工作相关资格”规则，要求用人单位在招工时对求职者设置的招聘条件必须是“合理差别”，即必须是基于该职位工作的性质、需求及其他相关因素所必须的条件；同时，应当规定对就业歧视行为的监督、检查和处罚措施，并规定求职者在受就业歧视时的救济措施。

(三)城乡统筹就业原则

城乡统筹就业，是指国家在制定就业政策、法规和规划，实施就业调控时，以城乡劳动者就业为对象，以城乡统一劳动力市场为空间进行统筹安排。其目的在于，消除劳动力市场城乡分割的不利影响，建立城乡统一的劳动力市场，并充分发挥城乡统一市场在劳动力资源配置中的基础性作用，形成城乡劳动者平等就业的制度。城乡统筹就业原则实际上是平等就业原则在城乡劳动者就业上的适用。

我国在城乡二元经济结构的基础上长期存在着城乡有别、城乡分割的二元就业制度，就业政策对城镇就业问题的关注远远重于对农村和农村剩余劳动力就业的关注，造成城乡劳动者就业权益的不平等。这种不平等具体表现在：就业机会的不平等；就业待遇的不平等；就业服务的不平等。农民不能享有和城镇居民同等的免费职业指导、职业介绍、政策咨询和就业援助等公共就业服务，其择业成本相对较高。[①] 在市场化、工业化、城市化并存的进程中，必然要打破这种局面，建立城乡就业一体化机制，实现城乡劳动者就业平等。目前应采取如下措施：(1)要深化户籍制度改革，破除旧的制度障碍。因为计划经济体制下城乡分割的二元户籍制度是我国实行城乡分割的二元社会管理制度的基础，户籍制度与公民的大量权利有着密切的关系，它直接地将劳动力市场分割成农村户口和城镇户口两个大的群体。(2)要保障城乡劳动者享有同等的就业机会，让农民工获得与城镇职工平等的获得就业信息、平等的选择就业领域以及平等的就业条件、平等的就业福利待遇、平等的就业培训的权利。(3)要构建城乡统一的劳动力市场，适应农村剩余劳动力向非农产业和城镇转移的需要。但值得注意的是，城乡二元经济结构的体制、经济、技术等方面的原因至今尚未消除，城乡统一的劳动力市场体系，实现城乡劳动者的完全平等还只是理想目标，我们只能强调兼顾农村进城劳动者的就业服务、社会保障等方面。可以考虑，在立法中对城乡统筹就业涉及的几个方面的问题做原则性规定：要完善社会经济环境，促进农村劳动力进城就业；提供平等的就业服务，引导和推动进城就业；在社会保险方面，在统一的社会保险体制下，建立适应

---

① 饶惠霞：《试论农民工的劳动就业与权益保障》，载《学术研究》2005年第10期。

农村进城劳动者需要和承受力的社会保险模式。①

（四）照顾特殊群体就业原则

特殊群体人员，指由于生理、健康、文化、历史和社会等原因有就业障碍或在劳动力市场上处于劣势的人员的统称，包括妇女、残疾人、少数民族人员、退出现役的军人等。对这些特殊群体进行就业照顾是人类进步和社会文明程度提高的标志。我国一向注重对这些特殊群体的就业给予保护。《劳动法》第13条规定："妇女享有与男子平等的就业权利。在录用职工时，除国家规定的不适合妇女的工种或者岗位外，不得以性别为由拒绝录用妇女或者提高妇女的录用标准。"《妇女权益保护法》、《女职工特殊劳动保护规定》等法律法规也对妇女的劳动就业保护作了具体的规定。《劳动法》第14条规定："残疾人、少数民族人员、退出现役的军人的就业，法律、法规有特别规定的，从其规定。"《残疾人保障法》、《民族区域自治法》、《兵役法》等法律法规对残疾人、少数民族人员、退役军人的就业保护作了具体的规定。

第二节　劳动力市场管理

一、劳动力市场管理体制

劳动力市场，是指劳动力流动和交换的场所，同时也是运用价值规律和市场供求规律、市场竞争规律对劳动力资源进行调节和配置的一种机制。劳动力市场是生产要素市场的重要组成部分，是形成市场导向就业机制的重要基础。劳动力市场管理，是指劳动力市场管理主体对劳动力市场进行监管，以规范劳动力市场秩序，保护劳动者和用人单位的合法权益。当前，我国劳动力市场秩序还不够规范，特别是非法劳务中介机构或个人以职业介绍为名进行诈骗的现象在一些地方还比较严重，职业介绍机构和用人单位在招聘过程中侵害求职者权益的情况也屡有发生，因此，应当加强和完善劳动力市场管理。我国关于劳动力市场管理的法律规范除《劳动法》的一般规定外，主要是劳动和社会保障部于2000年12月8日颁布实施的《劳动力市场管理规定》。《劳动力市场管理规定》是劳动和社会保障部公布的第一部对劳动力市场管理进行全面规范的部门规章。其基本宗旨，是为了保护劳动者和用人单位的合法权

① 劳动科学研究所课题组：《制定〈促进就业法〉若干问题研究》，载《中国劳动》2005年第3期。

益，规范市场中介行为，促进就业。该规章共 7 章 41 条，内容涉及劳动者求职与就业、用人单位招用人员、各类职业介绍机构从事职业介绍活动的管理等方面，并明确了政府开展公共就业服务的职责。

我国劳动力市场管理实行劳动保障行政部门为中心、市场中介机构相配合的劳动力市场管理体制。县级以上地方劳动保障行政部门主管本行政区域内的劳动力市场管理工作。县级以上地方劳动保障行政部门可委托其所属的就业服务机构，具体办理本行政区域内的劳动力市场管理有关事务。

二、劳动力市场准入管理

(一)劳动者求职与就业

劳动者年满 16 周岁，有劳动能力且有就业愿望，符合法律规定条件，可凭本人身份证件和接受教育、培训的相关证明，通过职业介绍机构介绍或直接联系用人单位等渠道求职。劳动者就业前，应当接受必要的职业教育或职业培训。城镇初高中毕业生就业前应参加劳动预备制培训。

(二)对用人单位招用人员的管理

1.用人单位招用人员的原则

用人单位招用人员，应当面向社会、公开招收、公平竞争、择优录用。用人单位在招用职工时，除国家规定不适合从事的工种或者岗位外，不得以性别、民族、种族、宗教信仰为由拒绝录用或者提高录用标准。用人单位招用国家规定须持证上岗的技术工种人员，应按照《招用技术工种从业人员规定》执行。用人单位跨省招用人员和招用外籍人员、港澳台人员，依照国家有关规定办理。

2.用人单位招用人员的途径

用人单位可以通过下列途径招用人员：(1)委托职业介绍机构；(2)参加劳动力交流洽谈活动；(3)通过大众传播媒介刊播招用信息；(4)利用互联网进行网上招聘；(5)法律、法规规定的其他途径。

3.用人单位招用人员时的禁止行为

禁止用人单位招用人员时有下列行为：(1)提供虚假招聘信息；(2)招用无合法证件的人员；(3)向求职者收取招聘费用；(4)向被录用人员收取保证金或抵押金；(5)扣押被录用人员的身份证等证件；(6)以招用人员为名牟取不正当利益或进行其他违法活动。

4.录用备案和就业登记制度

针对目前劳动力市场上常见的用人单位招工后不办任何手续，不与职工

签订劳动合同、不缴纳社会保险费，劳动者的合法权益得不到保障的问题，《劳动力市场管理规定》明确将录用备案和就业登记作为一项基本的管理制度，以规范用工行为，保护劳动者权益。根据《劳动力市场管理规定》的规定，用人单位招用人员后，应当自录用之日起 30 日内，到当地劳动保障行政部门办理录用备案手续，并为被录用人员办理就业登记。用人单位与职工终止或者解除劳动关系后，应当于 7 日内到当地劳动保障行政部门办理备案手续。用人单位违反上述规定，未按期办理录用备案手续或终止或者解除劳动关系备案手续的，由劳动保障行政部门责令限期改正；逾期不改正的，处以 1000 元以下罚款。

三、职业介绍管理

(一)职业介绍机构概述

1. 职业介绍机构的概念

职业介绍机构，是指依法设立的，从事职业介绍工作的专门机构。它是劳动力市场的中介，为劳动力供求双方服务，促进求职者和用人单位相互选择，充分开发、利用和合理配置劳动力资源。

2. 我国职业介绍机构的历史发展

我国职业介绍机构包括劳动部门开办的职业介绍机构、非劳动部门开办的职业介绍机构和公民个人开办的职业介绍机构三类。1984 年以前，由劳动部门开办的职业介绍机构主要是专业性的，有针对城市待业青年开办的，有针对农村进城务工人员开办的，也有针对城市在业技术工人开办的。1986 年 10 月，国务院颁布劳动制度改革规定后，劳动部门开办的专业性的职业介绍机构开始合并，形成了以劳动服务公司开办的职业介绍机构为主的综合职业介绍机构。1991 年年底，全国劳动部门共开办职业介绍机构 9674 所，职业介绍服务的范围不断扩大，从国有企业向集体企业、三资企业、乡镇企业和个体私营发展。工会系统从 1988 年开始举办专为国有企业富余人员服务的职业介绍机构。行业和企业也开办了职业介绍机构，行业职业介绍机构是为了解决本行业劳动力余缺而建立的，企业内部的职业介绍机构则从进行优化劳动组合开始。由公民个人开办的职业介绍机构属于民营的、经营性的，它诞生于 80 年代初期，随着农村劳动力向城市转移，这类机构开始形成并发挥作用。2000 年 12 月，劳动和社会保障部颁布实施《劳动力市场管理规定》，该规定将职业介绍机构分为非营利性职业介绍机构和营利性职业介绍机构，并对职业介绍机构的组织、行为进行了规范。2001 年 12 月 1 日，劳动和社会保障部、国家工商行政管理总局颁布实施了《中外合资中外合作职业介绍机构设立管理暂行规定》，对中外合资、中外合作职业介绍机构的设立、业务范围作出规定。2002年5月14日，劳动和社会保障部、公安部、国家工商行政管理总局颁布了《境外就业中介管理规定》，对在中国境内从事境外就业中介活动的管理作了规定。①

3.职业介绍机构的分类

以职业介绍机构所提供的服务是否以营利为目的为标准，可将职业介绍机构分为非营利性职业介绍机构和营利性职业介绍机构。非营利性职业介绍机构，包括公共职业介绍机构和其他非营利性职业介绍机构。公共职业介绍机构，是指各级劳动保障行政部门举办，承担公共就业服务职能的公益性服务机构。公共职业介绍机构使用全国统一标识。其他非营利性职业介绍机构，是指由劳动保障行政部门以外的其他政府部门、企事业单位、社会团体和其他社会力量举办，从事非营利性职业介绍活动的服务机构。营利性职业介绍机构，是指由法人、其他组织和公民个人举办，从事营利性职业介绍活动的服务机构。

(二)职业介绍机构的设立、变更和终止

1.职业介绍机构设立的条件和程序

开办职业介绍机构应当具备下列条件：(1)有明确的业务范围、机构章程和管理制度(开办非营利性职业介绍机构的，应当在机构章程和管理制度中体现其非营利宗旨)；(2)有开展业务必备的固定场所、办公设施和一定数量的开办资金；(3)有一定数量具备相应职业资格的专职工作人员；(4)法律、法规规定的其他条件。

设立程序有：

(1)申请与批准。职业介绍实行行政许可制度。开办职业介绍机构，须经劳动保障行政部门批准。劳动保障行政部门接到开办职业介绍机构的申请后，应当自接到申请之日起30日内审理完毕。对符合条件的，应予以批准；不予批准的，应当说明理由。各类职业介绍机构的审批权限和程序以及具体开办条件，由省级劳动保障行政部门统一规定。劳动保障行政部门对经批准开办的职业介绍机构实行年度审验。

(2)登记注册。开办非营利性职业介绍机构，须持劳动保障行政部门的批

---

① 黎建飞：《论我国劳动就业的法定形式》，载《河南省政法管理干部学院学报》2004年第4期。

准文件，根据国家有关规定到相应的登记管理机关进行登记。属于事业单位的，应到机构编制管理机关办理事业单位登记或备案；属于民办非企业单位的，应到民政部门办理民办非企业单位登记。开办营利性职业介绍机构，须持劳动保障行政部门的批准文件，到工商行政管理机关办理企业登记注册。职业介绍机构设立分支机构的，应到原审批部门和登记管理机关核准办理有关手续。

违反上述程序，未经批准设立职业介绍机构或未经批准从事职业介绍活动的，由劳动保障行政部门责令停止职业介绍活动，并可处以 10000 元以下罚款；有违法所得的，可处以不超过违法所得 3 倍的罚款，但最高不得超过 30000 元。

2.职业介绍机构的业务范围

职业介绍机构可以从事下列业务：(1)为求职者介绍用人单位；(2)为用人单位和居民家庭推荐求职者；(3)开展职业指导、咨询服务；(4)收集和发布职业供求信息；(5)根据国家有关规定，从事互联网职业信息服务；(6)经劳动保障行政部门批准，组织职业招聘洽谈会；(7)具备相应资格的，从事劳动力跨省流动就业中介服务；(8)经劳动保障行政部门核准的其他服务项目。

3.职业介绍机构的变更和终止

职业介绍机构变更或者终止的，应到原审批部门和登记管理机关核准办理有关手续。

(三)对职业介绍行为的管理

1.职业介绍工作规范

职业介绍工作规范主要包括：(1)职业介绍机构工作人员实行持职业资格证书上岗制度。(2)职业介绍机构应当在服务场所明示合法证照、批准证书、服务项目、收费标准、监督机关名称和监督电话等，并应接受劳动保障行政部门及其他有关部门的监督检查。(3)职业介绍机构应当按规定据实填报统计报表。

职业介绍机构违反上述规定，未明示合法证照、批准证书、监督电话的，由劳动保障行政部门责令改正，并可处以 1000 元以下的罚款；未明示收费标准的，由劳动保障行政部门提请价格主管部门依据国家有关规定处罚。

2.禁止职业介绍机构从事的行为

禁止职业介绍机构实施下列行为：

(1)超出核准的业务范围经营。(2)提供虚假信息。(3)超标准收费。公共职业介绍机构和其他非营利性职业介绍机构的有偿服务项目，其收费标准实行政府指导价，由省级劳动保障行政部门提出建议，报同级价格主管部门确定。营利性职业介绍机构的收费标准，参照国家有关规定自主确定，并接受当地物价部门监督。(4)介绍求职者从事法律、法规禁止从事的职业。(5)为无合法证照的用人单位或者无合法身份证件的求职者进行职业介绍服务活动。(6)以暴力、胁迫、欺诈等方式进行职业介绍活动。(7)伪造、涂改、转让批准文件。(8)以职业介绍为名牟取不正当利益或进行其他违法活动。

职业介绍机构违反上述规定的，由劳动保障行政部门责令改正，并可处以10000元以下罚款；有违法所得的，可处以不超过违法所得3倍的罚款，但最高不得超过30000元；情节严重的，提请工商部门吊销其营业执照，或提请原登记管理机关办理撤销登记；对当事人造成损害的，应承担赔偿责任。

(四)对中外合资、中外合作职业介绍机构的管理

根据《中外合资中外合作职业介绍机构设立管理暂行规定》，设立中外合资、中外合作职业介绍机构应当经省级人民政府劳动保障行政部门和省级人民政府外经贸行政部门批准，并到企业住所地国家工商行政管理总局授权的地方工商行政管理局进行登记注册。不得设立外商独资职业介绍机构。外国企业常驻中国代表机构和在中国成立的外国商会不得在中国从事职业介绍服务。

中外合资、中外合作职业介绍机构可以从事下列业务：(1)为中外求职者和用人单位提供职业介绍服务；(2)提供职业指导、咨询服务；(3)收集和发布劳动力市场信息；(4)经省级劳动保障行政部门或其授权的地市级劳动保障行政部门同意，举办职业招聘洽谈会；(5)经省级劳动保障行政部门或其授权的地市级劳动保障行政部门核准的其他服务项目。中外合资、中外合作职业介绍机构的管理适用《劳动力市场管理规定》和外商投资企业的有关管理规定。

(五)境外就业中介管理

境外就业中介，是指为中国公民境外就业或者为境外雇主在中国境内招聘中国公民到境外就业提供相关服务的活动。

1.境外中介机构的设立

根据《境外就业中介管理规定》，从事境外就业中介活动应当具备以下条件：(1)符合企业法人设立的条件；(2)具有法律、外语、财会专业资格的专职工作人员，有健全的工作制度和工作人员守则；(3)备用金不低于50万元；(4)法律、行政法规规定的其他条件。境外就业中介实行行政许可制度。申请从事境外就业中介活动的机构应当向其所在地的省级劳动保障行政部门提出申请，经初审同意并征得同级公安机关同意后，报劳动和社会保障部审批。新设

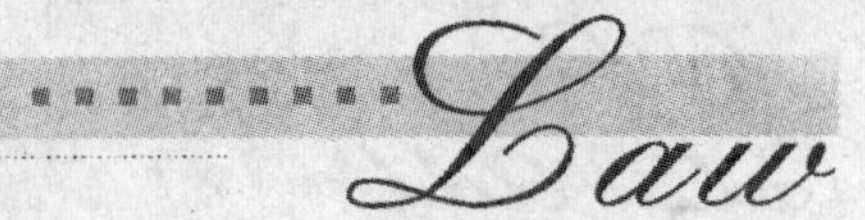

境外就业中介机构报劳动和社会保障部审批前，应当到工商行政管理机关办理名称预先核准登记。劳动和社会保障部审查批准并抄送公安部后，向该机构颁发境外就业中介许可证。

2. 境外中介机构的经营和管理

境外就业中介机构依法从事下列业务：(1)为中国公民提供境外就业信息、咨询；(2)接受境外雇主的委托，为其推荐所需招聘人员；(3)为境外就业人员进行出境前培训，并协助其办理有关职业资格证书公证等手续；(4)协助境外就业人员办理出境所需要护照、签证、公证材料、体检、防疫注射等手续和证件；(5)为境外就业人员代办社会保险；(6)协助境外就业人员通过调解、仲裁、诉讼等程序维护其合法权益。

境外就业中介机构应当依法履行下列义务：(1)核查境外雇主的合法开业证明、资信证明、境外雇主所在国家或者地区移民部门或者其他有关政府主管部门批准的招聘外籍人员许可证明等有关资料；(2)协助、指导境外就业人员同境外雇主签订劳动合同，并对劳动合同的内容进行确认。境外就业中介机构不得以承包、转包等方式交由其他未经批准的中介机构或者个人开展境外就业中介活动。境外就业中介机构不得组织非法出入境，不得组织中国公民到境外从事中国法律所禁止的违法犯罪活动。境外就业中介许可证实行年审制度。

第三节　劳动就业服务

一、劳动就业服务概述

劳动就业服务，是指劳动就业服务机构为劳动者实现就业和用人单位招用劳动者提供的就业登记、职业指导、职业介绍、职业培训等社会服务活动。完善劳动就业服务的主要目的在于协调劳动力供给与需求，帮助劳动者实现就业。劳动就业服务具有公共产品性质，属于政府履行促进就业职责所应当承担的责任，因而劳动就业服务主要体现为政府所提供的公共就业服务。在我国，劳动就业服务主要由政府劳动行政部门设立的就业服务机构组织实施，同时要求充分发挥职业介绍机构、职业培训机构等就业服务机构的作用。

劳动就业服务的主体涉及劳动就业服务机构和劳动力供求双方。劳动力供求双方，即劳动者和用人单位，特别是劳动者，是劳动就业服务的接受主体。劳动就业服务机构，是为帮助劳动者实现就业和用人单位招用劳动者提供服务的机构。它在劳动行政部门的领导、管理下，从事法律法规、政策规定的各项就业服务活动。我国劳动就业服务机构主要有劳动行政部门就业服务机构、职业介绍机构、就业训练机构等。

劳动行政部门就业服务机构具有多层次性。在劳动行政部门就业服务机构体系中，国务院劳动行政部门是全国就业服务的主管部门，其设置的劳动就业服务管理职能机构负责研究就业服务工作的政策，拟定就业服务发展规划，指导和监督各部门、各地方劳动就业服务工作，组织培训劳动就业服务系统的管理人员；各省、自治区、直辖市劳动行政部门设立的劳动就业服务机构负责拟定本地区就业服务工作的规划、方针和政策，对本地区就业服务机构的业务工作进行指导和监督；各地(市)、县、区劳动行政部门设立的劳动就业服务机构负责组织管理就业登记、举办职业介绍机构、扶持劳动就业服务企业等工作；街、镇、乡的劳动就业服务机构，作为基层就业服务组织，可由街、镇、乡政府部门直接领导和管理，也可作为区、县就业服务机构的派出机构，负责就业登记、组织就业训练、组织和指导失业人员就业等工作。

职业介绍机构，特别是公共职业介绍机构，在劳动就业服务中起着至关重要的作用。根据《劳动力市场管理规定》，公共职业介绍机构应当免费提供以下服务：(1)向求职者和用人单位提供劳动保障政策法规咨询服务；(2)向失业人员和特殊服务对象①提供职业指导和职业介绍；(3)推荐需要培训的失业人员和特殊服务对象参加免费或部分免费的培训；(4)在服务场所公开发布当地岗位空缺信息、职业供求分析信息、劳动力市场工资指导价位信息和职业培训信息；(5)办理失业登记，就业登记，录用和终止、解除劳动关系备案等项事务；(6)劳动保障行政部门指定的其他有关服务。在有条件的城市，劳动保障行政部门应当依托市、区公共职业介绍机构，建立综合性服务场所，集中为用人单位和劳动者提供服务。

劳动就业服务的主要内容包括就业登记、职业指导、职业介绍、劳动保障事务代理、就业训练、扶持劳动就业服务企业等各项活动。劳动保障事务代理，是指劳动就业服务机构受用人单位或劳动者委托从事劳动保障事务业务，如受用人单位委托存放档案、办理社会保险等。《劳动力市场管理规定》第30条规定："公共职业介绍机构经县级以上劳动保障行政部门批准，可以接受劳

---

① 根据《劳动力市场管理规定》的规定，特殊服务对象是指下列人员：(1)残疾人；(2)享受当地最低生活保障待遇的人员；(3)退出现役的军人和随军家属；(4)当地政府规定的其他就业困难人员或需特别照顾的人员。

动者和用人单位的委托，从事劳动保障事务代理业务。”

二、就业登记

就业登记，是指就业登记机构依法对有就业需求的劳动者和有用人需求的用人单位就其基本情况所进行的登记。就业登记包括失业登记、求职登记和对用人单位用人需求的登记。规范就业登记行为，有利于准确掌握劳动力供求状况，保证就业服务各项工作的实施。根据《就业登记规定》，就业登记制度的主要内容有：

(一)就业登记体制

城镇劳动者失业、求职和城镇用人单位招聘应按照规定进行登记。县级以上劳动行政部门主管本行政区域内的就业登记工作。县级以上劳动行政部门所属劳动就业服务机构负责组织实施本行政区域内的就业登记工作。失业登记由县级以上劳动就业服务机构指定的职业介绍机构承办，也可由其委托的乡镇、街道和企业的就业服务机构代办。求职登记由职业介绍机构办理。对用人单位用人需求的登记，一般由劳动部门职业介绍机构办理。

(二)失业登记

在法定劳动年龄内有劳动能力，有就业要求的城镇失业人员应进行失业登记(失业登记的具体程序和失业登记证明的样式，由省级劳动保障行政部门统一规定)。失业人员进行失业登记时，没有就业经历的失业人员，应持户口簿(身份证)和证明原身份的有关证件，到本人户口所在地的失业登记机构进行失业登记，填写失业人员表，领取失业证；有就业经历的失业人员，还须持原单位出具的终止或者解除劳动关系的证明。失业人员凭失业登记证明享受公共就业服务、就业扶持政策或按规定申领失业保险金。

(三)求职登记

凡到职业介绍机构求职的人员都应进行求职登记，填写求职登记表，领取求职登记卡。失业登记视为求职登记。经批准，在原务工地转换职业的跨省流动就业的农村劳动者，应持流动就业证办理求职登记手续。农村劳动者在省内流动就业，应持本人身份证和乡镇劳动就业服务机构出具的有关证明(证卡)办理求职登记手续。

(四)对用人单位用人需求的登记

职业介绍机构应了解和掌握用人单位工作岗位空缺和招聘用人情况，并进行登记。职业介绍机构可采取通讯、登门服务、在企事业单位聘请信息员和举办劳务洽谈会等多种方式进行用人登记。用人单位应主动将岗位空缺和拟招聘人员情况提供给当地劳动部门职业介绍机构。用人单位招聘人员后，应向劳动部门备案，并办理相应手续。由政府部门或劳动部门认定的生产自救企业，经济性裁员后6个月内需要招聘人员的企业，以及由劳动部门对其富余人员进行社会调剂或出资承担安置的企业，在聘人员时，必须到劳动部门职业介绍机构进行登记。

三、职业指导

职业指导，是指职业指导机构根据劳动力供求双方的需要，依法为劳动者选择职业、用人单位选择劳动者和就业训练机构开展职业培训提供咨询、建议等指导工作的活动。职业指导可采取个人面谈、集体座谈、报告会、授课、通讯联系等多种形式。职业指导是促进劳动者就业的一项重要手段。其主要任务是向劳动者和用人单位提供咨询和服务，促其实现双向选择。根据《职业指导办法》规定，职业指导制度的主要内容有：

（一）职业指导体制

职业介绍机构应开展职业指导工作，配备专（兼）职职业指导工作人员，向劳动者和用人单位提供指导、咨询和服务。就业训练机构应开设职业指导课程，配备专（兼）职教师，对参加就业与转业训练的劳动者开展职业指导。各级劳动就业服务机构应为职业指导工作提供相应的设施和条件，推动职业指导工作的开展，加强对职业指导工作的宣传。

（二）职业指导工作内容

职业指导工作包括以下内容：(1)调查分析社会职业变动趋势和劳动力市场供求状况；(2)开展对劳动者个人素质和特点的测试，并对其职业能力进行评价；(3)帮助劳动者了解职业状况，掌握求职方法，确定择业方向，增强择业能力；(4)向劳动者提出培训建议，并负责向就业训练机构推荐；(5)对妇女、残疾人、少数民族人员及退出现役的军人等特殊群体提供专门的职业指导服务；(6)指导用人单位选择招聘方法，确定用人条件和标准；(7)对从事个体劳动和开办私营企业的劳动者，提供开业和生产经营方面的咨询服务；(8)对就业训练机构的培训方向、训练规模和专业设置等，提供导向；(9)对在校学生的职业指导工作，提供咨询和服务。

（三）职业指导工作人员的资格条件和职责

职业指导工作人员应具备以下条件：(1)有较强的事业心、责任感，热爱职业指导工作；(2)熟悉有关劳动就业的法规与政策，掌握劳动力市场供求信息，了解职业分类和职业特征；(3)具有与职业指导工作相关的心理、教育、社会等

学科知识；(4)在劳动部门工作两年以上，具有大专以上文化水平；(5)经过相应的业务资格培训并考核合格，持有劳动部门颁发的“职业指导资格证书”。

职业指导工作人员的职责范围有：(1)宣传国家有关劳动就业的法律、法规和政策；(2)向劳动者和用人单位提供咨询服务，协调劳动力供求双方的相互关系；(3)指导劳动者依法确定劳动关系，维护自身合法权益；(4)组织用人单位与求职的劳动者开展多种形式的交流；(5)负责与职业介绍、就业训练等方面的工作联系。

四、职业介绍

职业介绍，是指职业介绍机构在劳动力供方或需方的请求下，通过提供联系沟通等中介服务使双方建立劳动关系的活动。职业介绍是劳动就业制度市场化的一项不可缺少的内容，也是劳动者和用人单位通过双向选择实现自主择业权和自主用工权的重要环节。

职业介绍的主要内容有：(1)为求职者办理求职登记，提供职业需求信息，推荐用人单位；(2)为用人单位办理用人登记，提供劳动力资源信息，推荐求职者；(3)根据需要开展推荐临时用工、家庭服务人员等服务；(4)经劳动保障行政部门批准，组织职业招聘洽谈会；(5)职业介绍机构具备相应资格的，可以从事劳动力跨省流动就业中介服务。

五、就业训练

就业训练，是指就业训练机构为劳动者所进行的职业技能和就业能力的培训。《劳动力市场管理规定》第 32 条规定：“劳动保障行政部门应当鼓励和支持发展多种类型的职业培训机构，并定期提出计划，组织培训机构向失业人员和特殊服务对象提供免费或部分免费的培训。”根据《就业训练规定》的有关规定，就业训练包括为城乡初次求职的人员提供就业前训练，为失业人员和需要转移职业的企业富余职工提供转业训练，为向非农产业及在城镇就业的农村劳动者提供就业训练，为妇女、残疾人、少数民族人员及复员军人等特殊群体人员提供专门的就业训练。就业训练应根据劳动力市场需求及用人单位的需求设置专业和确定培训标准，按照培训标准和接受培训人员的素质状况确定培训期限。就业训练应采取多层次、多形式、多渠道的培训方式，以实际操作技能为主，同时进行必要的专业知识和职业指导及其他内容的培训。对参加就业训练的各类人员实行公开报名、自选专业、考核发证、择优推荐就业。

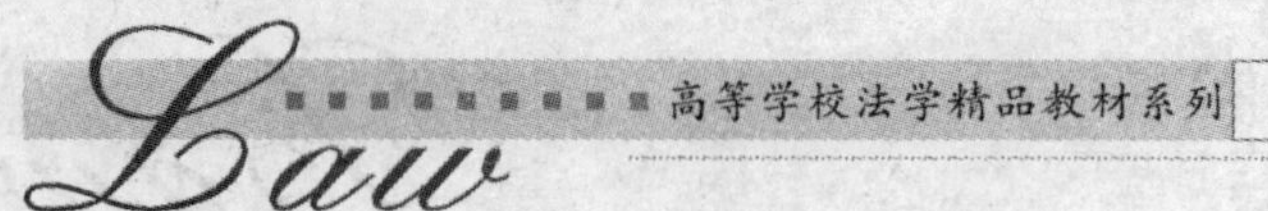

六、劳动就业服务企业

(一)劳动就业服务企业的概念和特征

劳动就业服务企业,是指承担安置城镇失业人员任务,由国家和社会扶持,进行生产经营自救的股份合作制集体所有制经济组织。它的特征是:

(1)它是以安置城镇失业人员就业为主的经济组织。安置城镇失业人员就业是兴办劳动就业服务企业的主要目的和任务。劳动就业服务企业开办时,从业人员中60%以上(含60%)为城镇待业人员;企业存续期间,根据当地就业安置任务和企业常年生产经营情况按一定比例安置城镇待业人员。

(2)它是由国家和社会扶持兴办的经济组织。国家对劳动就业服务企业实行扶持政策,鼓励社会各方面依法扶持兴办各种形式的劳动就业服务企业。劳动就业服务企业既可以由企业、事业单位、机关、团体、部队等主办或者扶持开办,也可以由各级劳动行政部门所属就业服务机构开办,还可以由城镇失业人员和企业富余职工自筹资金开办。

(3)它是劳动者生产经营自救的经济组织。劳动就业服务企业是城镇失业人员在国家和社会的扶持下组织起来进行生产经营活动,以维持其基本生活需要的一种劳动组织形式。

(4)它是具有法人资格的股份合作制集体经济组织。劳动就业服务企业是股份合作制集体所有制企业,财产属于劳动群众集体所有,实行全员入股、股份分红,资本合作与劳动合作,自主经营、自负盈亏、独立核算。

(二)国家和社会对劳动就业服务企业的扶持

举办劳动就业服务企业是解决城镇就业问题的重要途径,国家对劳动就业服务企业实行扶持政策,劳动就业服务企业主办或扶持单位在内的社会各方面也对其进行扶持和帮助。各级人民政府及其行业主管部门应当重视和加强对劳动就业服务企业的领导,将巩固和发展劳动就业服务企业纳入国民经济和社会发展计划,促进城镇劳动就业工作的开展。国家和社会对劳动就业服务企业进行扶持的措施主要有:

(1)国家对企业在开办条件、物资供应、固定资产和流动资金贷款等方面予以支持和照顾,并且给予减免税、调低税率等税收优惠。

(2)各级政府劳动行政部门和各行业主管部门对劳动就业服务企业通过制定发展规划、协助筹集资金、开展培训、开辟物资渠道、组织技术咨询、信息交流、管理和培养干部等方式予以扶持。

(3)各企业、事业单位、机关、团体、部队等主办或者扶持单位,对其所主办

或者扶持开办的劳动就业服务企业，在筹措开办资金、办理审批和工商登记手续、提供生产经营条件、协调企业与各方面的关系、指导经营管理、选派技术和管理人员等方面予以支持和帮助。

第四节　特殊群体就业保障

一、特殊群体就业保障的概念

特殊群体就业保障，是指国家通过立法和制定相关政策对妇女、残疾人、少数民族人员、退出现役的军人等特殊群体的就业实行特殊保护措施的制度。对特殊群体的就业加以保障，是实现社会公平和正义的要求。根据《劳动法》的一般规定和《妇女权益保障法》、《残疾人保障法》、《兵役法》等法律法规以及政策的具体规定，特殊群体就业保障主要包括以下几方面内容：第一，对妇女的特殊就业保障；第二，对残疾人的特殊就业保障；第三，对退役军人的特殊就业保障；第四，对少数民族的特殊就业保障。此外，还有对国有企业下岗失业人员的特殊就业保障等。

二、妇女就业保障

根据《劳动法》、《妇女权益保障法》及其他法律法规的规定，妇女就业保障制度的主要内容有：

(1)妇女享有与男子平等的就业权利。这是从总体原则上肯定妇女的平等就业权。

(2)用人单位在招用职工时，除国家规定的不适合妇女的工种或者岗位外，不得以性别为由拒绝录用妇女。这是侧重于从劳动岗位上保护妇女就业。

(4)用人单位在招用职工时，不得提高对妇女的录用标准。这是侧重于从录用标准上保护妇女就业。

(3)凡适合妇女从事劳动的单位，不得拒绝招收女职工。这是侧重于从用人单位方面保护妇女就业。

(4)用人单位不得在女职工孕期、产期、哺乳期内解除劳动合同。这是对女职工在特殊时期就业的特别保护。

(5)实行男女同工同酬，在晋职、晋级、评定专业技术职务、分配住房和享受福利待遇等方面坚持男女平等。这是对女职工在就业待遇方面的保护。

三、残疾人就业保障

根据《残疾人保障法》及其他法规、政策，残疾人就业保障制度的主要内容有：

（一）就业保障原则

残疾人劳动就业，实行集中与分散相结合的方针。在职工的招用、聘用、转正、晋级、职称评定、劳动报酬、生活福利、劳动保险等方面，不得歧视残疾人。

（二）残疾人就业保障的主要措施

（1）各级政府要将残疾人就业纳入各地劳动就业计划，统筹计划，做好失业登记、职业培训、就业介绍和分配、失业保险和其他就业组织工作。

（2）国家和社会举办残疾人福利企业事业组织，集中安排就业。

（3）国家推动各单位积极吸收残疾人就业，鼓励、帮助残疾人自愿组织起来就业或从事个体经营和劳动。机关、团体、企业事业组织、城乡集体经济组织，应当按一定比例（具体比例由各省、自治区、直辖市人民政府具体规定）安排残疾人就业，并为其选择适当的工种和岗位。安排残疾人就业达不到规定比例的单位应向残疾人劳动就业服务机构缴纳残疾人就业保障金。

（4）国家对残疾人就业实行优惠政策和扶持保护。国家对残疾人福利性企业事业组织和城乡残疾人个体劳动者，实行税收减免政策，并在生产、经营、技术、资金、物资、场地等方面给予扶持。对于申请从事个体工商业的残疾人，有关部门应当优先核发营业执照，并在场地、信贷等方面给予照顾。对于从事各类生产劳动的农村残疾人，有关部门应当在生产服务、技术指导、农用物资供应、农副产品收购和信贷等方面，给予帮助。

四、退役军人就业保障

退役军人，是指在中国人民解放军和中国人民武装警察部队中因服役期满或其他合法原因退出现役的人。军人担负着保卫祖国和人民安危的重任，不能要求其在退役时与非军人一样进行就业竞争，对退役军人实行就业安置等特殊保障措施，有利于稳定军心。目前涉及对退役军人实行就业保障的主要法规政策除《劳动法》外，还有《兵役法》、《中国人民解放军志愿兵退出现役安置暂行办法》（1983 年）、《退伍义务兵安置条例》（1987 年）、《中国人民解放军士官退出现役安置暂行办法》（1999 年）、《军队转业干部安置暂行办法》（2001 年）、《军人抚恤优待条例》（2004 年）等。我国政策法规对退役军人就业

保障的规定，主要内容有：

（一）就业安置原则

退役军人安置工作，贯彻从“哪里来、回哪里去”的原则和妥善安置、各得其所的方针；由退役军人安置机构在地方各级人民政府领导下和有关部门协助下具体进行。

（二）具体就业安置措施

(1)农业户口退役义务兵就业安置。原是农业户口的义务兵退役后，由乡、民族乡、镇的人民政府妥善安排他们的生产和生活；在服役期间荣立二等功（含二等功）以上的，应当安排工作；对有一定专长的，应当向有关部门推荐录用；各用人单位向农村招收工人时，在同等条件下应当优先录用退伍义务兵。对在服役期间荣立三等功、超期服役的退伍义务兵和女性退伍义务兵，应当给予适当照顾。

(2)城镇户口退役义务兵就业安置。原是城镇户口的义务兵退役后，由县、自治县、市、市辖区的人民政府安排工作，也可以由上一级或者省、自治区、直辖市的人民政府在本地区内统筹安排。义务兵服役前没有参加工作的，由国家统一分配工作，实行按系统分配任务、包干安置办法，各接收单位必须妥善安排。在部队获得大军区（含大军区）以上单位授予的荣誉称号和立二等功以上的，安排工作时，应优先照顾本人志愿。在部队荣立三等功和超期服役的，安排工作时，在条件允许的情况下，应当照顾本人特长和志愿。在部队被培养成为有一定专业和特长的，安排工作时，应当尽量做到专业对口。义务兵入伍前原是国家机关、人民团体、企业、事业单位正式职工，退伍后原则上回原单位复工复职。对于因残、因病不能坚持八小时工作的，原工作单位应当按照对具有同样情况的一般工作人员的安排原则予以妥善安置。退伍义务兵原工作单位已撤销或合并的，由上一级机关或合并后的单位负责安置。

(3)伤残退役义务兵就业安置。因战、因公致残的二等、三等革命伤残军人，原是城市户口的，由原征集地的退伍军人安置机构安排力所能及的工作。原是农业户口的，原征集地区有条件的，可以在企业、事业单位安排适当工作。

(4)退役志愿兵就业安置。退出现役的志愿兵，原则上转业回原籍，由县（市）人民政府安置工作，在本县（市）安置有困难的，可报请行政公署或省、市、自治区人民政府统筹安置。安置在区、县以上集体所有制企业、事业单位的，保留全民所有制职工的身份。在安置转业志愿兵时，应尽量按专业技术对口分配。志愿兵退出现役时，本人申请复员回乡参加农业生产的，应予鼓励，除由部队按规定发给生产、生活等项补助费外，生产、生活有困难的，当地人民政府应协助解决。

(5)退役士官就业安置。退役士官符合下列条件之一的,作复员安置:服现役满第一期或者第二期规定年限的;符合转业或者退休条件,本人要求复员并经批准的。退役士官符合下列条件之一的,作转业安置:服现役满10年的;服现役期间荣获二等功以上奖励的;服现役期间因战、因公致残被评为二等、三等伤残等级的;服现役未满10年,国家建设需要调出军队的;符合退休条件,地方需要和本人自愿转业的。作复员和转业安置的士官退出现役后,原则上回入伍时户口所在地的县(市)安置。

五、少数民族人员就业保障

对少数民族人员就业实行特殊保障,是我国民族政策的重要组成部分,是国家促进少数民族地区经济和社会发展的重要手段。关于少数民族人员就业保障的法律规定,除劳动立法外,主要是民族事务法律法规和政策。其对少数民族人员就业保障的规定,主要内容有:

(一)优先招收少数民族人员

民族自治地方的企业、事业单位在招收人员的时候,要优先招收少数民族人员。上级国家机关隶属的在民族自治地方的企事业单位招收人员时,应当优先招收当地少数民族人员。民族自治地方每年编制内的干部和职工自然减员、缺额及国家当年新增用人指标由民族自治地方通过考核予以补充,对少数民族人员优先录用。上级政府在每年下达的农业户口转非农业户口计划中,划出一定指标用于民族自治地方在农牧民中招收少数民族职工。

(二)培养少数民族人才

民族自治地方的自治机关要采取各种措施从当地民族中大量培养各级干部和各种科学技术、经营管理等专业人才和技术工人,并且注意在少数民族妇女中培养各级干部和各种专业技术人才;上级国家机关对此负有帮助职责。国家举办民族学院,在高等学校举办民族班、民族预科,专门招收少数民族学生,并且可以采取定向招生、定向分配的办法。

第十二章　国际劳工标准

第一节　国际劳工标准

一、国际劳工标准的概念及其由来

国际劳工标准(Internatioanal Labor Standards),又称"国际劳动标准",一般是指国际劳工大会通过的公约和建议书,以及其他达成国际协议的具有完善、系统的关于劳动关系和与之相关的一些关系的原则、规则。国际劳动公约的核心与宗旨是确立和保障世界范围内的劳工权利。① 这里的"劳工标准"是指有关劳工保护的基本法律规则,它包括了对劳动者的劳动报酬、劳动条件(工作时间,安全保护等)、劳动福利(休息,医疗保健,教育,生活待遇等)及其他公民权利(如结社,集会,罢工,言论等自由)的相关规定与要求。②

国际劳工标准概念的出现要比国际劳工组织的出现早得多。19 世纪中叶,欧洲主要资本主义国家的生产力水平也得到了极大的提高,经济得到了很大的发展,但是,这些国家的工人阶级的状况却仍然恶劣,"血汗工厂"的情形极为普遍,即资本家为了在竞争谋求更为有利的竞争优势,普遍采取降低劳动者的工作条件、压低工资、使用童工等不人道的手段。但是,随着工人阶级力量的逐步强大,工人阶级组成工会,与资本家进行斗争,使得资本家难以长期残酷压榨工人。另一方面,国际经济贸易关系日趋发展,各国之间的相互影响增加,各国资本家为维护其自身利益、缓和阶级矛盾和国际矛盾,开始有意识地推动国际劳工标准的制定。

1890 年 5 月 5 日,在柏林召开了国际工厂和矿山、女工、未成年工、周日工作等制定了一系列建议书。虽然柏林大会未能就劳工问题达成国际协议,但是,它是第一次由各国政府正式共同讨论国际劳工标准的国际会议,具有深

① 王家庞:《国际劳动公约概要》,中国劳动出版社 1991 年版,第 15～17 页。

② 刘旭:《国际劳工标准概述》,中国劳动社会保障出版社 2004 年版,第 5 页。

远的历史意义。

1897年8月，来自14个国家的近400名天主教工人组织的代表在瑞士苏黎世参加了“劳动保护首届国际代表会议”。这次会议对星期日休息、童工最低年龄等问题，提出了具体要求，并且通过一项决议，要求瑞士政府推动国际劳工立法工作，特别是要求各国政府共同组建一个劳工局。1897年9月，在比利时的布鲁塞尔举行了另一次会议，检查柏林大会后各国劳动立法的状况，并研究制定国际劳工标准的可行性等。同时，布鲁塞尔会议指定了一个委员会，负责推动国际劳工局的建立。在他们的推动下，一些国家先后建立了致力于创建劳工局的组织。1900年，这些组织在巴黎举行会议，成立了“国际劳工立法协会”。国际劳工立法协会分别于1905年和1906年在伯尔尼召开了两次国际大会。1906年的伯尔尼大会，通过了关于禁止使用白磷以及规范女工夜班的两项国际协议。这两项协议表明，制定国际劳工标准是可行的，并为未来的国际劳工标准的制定积累了一定的经验。

由于第一次世界大战的爆发，使得国际劳工标准制定的进程受到影响，国际劳工立法协会的作用结束。直至第一次世界大战结束后，根据《凡尔赛条约》中的《国际劳动宪章》的内容，国际劳工组织于1919年成立，并作为国际联盟的一个自治的附属机构。国际联盟解体后，国际劳工组织作为独立的国际组织存在。联合国成立后，国际劳工组织与联合国签订协议，成为联合国的一个专门机构，负责社会与国际劳工问题。国际劳工组织成立后，一直致力于制定国际公认的、关于处理劳动关系以及与之相关的一些关系的原则、规则和制度，并监督其实施。

二、国际劳工标准的形式和宗旨

国际劳工标准的主要形式有两种：一种是国际劳工公约，另一种是建议书。国际劳工公约和建议书虽然都属于国际劳动立法文件，但其法律效力是不同的。国际劳工公约是国际性条约，须经国际劳工组织成员国批准；公约一经批准，成员国必须遵守和执行。而建议书则是提供给成员国制定法律和采取其他措施时的参考，不需要成员国批准，因而是没有法律约束力的文书。建议书经常与相同主题的公约同时通过，以更详尽地补充这些公约。在国际劳工标准中，许多公约都伴随有相应的建议书。当然，有些建议书是单独制定的，但近年来的趋势是单独制定的建议书越来越少。1951—1970年间通过的55项建议书中，有31项是单独制定的，并不与某项公约相联系。而从1971年—1997年间通过的46项建议书中，只有3项是独立的，其余43项都是作

为某项公约的补充文件而存在。①

国际劳工标准的核心和宗旨是确立和保障世界范围内的工人权利。国际劳工立法的目标，在《国际劳工组织章程》中，确定为“只有以社会正义为基础，才能建立世界持久和平”。在《费城宣言》中进一步确立为“全人类不分种族、信仰和性别都有权在自由和尊严、经济保障和机会均等的条件下谋求物质福利和精神发展”。因此，国际劳工组织需要通过制定和实施国际劳工标准的方式，来确立和保障世界范围内的工人权利，改善各国工人的劳动条件，以达到维护社会正义和世界和平的目标。②

三、国际劳工标准的内容

这些国际劳动公约和建议书涉及劳动中的许多问题，其中包括某些基本人权问题（例如结社自由、组织权利和集体谈判权利、废除强迫劳动、消除就业中的歧视）、就业政策、劳工行政管理、劳资关系、工作条件、社会保障、职业安全和卫生、妇女就业、雇用童工以及雇用如移民工人和海员等类别人的问题。

（一）有关基本人权方面的国际劳工标准

1. 结社自由方面的国际劳工标准

（1）结社自由和保障工人、雇主的组织权利。1948 年通过《结社自由和保障组织权利公约》（第 87 号公约），该公约赋予所有工人和雇主，无须经过事前批准手续，有权建立他们自己意愿建立的组织，并制定了一系列规定，确保这些组织在不受公共当局干涉的情况下自由行使其职能。③

（2）保障组织权和鼓励集体谈判。1949 年通过《组织权利和集体谈判权利公约》（第 98 号公约），该公约的目的在于防止发生排斥工会的歧视，防止工人组织和雇主组织之间相互干涉，并对促进集体谈判作出规定。④

（3）保障工人代表的活动和权益。1971 年通过的工人代表公约（第 135 号公约）是为保障企业事业单位的工人代表的权益而制定的，使他们不至于因处在工人代表的地位或进行工人代表的活动，而受到包括开除在内的任何不

---

① 刘旭：《国际劳工标准概述》，中国劳动社会保障出版社 2003 年版，第 9 页。

② 林燕玲：《国际劳工标准：形式与内容》，http://www.chuguo.cn/news. 下载日期：2006 年 12 月 8 日。

③ ILO, C87 Freedom of Association and Protection of the Right to Organise Convention, 1948, http://www.ilo.org/ilolex. 下载日期：2006 年 12 月 11 日。

④ ILO, C98 Right to Organise and Collective Bargaining Convention, 1949, http://www.ilo.org/ilolex. 下载日期：2006 年 12 月 13 日。

利于他们的对待。①

2. 废除强迫劳动方面的国际劳工标准

(1)1930 年通过的《强迫劳动公约》(第 29 号公约)。该公约的主要目标，是要求批准该公约的国家，在尽可能短的时期内完全废止使用一切形式的强制劳动。但允许某些例外，如服兵役、受到适当监督的服刑人员的劳动和战争、火灾、地震等紧急情况下的劳动。②

(2)1957 年通过的《废除强迫劳动公约》(第 105 号公约)。该公约要求立即和彻底废除相关的强迫劳动，例如：把强迫劳动作为一种政治压制或政治教育的手段，或把它作为发展经济而动员和运用劳工一种方法等。③

3. 消除就业歧视方面的国际劳工标准

(1)1958 年通过的《消除就业和职业歧视公约》(第 111 号公约)和同名的建议书(第 111 号建议)。公约要求公约对其生效的会员国承诺，消除在获得就业机会、培训和工作条件方面，任何基于种族肤色、性别、宗教、政治见解、民族血统或社会出身等原因的歧视，促进机会均等和待遇平等。④

(2)1951 年通过的《对男女工人同等价值的工作付予同等报酬公约》(第 100 号公约)。公约规定，各会员国应通过与确定报酬标准的现行方法相适应的手段，促进并在尽可能与这些方法协调的情况下，保证在所有工人中实行对男女工人同等价值的工作付予同等报酬的原则。⑤

除了上述公约和建议书以外，在消除就业和职业歧视方面还有许多为弱势劳工群体谋求就业机会均等和待遇平等的公约。例如，国际劳工组织在先后制定了保护生育、最低就业年龄、有关残疾工人、移民工人、年龄较大工人、有家庭负担工人以及社会保障等国际劳工公约和建议书。

---

① ILO, C135 Workers' Representatives Convention, 1971, http://www.ilo.org/ilolex. 下载日期:2006 年 12 月 15 日。

② ILO, C29 Forced Labour Convention, 1930, http://www.ilo.org/ilolex. 下载日期:2006 年 12 月 17 日。

③ ILO, C105 Abolition of Forced Labour Convention, 1957, http://www.ilo.org/ilolex. 下载日期:2006 年 12 月 19 日。

④ ILO, C111 Discrimination (Employment and Occupation) Convention, 1958, http://www.ilo.org/ilolex. 下载日期:2007 年 1 月 11 日。

⑤ ILO, C100 Equal Remuneration Convention, 1951, http://www.ilo.org/ilolex. 下载日期:2007 年 1 月 15 日。

(二)就业与人力资源开发方面的国际劳工标准

1.就业政策的国际劳工标准

有关就业政策的最重要标准是1964年的第122号公约《就业政策公约》和第122号建议书《就业政策建议书》。公约要求批准本公约的会员国,应当制定并实行一项积极的政策,以促进充分的、自由选择的、生产性就业。这项政策应以保证下列各项就业为目的:(1)向一切有能力工作并寻找工作的人提供工作;(2)此种工作应尽可能是生产性的;(3)每个工人不论其种族、肤色、性别、宗教信仰、政治见解、民族血统或社会出身如何,都有选择职业的自由,并有获得必要技能和使用其技能与天赋的最大可能的机会,并取得一项对其很合适的工作。① 建议书对公约的一般原则作了具体而确切的补充规定。

2.关于失业方面的国际劳工标准

1919年的《失业公约》(第2号公约)是关于失业问题的最早公约。公约要求,政府应当设置免费公立职业介绍所,并应设立委员会对介绍所工作事宜提供咨询,委员会内应包括雇主与工人的代表。公约还要求,给予失业者相应的失业保险。由于公约只提出了防止失业的重要原则,为此又制定了一些有具体标准的建议书。②

3.关于就业服务方面的国际劳工标准

(1)1948年的职业介绍所组织公约和建议书(第88号公约和第83号建议书)。该公约强调,批准该公约的国家应当保持或者实行一种公营的、免费的就业服务。就业服务的主要职责是保证提供尽可能完善的劳务市场组织,作为达到和保持充分就业以及开发与利用生产资源的国家计划的一个组成部分。③ 第83号建议书进一步就免费的就业服务机构的组织结构和工作等提出了一系列的具体建议。④

(2)1949年的《收费职业介绍机构公约》(第96号公约)。该公约规定,凡是批准本公约的国家应当对现有的收费职业介绍所依照以下两种办法中任选

---

① ILO, C122 Employment Policy Convention, 1964, http://www.ilo.org/ilolex. 下载日期:2007年2月11日。

② ILO, C2 Unemployment Convention, 1919, http://www.ilo.org/ilolex. 下载日期:2007年2月25日。

③ ILO, C88 Employment Service Convention, 1948, http://www.ilo.org/ilolex. 下载日期:2007年2月25日。

④ ILO, R83 Employment Service Recommendation, 1948, http://www.ilo.org/ilolex. 下载日期:2007年2月25日。

一种进行处理：一种办法是逐步废除以营利为目的的收费职业介绍所，并管理其他职业介绍所；第二种办法是对各种收费职业介绍所均加以管理。①

4.关于职业指导和职业培训方面的国际劳工标准

1975年的《开发人力资源中有关职业指导与职业培训的作用公约》（第142号公约和第150号建议书）是关于职业指导和职业培训方面的基本国际劳工标准。该公约要求，批准该公约的国家应当制定和发展综合的、协调的关于职业指导和职业培训的政策与计划。公约强调，各国的职业培训体系也应当逐步发展，使之跟上和满足一切经济活动的所有行业，以及处于各种技能水平和职位的所有层次的青少年和成年人对终身职业培训的需求。② 建议书指出，各国应逐步扩大其职业指导制度和经常通报就业信息的体制，以保证所有的儿童、青少年和成年人能得到全面的信息和尽可能广泛的指导。

（三）产业关系（劳资关系）方面的国际劳工标准

国际劳工组织的宗旨之一在于加强政府、雇主和工人的三方合作、调节政府、雇主和工人之间的关系。国际劳工组织在该领域制定了各种有关劳资关系问题的国际劳工标准。例如：在集体谈判方面，国际劳工大会在1949年《组织权利和集体谈判权利公约》（第98号公约）的基础上，于1981年通过了关于促进集体谈判的公约和建议书（第154号公约和163号建议书）。《关于促进集体谈判的公约》要求各国应采取适应国情的措施促进集体谈判。这些措施的目的应当是：使所有的经济活动部门中的所有雇主和所有工人团体都应当有可能进行集体谈判；集体谈判的内容应逐渐扩大，直至把决定劳动条件和就业条件、规范工人与雇主之间的关系、规范雇主或其组织同工人组织之间的关系等所有事项全部包括进去；应当推动雇主组织和工人组织之间就订立集体谈判程序的规则取得一致；解决劳资争端的机构和程序的制定应有助于促进集体谈判。③

除了上述公约和建议书外，还制定了自愿调解与自愿仲裁建议书、产业一级和国家一级的协商建议书以及在企业、事业单位里审议工人的不满建议书

---

① ILO, C96 Fee-Charging Employment Agencies Convention (Revised), 1949, http://www.ilo.org/ilolex. 下载日期：2007年2月25日。

② ILO, C142 Human Resources Development Convention, 1975, http://www.ilo.org/ilolex. 下载日期：2007年2月25日。

③ ILO, C154 Collective Bargaining Convention, 1981, http://www.ilo.org/ilolex. 下载日期：2007年2月26日。

等。

（四）有关童工和青少年工的国际劳工标准

主要是1973年《准予就业最低年龄公约》（第138号）和1999年《禁止和立即行动消除最恶劣形式的童工劳动公约》（第182号）。《准予就业最低年龄公约》旨在消除童工劳动，规定准予就业的最低年龄不得低于完成义务教育的年龄。①《禁止和立即行动消除最恶劣形式的童工劳动公约》呼吁立即采取有效措施确保禁止和消除最恶劣形式的童工劳动，它包括奴役制和类似的做法，强迫征募儿童参与武装冲突，使用儿童卖淫和从事色情服务，任何非法活动，以及可能危害儿童的健康、安全和道德的工作。②

（五）有关工作条件的国际劳工标准

1. 关于工作时间的国际劳工标准

1919年制定了第1号公约《工业工作时间每日限为8小时及每周限为48小时公约》，其范围运用于公营与私营工业企业。公约所规定的"工业"包括矿业、制造业、建筑业以及运输业。公约同时规定了例外情况：(1)企业中任监督或管理职务者及任机密事务者；(2)一周中一天或几天工时少于8小时，则其余各天工时可多于8小时，但所多工时不得超过1小时；(3)轮班工作的工人如在三星期内或较短的期间内其工时平均数不超过公约的规定，则允许其任何一日的工时超过8小时，任何一周的工时超过48小时。③

随后，国际劳工组织又先后通过《商业及办事处所工作时间的规定公约》、《每周工作时间减至四十小时公约》以及《减少工作时间建议书》等公约和建议书，扩大了8小时工作制的使用范围，并将工作时间缩短为每周40小时。

2. 关于每周休息的国际劳工标准

1921年的《工业中实行每周休息公约》（第14号公约）规定，在任何公私工、矿、交通企业就业的全体工作人员，每7日的期间内应享有至少连续24小时的休息时间；这种休息时间的规定，在可能的范围内，应与本国或当地的风俗或习惯相符合。公约准许有一些例外（包括暂停或缩短休息时间），但应在

---

① ILO, C138 Minimum Age Convention, 1973, http://www.ilo.org/ilolex. 下载日期：2007年2月27日。

② ILO, C182 Worst Forms of Child Labour Convention, 1999, http://www.ilo.org/ilolex. 下载日期：2007年3月1日。

③ ILO, C1 Hours of Work (Industry) Convention, 1919, http://www.ilo.org/ilolex. 下载日期：2007年3月3日。

尽可能的范围内补偿其休息时间。①

1957 年的《商业和办事处所每周休息公约》(第 106 号公约)将每周休息的时间规定扩大到办公室工作人员、私营企业。

3. 关于工资照付的假期的国际劳工标准

1970 年的《工资照付年假公约》(第 132 号公约)是当前有关带薪年休假的基本国际劳工标准。该公约适用于除海员和就业问题特殊的很少几种人以外的所有就业者。公约规定,凡适用本公约的人员,应享受明确规定的最短期限的工资照付的年休假;凡批准本公约的国家应明确规定年休假的期限,随同对公约的批准书申报;对于连续服务满一年的人,其年休假长度不应少于 3 个工作周。②

(六)关于职业安全和卫生方面的国际劳工标准

国际劳工组织关于职业安全与卫生方面的国际劳工标准大体上分为三类:

(1)第一类公约用来指导成员国为了达到安全健康的工作环境,保证工人的福利与尊严制定方针和措施,包括对危险机械设备安全使用程序的正确监督,主要包括:1981 年通过的职业安全与卫生公约和建议书(第 155 号公约和第 164 号建议书);1985 年通过的职业卫生设施公约和建议书(第 161 号公约和 171 建议书);1993 年通过的重大工业事故预防公约和建议书(第 174 号公约和第 181 号建议书)。

(2)第二类公约针对特殊试剂(白铅、辐射、苯、石棉和化学品)、职业癌症、机械搬运、工作环境中的特殊危险而提供保护。主要包括:1919 年通过的《禁止在火柴制造中使用白磷建议书》(第 6 号建议书);1919 年通过的《保护妇女与儿童免受铅毒建议书》(第 4 号建议书);1921 年通过《油漆中使用白铅公约》(第 13 号公约);1960 年的辐射防护公约和建议书(第 115 号公约和第 114 号建议书);1971 年通过《防苯中毒危害公约》(第 136 号公约);1986 年的安全使用石棉公约(第 162 号公约和第 172 建议书);1974 年的职业癌公约和建议书(第 139 号公约和 147 号建议书)等。

(3)第三类公约是针对某些经济活动部门,如建筑工业、商业和办公室及

---

① ILO, C14 Weekly Rest (Industry) Convention, 1921, http://www.ilo.org/ilolex. 下载日期:2007 年 3 月 4 日。

② ILO, C132 Holidays with Pay Convention (Revised), 1970, http://www.ilo.org/ilolex. 下载日期:2007 年 3 月 8 日。

码头等提供保护。主要包括：1964 年的商业和办事处所卫生公约和建议书（第 120 号公约和第 120 号建议书）；1979 年的职业安全与健康（码头工作）公约和建议书（第 152 号公约和第 162 号建议书）；1988 年的建筑业安全卫生公约和建议书（第 167 号公约和第 175 号建议书）；1995 年的矿山安全与卫生公约和建议书（第 176 号公约和 183 号建议书）等。①

（七）关于社会保障方面的国际劳工标准

国际劳工组织关于社会保障方面的公约和建议书有 50 多个，其中 1952 年的第 102 号公约《社会保障最低标准公约》是一个基本标准，它涉及九个部分的内容，包括医疗护理、疾病津贴、失业津贴、老年津贴、工伤津贴、家庭津贴、生育津贴、残废津贴和遗属津贴。该公约要求，批准本公约的会员国应承诺遵守公约规定的 9 项标准中的至少 3 项，并实施于指明的工人类别或部门，此后还可声明增加实施的标准和工人类别或部门。这个公约首次规定了适用于各国的一般社会保障水平，因为它可以适应不同发达水平的国家的经济和社会条件。从社会保障项目看，国际劳工组织有关社会保障的国际公约和建议书也可划分为不同的种类。

1. 医疗照顾、疾病补助

1969 年通过的《医疗照顾和疾病补助公约》（第 130 号）和《医疗照顾与疾病补助建议书》（第 134 号建议书）。这是目前对这两种实行社会保障的主要国际标准。《医疗照顾和疾病补助公约》提高了治疗性和预防性医疗照顾服务项目的标准，也针对经济和医疗卫生设施不够发达的国家规定了最低限度的服务项目。②《医疗照顾与疾病补助建议书》要求把《医疗照顾和疾病补助公约》的适用范围扩大到所有的经济活动人口和全体居民，并且对这种补助放宽了条件和提高了补助水平。

2. 养老、伤残和遗属保险

1967 年的《伤残、养老和遗属补助公约》（第 128 号）是养老、伤残和遗属保险方面的主要国际劳工标准。该公约对伤残保险方面规定了保障范围、津贴率计算方法；同时还规定，应当在规定的条件下向伤残者提供康复服务以及采取措施为残疾人提供适当的就业岗位。老年津贴方面规定享受保障者年龄

---

① 上述公约的具体内容都可以在 http://www.ilo.org/ilolex 上查到，建议书的具体内容可以在 http://www.ilo.org/ilolex 上查到。

② ILO, C130 Medical Care and Sickness Benefits Convention, 1969, http://www.ilo.org/ilolex. 下载日期：2007 年 3 月 13 日。

不得超过 65 岁、老年津贴率计算方法等。遗属津贴是对由于家庭支柱死亡以致寡妇或子女生活无着落而提供补助。①

3. 工伤保障

1961 年的工伤事故津贴公约和建议书（第 121 号公约和第 121 号建议书）是关于工伤保障方面的主要国际劳工标准。该公约要求批准公约的成员国在进行工伤保险立法时，可将保险范围界定在某些规定类别的雇员中，但参加保险的总人数不得少于所有工业企业总人数的 75%。该公约还对工伤事故和职业病的范围、享受对象以及确定救济金数量的原则作了具体规定。②

4. 生育保险

1919 年的《妇女生育前后工作公约》（第 3 号公约），只适用于工商业中受雇的妇女；2000 年修订的《生育保护公约》（第 183 号公约），适用于所有就业妇女，包括从事非典型形式的隶属工作的妇女。两个公约均规定生育产假期间发给现金津贴并提供医疗护理。③

5. 失业保险

1934 年的《失业补贴公约》（第 44 号公约），要求建立一种对非自愿的失业者给予补贴的制度，或者是强制与自愿相结合的保险制度。1988 年通过的《促进就业和失业保护公约》（第 168 号公约），将失业津贴与促进就业联系起来，④同年通过的《促进就业和失业保护建议书》（第 176 号建议书），在促进生产性就业、保护失业者、建立与改善失业保护制度三个方面，对第 168 号公约的有关规定提出了补充建议。

四、国际劳工标准的实施和监督

（一）会员国对国际劳工标准应承担的义务

依据国际法的一般原理，国际公约要对某一国家发生约束力，应当经该国

---

① ILO, C128 Invalidity, Old-Age and Survivors' Benefits Convention, 1967, http://www.ilo.org/ilolex. 下载日期：2007 年 3 月 14 日。

② ILO, C121 Employment Injury Benefits Convention, 1964, http://www.ilo.org/ilolex. 下载日期：2007 年 3 月 15 日。

③ ILO, C 3 Maternity Protection Convention, 1919; C183 Maternity Protection Convention, 2000, http://www.ilo.org/ilolex. 下载日期：2007 年 3 月 18 日。

④ ILO, C44 Unemployment Provision Convention, 1934; C168 Employment Promotion and Protection against Unemployment Convention, 1988. http://www.ilo.org/ilolex. 下载日期：2007 年 3 月 20 日。

对国际公约的正式批准和核准。因此,国际劳动公约也只有经过会员国的批准才能对该国产生约束力;对于未批准公约的会员国则没有约束力,但是该会员国必须根据国际劳工组织章程规定在一定时期内向国际劳工局提交报告,说明其为何没有批准该公约。国际劳工组织的建议书对会员国没有约束力,它不要求会员国批准,只供各会员国制定本国法律时作为参考,同时也应在一定时期向国际劳工局提交报告。会员国对国际劳工标准应承担的义务一般包括以下几个方面:

1.将公约和建议书提交主管机关的义务

国际劳工组织章程第19条规定,各会员国应保证在公约和建议书通过以后的12个月内将公约和建议书,将该公约和建议书提交本国的主管机关,最迟不得迟于大会闭幕后18个月。各会员国应将公约或建议书提交主管机关的情况及采取的措施通知国际劳工局长。

2.将已批准的公约付诸实施及相关的义务

国际劳工组织章程规定,公约一旦获得主管机关的同意,该国应当采取必要的行动使该条约的各条款生效。公约在一国生效的方法可以通过多种方式,并不是都必须采取立法措施。国际劳工组织章程同时规定,各会员国同意就实施其已批准的公约所采取的措施,向国际劳工局提出年度报告,此种报告应按照理事会要求的格式和具体项目编写。从1977年起,要求会员国每四年做一次详细的报告,对于一些涉及人权等重要公约要求每两年做一次报告,报告还应抄送本国有代表性的雇主组织和工人组织。

3.就未批准的公约以及就建议书向国际劳工局提交报告的义务

国际劳工组织章程第19条的规定,在把公约和建议书提交主管机关以后,会员国对于建议书和未获主管机关批准的公约不再负有义务;但是应当按国际劳工组织理事会的要求,每隔适当时间,就某项未批准的公约或某项建议书向国际劳工局局长提交报告。

(二)国际劳工标准的监督机制

国际劳工组织为了推动国际劳工标准在会员国能够切实地付诸实施,建立了一套实施公约的监督机制。

1.经常性监督

国际劳工组织有权对已批准某项公约的会员国进行经常性监督。这种经常性监督是以审议会员国提交的定期报告为基础的。国际劳工组织一般通过特定的监督机构对会员国提交的定期报告予以审议,这种监督机构包括:实施公约与建议书专家委员会和国际劳工大会实施公约与建议书大会委员会。专家委员会依据各国提交的报告、各国的法律与规章以及其他有关资料，对各国公约与建议书的履行情况以及实施已批准公约的情况作出评价。每年国际劳工大会都要审议专家委员会的年度报告。

2.审议申诉与控诉

当一个国家对其权限范围内的任何方面没有切实遵守其已批准的任何公约时，工人组织或雇主组织可以向国际劳工局提出申诉。国际劳工局理事会指派专门机构对申诉进行调查，然后提交理事会全体会议作出结论：指出“申诉”涉及的问题哪些已由当事国政府做出令人满意的处理，哪些还需要进一步采取行动。

根据国际劳工组织章程第26条至第29条规定，控诉程序在形式上最接近司法程序。如果某一个会员国政府认为另一会员国没有切实遵守已批准的公约，那么可以向国际劳工局提出控诉。国际劳工局理事会也可自行或收到某一代表的控诉时，采取上述程序。控诉提出后，理事会如果认为适当，可以将该控诉通知被指控的政府；如经过通知，但在规定的期限内没有收到满意的答复，理事会可以作出决定，设立一个调查委员会进行调查，并在国际劳工局正式公报公布调查结果。有关当事国政府应向国际劳工局长表明是否接受调查委员会报告中的建议；如不接受，再决定是否拟将该提案提交国际法庭。

3.特殊监督机制

对于结社自由权的监督，国际劳工组织有一套特殊的监督机制。其特殊之处在于，国际劳工组织可以受理关于违反结社自由公约，尤其是侵犯工会权利的所有指控，而不论被指控的会员国是否已经批准结社自由公约。在这一点上，不同于申诉与控诉程序，显示出国际劳工组织对维护结社自由权利的特别关注。

特殊监督机制包含两个机构：事实认定与调解委员会和理事会结社自由委员会。事实认定与调解委员会由具有适当资历的独立人士组成，其职责是对关于结社自由问题的指控作出有关事实的认定，并就指控的事项同有关的政府商谈，尽力谋求能为当事各方都接受的解决办法。

结社自由委员会由1名独立人士作为主席和9名成员组成，这9名成员来自理事会政府组、工人组和雇主组的各三名理事。委员会通常是根据指控一方和被指控的政府所提供的书面材料进行审议，然后就指控作出结论。截止到2006年3月7日，结社自由委员会接受和处理的违反结社自由权利的特

别监督案例为2407例。[①]

第二节　与世界贸易组织相关的社会条款

一、WTO社会条款的由来

一般地，"社会条款"是指在国际贸易协议，特别是WTO贸易协议中写入有关规定，强制多边贸易协议中所有签字国实施基本劳工权利，并与贸易协议中其他义务条款具有同样的法律约束效力。[②] 与世界贸易组织相关的社会条款，也称"核心劳工标准"或"工人的基本权利"，这一概念是1995年召开的社会发展问题世界首脑会议首先提出的。1998年国际劳工大会通过的《基本劳工权利原则宣言》将其明确规定为四个方面的权利：结社自由并有效承认集体谈判权利；消除一切形式的强迫劳动；有效废除童工；消除就业歧视。[③] 这四项基本劳动权利，主要体现在八项国际劳工公约中。

"社会条款"概念的提出并不突然，而是有着较长的历史渊源，最早可追溯到19世纪。国际劳工组织自成立之初(1919年)即重视劳工标准和贸易的关系，但真正受到国际社会的关注是在第二次世界大战以后。[④]

在关贸总协定(GATT)成立以后，特别是WTO成立以来，发达国家一直试图把劳工标准与贸易挂钩，并企图将其纳入多边贸易体制。1953年，美国国务院就曾非正式地提出在关贸总协定中写入禁止不公平劳动的条款。但由于其他国家无法对所谓"不公平"(unfair)一词的定义达成共识，美国政府的这项建议未获采纳。1978年关贸总协定东京回合谈判，美国政府曾非正式提出建立一套国际公平劳动基准制度(IFLS，International Fair Labor Standards)。1979年，美国政府正式提出一项建议，主张在1991年进行乌拉圭回合

---

① ILO，Freedom of Association Cases，http://www. ilo. org. ilolex. 下载日期：2006年12月18日。

② [德]克劳斯·皮佩尔(Klaus Piepel)：《贸易全球化与社会标准全球化》，载常凯等主编《全球化下的劳资关系与劳工政策》，中国工人出版社2003年版，第94页。

③ 国际劳工局《国际劳工组织关于工作中基本原则和权利宣言及其后续措施》，国际劳工局北京局1998年版，导言。

④ 佘云霞：《国际劳工标准：演变与争议》，社会科学文艺出版社2006年版，第32页。

多边贸易谈判时，应考虑两项最基本的国际劳动标准，但该建议也没有被采纳。①

1993 年，在"乌拉圭回合"谈判的马拉喀什会议上，美国等发达国家提出在国际贸易规则中设立"社会条款"，把贸易和劳工标准联系起来，其主要目的是想利用政治性标准来限制发展中国家劳动密集型产品的出口，但因为发展中国家的反对而未成功。1996 年 12 月(1995 年 1 月 1 日 WTO 成立后)，在新加坡第一届部长会议上，美国又提出在 WTO 内引入一个劳工问题的工作程序，并建立一个劳动标准工作小组。这个提议虽未获通过，但在会议结束后发表的宣言里对劳动标准问题作了以下声明："我们再次承诺遵守国际公认的核心劳动标准(Core Labor Standards)。国际劳工组织是设立和处理这些标准的权力机构，我们确认支持其促进这些标准的工作。我们相信贸易增长和进一步自由化所带来的经济增长和发展有助于提高这些标准。我们反对利用劳动标准实现贸易保护主义的目的，并同意这个问题不能影响一些国家——特别是低工资的发展中国家——的比较优势。在这方面，我们注意到世界贸易组织和国际劳工组织(lLO)秘书处将会继续他们目前的合作。"②

1999 年 12 月，在美国西雅图召开的世贸组织新一轮谈判过程中，美国提出了要在世贸组织协议中列入保护劳工权利的所谓"社会条款"，将劳动标准和自由贸易挂钩，对于不遵守国际公认劳动标准的国家，应当予以贸易制裁。但是，大多数发展中国家反对美国的主张，使得美国的目的落空。2001 年 11 月，多哈第四次 WTO 部长宣言再次重申了在新加坡会议宣言中发表的观点，认为"全球化过程中的社会标准问题应该由国际劳工组织负责"。③ 可见，在国际贸易中，劳工标准已经成为发达国家和发展中国家争论的一个核心问题。

二、WTO 社会条款争议的原因

社会条款之所以成为各国之间争执的一个焦点问题，是因为西方发达国家主张将国际贸易与国际劳工标准挂钩，即发达国家要求把保护劳工权利的

---

① 转引自焦兴铠:《劳工法与劳工权利之保障》(美国劳工法论文集)，月旦出版社股份有限公司 1995 年版，第 453 页。

② 周长征:《WTO 的"社会条款"之争与中国的劳动标准》，载《法商研究—中南财经政法大学学报(法学版)》2001 年第 3 期。

③ 王斌义:《与国际贸易有关的劳工标准问题探讨》，载《法制与经济》2006 年第 16 期。

条款即“蓝色条款”写入 WTO 规则，形成 WTO 的“社会条款”，其目的在于对达不到“社会条款”要求的国家实行贸易制裁。

从目前世界范围看，对于社会条款问题的态度，国际社会基本上可以分为两大阵营，一方是以美国、欧盟为代表的发达国家阵营，另一方是发展中国家阵营。发达国家积极主张在 WTO 中讨论此问题，而发展中国家则极力反对。这种矛盾的深层次原因一方面在于发达国家与发展中国家在国际贸易中的竞争加剧，使得发达国家试图采取各种手段，来保持自己的竞争优势；另一方面在于国际社会对劳动者基本人权越来越关注，劳工标准也逐渐成为一个国际性问题。

首先，随着经济全球化的逐步深入以及发展中国家经济的发展，由发展中国家廉价劳动力生产的低价货物进入发达国家，对发达国家的相关产业造成了相当的影响。这种影响主要表现在：第一，由于发展中国家出口产品的竞争优势不是基于较低的生产成本，而是采用较低的劳工标准，而发达国家的产品是在充分保障劳工权利的条件下生产的，生产产品前提条件不同造成了不公平的国际竞争，发达国家所生产的产品将可能失去竞争优势，工人的工资也会下降，甚至导致企业倒闭等，长此以往，很有可能在世界范围内出现“低标准驱逐高标准现象”；①第二，由于发展中国家的劳工标准要求低，一些跨国资本会将其投资从发达国家转移到发展中国家，这样将进一步影响发达国家的经济和就业。发达国家将此称为不公平的竞争，并试图通过社会条款与国际贸易相挂钩，以削弱发展中国家的相对优势，实行贸易保护和非关税壁垒。因此，发达国家提出在国际贸易自由化的同时，应在贸易协议中制定出统一的国际劳工标准，并对达不到国际标准的国家的贸易进行限制。

发展中国家认为，不能将劳动视作一种商品，劳工标准应当主要通过雇主与雇员的谈判来确定，短期内要求全球采取统一的劳工标准是不现实的。②一些跨国资本将其投资从发达国家转移到发展中国家，并非仅因为发展中国家的廉价劳动力，而是其自身的经济动机、特定优势和竞争战略所致。同时发展中国家认为，发展中国家出口劳动密集型产品是其国内要素状况决定的，它是符合“比较优势”原理的，而且发展中国家利用廉价劳动力时并没有同工人

---

① 谷玲：《论劳工标准的国际化及中国的应对策略》，载《决策探索》2006 年第 7 期。

② 彭高建：《“社会条款”之争与中国劳工标准的提高》，载《中国劳动》2004 年第 5 期。

的基本权利发生冲突。① 而且发展中国家普遍认为,劳工标准问题属于国际劳工组织管辖的范畴,WTO 不应无限地扩大自己的谈判领域。

其次,发达国家认为,劳工权利是基本的人权,理应得到尊重和保护。他们认为,像使用童工及强制性劳动,报酬低下、工作环境恶劣、妇女备受歧视等是对人权的践踏,这种"不人道"行为理应铲除。②

发展中国家认为则认为,劳工权利标准并不等同于人权标准,它取决于一国的经济发展水平,并与该国的财富紧密相关,特别是一国的工资水平取决于该国的劳动生产率。因此,存在国别差异是正常的。试图制定统一的"社会条件"或劳工标准,强加于经济发展水平参差不齐的世界各国,是极不现实的。例如,在承认童工是不可取的和应加以阻止的同时,这些国家指出童工现象的存在是由于经济状况迫使父母们不得不把孩子们作为劳动力,是人们在工作和饥饿之间作出的必然选择。童工问题说到底是一个经济问题,只有经济发展了,人民的生活水平提高了,童工问题才能解决。发达国家试图通过贸易限制来强迫发展中国家提高劳工标准,而一旦实行贸易限制,发展中国家的童工状况只能更差。所以,如果贸易限制不能解决童工问题,人权口号只会有名无实。另外,发展中国家认为,工人自由结成工会和从事集体议价是与目前经济发展阶段不相适应的。主要原因是多数发展中国家的劳工被农业经济或城市的非正式部门所雇佣,而那里是工会组织目前无法兼顾的地方。而且发展中国家担心一旦把贸易劳工标准挂钩,将对其国内经济各方面产生破坏作用。发展中国家进一步认为发达国家强调劳工标准的真实目的是实行变相的贸易保护主义。③

对于社会条款的争议,由于世界各国经济发展的水平参差不齐,不可能提出一个同时适合各国的有关工资、工时、职业安全和卫生、社会保障等方面的劳工标准,而应建立多层次的适合于各国经济发展水平的劳工标准。但是,作为发展中国家,不能因其经济发展水平的相对落后,就可以违反诸如结社自由、集体谈判、罢工、强迫劳动、童工、就业和职业歧视等"核心劳工标准"。因此,目前,以美国为首的发达国家仍然一直坚持在多边贸易框架内纳入劳工标准,力图把握、控制多边贸易规则的制定权。劳工标准问题极有可能成为新一

---

① 许国庆、邵宏华、夏申:《论贸易竞争与劳工标准》,载《世界经济》1996 年第 9 期。

② 张建霞,刘连支:《贸易壁垒之争:从国际劳工标准到 SA8000 企业社会责任标准》,载《未来与发展》2006 年第 9 期。

③ 王权典、陈莉:《当代劳动法学概论》,华南理工大学出版社 2005 年版,第 59 页。

轮多边贸易谈判的讨论问题，而且经过激烈的交锋、反复的磋商后可能达成一个各方妥协的协议。可以说，国际贸易与劳工标准挂钩将成为必然的趋势。1994年6月在日内瓦举行的第81届国际劳工大会最终同意在国际劳工组织内成立一个工作组，以讨论“与国际贸易自由化相关的所有社会范畴问题”，这实际上已是将劳工问题引入贸易领域的一种折中安排。

三、WTO社会条款的主要内容

一般认为，WTO社会条款所包含的基本劳工权利，主要体现在以下8项公约中：

（一）结社自由

结社自由主要由《结社自由与保护组织权公约》（第87号公约）和《组织权利和集体谈判权利公约》（第98号公约）来体现，国际劳工组织认为，这两项公约是国际劳工标准中最重要的公约，也是对全世界工人最有价值的公约。①

1948年的《结社自由与保护组织权公约》（第87号公约）规定，工人和雇主没有任何区别地均有权建立和加入自己选择的组织。该公约阐明了工人组织和雇主组织应当享有的基本权利，例如：工人组织和雇主组织均有权制订它们的章程和规章，充分自由地选举自己的代表、规划自己的行政事务与活动，以及制订自己的工作计划，政府当局不得对上述权利加以任何限制，或者对合法行使上述权利进行阻挠。该公约强调，行政当局不得解散工人组织和雇主组织或停止它们的活动；工人组织和雇主组织有权建立和加入联合会、总联合会和类似组织，联合会或总联合会有权加入国际性的工人组织和雇主组织。②

《组织权利和集体谈判权利公约》（第98号公约）规定，不能把“不得加入工会或放弃工会会籍作为雇佣工人的条件，也不能把加入工会或在业余时间，或经雇主的同意在工作时间内参加工会活动作为解雇工人或损害工人其他权益的理由”。公约要求，工人组织和雇主组织都应当得到足够的保障，以免于在他们的建立、开展活动或内部管理上受到对方成员的任何干扰。

该公约特别指出，“目的在于推动建立受雇主或雇主组织控制的工人组织，或对工人组织给予财政或其他方式的支持，以期将该工人组织将该工人组

---

① 余云霞：《国际劳工标准：演变与争议》，社会科学文艺出版社2006年版，第58页。

② ILO, C87 Freedom of Association and Protection of the Right to Organise Convention, 1948, http://www.ilo.org/ilolex. 下载日期：2006年12月11日。

织置于雇主或雇主组织控制之下的行为，均应视为构成本条所称的干扰”①。

(二)废除强迫劳动

1.1930年的《强迫劳动公约》(第29号公约)

1930年的《强迫劳动公约》的主要目标，是要求批准该公约的国家承担义务，在尽可能短的时期内完全废止使用一切形式的强制劳动。在完全废除之前，强迫劳动只能适用于公共的目的或作为一种例外的措施(公约的有关条款规定了这些例外的条件和保证)。

公约第2条规定，“强迫劳动”是指“任何人受惩罚、威胁、被迫从事非本人自愿从事的一切工作或劳务”，但有些义务不包括在“强迫劳动”内。例如：纯属军事性质的义务兵役；正常的公民义务；服刑劳役(但其从事的工作或劳务应受政府机关的监督和管理，且不得雇用于私人、私营公司或会社，或受其支配)；“不可抗力”事件中的工作；轻微的社会劳务。

2.1957年《废除强迫劳动公约》(第105号)

1957年《废除强迫劳动公约》要求立即和彻底废除下述性质的强迫劳动，也不使用下述性质的任何形式的强制劳动或义务劳动：(1)把它作为一种政治压制或政治教育的手段，或作为对持有或发表反对现行政治、社会或经济制度的政治观点或意识形态观点者的一种惩罚；(2)把它作为发展经济而动员和运用劳工一种方法；(3)把它作为维护劳动纪律的一种手段；(4)把它作为对参加罢工者②的一种惩罚；(5)把它作为实行种族、社会、民族或宗教歧视的一种方法。③

时至今日，禁止强迫劳动作为一种基本人权，已经得到了各国的普遍理解和认同，而且世界上的绝大多数国家都已经批准了这两项公约，但在实施中也遭到了棘手的问题。例如，监狱劳动呈一种正在增长的趋势；④现实中，不少国家的法律允许对持有或表达某种政治观点的人，课以惩罚以示制裁，并且惩罚的方法中包括强制劳动。这些问题都使得废除强迫劳动变得困难重重。

---

① ILO,C98 Right to Organise and Collective Bargaining Convention, 1949, http://www.ilo.org/ilolex. 下载日期：2006年12月13日。

② ILO,C29 Forced Labour Convention, 1930, http://www.ilo.org/ilolex. 下载日期：2006年12月17日。

③ ILO,C105 Abolition of Forced Labour Convention, 1957, http://www.ilo.org/ilolex. 下载日期：2006年12月19日。

④ 国际劳工局：《禁止强迫劳动》，日内瓦·国际劳工局2001年中文版，第59页。

（三）废除童工劳动

童工问题是国际社会普遍关注的一个问题。指国际劳工组织的统计日前全世界年龄在5～14岁之间的工作儿童数目至少有1.2亿，约有5000～6000万5～11岁的儿童在有毒、有害的环境中工作。他们当中绝大多数在非训、亚洲和拉美的发展中国家，但许多工业化国家也存在着少量的童工现象。近几年来，在一些发达国家的资助下，国际劳工组织制订推行了一项“国际消除童工劳动计划”，已与几十个发展中国家签订了协议，帮助它们同童工劳动作斗争。国际社会主要是发达国家和一些非政府组织，连续在阿姆斯特丹、奥斯陆、卡塔格纳、坎帕拉等地召开国际会议，组织反对童工劳动的全球大进军，发起了一场反对童工劳动的国际运动。[①]

对童工和未成年工给予必要的特殊保护，是最先受到国际劳工组织重视的问题之一。在这一问题上，国际劳工组织主要关注的是最低就业年龄和消除最恶劣形式的童工劳动问题。

1.最低就业年龄

国际劳工组织在废除童工劳动方面关注的第一个领域是最低就业年龄问题。1973年通过的《准予就业最低年龄公约》（第138号）要求已经批准公约的国家承诺执行一项国家政策，以保证有效地废除童工并将准予就业或工作的最低年龄逐步提高到符合年轻人身心最充分发展的水平。公约规定，准予就业的最低年龄应不低于完成义务教育的年龄，并在任何情况下不得低于15岁。[②]

2.最恶劣形式的童工

国际劳工组织认为，最恶劣形式的童工构成了对儿童个人权利的不可忍受的侵犯，使贫困长期存在，使经济增长和公平发展遭致损害，因此于1999年制定了《禁止和立即行动消除最恶劣形式的童工劳动公约》（第182号），该公约呼吁，凡批准公约的会员国应立即采取有效的措施，以保证将禁止和消除最恶劣形式的童工劳动作为一项紧迫事务。公约指出，“儿童”是指18岁以下的所有人员。公约规定，“最恶劣形式的童工劳动”包括所有形式的奴隶制或类似奴隶制的作法，如出售和贩卖儿童、债务劳役和奴役，以及强迫或强制劳动；包括强迫或强制招募儿童用于武装冲突；使用、招收或提供儿童卖淫、生产色

① 林燕玲：《国际劳工标准》，中国工人出版社2002年版，第120页。

② ILO，C138 Minimum Age Convention，1973，http://www.ilo.org/ilolex. 下载日期：2007年2月27日。

情制品或进行色情表演；使用、招收或提供儿童从事非法活动，特别是生产和贩卖有关国际条约中界定的毒品；在可能对儿童健康、安全或道德有伤害性的环境中工作。①

（四）同工同酬以及消除就业歧视

《世界人权宣言》、《经济、社会及文化权利国际公约》以及《公民权利和政治权利国际公约》都指出，每一个人，不分种族、肤色、性别、语言、宗教、政治观点或其他观点、民族或社会出身、财产或其他状况等任何差别，都享有自由选择就业的权利以及劳动领域的其他权利。联合国要求成员国特别重视国际劳工组织通过的有关就业和职业歧视方面的公约和建议书，并在其条款中规定，成员国承担禁止与消除一切形式的种族歧视的责任，并保证每一个人在法律面前平等地享有各种权利，包括自由选择就业的权刊、获得公正的劳动条件的权利以及同工同酬的权利。② 在同工同酬以及消除就业歧视方面的公约主要有两个：

1. 同工同酬公约

1951 年的《对男女工人同等价值的工作付予同等报酬公约》（第 100 号）。公约要求，各会员国应通过与确定报酬标准的现行方法相适应的手段，促进并在尽可能与这些方法协调的情况下，保证在所有工人中实行对男女工人同等价值的工作付予同等报酬的原则。公约规定，“报酬”一词包括因工人就业而由雇主直接或间接以现金或实物向其支付的常规的、基本或最低的工资或薪金，以及任何附加报酬；“对男女工人同等价值的工作付予同等报酬”一词，是指不以性别歧视为基础而确定的报酬标准。“同工同酬”意味着同等价值的劳动应当得到相等的报酬，而不论劳动者的性别如何。同时，公约要求采取措施，根据所从事的工作对各种职位作出客观的评估。评估的方法可以由负责规定报酬标准的当局作出决定；在报酬标准由集体协议规定的地方，则由签订集体协议的有关各方作出决定。③

2. 消除就业歧视公约

1958 年《消除就业和职业歧视公约》（第 111 号）所称的“歧视”包括“根据

---

① ILO，C182 Worst Forms of Child Labour Convention，1999，http://www. ilo. org/ilolex. 下载日期：2007 年 3 月 1 日。

② 林燕玲：《国际劳工标准》，中国工人出版社 2002 年版，第 115 页。

③ ILO，C100 Equal Remuneration Convention，1951，http://www. ilo. org/ilolex. 下载日期：2007 年 1 月 15 日。

种族、肤色、性别、宗教、政治观点、民族血统或社会出身所造成的任何区别、排斥和偏私，并因而产生剥夺或损害就业或职业机会率等的影响”。这种歧视既可以是由法律规定的结果，也可以是实际情况或惯例所形成的。公约认为以下三种情况不应认为是“歧视”：(1)根据工作本身固有的特殊要求，对这种特定工作在就业上实行有所区别、排斥和优惠，不应认为是歧视；(2)对于从事危害国家安全活动的人或有理由怀疑其从事危害国家安全活动的人，在就业上采取任何措施，不应认为是歧视，条件是这种人应当有权向按照本国惯例设立的主管机关提出申诉；(3)国际劳工大会通过的其他公约和建议书中规定的各种特殊保护性措施或帮助，不应认为是歧视。公约所称的“就业”和“职业”均包括获得职业训练，获得就业和特定职业，以及就业的条款和条件。公约还规定了消灭歧视的行动措施。①

近年来，国际劳工组织逐渐强化其核心劳动标准的执行机制。在 2000 年 5 月 30 日至 6 月 15 日召开的国际劳工组织大会上，根据调查团关于在缅甸存在“广泛而系统的”强迫劳动的问题，国际劳工组织第一次动用《国际劳工组织章程》第 33 条的规定，并以 257 票赞成、41 票反对、31 票弃权的投票结果通过了一项提案，呼吁缅甸政府“采取具体行动”执行 1998 年问题调查团所提出的建议。根据提案的条件，一系列措施将要于 2000 年 11 月 30 日开始生效，除非在这一期限到来之前，缅甸政府所表示的改善劳动标准的意图已经被转化为法律的、行政的和管理的措施框架，并且这些措施要充分、详细和具体地表明问题调查团的建议书已经被执行，并经国参考消息劳工组织理事会同意，才会停止对缅甸采取行动。②

第三节 社会责任标准 SA8000

社会责任标准（Social Accountability 8000，以下简称 SA8000），是 1997 年 8 月由美国经济优先领域鉴定代理认可委员会（the Council on Economic Priorities Accreditation Agency，简称 CEPAA③）制定的，旨在通过有道德的

① ILO，C111 Discrimination (Employment and Occupation) Convention，1958，http://www.ilo.org/ilolex. 下载日期：2007 年 1 月 11 日。

② 黎建飞：《入世与劳动问题》，http://www.civillaw.com.cn，下载时间：2007 年 3 月 20 日。

③ 2001 年更名为 Social Accountability International（社会责任国际），简称 SAI。

采购活动，改善全球工人的工作条件，最终达到公平而体面的工作条件。SA8000是全球第一个可用于第三方认证的社会责任国际标准，是一个通用的标准，它不仅适合于各类工商企业，也适合于公共机构。

虽然SA8000不是国际劳工组织制定的国际劳动公约，但是SA8000所包含的大部分内容属于劳工标准，而且由于SA8000特殊的作用机制，使得在国际贸易中，SA8000对企业的国际贸易产生越来越大的影响。① SA8000的实施可能使我国企业在国际贸易中处于不利的地位，因此，我们有必要对SA8000所包含的劳工标准进行研究，以应对经济全球化的需要。

一、SA8000产生的背景和发展趋势

20世纪90年代初，当美国服装制造商Levi-Strauss在类似监狱一般的工作条件下滥用年轻女工而被社会曝光后，引起了公众的极大反响。在社会公众的压力下，该公司为了挽救其社会形象，草拟出台了一份公司社会责任守则(也称生产守则)，这大概是全球第一份企业社会责任守则。随后，美国不少大型跨国公司如耐克、沃尔玛、迪斯尼等也纷纷效法。②

1999年2月，在瑞士达沃斯召开世界经济论坛时，联合国秘书长安南提出了企业界的"全球契约"(Global Compact)，直接鼓励和促进"企业生产守则运动"的推行。③ 他要求企业界领导人在经营自己的企业时，维护人权以及正当的劳工和环境标准。这项契约的主要内容来源于人权、劳工等方面已经被普遍公认的许多协定，旨在为企业订立良好社会责任的基本守则。

全球范围内，越来越多的消费者关注其所购买的产品是否符合劳工标准，如果不符合劳工标准的产品即使便宜也不愿购买，这种消费倾向在发达国家表现得尤为明显。据调查，这类消费者在法国占58%、英国占60%、美国占84%、加拿大占89%。④ 正是在这种社会背景下，欧美等国先后出现了一些相关的"企业社会责任"多边组织，逐渐形成了声势浩大的企业社会责任运动，这一运动的宗旨是企业在经营过程中要与其合作伙伴一起承担保护环境和劳工

---

① 如果企业达不到SA8000所列标准的要求，就会被采购商要求整改，甚至取消贸易合作。如2002年7月，因发生女工中毒事件，一家台资鞋厂曾一度被全部撤单。

② 唐蝉凤:《从"耐克案"看"企业社会责任"运动的兴起》，载《上海企业》2004第5期。

③ 周国银、张少标:《社会责任国际标准实施指南》，海天出版社2002年版，第35页。

④ 杨杰如、孙国平:《学习劳工标准，应对买家新要求——从WTO中的社会条款谈起》，载《皖西学院学报》2004年第1期。

权利的责任，以促进人、环境与社会的协调发展。

正是在上述各种力量的作用下，企业越来越重视自身所承担的社会责任，纷纷制定相关的社会责任守则。然而，由于存在着大量不同的社会责任守则，①无论是采购商还是供应商，都不得不花费大量的人力、物力和财力用于守则的实施和监督，这使得各方都希望制定一个类似于 ISO9000 标准的、全球通用的社会责任标准。在这种大背景下，1997 年 8 月由美国经济优先领域鉴定代理认可委员会制定的社会责任标准 SA8000 应运而生。2001 年 12 月 12 日，SAI 发表了 SA8000 的第一个修订版，即 SA8000:2001，其主要内容包括：(1)童工；(2)强迫性劳动；(3)健康与安全；(4)组织工会的自由与集体谈判的权利；(5)歧视；(6)惩戒性措施；(7)工作时间；(8)薪酬；(9)管理系统等。②从这些内容可以看出，SA8000 已经超出了一般的商业伦理标准，而成了一项企业人权的认证标准。

自从 SA8000 问世以来，经过短时期的适应和推广之后，发展就极为迅速。1998 年底，仅有 8 家组织获得认证，截至 2004 年 5 月 20 日，全世界共有 40 个国家或地区的 400 家企业组织获得了 SA8000 的认证。③ 目前，SA8000 已经得到一些发达国家及工商界尤其是人权组织的认可和支持，并正在引起国际社会的关注。SA8000 能够如此迅速发展，一方面在于，它为消费者和投资者提供了一个可以简单识别的标志，来鉴别哪些公司关注劳工问题；另一方面在于，它为工商业公司提供了一种途径，向客户和公众展示其良好的社会责任表现和承诺，便于树立良好的公众形象。因此，我们认为，正是由于具有上述作用，SA8000 仍将迅速在全世界推广，而且将对国际贸易产生更为深远的影响。

二、SA8000 的实质分析

如何看待 SA8000，仁者见仁，智者见智。有人认为，该标准是西方发达国家对发展中国家的新形式的贸易壁垒。④ 也有人认为，SA8000 的本质是社会良知对资

---

① 据国际劳工组织统计，仅行业性的、地区性的、全国性的乃至全球性的行业组织和非政府组织制定的社会责任守则就已经超过了 400 种。

② 《SA8000 标准(2001 版)》，http://www.shcia.org.cn. 下载日期：2006 年 12 月 11 日。

③ 黎友焕：《SA8000 与中国企业社会责任建设》，中国经济出版社 2004 年版，第 62 页。

④ 黎友焕：《SA8000 新贸易壁垒浮出水面》，载《WTO 经济导刊》2004 年第 5 期。

本权力的制约，有助于保护劳工的权益。[①] 我们认为，应当理性地看待 SA8000，而不能简单地认为 SA8000 是发达国家对发展中国家的贸易壁垒。

如本章第二节所述，由于发展中国家存在劳动力低廉的比较优势，对发达国家的产业造成损害和失业，因此，发达国家为了保持自身的竞争力和利益，要求发展中国家提高劳工标准，并主张将国际贸易与劳工问题挂钩，但遭到发展中国家的极力反对，从此，劳工问题成为发达国家和发展中国家在国际贸易领域争执的焦点之一。在目前的态势下，由于发达国家无法在 WTO 的框架下将劳工问题与国际贸易相挂钩，因此 SA8000 的制定无疑迎合了发达国家的需要，得到了发达国家的青睐。其中，美国政府在给予中国永久正常贸易关系的同时，拨款 160 万美元（其中 60 万美元是福特基金会提供）给 SAI 帮助其承担推广 SA8000 的成本费用，建立一个委员会监督中国的劳工情况，如果情况恶化，该委员会可以建议进行贸易制裁。[②] 德国进口商协会已经制定了《社会行为准则》，规定德国进口商应经过 SA8000 协会授权，对其供应商（出口商）的社会行为进行审查，该准则有可能让法国、荷兰的进口商所采用。[③] 我们预计，随着经济全球化的深入，在国际贸易与劳工问题相挂钩争执不下的情况下，将有越来越多的发达国家支持 SA8000 标准。从这个角度分析，发达国家强制推行 SA8000 确实有着其不可否认的利己的主观动机，也使得 SA8000 具有某些贸易壁垒的作用与性质。

但是，我们更应当注意到，SA8000 是由来已久的社会责任国际运动必然的产物，而并非专门针对发展中国家的贸易壁垒。我们知道，在西方的经济发展中，企业管理相继经历了从工具人、经济人到社会人、观念人的阶段，社会大众对劳动者的人权问题也逐步关注，资本主义早期存在的“血汗工资”、“血汗工厂”的做法逐步被摒弃，利润最大化不再是企业惟一的目标。[④] 社会的进步要求企业在获取利润的同时，应当主动承担社会责任，如果企业不承担社会责任，社会公众就会迫使其承担，而且随着经济的全球化，这种对企业的社会责任要求逐步发展成为国际性的运动，SA8000 就是这种社会责任国际运动必

---

① 仲大军：《中国也需要“SA8000”》，载《开放导报》2004 年第 1 期。

② 龚柏华、刘军：《从 WTO 和人权国际保护角度评在中国推展 SA8000 标准》，载《比较法研究》2005 年第 1 期。

③ 李立新：《SA8000：劳工权利背后的贸易壁垒》，载《企业改革与管理》2004 年第 4 期。

④ 杨立勋：《SA8000 成订单附加条件，道德认证危及出口》，载《特区经济》2004 年第 9 期。

然的产物。同时，笔者认为，随着科技的发展和社会进步，以及在发达国家主导国际经济运行规则的现实下，在WTO框架之下将劳工标准与国际贸易挂钩，乃是大势所趋。谁若违反，就会受到国际社会的谴责与制裁，而SA8000只是从民间组织的角度先行一步而已。同时，我们还注意到，SA8000并不仅仅针对发展中国家的企业或公共机构，也适用于发达国家的企业或公共机构，包括那些在发展中国家投资设厂的跨国公司。

因此，我们不能简单地认为SA8000是发达国家针对发展中国家的一种贸易壁垒的新形式，更不能认为是发达国家对自由贸易的无端干涉，因为在市场经济全球化的今天，对人的基本权利的保护，正在越出国界，逐步获得全球性的品格。① 因此，我们更应当从人权保护和对劳动者权益保障的角度去分析SA8000的实质。笔者认为，SA8000明确了资本对劳动者所应负的社会责任，它代表着劳动者的利益，更深层次地说，SA8000是世界人权发展到一定阶段的必然结果，它体现了资本在各种力量的作用下，对劳动者的一种人文关怀。在中国目前对劳动者权益保护比较薄弱的情况下，导入SA8000标准是十分必要的。再者，从社会经济政策和文化的角度看，推行SA8000可以让广大劳动者分享经济发展的成果，从而实现社会的稳定和经济的全面发展。②因此，我们应当以积极的态度看待SA8000，同时有必要认真研究该标准所涵盖的劳工标准，完善我国劳工制度中存在的不足，以应对经济发展的需求。

三、SA8000的内容

（一）关于童工问题

对童工给予特殊的保护，是最先受到各国劳动立法重视的问题之一。SA8000明确规定，公司不可雇佣或支持雇佣童工的行为，并对童工的定义界定为：任何15岁以下的儿童工作，都视为童工。

（二）关于强迫劳动问题

从国际法的角度看，禁止强迫劳动作为一种基本人权，历来为国际社会所关注，是核心劳工标准中唯一一项被纳入世界贸易组织协议的标准。SA8000禁止一切形式的强迫劳动，包括以惩罚、威胁的手段强制的非自愿性工作或服务。同时，禁止公司要求劳动者在受雇之时交纳押金或存放身份证于公司。

① 周永坤：《全球性时代的人权》，载《江苏社会科学》2002年第3期。

② 2004年，国家统计局一份关于珠三角农民工收入的调查显示，该地区的农民工平均月工资只有600元左右，这和他们父辈20多年前外出打工时的收益水平几乎一样。

(三)关于职业安全卫生问题

SA8000 要求公司提供安全卫生的工作条件,并应采取适当的措施,在可能的条件下最大限度地降低工作环境中的危害隐患以避免在工作中或由于工作发生的事故对健康的危害。SA8000 要求公司任命一名高级管理代表负责推广和实施企业的安全卫生计划。公司应该建立系统来侦查、防范或反应可能危害劳动者健康与安全的潜在威胁。

(四)关于自由结社权、集体谈判权问题

SA8000 明确规定了公司应该尊重所有劳动者自由成立和参加工会,以及集体谈判的权利;当自由组织工会和集体谈判的权利受到法律限制,公司应当协助劳动者采用类似的方法,来达到独立和自由结社和谈判的权利。SA8000 要求,公司应该保证工会代表不受歧视,并且在工作环境中能够接触工会的会员。

(五)关于就业歧视问题

SA8000 要求,公司在雇佣、薪酬、训练机会、升迁、解雇或退休等事务上,不可从事或支持任何基于种族、社会阶级、国籍、宗教、残疾、性别、性别取向、工会会员资格、政治关系或年龄的歧视行为;公司不可干涉员工遵奉信仰和风俗的权利,和满足涉及种族、社会阶级、国籍、宗教、残疾、性别、性别取向和工会的信条、政治需要的权利;公司不可允许带有强迫性、威胁性、凌辱性或剥削性的性行为,包括姿势、语言和身体的接触。

(六)关于工作时间、薪酬问题

SA8000 要求公司在任何情况下,不可经常要求劳动者一个星期的工作时间超过 48 小时,并且劳动者在每个 7 天之内至少有一天的休息时间,所有超时工作应付额外报酬。在任何情况下,每个劳动者每周加班不得超过 12 小时。一般情况下,所有加班必须是自愿性质,除非公司与代表众多所属员工的工人组织(依据国际劳工组织定义),通过自由谈判达成集体协商协议,公司可以根据协议要求工人加班以满足短期业务需要,但加班时间也不得违反上述规定。

公司应该保证它所给付的标准工作周的工资至少能够达到法律或行业规定的最低工资标准,而且满足员工的基本需求,和提供一些可随意支配的收入。公司应该保证不会为了惩戒的目的而扣减工资,并且保证定期向员工清楚的列明工资、福利的构成;公司还应该保证工资、福利完全合乎所有适用的法律,而且薪酬给付的形式,无论是现金或支票,都必须合乎方便工人的原则。公司不可采用纯劳务性质的合约安排或虚假的见习期(学徒工制度)办法,来逃避劳动法和社会安全法规中明定的公司对员工应尽的义务。

四、SA8000 的作用机制及其效果

如前所述，SA8000 的内容主要涉及劳工权益的保护，其宗旨在于赋予市场经济以人道主义，通过采购权利来促进企业承担社会责任，改善劳工的工作条件，保护劳工的基本人权，从而达到约束资本的目的。可以说，在劳资力量极不均衡的情形下，SA8000 为保护劳工权益提供了一种有效的经济手段，有利于和谐劳动关系的形成与发展。

我们可以从 SA8000 的作用机制来分析，SA8000 为何能够有效地协调劳资关系。从前述分析看，SA8000 意图用消费者、媒体等社会公众的压力迫使企业努力改善其劳工的工作条件，并逐步提高劳工的待遇，承担起相应的社会责任。一般而言，随着社会的进步和经济的发展，消费者会选择符合 SA8000 标准的产品，使得没有达到 SA8000 要求的产品在竞争中处于不利的地位，这样会迫使企业尽量按照 SA8000 的要求逐步为劳工改善工作条件。可见，消费者等社会公众对劳工权益的日益重视，是 SA8000 能够发生作用的第一个层面的原因。

其次，对于大型零售商和贸易公司（即采购商）而言，社会公众不仅要求这些采购商本身要承担起相应的社会责任，而且一旦采购商销售不符合基本人权要求的商品，采购商也将遭到社会公众的谴责，从而影响采购商的社会责任形象。此时，采购商会动用“买家主导型的商品链”来影响、甚至强制要求供应商遵守 SA8000 标准，否则，供应商的供应资格将被取消。根据 Hopkins 和 Wallerstein 的定义，商品链是指“一个由劳动和生产过程构成的网络，其最终结果表现为产品”，而“买家主导型的商品链”（buyer-driven commodity chains）主要是指由大型零售商和贸易公司占主导地位，在发展中国家完成生产的商品供应网络。① 通过这种商品供应网络，采购商可以轻而易举地利用订单控制着处于各国、各地区的生产商和代理商。显然，在这种商品供应链下，采购商和供应商进行交易时的谈判地位是极不平等的，这也使得采购商（特别是大型跨国零售商）能够利用其对商品供应链的控制，以 SA8000 等多种形式从实质上规范供应商与劳工之间的劳动关系，从而使供应商成为 SA8000 实施的义务主体，并使供应商为劳工提供符合 SA8000 规定的劳动标准。供应商在定单可能被取消的压力下，就会尽可能按照 SA8000 的要求，为

① 谭深、刘开明：《跨国公司的社会责任与中国社会》，社会科学文献出版社 2003 年版，第 164 页。

劳工提供相应的劳动标准。可见,在这种情况下,供应商为劳工提供更高劳动标准的动力来自于采购商的压力,应该说,这是 SA8000 能够发生作用的第二层面的原因。

通过上述分析,我们认为,在某种程度上,以推行 SA8000 来推动企业改善劳工劳动标准的效果要比政府通过法律、行政等方式的效果好。试想,如果供应商达不到 SA8000 的要求,采购商将直接取消相关订单,这对于供应商的影响重大,甚至是致命的,而从我国目前的情况看,供应商违反劳动法律的成本几乎可以忽略不计,[①]因此在目前情况下,推行 SA8000 在一定程度上,可以更好地保护劳工权益。

当然,对 SA8000 而言,企业达到标准之后能否持续依照该标准来改善劳工的工作条件,是一个与执行法律同样重要的问题。为此,SA8000 为了保证企业社会责任管理体系在通过认证机构认证后,能够持续地符合文本和法律法规的要求,确保持续有效地实现既定的社会责任目标,SA8000 规定认证机构在认证后应当对社会责任管理体系进行定期或不定期的监督审核。一旦企业在监督审核中出现不符合 SA8000 规定的情形,SA8000 认证机构有权视情况的轻重程度采取以下三种处置方式:认证暂停;认证撤销;认证注销。这样可以保证获得 SA8000 认证的企业能够始终依照该标准的要求,不断改善、提高劳工的工作条件,从而持续、有效地保护劳工的合法权益。在这个意义上,通过 SA8000 标准的认证是企业履行社会责任的开始而非终结。

值得注意的是,实施 SA8000 对企业本身而言,并非只是一种负担,实践证明,企业可以从承担社会责任中获得更多的利润。美国"企业社会责任运动"的领航人物之一大卫·施沃伦认为,在美国的商业实践中,有充分的证据表明,如果企业更注重社会责任,对于利润的提升将更有意义。例如,当企业善待劳动者,劳动者会更积极地工作,更富有创造性,也会在企业呆得更久,而不是跳槽。劳动者会用更加忠诚的态度回报企业,企业的利益也就相伴而来。如果坚持这样做的话,企业里会留住很多有才华的劳动者,这样可以节省大量用于招聘新劳工与支付培训费用的大笔开支。因此,推行 SA8000 对于劳资双方而言都是有利的,必然会促进和谐劳动关系的形成和发展。

---

① 著名品牌"康师傅"方便面的生产企业之一——广州顶益食品有限公司,劳动者每天工作 12 小时,每月近 30 天,每月长达 200 小时的加班工时令劳动者身心疲惫,工伤频出。该公司被劳动局处罚后,仍然不进行整改,而劳动局也无计可施,最后劳动局竟被顶益公司员工以行政不作为告上法庭。

第二编

社会保障法理论与社会保障法律制度

LAW

第十三章　社会保障法概述

第一节　社会保障与社会保障法

一、社会保障法的历史沿革

“社会保障法”是由英语“social security law”一词翻译而来的，亦可译为保障社会安全之法。要正确理解社会保障法的概念，首先应厘清社会保障的涵义。由于社会保障制度本身涵盖了社会、经济、法律、文化等诸多领域，且各国创建社会保障制度的历史背景及社会形态的差异，中外学术界对这一概念的总结便有了一定的差异。因此，我们有必要先了解社会保障制度及社会保障法的产生与发展。

从社会保障法发展的历史来看，这一制度发端于英国，形成于德国，而成熟于美国。①

(一)社会保障法的萌芽

英国在16世纪开始的“圈地运动”，使大批农民由农村向城镇流动。由于丧失生活资料和生产资料，他们陷入了极度贫困状态，因贫困导致的盗窃、抢劫等社会暴力犯罪现象成为当时严重的社会问题。为稳定社会秩序，消除失业、流浪和贫困现象，英国政府于1601年颁布了《济贫法》。该法通过征收济贫税来对无力谋生的贫民发放救济，因此具有慈善性质。这种由政府提供就业保障和财政补贴的做法，开创了社会保障国家化、社会化的先河。英国政府又于1834年颁布新的《济贫法》，该法确认保障公民生存的权利以及对贫民的社会救济不是一个消极行为，而是一项应当由经过专门训练的社会工作人员从事的积极福利措施。这意味着由国家与政府为责任主体的社会救济代替了以社会团体为主体的慈善救济，为社会保障制度在世界各国的实施打下了基

① 秦国荣：《劳动与社会保障法律制度研究》，南京师范大学出版社2004年版，第255页。

础。

(二)社会保障法的诞生

随着资本主义生产规模的不断扩大和技术的不断革新,劳动危险和疾病也不断增加。19世纪后半期,出现了通过国家立法,试图让全体劳动者都参加互助共济,共同抵御风险的社会保险的动向。1883年至1889年,德国先后颁布了疾病、工伤、老年三项保险法案。上述三法,在1911年被确定为德意志帝国统一的法律文本,再加上新颁布的《孤儿寡妇保险法》,成为德国的《社会保险法典》。这样,德国完成了当时世界上最为完备的工人社会保障计划。作为社会保障制度的基本项目——社会保险法的出台,标志着世界范围内的社会保障立法,从社会救济进入了社会保险的阶段,真正现代意义的社会保障法诞生了。

由于这种以社会保险为主体内容的社会保障制度与工业化的进程相吻合,使过去求助于《济贫法》的人们,得到了有保证的保险补助金的保护,免受经济状况调查人的查问与济贫院的奚落与冷遇;同时由雇员、雇主共同出资和国家资助而建立起来的社会保险制度,既符合劳动者利益,对雇主也有好处,亦有利于社会稳定。因此,进入20世纪后,西欧多数国家纷纷仿效德国,相继制订与实施了全面的社会保险法。法国于1905年颁布了综合性的《社会保险法》。英国于1908年颁布《老人年金保险法》。在瑞典,1913年通过了《国民年金法》,1918年颁布《工伤事故保险法》,1926年颁布《国民保险法》,1934年颁布《失业保险法》等。尽管这一时期的社会保险立法,还比较零散,也不够完善,但它标志着慈善性的施舍,发展成为公民的一种生存权利;零散的社会救济措施,发展成为政府主动承担的一项社会责任。正如国际劳工组织指出的:"在社会政治历史上,没有什么事情比社会保险更能急剧地改变普通人们的生活,这种保险制度,使人们在因公害事故、健康不良、失业、家庭生计承担者死亡,或因任何其他不幸使收入受到损失的情况下,不至于沦为赤贫。"①

(三)社会保障法的发展与成熟

1929年资本主义世界爆发了严重的经济危机,美国既是危机的发源地,又处于风暴中心,急需综合性的社会政策来克服危机。罗斯福总统1933年上任后,为摆脱危机,振兴经济,缓和国内劳资矛盾,开始实行新政,强调国家干预社会经济生活,包括由国家出面实施社会保障。其主要思想是:社会保障是大机器生产的客观需要,是取代已不适应形势的家庭保障的新社会政策;把以

① 国际劳工组织主编:《社会保障基础》,吉林大学出版社1989年版,第21页。

普遍福利为核心的社会保障制度作为建国方略，以消除人们对生活中未知灾祸的恐惧；家庭安全、生活保障、社会保险是社会保障道路第一站的三大任务。根据罗斯福的建议，美国国会1935年通过了《社会保障法》，根据法律联邦政府设立了社会保障署。

美国1935年的《社会保障法》，在社会保障立法史上具有划时代的历史意义，它是世界上第一个对社会保障进行全面系统规范的法律，其内容涉及社会保险、社会福利和社会救济等。自此开始，西方国家纷纷对原有社会保障立法进行补充、修订。与前一时期相比，社会保障的对象已从特定职业劳动者（如矿工等）逐步扩大到其他受雇者、自由职业者，社会保障的基金从筹集到运用也有了一定规章，整个西欧及北美国家的社会保障事业已经成为各个统治集团在制定社会政策时的一项必不可少的重要内容。也是在这一时期，社会保障的普遍性、社会性、保障性原则得以确定，并成为各国社会保障立法的普遍原则。

1941年，英国政府委托曾是英国伦敦学院院长和劳工介绍所所长的牛津大学教授贝弗里奇，对当时的社会保险情况，以及有关服务机构的工作效率进行全面调查、剖析，为战后实行社会福利计划提出具体建议和改革方案。1942年，贝弗里奇提出了著名的《社会保险与相关服务报告书》（Social Insurance and Allied Services）。该报告书提出制定以社会保险制度为核心的全面的社会保障计划，具体的观点包括：社会保障应遵循强制性、普遍性原则；社会保障的管理应该统一；国家有责任防止贫困和不幸，社会福利是一种社会责任；实现充分就业；每个国民都有权从社会获得救济，使自己的生活水平达到国民最低生活标准。[①] 根据报告书的建议，英国政府以实现充分就业和社会福利为目标，相继制定了一系列社会保障计划推广实施，如家庭补助法、国民卫生保健服务法、工伤保险法、国民救助法等，从而形成了系列化的完整社会保障系统。1984年，当时的工党领袖艾德礼宣布：英国成了福利国家。

随着社会保障概念在国际上得到承认和普遍接受，欧洲、北美洲、大洋洲发达国家、亚洲发达国家和地区，均先后宣布实施普遍福利的政策，社会保障法进入充分发展时期。随着社会保障制度的逐步完善，西欧北美一些国家，更是实施了从"摇篮到坟墓"的高福利政策，甚至在一些发展中国家也不例外。如今，社会保障权利已被写进了国际劳工公约，作为一项基本的法律制度得到广泛推崇。

---

① 张京萍主编：《社会保障法教程》，首都经济贸易大学出版社2004年版，第15页。

（四）中国社会保障法的发展沿革

我国的社会保障制度在过去的50年里经过了三个阶段，实现了从传统国家型的社会保障制度向市场经济型的社会保障制度的转变：

第一阶段，从20世纪50年代初到70年代末。中国颁布了《劳动保险条例》，主要特点是"低工资、多就业、高补贴、高福利"，企业对职工的生、老、病、死、残承担无限责任，并通过层层行政程序转为国家兜底。

第二阶段，从20世纪80年代初到90年代初。国有企业由国家统负盈亏转为自负盈亏，为维护困难企业职工的保险待遇，保障待业职工的基本生活，缓解新老企业之间劳动保险畸轻畸重的问题，全国大部分地区自上而下、由点到面地逐步推行了养老、医疗等保险的"社会统筹"。但由于社会统筹受到条块利益分割的制约，使社会保险基金的管理水平和抗风险水平很差，造成部分地区职工养老金欠发严重，医疗费不能报销，下岗职工基本生活没有保障，社会弱势群体中越来越多的人陷入贫困。

第三阶段，从20世纪90年代初中期开始到现在。中国在90年代中期开始了第三个阶段的改革，围绕"一个中心、两个确保、三条保障线"①的目标建设新的社会保障机制。基本养老保障模式从现收现付向"社会统筹与个人账户相结合"的体制转变，1995年《国务院关于深化企业职工养老保险制度改革的通知》提出，到20世纪末，基本建立起适应社会主义市场经济体制要求，适用城镇各类企业职工和个体劳动者，资金来源多渠道、保障方式多层次、社会统筹与个人账户相结合，权利与义务相对应，管理服务社会化的养老保险体系。1994年劳动部出台《企业职工生育保险试行办法》，1998年国务院出台《关于建立城镇职工基本医疗保险制度的规定》，1999年出台《失业保险条例》，2003年出台《工伤保险条例》。在此基础上，劳动和社会保障部将社会保险体系建设的基本思路定位在"低水平、广覆盖、多层次、双方负担、统账结合"。许多省、自治区建立了包括养老、失业、生育、医疗在内的多层次社会保障体系。目前，又正在对医疗保险制度进行改革。

二、社会保障与社会保障法的涵义

（一）社会保障的涵义

1. 国外关于社会保障的基本涵义

---

① 三条保障线指最低工资保障线、下岗职工基本生活费发放标准线和城市居民最低生活保障线。

如前文所介绍，由于社会保障制度最早产生于欧洲，其理论界对其的研究成果系统而深入。以经济学家庇古、凯恩斯、贝弗里奇等所形成的理论，对西方现代社会保障的产生及类型影响深远。

英国将社会保障视为一种以国家为主体的公共福利计划，认为它是对社会成员中生活困难者的经济保障制度。公民因特定原因收入中断或者减少或者具有某种需要时，国家给予公民本人及其家庭经济保障，并通过社会服务和社会救助提高全体公民的福利。在英国，社会保障成为一种国民收入再分配的手段。

德国与英国不同，遵循的是特殊性原则，强调权利与义务的一致性，强调个人责任。社会保障即是社会公正与社会安全，是为因生病、残疾、老年等原因而丧失劳动能力或者遭意外而不能参与市场竞争者及其家人提供基本生活保障，目的在于通过保障使他们重新获得参与竞争的机会。

美国对社会保障的理解介于英国和德国之间，从社会保障的目标着手，将社会保障视为社会安全网，认为社会保障是通过社会保障法案和相关法律建立的方案，这些方案的基本目标是给个人和家庭提供物质需求，保证老年人和伤残者的费用而不用尽他们的储蓄，保证家庭稳定团结，使孩子在健康和安全中成长。①

原苏联以马克思有关“必要劳动”与“剩余劳动”的理论以及列宁关于“最好的工人保险形式是国家保险”的理论为基础来理解社会保障，认为社会保障是一种分配关系体系，是依靠社会为因年老、疾病、残疾等原因而丧失劳动能力，或因某种原因需要物质帮助的公民给予生活保障的分配关系体系。

在北欧国家，社会保障则常常被强调为国家给予居民的必要补偿和救济，适用于居民疾病、养育子女、工伤、失业、残疾、老年、社会医疗和死亡等情形。②

可见，根据对社会保障理解的视角不同，有的国家侧重于对国民收入的重新分配，有的侧重于公共福利，有的则把社会保障作为一种对受损的社会成员的经济补偿或者津贴。

2. 我国学界对社会保障的界定

---

①　[美]A. H. 罗伯逊：《美国的社会保障》，金勇进等译，中国人民大学出版社 1995 年版，第 12 页。

②　关于英国、德国、美国、原苏联对于社会保障的主流定义，参见覃有土、樊启荣：《社会保障法》，法律出版社 1997 年版，第 4～6 页。

目前，国内学者对社会保障的定义也有不同观点：

(1)“社会安全机制说”。该说认为社会保障是保障公民社会安全的项目的总和；社会保障就是社会安全网；社会保障是实现社会安定，并让每个劳动者乃至公民都有社会安全感的社会机制；社会保障是保障社会成员基本生活的社会安全措施的总称等等。

(2)“经济分配关系说”。该说强调社会保障是为确保某些困难社会成员的基本生活而产生的分配关系的体系；社会保障是实现上述目的，通过国民收入分配与再分配而形成的一种分配关系；社会保障多为一种分配形式，是对按劳分配的必要补充。

(3)“社会保险功能说”。认为社会保障是对大多数老人、遗属、残疾人的保险，是一套完整的保险体系。

(4)“权利保障说”。认为社会保障是对全体公民的基本生活权利给予适当保障的制度；社会保障是对公民应享有的物质帮助权利的保障。①

3. 国际劳工组织对社会保障的定义

1984 年国际劳工组织(International Labor Organization，简称 ILO)发布的《社会保障导言》将社会保障界定为：“社会通过一系列的公共措施对其成员提供的保护，以防止他们由于疾病、孕娠、工伤、失业、残疾、老年及死亡而导致的收入中断或收入锐减引起的经济和社会困窘，对社会成员提供的医疗照顾，及对有儿童的家庭提供的补贴。”国际劳工组织在《21 世纪社会保障展望》中进一步指出：“社会保障的目标不应限于防止或减轻贫困，应该更为广泛。它反映着一种最广义的社会保障意愿。它的根本宗旨是使个人和家庭相信他们的生活水平和生活质量会尽可能不因任何社会和经济上的不测事件受很大影响。这就不仅是在不测事件中或已出现不测事件时去解决困难，而且也要防患于未然，帮助个人和家庭在面临未能避免或不可避免的伤残和损失时，尽可能做到妥善安排，因此，社会保障需要的不仅是现金，而且还有广泛的医疗和社会服务。”

一般而言，社会保障是指国家为了保持经济发展和社会稳定，对公民由于年老、疾病、伤残、失业、生育、死亡、遭遇灾害等原因而丧失劳动能力或面临生活困难时，由国家和社会依法给予物质帮助，以保障公民的基本生活需要的制度。该定义涵盖了以下方面：(1)社会保障具有强制性，由国家立法强制规定和实施，这是社会保障区别于一般物质帮助的本质所在；(2)社会保障是国家

① 史探径主编：《社会保障法研究》，法律出版社 2000 年版，第 30 页。

和社会的责任;(3)社会保障的目标是为社会成员的基本生活权利提供安全保障,以确保其不因特定事件的发生而陷于生存困境;(4)保障水平主要是满足公民的基本生活需要,但在某些项目上也具有提高公民生活水平的功能;(5)社会保障的价值在于实现社会公平和社会正义。①

(二)社会保障的内容

在我国,社会保障作为一项"安全网"、"减震器"的系统工程,大体包括社会保险制度,社会福利制度,社会救助、优待和抚恤制度。概括起来就是三方面的内容,即社会救济、社会保险、社会福利。

1.社会救济

社会救济是保障公民基本生活的最后一道安全线,也是人类社会最古老的一种保障制度。其特点是:对因自然灾害、意外事故或其他经济、社会原因而陷入贫困状态的社会成员,由国家或社会按法定的标准给予物质帮助,以保障其最低生活水平的制度。其内容可以归纳为贫困救助和灾害救助,往往是一种临时性的救急措施。它通常被视为政府的当然责任与义务,采取无偿救助的方式,目的是帮助弱势群体摆脱生存危机,以维护社会的稳定。

2.社会保险

社会保险是国家通过立法,强制交纳各种社会保险费,形成专门的社会保险基金,在劳动者遭遇年老、疾病、伤残、失业、生育、死亡等风险时,给劳动者以一定程度的损失补偿,使其能继续维持基本生活水平,从而保证劳动力再生产的进行,保证经济健康发展和社会安全的一种制度。

在现代社会保障制度中,社会保险占据着核心和主体地位。因为它的保障对象是劳动者,是人口中最多、最重要的部分,它所承担的风险也最多。社会保险提供的是基本社会保障,社会保险待遇的享有,不需要任何经济状况调查,以法定的可确认事件(如退休、患病等)的发生为条件,享受保险待遇。

3.社会福利

社会福利是指国家为改善和提高社会成员的物质、精神生活质量,在法定范围内,向社会成员普遍提供的物质帮助和优化服务。该制度具体规定了对不同的社会成员在分享社会发展成果方面获得的经济帮助,即建立公共福利、老年福利、妇女儿童福利、残疾人福利、社区服务、各种福利津贴等项制度和设立文化、教育、卫生、保健等社会公益设施。

这三方面构成三个层次:社会救济是社会保障的最低层次,社会保险是社

① 董保华等著:《社会保障的法学观》,北京大学出版社 2005 年版,第 4 页。

会保障的中间层次，社会福利是社会保障的最高层次。正因为这种层次性，才得以织成一张大的“安全网”，使得到这种保障的社会成员安居乐业。

（三）社会保障法的涵义

社会保障是一种以保障社会成员基本生活安全作为基本目标的社会安全保护和防范对策系统，是现代国家的基本制度之一。社会保障法则是为了建立社会保障体系，维持社会保障体系的正常运行而制定的各种法律规范。“社会保障法是指调整一个国家或地区的社会保障关系的法律规范的总和，它包括国家立法机关制定的社会保障法律和国家行政机关颁布的社会保障法规、命令和条例等。它作为社会保障制度运行的客观依据和行为准则，同时也是实现社会保障制度良性运行的保证。”①

具体说来，社会保障法是依据社会政策制定的，帮助社会成员克服生存风险和扶助弱势群体以保障基本生活安全或促进社会大众福利的法律规范的总和。②

三、社会保障法的法律地位

社会保障法的地位问题实际上包括三个层次的含义：第一，社会保障法的独立性问题，即在整个法律体系中，社会保障法是否具有自己的独立地位；第二，社会保障法的层次性问题，即社会保障法作为一个法律部门在法律体系中处于哪一层次；第三，社会保障法与其他法律部门的关系问题。

（一）社会保障法是一个独立的法律部门

社会保障法是一个独立的法律部门，这是由其独立的调整对象和以保障社会成员基本生活安全和社会稳定的价值取向所决定的。社会保障关系作为社会保障法的调整对象，具有与民商事关系、劳动关系、经济管理关系等不同的特征，其社会连带责任关系（social solidarity）成为社会保障法调整和保护的核心。③ 同时，社会保障法的功能是保障社会成员基本生活安全和社会稳定，以社会利益为本位，这与民商法的个人权利本位和行政法的国家权力本位均不同。由此，社会保障法是一个独立的法律部门。

（二）社会保障法是一个基本的法律部门

社会保障法是直接隶属于宪法的，与民法、行政法、经济法相平行的一个

---

① 郑功成：《社会保障学》，商务印书馆 2000 年，第 372～373 页。

② 蒋月：《社会保障法》，厦门大学出版社 2004 年版，第 1 页。

③ 林嘉：《社会保障法的理念、实践与创新》，中国人民大学出版社 2002 年版。

基本的法律部门。之所以如此，是由现代市场经济结构所决定的。市场经济体制下，工业的高度现代化和无处不在的激烈竞争，使追求利润最大化和社会公平之间的矛盾日益突出。国家必须建立一套基本社会安全体系，为社会成员的生活安全和生活质量以及社会秩序的稳定提供一道牢固的安全网。社会保障法适应现代社会的发展需要，作为现代社会生活安全的基本防护系统发挥着不可替代的作用，理应在整个法律体系中获得基本法律部门的地位。

（三）社会保障法与其他法律的关系

1.社会保障法与经济法

有学者主张社会保障法是经济法的组成部分，属于经济法的分支。这种观点从国家角度出发，认为经济法是国家干预或协调经济之法，社会保障法体现了社会分配领域的国家干预或协调，因此从属于经济法。这种观点有较大影响，许多高等院校把社会保障法作为经济法系列课程开设。①

同时，有学者反对经济法包括社会保障法的观点，认为这两者所调整的关系的出发点和立足点不同，且经济法本身仍是一个有争议的问题。尽管社会保障法和经济法都是作为国家干预社会生活的法律形式出现，但是，国家干预在社会保障法和经济法中的体现不同。社会保障法旨在解决社会分配矛盾，满足社会成员生存需要；经济法则为排除经济发展之障碍，满足国民经济协调发展。因此两者的基本价值不同，社会保障法更侧重于社会稳定与社会公平，经济法的基本价值为经济效率。②

2.社会保障法与劳动法

我国目前关于劳动法与社会保障法相互关系的各种看法，大致可以概括为三种观点：一是认为劳动法包括社会保障的内容；二是认为劳动法与社会保障法相互交叉；三是认为劳动法从属于社会保障法。

因为劳动法在我国可以说是源远流长，对劳动法的调整对象存在着某些扩张。正是这种扩张涵盖了社会保障内容，这种扩张可以概括为内在式的和外存式的。所谓“内在式”的扩张，也可以称为“劳动关系广义说”，是扩大了对劳动关系的认识，将一些社会保障内容加入劳动关系的范围，并形成上述第一

---

① 如李昌麒主编：《经济法学》，中国政法大学出版社 1999 年版；杨紫煊主编：《经济法》，北京大学出版社、高等教育出版社 1999 年版；朱崇实主编：《经济法》，厦门大学出版社 2002 年版。

② 徐士英：《社会保障法与经济法的关系》，载《论社会保障法》，中国劳动社会保障出版社 2003 年版，第 33 页。

种观点。这种观点在我国20世纪80年代的劳动法中较为流行。所谓"外在式"的扩张，可以说是"劳动法调整对象广义说"，是将劳动关系以外的一些社会保障关系纳入劳动法的调整对象，并形成了第二种观点。其最直接的依据是《中华人民共和国劳动法》将"社会保险和福利"作为独立一章规定。这种观点在我国20世纪90年代的劳动法中较为流行。当前，随着"社会保障法"这一概念被我国逐步接受，又出现了扩大社会保障法调整对象的倾向，可称之为"社会保障法调整对象的广义说"，并形成上述第三种观点。

劳动法与社会保障法应是相互独立、相互并列又密切联系的两个法律部门，在调整对象、调整模式上都有不同，①但二者因同属于社会法又具有诸多共同之点。

3. 社会保障法与民法

民法以平等主体间的财产关系和人身关系为其调整对象，与以公民收入再分配为手段形成的国家与公民间的给付关系为调整对象的社会保障法有很大区别。但不能因此认为社会保障法与民法毫无关系。事实上，社会保障法中除行政规范以外的内容，往往适用民法规定，如现代民法禁止滥用私权，诚实信用和公平等原则，也话用于社会保障法；民法中有关住所、期间、时效等规定，一般也适用于社会保障法。在社会保障法产生之前，民法保护和调整社会成员的生存权。即使在社会保障法已经发达的今天，民法中有关家庭成员相互扶养的制度仍是社会保障的重要补充。此外，在养老社会保险，遗属社会保险中，有关遗属范围、继承顺序等内容，完全适用民法有关规定。②

第二节 社会保障法的理念与基本原则

作为现代市场经济发展和现代文明进步的产物，社会保障法所构筑的社会保障体系不仅帮助社会成员抵御来自生理、自然、经济社会生活等各方面的风险，而且其发展本身就是社会政治、经济等制度的深刻变革过程，充分体现了现代法律的独特价值观念。

① 董保华等著:《社会保障的法学观》，北京大学出版社2005年版，第14～17页。

② 蒋月:《社会保障法》，厦门大学出版社2004年版，第8页。

一、社会保障法的理念

从人类法律发展的基本规律来看，现代法律是以既关注个人的权利保护又注重社会整体利益的实现为特征的。它在鼓励社会成员进行正当竞争和追求个人发展与利益的同时，也注重对在社会中处于弱势地位的群体给予关怀；在强调法律形式正义的同时，也确保法律实质正义的最终实现。因此，人类社会法律理念的不断进步与发展，为社会保障法的产生提供了坚实的基础。可以说，生存权思想、社会连带思想是社会保障法的基本理念。

（一）体现了现代法律对社会成员人权的切实关怀

人权中最基本的权利就是生存权，它包括生命权、健康权、物质享受权等内容。生存权基于人类的生存本能而产生，是一种自然权利，它是天赋的、不可转让的。法律的作用在于确认和保护这种自然权利，并赋予权利以具体内容。社会保障法正是体现了法律对全体社会成员进行人权关怀的现代人文精神。

当代社会保障制度就是以保障生存权为出发点，是保障生存权实现的方式。它通过一系列法律的制定，架构起社会保障体系，使社会成员在遭遇失业、疾病、工伤、生育、自然灾害等不幸时，能从国家与社会那里得到基本人权所需的物质生活资料的帮助，维持其基本生存要求。这充分体现了现代文明进步的内在要求。

（二）体现了现代法律对弱势群体的关注与帮助

在激烈的市场竞争中，由于优胜劣汰，必然会产生一些失败者、弱者、低收入者和贫困者。这既是市场经济运行过程中难以避免的现象，也是市场机制本身不能纠正和调节的矛盾。这个问题的解决，除依靠政府宏观调控外，还要依靠法律的调节与支持。

现代法律从现代人文关怀的角度出发，用社会保障的强制手段保障弱势群体的生存权，对弱势群体实行扶持与帮助，减少和消除因市场经济的激烈竞争而产生的不公平现象，以保证社会实质公平与正义的实现。这种关怀与帮助，并不是出于保护落后，也不是对弱势群体的恩赐和施舍，而是现代文明社会中的国家、社会对处于特殊困难中的社会成员应尽的法律义务与责任，是社会连带思想的体现。

（三）体现了现代法律对社会稳定与安全的维护

在市场经济条件下，由于收入分配机制与竞争机制紧密相连，社会成员之间必然会产生收入上的差异。这种贫富分化现象的产生，确实是市场经济竞争的必然要求和结果。但如果国家对自由竞争完全处于放任状态，坐视社会成员之间贫富两极分化现象的扩大于不顾，则必然会带来社会成员心理的严重失衡，诱发社会不安定因素。

社会保障法就是国家对国民收入进行必要的再分配，调节社会成员之间的收入差距。它通过对失业者、低收入者、贫困者以及其他陷于生活困境的社会成员提供各种物质帮助，使其获得基本生活保障，减少、消除社会成员对社会的不满情绪和不公平感，缓和社会矛盾，维护社会安全。

总之，从社会保障法的基本理念来看，它反映了现代法律的人权观念、实质公平与追求正义的价值取向。因此，社会保障法被誉为社会收入的“调节器”，社会矛盾的“缓解器”，社会安全的“保护器”，是“社会成员最庞大、最坚固的避风港”。①

二、社会保障法的基本原则

社会保障法的基本原则是集中体现社会保障法的本质和精神，贯穿社会保障法律规范始终，并对整个社会保障法律体系起主导作用的根本准则。它体现了社会保障法的基本理念和价值取向，具有高度的概括性、抽象性特点。

根据法律依据和现实依据，社会保障法的基本原则具体包括：

(一)普遍性与选择性相结合原则

普遍性是指社会保障的实施范围应包括所有社会成员，强调一切社会成员享有社会保障的共同权利，从而制定对全体社会成员普遍适用的相同的社会保障标准；选择性实质上是区别对待，即针对不同类型的社会成员制定不同的适用法规和标准。

普遍保障与区别对待相结合，是“现代社会保障之父”贝弗里奇在《社会保险与相关服务报告书》里首次倡导的。普遍性与选择性的关系，实质上是平等与效率的关系。我国市场经济条件下的社会保障法，既不能单纯以选择性原则为出发点，也不能单纯以普遍性原则为出发点，而应当把两者结合起来。这是因为，实现全体社会成员社会保障权利平等，是现代社会保障法的基本内涵。从国外社会保障立法的演进过程来看，现代社会保障法在保障对象和实施范围上已发展到以坚持“普遍性原则”为主的全民化保障阶段。但也必须同时看到，目前我国的社会经济发展还很不平衡，东、中、西部社会经济发展水平差距很大，特别是城乡之间的社会经济、文化差别是一个短期内难以消除的社

① 秦国荣:《劳动与社会保障法律制度研究》，南京师范大学出版社 2004 年版，第 284~289 页。

会问题。虽然农民有权同城市居民一样享受宪法赋予的社会保障权利和分享工业化带来的社会文明成果，但目前还不具备与城市居民享受相同标准和水平的社会保障的条件。因此，我国在进行社会保障立法时，应当将普遍性原则和选择性原则有机结合起来，建立起覆盖全体社会成员但城乡处于不同保障水平和层次的新的社会保障制度。为此，一方面要在社会保障法中，承认一切社会成员有获得相同标准的社会保障的权利，从而体现社会保障的普遍性原则。另一方面应坚持城乡有别的选择性原则，制定适合城乡之间、各经济区域之间、各地区之间的社会保障水平和标准。

（二）权利义务对等原则

权利义务对等，又称权利义务相一致，是指享受权利必须承担相应的义务，而履行了义务就应当享受相应的权利。社会保障法律关系实质上是一种权利义务关系，社会成员在享受保障权利时是权利主体，但是他取得权利主体资格有一个先决条件，即必须依照社会保障法的规定，缴纳一定数量的社会保险金或履行其他方面的义务，此时，他是义务主体。也就是说，社会成员在享受社会保障权利的同时，还必须履行相应的社会保障义务。这正如马克思所说“没有无义务的权利，也没有无权利的义务”。

就社会成员个人而言，权利义务相一致并不意味着他所享受的权利与应承担的义务恰好相等，也并不意味着缴费必然享受社会保障待遇。这是因为：首先，每位社会成员的保障需求和对其保障程度因人而异，社会成员获得社会保障的范围和标准与其对社会的贡献大小相适应；其次，对于无收入者、低收入者或其他陷于生活困境的社会成员，社会保障法保障他们的最低生活需求，所需经费由国家财政支付，这是国家或政府的义务和责任。因此，在一定时期内，得到保障帮助的总是部分社会成员，而非全体。权利义务对等只能在社会整体层次做到一致，而非在个人层次上完全统一。①

（三）适度保障原则

社会保障是国家用国民收入再分配手段来解决特定社会问题和实施特定社会政策的一项宏观调控措施，它肩负着保障社会稳定和经济发展的双重目标和任务。如果社会保障滞后于经济的发展，就容易造成社会的不稳定，进而给经济发展造成消极影响；相反，如果社会保障水平超前于经济的发展，则必然造成国家无力承受并最终损害经济发展的后果。因此，社会保障水平客观上存在一个“适度区域”，过低或过高的保障水平对社会保障制度自身运行和

① 蒋月：《社会保障法》，厦门大学出版社2004年版，第49页。

社会经济发展都会产生负面影响。

我国是一个发展中大国，社会经济不发达，人们的生活水平仍普遍较低，不少人还生活在贫困之中，这是我国的基本国情，也是我国发展社会保障事业的立足点。因此，在制定社会保障法律、法规时，一定要从经济的实际发展状况出发，结合长远利益和短期利益，体现适度保障的原则。

（四）公平与效率兼顾原则

公平与效率，都是社会保障追求的目标。这里的"公平"有两层涵义：一是从社会保障权利享受来讲，必须是人人平等；二是社会保障待遇的确定，应力求遵循平衡原则。社会保障应贯彻公平原则。首先，这是社会保障制度本身的要求。无论是社会保障观念的起源，还是社会保障法的创立历史，都体现了人类追求尽可能公平的足迹。社会保障法是最直接体现社会公平价值的法律规范。其次，这是为了遵循有关国际公约、贯彻我国宪法精神的需要。① 再次，贯彻公平原则是市场经济的要求。市场经济是效率经济、鼓励竞争，因此，利益分配的差别性将不可避免。为保持社会稳定，国家必须通过宏观调控来减轻、消除不公平状况过度发展造成的负面影响，社会保障法即是有效手段之一。

社会保障在贯彻公平原则的同时，还必须兼顾效率。社会保障的效率性，要求通过社会保障制度的设计，实现社会保障的经济调节作用和对社会成员的激励作用，提高经济增长率，从而实现社会保障更高层次上的公平。我国现阶段还只能建立城乡居民最低生活保障制度。这一方面固然受制于我国的经济发展水平，另一方面也是为了抑制社会保障可能带来的负作用。后一点突出地表现在公平与效率的关系上。社会保障制度的推行，有利于社会公平的实现，但如果保障的项目过多，标准过高，就极易导致效率的丧失。因为全面的、高标准的保障体系，必然促使部分社会成员滋长懒惰心理和不劳而获思想，从而导致社会生产力水平的下降和社会财富的减少，同时又会形成新的、更大程度上的不公平。在这方面，西方高福利国家的教训值得我们认真借鉴。我们决不能为了追求"公平"而牺牲"效率"，因为失去了"效率"，"公平"就只能是低层次上的公平，甚至连低层次上的公平都维持不了。②

---

① 我国宪法第 33 条规定："中华人民共和国公民在法律面前人人平等。任何公民享有宪法和法律规定的权利，同时必须履行宪法和法律规定的义务。"《世界人权宣言》第 1 条规定，人人在尊严和权利上一律平等。

② 张素凤：《我国社会保障法若干问题研究》，湖南师范大学 2001 年硕士学位论文。

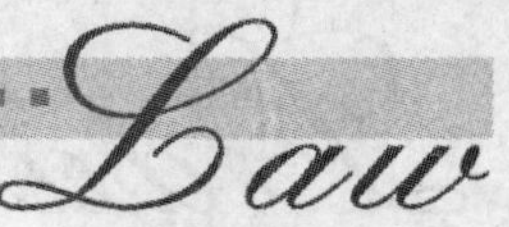

第十四章　失业保险法律制度

第一节　失业保险概述

一、失业的概念

失业作为一种社会经济现象，是劳动力和生产资料相分离的一种社会形态。[①] 失业是与就业相对立的一个经济学概念，对失业的理解，有广义和狭义之分。广义的失业是指具有劳动能力的人找不到合适的工作岗位。狭义的失业是指达到法定年龄(劳动年龄)并具有就业愿望和就业能力的人得不到适当的就业机会。西方对失业的经典解释是指所有那些未曾受雇、以及正在调往新工作岗位或未能按当时通行的实际工资率找到工作的人。[②] 由于各个国家的情况不同，关于失业的定义各国有着不同的界定。如美国对失业者下的定义为：凡年满 16 岁而没有工作或正在找工作的人都是失业者。[③] 根据国际劳工组织 1988 年举行的第 75 届劳工大会对失业的理解，凡是有能力参加经济活动，可以工作，并且确实在寻找职业而未能得到适当工作，以致没有任何工资收入，生活无着落的劳动者，都属于失业者，都理应受到失业社会保险制度的覆盖。[④] 这一概念指出失业的四个基本特点：一是在劳动年龄之内；二是有劳动能力；三是有就业意愿；四是没有找到任何职业。

由于受传统理论和传统体制等多方面的影响，我国过去将“失业”视为资本主义制度的特有现象，否认现实中国存在失业，只认为存在“待业”问题。至于“待业”一词，原意是特指没有正式职业、等待政府安排就业的青年，基本人

---

① 金丽馥：《社会保障制度改革研究》，中国经济出版社 2001 年版，第 156 页。

② [英]戴维·皮尔斯主编：《现代经济学词典》，上海译文出版社 1988 年版，第 600 页。

③ 苏振芳著：《社会保障概论》，中国审计出版社 2001 年版，第 225 页。

④ 冯必扬：《现代社会保障研究》，人民出版社 2003 年版，第 237 页。

群是20世纪70年代末的大批返城知识青年和城镇新增劳动力。当时政府无力对其进行安置，又没有其他的就业途径，他们只能在家等待政府分配工作。对于这样一大批没有职业而被迫在家等待安排工作的人，理论上不承认他们是失业，这种状态如何表示？于是有人发明了“待业”一词。关于“待业”与“失业”的争论一直持续到20世纪90年代。在1990年的一次理论研讨会上，政府劳动部门首次尝试将“待业保险”称为“失业保险”，但直到1994年政府部门才正式使用“失业”及“失业率”概念，“待业保险”才被正式改为“失业保险”。① 长期以来我国官方所指失业人口一般指城市登记失业人口，且将它界定为“有非农业户口，在一定的劳动年龄内，有劳动能力，无业而要求就业，并在当地就业服务机构进行求职登记的人员”②。按照官方的这一统计口径，有相当多的失业人口没有被统计到失业人口和失业率之中。比如下岗职工、国有企业中的隐性失业人口，还有农村剩余劳动力都不算失业，只有城镇中的过剩劳动力才算失业。由于强调“非农业户口”和“在当地就业服务机构登记”，我国关于失业人口的数据结果一直受到学界以及国际社会的广泛质疑。为此，国家劳动与社会保障部对失业人员的定义重新进行了界定，所谓失业人员是指在劳动年龄内有劳动能力，目前无工作，并以某种方式正在寻找工作的人员。包括就业转失业的人员和新生劳动力中未实现就业的人员；虽然从事一定社会劳动，但劳动报酬低于当地城市居民最低生活保障标准的，视同失业。③

应该说，失业现象是现代经济中难以避免的问题。由于失业将会造成劳动者难以克服的生存危机，并会给社会带来危害，影响到一国经济的发展和社会的稳定，很多国家都把解决失业问题置于一国经济和社会政策关注的首位。失业社会保险即是国家或政府为缓解失业压力、促进社会就业所采取的一项有效社会政策。

二、失业保险的概念和特点

(一)失业保险的概念

关于失业保险的定义，学者多从狭义角度进行界定，认为失业保险是指国

---

① 郑功成等著:《中国社会保障制度变迁与评估》，中国人民大学出版社2002年版，第162页。

② 国家统计局:《统计指标解释·从业人员和职工工资》，http://www.stats.gov.cn/tjzd，下载日期:2006年10月18日。

③ 劳动和社会保障部失业保险司:《什么是失业人员?》，http://www.molss.gov.cn/gb，下载日期:2006年10月18日。

家通过立法强制实行的、由社会集中建立基金，对因失业而暂时中断生活来源的劳动者提供物质帮助的一种社会保险制度。[①] 这种观点仅是传统意义上消极的失业保障的观点，即仅注重对失业者在失业之后给予生活上的保障，而不注重从积极的角度为失业者提供保障，因而是一种治标不治本的措施。有鉴于此，对失业保险应作广义的理解，即失业保险是指国家通过立法强制实行，由社会集中建立基金，对因失业而暂时中断生活来源的劳动者提供物质帮助和与再就业有关的服务的制度。这一概念有以下几层含义：

(1)失业保险的核心内容是社会建立失业保险基金，分散失业风险，使暂时处于失业状态的劳动者生活获得最基本保障。

(2)失业保险是针对工薪劳动者在市场竞争中被淘汰或企业破产风险情况，一旦发生保险责任就自动发生效力。

(3)失业保险对失业者提供基本生活需求的保障，具有法定时限，超过一定的时限之外的救济不属于失业保险范围。

(4)失业保险是物质帮助与提供就业服务相统一，救济不是目的，提供就业服务、激励失业者就业是它的最终宗旨。

(二)失业保险的特点

失业保险具有社会保障的一般特点，如强制性、互济性、社会性等，但作为一种具有专门目的和特定保障对象的社会保障项目，它还具有其独有的特征。

(1)针对的劳动风险不同。失业保险所针对的劳动风险是失业，是劳动者由于种种原因失去工作机会，而劳动者所具有的劳动能力并没有丧失；其他养老保险、工伤保险、疾病保险等，针对的劳动风险如年老、工伤、疾病等，是劳动者劳动能力的暂时或永久丧失。

(2)主要目的不同。社会保险的其他项目是通过给付社会保险金保障丧失劳动能力的劳动者的基本生活需求和基本医疗需求。而失业保险特别是积极的失业保险制度，虽然也有保障失业者的基本生活的要求，但更重要的目的是通过转业培训、再职培训、职业介绍等尽快使其重新就业。

(3)享受条件不同。失业保险的享受条件不仅和劳动者的工作年限、缴纳保险费情况有关，而且还决定于劳动者的就业意愿。按照要求，无正当理由拒绝接受就业机构提供的适当工作者、拒绝接受职业培训者、因过失而被革职者

---

① 如谢建华、巴峰所著《社会保险法学》(北京大学出版社 1999 年版)、,蒋月所著《社会保障法概论》(法律出版让 1999 年版)、覃有土、樊启荣所著《社会保障法》(法律出版社 1997 年版)、史探径主编《社会保障法研究》(法律出版社 2000 年版)中均持上述观点。

以及不在职业介绍所等有关机构登记、寻找职业者，均不予支付失业保险金。

(4)实施对象的范围不同。其他社会保险项目不但可以以全体社会劳动者为保障对象，而且可以包括未进入劳动年龄的人和已超过劳动年龄退出了社会劳动领域的人。而失业保险对象是法定范围内的劳动者，具体是指具有劳动意愿，又符合法定就业年龄，但因各种原因失去了工作机会和相应收入来源的劳动者，而不包含资本所有者、个体经营者及退休劳动者。由此可见，失业保险的实施范围是比较狭小的。

(5)劳动危险事故形成的原因不同。其他社会保险项目中劳动危险事故的形成，均属自然原因，主要是身体健康的损害和工作中的疏忽大意或无法预料到的外界自然力打击所致；而失业保险中的失业对象，却是一种由于社会经济方面的原因所致的劳动危险事故。① 例如，人口、劳动力资源与经济增长的比例失调；产业结构的调整以及就业政策的变化等，都可能成为失业的原因。这和其他社会保险项目中的劳动危险事故的成因有着明显的区别。

三、失业保险立法

(一)国外的失业保险立法

失业保险制度的产生与工业化和市场经济的发育程度紧密相关。② 在农业时代，人们依赖土地生活，有“地”就有“业”，不存在失业问题。而到了大工业时代，工人丧失了生产资料，成为机器的附属物，一旦失业就失去生活来源，生活难以为继。于是在市场经济组织化程度较高的欧洲国家，率先推出了失业保险制度，以保护宝贵的人力资源，维持劳动力的再生产，维护社会再生产的顺利进行。法国第一个以立法的形式在1905年建立了非强制性失业保险制度，规定人们是否参加失业保险取决于个人意愿，参加保险，就必须根据失业保险法律规定接受管理，包括承担一定的义务和享受相应的权利。紧随其后，挪威在1906年，丹麦在1907年也相继建立了类似的失业保险制度。③

世界第一个真正由国家立法并具备强制性质的失业保险制度是英国1911年颁布的《国民保险法》。英国之所以率先注重解决失业人员的保障问题，是因为英国首先在工业化的推进中遇到了失业、贫困等大规模社会性问

① 陈树文主编：《社会保障学》，大连理工大学出版社2002年版，第150页。

② 刘雄主编：《失业保险》，中国劳动社会保障出版社2000年版，第2页。

③ 郭捷：《劳动与社会保障法》，中国政法大学出版社2004年版，第317页。

题。[①]《国民保险法》的出台开创了强制性失业保险制度的先河，后来被一些国家仿效，构成了世界失业保险制度的主流。包括意大利、奥地利、波兰、德国等在内的许多国家纷纷仿效，也实行了强制性失业保险制度。发达国家失业保险制度的大发展时期，是在1929—1933年的经济大危机期间及之后。这场大危机，打碎了奉为经典的"萨伊定律"，凯恩斯的学说成为主流理论，政府开始干预经济生活，建立失业保险制度成为国家宏观政策调整的重大举措之一。美国在经历了1929—1933年的经济大危机后，于1935年通过了《社会保障法》，实行包括失业保险在内的综合性社会保障体系。第二次世界大战结束后，发展中国家也纷纷建立起失业保险制度。从20世纪近70个国家实行失业保险制度的经验看，可以归纳为强制性失业保险、补贴性自愿失业保险和失业援助三种基本类型。[②] 其中绝大多数国家和地区实行强制性保险，约占实行失业保险制度国家的75％。[③]

在失业保险制度的发展过程中，国际劳工组织发挥了积极的作用。国际劳工组织通过公约和建议书的形式，为各国制定失业保险政策提供了基本原则和指导性意见，促进了失业保险制度的发展。国际劳工组织制定的有关失业保险的公约和建议书主要有：1934年《失业补贴公约》和《失业补贴建议书》、1952年《社会保障最低标准公约》、1988年《促进就业和失业保护公约》和《促进就业和失业保护建议书》。从国际劳工组织有关的立法来看，以前的有关标准侧重为失业者提供生活保障，而1988年国际劳工大会通过的《促进就业和失业保护公约》和《促进就业和失业保护建议书》中新的标准则倡导把失业保护措施同促进就业结合起来。这可以被看作是在失业保险方面国际劳工立法的一个分水岭。[④] 公约要求采取适当的步骤使失业保护制度同就业政策相协调，确保失业保护制度尤其是失业补贴的提供有利于促进充分的、生产性的和自由选择的就业。

（二）我国的失业保险立法和改革

自1949年至1986年，中国虽历经三次失业高峰，但囿于意识形态的约

---

① 刘燕生：《社会保障的起源、发展和道路选择》，法律出版社2001年，第145页。

② 魏新武编著：《社会保障世纪回眸》，中国社会科学出版社2003年版，第147～148页。

③ 奚国泉：《社会保障制度与构架》，高等教育出版社2001年版，第51页。

④ 张左已：《领导干部社会保障知识读本》，中国劳动社会保障出版社2002年版，第85页。

束，现代失业保险制度始终未能应势而生。[①] 中国的失业保险制度始建于1986年，它在实践中始终是作为深化国有企业改革、建立现代企业制度的配套制度逐渐发展和完善起来的。1986年7月，作为国营企业劳动合同制改革的配套措施，国务院颁布了《国营企业职工待业保险暂行规定》，为初创期的失业保险勾画出了制度框架，对构成该制度的一些最基本内容作出了原则规定，但因其覆盖范围的局限和运行机制的残缺而在执行过程中实际收效甚微。从其相关规定中我们可以发现，1986年建立的“待业保险”制度，是一种范围很小（仅限于国营企业）、层次很低的失业保障制度。从筹款方式、待遇资格获得、待遇水平等各方面看，它实质上并非失业保险，而是一种失业救济制度，失业者个人也不必缴纳失业保险费用；发放的待业救济金只是为了解决失业者最基本的生活困难。与其说其是失业保险制度，不如说它只是中国失业保险制度建设的起点，而且是来之不易的起点，它为中国失业保险制度的不断完善奠定了基础。[②]

在计划经济体制时期，城镇失业主要以隐性失业方式存在。市场化改革则内在地要求隐性失业显性化。[③] 伴随国有企业的改制转型和经济发展主导模式的转换，失业保险制度创新也随即纳入改革的议事日程。1993年4月，国务院颁发《国有企业职工待业保险规定》。新规定针对原暂行规定实施范围窄、保障水平低、基金承受能力弱等方面的问题进行了调整，将覆盖面扩大到国有企业的全部职工。除在保险制度的组织管理模式、资金筹集等方面沿用了暂行规定的设计框架外，与1986年的暂行规定相比，在实施范围、待遇的参照系及水平、统筹方式等方面进行了补充与完善。到1995年底，全国参加企业职工失业保险的在职职工8238万人，占全国国有企业职工总数的72.78%，同年全国失业保险基金收入35.29亿元，支出18.87亿元，当年结余16.42亿元，历年滚存结余68.42亿元，1995年领取失业救济金的城镇失业人员153万人。[④]

随着改革的深入，相对于社会主义市场经济的发展和建立现代企业制度

---

① 郑功成等著：《中国社会保障制度变迁与评估》，中国人民大学出版社2002年版，第161页。

② 郑功成等著：《中国社会保障制度变迁与评估》，中国人民大学出版社2002年版，第164页。

③ 许雄奇、董志强：《论我国隐性失业显性化》，载《重庆工学院学报》2002年第1期。

④ 王东进：《深化我国社会保障制度改革》，载《管理世界》1997年第2期。

的步伐，失业保险制度的建设依然严重滞后，它的发展程度和承受能力与建立统一劳动力市场、实现劳动力资源合理配置的客观要求相去甚远。1999 年 1 月，国务院颁布《失业保险条例》，标志着中国失业保险制度的发展进入了一个新的阶段。《失业保险条例》在 1993 年《国有企业职工待业保险规定》的基础上，对原制度框架在若干重要方面作了较大的修改，主要体现在以下几个方面：(1)将该保险制度正式称为“失业保险”，在中国失业保险制度建设进程中，意识形态的干扰基本终结，人们已经能够实事求是地面对发展社会主义市场经济过程中出现的失业现象，并依照市场经济的内在规律来寻找多种可行的解决办法，从而使失业保险真正发挥它应有的功能；(2)失业保险覆盖范围有了实质性的扩大，覆盖范围已扩大至城镇所有企、事业单位职工，将职工与干部纳入到一个共同的失业保险计划之中；(3)调整了失业保险费的缴费比例，确立了单位与个人的保险费分担机制；(4)提高了失业保险基金的统筹层次，要求建立市一级层次上的基金统筹机制，并授权地方政府建立失业保险调剂金；(5)将失业保险金的给付标准与最低工资和城镇居民最低生活保障线挂钩；(6)完善了失业保险基金的监督管理机制。

与此同时，国务院还于 1999 年 1 月颁布了《社会保险费征缴暂行条例》，它对完善失业保险制度的意义在于，它以法规形式进一步明确规定了失业保险的覆盖范围和缴费义务人，建立了失业保险登记制度和缴费申报制度，规范了失业保险费的征收程序，从而对强化失业保险费的征收、克服失业保险费征缴率低有重要促进意义，并有助于提高失业保险基金的承受能力。为推动事业单位参加失业保险，劳动和社会保障部、财政部和人事部联合下发了《关于事业单位参加失业保险有关问题的通知》。截止到 2006 年年末，全国参加失业保险的人数达到 11187 万人，全国领取失业保险金人数达到 327 万人。①

第二节 失业保险的对象和范围

一、失业保险的对象

由于失业保险是对受失业风险、暂时丧失工资收入的失业者设计的，因而其覆盖范围在创始阶段界定得十分明确和严格，一般限于正式参加经济活动，

① 国家统计局：《中华人民共和国 2006 年国民经济和社会发展统计公报》，http://www.stats.gov.cn/tjgb，下载日期：2007 年 4 月 15 日。

有了稳定的职业、暂时失去工作岗位的工资劳动者。对于那些职业不稳定、不正规的临时工、季节性工人、家庭劳动者、农业工人或职业相当稳定的国家公务员、有独立收入的个体劳动者等则不包括在承保范围内。[①] 如英国规定,失业保险适用于所有受雇者,但70岁以上(女性60岁以上)者及家属从业人员不在适用范围内;德国规定,适用失业保险的雇员范围与疾病保险范围一样而且还包括农业受雇者、试用人员、家庭受雇者,特定约聘公务人员,但家庭劳动者和季节劳工不在适用范围内;瑞典规定适用于基金会成员所属劳工,但未满15岁或超过基金会所在地定最高年龄的劳动者及家庭劳动者不在适用范围内。[②]

但随着经济和社会的发展,失业保险的对象范围有发展的趋势。根据1988年国际劳工组织第75届劳工大会通过的第168号《促进就业和失业保护公约》的规定,失业保险的范围不仅包括所有挣工资的劳动者,而且还应该覆盖季节工、临时工、家庭佣人、学徒和公务员。除了这些人员外,还有八种寻找职业的人,也要被覆盖在失业社会保险范围之内,即结束了学业并且成为劳动力的青年;完成了国家规定服兵役义务的青年;完成了职业培训的青年;无权享受遗属社会保险待遇的丧偶者;刑满释放的犯人;回归祖国的劳动者;结束职业康复的残疾者;结束抚育子女义务的父亲和母亲。[③]

二、享受失业保险的资格条件

我国《失业保险条例》第14条对失业人员领取失业保险金的条件作了具体的规定。按照规定,失业人员享受失业保险待遇,须同时具备法定的条件。

(一)年龄条件

失业者必须处于法定劳动年龄,即失业者年龄必须处于法定最低劳动年龄与退休年龄之间。未达到劳动就业年龄的人不存在就业问题,因此也谈不上失业问题;对超过法定劳动年龄的退休者,享受退休待遇,不再是就业者,当然也不存在失业和享受失业保险权利的问题。可见,失业保险是失业后的补助措施,它是在职保险,失业者必须符合劳动年龄条件,即必须在法定的劳动年龄段内,才可以享受失业保险。劳动年龄的界限各国略有不同,世界银行建

① 黎建飞编著:《劳动法和社会保障法》,中国人民大学出版社2003年版,第397~398页。

② 唐敏:《失业保险对象初探》,载《凉山大学学报》2001年第4期。

③ 罗元文编著:《国际社会保障制度比较》,中国经济出版社2001年版,第153页。

议规定为15—64岁。我国规定的劳动年龄界限为男16—60岁，女16—55岁。体育、文艺和特种工艺单位按照国家规定履行审批程序后可以招用未满16周岁的未成年人。

（二）身份条件

失业保险的享受对象必须具有曾经就业及缴纳失业保险费的身份条件，即必须是原来已经从事社会法定有酬劳动的，并按规定缴足失业保险费的失业人员。这种身份条件的规定，主要是根据社会保险权利和义务基本对等的原则，以及对工资收入损失进行补偿的特点来实施的。我国《失业保险条例》规定，只有建立过劳动关系的公民才能享受失业保险，失业人员所在单位及其本人要依照国家有关规定参加失业保险，向当地社会保险经办机构办理登记，由单位和劳动者个人依法缴纳失业保险费，并且缴费时间满1年。如果失业人员及其单位未参加失业保险，或未缴足保险费，或缴费期不满1年者，则不能享受失业保险待遇。

对于新进入劳动年龄而暂时未能就业的劳动者来说，如高校的应届毕业生虽符合“失业”的定义，但由于没有缴纳过失业保险费，按照现行政策，是不能享受失业保险金待遇的。虽然不能完全享受失业保险待遇，但从社会责任和社会效益的角度考虑，充分发挥失业保险促进就业的作用，国家相关政策规定这些一毕业就失业的大学生，在办理失业登记后可享受免费求职登记、免费职业指导、免费空岗查询和优先推荐等待遇，符合相关规定的还可以领取最低生活保障金，①将其也纳入失业保险的保障范围。

（三）原因条件

失业保险的享受对象必须是由于非自愿的原因而造成的失业，只有在劳动者有就业愿望而无业可就的情况下才有资格享受失业保险。这就杜绝了有意失业以获得失业津贴的弊端。所谓自愿失业和非自愿失业，这是英国经济学家凯恩斯于上世纪30年代提出的失业划分理论。② 自愿失业，责任全在失业者本人，或是出自获取更体面工作岗位和更优厚工资的考虑，或是出自其他

---

① 2006年中组部、教育部、劳动和社会保障部等14部门联合下发的《关于切实做好2006年普通高等学校毕业生就业工作的通知》规定“有就业愿望的应届毕业生9月1日后仍未就业的，可到入学前户籍所在城市或县劳动保障部门办理失业登记，劳动保障部门和人事部门应免费提供专门的就业服务，组织其参加职业培训或就业见习……民政部门要及时按照有关规定为符合条件的高校毕业生提供最低生活保障或临时救助，帮助他们渡过难关”。

② 陈树文主编：《社会保障学》，大连理工大学出版社2002年版，第141页。

的个人考虑，这种离开原工作岗位而暂时失业的现象，理应由个人负责，企业和国家没有义务给他们以失业保险的待遇，他们也没有理由获得这种待遇。而非自愿失业，是由社会的、自然的等非失业者个人所能左右的因素造成的，国家和社会有责任帮助他们渡过难关，为他们提供失业保险。关于非自愿失业的类型，美国经济学家摩尔根将其划分为以下五种，即摩擦性失业、季节性失业、技术性失业、结构性失业以及周期性失业。①

（四）主观条件

指非自愿失业者必须从主观上具备就业意愿和劳动能力。一方面《失业保险条例》要求失业人员失业后，应持本单位出具的终止或解除劳动关系的证明，到指定的社会保险经办机构办理失业登记。办理失业登记是失业人员享受失业保险待遇的必要程序，只有办理失业登记后，才可申请领取失业保险金。由于失业保险是对有劳动能力和劳动意愿的失业者进行保障，没有劳动意愿的自愿失业者是不能享受失业保险待遇的。因此，无正当理由，拒不接受当地人民政府指定的部门或者机构介绍的工作的，不得再享受失业保险待遇。另一方面要求失业者应当具有劳动能力。所谓有劳动能力，是指失业人员具有从事正常社会劳动的行为能力。失业保险存在的价值之一，就是通过保障失业者的基本生活，进而帮助失业者实现再就业，在法定劳动年龄内的人员，若不具备相应的劳动能力，也不能视为失业人员，如精神病人、完全伤残不能从事任何社会性劳动的人员等。

劳动者失业后，符合上述规定条件的，可以向社会保险经办机构申请领取失业保险金。但是，失业人员符合以下情形之一的，则要停止领取失业保险金，并同时停止享受其他失业保险待遇：(1)重新就业的；(2)应征服兵役的；(3)移居境外的；(4)享受基本养老保险待遇的；(5)被判刑收监执行或者被劳动教养的；(6)无正当理由，拒不接受当地人民政府指定的部门或者机构介绍的工作的；(7)有法律、行政法规规定的其他情形的。

三、我国失业保险的覆盖范围

衡量失业保险制度是否完善的一个重要标准是覆盖范围。《失业保险条例》将失业保险的范围从国有企业及其职工、企业化管理的事业单位及其职工扩大到城镇所有企业事业单位及其职工。城镇企业是指国有企业、城镇集体

---

① 郭士征：《社会保障——基本理论与国际比较》，上海财经大学出版社 1996 年版，第 190 页。

企业、外商投资企业、城镇私营企业以及其他城镇企业。上述这些企业事业单位都在《失业保险条例》的适用范围之内，上述单位及其职工都应按条例的规定缴纳失业保险费。这些单位的职工一旦失业，只要符合享受失业保险待遇的条件，就可以按规定的标准和期限享受失业保险待遇。城镇企业和事业单位招用的农民合同制工人，用人单位也应按规定缴纳失业保险费。同时，根据《失业保险条例》的规定，社会团体及其专职人员、民办非企业单位及其职工、城镇有雇工的个体工商户及其雇工是否纳入失业保险范围，由省级人民政府确定。如果省级人民政府按照这一规定将上述单位及其职工纳入了失业保险的范围，这些单位和人员就应按《失业保险条例》的规定参加失业保险。

从理论上说，失业保险的目标覆盖范围应该是：(1)从参加单位看，包括中国境内所有企事业单位及机关团体，提供这些单位的工资收入劳动者失业时的基本生活保障；(2)从人员范围看，按照国际劳工公约和国际通行做法，包括所有劳动关系较为稳定的城乡工薪劳动者。《失业保险条例》规定的参加人员种类只差公务员，企业种类只差乡镇企业。在对目前失业保险覆盖范围的问题上，有两种相反的观点。一种观点认为，覆盖范围过窄，应将农民合同制工人、国家公务员、乡镇企业的职工纳入失业保险范围。[①] 还有学者认为，由于失业概念的界定过于狭窄，导致失业保险覆盖面过窄，使得大量农村剩余劳动力、新增劳动力人口、失业而未登记者、大量下岗职工不能在保险之列。[②] 另一种观点认为，在我国经济转型时期，在多数中小型企业劳动关系不明确、从业人员流动性大、国家尚缺乏有力的监管的情况下，不能将失业保险的覆盖范围搞得太大，而是要随着经济的发展逐步扩大。另外，我国在改革开放以后的经济发展，主要依靠的是企业雇佣的劳动力价格低廉，加入 WTO 以后，劳动力价格低廉依然是我国推动经济发展、保持和提升国家竞争力的先决条件和优势所在。从乡镇企业发展的情况看，在今后的相当一段时期内，不能将乡镇企业纳入社会保险的范围。[③]

应当说逐步扩大覆盖范围是失业保险制度的发展方向，但在扩大适用范

---

① 林嘉：《社会保障法的理念、实践与创新》，中国人民大学出版社 2002 年版，第 205 页。

② 陈佳贵主编：《中国社会保障发展报告(1997—2001)》，社会科学文献出版社 2001 年版，第 142 页。

③ 刘翠霄：《我国失业保险的现状和问题》，http://www.iolaw.org.cn，下载日期：2006 年 11 月 8 日。

围时，应考虑合理性的问题，这也影响着失业保险制度能否提供真正的就业保障。事实上，失业保险制度是否要覆盖到非正规就业群体，是一个两难的选择。从就业角度看，随着就业方式的多样化，从事非正规就业的人越来越多，应该从促进就业的角度尽可能涵盖多种新的就业群体。但从企业（或雇主）和个人的负担来看，如果非正规就业仍要承担各项社会保险的缴费，在劳动力市场上的成本优势将受到削弱，从而将抑制非正规就业的发展，有可能扩大失业，进而增加失业保险的负担。因此，就业方式的多样化尤其是非正规就业群体的扩大，给现行失业保险制度出了一道大难题。现阶段，立法者在考虑失业保险是否覆盖城市务工农民、农村剩余劳动力、国企隐性失业人员、灵活就业人员、新进入劳动年龄而找不到工作的失业者时，不能盲目地追求“扩大”，应该结合国家的产业政策、就业政策、经济发展阶段等综合考虑，并非范围越大，实施效果就越好，应该考虑合理性的问题。

第三节　失业保险基金的筹集与管理

一、失业保险基金的概念

建立失业保险基金是失业保险制度的重要内容。失业保险基金是社会保险基金中的一种专项基金，是国家法定建立的用以保障失业人员失业期间的基本生活的资金，具有强制性、无偿性、固定性的特点。①

我国的《失业保险条例》第5条的规定，失业保险基金由下列各项构成：(1)城镇企业事业单位、城镇企业事业单位职工缴纳的失业保险费。(2)失业保险基金的利息。失业保险基金利息收入是指用基金购买国家债券或存入银行所得的利息收入，将利息收入并入基金，目的是保证不贬值。(3)财政补贴。作为政府财政补贴通常是在失业保险基金不敷使用时，由财政拿出一部分资金对基金进行补助，以确保失业保险待遇的发放。《失业保险条例》第6条明确规定：城镇企事业单位按照本单位工资总额2%缴纳，城镇企事业单位职工按照本人工资的1%缴纳，其余由政府财政补贴。这样，失业保险基金由原来的企业全包逐步转变成“国家、企业、个人三方面承担”的原则。(4)依法纳入失业保险基金的其他资金。

---

① 黎建飞编著：《劳动法和社会保障法》，中国人民大学出版社2003年版，第401～402页。

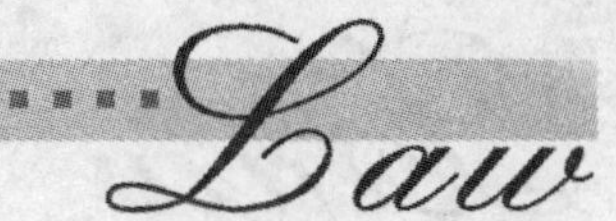

二、失业保险费的缴费基数和缴费比例

(一)失业保险费的缴费基数

失业保险费的缴费基数(即费基)是指计算缴费单位或者个人缴纳失业保险费的资金起点数目。在我国,缴费单位的缴费基数是该单位的工资总额,职工的缴费基数是本人工资。缴费单位的工资总额按照国家有关工资政策认定其构成和计算方式,它是指单位在一定时期内直接支付给本单位全部职工的劳动报酬总额。本人工资是指由单位支付的劳动报酬,包括计时工资或计件工资、奖金、津贴和加班加点工资等,各种补贴和福利不计入职工的本人工资当中。

(二)失业保险费的缴费比例

失业保险费的缴费比例(即费率)是指缴费单位或者缴费个人缴纳失业保险费占其缴费基数的比例。定率征收失业保险费是我国失业保险制度建立以来一直采用的做法,也是国际通行做法。我国《失业保险条例》规定,城镇企业事业单位须按照本单位工资总额的2%缴纳失业保险费;城镇企业事业单位职工则按照本人工资的1%缴纳失业保险费。城镇企业事业单位招用的农民合同制工人应该参加失业保险,用人单位按规定为农民工缴纳失业保险费,农民合同制工人本人不缴纳失业保险费。① 省、自治区、直辖市人民政府根据本行政区域失业人员数量和失业保险基金数额,报经国务院批准,可以适当调整本行政区域失业保险费的费率。

一些国际组织和国内学者认为,目前中国失业保险的缴费水平远远不能满足需求。国际劳工组织认为3%的缴费率仅能支撑7%～10%的失业率,因此,对在不调高失业保险缴费率的前提下,失业保险是否能够承担向下岗职工提供失业保险金的责任表示相当的怀疑。② 对于未来我国的就业情况,很多

---

① 有的省市规定单位招用的农民合同制工人本人自愿缴纳的也可以缴纳。是否缴纳失业保险费所享受的失业待遇亦有所不同。如《福建省失业保险条例》第8条第2款规定,单位招用的农民合同制工人本人不缴纳失业保险费,但本人自愿缴纳的除外。福建省还规定"农民工与用人单位解除劳动关系后,本人未交纳1%失业保险费的,依法享受一次性生活补助费。本人自愿按规定交纳1%失业保险费的,享受与城镇失业人员同等的失业保险待遇"[《福建省人民政府贯彻国务院关于解决农民工问题的若干意见的通知》(闽政〔2006〕14号)]。

② 国际劳工组织:《对中国社会保障制度改革的评论与建议》,载《社会保障制度》2001年第2期。

专家估计我国组织失业保险实际需要的缴费率估计要达到职工平均工资水平的8%左右，甚至更高，否则不可能在发挥正常保障功能的前提下维持收支平衡。[①] 有学者认为，目前的失业保险缴费率忽视了行业之间、企业之间的差异，这对于相对稳定的企业是不公平的，我们应当像有些国家那样，采取行业差别费率制和分段费率制，以提高缴费单位的积极性。[②] 根据目前企业和个人的实际承受能力，进一步提高失业保险缴费比例不够现实。从理论上看失业保险要维系的方法只能是依靠财政给与大量的补贴或者是干脆降低保障标准，但这两种方法的风险显然很大。前者会产生财政上的压力和风险，而后者则意味着政府违背承诺。[③]

三、失业保险基金筹集的方式

失业保险基金一般按照尽量做到资金筹集与资金支出相平衡的基本原则来筹集，筹集方式在多数国家是实行现收现付方式。失业保险基金的筹集有三个来源渠道：雇主供款、雇员供款、政府补贴。从发展趋势来看，失业保险税已为工业化国家失业保险资金的主要来源。有资料表明，世界上有118个国家和地区中有80个国家和地区开征了社会保障税，其覆盖面达68%，其中德、法等国的社会保障税已居国家的头等税种。[④] 我国失业保险制度建立以来，一直实行基金制，在基金来源上采取用人单位、个人缴费和财政补贴的方式。我国现行的失业保险基金采取统筹缴费模式，存在着收支随意性和不规范性等缺陷。如果以失业保险税这一强制性的筹资手段，不仅可以克服现行失业保险基金来源不稳定的问题，还可以利用现有的比较健全的税收机构，减少征收和管理方面的费用。[⑤] 从发展趋势看，以税收形式在全国范围内强制收缴失业保险资金，是建立和完善失业保障制度的必由之路。

---

① 国务院发展研究中心课题组：《中国城镇失业保障制度》，王梦奎编著：《中国社会保障体制改革》，中国发展出版社2001年版，第134页。

② 林嘉：《社会保障法的理念、实践与创新》，中国人民大学出版社2002年版，第209页。

③ 国务院发展研究中心课题组：《中国城镇失业保障制度》，王梦奎编著：《中国社会保障体制改革》，中国发展出版社2001年版，第146页。

④ 李晓玲：《破产机制的完善与失业保险制度》，载《安徽大学学报》2000年第5期。

⑤ 崔秀荣：《完善我国失业保险制度的构想》，载《唐都学刊》2000年第5期。

四、失业保险基金的调剂

根据《失业保险条例》的规定，失业保险基金在直辖市和设区的市实行全市统筹，其他地区的统筹层次由省、自治区人民政府规定。为了使失业保险基金能在更大的范围内发挥调剂余缺的作用，《失业保险条例》还规定，省、自治区可以建立失业保险调剂金。失业保险调剂金以统筹地区依法应当征收的失业保险费为基数，按照省、自治区人民政府规定的比例筹集。统筹地区的失业保险基金不敷使用时，由失业保险调剂金调剂、地方财政补贴。失业保险调剂金的筹集、调剂使用以及地方财政补贴的具体办法，由省、自治区人民政府规定。按照《失业保险条例》的规定，调剂金只能用于统筹地区基金发生困难时的补充，不能用于其他支出。

虽然比起以前，现行的失业保险制度的统筹层次有了一定的提高，但还是较低的。从实施情况来看，全国近千个基金统筹单位中，相当比例是县级统筹。到 2001 年 6 月，全国滚存结余基金为 210 亿元，这 210 亿元分散在近千个统筹单位中，就不能发挥基金的调剂作用，使得有些地区基金有余，有些地区入不敷出。这种在失业保险上苦乐不均的现象，既使短缺的资金没有得到充分利用，又使得失业保险没有起到它应有的保障功能。① 由此，应在建立省级失业保险统筹的基础上，建立中央失业保险调剂金，提高失业保险的社会化程度，使有限的资金在失业程度不同的地区能够得到调剂。中央调剂资金应来源于各省市失业保险基金的一部分、国有资产变现、中央财政预算补贴三个方面。同时建立失业保险中央调剂金委员会，负责调剂金预决算的审议、批准和基金使用的监管。②

五、失业保险基金的管理

失业保险基金是失业者的活命钱，如果管理上出了问题就会造成不可估量的损失。因此，《失业保险条例》规定，失业保险基金必须存入财政部门在国有商业银行开设的社会保障基金财政专户，实行收支两条线管理，由财政部门依法进行监督。存入银行和按照国家规定购买国债的失业保险基金，分别按

① 刘翠霄：《我国失业保险的现状和问题》，http://www. iolaw. org. cn，下载日期 2006 年 11 月 8 日。

② 郑功成等：《中国社会保障制度变迁与评估》，中国人民大学出版社 2002 年版，第 193 页。

照城乡居民同期存款利率和国债利息计息。失业保险基金的利息并入失业保险基金。失业保险基金专款专用，不得挪作他用，不得用于平衡财政收支。失业保险基金收支的预算、决算，由统筹地区社会保险经办机构编制，经同级劳动保障行政部门复核、同级财政部门审核，报同级人民政府审批。失业保险基金的财务制度和会计制度按照国家有关规定执行。

第四节　失业保险基金的发放

一、失业保险基金的支出项目

失业保险金如何使用，关系到失业保险基金的承受能力，关系到失业保险功能能否充分发挥。许多国家都通过立法来规定失业保险基金的支出项目。我国《失业保险条例》规定失业保险基金的支出项目包括：失业保险金；领取失业保险金期间的医疗补助金；领取失业保险金期间死亡的失业人员的丧葬补助金和其供养的配偶、直系亲属的抚恤金；领取失业保险金期间接受职业培训、职业介绍的补贴；国务院规定或批准的与失业保险有关的其他费用。总体而言，我国失业保险基金的使用仍停留在对失业人员的一般生活保障上，还不能保证使雇员避免失业的危险，在促进再就业方面还存在较大障碍。

此外，《失业保险条例》只是对支出用途作了规定，而并未规定支出比例。而失业保险金在各个项目的支出结构比例是否科学合理，决定着失业保险制度功能的发挥及制度的运行。从《失业保险条例》实施后的实践看，失业保险在促进就业方面的作用相当有限。每年用于就业方面的投入仅占总支出的10%左右，2004年最高达到16%。且主要集中在上海、北京等地，一些地方投入比例不足5%。而我国目前失业保险基金的结余却逐年递增，已达到450多亿元。① 资金大量沉淀，成为“闲钱”，难以发挥促进就业的积极作用，失业保险制度应有的功能未能很好地发挥。

二、失业保险待遇

(一)失业保险待遇的内容

在我国，失业保险待遇主要包括：(1)失业保险金。即社会保险经办机构

① 马永堂：《比较研究：完善失业保险，促进就业功能》，载《中国劳动》2006年第1期。

按规定支付给符合条件的失业者的基本生活费，是失业者最基本的失业保险待遇。只要失业者符合享受失业保险待遇的条件，都有权申领失业保险金。(2)失业保险金期间的医疗补助金。这是指社会保险经办机构对失业者在领取失业保险金期间患病就医的医疗费给予的补助。由于我国医疗保险制度尚不健全，失业者的医疗费只能从失业保险基金中支出。(3)失业保险金期间死亡的失业人员的丧葬补助金和其供养的配偶、直系亲属的抚恤金。过去这项费用由职工生前所在单位负担，现在改为向社会保险经办机构申请。(4)参加由失业保险经办机构组织或扶持的转业训练、职业介绍和生产自救。

（二）失业保险金的标准

虽然失业保险待遇给付水准一般要取决于一个国家的社会经济发展水平和社会的生活水准，但是它原则上要达到既使受益者的收入损失得到部分补偿，又不能妨碍就业意志。① 根据《失业保险条例》规定，失业保险金的标准按照低于当地最低工资标准，高于城市居民最低生活保障标准的水平，由省、自治区、直辖市人民政府确定。城市居民最低生活保障标准的水平，由省、自治区、直辖市人民政府确定。各省、自治区、直辖市人民政府可以根据当地每年发布的最低工资标准水平和最低生活保障标准的水平进行调整和确定。

从目前中国失业保险待遇标准和水平来看，现有制度规定的范围和标准基本上符合我们的经济社会发展水平，至少在转型期具有充分的合理性，低水平的保险能够促使失业者尽快返回劳动力市场。② 但是也应看到我国目前在失业保险金的给付上并未将其与失业者所做的贡献联系起来，即对失业者失业前缴纳失业保险费的高低一般不予考虑，失业后一律给予相同的失业保险待遇，这将会严重阻碍到失业者失业前的参保积极性。对于发放标准，应结合当地的经济发展水平、失业者的负担状况、失业者失业前实际工资水平的高低和失业者所做的贡献大小按一定比例分档次发放，以体现公平与效率原则。③

（三）失业保险金的发放期限

职工失业后，应当持本单位为其出具的终止或解除劳动合同的证明，及时

---

① 郭士征：《社会保障——基本理论与国际比较》，上海财经大学出版社 1996 年版，第 118 页。

② 郑功成等：《中国社会保障制度变迁与评估》，中国人民大学出版社 2002 年版，第 188 页。

③ 邵芬、霍延：《中德失业保险制度之比较——写在〈中德互免社会保险协定〉实施之际》，载《思想战线》2003 年第 2 期。

到指定的社会保险经办机构办理失业登记，失业保险金自办理失业登记之日起计算。失业人员未按期办理申领失业保险金手续或办理了申领手续后连续2个月未领取失业保险金的，停发其失业保险金，并取消其他失业保险待遇。

为了鼓励失业人员尽快再就业，法律通常确定领取失业保险金的最长期限。《失业保险条例》第17条规定，失业前缴纳保险费满1年不足5年的，领取失业保险金的期限最长为12个月；缴纳保险费满5年不足10年的，领取失业保险金的期限最长为18个月；缴纳保险费累计达10年以上的，领取失业保险金的期限最长为24个月。

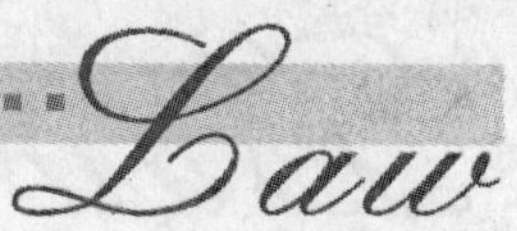

第十五章　工伤保险制度

第一节　工伤保险概述

一、工伤保险的概念

工伤保险，又称职业伤害保险，是指劳动者在工作中或法定的特殊情况下发生意外事故，或因职业性有害因素危害而负伤（或患职业病）、致残、死亡时，对本人或供养亲属给予物质帮助和经济补偿的一项社会保障制度。从世界范围来看，工伤保险制度共有两种类型：一种是社会工伤保险，即筹集公共基金的工伤保险制度。凡受工伤保险法约束的单位或雇主，必须向社会保险机构交纳工伤保险费，并由该机构对基金进行统一管理和支配，目前世界上约有2/3的国家实行公共基金保险制度。另一种是雇主责任制或单位责任制，即依据法律规定，雇主在工伤事故发生后必须承担按不低于保障标准向雇员直接支付保险金的责任。①

工伤保险以社会整体优势保障职业伤害的受害者及其供养亲属的基本生活，在人群依赖性程度提高时关注弱者利益，以基金作为保障受害人及其供养亲属的基本生活的物质基础，并使之具有时间上的连续性，彻底克服民事赔偿当事人之间的情绪对立，改变了受害人获得赔偿而未来生活无法预期的障碍，②使受到职业伤害的劳动者能够及时获得医疗救治、生活保障、经济补偿和职业康复，并分散雇主在劳动者职业伤害上的风险责任。从国内外实践经验来看，对所有劳动者实行工伤社会保险制度，加强工伤事故预防和职业病的防治，妥善处理职业伤害事故的善后工作，对维护社会公平和社会稳定发挥着重要作用。

---

① 王怡：《社会保障概论》，山东人民出版社 2005 年版，第 144 页。

② 郑尚元：《工伤保险法律制度研究》，北京大学出版社 2004 年版，第 34 页。

二、工伤保险的特点

工伤保险具有如下特点：

(1)工伤保险强制性最强，实施范围最广。工伤保险是国家以立法的形式强制用人单位(企业)为所有员工参加工伤保险，保障员工的合法权益。

(2)工伤保险保障性最强，工伤保险待遇的项目最多，最全面。它不仅仅是一次性的经济补偿，更重要是对伤残、死亡者全过程的保障。工伤保险待遇项目有：医疗期的工资、工伤医疗费、伤残待遇、死亡职工的丧葬、工伤死亡补助及供养直系亲属的生活待遇等。

(3)工伤保险在社会保险体系中待遇最优。工伤保险，个人不缴费，保险费由用人单位缴纳；工伤保险待遇比疾病、失业和养老保险的待遇都要高。养老保险是保障基本生活；失业保险虽也保障失业者的生活，但带有救济性质；工伤保险除了保障伤残人员的生活外，还要根据其伤残情况补偿因工受伤的经济损失。

(4)工伤保险给付条件最宽。享受工伤待遇不受年龄、工龄条件的限制，凡是因工伤残的，均给予相应待遇。

三、工伤保险的原则

工伤保险法有其内在的规律和存在的社会基础，有其特有的法律宗旨。除去维护公平、正义等普遍原则外，工伤保险法的实施应遵循如下基本原则：

(一)补偿不追究过失原则

又称无过失补偿原则，是指社会保险经办机构补偿工伤受害人时，不追究雇主的过错责任，也不追究受害人的过错责任。它包含两层意义：第一，无论职业伤害责任属于用人单位或者其他人或自己，受害者都应得到必要的补偿；第二，这种补偿责任不直接由用人单位承担，而是应由国家的社会保险相应机构来承担。[①] 工伤保险补偿不追究过失是相对的，而不是绝对的，在特定情况下，如受害人的自伤、自残行为就不能得到补偿。《工伤保险条例》第16条规定："有下列情形之一的，不能认定为工伤或视同工伤：(一)因犯罪或违反治安管理伤亡的；(二)醉酒导致伤亡的；(三)自残或者自杀的。"

补偿不追究过失原则源于"职业危险说"。在工伤保险制度建立前，因工伤引起的赔偿适用民法上的过错赔偿原则。鉴于职业危险属于有高度危险来

---

① 陈树文主编：《社会保障学》，大连理工大学出版社2002年版，第171页。

源的危险，工伤是以高度危险来源为基础的一种特殊侵权行为，因而，用人单位的工伤赔偿责任不应以过错为要件，即无论对工伤事故有无过错，都应承担工伤赔偿责任。① 这一原则的采用起到了发挥社会保险的功能、简化法律程序、提高效率的作用，及时、公正地保障受伤害劳动者的权益，同时，也使企业、雇主从工伤赔偿官司中解脱出来，有利于开展正常的生产经营活动。

（二）损害补偿原则

工伤保险以减免劳动者因执行工作任务而导致伤亡或残疾时遭受的经济上的损失为目的。一旦发生事故，劳动者付出的不仅是不能劳动的代价，而且是身体与生命的代价。因此，工伤保险应坚持损害补偿原则，即不仅要考虑劳动者维持原来本人及家庭基本生活所需要的收入，同时还要根据伤害程度、伤害性质及职业康复等因素进行适当的经济补偿。

关于工伤保险与民事损害赔偿的关系，在审判实践中长期存在争论。对此问题世界各国有选择救济模式、双重救济模式、取代救济模式和补充救济四种处理模式。② 相对于民事损害赔偿而言，工伤保险具有特殊的优点：工伤保险实行用人单位无过错责任，并且不考虑劳动者是否有过错，只要发生工伤，工伤保险经办机构就应给予全额赔偿，因此，简单易行。民事侵权考虑受害人自身是否存在过失，实行过失相抵，即根据受害人过失程度相应减少赔偿数额。工伤保险实行社会统筹，有利于受害人及时获得救济；企业参加工伤保险，分散了赔偿责任，有利于企业摆脱高额赔付造成的困境，避免因行业风险过大导致竞争不利；工伤保险还有利于劳资关系和谐，避免劳资冲突和纠纷。③ 鉴于此，《最高人民法院关于审理人身损害赔偿案件适用法律若干问题的解释》第 12 条对工伤事故的社会保险待遇与民事损害赔偿的适用关系作了规定，发生工伤事故，属于用人单位责任的，工伤职工应当按照《工伤保险条例》的规定享受工伤保险待遇，不能再通过民事诉讼获得双重赔偿。但如果劳动者遭受工伤，是由于第三人的侵权行为造成，第三人不能免除民事赔偿责任。例如职工因工出差遭遇交通事故，工伤职工虽依法享受工伤保险待遇，但

---

① 郭成伟、王广彬：《中国社会保障法制探究》，中国法制出版社 2003 年版，第 220 页。

② 雷涌泉：《论工伤事故的社会保险待遇与民事损害赔偿的适用关系》，载《法律适用》2004 年第 6 期。

③ 《黄松有就〈最高人民法院关于审理人身损害赔偿案件适用法律若干问题的解释〉答记者问》，http://www.china.org.cn/，下载日期 2006 年 11 月 9 日。

对交通肇事负有责任的第三人仍应当承担民事赔偿责任。

(三)个人不缴费原则

与养老保险、医疗保险、失业保险和生育保险不同的是,工伤保险不用劳动者个人缴费,而是由雇主或企业按照国家规定的费率缴纳。原因是,工伤事故属于职业性伤害,劳动者在为雇主或企业创造财富的同时还付出了健康甚至生命,因而工伤保险待遇具有明显的"劳动力修理与再生产投入"性质,属于企业生产成本的特殊组成部分,因此,由雇主或企业缴纳全部的费用是完全必要和合理的。这一原则已经成为世界各国的共识。

(四)补偿与预防、康复相结合的原则

为保障工伤职工的合法权益,维护、增进和恢复劳动者的身体健康,必须把单纯的经济补偿和医疗康复以及工伤预防有机结合起来。工伤保险最直接的任务是经济补偿,保障伤残职工和遗属的基本生活,同时要做好事故预防和医疗康复,保障职工安全与健康。从长远看,预防、补偿、康复三者结合起来,形成一条龙的社会化服务体系,是我国工伤保险发展必然趋势。这样做有利于安全生产和事故防范,减少工伤事故和职业病的发生,能够获得最大的社会效益。①

四、工伤保险立法

工伤保险是世界上产生最早的一项社会保险,也是世界上立法最为普遍、发展最为健全的一项社会保险制度。1884 年德国颁布的《劳工伤害保险法》是世界上第一部工伤保险法。国际劳工组织建立后,先后通过了 12 个关于工伤保险的公约和建议书,推进了世界各国相继实行工伤保险。1964 年国际劳工大会通过的《职业伤害赔偿公约》(第 121 号公约),是当前在职业伤害赔偿方面的主要公约。到 1995 年,全世界有统计资料的 166 个国家和地区中,在 159 个国家建立了不同模式的工伤保险制度。②

我国企业的职工工伤与职业病保障建立于 20 世纪 50 年代。1951 年的《劳动保险条例》第四章对企业职工因工负伤所享受的若干待遇作了较为详细的规定。1957 年 2 月卫生部制定和颁发的《职业病范围和职业病患者处理办法的规定》确定了 14 种职业病。1958 年 2 月国务院颁布的《关于工人、职员退休处理暂行办法》和 1978 年 6 月国务院颁布的《关于工人退休退职的暂行

① 陈树文主编:《社会保障学》,大连理工大学出版社 2002 年版,第 171 页。

② 郭成伟:《中国社会保障法制探究》,中国法制出版社 2004 年版,第 224 页。

办法》中，先后两次对工人工伤保险待遇做了调整和提高。改革前的工伤劳动保险制度是建立在国家保险和雇主强制责任结合基础上的工伤补偿制度，社会化程度较低，无法适应改革发展的需要。根据党中央、国务院确定的改革方针和《劳动法》有关社会保险的规定，劳动部在总结试点经验和借鉴外国经验的基础上，于 1996 年 8 月颁布了《企业职工工伤保险试行办法》，第一次把工伤保险作为独立的制度加以法规化，提出了我国职工工伤保险制度的内容和任务是工伤预防、工伤康复和工伤补偿的有机结合。2003 年 4 月 27 日，国务院颁布了《工伤保险条例》，该条例继承了工伤保险试行办法的基本框架，就工伤保险基金、工伤的认定、工伤保险待遇、监督管理和法律责任等问题作出了明确的规定，标志着我国现代工伤保险制度的进一步健全与完善。

第二节　工伤的范围

一、工伤的概念和范围

(一)工伤的概念

工伤是目前国际上通用的术语，它的定义随着社会经济与文明的发展而逐步变化。在 1921 年《国际劳工公约》中，将工伤定义为“由于工作直接或间接引起的事故”，这一定义中是不包括职业病在内的。随着时间的推移，各国将职业病也列入工伤的范围。① 1964 年国际劳工组织的《工伤事故津贴建议书》就将职业病和上下班交通事故包括在工伤范围之内。在国际劳工组织 1952 年的《社会保障最低标准公约》(第 102 号)中，采用“职业伤害”代替了“工伤”，这一概念将生产中不幸发生的意外人身伤亡事故和因从事一定时间的某种职业而引起的职业性疾病都包含于其中。② 因此，在国际术语中，一般用“职业伤害”代替“工伤”。③ 我国现行的《工伤保险条例》并没有就工伤的概念做明确的规定。根据《工伤保险条例》第 1 条的规定，再结合目前理论界的一些相对一致的看法和相关立法精神，所谓工伤，从广义上讲，是指劳动者在工作时间、工作场所内，因工作原因所遭受的人身伤害以及患职业病。

---

① 何军主编:《劳动与社会保障》，东北财经大学出版社 2002 年版，第 222 页。

② 郭士征主编:《社会保障学》，上海财经大学出版社 2004 年版，第 200 页。

③ 由于我国的专业术语尚未与国际完全接轨，本书仍沿用我国传统用语中使用的“工伤”和“工伤保险”，其中包括职业病及其保障。

(二)工伤的范围

工伤的本质和内涵是职业性伤害,根据《工伤保险条例》的规定,有下列情形之一的可以认定为工伤:(1)在工作时间和工作场所内,因工作原因受到事故伤害的;(2)在工作时间和工作场所内,从事与工作有关的预备性或者收尾性工作受到事故伤害的;(3)在工作时间和工作场所内,因履行工作职责受到暴力等意外伤害的;(4)患职业病的;(5)因工外出,由于工作原因受到伤害或发生事故下落不明的;(6)在上下班途中,受到机动车事故伤害的;(7)法律、行政法规规定应当认定为工伤的其他情形。

有下列情形之一的,可以视同工伤:(1)在工作时间和工作岗位,突发疾病死亡或者在 48 小时之内经抢救无效死亡的;(2)在抢险救灾等维护国家利益、公共利益活动中受到伤害的;(3)职工原在部队服役,因战、因公负伤,已取得革命伤残军人证,到用人单位后旧伤复发的。

劳动者由于犯罪或违反治安管理伤亡的,醉酒导致伤亡的,自残或者自杀的,不应认定为工伤。

(三)职业病的概念和范围

职业病按国际惯例均列入了工伤保险范围,并享受工伤保险待遇。按照《职业病防治法》的规定,职业病是指劳动者在职业活动中,因接触粉尘、放射性物质和其他有毒、有害物质等因素而引起的疾病。由于职业病是一种慢性伤害,其认定在实践中比其他工伤事故认定更难认定,所以关于职业病的范围,各国均由有关法规直接规定或者授权政府特定部门具体确定。只有列入法规和法定部门所规定的职业病名单范围的疾病才是法律上承认的职业病。我国现行的职业病范围认定是根据 1987 年 11 月 5 日由卫生部、劳动人事部等颁发的《职业病范围和职业病患者处理办法的规定》界定的,规定职业病包括职业中毒、尘肺、物理因素职业病、职业性传染病、职业性皮肤病、职业性肿瘤病和其他职业病等 9 大类,共 99 种。随着经济、科技的进步和劳动卫生工作的加强,职业病范围也将逐步扩大。

二、工伤的认定

工伤的认定是由法律规定的机构对特定伤害是否属于工伤范围的确认。

(一)工伤认定机构

工伤认定机构在工伤保险法律制度的实施中起着重要的作用,没有工伤认定就不能享受工伤待遇。《工伤保险条例》规定我国的工伤认定机构的法定机构是劳动保障行政部门。在此之前工伤认定机构在实践中并不一致。“在

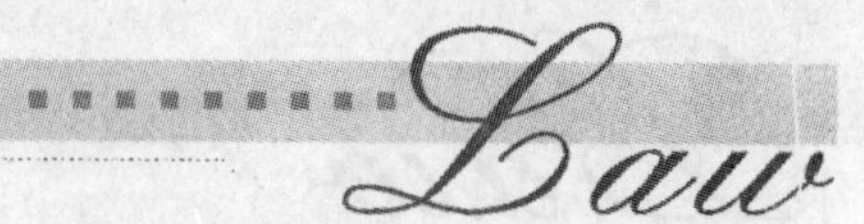

现实的工作中，负责工伤认定的部门多种多样，有社会保险经办机构，有劳动鉴定机构，也有劳动行政部门的工资、安全监察等业务科室”。①

（二）工伤认定程序

1.工伤认定的申请和受理

根据《工伤保险条例》和《工伤认定办法》的规定，职工发生事故伤害或者按照职业病防治法规定被诊断、鉴定为职业病，所在单位应当自事故伤害发生之日或者被诊断、鉴定为职业病之日起 30 日内，向统筹地区劳动保障行政部门提出工伤认定申请。遇有特殊情况，经报劳动保障行政部门同意，申请时限可以适当延长。用人单位未按前款规定提出工伤认定申请的，工伤职工或者其直系亲属、工会组织在事故伤害发生之日或者被诊断、鉴定为职业病之日起 1 年内，可以直接向用人单位所在地统筹地区劳动保障行政部门提出工伤认定申请。

用人单位未在规定的时限内提交工伤认定申请，在此期间发生符合《工伤保险条例》规定的工伤待遇等有关费用由该用人单位负担。提出工伤认定申请，应当填写《工伤认定申请表》，并提交劳动合同文本复印件或其他建立劳动关系的有效证明和医疗机构出具的受伤后诊断证明书或者职业病诊断证明书（或者职业病诊断鉴定书）。

申请人提供材料不完整的，劳动保障行政部门应当当场或者在 15 个工作日内以书面形式一次性告知工伤认定申请人需要补正的全部材料。工伤认定申请人提供的申请材料完整，属于劳动保障行政部门管辖范围且在受理时效内的，劳动保障行政部门应当受理。劳动保障行政部门受理或者不予受理的，应当书面告知申请人并说明理由。②

2.对工伤申请的审查

劳动保障行政部门受理工伤认定申请后，根据审核需要可以对事故伤害进行调查核实，用人单位、职工、工会组织、医疗机构以及有关部门应当予以协助。职业病诊断和诊断争议的鉴定，依照职业病防治法的有关规定执行。对依法取得职业病诊断证明书或者职业病诊断鉴定书的，劳动保障行政部门不

① 刘峰：《工伤认定四论》，载《中国劳动》2002 年第 7 期。

② 《工伤认定办法》虽设置了工伤认定机构对工伤认定申请受理和不予以受理的规定，但是工伤申请不予受理是否有其他的程序救济并不清晰，《工伤保险条例》第 55 条中虽规定了无正当理由不受理工伤认定申请，依法给予行政处分；情节严重，构成犯罪的，依法追究刑事责任。但这并不必然对工伤申请人的权益救济有所帮助。

再进行调查核实。职工或者其直系亲属认为是工伤，用人单位不认为是工伤的，由用人单位承担举证责任。用人单位拒不举证的，劳动保障行政部门可以根据受伤害职工提供的证据依法作出工伤认定结论。劳动保障行政部门应当自受理工伤认定申请之日起 60 日内作出工伤认定的决定，并书面通知申请工伤认定的职工或者其直系亲属和该职工所在单位。

三、劳动能力鉴定

劳动能力鉴定，实践中常被称为"评残"，是指劳动者因工或非因工负伤以及疾病等原因，导致对本人劳动与生活能力不同程度的影响，劳动鉴定机构根据评残标准，运用劳动保障的有关政策，运用医学科学技术的方法和手段，确定劳动者伤残程序和丧失劳动能力程度的一种综合评定的制度。劳动鉴定工作是工伤保险制度不可缺少的组成部分。劳动能力鉴定工作是给予受伤害职工保险待遇的基础和前提条件，也是工伤保险管理工作的重要内容。

(一)劳动能力鉴定的时间

职工在工伤医疗期内治愈或者伤情处于相对稳定状态时，应当进行劳动能力鉴定，评定伤残等级。伤情相对稳定后，从医学角度讲，一般称为医疗终结时间。确定该时间一般要考虑原发性损伤是否得到修复或治愈、功能障碍是否恢复稳定、并发症是否得到控制以及现代医学条件的限制等因素。①

(二)劳动能力鉴定的标准

劳动能力鉴定是指劳动功能障碍程度和生活自理障碍程度的等级鉴定。劳动功能障碍分为十个伤残等级，最重的为一级，最轻的为十级。生活自理障碍分为三个等级：生活完全不能自理、生活大部分不能自理和生活部分不能自理。劳动能力鉴定标准由国务院劳动保障行政部门会同国务院卫生行政部门等部门制定。2006 年 11 月 2 日国家质量监督检验检疫总局、国家标准化管理委员会发布了《劳动能力鉴定职工工伤与职业病致残等级》标准(GB/T 16180—2006)，该标准自 2007 年 5 月 1 日起实施。

(三)劳动能力鉴定机构

劳动能力鉴定机构是劳动能力鉴定委员会，分为两级：省级劳动能力鉴定委员会和设区的市级劳动能力鉴定委员会。设区的市级劳动能力鉴定委员会的鉴定结论是第一级的鉴定结论，省级劳动能力鉴定委员会的鉴定结论是最

---

① 庄洪胜、刘志新主编：《伤残鉴定和劳动事故》，人民法院出版社 1997 年版，第 26～27 页。

终的鉴定结论。

劳动能力鉴定委员会的组成，由本级劳动保障行政部门、人事行政部门、卫生行政部门、工会组织、经办机构的代表以及用人单位的代表组成。劳动能力鉴定委员会建立医疗卫生专家库，将具有医疗卫生高级专业技术职务任职资格、掌握劳动能力鉴定的相关知识和具有良好的职业品德的专家列入专家库中，作为劳动能力鉴定专家组的备用人选。

（四）劳动能力鉴定的程序

劳动能力鉴定采用“不告不理”的原则，由用人单位、工伤职工或者其直系亲属向设区的市级劳动能力鉴定委员会提出申请，并提供工伤认定决定和职工工伤医疗的有关资料。设区的市级劳动能力鉴定委员会收到劳动能力鉴定申请后，应当从其建立的医疗卫生专家库中随机抽取 3 名或者 5 名相关专家组成专家组，由专家组提出鉴定意见。设区的市级劳动能力鉴定委员会根据专家组的鉴定意见作出工伤职工劳动能力鉴定结论；必要时，可以委托具备资格的医疗机构协助进行有关的诊断。

设区的市级劳动能力鉴定委员会应当自收到劳动能力鉴定申请之日起 60 日内作出劳动能力鉴定结论，必要时，作出劳动能力鉴定结论的期限可以延长 30 日。劳动能力鉴定结论应当及时送达申请鉴定的单位和个人。申请鉴定的单位或者个人对设区的市级劳动能力鉴定委员会作出的鉴定结论不服的，可以在收到该鉴定结论之日起 15 日内向省、自治区、直辖市劳动能力鉴定委员会提出再次鉴定申请。省、自治区、直辖市劳动能力鉴定委员会作出的劳动能力鉴定结论为最终结论，不能再要求重新鉴定。自劳动能力鉴定结论作出之日起 1 年后，工伤职工或者其直系亲属、所在单位或者经办机构认为伤残情况发生变化的，可以申请劳动能力复查鉴定。

第三节　工伤保险基金

一、工伤保险的覆盖范围

工伤保险的覆盖范围是指工伤保险制度所覆盖的企业和个人，也就是强制投保的企业范围与受保人的范围。工伤保险制度建立初期，可享受工伤保险的仅仅是有工资收入、从事有危险工作的工人。如今，随着世界范围内人们生活水平的不断提高，“以人为本”思想渐入人心，以及“服务型政府”在世界范围内的建立，工伤保险的受保人范围将不断扩大，逐渐从体力工作扩大到非体力工作，从工人扩大到所有劳动者。如奥地利、丹麦、德国、法国、挪威和瑞典，在工伤保险立法中包括了学生和教师。奥地利、丹麦、德国、芬兰、日本、挪威、瑞典、突尼斯把个体经营者包括在工伤保险之中。①

我国《工伤保险条例》第一次对事业单位、社会团体工作人员的工伤保险做出了明确的规定，并首次将有权享受工伤保险的劳动者范围扩大为“各类企业的职工和个体工商户的雇工”，并且包括“与用人单位存在劳动关系的各种用工形式、各种用工期限的劳动者”。将我国享受工伤保险的社会范围扩大到与用人单位存在劳动关系（包括事实劳动关系）的各种用工形式、各种用工期限的劳动者。此外还规定了“非常规用人单位”对受伤职工的赔偿。这里所讲的“非常规用人单位”主要是指无营业执照或者未经依法登记、备案的单位以及被依法吊销营业执照或者撤销登记、备案的单位。

根据《工伤保险条例》和《关于农民工参加工伤保险有关问题的通知》（劳社部发〔2004〕18 号）等有关规定，用人单位必须为与之形成劳动关系的农民工及时办理参加工伤保险的手续，对用人单位为农民工先行办理工伤保险的，各地经办机构应予办理；用人单位注册地与生产经营地不在同一统筹地区的，可在生产经营地为农民工参保。农民工受到事故伤害或患职业病后，在参保地进行工伤认定、劳动能力鉴定，并按参保地的规定依法享受工伤保险待遇。用人单位在注册地和生产经营地均未参加工伤保险的，农民工受到事故伤害或者患职业病后，在生产经营地进行工伤认定、劳动能力鉴定，并按生产经营地的规定依法由用人单位支付工伤保险待遇。

二、工伤保险基金的筹集

纵观世界各国的工伤保险制度，工伤保险基金的筹集遵循用人单位缴费，按风险程度实行差别费率、需求与可能均衡、以支定收留有储备的原则。② 我国目前实行的是工伤保险基金社会统筹和工伤保险差别费率与浮动费率制，按照“以支定收，收支基本平衡”的原则筹集工伤保险基金。《工伤保险条例》规定，国务院劳动行政部门根据不同行业的工伤风险程度、工伤保险费使用、工伤发生率等情况，会同国务院财政部门、卫生行政部门、安全生产监督管理部门确定和调整行业的差别费率及行业内费率档次。工伤保险费全部由用人单位按时缴纳，职工个人不缴纳工伤保险费。用人单位缴纳工伤保险费的数

① 何平主编：《社会保障概论》，中国劳动社会保障出版社 2001 年版，第 159 页。

② 蒋月：《社会保障法》，厦门大学出版社 2004 年版，第 185 页。

额为本单位职工工资总额乘以单位缴费费率之积。

三、工伤保险基金的管理

工伤保险基金管理是指国家设立的社会保险经办机构在工伤保险基金业务方面的管理过程和管理活动，其工作职责主要包括代表政府征缴各项工伤保险费、支付各项工伤保险待遇、执行各项工伤保险财务与会计制度以及统计制度等。我国的工伤保险实行属地管理，以中心城市或者地级市为主实行工伤社会保险费用统筹，县级以上各级人民政府的劳动行政部门主要负责本行政区域内的企业职工工伤保险的行政管理工作。

工伤保险基金按存入银行开设的工伤保险基金专户，专款专用，任何单位和个人不得挪用或挤占。工伤保险基金应当留有一定的风险储备金，不足时由同级政府临时垫支。工伤保险基金按下列项目支出：(1)统筹项目支付的待遇(包括工伤医疗费、护理费、伤残抚恤金、一次性伤残补助金、残疾辅助器具费、丧葬补助金、供养亲属抚恤金、一次性工亡补助金)；(2)事故预防费；(3)职业康复费用；(4)安全奖励金；(5)宣传和科研费；(6)工伤保险经办机构管理费；(7)劳动鉴定委员会办公经费。工伤保险经办机构应当接受省级、地(市)级社会保险基金监督委员会的监督。

第四节　工伤保险待遇

职工被认定为工伤，经过劳动能力鉴定之后，享受工伤保险待遇。工伤保险待遇，实际上就是职工在履行工作职责中受到工伤事故损害，用人单位所应当承担的责任。由于国家实行强制工伤保险制度，用人单位定期缴纳工伤保险费，并以此建立工伤保险基金，因此用人单位的赔偿责任转嫁到工伤保险机构，由工伤保险机构对工伤职工提供保险待遇。

一、工伤保险待遇的种类和标准

工伤保险带有很强的福利性和保障性，其待遇包括工伤医疗待遇、伤残待遇、工伤死亡待遇等方面。

(一)工伤医疗待遇

工伤医疗待遇是指职工因工负伤治疗期间所应享受的待遇，包括医疗待遇和停工留薪待遇等。

1. 医疗待遇

职工治疗工伤应当在签订服务协议的医疗机构就医，情况紧急时可以先到就近的医疗机构急救。治疗工伤所需费用符合工伤保险诊疗项目目录、工伤保险药品目录、工伤保险住院服务标准的，从工伤保险基金支付。

2.工伤医疗期待遇

工伤医疗期也称停工留薪期，是指职工因工负伤或患职业病停止工作接受治疗和领取工伤津贴的期限。按照轻伤和重伤的不同情况确定为依据1～24个月，严重工伤和职业病需要延长医疗期的，最长不超过36个月。医疗期长短由指定治疗工伤医院或医疗机构提出意见，经劳动行政鉴定委员会确认并通知有关用人单位和工伤职工。工伤职工在工伤医疗期满后仍需治疗的，继续享受工伤医疗待遇。

职工住院治疗工伤的，由所在单位按照本单位因公出差伙食补助标准的70%发给住院伙食补助费；经医疗机构出具证明，报经办机构同意，工伤职工到统筹地区以外就医的，所需交通、食宿费用由所在单位按照本单位职工因公出差标准报销。工伤职工在停工留薪期内，原工资福利待遇不变，由所在单位按月支付。

工伤医疗期待遇实质上是雇主责任的变种，即上述工伤医疗期待遇不是工伤保险经办机构所给予的，而是立法强制用人单位负担的。①

(二)伤残待遇

职工因工负伤医疗终结，经劳动鉴定委员会评定工残等级，然后按照丧失劳动能力程度享受不同的伤残待遇，包括护理费、辅助器具费、一次性伤残补助金、年金性伤残津贴、一次性医疗补助金和伤残就业金等。

1.护理费

工伤职工已经评定伤残等级并经劳动能力鉴定委员会确认需要生活护理的，从工伤保险基金中按月支付生活护理费。生活护理费按照护理等级发放，护理等级依据进食、翻身、大小便、穿衣洗漱、自我移动五项条件，划分为生活完全不能自理、生活大部分不能自理或者生活部分不能自理3个不同等级，其标准分别为统筹地区上年度职工月平均工资的50%、40%或者30%。

2.辅助器具费

工伤职工因日常生活或者就业需要，经劳动能力鉴定委员会确认，可以安装假肢、矫形器、假眼、假牙和配置轮椅等辅助器具，所需费用按照国家规定的标准从工伤保险基金支付。

---

① 郑尚元:《工伤保险法律制度研究》,北京大学出版社2004年版,第115页。

3.一次性伤残补助金

一次性伤残补助金一般是指职工因工负伤或患职业病，由劳动能力鉴定机构确认致残和进行劳动能力鉴定后，由社会保险经办机构按其伤残程度给付一次性补偿的工伤待遇。《工伤保险条例》规定，1～10级伤残的工伤职工的一次性伤残补助金分别为24、22、20、18、16、14、12、10、8、6个月的本人工资。但是职工原在军队服役，因战、因公负伤致残，已取得革命伤残军人证，到用人单位后旧伤复发的，不能享受一次性伤残补助金。一次性伤残补助金的发放体现了社会对工伤职工的抚慰和同情，亦是垫平工伤致残获得补偿和非因工致残获得民事赔偿差距的一大举措。①

4.年金性伤残津贴

也称为永久性伤残待遇或定期伤残待遇，是指按照法律法规规定按月、以工伤职工工资水平的一定比例发放给工伤职工的生活补助。《工伤保险条例》规定，1～4级伤残的工伤职工，分别按其本人工资的90%、85%、80%、75%从工伤保险基金中支付年金性伤残津贴，伤残津贴实际金额低于当地最低工资标准的，由工伤保险基金补足差额。1～4级伤残的工伤职工达到退休年龄并办理退休手续后，停发伤残津贴，享受基本养老保险待遇。基本养老保险待遇低于伤残津贴的，由工伤保险基金补足差额。5～6级伤残的工伤职工，若用人单位难以为其安排工作的，由用人单位按月分别按其本人工资的70%、60%发给伤残津贴，并由用人单位按照规定为其缴纳应缴纳的各项社会保险费，伤残津贴实际金额低于当地最低工资标准的，由用人单位补足差额。《关于农民工参加工伤保险有关问题的通知》(劳社部发〔2004〕18号)规定：对跨省流动的农民工，即户籍不在参加工伤保险统筹地区(生产经营地)所在省(自治区、直辖市)的农民工，1至4级伤残长期待遇的支付，可试行一次性支付和长期支付两种方式，供农民工选择。在农民工选择一次性或长期支付方式时，支付其工伤保险待遇的社会保险经办机构应向其说明情况。一次性享受工伤保险长期待遇的，需由农民工本人提出，与用人单位解除或者终止劳动关系，与统筹地区社会保险经办机构签订协议，终止工伤保险关系。1至4级伤残农民工一次性享受工伤保险长期待遇的具体办法和标准由省(自治区、直辖市)劳动保障行政部门制定，报省(自治区、直辖市)人民政府批准。

5.一次性医疗补助金和就业补助金

《工伤保险条例》规定，经工伤职工本人提出，该职工可以与用人单位解除

① 郑尚元:《工伤保险法律制度研究》，北京大学出版社2004年版，第115页。

或者终止劳动关系，由用人单位支付一次性工伤医疗补助金和伤残就业补助金。具体标准由省、自治区、直辖市人民政府规定。对于5～6级、7～10级伤残的工伤职工而言只是大部分或部分丧失了劳动能力，并不完全妨碍其就业，一次性医疗补助金和就业补助金为其谋取新的工作岗位提供了相应的机会。

（三）工伤死亡待遇

工伤死亡待遇是指职工因工死亡、旧伤复发死亡或者全残退后因病死亡而享有的待遇，包括丧葬补助金、供养亲属抚恤金以及一次性工亡补助金等。具体标准为：

(1)丧葬补助金为6个月的统筹地区上年度职工月平均工资。

(2)供养亲属抚恤金按照职工本人工资的一定比例发给由因工死亡职工生前提供主要生活来源、无劳动能力的亲属。标准为：配偶每月40%，其他亲属每人每月30%，孤寡老人或者孤儿每人每月在上述标准的基础上增加10%。核定的各供养亲属的抚恤金之和不应高于因工死亡职工生前的工资。供养亲属的具体范围由国务院劳动保障行政部门规定。

(3)一次性工亡补助金标准为至48个月至60个月的统筹地区上年度职工月平均工资。

(4)宣告工亡待遇。《工伤保险条例》第39条规定，职工因工外出期间发生事故或者在抢险救灾中下落不明的，从事故发生当月起3个月内照发工资，从第4个月起停发工资，由工伤保险基金向其供养亲属按月支付供养亲属抚恤金。生活有困难的，可以预支一次性工亡补助金的50%。职工被人民法院宣告死亡的，按照职工因工死亡的规定处理。

二、工伤保险待遇的停止

《工伤保险条例》规定了停止享受工伤保险待遇的几种情形：

(1)丧失享受待遇条件的。如果工伤职工的情况发生了变化，如劳动能力得以完全恢复而无需工伤保险制度提供保障时，便失去了享受补偿待遇的条件。在此种情形下，应当停止其工伤保险待遇。

(2)拒不接受劳动能力鉴定的。劳动能力鉴定是确定工伤保险待遇的基础和前提条件，如果工伤职工没有正当理由拒不接受劳动能力鉴定，就不应当继续享受工伤保险待遇。

(3)拒绝治疗的。无正当理由拒绝治疗，有悖于《工伤保险条例》关于"促进职业康复"的宗旨。规定拒绝治疗的不得再继续享受工伤保险待遇，是为了促使工伤职工积极医治，尽可能的恢复劳动能力，提高自己的生活质量，而不

是一味地依靠社会救助。

(4)被判刑正在收监执行的。根据《监狱法》的有关规定，监狱应当设立医疗机构和生活、卫生设施，建立罪犯生活、卫生制度。工伤职工被判刑在收监执行期间，其基本生活是由国家保障的，所以不应当再享受工伤保险待遇。

三、特殊情况下工伤保险责任的确认

当企业分立、合并、转让、承包经营、破产以及职工被借调或派遣出境工作时，用人单位存续形态和劳动关系发生了变动。针对这些特殊情况，《工伤保险条例》第41、42条就如何保护职工的工伤保险权益作出了如下具体规定：

(1)用人单位分立、合并、转让的情形。这是用人单位存续形态上发生的变更。为维护职工的工伤保险权益，《工伤保险条例》规定，承继单位应承担原用人单位的工伤保险责任；原用人单位已经参加工伤保险的，承继单位应当到当地的经办机构办理工伤保险变更登记。

(2)用人单位实行承包经营的情形。这是企业改革过程中出现的一种经营方式，因承包方式的不同，职工的劳动关系可能呈现复杂的情况。例如，在自然人承包的情况下，职工的劳动关系不变；在外部法人承包的情况下，职工的劳动关系可能在本企业，也可能在作为承包方的法人。为此，《工伤保险条例》规定，用人单位实行承包经营的，工伤保险责任由职工劳动关系所在单位承担。

(3)职工被借调的情形。1996年的《企业职工工伤保险试行办法》规定，职工被借调期间发生工伤事故的，由借调单位承担工伤保险责任。考虑到被借调职工的劳动关系在原用人单位，原用人单位自然应当承担缴纳工伤保险费等工伤保险责任，《工伤保险条例》改为由原单位承担。同时为了公平起见，《工伤保险条例》还规定"原用人单位与借调单位可以约定补偿办法"，当原用人单位承担了被借调职工的工伤保险责任后，由借入单位给予补偿。

(4)企业破产的情形。法律对破产企业职工的社会保险权益是优先保障的，《工伤保险条例》第41条规定："企业破产的，在破产清算时优先拨付依法应由单位支付的工伤保险待遇费用。"

(5)职工被派遣出境工作的情形。目前，国际间还没有互免工伤保险的协议。因而，从保障和管理的角度出发，《工伤保险条例》规定，职工被派遣出境工作，依据前往国家或者地区的法律应当参加当地工伤保险的，参加当地工伤保险，其国内工伤保险关系中止；对于在境外不能参加工伤保险的，其国内工伤保险关系不中止，继续按照国内工伤保险法律规定执行，包括工伤保险费的缴纳、工伤认定、劳动能力鉴定、待遇发放等。

第十六章　医疗保险法律制度

第一节　医疗保险概述

一、医疗保险的概念

在人类面临的诸多风险中，疾病风险是危害严重、涉及面广、复杂多样、直接关系到人类基本生存利益的特殊风险。因此，防止和化解疾病风险不仅仅是个人的需要，也是整个社会的需要。随着社会的发展，医疗保险在保障社会稳定和提高人类生存质量等方面所发挥的作用越来越大。

医疗保险，既可以专指由政府提供的医疗社会保险，也可以指由市场提供的商业医疗保险，但更多的情况是指医疗社会保险。本章在使用医疗保险这个概念时，是指医疗社会保险。按保障的内涵，医疗社会保险可分为广义和狭义两种。广义的医疗保险，也称健康保险，不仅包括补偿由于疾病给人们带来的直接经济损失(医疗费用)，也包括补偿疾病带来的间接经济损失(如误工工资)，对分娩、残疾、死亡也给予经济补偿，乃至支持疾病预防和健康维护等。狭义的医疗保险按其字面的含义，是对医疗费用进行的保险。①

在我国，所谓医疗保险是指国家通过强制性社会保险筹集医疗资金，保证劳动者或全体公民在患病或非因工负伤治疗期间，由社会医疗保险机构提供医疗保险费用补偿的一种社会保险制度。医疗保险具有风险共担和补偿损失两大主要功能，即将集中在个体身上的由疾病风险所致的经济损失分摊给所有参加保险的社会成员，并将集中起来的医疗保险资金用于补偿由疾病风险所带来的经济损失。医疗保险对参保人员的经济补偿主要是将医疗费用直接拨给医疗机构，参保人员患病就医时，可以在医疗机构免费就医或得到部分免费的医疗服务。或者是参保人员患病就医时，先自行支付医疗费用，然后由医

① 王怡:《社会保障概论》，山东人民出版社 2005 年版，第 99 页。

疗保险经办机构给予全部或部分经济补偿。

二、医疗保险的基本特征

医疗保险保障公民的身体健康，与养老、失业、工伤、生育等其他保险一起，共同对劳动者的生、老、病、死、残起着保障作用。医疗保险有其自身的特点。

1.医疗保险的普遍性

在社会保险的各项制度中，医疗保险是涉及面最广的一项保险制度。对于医疗保险的覆盖对象，最好的制度安排仍是建立一个覆盖全民的医疗保障体系。因为每个社会成员都难以回避疾病的风险，人人都需要医疗保障，社会保障制度的公平性与疾病风险需要在尽可能大的范围进行分散，建立全民健康保险应当成为国家社会保障制下新的医疗保障制度追求的最终目标，目前做不到这一点并不能否定全民健康保险的合理性、有效性和稳健性。①

2.医疗保险涉及对象的复杂性

医疗保险涉及医、患、保，还有用人单位等多方之间复杂的权利义务关系。医疗保险法律关系包括疾病保险经办机构与医疗保险受益人的关系、医疗保险经办机构与医疗服务提供方的关系、医疗服务机构与医疗保险受益人的关系，其中，前面两种关系是主要关系，第三种是因医疗服务而产生的辅助关系。由于医疗保险的主客体关系十分复杂，管理与实施的难度相应加大。

3.医疗保险待遇的均等性

与其他社会保险险种不同，医疗保险服务与经济收入、社会地位无关，只与病情有关。其他险种的待遇享受一般都与工资多寡有关，而医疗社会保险根据病情得到救治，无论何人，患了疾病都能够得到类似的治疗。

4.医疗保险待遇补偿的不确定性

医疗保险具有互助共济功能，参保人员在缴纳医疗保险费后，只有在患病后，才有享受医疗保险待遇的权利，并且待遇的补偿也并非人人均等，而是根据每个患者的病情，采取非定额补偿方式给予相应的经济补偿。虽然待遇的补偿具有不确定性，但参保人员患病后就医的机会是均等的。

5.医疗保险保障内容的特殊性

其他社会保险项目是对劳动者的收入或生活方面提供保障，享受保险待

---

① 郑功成等著：《中国社会保障制度变迁与评估》，中国人民大学出版社 2002 年版，第 52 页。

遇的条件是收入的减少或生活的贫困，待遇的形式是现金补助、物质帮助或一般服务；医疗保险则是以劳动者的身体健康和疾病医疗问题为特定保障内容，在参保人员患病时提供经济上的帮助，享受待遇的条件是疾病的预防和治疗，使之尽快恢复身体健康和劳动能力。医疗保险虽然也是通过支付医疗费用进行经济补偿，但其待遇的形式实际上是提供具有专门性、复杂性的医疗技术服务。

三、医疗保险立法

(一)国外的医疗保险立法

最早的社会医疗保障实践，是以劳工运动和工人间的互助活动开始的。有关资料记载，中世纪的欧洲就有手工业者自发地成立“行会”的活动。“行会”的重要活动内容之一是筹集互助资金，帮助会员中的病伤者渡过难关。工业化的发展推动了更广泛地采用各种对付疾病的方法。工人因病伤使收入受到威胁被看作是一种应当共同分担的风险。从 18 世纪末到 19 世纪初，同一行业或同一地区的工人和农民筹措医疗资金，互相帮助成为一种普遍的活动。① 从国家政府的正式计划安排看，最早和最有意义的疾病保障立法，是 1883 年德国政府颁布的《疾病保险法》，它标志着社会医疗保险作为一种强制性社会保障制度的开始。随后，这项政策逐渐在 20 世纪上半叶的欧洲以各种形式推广，奥地利、挪威、美国、法国等不少国家也都相继有了医疗保险的立法。

国际社会在疾病保险方面的立法，在医疗保健和疾病补助方面，最早的国际劳动公约是 1927 年国际劳工组织通过的第 24 号公约《工商业工人及家庭佣工疾病保险公约》和第 25 号公约《农业工人疾病保险公约》，它们分别要求在工商业和农业实行强制疾病保险制度。1944 年国际劳工组织通过的第 69 号建议书《医疗保健建议书》，呼吁各国政府满足公民对医疗服务和设施的需要，以便恢复健康和预防疾病进一步恶化，减轻疾病所带来的痛苦，进一步保护和改善健康状况。这项国际建议表达的社会医疗保险新观念，即综合的、普遍的健康保护，已被许多国家采纳，并在本国通过立法付诸实施。1952 年国际劳工大会通过的第 102 号公约对医疗保健和疾病补助规定了最低标准。1969 年国际劳工大会对第 24 号和第 25 号公约进行了修订，通过了第 130 号

① 刘燕生：《社会保障的起源、发展和道路选择》，法律出版社 2001 年版，第 127～128 页。

公约《医疗护理和疾病津贴公约》，又进一步扩大了疾病保险的适用范围。目前，所有发达国家和许多发展中国家都建立了疾病保险制度。截止到1995年，实行社会保险的国家和地区达165个，其中实行疾病和生育保险的国家达105个，占总数的60.8%。①

国外疾病保险制度历经百余年的发展和演变，现已基本定格为如下四种模式：(1)社会保险模式。该模式的疾病保险基金由社会统筹，互助互济，保险费由雇主和雇员共同缴纳，政府酌情补贴。目前，世界上绝大多数国家采取这个模式，以德国为典型。(2)全民保险模式。该模式由政府直接创办疾病保险事业，老百姓纳税，政府收税后拨款给公立医院，医院直接向居民提供免费(或低价收费)服务。这种模式的国家以加拿大和英国为典型。(3)储蓄保险模式。强调个人责任，通过立法迫使个人储蓄积累疾病保险基金。新加坡是成功运行储蓄疾病保险的典范。(4)商业疾病保险模式。这种模式参保自由，灵活多样，保障随保费增加而增大，能适应不同层次的需求。美国是实行商业疾病保险最典型的国家。②

(二)我国的医疗保险立法和改革

1951年政务院颁布《劳动保险条例》，其后国家劳动部颁布《劳动保险条例实施则修正草案》，规定全民所有制工厂、矿场、铁路、航运、邮电、交通、基建、地、商业、外贸、粮食、供销合作、金融、民航、石油、水产、国营农牧场、造林等业和部门的职工及其供养的直系亲属均可享受劳保医疗制度。城镇集体所有制企业照执行。1952年6月，政务院颁布了《关于各级人民政府、党派、团体及所属事业单位的国家工作人员实行公费医疗预防措施的指示》，公费医疗保险制度开始在全国城镇实行，享受公费医疗的人员包括各级党政机关、社会团体以及文化、教育、科研、卫生、体育等事业单位的工作人员及离、退休人员，在乡二等乙级以上革残废军人，大专院校在校学生等。1956年全国人大一届三次会议通过了《高级农村合作社示范章程》，对合作社的社员因公负伤或因公致病的医疗有明确的规定。此后，全国普遍出现了以集体经济为基础，集体与个人相结合，具有互助互济性质的农村合作医疗体制。至此，我国以农村合作医疗、城镇劳保医疗、公费医疗为主要内容的医疗保险制度基本形成。③

---

①　罗元文编著：《国际社会保障制度比较》，中国经济出版社2001年版，第216页。

②　郭成伟：《中国社会保障法制探究》，中国法制出版社2003年版，第179页。

③　中国行政管理学会编：《新中国行政管理简史：1949—2000》，人民出版社2002年版，第708～709页。

1965 年卫生部和财政部颁发了《关于改进公费医疗管理问题的通知》;1966 年劳动部和全国总工会联合发出了《关于改进企业职工劳保医疗制度几个问题的通知》。这两个文件分别对劳保医疗与公费医疗制度的调整,象征性地引入个人负担机制。

我国传统医疗保险制度的经济基础是公有制和计划经济体制。在此条件下,经费的最终来源都是国家,医疗保险作为一种福利待遇来享受,管理上实行单位化行政性管理方式。随着城市经济体制改革的进行,确立了建立市场经济体制的目标,适应市场经济条件下开放、统一的市场和所有制形式多元化等方面的要求,必须建立起独立于企事业单位之外的医疗保障制度体系,公费、劳保医疗必须进行适应社会化、市场机制和新型产权制度等方面的改革。在农村,随着家庭联产承包责任制等改革措施的推行,原有合作医疗的经济基础也发生了变化,必须探索和完善新型医疗保障制度,在制度设计、运作和管理方式等方面适应新形势的需要。因此国家开始对原有社会医疗保险体制进行了多种形式的改革尝试和探索。1984 年 6 月劳动人事部、全国总工会在全国推广北京市关于扩大职工劳保医疗制度改革试点经验,对所采取的试行部分医药费与个人利益挂钩的办法给予肯定。1984 年 4 月,卫生部、财政部在进一步加强公费医疗管理的通知中指出,公费医疗制度改革在保证看好病、不浪费的前提下,在具体管理办法上可以考虑与享受单位、医疗单位或个人适当挂钩。同时指出,不宜把公费医疗经费包干给个人。

在认真总结各地改革经验的基础上,党的十四届三中全会提出了"建立社会统筹和个人账户相结合的社会医疗保险制度"的改革目标。为此国务院在1994 年确定江苏省镇江市和江西省九江市按照"统账"结合模式进行职工医疗保险制度改革试点。经过 3 年多的试点与探索,已取得初步成效,主要是保障了职工的基本医疗,遏制了医疗费用的过快增长,财政、单位和个人的负担相应减轻。1996 年 4 月,国务院又选择了 57 个城市在"两江"试点的基础上,扩大医疗保险制度改革试点。各试点城市在"统账结合"的制度框架内,对新型医疗保险制度的管理模式、运行机制进行积极探索,以期取得更加系统、全面和成熟的经验。1998 年底,国务院召开了全国城镇职工医疗保险制度改革工作会议,决定从 1999 年初开始对已实行了 40 余年的城镇医疗保险体系进行全面改革。同年 12 月国务院颁布了《关于建立城镇职工基本医疗保险制度的决定》(国务院发[1998]44 号),确定医疗保险改革的宗旨是建立城镇职工基本医疗保险制度,即适应社会主义市场经济体制,根据财政、企业和个人的承受能力,建立保障职工基本医疗需求的社会医疗保险制度。改革的实质是

改变以往国家和企业大包大揽的医疗制度，减轻国家和企业负担，增加职工个人自负比例，保障职工的基本医疗需求。改革的目标是从 1998 年起，用三到五年的时间，初步建立起社会统筹和个人账户相结合的基本医疗保险制度，覆盖城镇全体劳动者，并逐步形成包括社会基本医疗保险，补充医疗保险，社会医疗救助以及商业医疗保险多层次的医疗保障体系。改革的基本思路是"低水平、广覆盖、双方负担、统账结合"。"双方负担"即基本医疗保险费用由单位和职工双方共同负担，"统账结合"即保险基金实行社会统筹和个人账户相结合。① 由此，我国的医疗保险制度改革进入了一个新的时期——社会医疗保险时期。②

1999 年开始的医疗保险制度改革将医疗保险的覆盖面从原来的国有企业和部分集体企业职工扩大到城镇几乎所有劳动关系的职工身上；将原来的由国家和企业包揽改革为政府、企业、职工三方责任分担，强化了个人的保障意识，建立了适合中国国情的基本医疗保险和多层次的医疗保险制度。实行属地化管理原则，打破了国家机关、事业单位和企业以及不同所有制企业之间的界限，保证了医疗保险的社会化和公平化等等。改革取得了一定的效果。③截止到 2006 年年末，我国参加城镇基本医疗保险人数达到 15737 万人，约占同期城镇就业人员的 55.6%。④

但是，我们应该看到的是，目前中国的城镇医疗保险制度本身仍存在明显缺陷，发展前景不容乐观：(1)在医疗保险制度中引入积累制的个人账户，不符合医疗保险制度设计的基本原则，降低了医疗保险的互济功能，不符合医疗需求规律。(2)现行城镇医疗保险制度的目标人群只包括就业人员及符合条件的退休人员，将绝大部分少年儿童、相当一部分老人以及其他无法就业的人员排除在外，使得上述人群的医疗需求难以得到制度化的保障，个人及家庭面临的医疗风险难以化解，从而带来经济、社会方面的消极后果。(3)现行医疗保险制度设计及相关配套措施没有解决对医疗服务提供者的行为约束问题，以

---

① 郑功成等著：《中国社会保障制度变迁与评估》，中国人民大学出版社 2002 年版，第 137～144 页。

② 王先林、李坤刚编著：《劳动和社会保障仲裁与诉讼》，法律出版社 2002 年版，第 244 页。

③ 刘翠霄：《我国医疗保险的现状和问题》，http://www.cnlsslaw.com/list.，下载日期 2006 年 10 月 16 日。

④ 中华人民共和国国家统计局：《2006 年国民经济和社会发展统计公报》，http://www.stats.gov.cn/tjgb，下载日期 2007 年 4 月 16 日。

至医疗服务费用仍无法控制，维持资金平衡就成为医疗保险自身的难题。(4)现行医疗保险设定的统筹层次过低，以至于无法在较大范围内实现风险共担。在参加医疗保险的不同类型人群中，也存在保障标准上的差异，影响到制度的公平性。①

2007 年 3 月国务院总理温家宝在十届全国人大五次会议上作政府工作报告时指出要加快卫生事业改革和发展，着眼于建设覆盖城乡居民的基本卫生保健制度，启动以大病统筹为主的城镇居民基本医疗保险试点，政府对困难群众给予必要的资助。劳动保障部正在会同有关方面制定具体的实施方案，计划在"十一五"期间，基本实现这项制度。这项制度的覆盖范围主要是没有参加城镇职工医疗保险的城镇未成年人和没有工作的居民。这项制度实施以后，医疗保险基本上覆盖了城镇所有人员，缴费的方式以家庭和个人为主，政府对困难群众给予适当补助，主要是保大病，包括住院医疗和门诊大病。②

第二节　基本医疗保险基金

一、基本医疗保险的范围

对医疗保险范围的界定，是为了更好地保障公民对基本医疗的需求，提高社会成员对卫生服务利用的可能性。同时，又限制对卫生服务的过度利用，这样使社会成员既能公平地享受到基本医疗服务，又能使卫生资源更合理、更有效地分配和使用。医疗保险的范围可从两个方面去理解：一是指适用对象占总人口的比例，即被保险人的范围；二是指保险所承保的医疗服务项目，即事故范围。

(一)被保险人范围

目前，疾病保险覆盖面最广的是北欧、西欧各国以及日本和加拿大。疾病保险的适用范围已达 100%的国家有瑞典、日本、意大利、丹麦、加拿大等国，法国也已达到 99%，可以说真正的"全民皆保险"。但世界上大部分国家的疾病保险范围，并没有达到"全民皆保险"的程度，即使许多发达国家也未能做

---

① 国务院发展研究中心课题组:《对中国医疗卫生体制改革的评价与建议》，载《中国发展评论》2005 年增刊 1 期。

② 《刘永富:2007 年将启动城镇居民医疗保险改革试点》，http://www.cnlsslaw.com/list.，下载日期 2007 年 4 月 16 日。

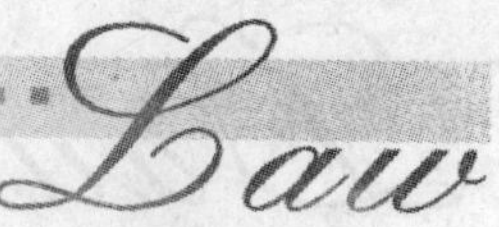

到，荷兰的疾病保险覆盖面仅为70%。与此相比，发展中国家的疾病保险范围更窄，而且主要局限于城市中的劳动者，广大农村和边远地区的疾病保险非常薄弱。①

按照《国务院关于建立城镇职工基本医疗保险制度的决定》的规定，我国基本医疗保险制度的实施范围覆盖城镇所有的用人单位和劳动者。城镇所有用人单位包括企业、机关、事业单位、社会团体、民办非企业单位及其职工，其中，企业包括国有企业、集体企业、外商投资企业、个人独资企业（在1999年《中华人民共和国独资企业》出台之前，个人独资企业称为私营企业），不包括乡镇企业。乡镇企业及其职工、城镇个体经济组织业主及其从业人员也可以参加基本医疗保险，他们是否参加，由各省、直辖市、自治区人民政府决定。劳动和社会保障部2003年4月颁布的《关于进一步做好扩大城镇职工基本医疗保险覆盖范围工作的通知》（劳社厅发[2003]6号）中将城镇职工基本医疗保险覆盖范围进一步扩大到灵活就业人员。为贯彻落实《国务院关于解决农民工问题的若干意见》（国发[2006]5号）的精神，劳动和社会保障部2006年5月颁布的《关于贯彻落实〈国务院关于解决农民工问题的若干意见〉的实施意见》（劳社部发[2006]15号）中要求按照“低费率、保大病”的原则，将农民工纳入医疗保险范围。与城镇用人单位签订规范劳动合同的农民工，随所在单位参加基本医疗保险；以灵活方式就业的，可按照当地灵活就业人员参保办法参加医疗保险；农民工比较集中的地区，可以采取单独建立大病医疗保险统筹基金的办法，重点解决农民工进城务工期间的住院医疗保障问题。

（二）医疗保险所承保的医疗服务项目

医疗保险的保险事故仅限于职业病以外患病和工伤以外负伤，以及该病伤所致残废。应注意的是，非因自然伤病而需要医疗服务的，尽管属于基本医疗服务的范围，但也不属于医疗保险的承保范围，而应由自己支付，或侵权人支付，或其他保险途径支付医疗费用。这里包括了打架斗殴、交通肇事、酗酒等原因所致伤病的医疗费用，因自杀、工伤或医疗事故所致伤残的医疗费用。这些由人为因素所致伤病或伤残首先涉及的是赔偿责任，因此应排除在医疗保险的承保范围之外。

医疗保险只能保障被保险人在自然生病时所需要的基本医疗服务。对于基本医疗服务以外的医疗服务项目则不属于医疗保险范围，但可通过其他补充医疗保险的形式承保。各国都有关于基本医疗服务项目和基本医疗服务设

① 郭成伟：《中国社会保障法制探究》，中国法制出版社2003年版，第180～181页。

施的规定。如医疗用药的范围加以限制，属于该范围内的药品费用，才由医疗保险基金支付。在我国，根据《城镇职工基本医疗保险用药管理暂行办法》、《关于城镇职工基本医疗保险诊疗项目管理的意见》和《关于确定城镇职工基本医疗保险服务设施范围和支付标准的意见》规定，基本医疗应当保证职工在患病时能够得到目前所能提供给他的、能支付得起的、适宜的治疗技术，它包括基本药物、基本服务、基本技术、基本费用等内容。基本医疗服务的范围也不是一成不变的，随着科学技术的进步和社会经济的发展，可以调整疾病保险的承保范围。

二、基本医疗保险基金的筹集

医疗保险基金的筹资机制主要是由一个国家社会保障制度的模式所决定的。选择福利保健模式的国家主要通过税收筹集资金，通过财政渠道对全体国民的基本健康需求提供支持。选择现收现付制社会保险模式的国家，基本通过向雇主和雇员强制征收医疗保险费用的方式，为参保人筹集医疗资金。选择资本积累制医疗保险模式的国家，其积累资金通过雇主与雇员双方负担，如新加坡的强制账户积累。选择合理的筹资机制是建立社会医疗保险制度的基础，也是医疗保险制度得以正常运行的关键环节。[①]

在我国的医疗保险改革中，筹资机制的变革也是医疗保险制度变迁中一条重要线索，它在本质上即是通过对政府、企业与个人的责任分解并借以实现利益再分配的制度安排。改革前，我国企业职工医疗保险费用主要由企业负担，机关、人民团体、事业单位则由政府负担。根据《国务院关于建立城镇职工基本医疗保险制度的决定》确立的费用共担原则，基本医疗保险费由用人单位和职工共同缴纳。用人单位缴费率应控制在职工工资总额的6%左右，职工缴费率一般为本人工资收入的2%。随着经济的发展，用人单位和职工缴费率可作相应调整。

三、基本医疗保险基金的统筹

（一）统筹的范围

根据《国务院关于建立城镇职工基本医疗保险制度的决定》（国发[1998]44号）的规定，基本医疗保险原则上以地级以上行政区（包括地、市、州、盟）为

① 郑功成等著：《中国社会保障制度变迁与评估》，中国人民大学出版社2002年版，第154页。

统筹单位，也可以县（市）为统筹单位，北京、天津、上海3个直辖市原则上在全市范围内实行统筹（以下简称统筹地区）。所有用人单位及其职工都要按照属地管理原则参加所在统筹地区的基本医疗保险，执行统一政策，实行基本医疗保险基金的统一筹集、使用和管理。

铁路、电力、远洋运输等跨地区、生产流动性较大的企业及其职工，可以相对集中的方式异地参加统筹地区的基本医疗保险

（二）基本医疗保险统筹基金和个人账户

基本医疗保险基金由统筹基金和个人账户构成，职工个人缴纳的基本医疗保险费，全部计入个人账户。用人单位缴纳的基本医疗保险费分为两部分，一部分用于建立统筹基金，一部分划入个人账户。划入个人账户的比例一般为用人单位缴费的30％左右，具体比例由统筹地区根据个人账户的支付范围和职工年龄等因素确定。

统筹基金和个人账户要划定各自的支付范围，分别核算，不得互相挤占。要确定统筹基金的起付标准和最高支付限额，起付标准原则上控制在当地职工年平均工资的10％左右，最高支付限额原则上控制在当地职工年平均工资的4倍左右。起付标准以下的医疗费用，从个人账户中支付或由个人自付。起付标准以上、最高支付限额以下的医疗费用，主要从统筹基金中支付，个人也要负担一定比例。超过最高支付限额的医疗费用，可以通过商业医疗保险等途径解决。统筹基金的具体起付标准、最高支付限额以下医疗费用的个人负担比例，由统筹地区根据以收定支、收支平衡的原则确定。

制定统筹基金的起付标准和最高支付限额，目的就是限定统筹基金的支付范围，明确统筹基金的支付责任。各地设定统筹基金起付标准主要综合考虑三方面的因素：一要考虑统筹基金的支付能力，保证收支平衡；二要考虑个人的负担能力；三要区别不同统账结合方式。[①]

四、基本医疗保险基金的管理和监督

（一）基本医疗保险基金的管理实行属地化和社会化原则

（1）属地化原则，是指用人单位和职工参加其所在的统筹地区的基本医疗保险。所有用人单位和职工都要按照属地管理原则参加所在统筹地区的基本医疗保险，执行统一政策，实行基本医疗保险基金的统一筹集、使用和管理。铁路、电力、远洋运输等跨地区、生产流动性较大的企业及其职工，可以相对集

① 陈树文主编：《社会保障学》，大连理工大学出版社2002年版，第126页。

中的方式异地参加统筹地区的基本医疗保险。

(2)社会化原则，是指基本医疗保险基金由社会保险经办机构实行统一征缴、使用和管理。基本医疗保险基金由劳动保障部门统一监督管理，劳动保障部门设立的社会保险经办机构具体操作。传统的医疗保险基金的管理是由各单位自己操办的，没有实现社会化的管理。社会保险经办机构要建立医疗缴费记录和信息管理制度，健全的预决算制度、财务会计制度和内部审计制度。基本医疗保险缴费统一进入国库，存入财政医疗保障专户，专款专用，不得挤占挪用。社会保险经办机构的事业经费不从基金中提取，由各级财政预算解决。社会统筹基金与个人账户分别建账，按银行利息计息。个人账户的本金和利息归个人所有，可以结转使用和继承。

(二)基本医疗保险基金实行多元化监督管理机制

各级劳动保障和财政部门，负责对基本医疗保险基金的监督管理。审计部门负责定期对社会保险经办机构的基金收支情况和管理情况进行审计。统筹地区设立由政府有关部门代表、用人单位代表、医疗机构代表、工会代表和有关专家参加的医疗保险基金监督组织，负责对基本医疗保险基金的社会监督。缴费单位和个人有权查询医疗保险缴费记录，任何公民均有权对经办机构的违法行为进行举报。

(三)我国基本医疗保险配套政策

根据《国务院关于建立城镇职工基本医疗保险制度的决定》精神，劳动和社会保障部会同有关部门、部委共同研究制定了16个配套文件，为推进基本医疗保险制度改革提供了一个比较完整的政策体系。其中和医疗服务密切相关的有6个配套文件，从三个方面对加强医疗保险管理作出了规定，概括为"三、二、一"。"三"是指《城镇职工基本医疗保险用药范围管理暂行办法》、《关于城镇职工基本医疗保险诊疗项目管理的意见》和《关于确定城镇职工基本医疗保险医疗服务设施范围和支付标个准的意见》3个文件，对基本医疗保险实行药品目录、诊疗项目和医疗服务设施范围"三个目录"管理作出了规定，明确了基本医疗保险的服务范围和标准。"二"是指《城镇职工基本医疗保险定点医疗机构管理暂行办法》和《城镇职工基本医疗保险定点零售药店管理暂行办法》，对基本医疗保险实行定点医疗机构和定点药店"两个定点"管理作出了规定。"一"是指《关于加强城镇职工基本医疗保险费用结算管理的意见》，对各地制定科学合理的医疗保险费用结算办法提出指导性意见。

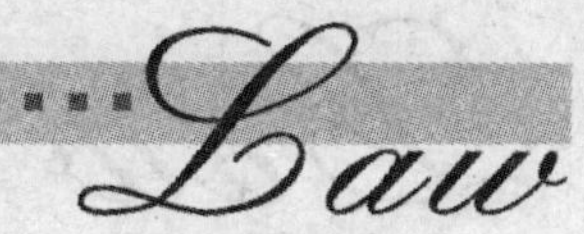

第三节　基本医疗保险待遇

一、享受基本医疗保险待遇的条件

（一）积极条件

（1）须是医疗保险的对象。

（2）须缴纳医疗保险费。医疗保险待遇的享受以用人单位和劳动者缴纳保险费为前提，没有用人单位和劳动者本人缴费，当然无权享受医疗保险待遇。这是权利和义务对等原则的体现。

（3）须为医疗保险所承保的疾病保险，医疗保险不可能对所有的保险均予以承保，如我国现阶段的医疗保险只能是基本医疗保险，超出基本医疗保险的部分通过其他途径进行保障。

（4）须符合法律规定的形式要件，如须到法定的医疗机构就诊和取药，并具备相关的手续等形式要求。

（二）消极条件

（1）不属于医疗保险对象。

（2）超出基本医疗保险费用支付范围之外的费用。基本医疗保险不予支付费用的诊疗项目，主要是一些非临床诊疗必需、效果不确定的诊疗项目以及属于特需医疗服务的诊疗项目。基本医疗保险支付部分费用的诊疗项目，主要是一些临床诊疗必需、效果确定但容易滥用或费用昂贵的诊疗项目。①

（3）属于法律规定的限制或禁止事故导致所发生的医疗费用。如因违法犯罪、吸毒、酗酒发生的医疗费被明确地排除在医疗保险范围之外。

（4）不符合法律规定的形式要件，如未经过医疗保险经办机构批准转入其他地方就医所发生的医疗费用或未按规定在指定的医疗机构就医或购药的。

二、基本医疗保险待遇的内容

（一）医疗期待遇

职工享受医疗保险待遇，除完全丧失劳动能力者外，只限于规定的医疗期

① 陈树文主编：《社会保障学》，大连理工大学出版社 2002 年版，第 129 页。

内。医疗期的长度根据职工本人连续工龄和本单位工龄分档次确定，最短不少于3个月，最长一般不超过24个月；难以治愈的疾病，经医疗机构提出，本人申请，劳动行政部门批准后，可适当延长医疗期，但延长期限最多为6个月。①

（二）疾病津贴

又称病假工资。职工患病或非因工负伤，停止工作满1个月以上的，停发工资，由用人单位按其工龄长短给付相当于本人工资一定比例的疾病津贴。

（三）医疗待遇

职工一般可在与社会保险经办机构签订医疗保险合同的定点医院选择就医。其保险待遇项目主要有：规定范围内的药品费用，规定的检查费用和治疗费用，规定标准的住院费用。其中，职工个人账户用于支付小额医疗费用，社会统筹基金用于支付大额医疗费用。

（四）致残待遇

职工患病或非因工负伤致残的，在医疗期内医疗终结或医疗期满后，经用人单位申请，劳动鉴定机构进行劳动能力鉴定并确定残废等级，享受致残待遇，致残医疗保险待遇因残废等级的不同而有所区别。

三、特殊人员医疗待遇的解决

(1)离休人员、老红军的医疗待遇不变，医疗费用按原资金渠道解决，支付确有困难的，由同级人民政府帮助解决。离休人员、老红军的医疗管理办法由省、自治区、直辖市人民政府制定。

(2)二等乙级以上革命伤残军人的医疗待遇不变，医疗费用按原资金渠道解决，由社会保险经办机构单独列账管理。医疗费支付不足部分，由当地人民政府帮助解决。

(3)退休人员参加基本医疗保险，个人不缴纳基本医疗保险费。对退休人员个人账户的计入金额和个人负担医疗费的比例给予适当照顾。

(4)国家公务员在参加基本医疗保险的基础上，享受医疗补助政策。具体办法另行制定。

(5)为了不降低一些特定行业职工现有的医疗消费水平，在参加基本医疗保险的基础上，作为过渡措施，允许建立企业补充医疗保险。企业补充医疗保险费在工资总额4%以内的部分，从职工福利费中列支，福利费不足列支的部

---

① 《企业职工患病或非因工负伤医疗期的规定》(劳部发[1994]第479号)。

分，经同级财政部门核准后列入成本。

(6)国有企业下岗职工的基本医疗保险费，包括单位缴费和个人缴费，均由再就业服务中心按照当地上年度职工平均工资的60%为基数缴纳。

第十七章 生育保险法律制度

第一节 生育保险概述

一、生育保险的概念、特点和作用

(一)生育保险的概念

生育保险是通过国家立法,在职业妇女因生育子女而暂时中断劳动时由国家和社会及时给予生活保障和物质帮助的一项社会保险制度。其宗旨在于通过提供生育津贴、医疗服务和产假,为维护妇女享有与男子平等的就业权利,保障女性劳动力的恢复与再生,避免女工因承担生育责任而导致本人及其家庭的生活水平的突然下降,维护社会稳定。①

(二)生育保险的特点

在社会保障体系中,生育保险与医疗保险有很大的联系。两者都是针对劳动者暂时丧失劳动能力,给予其必要的医疗援助和现金补助,以确保其基本生活,帮助劳动者尽快恢复体力。因此,许多国家把它和医疗保险并列为同一保险项目统一管理。但是,生育保险作为一种特殊的社会保险项目,具有其自身的特点。

1. 保障对象范围的有限性

生育保险是为法定范围内的女性劳动者提供的社会保障,其行为对象是特定的,具有对象范围有限性的特征。一般必须同时具备两个条件:一是已婚且有工作的妇女,二是要参加保险。从我国的实际情况来看,不仅只适用于达到法定结婚年龄的已婚职业妇女,而且还要符合国家的计划生育政策。

2. 待遇享受时间的特殊性

(1)享受保险待遇的期限性。生育保险待遇的享受期限是根据产妇体力

① 郑功成等著:《中国社会保障制度变迁与评估》,中国人民大学出版社 2002 年版,第 284～285 页。

和劳动能力恢复所需要的时间来确定的，并与产假同步，产假结束，生育保险待遇亦相应结束。(2)享受保险待遇的短期性。由于生育形成的社会风险是由正常的生理因素所引起的，它不需要特殊的复杂治疗，只要求一定的恢复时间和必要的营养，因此，一般来说享受时间均不超过半年。(3)在风险发生前后的一段时间都可以享受生育保险待遇。其他社会保险一般是在风险发生后才享受保障待遇，但生育保险却不同，它的受保对象在生育前的一段时间即可享受生育保险待遇，直至法定产假期结束。

3.保障形式的多样性

社会保险通常是为保障对象丧失收入的风险进行的保障，因此，在一般情况下，以发放保险金的形式为受保者提供物质帮助就成为各种社会保险项目的共同特点。但是，生育保险除了向受保者提供物质帮助外，还向受保者提供休养时间(假期)及生育保健服务等。

(二)生育保险的作用

恩格斯在1884年出版的《家庭、私有制和国家起源》一书的序言中指出："根据历史唯物主义观点，历史中的决定因素，归根结底是直接生活的生产和再生产。但是生产本身又有两种，一方面是生产资料即食物、衣服、住房以及为此而必需的工具的生产；另一方面是人类自身的生产，即种的繁衍。"①人类自身生产的重任历史地落到了广大女性肩上，她们除了工作和劳动外，还负有生育子女，使劳动力再生产不断延续的重要职责。因此，生育保险作为国家和社会为保障生育女性和婴儿的生命安全与健康而对"生育责任承担者"提供经济补助、医疗保健和生育休假的一种措施和制度，不仅是社会文明程度进步的标志，而且具有重大的社会意义和现实意义。②

1.实行生育保险是对妇女生育价值的认可

妇女生育是社会发展的需要，她们为社会劳动力再生产付出了努力，因此生育行为具有社会价值，是一种神圣的社会劳动，应当得到社会的补偿。目前世界上有135个国家通过立法保护妇女的生育的合法权益。③

2.实行生育保险是对女职工基本生活的保障

女职工在怀孕和生育期间，机体变化及体力消耗很大，需要休养和照顾。

---

① 恩格斯：《家庭、私有制和国家起源》，人民出版社1972年版，第3页。

② 郑功成等著：《中国社会保障制度变迁与评估》，中国人民大学出版社2002年版，第277页。

③ 索晓惠：《生育保险的作用及主要待遇》，载《律师世界》2002年第10期。

在生育期间，她们离开了工作岗位，不能正常工作，国家通过实行生育保险保障她们离开工作单位期间享受有关待遇。其中包括生育津贴，医疗服务以及孕期不能正常工作时，给予的特殊保护政策。在生活保障和健康保障两方面为孕妇的顺利分娩创造了有利条件。

3. 实行生育保险有利于社会劳动力的再生产

生育保险能使女职工在怀孕和生育期内无后顾之忧，减轻生育带来的负担，保证女职工尽快恢复劳动力，有利于后代延续，保证劳动力的连续再生产。保证怀孕妇女和生育母亲足够的休息和营养，有利于胎儿和新生儿的哺乳和培育，为提高后代的先天素质打下坚实的基础。建立生育保险，是保证劳动力再生产的一个重要环节。

4. 实行生育保险有利于国家人口政策的顺利贯彻实施

实行计划生育政策，控制人口数量，提高人口素质是我国的一项基本国策。经过多年的努力，我国的计划生育工作取得了一定的成绩。但我们仍面临着十分严峻的人口形势。为了更好地贯彻计划生育的国策，可以利用生育保险这个保障机制，对实行计划生育的女职工在假期、医疗保险方面给予优待，对不实行计划生育的女职工适当降低生育保险待遇，以充分发挥生育保险对计划生育的促进作用。

二、生育保险的立法

（一）国外的生育保险立法

妇女的生育保障问题，是随着妇女大量参与社会劳动而日益受到重视的。妇女加入到物质生产劳动活动中，是社会和经济发展的需要，也是妇女社会地位日益提高、社会角色重塑的过程，但由于妇女生理上的特点及其“生儿育女”的自然责任承担者，造成其在物质生产和人口再生产中双重角色的矛盾。为了解决这一矛盾，在尊重妇女社会地位的同时保证人类再生产，国家和社会就必须制定相应的社会政策，在保证妇女参加经济活动的合法权益的同时保证妇女的身心健康及人口再生产的顺利进行，于是生育保险法律制度应运而生。① 世界上最早实行生育保险立法的是德国，但在 1883 年德国颁布《疾病保险法》中生育保险是疾病保险的一个组成部分，直到 1965 年才将生育保险作出一个单独险种独立出来。到 1995 年全世界在社会保险体系中设有生育

① 郭成伟、王广彬：《中国社会保障法制探究》，中国法制出版社 2003 年版，第 195～196 页。

保险内容的国家和地区是125个，各国都把生育保险作为疾病保险的组成部分或作为妇女权益保障的内容，在立法中加以作出规定。①

世界各国对生育保险的日渐重视，离不开国际组织和公约的重视和推动。国际劳工组织在1919年第一届国际劳工大会上就通过了涉及女职工产前和产后就业的第一个《妇女生育前后工作公约》(第3号公约)。该公约经过1952年修订，产生了第103号公约《生育保护公约》(修订本)。两个公约并存，供会员国选择批准。公约规定了适用范围内的妇女生育子女时，享受一定时间的带薪产假以及医疗服务。1952年制定的第102号公约《社会保障(最低标准)公约》也有生育保险的实施范围、生育津贴、生育医疗服务的规定。

(二)我国的生育保险立法和改革

建国以来，女职工生育保险问题，历来受到党和国家的关心和重视。从建国伊始颁布的具有临时宪法作用的《中国人民政治协商会议共同纲领》到现行的《宪法》，明确规定保障妇女在政治的、经济的、文化的、社会的和家庭生活的各方面，享有同男子平等的权利；保障公民劳动就业的权利，实行男女同工同酬。这些规定，为女职工包括劳动权利在内的各权利的实现提供了可靠的法律依据。1951年，政务院颁布了《中华人民共和国劳动保险条例》，对企业的女职工生育保险制度作了明确规定，此后即成为传统的企业保障制度下的基本项目。1955年4月26日《国务院关于女工作人员生产假期的通知》使“机关女工作人员”也有了基本相同的制度保障。1956年，全国人民代表大会一届三次会议通过了《高级农业合作社示范章程》，其中规定：特别注意使女社员再产前产后得到适当休息，并在生育时酌量给予物质帮助。但到了“社会主义改造”与“文化革命”时期(60年代初—70年代末)，由于我国社会保险的统筹制度中断了，生育保险制度随之也发生了变化，生育保险的国家统筹消失，企业生育保险形成，各企业只对本企业的女工负责，生育保险从适合多种用工制度变化成了只适合单一的用工制度。②

20世纪80年代以来，政府对生育保险亦给予了相应的关注，并将其作为一项专门的社会保险制度进行改革试点。1988年，国务院颁布了第一部比较完整的、综合性的女职工劳动保护法规——《女职工劳动保护规定》，其内容广泛，规定详尽，统一了机关、企业、事业单位的生育保险制度。由于这时的待遇仍是由女职工所在单位负担的，不是真正意义上的社会保险，而是企业保险

---

① 刘燕生：《社会保障的起源、发展和道路选择》，法律出版社2001年版，第186页。

② 潘锦棠：《中国生育保险制度的历史与现状》，载《人口研究》2003年第3期。

或国家财政保险。

1992年，中华人民共和国第七届全国人民代表大会第五次会议通过了《中华人民共和国妇女权益保障法》，其中第25、26条明确规定“任何单位均应根据妇女的特点，依法保护妇女在工作和劳动时的安全和健康，不得安排不适合妇女从事的工作和劳动。妇女在经期、孕期、产期、哺乳期受特殊保护”，“任何单位不得以结婚、怀孕、产假、哺乳等为由，辞退女职工或者单方解除劳动合同”。1994年《劳动法》规定女职工与男职工在社会保险方面享有同样的权利，女职工生育享有不少于90天的产假，在生育期间依法享受社会保险待遇。为配合《中华人民共和国劳动法》的贯彻实施，规范各地生育保险制度改革试点工作，劳动部于1994年12月颁布了《企业职工生育保险试行办法》(劳部发[1994]504号)，要求将生育保险的管理模式由用人单位管理逐步转变为实行社会统筹，由各地社会保障机构负责管理生育保险工作，真正的社会生育保险制度初步形成。

1995年7月，国务院发布《中国妇女发展纲要(1995—2000)》，提出了20世纪末我国妇女发展的任务和目标及政策措施：“在全国城市基本实现女职工生育费用的社会统筹”、“改革女职工生育保障制度，将女职工生育保险费用由企业管理逐步改为社会统筹管理”。劳动部相应于1995年发布了《关于贯彻实施〈中国妇女发展纲要〉的通知》，要求全国80%左右的县(市)到本世纪末实现生育保险社会统筹，并将保险覆盖面扩大到城镇各类企业。1999年为了与基本医疗保险制度改革在政策上衔接，由劳动和社会保障部、国家计生委等联合下发了《关于妥善解决城镇职工计划生育手术费用问题的通知》，明确了各类生育保险制度地区，参保单位职工计划生育手术费用的支付途径。2001年5月国务院妇女儿童工作委员会下发了《中国妇女发展纲要(2001—2010年)》，提出了“2010年城镇职工生育保险覆盖面达到90%”的目标要求。2005年8月28日，第十届全国人民代表大会常务委员会第十七次会议通过的《〈中华人民共和国妇女权益保障法〉修正案》，增加了“国家推行生育保险制度，建立健全与生育相关的其他保障制度。地方各级人民政府和有关部门应当按照有关规定为贫困妇女提供必要的生育救助”的规定。目前，全国有14个省(自治区、直辖市)以政府令或政府规章的形式颁布了生育保险办法[①]；有16个省

---

① 云南、湖北、福建、甘肃、黑龙江、内蒙、辽宁、江西、江苏、四川、浙江、陕西、海南和上海。

会城市发布了生育保险规章①。

上述这些改革，使我国生育保险制度更趋完善，取得了巨大的进展：逐步提高了生育保险的覆盖范围；初步实现了生育保险基金筹集、支付和监管的规范化，确立了生育保险的社会统筹方向；在生育保险的待遇方面，基本上达到国际标准；将生育保险待遇与计划生育政策紧密联系。这些都是符合经济社会发展和建立社会主义市场经济体制的客观要求的。然而，我国生育保险制度在改革过程中也存在一定的问题，与国际生育保险制度改革的趋势和我国社会经济发展水平相比还存在一定的差距。根据劳动与社会保障部统计，截止到 2006 年年末，全国生育保险参保人数为 6446 万人，但与同期的全国基本养老保险参保人数 18649 万人、失业保险参保人数 11187 万人、基本医疗保险参保人数 15737 万人比较，生育保险的参保人数较低。② 出现这一局面的原因是多方面的：(1)建立生育社会保险制度需要立法强制实施，依法管理、依法监督，制度才能推行开，目前缺少这样的一部法规。(2)近几年，老年、失业、医疗社会保险改革较为紧迫，牵制了政府、有关部门和企业的精力，减缓了生育社会保险改革的步伐。③

进入 21 世纪，经济全球化的激流更加澎湃，我国社会主义市场经济将日趋成熟，男女平等的观念将进一步加强并成为社会主流，这就要求我们在更深的层面上和更宽广的领域内不断开拓创新，健全和完善与之相适应的现代生育保险制度，以保障社会的平稳运行，增进国家的稳定局面和富裕程度。要健全和完善我国生育社会保险制度，除遵循社会保险的基本原则外，还应坚持以下几项原则：(1)保护妇女的特殊权益和保护妇女的基本权利相统一，既为妇女提供特殊保护，也尽可能为妇女有与男子平等的权利和机会创造条件。(2)生育保险制度规定要体现国家的人口政策，有利于贯彻计划生育、优生优育的方针。(3)对生育价值的补偿应体现社会保险基金三方面负担的原则。生育保险的责任，应该以国家为负担主体，社会和家庭共同承担。

---

① 成都、南京、长春、济南、合肥、银川、广州、杭州、石家庄、太原、西宁、济南、广州、昆明、南宁和乌鲁木齐。

② 国家统计局：《中华人民共和国 2006 年国民经济和社会发展统计公报》，http://www.stats.gov.cn/tjgb，下载日期：2007 年 4 月 15 日。

③ 何军主编：《劳动与社会保障》，东北财经大学出版社 2002 年版，第 247 页。

第二节 生育保险基金

一、生育保险基金的概念及特点

生育保险基金是整个社会保险基金中的一个组成部分，是依据国家法律专门为生育职工支付有关待遇而筹集的款项。其主要用途是为生育而暂时离开工作岗位的女职工支付医疗费用和生育津贴。在市场经济的条件下，部分企业在参与市场竞争过程中，不可避免地出现倒闭或破产，无法保证生育职工的基本生活和有关待遇，建立生育保险基金可以起到调节社会福利整体相对平衡，保护弱者的作用，使生育职工均可享受国家规定的生育待遇。

生育保险基金与其他社会保险基金相比，具有以下特点：

1. 基金来源的单一性

生育保险作为社会保险的一个组成部分，其基金来源也遵循社会保险的“大数法则”，集合社会力量，但生育保险费完全由职工个人所在单位缴纳，职工个人不缴纳生育保险费。

2. 基金筹集的可预见性

由于生育保险的对象为妇女，生育保险又与计划生育政策紧密衔接，生育保险费用就具有较强的可预见性，基金完全可以做到有计划使用，不必留有积累以应付不测。

3. 基金负担的均衡性

按照规定，所有企业或参加生育保险的用人单位，不论是否有女职工或不论女职工人数多少，都要按照工资总额的统一比例缴纳生育保险费。①

二、生育保险的对象和范围

一般来说，生育保险的保障对象是妇女劳动者，但在不同国家、不同的经济发展阶段，生育保险覆盖的范围是不一样的。在许多发达国家，生育保险的直接保障对象包括从事任何工作的妇女，不管她是为他人所雇佣还是受自己所“雇佣”，这就使全国的所有女性都能得到生育保险的保障。发达国家生育保险采用如此宽泛的覆盖面，虽与其推行鼓励生育的特殊的人口政策和生育

① 王先林：《劳动和社会保障仲裁诉讼》，法律出版社 2002 年版，第 298 页。

政策密切相关，但客观上仍为生育保险保障功能之普遍发挥提供了适宜的土壤和必要的前提。① 而在其他一些国家尤其是发展中国家，生育保险在法律上虽涵盖一切妇女劳动者，但这些妇女劳动者只限定为劳动法意义上的妇女劳动者，即与用工方建立劳动关系的女性劳动者。非工资女性劳动者或非受雇佣的女性劳动者，并未涵盖在生育保险的范围之中外。② 我国就是如此，我国生育保险制度覆盖在中华人民共和国境内的一切国家机关、企业、事业单位的女职工。企业包括全民、集体、中外合资、合作、独资、乡镇、农村联户企业以及私营和城镇街道企业。但现实中，我国的生育保险并存两种形式：第一种是我国建国以来在国家机关、人民团体、企业、事业单位延续下来的，由职工所在单位负担生育女职工的生育津贴（产假工资）和医疗费。其法律依据是 1988 年 6 月国务院发布的《女职工劳动保护规定》，1988 年 9 月原劳动部相应发布了《劳动部关于女职工生育待遇若干问题的通知》。第二种是从 1988 年以后部分地区在城镇企业中实行的生育保险制度改革。法律依据是 1994 年劳动部颁布的《企业职工生育保险试行办法》。

由于国情和社会经济发展状况不同，与其他国家相比较，我国目前的生育保险的覆盖面还相当狭窄，主要是城镇正规部门以正规方式就业的女工，不包括非正规部门或以非正规方式就业的女工（个体户、家庭保姆等），特别是受传统体制的城乡分治政策影响，占生育妇女 80％以上的农村妇女劳动者还未纳入生育保险的享受范围。③ 这显然不利于保护全体妇女合法权益目标的实现，必须在完善立法时给予适当的考虑。目前，我国的医疗保险和养老保险正在农村进行试点和推广，我们应该借鉴这两种社会保险在农村实施的经验，尽快推动农村生育保险制度的建立，使我国的生育保险制度真正能在全国范围内实施，保障我国农村妇女和儿童的身体健康与安全，提高人口素质，促进社会经济的发展。

从享受生育保险的对象看，主要是女职工，但随着社会进步和经济发展，男职工是否应当纳入生育保险的对象范围，学者有不同的看法。我们认为生产行为由女性完成，生育责任是男女共同的。因此，生育保险不仅与女性有关，与男性也有关系。既然我国《企业职工生育保险试行办法》规定用人单位

① 郭成伟：《中国社会保障法制探究》，中国法制出版社 2003 年版，第 211 页。

② 郭成伟：《中国社会保障法制探究》，中国法制出版社 2003 年版，第 202 页。

③ 潘锦棠：《生育保险中的女性利益、企业利益和国家利益》，载《中国妇运》2001 年第 1 期。

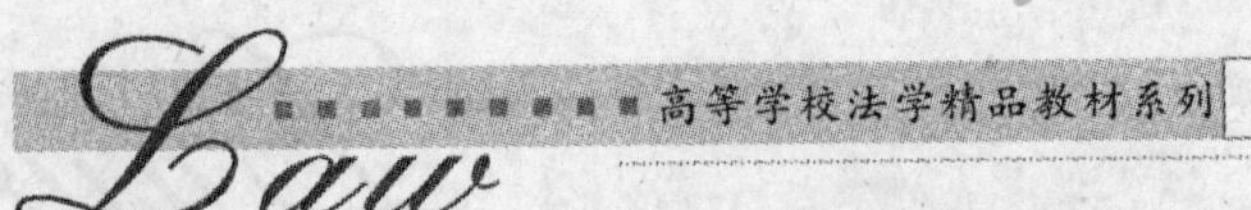

应按照其工资总额的一定比例向社会保险经办机构缴纳生育保险费。这里的"工资总额"就包括了全部男女职工。根据权利与义务相一致的原则,男职工也有权享受生育保险待遇。当然这种待遇与女职工所享受的生育保险待遇应有所区别。在国外,给予男性育儿假或父育假已经成为一种立法趋势。目前,全世界约有36个国家规定了"父亲育儿假"。[①] 我国现行立法并未排除妇女劳动者的配偶基于该妇女的生育而享有的一定的待遇。为了鼓励晚婚晚育,近来在生育保险的改革实践中有部分地方法规已涉及此问题,规定在女职工生育后给予配偶一定假期以照顾妻子,并发给假期工资,或者为男职工的配偶提供经济补助。如《福建省企业职工生育保险规定》第8条规定:"男职工配偶生育符合省计划生育规定,未享受生育保险待遇的,由生育保险基金给付一次性生育补助金,其标准按第七条第(一)项规定生育津贴的50%发给。"《福建省人口与计划生育条例》第38条规定符合晚育规定的男方职工可享受7～10天照顾假,照顾假期间工资照发。

三、生育保险基金的筹集

生育保险基金是生育保险得以实施的物质基础,因此,各国生育保险立法都十分重视生育保险基金的筹集。在少数享受生育保险待遇无投保要求的国家,生育保险基金通常由国家或雇主承担,或由二者共同承担。国家通过财政拨款、让税、让利等方式为生育保险基金提供直接或间接的来源;雇主一般通过为其雇员向生育保险经办机构缴纳生育保险费的方式,向生育保险注入资金。在大多数国家,生育保险基金则是由国家、雇主和雇员三方共同承担。雇员在享受生育保险待遇前,必须履行投保义务,缴纳保险费。[②]

我国《企业职工生育保险试行办法》第3条规定生育保险基金的筹集遵循以下基本原则和方式:

1.生育保险基金按照"以支定收,收支基本平衡"的原则筹集资金

由企业按照其工资总额的一定比例向社会保险经办机构缴纳生育保险费,建立生育保险基金。这是生育保险基金筹集区别于其他社会保险基金筹集原则的重要特征之一。生育保险费的提取比例由当地人民政府根据计划内

---

① 郑功成等著:《中国社会保障制度变迁与评估》,中国人民大学出版社2002年版,第286页。

② 黎建飞遍著:《劳动法和社会保障法》,中国人民大学出版社2003年版,第476～477页。

生育人数和生育津贴、生育医疗费等项费用确定，并可根据费用支出情况适时调整，但最高不得超过工资总额的1%。

《企业职工生育保险试行办法》规定职工个人不缴纳生育保险费。对此，有不少学者认为应突破这一规定，个人应缴费，因为对个人来说个人缴费是享受社会保险的前提，而且引入个人负担机制有助于培养其费用意识。① 该种观点并没有认识到生育保险的特殊性。单位缴费由于不直接涉及职工个人利益，职工一般不反对，但如果要求职工也缴纳生育保险费，那么必将遭到其中的男职工和过去未享受生育保险的已生育女职工的强制抵制。而如果只让未生育女职工缴费也不可行，因为一个单位中未生育女职工毕竟只占整个职工总数的很小比例，她们从参加工作到生育缴费期限很短，更何况刚参加工作工资基数低，因此个人缴费并无多大实际效果。

2.生育保险按属地原则组织，实行社会统筹

生育保险按属地原则组织，是指生育保险以按行政区域划分的市、县(区)为单位组织实施。根据1997年劳动部的《生育保险覆盖计划》规定，生育保险的统筹要求由县级统筹向地区级统筹过渡，在某一行政区域内所辖的各类企业，不分企业的隶属关系，即包括中央部属企业和省属企业在内，甚至包括个体工商户及其帮工，一律参加所在地的生育保险制度改革，执行当地统一的缴费标准及有关政策规定。我国地域辽阔，区域之间发展不平衡。中央部属企业、省属企业分布在全国各地，他们参加当地的社会保险统筹，一是可以扩大生育保险的覆盖范围，提高基金的调剂和互助能力；另一方面，计划生育指标数是以行政区域下达，同时各地生育医疗费用差异很大。保险机构根据当地的实际情况测算生育保险待遇支付标准，可以对各地生育费用的测算和待遇支付实现系统和统一管理，也有利于社会保险事业的协调发展。

生育保险费用社会统筹，系指劳动部门所属的社会保险管理机构按照国家立法的规定，根据社会保险的"大数法则"，在较大的社会范围内筹集生育保险基金，通过互助互济的方法，将发生在少数人和少数单位的风险，转由多数人和多数单位共同分担，以此实现对因生育而暂时丧失劳动能力的女职工提供物质帮助，以保证她们的基本生活，维护其合法权益；同时，也可以缓解企业

---

①　胡芳肖：《我国生育保险制度改革探析》，《人口学刊》2005年第2期；李晓林：《社会保障学》，中国财政经济出版社1997年版，第58页；黄润光：《我国"生育保险"的现状及前瞻》，载《人口与经济》2002年第5期；郭成伟、王广彬：《中国社会保障法制探究》，中国法制出版社2003年版，第213页。

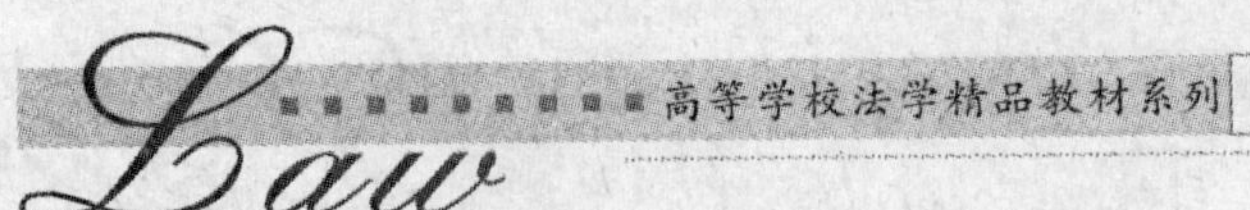

之间因女工分布不均衡所造成的生育费用负担畸轻畸重的矛盾，为企业公平地参与市场竞争创造条件。

四、生育保险基金的管理

大多数国家对生育保险实行社会统筹，通常与综合社会保险费或者疾病保险费一同缴纳，合并管理。很多国家的生育保险是包含在疾病保险（或健康保险）中，如德国、日本。这种模式主要是因为生育保险并非社会保险下的一个独立项目，而是与疾病等其他社会保险项目合并立法的。因此，在这些国家中生育保险经费并未实行专项基金管理。①

我国对生育保险基金采取了专项基金管理模式。生育保险基金由劳动部门所属的社会保险经办机构负责收缴、支付和管理。生育保险基金应存入社会保险经办机构在银行开设的生育保险基金专户。银行应当按照城乡居民个人储蓄同期存款利率计息，所得利息转入生育保险基金。生育保险基金的筹集和使用，实行财务预、决算制度，由社会保险经办机构作出年度报告，并接受同级财政、审计监督。市县社会保险监督机构定期监督生育保险基金管理工作。社会保险经办机构可从生育保险基金中提取管理费，用于本机构经办生育保险工作所需的人员经费、办公费及其他业务经费。管理费标准，各地根据社会保险经办机构人员设置情况，由劳动部门提出，经财政部门核定后，报当地人民政府批准。管理费提取比例最高不得超过生育保险基金的2%。生育保险基金及管理费不征税、费。

第三节　生育保险待遇

一、生育保险待遇的概念和享受条件

生育保险待遇，是指女职工在生育期间依法享有的各种帮助和物质补偿。世界各国生育保险待遇的高低，因受许多因素的影响不尽相同，一般取决于各国的经济发展水平、人口政策和妇女的地位。

生育保险的对象是女职工。对于享受生育保险的条件，各个国家的规定

① 郭成伟、王广彬：《中国社会保险法制探究》，中国法制出版社2003年版，第210页。

不尽相同，主要有投保要求、居住要求、受雇时间要求、怀孕及分娩成立要求等。[①] 我国享受生育保险待遇的条件是以建立劳动关系为基础，同时，还要受计划生育政策的限制。女职工享受生育津贴的前提还必须是以单位为其缴纳了生育保险费，而且领取生育津贴的时间必须与生育产假相一致。

二、生育保险待遇的内容和标准

通常来说，生育保险待遇主要包括以下几个方面的内容：

1. 生育假期待遇

产假是为恢复产妇的体力和照顾婴儿而为受保者提供的休息时间，往往包括待产、生产、哺乳三个连续的阶段。因此，整个产假由待产假期、生育假期和婴儿哺乳假期三个部分组成，它是实现生育保险目的的必要环节，也是生育保险待遇的重要构成部分。按照《国际劳工公约》的规定，女性劳动者生育，产前、产后的休假总共不应少于 12 周(84 天)。[②]

我国妇女产假，建国初期为 56 天，持续了将近 30 年。1988 年国务院颁布了《女职工劳动保护规定》，对此作了变动，其中第 8 条规定："中华人民共和国境内的一切国家机关、人民团体、企业、事业单位的女职工，产假为 90 天，其中产前休假 15 天，难产的增加产假 15 天；多胞胎生育，每多生一个婴儿，增加产假 15 天；女职工怀孕不满 4 个月流产的，根据医务部门的证明，给予 15—30 天的产假，怀孕满 4 个月以上流产的，给予 45 天产假"。对 24 周岁以上的晚育者，规定女方增加 15 天，在规定的产假后连续使用；对初婚或未生育过孩子的再婚男方，给假 3 天。同时，对婴儿的哺乳时间也作了规定，即对女职工生育后的困难，经本人申请、单位批准，可请哺乳假 6 个半月，对不享受哺乳假假期或哺乳假期满后，婴儿在一周岁以内的，规定每班两次授乳，每次为 30 分钟。多胞胎生育者，每多生一胎，每次哺乳时间增加 30 分钟(在本单位内授乳往返时间算作劳动时间)。女职工产假和哺乳假期满后，因身体健康原因，不能如期上班的，由医务部门证明，可酌情按病假规定延长不超过一年的假期。此外，对因采取计划生育措施的女劳动者的假期，各地方根据本地的实际情况，作了不同的具体规定。

2. 生育保险的医疗费用待遇

---

① 何平主编：《社会保障概论》，中国劳动社会保障出版社 2001 年版，第 168 页。

② 郭成伟、王广彬：《中国社会保障法制探究》，中国法制出版社 2003 年版，第 200 页。

生育保险的医疗费用待遇是指受保者因生育而发生的医疗费用。我国规定，女职工生育的检查费、接生费、手术费、住院费和药费，因生育引起疾病的医疗费，以及采取避孕措施控制生育的费用，由生育保险基金支付；女职工生育出院后非因生育引起的疾病的治疗，产假期满后的休息治疗，则按照医疗保险规定办理。

3.生育津贴待遇

又称为产假工资，是生育保险事业在女性劳动者因生育而丧失劳动能力时为其提供的收入补偿或津贴。生育津贴是生育保险待遇的主体的基本生活来源。国际劳工组织《保护生育建议书》(第 95 号)中提议："生育津贴应等于该妇女生育之前的收入"。[①] 也就是说，妇女产假期间仍照样领取原有的工资，不作丝毫扣减。我国现行立法规定，在法定产假期间，停发工资，按月从生育保险基金中支付生育津贴，其标准为用人单位上年度职工月平均工资。

4.计划生育的奖励待遇

这是我国的一项特殊生育保险待遇。例如，对推迟生育的晚育女职工，除国家规定的产假外，增加产假 15 天、20 天等；对其独生子女，每月发给保健费 5 元，直到 14 岁为止。

5.其他待遇

这是指除上述费用以外的其他生育保险待遇，主要包括子女补助费、男职工之妻(无工作)的生育补助等。

---

① 王君南、陈微波编著：《劳动关系与社会保险》，山东人民出版社 2004 年 06 月出版，第 375 页。

第十八章 养老保险制度

第一节 养老保险概述

一、养老保险的概念

历史地看待社会养老保险制度，是一种生产社会化、城市化、社会生活日渐现代化的产物。[①] 在传统的社会里，一般来说，对老年人的抚养责任由其家庭、家族承担。随着现代文明的到来，现代工业代替了落后的小农业，现代化大生产代替了手工劳动为基础的小生产，人类生产力水平有了极大提高，从而带动人类的养老方式由家庭养老向社会养老转化。社会养老是指社会给劳动者提供养老生活费用，只要老年人能定期获得保障生活的养老金，就算实现了社会养老。社会养老可以通过养老社会保险的形式实现，养老社会保险实施范围的大小和养老金给付标准的高低，不仅取决于需要，更取决于可能，取决于社会生产力发展水平。[②]

养老保险，又称老年社会保险或年金保险，是指劳动者达到法定老年年龄并从事某种劳动达到法定年限后，由国家和社会依法给予一定物质帮助，以维持其老年生活的一种社会保险制度。[③] 这一概念包含三层含义：(1)养老保险是国家为了维持社会秩序和促进经济发展而进行的一种制度选择，具有一定的法律强制性。(2)养老保险是在法定范围内的老年人完全或基本退出社会劳动活动后才自动发生作用的。这里所说的“完全”，是以劳动者与生产资料的脱离为特征的；所谓“基本”，指的是参加生产活动已不成为其主要社会生活内容。需特别指出的是，法定的年龄界限才是切实可行的衡量标准。(3)养老保险的目的是为老年人提供保证其基本生活需要的稳定生活费来源，这一标

① 何平主编：《社会保障概论》，中国劳动社会保障出版社 2001 年版，第 95 页。

② 奚国泉：《社会保障制度与构架》，高等教育出版社 2001 年版，第 41 页。

③ 黎建飞编著：《劳动法和社会保障法》，中国人民大学出版社 2003 年版，第 366 页。

准低于原有的工资收入水平，高于社会救济水平。

世界银行曾在《防止老龄危机》研究报告中建议，各国的社会养老保险体系要建立“三个支柱”：第一个支柱是公共支柱，即基本养老保险；第二个支柱是企业年金即企业补充养老保险；第三个支柱是个人储蓄性养老保险。[①] 我国正是按照这一思路，提出要建立多层次养老保险制度，这一制度由以下三部分组成：基本养老保险、企业年金和个人储蓄性养老保险。基本养老保险由国家强制实施，属于我国多层次养老保险制度中的第一层次，主要是满足广大离退休人员基本生活需要。企业年金也称企业补充养老保险，是指企业及其职工在依法参加基本养老保险的基础上，自愿建立的补充养老保险制度。企业年金属于我国多层次养老保险制度中的第二层次，是一种辅助性养老保险。职工个人储蓄性养老保险是指由职工根据个人收入情况自愿参加、自愿选择经办机构的一种补充养老保险形式，属于我国多层次养老保险制度中的第三层次。基本养老保险的强制缴纳是其与作为补充养老保险的企业年金与职工个人储蓄性养老保险的最大区别。

二、养老保险的特征

养老保险是社会保险制度中受保者身份最稳定、享受时间最长、费用开支最大的项目，是一个国家社会保障制度完善与发展的重要指标。除了具备社会保险强制性、互济性和普遍性等共同特征外，养老保险还具有以下主要特征：

1. 参加保险与享受待遇的一致性

其他社会保险项目的参加者不一定都能享受相应的待遇，而养老保险待遇的享受人群是最确定、最普遍、最完整的。因为几乎人人都会进入老年，都需要养老。参加养老保险的特定人群一旦进入老年，都可以享受养老保险待遇。

2. 保障水平的适度性

养老保险的基本功能是保障劳动者在年老时的基本生活，这就决定其保障水平要适度，既不能过低，也不能过高。一般来说，养老保险的整体水平要高于贫困救济线和失业保险金的水平，低于社会平均工资和个人在职时的收入水平。

3. 享受期限的长期性

---

① 肖金成：《国有资本运营论》，经济科学出版社 1999 年版，第 194 页。

参加养老保险的人员一旦达到享受待遇的条件或取得享受待遇的资格，就可以长期享受待遇直至死亡。其待遇水平基本稳定，通常是逐步提高的，而不会下降。

4.保障方式的多层次性

广义的养老保险，不仅包括国家法定的基本养老保险，还包括用人单位建立的补充养老保险（企业年金）、个人自愿参加的储蓄性养老保险等。建立和完善多层次的养老保险体系，已成为一种国际趋势。

5.与家庭养老相联系

养老保险的产生和发展，逐步取代了传统家庭养老的部分甚至大部分功能。养老保险保障程度较低时，家庭养老的作用更大一些；养老保险保障程度较高时，家庭养老的作用就相应减弱。但养老保险并不能完全替代家庭养老。几乎所有国家的宪法或法律都规定了公民有赡养老人义务的原则。因此，养老保险与家庭养老是相互联系、相得益彰的统一体。

三、养老保险的意义

1.养老社会保险是社会发展的需要

人类社会的历史表明，老年人口对社会发展仍具有重要的作用，这主要表现在他们所具有的丰富知识与社会经验，以及良好的行为规定，对后继社会有着深远影响，并且还承担着教育下一代的重任。在社会化大生产的今天，老年人对社会的物质文明与精神文明建设仍然具有不可替代的重要作用。因此，通过养老社会保险满足退休劳动者的生活保障，不仅是其个人的生活需要，也是社会循序渐进，不断向前发展的需要。

2.养老社会保险是人类文明和人道主义的重要体现

通过建立和健全养老社会保险制度，使所有因年老丧失劳动能力的社会劳动者都能获得基本生活保障，安度晚年，这是现代社会中一个国家文明与进步程度的重要体现，也是社会主义市场经济条件下人道主义的一种具体反映。

3.养老社会保险是应对人口老龄化挑战的有效手段

人口老龄化是社会经济发展的一种客观结果，它对一个国家的政治、经济和文化等方面都会产生一系列重大的影响。根据我国人口调查资料和世界银行的研究结果，我国人口的老龄化程度每 30 年将增加一倍，占届时世界老年人口的 1/4 左右。① 作为一个经济尚不够发达，人民生活刚刚步入小康水平

---

①　冯必扬：《现代社会保障研究》，人民出版社 2003 年版，第 309 页。

的发展中国家，我国的社会发展面临着人口老龄化的挑战，惟有采取建立和完善现代化的养老社会保险制度，才是最有效的手段之一。

4.有利于职工队伍的正常更替

人类社会总是在连续和继承中发展着的。劳动者年老体衰，工作效率下降时，应按国家规定实行正常的退休，为新成长起来的劳动力提供必要的工作岗位。连续不断的、正常的新陈代谢，有利于使职工队伍保持旺盛的生命力，有利于提高整体素质和工作效率。

5.有利于解除在职社会劳动者的后顾之忧，调动其劳动积极性

稳定、完善的退休养老保险制度，不但可以为达到法定退休年龄者提供生活保障，而且因为退休金待遇与在职工资收入相关，这样既能够使在职职工看到自己退休时的生活有了保障，又能促进其在职时积极进取，为以后退休时积累更多的资格条件。同时，养老社会保险的实施，也大大减轻了子女对退休老人的经济负担。

四、养老保险的立法与改革

(一)国外的养老保险立法

现代意义上的养老保险立法发端于德国，1889 年德国颁布了《老年残疾保险法》，这是第一个正规的面向全体工薪劳动者的老年、伤残保障立法。后来这一立法又加入了遗属抚恤保障的内容。《老年残疾保险法》的出台开创了社会养老保险制度模式：(1)这是一项国家强制性缴费的计划安排，费用来自雇主、雇员和政府三方，这样使制度的资金来源避免了完全由政府负担的财力限制；(2)由于这是一项缴费性计划安排，当雇员进行了缴费也就取得了领取养老金的权利，这种安排同那些与经济调查相关联的“救助”方式相比，不仅免去了有损人格的缺陷，也使各种繁琐手续得到了简化，便于管理；(3)在保障范围上解决了雇佣劳动者、工薪人员这一社会最多的成员的养老保障，因而解决了社会的主要矛盾。[①] 此后欧洲各国、美国等诸多国家相继创立了养老保险法。

截止到 1999 年底，全世界实行社会保障制度的国家和地区之中，已有 167 个国家和地区建立了养老保险制度。[②] 由于政治制度不同，经济发展水平不等，历史传统的差异，所建立起来的养老保险模式不尽相同，大致可以分为

---

① 刘燕生：《社会保障的起源、发展和道路选择》，法律出版社 2001 年版，第 117 页。

② 何平主编：《社会保障概论》，中国劳动社会保障出版社 2001 年版，第 96 页。

四种养老保险类型：投保资助型、福利国家型、国家保险型和强制储蓄型等。①

（二）我国的养老保险立法和改革

我国的养老保险制度始建于20世纪50年代初期。1951年政务院颁布了《中华人民共和国劳动保险条例》，建立了第一个正式的养老保险制度。由于建国初期所确定的过于慷慨的社会保险承诺，超越了当时国民经济运行所能承载的限度。为重新寻求社会保险计划与经济发展之间的平衡，1958年2月6日国务院全体会议修改通过了《国务院关于工人、职员退休处理的暂行规定》，首先对养老保险制度进行调整，将企业职工养老保险与国家干部的养老保险纳入到一个共同的公共养老保险计划之中。但这一趋同进程因种种原因而中止。1978年6月国务院颁发了《国务院关于安置老弱病残干部的暂行办法》和《国务院关于工人退休、退职的暂行办法》。这两个办法是传统养老保险制度在新的历史时期的复归和延续。其主要贡献在于：(1)确立了新时期养老金的受给资格与待遇水平；(2)实施了养老金最低保证线制度；(3)传统社会保险制度的社会统筹机制在养老保险制度中得以重建。②

与当时的计划经济模式相适应，我国1951—1991年的养老保险制度基本上可以称为国家保障型社会养老保险制度。③ 之所以称为“国家型”，是因为其主要有以下两个特点：第一，养老保险的范围由国家政策规定；第二，养老保险金的来源由国家统一筹集和支付。④ 总的来说，我国国家保险型的养老保险制度和当时的理论指导思想、政治经济状况是相适应的，对促进我国社会的繁荣、稳定、经济发展也起到了重要的作用。但随着我国改革开放的发展和社会老龄化步伐的加快，我国退休养老制度越来越不能适应社会经济发展的需要，退休费用负担不均衡的矛盾越来越突出。

针对这一问题，从1984年起，我国开始在少数地区进行了国有企业退休费用社会统筹的试点。在试点的基础上，1986年7月国务院颁布《国营企业实行劳动合同制暂行规定》，具体规定了劳动合同制职工实行社会养老的办法。主要内容是：养老保险基金由企业、个人和国家三方共同负担，采用基金

---

① 罗元文编著：《国际社会保障制度比较》，中国经济出版社2001年版，第104～111页。

② 参见杨良初著：《中国社会保障制度分析》，经济科学出版社2003年版，第64页。

③ 王怡、王在勇、夏宁、尹金华主编：《社会保障概论》，山东人民出版社2005年版，第80页。

④ 王先林：《劳动和社会保障仲裁与诉讼》，法律出版社2002年版，第205页。

完全积累模式，企业按合同工工资总额的15%的比例缴纳保费，合同工则按不超过本人标准工资3%的比例缴纳保费。1991年6月国务院在总结各地改革经验的基础上，颁布了《国务院关于企业职工养老保险制度改革的决定》，对原有的企业职工养老保险制度进行较为系统的改革，目标是逐步建立起基本养老保险与企业补充养老保险和职工个人储蓄性养老保险相结合的制度。从此，我国逐步建立起多层次的养老保险体系。1993年11月，党的十四届三中全会《决定》明确提出"养老保险实行社会统筹与个人账户相结合"（简称"统账结合"）方案以供各地选择试点。在各地改革试点的基础上，国务院在经过广泛的调查研究和征求意见的基础上，于1995年3月发布了《关于深化企业职工养老保险制度改革的通知》，正式确立了社会统筹和个人账户相结合的基本框架。1997年7月，国务院颁布了《关于建立统一的企业职工基本养老保险制度的决定》（以下简称国发[1997]26号文件），该决定首先确定了统一的城镇企业职工养老保险制度，即统一规定、统一标准、统一管理和统一调剂使用资金；其次是确定了统一的运行模式，即统一个人账户规模、记账利率、缴费基数、缴费比例、养老金计发办法及过渡办法。统一的职工养老保险制度具有创新性、兼容性、认同性和可操作性等特点。新制度的出台，表明我国养老保险制度改革进入了一个新的历史时期。①

从上个世纪80年代我国开始对城镇企业职工养老金制度进行改革算起，中国的养老保险制度改革已经进行了20多年时间。尽管时至今日仍未能实现基本养老保险制度的最终定型发展，甚至在一些地区还出现了养老保险基金支付危机，但依然不能否定这种制度变革已经取得的成就：(1)促使单位化的退休养老制度走向社会化的养老保险制度；(2)责任共担机制在取代单一责任主体；(3)单一层次保障正在转变为多层次或多支柱式养老保障体系；(4)新制度覆盖的人口在持续扩大；(5)创造性地实施了"社会统筹与个人账户相结合"的基本养老保险改革模式。②

但随着人口老龄化、就业多样化和城市化的发展，企业职工基本养老保险工作出现了一些新情况和新问题，企业职工基本养老保险制度需要进一步改革和完善。2005年12月3日国务院发布了《关于完善企业职工基本养老保

① 冯必扬、严翅君主编：《现代社会保障研究》，人民出版社2003年版，第230～231页。

② 郑功成等著：《中国社会保障制度变迁与评估》，中国人民大学出版社2003年版，第95～99页。

险制度的决定》(以下简称国发[2005]38号文件),该决定在1997年的改革方案基础上进一步完善与深化,提出了10个方面的改革意见,在现行养老保险制度的发放力度、范围、计发方法等方面提出了改进办法,在扩大基本养老保障的覆盖范围、做实个人账户、建立基础养老金的激励机制、让养老金与物价变动挂钩等方面提出了实质性的举措。

第二节　养老保险基金的募集和管理

一、我国养老保险基金筹集的模式

养老保险基金的筹集,目前世界上有三种模式,即现收现付模式、完全积累模式、部分积累模式。前两种模式尽管有各自的优点,但是也有明显的缺点,例如现收现付制难以应对日益严重的人口老龄化挑战,完全积累制会遭遇通货膨胀冲击等。部分积累制能够吸纳两者的优点,避免两者的缺点。所谓部分积累制,是指在现收现付式的基础上,按“收大于支,略有节余”的原则,按比例征收企业的投保费用,其收大于支的部分基金用于转投经营,保值和增值。它兼顾了近期横向收支平衡和远期纵向收支平衡,是对前述两种筹资方式的混合使用。

我国养老保险的筹资模式改革前采取的是现收现付式。这种办法虽简单易行,可防止受通货膨胀的影响,但这种模式只是简单的定性分析,不能与国家财力、国民收入分配和再分配的比例相适应,出现了近期负担过轻与远期负担过重、国家和企业包袱过重的现象。据测算,1995年养老金的支出仅为工资总额的15.15%,2025年则将达到30%,2035—2040年间将超过36%,该模式无法适应我国人口老龄化到来的客观要求。[①] 因此中国需要寻求新的机制与模式,力图兼顾应对人口老龄化冲击而又不给这一代人带来不堪承受的负担。正是基于该背景下,我国确定了基本养老保险社会统筹与个人账户结合的制度模式。有人认为,中国当前的个人账户和社会统筹相结合的城镇职

---

① 唐州徽:《我国现行的养老保险基金筹资模式》,载《中国劳动保障报》2005年6月9日。

工基本养老保险制度就是典型的部分积累制。[①] 也有人认为，我国的个人账户和社会统筹相结合的养老保险制度不是国际上流行的部分积累制，而是部分现收现付和部分完全积累的组合模式。[②] 因为基本养老保险体系中社会统筹账户上的基金主要来源于单位缴费，资金实行现收现付式，主要用于支付职工当期养老金，一般没有积累。基本养老保险体系中个人账户上的基金主要来源于职工个人缴费，资金实行完全积累式，主要用于支付职工本人退休后所需的保险金。

二、养老保险基金的负担

从目前世界上实行养老保险的国家来看，大部分国家实行国家、雇主和劳动者三方共同出资，并以企业和个人为主的原则。在传统计划经济体制下，我国养老保险费用完全由国家和企业包下来和劳动者不承担任何费用的办法。1991 年颁布的《国务院关于企业职工养老保险制度改革的决定》第 2 条规定："改变养老保险完全由国家、企业包下来的办法，实行国家、企业、个人三方共同负担，职工个人也要缴纳一定的费用。"从此，我国确定了养老保险基金由国家、用人单位和劳动者三方共担的筹措原则，合理地界定了国家、用人单位和劳动者个人三方的责任界限。

1. 用人单位

在我国现阶段，单位缴纳的养老保险费，是养老保险基金的最主要来源。《国务院关于建立统一的企业职工基本养老保险制度的决定》第 3 条规定："企业缴纳基本养老保险费（以下简称企业缴费）的比例，一般不得超过企业工资总额的 20%（包括划入个人账户的部分），具体比例由省、自治区、直辖市人民政府确定。少数省、自治区、直辖市因离退休人数较多、养老保险负担过重，确需超过企业工资总额 20%的，应报劳动部、财政部审批。"用人单位缴纳的养老保险费可在税前提取，这实际上是国家以让利的方式给予养老保险的资助，据估算，相当于国家负担了 30%的养老保险费。[③] 这充分体现了国家、用人单

① 参见中国社会科学院、德国阿登纳基金会：《中国城市社会保障的改革》，阿登那基金会系列丛书第 11 辑，第 128 页，转引自刘翠霄：《我国养老保险的现状和问题》，http://www.cnlsslaw.com/，下载日期 2006 年 10 月 25 日。

② 参见郑功成：《论中国特色的社会保障道路》，武汉大学出版社 1997 年版，第 186 页。

③ 黎建飞编著：《劳动法和社会保障法》，中国人民大学出版社 2003 年版，第 374 页。

位和劳动者个人三方共同负担的原则。

2.劳动者个人

劳动者个人缴纳的养老保险费也是养老保险基金的重要来源和组成部分。劳动者个人缴纳养老保险费是每个人在享受养老保险权利的同时应尽的义务,是劳动者为可能出现的与劳动有关的风险而进行的"零存整取"式的最有效的预防手段。《国务院关于建立统一的企业职工基本养老保险制度的决定》第3条规定:"个人缴纳基本养老保险费(以下简称个人缴费)的比例,1997年不得低于本人缴费工资的4%,1998年起每两年提高1个百分点,最终达到本人缴费工资的8%。有条件的地区和工资增长较快的年份,个人缴费比例提高的速度应适当加快。"缴费个人应当缴纳的养老保险费,由所在单位从其本人工资中代扣代缴。

《国务院关于完善企业职工基本养老保险制度的决定》第3条还规定:"城镇个体工商户和灵活就业人员参加基本养老保险的缴费基数为当地上年度在岗职工平均工资,缴费比例为20%,其中8%记入个人账户。"

3.国家的财政补贴

我国《宪法》第88条规定:"国家依照法律规定实行企业事业组织的职工和国家机关工作人员的退休制度。退休人员的生活受到国家和社会的保障。"这是国家对养老保险承担责任的法律依据。国家从财政收入中予以补贴是养老保险基金正常运转的可靠保证。但在养老保险中,政府财政补贴只是发挥辅助性作用。

随着我国市场经济体制逐步完善和建立独立于企业、事业之外的社会保障体系的形成和完善,各级政府将加大财政对社会保障事业的投入,包括对企业职工养老保险的投入,以保障基本养老金的按时足额发放和整个社会保障制度运行的中远期资金需求。在国家财政给予养老保险基金上述"明补"的同时,国家还通过税前列支方式对养老保险基金进行了大量的"暗补"。企业缴纳基本养老保险费实行税前列支和职工个人缴纳的基本养老保险费不计提个人所得税,实际上就相当于国家承担了一部分基本养老、保险费支出,也属于财政补贴的一种方式。

从我国养老保险制度的实施情况看,国家承担的责任相对太小。在国外,国家承担社会保障费用(包括养老保险费用)占财政支出的比例比较高。英国政府规定,雇员退休养老缴款由政府负担其费用的18%,并承担全部调查津贴所需费用;瑞典基本养老金所需费用的30%来源于政府拨款;德国养老保险由政府补助的数额一般为总开支的1/3,不同年份补贴数额略有不同;日本政府每年要拿占财政总支出的17.5%的资金,用于对养老、医疗保险补助支出。[①] 这些政府对养老保险的补助支出对于维护养老保险制度的正常运转发挥了积极作用。而我国2005年各级财政补贴基本养老保险基金614亿元,其中中央财政522亿元,地方财政92亿元,[②]仅占当年国家财政支出的2.1%左右。所以,我国国家财政应进一步加大对养老保险的投入。

三、基本养老保险的覆盖范围

《社会保险费征缴暂行条例》第3条规定,基本养老保险费的征缴范围包括国有企业、城镇集体企业、外商投资企业、城镇私营企业和其他城镇企业及其职工,实行企业化管理的事业单位及其职工。凡在规定范围的单位和工人都必须无条件参加基本养老保险,并按法律规定的方式和标准向指定的社会保险经办机构缴纳养老保险费,不得拒缴或少缴。有数据显示,我国养老保险只覆盖了城镇职工的78%,被纳入社会基本养老保障体系的劳动者只相当于劳动力人口的1/4。其中,除了机关事业单位人员外,大部分是城镇国有或集体企业职工,在1.2亿个体工商户等灵活就业人员中参保人数只有1200万人,绝大多数没有参加养老保险。[③]

《国务院关于完善企业职工基本养老保险制度的决定》中进一步扩大了基本养老保险覆盖范围,规定城镇各类企业职工、个体工商户、灵活就业人员和农民合同制职工都要参加企业职工基本养老保险,并重申了与之配套的社会保险补贴政策,帮助就业困难人员参保缴费。

四、养老保险基金的统筹和管理

(一)个人账户的设置与管理

1.个人账户的建立

个人账户亦称个人基金账户,是我国基本养老保险制度中实行的社会统筹与个人账户相结合的制度模式中的重要内容。该账户由各级社会保险机构

---

① 宋晓梧主编:《完善养老保险确保老有所养》,企业管理出版社2001年版,第95~99页。

② 劳动和社会保障部、国家统计局:《2005年度劳动和社会保障事业发展统计公报》,http://www.molss.gov.cn/,下载日期:2006年11月12日。

③ 曹滢:《养老保险改革步入雷区,20年改革难题待破解》,《经济参考报》2005年12月19日第6版。

按国家技术监督局发布的社会保障号码，为参加基本养老保险的职工每人建立一个终身不会变的个人账户。就我国基本养老保险而言，个人账户有三层含义：其一，个人账户的基金实行强制性个人缴纳积累为主，企业资助为辅的办法；其二，这个个人账户归个人所有，个人使用，不作社会互济，职工在职时基金管理采取完全积累的方式，退休后按月支付使用；其三，基本养老金个人账户的支付属于缴费限定型，与职工本人在职时的贡献大小和工资多少相关。

2. 个人账户的构成

《国务院关于建立统一的企业职工基本养老保险制度的决定》中规定："按本人缴费工资11%的数额为职工建立基本养老保险个人账户，个人缴费全部记入个人账户，其余部分从企业缴费中划入。随着个人缴费比例的提高，企业划入的部分要逐步降至3%。"根据国务院2005年12月颁布的《关于完善企业职工基本养老保险制度的决定》规定，从2006年1月1日起，个人账户的规模统一由本人缴费工资的11%调整为8%，全部由个人缴费形成，单位缴费不再划入个人账户。[①] 个人账户储存额的多少，取决于个人缴费额和职工个人账户基金收益，并由社会保险经办机构定期公布。个人账户基金只能用于职工养老，不得提前支取。职工跨统筹范围流动时，个人账户随同转移。职工或退休人员死亡，个人账户可以继承。

（二）基本养老保险基金的统筹和管理

基本养老保险基金实行省级统筹，由用人单位、劳动者、国家三方共同负担。由政府根据支付费用的实际需要和企业、职工的承受能力，按照"以支定收、略有结余、留有部分积累"的原则统一筹集。具体的提取比例和积累率，由省、自治区、直辖市人民政府经实际测算后确定，并报国务院备案。十六届三中全会《关于完善社会主义市场经济体制若干问题的决定》进一步提出："建立健全省级养老保险调剂基金，在完善市级统筹基础上，逐步实行省级统筹，条件具备时实行基本养老金的基础部分全国统筹。"

国家对基本养老保险基金实行严格的管理制度。基本养老保险基金要纳入财政专户，实行收支两条线管理，严禁挤占挪用，禁止基金违规投资运营。要严格管理积累基金，除按规定预留必要的支付费用外，全部存入银行和购买国债，在国家做出新的规定之前，一律不得进行其他投资。

---

① 将原先"单位缴费"进入个人账户的3个百分点划入"社会统筹"，一方面可以减少我国养老金收支缺口。另一方面也能够一步到位地实现个人缴费、个人所有、个人受益，这对做实个人账户和进一步明晰个人账户基金的产权归属大有裨益。

第三节　养老保险金的发放

一、养老保险待遇的享受条件

1. 年龄条件

老年年龄是一个国家根据社会经济发展的水平、人口的平均寿命及劳动力供求状况对老年年龄所做的规定。老年年龄的高低直接影响养老保险基金的筹集和发放。① 我国现行法律规定男职工 60 岁退休，女职工又分干部和工人，干部退休年龄是 55 岁，工人是 50 岁。法律、法规对劳动者的退休年龄有特殊规定者，从其规定。

从国际情况看，多数已建立养老保险制度国家的男女从业人员的退休年龄为 63～65 岁左右。考虑到我国人口寿命延长的实际情况和养老保险基金压力，有关方面曾提出统一女职工退休年龄、取消提前退休等意见。但是，我国是人口大国，劳动力多，设计退休年龄必须统筹考虑社会保险与就业。目前，企业改革和经济结构调整仍在进行中，就业的矛盾十分突出，考虑到改革退休年龄涉及每位职工的切身利益，目前改革的时机还不够成熟。因此，本着慎重的态度，《国务院关于完善企业职工基本养老保险制度的决定》中并没有对退休年龄进行调整。

2. 工龄条件

工龄是劳动者以工资收入为其全部或主要生活来源的劳动年限，它是发放养老保险金的重要依据之一。各国有关工龄的规定不尽一致，短的为 15 年，长的为 40 年。在实行劳动者个人缴纳养老保险费的国家，退休工龄即为缴费年限。

我国规定，职工连续工龄满 10 年的，即可退休。国家公务员提前退休一般须连续工龄满 20 年，连续工龄满 30 年者提前退休不受年龄限制。因工伤残而完全丧失劳动能力的，退休不受工龄长短的限制。

3. 缴费年限

缴费年限是企业和职工共同缴纳养老保险费的年限。规定年限的目的在于体现劳动者权利与义务的对等关系，避免一些人临近退休年龄时才缴纳保

① 黎建飞：《劳动法与社会保障法》，中国人民大学出版社 2003 年版，第 377 页。

险费并获得退休金。各国一般都规定了一个最低缴费年限，该年限是参照人的正常寿命和可能的工作年限并结合保险金支出的财务状况估算而确定的。国际劳动组织建议为15年，我国一些地区规定的缴费年限为10年。①

二、养老保险待遇的内容和给付标准

1.养老保险待遇的内容

按我国现行规定，职工养老保险待遇从其退休的第二月起停止发放工资，每月按照规定标准发给退休金，直至本人死亡。退休金低于最低生活保障的，按最低生活保障数额支付。医疗待遇和死亡待遇与在职职工相同。易地安家补助费、易地安置车旅费、生活困难补助费等其他待遇均按规定标准执行。

劳动者如退职的，待遇的水平低于退休待遇，其主要内容包括：按月发给相当于本人退职前基本工资一定比例的退职生活费，其数额不得低于国家规定的最低标准。医疗待遇和死亡待遇与在职职工相同。

2.养老保险待遇的给付标准

养老保险待遇的确定一般以劳动者在职时的工资收入为基础，再辅之以工龄或缴费年限和退休年龄进行计算。一般认为，养老待遇水平在任何情况下不能高于在职时的工资收入，因此退休金不可能是原工资的100%，而只能是其一定的百分比，这种百分比被称为“退休金的工资取代率”。国际劳工组织第128号《残疾、老年和遗属公约》规定，缴费和就业30年，并有一个符合养老条件的配偶，正常的养老保险金不得低于工资收入的40%～50%。②

《国务院关于完善企业职工基本养老保险制度的决定》按照劳动者参加工作的时间，将劳动者划分为“新人”、“中人”和“老人”三种情况，其基本养老保险待遇的给付标准亦有所区别。

(1)新人

新人是指国发[1997]26号文件实施后参加工作的职工。此类职工没有历史包袱，完全按照新制度执行。缴费年限(含视同缴费年限，下同)累计满15年的，退休后按月发给基本养老金。基本养老金由基础养老金和个人账户养老金组成。退休时的基础养老金月标准以当地上年度在岗职工月平均工资和本人指数化月平均缴费工资的平均值为基数，缴费每满1年发给1%。个人账户养老金月标准为个人账户储存额除以计发月数，计发月数根据职工退

① 冯杰、韩树军编著：《中国社会保障》，河南人民出版社2002年版，第44页。

② 黎建飞：《劳动法与社会保障法》，中国人民大学出版社2003年版，第378页。

休时城镇人口平均预期寿命、本人退休年龄、利息等因素确定。

(2)中人

中人是指在国发[1997]26号文件实施前参加工作,国发[2005]38号文件实施后退休且缴费年限累计满15年的人员。该类人员的工作时间兼跨新旧两种制度,在处理上比较复杂,按照有关规定应当按新老办法平衡衔接、待遇水平基本平衡等原则,在发给基础养老金和个人账户养老金的基础上,再发给过渡性养老金。过渡性养老金从养老保险基金中解决。但是国发[2005]38号文件实施后到达退休年龄但缴费年限累计不满15年的人员,不发给基础养老金;个人账户储存额一次性支付给本人,终止基本养老保险关系。

(3)老人

老人是指国发[2005]38号文件实施前已经离退休的人员。他们仍按国家原来的规定发给基本养老金,同时执行基本养老金调整办法。

(4)城镇灵活就业的人员

退休后按企业职工基本养老金计发办法计发基本养老金。

(5)农民合同制职工

参加养老保险的农民合同制职工,在与企业终止或解除劳动关系后,由社会保险经办机构保留其养老保险关系,保管其个人账户并计息,凡重新就业的,应接续或转移养老保险关系;也可按照省级政府的规定,根据农民合同制职工本人申请,将其个人账户缴费部分一次性支付给本人,同时终止养老保险关系,凡重新就业的,应重新参加养老保险。农民合同制职工在男年满60周岁、女年满55周岁时,累计缴费年限满15年以上的,可按规定领取基本养老金;累计缴费年限不满15年的,其个人账户全部储存额一次性支付给本人。

根据职工工资和物价变动等情况,国务院还将适时调整企业退休人员基本养老金水平,调整幅度为省、自治区、直辖市当地企业在岗职工平均工资年增长率的一定比例。各地根据本地实际情况提出具体调整方案,报劳动保障部、财政部审批后实施。

第十九章　社会福利和社会救济法律制度

第一节　社会福利制度

历史上的社会福利，曾经与慈善事业和济贫服务同义。在20世纪以前，西方的社会福利是建立在自由主义、个人责任和私人善行基础上的行动，它为少数人提供服务。进入20世纪以后，社会福利才成为一种社会化的行为并走向制度化。这种变迁的标志在于：社会福利不再是局部的、有限的慈善活动，而是一项面向全体国民的社会政策；它的组织与实施不再单纯是民间的互助互济，而是由政府直接干预并承担责任；它的内容不再是满足国民因生存而需要的单纯的物质生活保障，而是增进了精神生活和个人全面发展的需要；它的理论不再是积德行善的教义或儒学思想，而是日益丰富的福利国家、福利经济、福利社会等学说。①

社会福利是社会保障制度的重要组成部分，它是一种更高形态的公共利益的实现形式。它与社会保障制度的其他两个重要构成——社会保险与社会救济制度相比，其适用范围最广，覆盖全体社会成员，并且所提供的保障水平也最高。

一、社会福利概念、特征

（一）社会福利的概念

社会福利（social welfare）制度的内涵及外延是随着时代的发展而不断演变的。因对福利的理解不同，各国的福利政策有较大差异。欧美国家对福利的理解采用广义概念，认为社会福利是国家和社会为改善和提高全体社会成

① 郑功成：《中国社会福利发展论纲——从传统福利模式到新型福利制度》，载《社会保障制度》2001年第1期。

员的物质、精神生活而采取的措施、提供的设施和服务，包括人们的衣、食、住、行、环境、教育等，涉及社会生活的各个方面。他们宣称自己为福利国家，把对公民“从摇篮到坟墓”的保障措施统称为社会福利。而有的国家则采狭义理解。狭义理解又可细分为两种情形，一种观点把社会福利等同于社会保障，指国家和社会为保障社会成员的基本生活而采取的社会政策。另一种观点认为社会福利指的是为提高社会特定群体，特别是弱势群体的生活水平及特定领域的福利状况而由社会提供的保障和服务。

我国对社会福利采狭义解释，认为社会福利是国家和社会为改善并不断提高社会成员的物质、精神生活水平而为立法或政策范围内的社会成员提供各种物质帮助和优化服务的社会政策措施的总称。[①] 社会福利法的宗旨与社会福利的本质密切相关，即让社会成员在一定生活水平的基础上，尽可能地提高物质、精神生活的质量。社会福利法是以提高社会成员的物质生活、精神生活水平为目的，调整国家、社会及公民在提供福利服务和物质帮助的过程中发生的社会关系的法律规范的总称。

（二）社会福利的特征

1.社会福利适用对象的广泛性

社会福利是以全社会力量给予支持的，是一种典型的国民收入再分配方式，其资金来源于政府出资和社会筹资，是一种对社会成员普遍提供的物质利益。不管社会成员的身份、职业、地位和其他个人状况如何，都可以享受社会福利待遇，不同的只是社会福利在客观上给个人带来的效用，即在一般情况下，由于收入效用递减规律的作用，社会福利给低收入者带来的效用会大于高收入者。

2.社会福利待遇追求公平性

它与社会保险和社会救济不同之处在于：不要求其保障对象必须预先缴费或必须提供家庭经济状况资料才能获得资格。社会福利常以不带任何前提的“普遍性”原则为号召，只要社会成员属于立法或政策划定的范围之内，无论“贫富贵贱”都能按规定得到他应享受的津贴和服务。

3.社会福利在保障目标上具有高层次性

它着力于使社会成员在一定生活水平的基础上，尽可能地提高生活质量。这里的“生活质量”指的是人们对社会为他们提供的生活条件和生活环境的主观感受，常常以“幸福感”、“满足感”的表象出现。它不但追求物质需要的满

---

① 郑功成：《中国社会福利发展论纲——从传统福利模式到新型福利制度》，载《社会保障制度》2001年第1期。

足，还包括心理的、精神的和文化的需要的满足。因此，在当代，更应该强调发展型的社会福利，因为生活质量的提高更能体现社会福利的本质和内涵。[①]

4. 社会福利基金筹集渠道的多样性

在现代社会保障体制中，社会福利事业的经费筹集除了政府依据相关政策进行财政预算拨款外，还要依靠民间捐助和发行各种募捐奖券来筹集更多的福利款项，以保障有足够的社会福利资金投入到各种各样的福利补贴、福利设施和福利服务上。

5. 社会福利保障水平的不确定性

社会福利水平的高低没有硬性指标规定，不具有法律强制性。各国的社会福利水平取决于自身的社会经济发展水平。这也是社会福利与其他生活保障制度相区别的一个重要特点。

二、社会福利的分类

1. 根据社会福利的表现形式进行划分

(1)设施性福利。设施性福利是通过各种福利设施的建设而向受益人提供的福利。如由政府、社区、单位修建文化娱乐和教育设施，以丰富一定地区或单位的居民或职工文化生活，方便本地居民或职工子女接受教育。

(2)物资性福利。物资性福利是通过向社会成员发放一定金额的货币资金或实物的福利，例如，国家为改善居民住房条件而实施的安居工程中所作的财政补贴、单位发放有关福利用品、免费为残疾人提供假肢、助听工具等。

(3)服务性福利。服务性福利是通过一定服务的提供而向受益人提供的福利，如全民免疫计划的实施等。

2. 根据福利的实施有无资格条件限制来划分

(1)开放式福利。开放式福利是对一切人提供福利的制度，这是真正意义上的社会福利制度。如电影院、公园等文化设施、旅游设施、休闲设施，通常是全面开放的，每一个人都可以享受，属于开放性的福利。

(2)封闭式福利。封闭式福利是对特定的人提供福利的制度，如接送职工上下班等便属于封闭式的福利，这种福利的享受必须符合一定的条件。这种福利从严格意义上讲不属于社会福利，但随着社会福利的社会化，此种封闭式福利也被纳入广义社会福利的范畴。

3. 根据福利事业的资金来源不同来划分

① 唐钧著:《市场经济与社会保障》，黑龙江人民出版社 1995 年版，第 168 页。

(1)财政福利。通过国家财政筹集福利事业的经费,并以此作为各种社会福利项目的资金来源而形成的福利制度。

(2)自筹资金兴办的福利。如特定社区通过捐资或集资而兴办的福利。

4.根据覆盖对象范围及实施主体的不同来划分

(1)全民性福利,是国家和社会向全体人民提供的福利。

(2)社区性福利,是地方政府和社区基层组织向特定社区内的成员提供的福利。

(3)职业福利,是各行业、部门和用人单位对于作为其成员的劳动者提供福利的一种福利制度。①

根据福利提供的特定对象不同,还可以将社会福利分为残疾人福利、未成年人福利、妇女福利和老年人福利。

三、改革和完善我国社会福利制度的探索

我国传统的福利模式是自20世纪50年代开始建立,并逐渐被巩固下来的一种福利制度,它存在的制度性缺陷包括:

(1)制度结构的板块状,与社会福利社会化的基本原则相背离。构成中国传统福利体系的价格补贴、民政福利、企业或单位福利,一直处于相互分割、自成体系、封闭运行的格局。这种格局不仅导致了经费来源单一、福利设施效率低下,而且养成了城镇居民的畸形福利观念,进而使居民与企业或单位之间形成了一种奇特的人身"依附"关系。

(2)实施范围的身份限制,表明了制度安排的非公平性。一是传统福利只面向城镇居民,对农村居民的福利保障则显得严重不足,造成了城乡居民的不平等待遇;二是在城镇,有固定工作单位的职工及其家庭与没有固定工作单位或单位太小而无力建设集体福利的职工及其家庭之间,在福利权益及待遇方面的差距甚大,孤老残幼则仅能享受最低生活保障待遇;在一些具体项目的设置也存在着非公平性,如传统教育福利主要面向高校而忽略了义务教育,上大学有助学金,而中小学教育则经费不足,致使"希望工程"有了有利的生成条件,等等。

(3)资金严重短缺,福利方面供需矛盾十分突出。社会福利属于长期供给项目,但在传统福利制度下,政府每年用于福利方面的开支极少,企业因效益不良等亦对福利缺乏有力的财政支撑,而社会筹资渠道迄今仍未真正开辟,所

① 种明钊主编:《社会保障法律制度研究》,法律出版社2000年版,第370~371页。

以导致了福利资金的严重短缺、福利供需矛盾十分突出。①

面对上述问题，传统福利模式必须从根本上加以改造。如果从市场经济条件下的社会成员需求出发，中国社会福利制度的未来发展，适宜的取向将是以不断改善和提高社会成员的生活质量为追求目标，走福利社会化、多元化的发展道路。

(1)加强法制建设，提高社会福利制度的法制化水平。将社会福利制度纳入整个社会保障法制建设的体系之中，使社会福利项目管理、资金来源和使用、福利标准的测定和衡量、福利规划及其实施都有法律和制度的规范和保证，真正使社会福利事业在法律和制度的规范下健康地发展。

(2)提高社会福利制度的社会化水平，健全社会福利体系，实现社会福利与职工福利的分离。这方面首先要改变企业办社会的现象，将具有社会福利性质的消费性事业和社会津贴统一由政府的社会消费部门来兴办和统一发放，以减轻企业负担，使企业真正成为独立的市场主体；要走出板块分割、封闭运行状态，实现社会福利项目及实施对全体社会成员开放，并采取社会化手段来经营社会福利事业。

(3)培植和壮大社会公共福利组织，在制度架构中推进社会福利的多层次化。可以划分以下三个层次：一是以政府或社会公共组织为实施主体的福利；二是以社区组织为实施主体的社区福利；三是以企业或用人单位为实施主体的职业福利。不同层次的福利事业承担着不同的福利责任，最终形成以社区服务为基础、社会化福利为主体、企业或单位福利为补充的新型社会福利发展格局。

(4)推进多元筹资方略。资金短缺一直是困扰中国社会福利发展的关键问题之一，采取多元化的筹资策略，扩充福利资金的来源，应当成为发展社会福利事业的努力方向。它包括：增加政府财政投入；动员民间资财，如发展慈善事业、发行福利彩票等。

第二节　社会救济制度

社会救济是世界上最古老的社会保障制度，它起源于16世纪欧洲的国家济贫制度，即出于怜悯、同情的善心发现或宗教信仰而对贫困者施以援助的慈

---

① 郑功成：《中国社会福利发展论纲——从传统福利模式到新型福利制度》，载《社会保障制度》2001年第1期。

善事业。20世纪以来，救济的概念与方式出现了很大变化。获得社会救济已成为公民的一项基本权利，济贫由个人的慈善施惠转变为国家、社会应尽的责任。近年来，随着“缩小贫富差距”、“保证最低所得”等新观念的发展，传统的社会救济更向社会福利服务转变，以免除受救济者的依赖心理，维护被救济者的人格尊严。

一、社会救济的概念和特征

社会救济，也称社会救助，是国家和社会依照法定程序和标准，向因各种原因而陷入生存危机或不能维持最低生活水平的社会成员提供物质帮助，并帮助他们摆脱困境，维持社会秩序稳定的一种社会保障制度。社会救济有自身的特征。

1.社会救济的对象具有限制性

社会救济作为最低层次的社会保障制度，其救济对象是那些因为个人生理原因、自然原因和社会因素而无力维持最低生活水平的生活贫困者、残障人士、疾病患者以及受灾者。如果说社会保险是为了预防风险，社会福利的目标是提高生活质量，扶贫济困则是社会救济的目标所在。①

2.社会救济的标准是低层次的

即社会救济以能维持最低限度的生活水平为目标。社会救济是在最低生活水平上建立的社会保障安全网，使每一个公民在遭遇生活困难时，都能得到人道主义的援助，体现了社会公平。同时，对救济对象仅提供满足最低需求的货币和实物，体现了有限资金的效率优先原则。

3.社会救济具有临时性

除了小部分长期救济对象外，大部分社会救济是应急性的，比如救灾、扶贫等。一旦救济对象的困境解除，基本的物质生活有了保障，社会救济就不再继续。

4.社会救济在实施方式上是单向性的

在实施方式上，社会救济通过单向提供利益的形式对处于生活困境的社会成员提供帮助，是一种直接的单向的关系，并不以接受救济的对象支付一定的金钱或履行一定的义务为条件。

---

① 蒋月:《社会保障法》，厦门大学出版社2004年版，第53页。

二、社会救济的分类

1.按救济时间的长短可以分为临时性救济和定期性救济

临时性救济是对因偶然事故等原因临时发生困难而影响基本生活者，给予一次性的救济。如灾害救济、对于城市生活无着落的流浪乞讨人员的救济都是临时性的救济。

定期性救济是指按照规定期限给予的救济，主要是对无生活来源的孤老病残人员的救济等，如农村“五保户”的供养。

2.按救济的发放形式可以分为资金救济和实物救济

从社会救济制度发展的历史和社会救济项目的实施来看，实物救济主要体现在对生活贫困者的物质扶助方面，如当食物、衣服、住房、生活设施等基本生活必需品或个人需要无法得到满足时，由国家或社会给予补足。早期的社会救济制度大多数属于这种类型。

资金救济指直接给救济对象发放现金，包括无偿救济和无息有偿两种。

三、社会救助的对象

依据造成贫困的原因不同，社会救助的对象可划分为：无依无靠又没有生活来源的公民，突发性灾害造成的生活一时困难的公民；有收入来源，但生活水平低于或相当于国家法定最低生活标准的公民。

依据具体的公民群体，社会救助的对象可划分为：儿童救助；老人救助；残疾人救助；失业者救助；病患者救助；遭受灾难者救助。

四、我国的社会救济体系

(一)城市居民最低生活保障

我国从20世纪90年代开始建立城市居民最低生活保障制度。1993年，上海率先进行了建立城市居民最低生活保障制度的试点。1997年，国务院发布《关于在全国建立城市居民最低生活保障制度的通知》，加快了城市居民最低生活保障制度的实施步伐。1999年10月，国务院通过《城市居民最低生活保障条例》，从而使城市居民最低生活保障制度有了明确的法律依据。建立城市居民最低生活保障制度后，对家庭人均收入低于“最低生活保障线”的居民就可以依法进行救济，它的覆盖面大，面对的是所有居民。这是中国社会救济制度的重大改革，也为城市居民建立起了基本生活保障衔接于其他保障制度之后的最后一道“防线”。

城市居民最低生活保障对象主要包括三类人员:(1)无生活来源、无劳动能力、无法定赡养人或抚养人的居民;(2)领取失业救济金期间救济期满仍未能重新就业,家庭人均收入低于最低生活保障标准的居民;(3)在职人员和下岗人员在领取工资或最低工资、基本生活费后,以及离退休人员领取退休金后,其家庭人均收入仍低于生活标准的居民。截止至2004年底,全国接受最低社会保障的城市居民人数达到2205万。①

最低生活保障标准一般应依据温饱线来制定,贫困地区不能低于生存线。制定城市居民最低生活保障标准,是一项复杂系统的工作。在确保能维持最低生活需求的前提下,还应当依据社会经济发展状况、市场物价指数、一般居民的平均收入和消费水平等来制定。②

(二)灾害救济

灾害救济是当公民因自然灾害而造成生活困难时,由国家和社会提供必要的资金和物质,以维持其最低生活水平的一个社会救济项目。

我国的灾害救济制度建立于20世纪50年代。灾害救济包括灾后紧急救济和灾民安置、转移、建房、医疗等项目,以及政府提供粮食、被服、医疗服务等与灾民生活密切相关的物资和服务,以解决灾民在吃、穿、住、医等方面的困难,维持灾民的基本生活。救济方式主要采取保障灾民基本生活和扶持灾民生产自救相结合的做法,实行无偿救济和有偿扶持相结合。

(三)农村救助与扶贫

农村社会救济包括贫困户救济、"五保户"供养、特殊对象救济和农村扶贫等。中国是农业大国,13亿人口中,有近75%生活在农村。而我国农村生产力相对落后,相当部分农村处于贫困状态,农村贫困人口所占比例较大。因此,农村救济与扶贫工作相当重要。

农村扶贫是国家以资金支持和技术输入等方式对农村贫困户和贫困地区予以资助,以帮助其摆脱贫困的一种社会救济制度。

农村"五保"制度是农村的集体福利事业,建立于20世纪50年代。1994年国务院颁布《农村五保供养工作条例》,使农村"五保"供养制度规范化。所谓的"五保"是指"保吃、保穿、保烧、保教、保葬"。"五保"供养对象是指农村村民中符合条件的老年人、残疾人和未成年人。

---

① 国家统计局:《中国统计年鉴2005》,http://www.stats.gov.cn/tjsj.

② 《城市居民最低社会保障条例》第6条规定:"城市居民最低生活保障标准,按照当地维持城市居民基本生活所必需的衣、食、住费用,并适当考虑水电燃煤(燃气)费用以及未成年人的义务教育费用确定。"

第三编

劳动争议处理与劳动监察

LAW

第二十章　劳动争议处理

第一节　劳动争议处理概述

一、劳动争议的概念、特征和分类

(一)劳动争议的概念

劳动争议,又称劳动纠纷,有些国家和地区称劳资争议或劳资纠纷。对于劳动争议的概念,理论上有多种定义。总体上来看,我们可将关于劳动争议的纷繁复杂的概念归纳为广义、中义和狭义三种。广义的劳动争议,是指以劳动关系为中心而发生的一切争议,包括雇用人与受雇人间因劳动契约关系而产生的争议,雇用人与国家间关于劳动者之保护或保险产生的纷争,雇用人团体与受雇人团体本身因内部关系所产生的纠纷,雇用人或雇用人团体与受雇人团体间因团体的交涉所生之纠纷。广义的劳动争议既包括纵向的劳动行政争议,又包括平等主体间的横向劳动争议。① 中义的劳动争议,属于平等主体间的横向劳动争议,是指用人单位与劳动者之间、用人单位或用人单位团体与劳动者团体(工会)之间所产生的争议。其中,用人单位与劳动者之间的争议可谓个人劳动争议;用人单位或用人单位团体与劳动者团体(即工会)之间所产生的争议可谓团体劳动争议。狭义的劳动争议,仅指个人劳动争议,即用人单位和劳动者因劳动权利和义务而发生的争议。我国《劳动法》第十章的"劳动争议",既规定了用人单位与劳动者之间发生的劳动争议的处理制度,又规定了因签订集体合同发生的争议和因履行集体合同发生的争议(这两种争议简称为集体合同争议)的处理制度。集体合同争议属于团体劳动争议,由此可见,《劳动法》所采劳动争议的概念范畴属于中义的劳动争议概念。由于个人劳动争议的处理不同于集体合同争议的处理,我们在本章所提及的劳动争议

① 史尚宽:《劳动法原论》,正大印书馆 1978 年台北重版,第 241 页。

仅指个人劳动争议，对于集体合同争议在提及时将会在行文中指明。

(二)劳动争议的特征

劳动争议具有如下特征：

1. 劳动争议主体的特定性

即一方是用人单位，另一方是劳动者。凡不是发生在用人单位与劳动者之间的争议就不是劳动争议，如用人单位与劳动行政部门之间、劳动者与劳动行政部门之间、劳动者之间、用人单位与工会之间发生的有关劳动问题的争议，均不是劳动争议。

2. 劳动争议是基于劳动关系发生的

劳动争议是基于劳动关系发生的、有关劳动权利和劳动义务方面的冲突，是双方当事人在建立、履行、变更、解除、终止劳动权利和劳动义务关系时发生的纠纷，它不包括由于观念、信仰、理论等分歧引起的争执。劳动争议不同于民事纠纷。劳动争议的基础是劳动关系，争议当事人即用人单位和劳动者之间存在隶属关系。

(三)劳动争议的分类

劳动争议按照不同的标准，可划分为以下几种：

1. 按照劳动争议所涉及劳动者一方人数来划分

按照劳动争议所涉及劳动者一方人数来划分，可将劳动争议划分为个别劳动争议和集体劳动争议。前者是指争议的劳动者一方未达到集体争议的法定人数的劳动争议，争议的劳动者方各自参加劳动争议处理活动。后者是指争议的劳动者一方当事人较多，达到法定人数，并有共同理由的劳动争议，争议的劳动者方应当推举代表参加争议处理活动。按照我国现行劳动法规，①个别劳动争议的劳动者一方为1～2人，集体劳动争议的劳动者方为3人以上。个别劳动争议是关于单个劳动关系的争议，对其处理适用普通程序。集体劳动争议是关于同一类劳动关系的争议，涉及多数劳动者，对社会稳定影响也较大，因而，对其处理时适用程序与普通程序有所不同，我国劳动规章特别规定了劳动争议仲裁时对职工一方在30人以上的集体劳动争议案件适用特别审理程序。

值得注意的是，集体劳动争议和集体合同争议是两个不同的概念。在我国，集体合同争议，是劳动者团体(即工会)与用人单位之间因签订集体合同或

① 《中华人民共和国企业劳动争议处理条例》第5条规定："发生劳动争议的职工一方在3人以上，并有共同的理由的，应当推举代表参加调解或仲裁活动。"

因履行集体合同发生的争议。二者的区别主要有:(1)争议当事人不同,集体劳动争议的争议当事人是3个以上的劳动者和用人单位,而集体合同争议的争议当事人是工会和用人单位;(2)争议内容不同,集体劳动争议的争议内容是劳动者和用人单位之间基于劳动关系而产生的劳动权利争议,而集体合同争议的争议内容是争议当事人之间为签订集体合同而发生的利益争议或因履行集体合同而产生的权利争议。

2.按照劳动争议标的来划分

按照劳动争议标的来划分,可将劳动争议划分为权利争议和利益争议。前者是指关于劳动法规、集体合同和劳动合同中规定的权利义务所发生的争议,如因用人单位拖欠工资、不办理社会保险发生的争议。在这类争议中,当事人的权利义务是既定的,已由劳动法规、集体合同、劳动合同加以确定,如果当事人一方不按规定行使权利或履行义务,侵犯另一方既定的合法权益,或者当事人双方就如何行使权利和履行义务上发生分歧,争议便会发生。因而,权利争议实际上是因遵守劳动法规,履行集体合同、劳动合同而发生的争议。后者是指因主张有待确定的新的权利义务而发生的争议,如关于提高工资、缩短工时的争议。这类争议一般发生在合同的订立和变更阶段。在订立合同或变更合同时,如果当事人双方对权利义务有不同的主张,达不成一致意见,也就意味争议产生了,最终使谈判陷入僵局或失败。利益争议的目的在于要求在合同中确定当事人的某种利益,使之上升为权利。利益争议一般不是通过调解、仲裁、诉讼程序解决,而是通过政府干预由双方协商解决。依照我国现行劳动法律规定,(个人)劳动争议均为权利争议,不包括利益争议,而集体合同争议既包括权利争议,即因履行集体合同而产生的争议,又包括利益争议,即因签订集体合同而发生的争议。

3.按照当事人国籍来划分

按照当事人国籍来划分,可以将劳动争议划分为国内劳动争议和涉外劳动争议。前者是指具有中国国籍的劳动者与具有中国国籍的用人单位之间的劳动争议。其中包括:我国在国(境)外设立的机构与我国派往该机构工作的人员之间、外商投资企业与中国职工之间所发生的劳动争议。后者是指当事人一方或双方具有外国国籍或无国籍的劳动争议。它包括:中国用人单位与外籍职工之间、外籍雇主与中国职工之间、在华外籍雇主与外籍职工之间的劳动争议。涉外劳动争议处理,应当按照国际惯例,适用雇主所在地法。凡用人单位在我国境内的涉外劳动争议,都应当适用我国法律进行处理。

二、劳动争议的受案范围

(一)现行立法的规定

我国涉及劳动争议范围的法律规定主要包括《劳动法》、《企业劳动争议处理条例》(以下简称《条例》)、原劳动部《关于贯彻执行〈中华人民共和国劳动法〉若干问题的意见》(以下简称《意见》)和《最高人民法院关于审理劳动争议案件适用法律若干问题的解释》(以下简称《解释》)、《最高人民法院关于审理劳动争议案件适用法律若干问题的解释(二)》(以下简称《解释(二)》)。然而,它们所界定的劳动争议范围不尽相同。

《条例》第2条将劳动争议处理受案范围①界定为企业与职工之间的下列劳动争议:(1)因企业开除、除名、辞退职工和职工辞职、自动离职发生的争议。(2)因执行国家有关工资、保险、福利、培训、劳动保护的规定发生的争议。(3)因履行劳动合同发生的争议,包括因执行、变更、解除、终止劳动合同发生的争议。(4)法律、法规规定应当依照本条例处理的其他劳动争议。同时,《条例》在第39条规定:"国家机关、事业单位、社会团体与本单位工人之间,个体工商户与帮工、学徒之间,发生的劳动争议,参照本条例执行。"

《劳动法》第77条笼统地将劳动争议界定为用人单位与劳动者发生的争议。该法颁布后,《意见》第82条对第77条作了补充性说明:"用人单位与劳动者发生劳动争议不论是否订立劳动合同,只要存在事实劳动关系,并符合劳动法的适用范围和《中华人民共和国企业劳动争议处理条例》的受案范围,劳动争议仲裁委员会均应受理。"

《解释》第1条将劳动争议界定为劳动者与用人单位之间发生的下列纠纷:(1)劳动者与用人单位在履行劳动合同过程中发生的纠纷;(2)劳动者与用人单位之间没有订立书面劳动合同,但已形成劳动关系后发生的纠纷;(3)劳动者退休后,与尚未参加社会保险统筹的原用人单位因追索养老金、医疗费、工伤保险待遇和其他社会保险费而发生的纠纷。

《解释(二)》第4条至第7条对劳动争议诉讼受案范围作了补充规定:(1)用人单位和劳动者因劳动关系是否已经解除或者终止,以及应否支付解除或终止劳动关系经济补偿金产生的争议;(2)劳动者与用人单位解除或者终止劳动关系后,请求用人单位返还其收取的劳动合同定金、保证金、抵押金、抵押物

---

① 有的学者认为《条例》第2条规定的适用范围实际上就是劳动争议仲裁受案范围,如王全兴著:《劳动法》,法律出版社2004年版,第368页。

产生的争议，或者办理劳动者的人事档案、社会保险关系等移转手续产生的争议；(3)劳动者因为工伤、职业病，请求用人单位依法承担给予工伤保险待遇的争议。下列纠纷不属于劳动争议：①劳动者请求社会保险经办机构发放社会保险金的纠纷；②劳动者与用人单位因住房制度改革产生的公有住房转让纠纷；③劳动者对劳动能力鉴定委员会的伤残等级鉴定结论或者对职业病诊断鉴定委员会的职业病诊断鉴定结论的异议纠纷；④家庭或者个人与家政服务人员之间的纠纷；⑤个体工匠与帮工、学徒之间的纠纷；⑥农村承包经营户与受雇人之间的纠纷。

(二)对现行立法的分析

综观上述对劳动争议范围进行界定的各项法律、法规和司法解释，它们所界定的劳动争议范围不尽相同，也不够完善。《条例》以争议当事人和争议标的为标准来界定劳动争议，但其所界定的劳动争议并未包括劳动关系缔结过程中发生的劳动争议，所列举的争议事项也偏窄。《劳动法》及《意见》以争议当事人为标准界定劳动争议，并明确把形成事实劳动关系后产生的争议包括其中，显然，这种以争议当事人为视角所界定的劳动争议范围要比《条例》所界定的来得宽，但其未从争议标的的角度来界定劳动争议，仍使得劳动争议的具体范围难以把握。《解释》和《解释(二)》从争议当事人和争议标的的角度来界定劳动争议，也明确把形成事实劳动关系后产生的争议纳入劳动争议中，并将劳动关系解除或终止后劳动者与用人单位的非统筹劳动保险争议、返还劳动合同定金、保证金、抵押金、抵押物产生的争议以及人事档案、社会保险争议纳入劳动争议中，而且对非劳动争议作出排除性规定，有合理之处，但其对争议事项的列举仍然不够齐全。

事实上，劳动者与用人单位之间基于劳动关系的各个方面的实体权利义务在实践中都可能成为劳动争议的标的。从时间上看，包括劳动者与用人单位之间在劳动关系缔结前、劳动关系存续期间和劳动关系终止后的权利义务。例如，劳动合同约定劳动者因保守用人单位商业秘密而负有离职竞业禁止义务的，在劳动关系终止后，劳动者与用人单位之间就继续存在的基于原劳动关系的权利义务所发生的争议，应列入劳动争议的范围。从内容上看，既包括就业、劳动报酬、休息休假、劳动安全卫生、职业培训、社会保险和福利等方面的权利义务，也包括组织和参加工会、职工民主管理等方面的权利义务。而且，劳动权利义务的依据，除劳动合同外，还包括劳动法律法规政策、集体合同和用人单位内部劳动规则。① 有鉴于此,我国关于劳动争议受案范围的法律规定有待进一步完善,使劳动争议的受案范围涵盖用人单位和劳动者之间基于劳动关系而产生的各项权利义务争议,从而保障争议当事人救济权的实现。

值得注意的是,完善劳动争议受案范围制度还意味着确保劳动争议仲裁的受案范围与劳动争议诉讼的受案范围的一致。因为劳动争议仲裁是诉讼的前置程序,如果劳动争议仲裁的受案范围宽于劳动争议诉讼的受案范围,则无异于使一些争议案件以仲裁终局,剥夺了当事人寻求司法最终解决争议的权利;反之,则会使一些争议案件由于未被列入仲裁范围而不能进入诉讼阶段,当事人的诉讼权利间接地被剥夺了。在我国当前涉及劳动争议范围的法律规定中,《劳动法》仅对劳动争议范围作原则性规定,《条例》规定的是劳动争议调解、仲裁和诉讼的受案范围,而《解释》和《解释(二)》规定的是劳动争议诉讼的受案范围。由于这些法律规定所界定的劳动争议范围不尽相同,于是就会出现劳动争议仲裁与劳动争议诉讼在受案范围上的不衔接。为确保劳动争议仲裁和劳动争议诉讼在受案范围上的一致,有必要在立法上对它们作统一规定。

三、我国劳动争议处理制度的历史发展

建国之初,私营企业不断出现劳动争议,为了解决劳动争议,中华全国总工会于 1949 年 11 月发布了《关于劳资关系暂行处理办法》,规定在劳资双方发生争议无法取得一致意见时,应由劳资双方请求该企业工会与同业工会派出的代表,会同双方当事人共同协商解决,如仍无法取得一致意见时,任何一方得请求仲裁委员会仲裁。劳资双方中任何一方对劳动局仲裁不服时,得依司法程序向法院提起控诉,由法院判处,在法院未判决之前,双方均应遵照劳动局仲裁决定办理。1950 年 6 月,劳动部公布《市劳动争议仲裁委员会组织及工作规则》,其中对仲裁委员会的组成、办案程序做了具体规定。1950 年 11 月,经政务部批准,劳动部颁发了《关于劳动争议解决程序的规定》,这一规定不仅适用于私营企业,而且也适用于一切国营、公营、公私合营及合作社经营的企业中的劳动争议。它规定了劳动争议的处理程序:发生劳动争议,先由当事人双方协商解决;当事人协商不成的,国营、公营、公私合营及合作社经营的企业由争议双方之上级工会组织与上级企业主管机关解决,私营企业由该产业工会与同业工会协助解决;经上述协商程序仍不能解决争议的,可以申请当地劳动行政部门调解;调解不成的,可以申请劳动争议仲裁委员会仲裁;对仲

① 郑尚元主编:《劳动法学》,中国政法大学出版社 2004 年版,第 307 页。

裁不服的，可以向人民法院起诉。这样，我国在建国初期不长的时间内，初步建立了一套包括协商、调解、仲裁和审判的劳动争议处理制度。这一制度的贯彻执行，使劳动争议及时得到妥善解决，有力地促进了资本主义工商业的社会主义改造，对于恢复和发展国民经济起到了积极作用。

1956 年以后，国家对资本主义工商业的社会主义改造基本完成，全面实行计划经济，各级劳动行政机关的劳动争议的处理机构相继被撤销，《关于劳动争议解决程序的规定》停止执行，人民法院不再处理劳动争议案件。1957 年 5 月，中国中央办公厅和国务院秘书厅制定了《中央十九个部门关于接待人民来访范围(草案)》，规定劳动争议方面的来访归劳动部处理。随后，各级劳动行政机关也先后设立了信访接待机构，负责处理劳动争议事项。从此，我国便开始了长达三十年单纯依靠处理人民群众来信来访的方式处理劳动争议的历史。

改革开放以后，国务院于 1986 年颁布了《关于劳动制度改革的暂行规定》，实行了劳动制度的改革。为适应劳动争议不断增加的状况，1987 年 7 月国务院颁布了《国营企业劳动争议处理暂行规定》，恢复了中断三十年的劳动争议立法工作，消除依靠信访制度解决劳动争议的弊端。国务院于 1993 年 7 月 6 日颁布了《企业劳动争议处理条例》，该条例在劳动仲裁受案范围、办案组织形式等方面对《国营企业劳动争议处理暂行规定》作了较大的调整、修改和补充。随后，劳动部颁发了与之配套的《〈中华人民共和国企业劳动争议处理条例〉若干问题的解释》、《劳动争议仲裁委员会办案规则》(1993 年 10 月 18 日颁布)、《劳动争议仲裁委员会组织规则》(1993 年 11 月 5 日颁布)、《企业劳动争议调解委员会组织及工作规则》(1993 年 11 月 5 日颁布)等规章。上述文件的发布实施，初步建立了我国劳动争议处理的制度体系。1994 年 7 月 5 日通过的《劳动法》肯定了上述法规的一些内容。《劳动法》的颁布标志着劳动争议处理制度真正进入法制化轨道。该法第十章规定了我国劳动争议处理的原则，确立了“一调一裁两审”的劳动争议处理体制，并规定了调解、仲裁和诉讼的关系。此后，劳动与社会保障部(原劳动部)陆续发布了一些相关解释性文件，以适应劳动争议处理之需。为了适应劳动争议审判实践的需要，最高人民法院也分别于 2001 年 4 月 16 日、2006 年 8 月 14 日颁布了《最高人民法院关于审理劳动争议案件适用法律若干问题的解释》、《最高人民法院关于审理劳动争议案件适用法律若干问题的解释(二)》。

但是，综观我国现行有关劳动争议处理的法律法规，《劳动法》的规定过于原则，缺少具体程序的设计；《条例》和《劳动争议仲裁委员会组织规则》、《劳动争议仲裁委员会办案规则》分别属于行政法规和劳动部规章，效力层次偏低，由其调整劳动争议调解、仲裁关系有违《立法法》之嫌。① 目前，统一的劳动争议处理法正在起草过程中。

四、劳动争议处理体制

劳动争议处理体制，"又称劳动争议处理体系，是指由劳动争议处理的各种机构和方式在劳动争议处理过程中的各自地位和相互关系所构成的有机整体，它表明劳动争议发生后应当通过哪些途径、由哪些机构、哪些方式处理"。② 劳动争议处理体制包括劳动争议处理方式、劳动争议处理机构和劳动争议处理程序三方面组成。

(一)劳动争议处理方式

各国处理劳动争议的具体方式，各有特色且多种多样，归纳起来可分为合议方式和裁判方式两大类。合议方式，又称妥协方式或协议方式，是指争议当事人双方通过自己协商或者在特定机构干预下协商，互相妥协或单方妥协，从而达成解决劳动争议的协议的纠纷解决方式。其具体形式主要有：(1)和解，即当事人双方自行协商，达成解决劳动争议的协议的纠纷解决方式；(2)调解，即在第三人主持下，通过说服、劝导，使当事人双方在互谅互解的基础上达成调解协议的纠纷解决方式；(3)调停，即当事人双方在第三人的居中调和下，按照第三人提出的关于解决争议问题的建议(即调停方案)，达成解决劳动争议的协议的纠纷解决方式。(4)裁判方式，是指由特定的劳动争议处理机构对劳动争议依法进行审理并作出具有法律效力的处理决定的纠纷解决方式。其具体形式主要有裁决和判决，前者指由仲裁机构或有关行政机构依法对劳动争议作出裁决，后者指由审判机构依法对劳动争议作出判决。③

我国《劳动法》第 77 条第 1 款规定："用人单位与劳动者发生劳动争议，当事人可以依法申请调解、仲裁、提起诉讼，也可以协商解决。"据此，我国处理劳动争议的方式有协商、调解、仲裁、诉讼等。

---

① 《中华人民共和国立法法》(2000 年 7 月 1 日开始实施)第 8 条第 1 款第 9 项规定"下列事项只能制定法律……(九)诉讼和仲裁制度"。由于劳动争议仲裁制度属于仲裁制度范畴，按照上述规定，在全国人大及其常务委员会未授权国务院制定行政法规的情形下，劳动争议仲裁制度只能制定法律。参见孙德强著：《中国劳动争议处理制度研究》，中国法制出版社 2005 年版，第 36 页。

② 王全兴著：《劳动法》，法律出版社 2004 年版，第 372 页。

③ 王全兴著：《劳动法》，法律出版社 2004 年版，第 371 页。

协商，又称和解，是指争议当事人双方通过自行协商，在法律允许的范围内互谅互让以达成和解协议的纠纷解决方式。其特征主要有：(1)无第三者参与，争议完全由当事人双方自行协商解决；(2)协商过程不受程序约束，争议由当事人双方在相互信任和尊重的基础上自由协商解决；(3)协商一致而订立的和解协议具有实体法上的效力，等同当事人之间订立的合同，即双方争议的处于不确定状态的权利归于确定，其所放弃的权利随之消灭；(4)和解协议无程序法上的意义和效力，即不具有强制执行效力，当事人仍然保有申请仲裁或起诉的权利。协商通常在争议处理的任何阶段都可进行。[①] 协商对于解决劳动争议具有成本低、效率高、灵活性强和利于维持劳动关系和谐稳定等优点。

我国的劳动争议调解，广义上包括用人单位劳动争议调解委员会的调解、人民调解委员会的调解、仲裁程序中的调解和诉讼程序中的调解(后二者简称为仲裁和诉讼内的调解)，狭义上仅指用人单位劳动争议调解委员会的调解。仲裁和诉讼内的调解，是指劳动争议仲裁程序、人民法院审理程序开始后，在裁决或判决作出之前，在仲裁委员会、人民法院及其工作人员的主持下所进行的调解活动。其调解达成的结果即调解书具有强制执行效力。用人单位劳动争议调解委员会的调解，是作为劳动争议处理程序中的一个独立环节而存在的，是指用人单位劳动争议调解委员会在争议当事人自愿的基础上所进行的调解。调解达成的结果即调解协议不具有强制执行效力。

劳动争议仲裁，是指劳动争议仲裁委员会根据争议当事人的申请，依法对劳动争议进行审理并作出对当事人具有拘束力的裁决的争议解决方式。它不同于民商事仲裁。

劳动争议诉讼，是指人民法院依争议当事人的请求，依法审理劳动争议并作出对当事人具有拘束力的裁判的争议解决方式。它是通过司法程序解决劳动争议的手段。劳动争议诉讼实行“两审终审”制，即当事人对一审裁判不服的，有权向一审法院的上一级人民法院提起上诉，二审法院所作的裁判为终审裁判。

(二)劳动争议处理机构

各国劳动争议的处理机构，大致可分为三种类型，即调解(调停)机构、仲裁机构和司法机构。劳动争议调解(调停)机构，可分为四种：(1)劳动(劳工)行政部门所属机构，如新加坡劳工部的劳工关系署所属的调解处和雇佣准则处；(2)政府所属机构，如菲律宾的国家调解斡旋委员会、美国的联邦调停调解

① 李景森、贾俊玲主编：《劳动法学》，北京大学出版社 2001 年版，第 196 页。

处;(3)民间机构,即由工会和雇主协会共同协商建立并完全独立于政府系统的机构,如丹麦、瑞典等国设置有该种机构;(4)企业内部机构。上述前三种调解(调停)机构中,有的是单独设立的,有的是与仲裁机构合一的。

劳动争议仲裁机构,可分为三种:(1)半官方机构,它由政府、工会和雇主协会三方共同建立,如菲律宾国家劳动关系委员会,这种类型机构为大多数国家所设置;(2)民间机构,它由工会、雇主协会共同协商建立或由其民间组织单独成立,如日本劳动关系委员会,这种类型机构存在于许多国家中;(3)官方机构,它由政府单独设立,如沙特阿拉伯劳工纠纷局等,这种类型机构仅在少数国家设置。

劳动争议司法机构,可分为两种:(1)普通法院,即由国家建立的统一审理包括劳动争议案件在内的各种案件的司法审判机构,如法国、澳大利亚等国家的法院;(2)劳动法院(法庭),即国家设立的专门负责审理劳动争议案件的司法审判机构,如德国劳动法院、芬兰劳工法庭等。①

目前我国的劳动争议处理机构有劳动争议调解委员会、劳动争议仲裁委员会和人民法院。劳动争议调解委员会是设在用人单位内部、主要负责调解本单位内发生的劳动争议的专门组织。劳动争议仲裁委员会是由劳动行政部门代表、同级工会代表、用人单位方面的代表组成,获得国家授权,依法独立处理劳动争议案件的专门机构。它属于半官方机构。人民法院代表国家对劳动争议案件行使审判权,有权对劳动争议案件进行审理并作出裁判。在司法实践中,一般由人民法院民事审判庭负责审理劳动争议案件,实行"两审终审"制。

(三)劳动争议处理的基本程序

我国《劳动法》第 79 条规定:"劳动争议发生后,当事人可以向本单位劳动争议调解委员会申请调解;调解不成,当事人一方要求仲裁的,可以向劳动争议仲裁委员会申请仲裁。当事人一方也可以直接向劳动争议仲裁委员会申请仲裁。对仲裁裁决不服的,可以向人民法院提起诉讼。"第 83 条规定:"劳动争议当事人对仲裁裁决不服的,可以自收到仲裁裁决书之日起 15 日内向人民法院提起诉讼。一方当事人在法定期限内不起诉又不履行仲裁裁决的,另一方当事人可以申请人民法院强制执行。"《条例》第 6 条规定:"劳动争议发生后,当事人应当协商解决;不愿协商或者协商不成的,可以向本企业劳动争议调解委员会申请调解;调解不成的,可以向劳动争议仲裁委员会申请仲裁。当事人

---

① 王全兴著:《劳动法》,法律出版社 2004 年版,第 370 页。

也可以直接向劳动争议仲裁委员会申请仲裁。对仲裁裁决不服的，可以向人民法院起诉。"据此，我国劳动争议处理实行协商、调解、仲裁和诉讼的程序。理论界多数学者将我国这一劳动争议处理程序概括为"一调一裁两审"①或"先裁后审、一裁两审"。

在我国的劳动争议处理程序中，协商不是调解的必经前置程序，协商和调解也不是仲裁的必经前置程序，而仲裁却是诉讼的必经前置程序，即劳动争议案件不经过劳动仲裁程序就无法进入诉讼程序。② 由于仲裁是诉讼的前置程序，在劳动争议发生后，当事人不能直接选择通过仲裁方式或通过诉讼方式解决争议，而只能在经历仲裁程序后才以诉讼方式解决争议，因此，人们普遍认为我国劳动仲裁与诉讼关系的模式属于"单轨式"纠纷解决模式，以区别于当事人在劳动争议发生后可以自主选择仲裁或诉讼方式解决争议的"双轨式"纠纷解决模式。

具体地讲，我国的劳动争议处理程序为：

(1)劳动争议发生后，当事人可以根据意思自治先进行协商，自主地解决争议；当事人不愿协商的，可以直接向本单位的劳动争议调解委员会申请调解；当事人既不愿协商也不愿调解的，可以直接向劳动争议仲裁委员会申诉，但不能直接向人民法院起诉。

(2)如果当事人选择先进行协商，但经协商未能达成一致，或者达成和解协议后反悔的，当事人可以向本单位的劳动争议调解委员会申请调解；不愿调解的，可以直接向劳动争议仲裁委员会申诉，但不能直接向人民法院起诉。

(3)如果当事人申请调解，但经调解未能达成一致，或者达成调解协议后反悔的，当事人可以向劳动争议仲裁委员会申诉，但不能直接向人民法院起诉。

(4)仲裁委员会对当事人的申诉作出裁决后，当事人双方对裁决均无异议，未在收到裁决书之日起 15 日内向人民法院起诉的，劳动争议处理程序终结，该裁决具有强制执行效力；当事人一方或双方不服仲裁裁决，在收到裁决

---

① 有些学者对"一调一裁两审"的提法表示异议，认为该提法不准确，会使人误认为每一个劳动争议都要经过调解、仲裁和诉讼三个程序。参见孙德强著：《中国劳动争议处理制度研究》，中国法制出版社 2005 年版，第 3～6 页。我们认为这种异议不无道理。

② 不少教材和论文有诸如"仲裁程序是必经程序"、"劳动争议仲裁是解决劳动争议的必经途径"的表述，我们认为这种表述是不准确的，因为劳动争议可能通过协商即得以解决，也可能通过调解即得以解决，未必都要经过仲裁才能得到解决。

书之日起十五日内向人民法院提起诉讼的，此时裁决不发生法律效力，劳动争议处理进入诉讼阶段。

(5)在诉讼中，如果当事人双方对一审裁判均无异议，未在上诉期内提起上诉的，则诉讼终结，即劳动争议处理程序终结；如果当事人一方或双方不服一审裁判，在上诉期内提起上诉的，则劳动争议处理进入二审程序。二审裁判送达当事人后即发生法律效力，劳动争议处理程序终结。

最高人民法院制定的《解释(二)》在总结司法实践的基础上，规定了实行“先裁后审、一裁两审”的个别例外。该司法解释第3条规定：“劳动者以用人单位的工资欠条为证据直接向人民法院起诉，诉讼请求不涉及劳动关系其他争议的，视为拖欠劳动报酬争议，按照普通民事纠纷受理。”第17条规定：“当事人在劳动争议调解委员会主持下仅就劳动报酬争议达成调解协议，用人单位不履行调解协议确定的给付义务，劳动者直接向人民法院起诉的，人民法院可以按照普通民事纠纷受理。”可见，对于工资欠条纠纷、不履行劳动报酬调解协议纠纷，司法解释通过将其确定为普通民事纠纷而避开了“先裁后审、一裁两审”制的适用，实行了“只审不裁”制，即当事人在这两种纠纷发生后可直接向人民法院提起诉讼，而不必先申请仲裁。

五、对我国劳动争议处理体制的评析

(一)现行劳动争议处理体制的缺陷

现行劳动争议处理体制的缺陷具体主要有：(1)仲裁前置程序违背仲裁自愿原则，限制了当事人诉讼权的行使；(2)劳动争议处理环节太多，程序太过繁杂，一方面造成仲裁和司法资源的严重浪费，另一方面增加当事人的人力、财力负担；(3)劳动争议处理周期过长，有违及时处理原则，容易导致争议一方的劳动者望而却步；(4)劳动争议处理各程序之间的相互衔接、协调不够顺畅；(5)劳动争议调解功能弱化，调解未能充分发挥其作用；(6)仲裁裁决的非终局性造成劳动仲裁权威不足，影响劳动仲裁职能的有效发挥；(7)劳动仲裁未能起到为法院减负的作用，仲裁后当事人起诉率较高。改革现行劳动争议处理体制势在必行。

(二)现行劳动争议处理体制的改革主张

对于现行劳动争议处理体制的改革问题，特别是围绕劳动仲裁和诉讼关

系的改革问题，主要有以下几种观点：[①]

1. 主张实行“单轨制”劳动争议解决模式的观点

该种观点认为，当事人在劳动争议发生后只能采用单一途径解决，无法自主选择申请仲裁或者向法院提起诉讼。至于单一途径的样式，又有不同的主张。

(1)主张实行“先裁后审”制。观点又分为：①坚持现行的“先裁后审、一裁两审”制，但是必须完善劳动争议时效等制度。②坚持现行的“先裁后审、一裁两审”制，但对部分案件实行“只审不裁”制，实行仲裁强制前置应有几个例外：劳动者与私营企业主关于劳动报酬的纠纷；劳动者因工伤事故或者人身受到其他伤害而向私营企业主索赔的纠纷；其他特殊情况。当事人对于这些争议可以直接向人民法院起诉。③主张实行“两裁一审”制。④主张实行部分“只裁不审”，部分“一裁一审”制。即当事人对劳动仲裁裁决适用法律问题不服的，可以向仲裁委员会所在地的中级人民法院起诉，中级人民法院的判决为终审判决。当事人对仲裁委员会就事实问题所作的裁决不服的，不得向人民法院起诉。⑤主张实行部分“一裁一审”，部分“裁审分轨”(即“或裁或审”)制。即对其他重大、疑难或权利义务难以确定的案件和争议数额超过一定标准的案件实行“一裁一审”，其他劳动争议案件则实行“裁审分轨，各自终局”。

(2)主张实行“只裁不审”制。即劳动争议发生后，当事人可以申请仲裁，但劳动争议不进入诉讼程序。还有人坚持“两裁终局”，即当事人对仲裁裁决不服的，可以向上一级仲裁委员会申请仲裁；上级仲裁委员会发现下级仲裁委员会裁决有错误的，有权直接处理或指令下级仲裁委员会重新审理，上级仲裁委员会的裁决即为终局裁决。

(3)主张实行“只审不裁”制。即成立专门的劳动法院或劳动法庭，撤销劳动争议仲裁委员会，借鉴德国劳动法院模式，将劳动争议的处理完全纳入诉讼程序。劳动争议案件不经仲裁，当事人可直接向法院起诉。

(4)主张“只裁不审”为阶段性模式，“只审不裁”为最终目标模式。“只裁不审”与“只审不裁”比较而言，后者由于前者；前者虽有缺陷，但现实可行，而后者的建立难度较大。故现阶段实行“只裁不审”，但条件成熟后，将劳动争议仲裁机构改制为法院，实行“只审不裁”。

2. 主张实行“双轨制”劳动争议解决模式的观点

---

① 侯玲玲、王全兴：《我国劳动争议处理若干问题研究评述》，载《劳动法评论》(第一卷)，中国人民大学出版社 2005 年版，第 300～302 页。

该种观点认为，劳动争议处理应采用裁审分轨”的体制，即当事人在劳动争议发生后或者申请劳动仲裁，或者向法院提起诉讼。至于仲裁和法院之间是何种关系，专家、学者们的主张略有不同。

(1)主张实行“裁审分轨，各自终局”制。所谓“裁审分轨”是指劳动争议发生后，当事人既可以向劳动仲裁委员会申诉，也可以直接向人民法院起诉。当事人向仲裁委员会申诉的，不得就同一案件再诉至人民法院；当事人向人民法院起诉的，不得就同一案件再诉至仲裁委员会。所谓“各自终局”，争议进入诉讼程序实行两审终审制；争议进入仲裁则有“一裁终局”和“两裁终局”两种主张。“一裁终局”指一旦裁决作出即发生法律效力。“两裁终局”指当事人对一裁裁决不服的，可以向上级仲裁委员会申请复议，上级仲裁委员会的复议裁定即为终局裁定。

(2)主张实行“或裁或审、裁审自择、一裁一审、两审终审”制。其具体操作模式是：①劳动争议发生后，当事人或者选择仲裁，或者选择诉讼，但申请仲裁必须由争议双方协商一致，达成书面申请仲裁协议；②当事人双方凭书面仲裁协议申请仲裁，仲裁委员会经审查认为符合受案范围的，应予受理并作出裁决。对该裁决不服的，当事人可以向法院提起诉讼，法院经过审理后作出的裁决在送达后即发生法律效力，当事人不得再上诉。当事人对仲裁裁决在规定期限内不向法院起诉的，该裁决即发生法律效力。法院在处理不服仲裁裁决的劳动争议案件中，不受原仲裁内容范围的限制和束缚，完全依法独立审判；③当事人如不能达成仲裁协议，则只能向法院提起诉讼，实行“两审终审”制。

(3)主张实行部分“或裁或审”、部分“只裁不审”制。又可分为：①某些影响公共利益较严重的劳动争议，实行强制仲裁；其他劳动争议则由当事人选择，“或裁或审，一裁终局”。②团体争议实行强制仲裁，而个人争议则由当事人选择，“或裁或审”。上述仲裁、审判各自终局，其中的仲裁有“一裁终局”和“两裁终局”两种主张。

(4)主张实行“或裁或审，裁审衔接”制。这种观点认为：①劳动争议双方都同意将争议提交仲裁委员会仲裁，并达成书面仲裁协议，应该由劳动争议仲裁委员会仲裁，对仲裁不服的才可以提起诉讼；②如一方提出仲裁，另一方要求通过诉讼解决，可以先由劳动仲裁委员会仲裁，不服裁决才可起诉；③如果双方都同意直接向法院起诉，可以直接通过诉讼程序解决；④超过仲裁时效，而在法定的诉讼时效内的，当事人向法院起诉。

六、人事争议及其处理

人事争议，是指人事关系的当事人之间发生的权利义务争议。从理论上讲，当用人单位的性质属于国家机关、事业单位、社会团体时，实行公务员制度或者比照实行公务员制度，国家对其实行全额或者差额拨款，且未实行企业化管理，用人单位和工作人员之间订立的合同就不属于劳动合同，二者之间的关系就属于人事关系，二者之间发生的权利义务争议也就属于人事争议。

《人事争议处理暂行规定》将人事争议界定为：(1)国家行政机关与工作人员之间因录用、调动、履行聘任合同发生的争议；(2)事业单位与工作人员之间因辞职、辞退以及履行聘任合同或聘用合同发生的争议；(3)企业单位与管理人员和专业技术人员之间因履行聘任合同或聘用合同发生的争议；(4)依照法律、法规、规章规定可以仲裁的人才流动争议和其他人事争议。显然，上述规定第(3)项所指的争议与《条例》所界定的劳动争议一致，即企业单位与管理人员和专业技术人员之间因履行聘任合同或聘用合同发生的争议，既属人事争议，又属劳动争议。由于《条例》属于行政法规，《人事争议处理暂行规定》充其量属人事部行政规章，按照上位法高于下位法的原理，应当将企业单位与管理人员和专业技术人员之间因履行聘任合同或聘用合同发生的争议认定为劳动争议。

当前我国有关人事争议处理的规定有《人事部关于成立人事部人事仲裁公正厅有关问题的通知》(人事部 1996 年 5 月 24 日颁布)、《人事争议处理暂行规定》(人事部 1997 年 8 月 8 日发布)、《人事争议处理办案规则》(人事部 1999 年 9 月 6 日发布)、《人事争议仲裁员管理办法》(人事部 1999 年 9 月 6 日发布)、《公务员法》的有关规定以及《关于人民法院审理事业单位人事争议案件若干问题的规定》(最高人民法院 2003 年月 27 日颁布)。总体上讲，上述规定效力层次偏低，由其调整人事争议仲裁、诉讼关系也有违《立法法》之嫌，而且上述规定之间存在不少冲突，因而，当前极有必要加强人事争议处理立法的完善。

《人事争议处理暂行规定》确立了人事争议仲裁制度，即当事人在人事争议发生后，可在争议发生之日起 60 日内向人事争议仲裁委员会申请仲裁，仲裁委员会经过审理对人事争议案件作出裁决，裁决书一经送达，即发生效力。显然，该规定确立了人事争议处理的“一裁终局”制。但是，《公务员法》和《关于人民法院审理事业单位人事争议案件若干问题的规定》对上述“一裁终局”制的规定做了修正，赋予人事争议仲裁的可诉性，确立了“先裁后审”制。《公务员法》第100条第4款规定:"聘任制公务员与所在机关之间因履行聘任合同发生争议的,可以自争议发生之日起60日内向人事争议仲裁委员会申请仲裁。当事人对仲裁裁决不服的,可以自接到仲裁裁决书之日起十五日内向人民法院提起诉讼。仲裁裁决生效后,一方当事人不履行的,另一方当事人可以申请人民法院执行。"《关于人民法院审理事业单位人事争议案件若干问题的规定》第2条规定:"当事人对依照国家有关规定设立的人事争议仲裁机构所作的人事争议仲裁裁决不服,自收到仲裁裁决之日起十五日内向人民法院提起诉讼的,人民法院应当依法受理。一方当事人在法定期间内不起诉又不履行仲裁裁决,另一方当事人向人民法院申请执行的,人民法院应当依法执行。"由此可见,人事争议仲裁的可诉性是有限的,人民法院仅仅受理对行政机关与其聘用制公务员、事业单位与其工作人员的人事争议仲裁的起诉和执行。

第二节　劳动争议的调解

一、劳动争议调解的概念和特征

劳动争议调解,是指由第三方对争议当事人双方进行疏导、说服,促使双方在互谅互解的基础上达成调解协议的纠纷解决方式。劳动争议调解委员会的调解虽不是劳动争议处理的必经程序,但却是劳动争议处理程序中的"第一道防线",具有突出的特点:

(1)自愿性。劳动争议产生后,是否将其提交劳动争议调解委员会进行调解、是否达成调解协议,都是在当事人自愿的基础上,由当事人协商确定的,所以调解能充分体现当事人意思自治原则。

(2)自治性。劳动争议调解委员会是专门处理用人单位内部劳动争议的基层群众性组织,不同于司法、行政机关和仲裁机构,其调解的目的是解决本单位内劳动关系双方当事人之间的劳动纠纷,维持劳资双方的合作关系。

(3)便利性。劳动争议调解委员会设在用人单位内部,申请手续简便,无需交纳受理费,这些都便于当事人在劳动争议发生后申请调解。

(4)灵活性。劳动争议调解委员会在调解劳资纠纷时,没有严格的程序限制。

(5)调解协议的非强制性。调解达成的协议仅具有合同性质,不具有强制执行的效力。

二、劳动争议调解委员会

我国调解劳动争议的专门机构是劳动争议调解委员会。所谓劳动争议调解委员会，是指用人单位在其所在地方工会和地方劳动争议仲裁委员会指导下调解本单位内发生的劳动争议的群众性组织。

(一)劳动争议调解委员会的设立

《劳动法》第80条第1款规定："在用人单位内，可以设立劳动争议调解委员会。"根据《条例》和《组织及工作规则》的规定，设有分厂(或者分公司、分店)的企业，可以在总厂(总公司、总店)和分厂(分公司、分店)分别设立调解委员会；调解委员会的工作接受企业所在地方工会(或行业工会)和地方劳动争议仲裁委员会的指导；其办事机构设在企业工会；企业应支持企业调解委员会的工作，并在物质上给予帮助，承担调解委员会的活动经费。

(二)劳动争议调解委员会的组成

《劳动法》第80条第1款规定："劳动争议调解委员会由职工代表、用人单位代表和工会代表组成。劳动争议调解委员会主任由工会代表担任。"《条例》和《组织及工作规则》对调解委员会的组成作了更具体的规定：企业劳动争议调解委员会由职工代表、企业代表和企业工会代表三方组成。其中，职工代表由职工代表大会(职工大会)推举产生；企业代表由企业法定代表人指定；企业工会代表由企业工会委员会指定。各方推举或指定的代表只能代表一方参加调解委员会。调解委员会组成人员的具体人数由职工代表大会提出并与企业法定代表人协商确定。企业代表的人数不得超过调解委员会成员总数的1/3。没有成立工会组织的企业，调解委员会的设立及其组成由职工代表与企业代表协商决定。调解委员会设主任，由工会代表担任。调解委员会委员应当由具有一定劳动法律知识、政策水平和实际工作能力、办事公道、为人正派、密切联系群众的人员担任。调解委员会委员调离本企业或需要调整时，应由原推选单位或组织按规定另行推举或指定。调解委员会委员名单应报送地方总工会和地方仲裁委员会备案。

(三)劳动争议调解委员会的职责

根据《组织及工作规则》第4条的规定，调解委员会承担以下职责：(1)调解本企业内发生的劳动争议；(2)检查督促争议双方当事人履行调解协议；(3)对职工进行劳动法律、法规的宣传教育，做好劳动争议的预防工作。

(四)调解委员会成员的回避

回避，是指为了保证调解活动的公正性，与案件有利害关系或者有其他关系的调解委员会的成员应退出对案件调解的制度。回避制度对于避免调解员违法调解，消除当事人疑虑，维护当事人的合法权益具有极为重要的意义。根据《组织及工作规则》第19条的规定，调解委员会成员有下列情形之一者，当事人有权以口头或书面形式申请，要求其回避：(1)是劳动争议当事人或者当事人近亲属的；(2)与劳动争议有利害关系的；(3)与劳动争议当事人有其他关系，可能影响公正调解的。调解委员会对回避申请应及时作出决定，并以口头或书面形式通知当事人。调解委员的回避由调解委员会主任决定；调解委员会主任的回避，由调解委员会集体研究决定。

三、调解程序

根据《组织及工作规则》的规定，劳动争议调解工作应遵循以下程序：

(一)申请

调解程序的进行依当事人的申请而启动。当事人申请调解，应当自知道或应当知道其权利被侵害之日起30日内，以口头或书面形式向调解委员会提出申请，并填写《劳动争议调解申请书》。发生劳动争议的职工一方在3人以上，并且有共同理由的，应当推举代表参加调解活动。

申请调解会导致仲裁申诉时效的中止。根据劳动部《关于贯彻执行〈中华人民共和国劳动法〉若干问题的意见》第89条的规定，劳动争议当事人向企业劳动争议调解委员会申请调解的，从当事人提出申请之日起，仲裁申诉时效中止，调解委员会应当在30日内结束调解，即中止期间最长不得超过30日。结束调解之日起，当事人的申诉时效继续计算。调解超过30日的，申诉时效从30日之后的第一天继续计算。

(二)受理

调解委员会接到调解申请后，应征询对方当事人的意见，对方当事人不愿调解的，应作好记录，在3日内以书面形式通知申请人；对方当事人表示愿意调解的，调解委员会应在4日内进行审查，并作出受理或不受理申请的决定。作出受理决定的，应以口头或书面形式通知双方当事人，办理受案手续；对不受理的，应向申请人说明理由。对调解委员会无法决定是否受理的案件，由调解委员会主任决定是否受理。

(三)调解前的准备

为保证调节工作的顺利进行，在召开调解会议前，调解委员会应及时做好准备工作，如指派调解委员对争议事项进行全面调查核实，调查应作笔录，并由调查人签名或盖章；确定调解方案等。

（四）召开调解会议

召开调解会议，是指调解委员会在当事人及其他有关单位和个人的参加下，对当事人之间的劳动争议进行调解以促成当事人达成调解协议的专门活动。召开调解会议是调解程序的中心环节。调解会议由调解委员会主任主持召开，双方当事人应当参加，有关单位和个人可以参加调解会议协助调解，简单的争议，可由调解委员会指定一至两名调解委员进行调解。调解委员会应听取双方当事人对争议事实和理由的陈述，在查明事实、分清是非的基础上，依照有关劳动法律、法规，以及依照法律、法规制定的企业规章和劳动合同，公正调解。

（五）调解程序终结

调解委员会调解劳动争议，应当自当事人申请调解之日起30日内结束。根据调解结果的不同，劳动争议调解程序的终结有两种情况：

一种是在规定期限内双方当事人经调解达成协议。此时，调解委员会应制作调解协议书，协议书应写明争议双方当事人的姓名（单位、法定代表人）、职务、争议事项、调解结果及其他应说明的事项，由调解委员会主任（简单争议由调解委员）以及双方当事人签名或盖章，并加盖调解委员会印章，调解协议书一式三份，由争议双方当事人、调解委员会各执一份。当事人应当自觉履行调解协议书。

调解协议书不具有强制执行的法律效力，一方当事人不履行的，对方当事人不得以其为依据向人民法院申请强制执行。达成调解协议后，当事人一方或者双方反悔的，当事人可以向劳动争议仲裁委员会申请仲裁。但是，这并不意味着调解协议书毫无约束力可言。《解释（二）》第17条规定："当事人在劳动争议调解委员会主持下达成的具有劳动权利义务内容的调解协议，具有劳动合同的约束力，可以作为人民法院裁判的根据。"

另一种是调解不成。调解不成包括两种情形：其一，经调解委员会调解双方当事人没有达成调解协议；其二，调解委员会自当事人申请调解之日起30日内未结束调解。此时，调解委员会应作记录，并在调解意见书上说明情况，由调解委员会主任签名、盖章，并加盖调解委员会印章，调解意见书一式三份，由争议双方当事人、调解委员会各执一份。调解不成的，当事人在规定的期限内，可以向劳动争议仲裁委员会申请仲裁。

第三节　劳动争议的仲裁

一、劳动争议仲裁的概念和特征

劳动争议仲裁，是指劳动争议仲裁机构依争议当事人的申请，对劳动争议进行审理并作出对当事人具有拘束力的裁决的争议解决方式。

我国劳动争议仲裁具有如下几个特征：

(1)劳动争议仲裁无需当事人事先达成仲裁协议，就可向劳动争议仲裁机构申请仲裁。

(2)劳动争议仲裁属于国家仲裁①，具有非司法性、非民间性的特点。我国的劳动争议仲裁由国家授权的专门仲裁机关即劳动争议仲裁委员会进行。

(3)劳动争议仲裁是诉讼的前置程序。劳动争议仲裁裁绝不是终局裁决，当事人对裁决不服的，可以在法定期限内向人民法院提起诉讼。

(4)劳动争议仲裁具有及时性的特点。劳动争议仲裁的时效和审理期限较民商事仲裁和诉讼程序短。根据劳动法律法规规定，仲裁申请人应当自劳动争议发生之日起 60 日内向劳动争议仲裁委员会提出书面申请；仲裁庭处理劳动争议，应从组成仲裁庭之日起 60 日内结案。案情复杂需要延期的，报仲裁委员会批准后可适当延长，但最长延期不得超过 30 日。

我国劳动争议仲裁与作为民间仲裁形式的民商事仲裁存在根本区别，后者充分体现当事人意思自治原则，仲裁申请的前提是纠纷当事人达成仲裁协议；实行一裁终局制；具有独立性、保密性、国际性等特点。

劳动争议仲裁不同于劳动争议调解，后者具有自愿性、自治性、民间性、调解结果非强制性等特点。

劳动争议仲裁作为诉讼前的法定必经程序，是处理劳动争议的一种主要方式。我国《劳动法》第十章对劳动争议仲裁作了原则性规定。《条例》第三章对仲裁作较为具体的规定，劳动部颁布实施的《劳动争议仲裁委员会组织规则》(以下简称《组织规则》)、《劳动争议仲裁委员会办案规则》(以下简称《办案规则》)分别对劳动争议仲裁委员会的组成、办案程序作了详细规定。

---

①　仲裁可分为民间仲裁和国家仲裁。国家仲裁，是指由国家授权的专门仲裁机关行使国家仲裁权，对当事人之间的争议依法进行仲裁。民间仲裁，是指由当事人选定的民间仲裁机构行使仲裁权，对当事人之间的争议进行仲裁。

二、劳动争议仲裁委员会

(一)劳动争议仲裁委员会的组成和职责

劳动争议仲裁委员会是国家授权、依法独立处理劳动争议案件的专门机构。

1.仲裁委员会的设立

《条例》第12条规定:“县、市、市辖区应当设立劳动争议仲裁委员会。”至于省、自治区、直辖市是否应设立劳动争议仲裁委员会,原劳动部《〈中华人民共和国企业劳动争议处理条例〉若干问题解释》规定:“省、自治区、直辖市是否设立劳动争议仲裁委员会,由省、自治区、直辖市人民政府根据实际情况自行决定。如设立劳动争议仲裁委员会,其受理范围及职责,亦由当地人民政府规定。已经设立劳动争议仲裁委员会的,应予保留。”

2.仲裁委员会的组成

根据《劳动法》第81条、《条例》第32条和《组织规则》的规定,劳动争议仲裁委员会由劳动行政部门代表、同级工会代表、用人单位方面的代表(政府指定的经济综合管理部门的代表)组成。组成人员必须是单数。仲裁委员会设主任一人,副主任一至二人,委员若干人。主任由同级劳动行政主管部门的负责人担任,副主任由仲裁委员会委员协商产生。仲裁委员会委员的确认或更换,须报同级人民政府批准。仲裁委员会委员有特殊情况确需委托本组织其他人员出席仲裁委员会会议的,应有委托书。仲裁委员会召开会议决定有关事项应有2/3以上的委员参加,并且按照少数服从多数的原则作出决定。仲裁委员会处理劳动争议,实行仲裁员、仲裁庭制度。

按照立法本意,仲裁委员会的组成符合三方原则。这一做法符合公正处理的要求,劳动争议当事人双方都有自己的代言人参加仲裁,有利于劳动争议的合理解决。但在实际生活中,同级工会代表和用人单位方面的代表则经常处于空缺状态,常出现的是劳动行政部门代表一家独裁,这使仲裁过多地呈现行政色彩,影响了仲裁的效果。①

3.仲裁委员会的职责

《组织规则》规定了仲裁委员会具有下列职责:(1)负责处理本委员会管辖范围内的劳动争议案件;(2)聘任专职和兼职仲裁员,并对仲裁员进行管理;

① 关怀:《对改进我国劳动争议处理制度的构想》,载《劳动法评论》(第一卷),中国人民大学出版社2005年版,第7页。

(3)领导和监督仲裁委员会办事机构和仲裁庭开展工作;(4)总结并组织交流办案经验。

(二)劳动争议仲裁委员会办事机构

地方各级劳动行政主管部门的劳动争议处理机构为仲裁委员会的办事机构。根据《组织规则》的规定,仲裁委员会办事机构在仲裁委员会领导下,负责劳动争议处理的日常工作,其主要职责是:(1)承办处理劳动争议案件的日常工作;(2)根据仲裁委员会的授权,负责管理仲裁员,组织仲裁庭;(3)管理仲裁委员会的文书、档案、印鉴;(4)负责劳动争议及其处理方面的法律、法规及政策咨询;(5)向仲裁委员会汇报、请示工作;(6)办理仲裁委员会授权或交办的其他事项。

(三)劳动争议仲裁员

仲裁员是指劳动争议仲裁委员会聘任的处理劳动争议的工作人员,分为专职仲裁员和兼职仲裁员。《组织规则》规定了仲裁员的资格条件、聘任、职责等内容。

1.仲裁员的资格条件

要被各级仲裁委员会聘任为专职或兼职仲裁员,必须取得仲裁员资格,并符合仲裁员应具备的基本条件。仲裁员资格经省级以上的劳动行政主管部门考核认定。仲裁员应具备的基本条件:(1)拥护党的路线、方针、政策,坚持四项基本原则;(2)坚持原则,秉公执法,作风正派,勤政廉洁;(3)具有一定的法律、劳动业务知识及分析、解决问题和独立办案的工作能力;(4)从事劳动争议处理工作三年以上或从事与劳动争议处理工作有关的(劳动、人事、工会、法律等)工作五年以上,并经过专业培训;(5)具有高中以上文化程度,身体健康,能坚持正常工作。

2.仲裁员的聘任与解聘

专职仲裁员由仲裁委员会从劳动行政主管部门专门从事劳动争议处理工作的人员中聘任。兼职仲裁员由仲裁委员会从劳动行政主管部门或其他行政部门的人员、工会工作者①、专家、学者和律师中聘任。仲裁委员会成员均具有仲裁员资格,可由仲裁委员会聘为专职或兼职仲裁员。仲裁员在同一时间内只能被一个仲裁委员会聘任。仲裁员每次聘期为三年。已被聘任为劳动监

---

① 《劳动部关于〈中华人民共和国企业劳动争议处理条例〉若干问题的解释》规定,可以担任仲裁员的"工会工作者"是指在各级地方工会、各行业工会内从事工会职能工作的人员。

察员者，不再聘任为仲裁员。仲裁委员会委员离任后，其仲裁员资格即行消失，被聘任为仲裁员的，由仲裁委员会予以解聘。专职仲裁员工作调动后，如本人愿意并具备条件的，保留仲裁员资格，可聘为兼职仲裁员。已聘请的仲裁员，不能胜任工作的，仲裁委员会应予以解聘。仲裁员在聘任期内因工作调动或其他原因，不能履行仲裁员职责的，仲裁委员会应予解聘。取得仲裁员资格后三年内，如未被仲裁委员会聘任或虽被聘任但每年参加办案少于二次者，由其资格认定单位取消仲裁员资格，被聘任的仲裁员，由其聘任单位予以解聘。

(四)劳动争议仲裁庭

根据《条例》第 16 条和《组织规则》的相关规定，仲裁委员会处理劳动争议，应当组成仲裁庭。仲裁庭在仲裁委员会领导下处理劳动争议案件，实行一案一庭制。仲裁庭由一名首席仲裁员、二名仲裁员组成。简单案件，仲裁委员会可以指定一名仲裁员独任处理。仲裁庭的首席仲裁员由仲裁委员会负责人或授权其办事机构负责人指定，另两名仲裁员由仲裁委员会授权其办事机构负责人指定或由当事人各选一名，具体办法由省、自治区、直辖市自行确定。仲裁庭的书记员由仲裁委员会办事机构指定，负责仲裁庭的记录工作，并承办与仲裁庭有关的具体事项。仲裁庭组成不符合规定的，由仲裁委员会予以撤销，重新组成仲裁庭。仲裁庭对重大的或者疑难的劳动争议案件的处理，可以提交仲裁委员会讨论决定；仲裁委员会的决定，仲裁庭必须执行。

三、仲裁程序

(一)申诉

申诉，是指劳动争议当事人向劳动争议仲裁机构提出申请，请求解决争议、保护自身合法权益的行为。劳动争议发生后，当事人任何一方都可直接向劳动争议仲裁机构申请仲裁，无需双方合意。劳动争议仲裁实行“不告不理”，申诉是引起仲裁程序发生的条件之一。当事人申诉与劳动争议仲裁机构受理的结合，即引起仲裁程序的开始。

1. 仲裁申诉的条件

仲裁申诉的条件在《条例》、《办案规则》中均未作专门规定。但是，根据《组织规则》对仲裁委员会立案前审查事项的规定，我们不难推导出申诉应具备以下几个条件：

(1)申诉人与本案有直接利害关系；

(2)申请仲裁的争议属于劳动争议；

(3)申请仲裁的劳动争议属于仲裁委员会的受理内容；

(4)该劳动争议属于受诉仲裁委员会管辖;

(5)申请时间是否符合申请仲裁的时效规定。

2.仲裁申诉的方式

根据《条例》第24条的规定,当事人向仲裁委员会申请仲裁,应当提交申诉书,并按照被诉人数提交副本。申诉书应当载明下列事项:(1)职工当事人的姓名、职业、住址和工作单位;企业的名称、地址和法定代表人的姓名、职务;(2)仲裁请求和所根据的事实和理由;(3)证据、证人的姓名和住址。

发生劳动争议的职工一方在3人以上,并且有共同理由的,应当推举代表参加仲裁活动。

(二)受理

根据《条例》、《办案规则》的相关规定,仲裁委员会在收到申诉书后,应当对申诉进行审查,经审查,认为符合申诉条件,申请书及有关材料齐备并符合要求的,应当在7日内做出受理决定;认为不符合申诉条件的,应当在7日内做出不予受理的决定;对申诉材料不齐备或有关情况不明确的仲裁申请书,应指导申诉人予以补充。仲裁委员会发现受理的案件不属于本会管辖时,应当移送有管辖权的仲裁委员会。

(三)仲裁前的准备

仲裁前的准备,是指劳动争议仲裁委员会在案件受理后开庭审理前,为保证庭审工作的顺利进行,承办案件的仲裁人员所作的准备工作。仲裁前的准备工作是仲裁程序的重要组成部分。根据《办案规则》的规定,仲裁前的准备工作主要有以下几项:

1.送达有关文书

仲裁委员会决定受理的,应当自作出决定之日起7日内向申诉人发出书面通知,将申诉书副本送达被诉人,并要求其在15日内提交答辩书和证据;决定不予受理的,应当自作出决定之日起7日内制作不予受理通知书,送达申诉人,通知书中应写明不予受理的理由。被诉人应当自收到申诉书副本之日起15日内提交答辩书和有关证据。被诉人没有按时提交或者不提交答辩书的,不影响案件的审理。

2.组成仲裁庭

劳动争议仲裁实行一案一庭制。仲裁委员会决定受理的,应自立案之日起7日内组成仲裁庭。对事实清楚,案情简单,适用法律法规明确的案件,可由仲裁委员会指定一名仲裁员独任处理。

3.审核仲裁材料,调查收集证据,拟定处理方案

仲裁庭成员应认真审阅申诉、答辩材料，调查、收集证据，查明争议事实。仲裁委员会有权要求当事人提供或者补充证据。仲裁员进行调查时，应当先向被调查人出示证件。调查笔录经被调查人校阅后，由被调查人、调查人签名或盖章。在仲裁活动中，遇有需要勘验或鉴定的问题，应交由法定部门勘验或鉴定；没有法定部门的，由仲裁委员会委托有关部门勘验或鉴定。各地仲裁委员会之间可以互相委托调查。受委托方仲裁委员会应当在委托方仲裁委员会要求的期限内完成调查，因故不能完成的应当在要求期限内函告委托方仲裁委员会。最后，仲裁庭成员根据调查的事实和劳动法律、法规的规定拟定处理方案。重大疑难案件的处理方案经仲裁委员会会议研究拟定。

4.通知

仲裁庭应于开庭 4 日前，将仲裁庭组成人员、开庭时间、地点的书面通知送达当事人。当事人接到通知，无正当理由拒不到庭的，或在开庭期间未经仲裁庭同意自行退庭的，对申诉人按撤诉处理，对被诉人作缺席裁决。

（四）先行调解

《办案规则》第 26 条特别规定了审理劳动争议案件的先行调解程序："仲裁庭审理时应当先行调解。经调解达成协议的，仲裁庭应当根据协议内容制作调解书，调解书由双方当事人签字、仲裁员署名、加盖仲裁委员会印章并送达当事人。调解书自送达之日起具有法律效力。调解未达成协议，或仲裁调解书送达前当事人反悔的，以及当事人拒绝接收调解书的，仲裁庭应及时裁决。"

（五）开庭审理

开庭审理，是指仲裁委员会、仲裁庭在当事人及其他仲裁参与人的参加下，依照法定程序，对案件进行实体审理的活动。开庭审理是仲裁程序的中心环节，其任务在于查明事实、分清是非、正确适用法律，确定当事人的实体权利义务关系。

根据《办案规则》的规定，仲裁开庭审理大概遵循以下程序：

1.预备阶段

由书记员查明双方当事人、代理人及有关人员是否到庭，宣布仲裁庭纪律。首席仲裁员宣布开庭，宣布仲裁员、书记员名单，告知当事人的申诉、申辩权利和义务，询问当事人是否申请回避并宣布案由。如当事人申请回避的，应依照有关回避的规定处理。

2.调查、辩论阶段

仲裁员首先听取申诉人的申诉和被诉人的答辩，再以询问方式，对需要进一步了解的问题进行当庭调查，并征询双方当事人的最后意见。

3. 再行调解、裁决阶段

仲裁庭根据当事人的意见，当庭再行调解。对不宜进行调解或调解达不成协议的，应及时休庭合议并作出裁决。之后，仲裁庭复庭，宣布仲裁裁决。仲裁庭裁决劳动争议案件，实行少数服从多数的原则，不同意见必须如实笔录。仲裁庭作出裁决时，对涉及经济赔偿和补偿的争议标的可作变更裁决，对其他争议标的可在作出肯定或否定裁决的同时，另向当事人提出书面仲裁建议。对仲裁庭难作结论或需提交仲裁委员会决定的疑难案件，仲裁庭应当宣布延期裁决。对于在管辖区域内有重大影响的案件，以及经仲裁庭合议难作结论的疑难案件，仲裁庭可在查明事实后提交仲裁委员会决定。

仲裁庭作出裁决后，应制作仲裁裁决书。仲裁裁决书应写明：(1)申诉人和被诉人的姓名、性别、年龄、民族、职业、工作单位和住址，单位名称、地址及其法定代表人(或负责人)或代理人的姓名、职务；(2)申诉的理由、争议的事实和要求；(3)裁决认定的事实、理由和适用的法律、法规；(4)裁决的结果及费用的负担；(5)不服裁决，向人民法院起诉的期限。仲裁调解书可参考仲裁裁决书的格式制作。裁决书由仲裁员署名，加盖仲裁委员会印章，送达双方当事人。仲裁庭当庭裁决的，应当在 7 日内发送裁决书。定期另庭裁决的，当庭发给裁决书。

(六)结案期限

根据《办案规则》的规定，仲裁庭处理劳动争议，应从组成仲裁庭之日起 60 日内结案。案情复杂需要延期的，报仲裁委员会批准后可适当延长，但最长延期不得超过 30 日。对于请示待批，工伤鉴定，当事人因故不能参加仲裁活动，以及其他妨碍仲裁办案进行的客观情况，应视为仲裁时效中止，并需报仲裁委员会审查同意。仲裁时效中止不计入仲裁办案时效内。

(七)法律文书的生效和执行

仲裁裁决书送达当事人后，当事人对仲裁裁决不服的，可以自收到裁决书之日起 15 日内，向人民法院起诉，此时仲裁裁决书不生效；期满当事人均不起诉的，裁决书即发生法律效力。仲裁调解书自送达当事人之日起发生法律效力。对于生效的仲裁裁决书和仲裁调解书，当事人必须履行，一方当事人若不履行仲裁裁决的，另一方当事人可以申请人民法院强制执行。

关于仲裁裁决书的生效，实践中存在着一些疑难问题，例如，当事人仅对仲裁裁决中的部分事项不服而起诉，仲裁裁决效力如何？仲裁委员会对多个劳动者的劳动争议作出仲裁裁决后，部分劳动者对仲裁裁决不服而起诉，仲裁

裁决对未起诉的那部分劳动者是否生效？对于前者，《解释》第 17 条作出明确规定："劳动争议仲裁委员会作出仲裁裁决后，当事人对裁决中的部分事项不服，依法向人民法院起诉的，劳动争议仲裁裁决不发生法律效力。"对于后者，《解释》第 18 条规定："劳动争议仲裁委员会对多个劳动者的劳动争议作出仲裁裁决后，部分劳动者对仲裁裁决不服，依法向人民法院起诉的，仲裁裁决对提出起诉的劳动者不发生法律效力；对未提出起诉的部分劳动者，发生法律效力，如其申请执行的，人民法院应当受理。"

根据《解释》第 21 条的规定，当事人申请人民法院执行劳动争议仲裁机构作出的发生法律效力的裁决书、调解书，被申请人提出证据证明劳动争议仲裁裁决书、调解书有下列情形之一，并经审查核实的，人民法院可以根据《民事诉讼法》第 217 条的规定，裁定不予执行：(1)裁决的事项不属于劳动争议仲裁范围，或者劳动争议仲裁机构无权仲裁的；(2)适用法律确有错误的；(3)仲裁员仲裁该案时，有徇私舞弊、枉法裁决行为的；(4)人民法院认定执行该劳动争议仲裁裁决违背社会公共利益的。人民法院在不予执行的裁定书中，应当告知当事人在收到裁定书之次日起 30 日内，可以就该劳动争议事项向人民法院起诉。

四、劳动争议仲裁的有关制度

(一)管辖

劳动争议仲裁的管辖，是指不同级别仲裁委员会之间、同级仲裁委员会之间，在受理劳动争议案件上的分工和权限。管辖问题对于当事人和劳动争议仲裁委员会都具有十分重要的意义，当事人在申请仲裁时必须向有管辖权的仲裁委员会提出，只有有管辖权的仲裁委员会才能受理当事人的仲裁申请。

1. 级别管辖

级别管辖，是指划分不同级别仲裁委员会之间受理劳动争议案件的分工和权限。目前，我国仲裁委员会一般设有县级、设区的市级两级，一些省份甚至设有省级。劳动争议案件由哪一级仲裁委员会管辖，有必要在立法上作出规定。《条例》第 17 条第 2 款规定："设区的市的仲裁委员会和市辖区的仲裁委员会受理劳动争议案件的范围，由省、自治区人民政府规定。"《办案规则》第 6 条规定："地方各级仲裁委员会处理劳动争议的管辖范围由省、自治区、直辖市人民政府依据《条例》确定。"可见，哪些劳动争议案件由县级仲裁委员会管辖，哪些由设区的市的仲裁委员会管辖，哪些由省级仲裁委员会管辖，这些事项由《条例》授权省、自治区、直辖市人民政府确定。我们认为，在确定劳动争议仲裁的级别管辖时，应考虑劳动争议案件的特殊性，同时借鉴民事诉讼法的相关原理，宜以案件性质、案情繁简、案件在当地的影响、案件所涉当事人人数等作为确定级别管辖的标准。

2.地域管辖

地域管辖，是指确定同级仲裁委员会之间受理劳动争议案件的分工和权限。地域管辖是在级别管辖的基础上划分的。根据《条例》第17条、第18条的规定，县、市、市辖区仲裁委员会负责本行政区域内发生的劳动争议；发生劳动争议的企业与职工不在同一个仲裁委员会管辖地区的，由职工当事人工资关系所在地的仲裁委员会处理。"职工当事人工资关系所在地"是指向职工发放工资的单位所在地，实践中，一般是以用人单位的工商登记注册地为准。但是，在现实中，经常出现用人单位实际经营地与工商注册地不一致的情况，如流动性较大的建筑行业、旅游行业等，在这种情况下，要求在经营地工作的职工向用人单位工商登记注册地的仲裁委员会申请仲裁，显然不利于该职工行使申诉权利。因此，应扩大地域管辖的范围，使劳动合同履行地的仲裁委员会获得管辖权，从而便于职工方申请仲裁。我国公民与国（境）外企业签订的劳动（工作）合同，因履行而发生争议，若履行地在我国领域内，由劳动（工作）合同履行地仲裁委员会管辖，也可以在合同中约定。

3.移送管辖和指定管辖

移送管辖，是指对案件没有管辖权的仲裁委员会将本会已经受理的案件移送给有管辖权的仲裁委员会审理。它是对案件无管辖权的仲裁委员会错误地行使了管辖权的情况下所采取的一项补救措施。指定管辖，是指上级劳动行政主管部门依法指定其辖区内的仲裁委员会对某一案件行使管辖权。对此，《办案规则》第7条规定："仲裁委员会发现受理的案件不属于本会管辖时，应当移送有管辖权的仲裁委员会。仲裁委员会之间因管辖权发生争议，由双方协商解决；协商不成时，由共同的上级劳动行政主管部门指定管辖。"

（二）当事人及其他仲裁参加人

仲裁参加人包括参加劳动争议仲裁活动的当事人、当事人的代理人和利害关系人、第三人。当事人是指为解决劳动争议，以自己名义参加仲裁，并受仲裁裁决拘束的人，包括申诉人和被申诉人。根据《条例》、《办案规则》的规定，用人单位与职工为劳动争议案件的当事人。企业法人由其法定代表人参加仲裁活动。依法成立的其他企业或单位由其主要负责人参加仲裁活动。当事人可以委托一至两名律师或者其他人代理参加仲裁活动。委托他人参加仲裁活动，必须向仲裁委员会提交有委托人签名或者盖章的委托书，委托书应当明确委托事项和权限。无民事行为能力和限制行为能力的职工可由其法定代

理人代为申诉；死亡职工可由其利害关系人代为申诉；法定代理人或利害关系人不明确的，由仲裁委员会指定代理人。发生劳动争议的职工一方在三人以上，并有共同理由的，应当推举代表参加仲裁活动。代表人数由仲裁委员会确定。与劳动争议案件的处理结果有利害关系的第三人，可以申请参加仲裁活动或者由仲裁委员会通知其参加仲裁活动。

（三）仲裁申诉时效

1. 仲裁申诉时效期间

仲裁申诉时效，是指劳动者和用人单位在法定期间内不向劳动争议仲裁机构申请仲裁，而丧失请求劳动争议仲裁机构保护其权利实现之权利的制度。[①] 设立该制度，是为了促使劳动争议尽快得到解决，使劳动者的合法权益尽快得到保护，生活秩序尽快得到安定，用人单位的正常生产秩序及时得到恢复。对于争议当事人而言，仲裁申诉时效是一个非常重要的法律制度，它是当事人依法行使申请劳动仲裁权利或获得胜诉的先决条件，即超过仲裁申诉时效，就有会使当事人丧失依法申请劳动仲裁的权利或胜诉权[②]。我国《条例》和《劳动法》对仲裁申诉时效均作了规定。根据《条例》第 23 条的规定，当事人应当从知道或者应当知道其权利被侵害之日起 6 个月内，以书面形式向仲裁委员会申请仲裁。当事人因不可抗力或者有其他正当理由超过前款规定的申请仲裁时效的，仲裁委员会应当受理。《劳动法》第 82 条规定："提出仲裁要求的一方应当自劳动争议发生之日起 60 日内向劳动争议仲裁委员会提出书面申请。"显然，这两条规定存在着冲突：《条例》规定仲裁申诉时效期间为"六个月"，从当事人"知道或者应当知道其权利被侵害之日"起算；《劳动法》规定仲裁申诉时效期间为"60 日"，从"劳动争议发生之日"起算。如何解决该冲突呢？根据上位法优于下位法的法的效力原理，由于《劳动法》属法律渊源，《条例》属行政法规渊源，所以《劳动法》的效力高于《条例》，在二者发生冲突时，应适用《劳动法》规定。

将仲裁申诉时效期间规定为 60 日，意在督促当事人及时主张合法权益，约束争议双方当事人尽快解决纠纷，也有利于证据的收集和保存。但是，如此短暂的时效期间为劳动者维权设置了障碍。首先，它过早地关闭了解决劳动争议的"法律之门"，最终不利于劳动关系的和谐稳定。在实践中，一些劳动者

---

① 王全兴著：《劳动法》，法律出版社 2004 年版，第 387 页。

② 对于超过仲裁申诉时效的后果是当事人丧失程序意义上的申请仲裁的权利，还是丧失实体意义上的胜诉权，理论界有不同观点，后文将谈及。

因为对法律程序了解不够而导致申请仲裁不及时，从而丧失了申请仲裁以保护自身合法权益的机会，还有一些劳动者在工资拖欠、女工婚育、劳动保险等方面与用人单位发生争议后，考虑到申请仲裁可能会给自己带来被除名、解聘的不利后果，不敢及时提出仲裁申请，等过一段时间下定决心申请仲裁时却已超过 60 日的申诉期间。现行立法关于六十日仲裁申诉时效期间的规定，实际上也有违及时化解劳动争议的初衷。因为，时效期间的短促以及当事人寻求法律救济意识弱、能力的欠缺，客观上导致了许多当事人难以在 60 日时效期间内申请仲裁。时效期间的届满虽然能够为驳回当事人的申请提供法律理由，但并不能导致劳动争议的自然消弭，其结果常常是劳动争议仍然存在，甚至愈演愈烈，但解决争议的“法律之门”由于立法的原因已经过早地关闭，当事人信访不止，甚至以极端方式寻求“私力救济”，最终酿成损害和谐劳动关系和稳定社会秩序的苦果。① 其次，它剥夺了争议当事人自行协商解决争议的时间和机会，增加仲裁机构和司法机关的办案压力。任何争议发生之后，成本较低的私力救济方式如协商、调解总会被优先使用，而仲裁、诉讼等相对高成本的解决方法一般不会早于私力救济被运用。这一规定既没有充分考虑当事人自行协商解决纠纷的时间，又没有时效中止、中断的规定相配套，极不合理。其后果是：当事人为避免因超过仲裁申诉时效而同时失去仲裁、诉讼两种公力救济的机会，留给彼此的协商空间很小，这无形中将很大一部分本来可以由当事人在观望中自行解决的纠纷推向了仲裁机构，进一步还可能进入诉讼程序，既不简便快捷，又增加了仲裁机构和司法机关的办案压力。② 有鉴于此，我们认为应对劳动争议的仲裁申诉时效界定一个比较合理的期间，考虑到劳动争议处理体制对“快捷、及时”的要求高于一般的民商事纠纷解决方法，6 个月是一个比较合理的长度。

“劳动争议发生之日”是计算仲裁申诉时效期限的起点。如何理解“劳动争议发生之日”呢？这关系到当事人特别是处于弱势的劳动者的申诉权能否得到有效保护。劳动部《关于贯彻执行〈中华人民共和国劳动法〉若干问题的意见》第 85 条将“劳动争议发生之日”解释为“当事人知道或者应当知道其权利被侵害之日”。“当事人知道或者应当知道其权利被侵害之日”，一般是指有证据表明权利人知道自己的权利被侵害的日期，或者根据一般规律推定权利

① 陈彬：《论我国劳动争议处理制度的重构》，载《现代法学》2005 年第 6 期。

② 丁虹、江雪梅：《劳动争议处理体制疑难问题研究》，载《经济论坛》2005 年第 19 期。

人知道自己的权利被侵害的日期。

对此,《解释(二)》对于经常发生的欠薪纠纷、解除或终止劳动关系及其经济补偿金纠纷明确界定了“劳动争议发生之日”:(1)在劳动关系存续期间产生的支付工资争议,用人单位能够证明已经书面通知劳动者拒付工资的,书面通知送达之日为劳动争议发生之日。用人单位不能证明的,劳动者主张权利之日为劳动争议发生之日。(2)因解除或者终止劳动关系产生的争议,用人单位不能证明劳动者收到解除或者终止劳动关系书面通知时间的,劳动者主张权利之日为劳动争议发生之日。(3)劳动关系解除或者终止后产生的支付工资、经济补偿金、福利待遇等争议,劳动者能够证明用人单位承诺支付的时间为解除或者终止劳动关系后的具体日期的,用人单位承诺支付之日为劳动争议发生之日。劳动者不能证明的,解除或者终止劳动关系之日为劳动争议发生之日。

也就是说,拖欠工资的争议,以用人单位“书面拒绝”作为界定争议发生的标准,否则以“劳动者主张权利之日”作为标准。解除或终止劳动关系纠纷,以劳动者收到“书面通知时间”作为争议发生之日,否则以“劳动者主张权利之日”作为标准。解除或终止劳动关系发生的欠薪和补偿纠纷,推定“解除合同之日”为劳动者应当知道权利受侵害的日期,但用人单位承诺了支付日期的,以期日届满之日为标准。

2.仲裁申诉时效的中止和中断

劳动争议仲裁申诉时效也是消灭时效的一种,即从起算点起经过一定期限后实体权利将成为自然权利,不再受国家公力救济。但《劳动法》没有给仲裁申诉时效规定配套的中止、中断、延长制度,这无疑是一处立法真空。现行立法中,仅有劳动部《关于贯彻执行〈中华人民共和国劳动法〉若干问题的意见》和《解释(二)》对仲裁申诉时效的中止、中断作了一定的补充规定。

仲裁申诉时效的中止,是指在仲裁时效的进行过程中,由于当事人意志以外的原因致使当事人无法提起仲裁时,仲裁期间暂时停止计算。根据劳动部《关于贯彻执行〈中华人民共和国劳动法〉若干问题的意见》第89、90条的规定,劳动争议当事人向企业劳动争议调解委员会申请调解的,从当事人提出申请之日起,仲裁申诉时效中止,企业劳动争议调解委员会应当在30日内结束调解,即中止期间最长不得超过30日。结束调解之日起,当事人的申诉时效继续计算。调解超过30日的,申诉时效从30日之后的第一天继续计算。劳动争议仲裁委员会的办事机构对未予受理的仲裁申请,仲裁委员会认为应当受理的,应及时通知当事人,当事人从申请到受理的期间应视为时效中止。

《解释(二)》参照民法关于诉讼时效的相关规定,对时效中止作了规定:"当事人能够证明在申请仲裁期间内因不可抗力或者其他客观原因无法申请仲裁的,人民法院应当认定申请仲裁期间中止,从中止的原因消灭之次日起,申请仲裁期间连续计算。"

仲裁申诉时效的中断,是指在仲裁时效的进行过程中,因一方当事人积极主张权利或另一方当事人同意履行义务致使已经进行的仲裁时效期间归于无效。《解释(二)》第13条规定:"当事人能够证明在申请仲裁期间内具有下列情形之一的,人民法院应当认定申请仲裁期间中断:(1)向对方当事人主张权利;(2)向有关部门请求权利救济;(3)对方当事人同意履行义务。申请仲裁期间中断的,从对方当事人明确拒绝履行义务,或者有关部门作出处理决定或明确表示不予处理时起,申请仲裁期间重新计算。"

3.仲裁申诉时效期间完成的法律后果

申请仲裁和起诉一样,都属于当事人在其权利受损害或与他人发生争议后行使救济权的行为。因而,仲裁申诉时效应属于与诉讼时效同类的消灭时效。现行劳动法律有关规定对仲裁申诉时效作了类似诉讼时效的规定,例如,《条例》规定了仲裁申诉时效期间的顺延,即"当事人因不可抗力或者有其他正当理由超过前款规定的申请仲裁时效的,仲裁委员会应当受理",《解释(二)》规定了仲裁申诉时效期间的中止和中断。有鉴于此,应认为仲裁申诉时效属于消灭时效。[①] 劳动争议仲裁时效完成的后果是当事人的胜诉权消灭,而非申诉权的丧失。对于超过仲裁时效期间的劳动仲裁申请,劳动争议仲裁委员会应当受理,受理后查明没有法定中止、中断理由的,裁定驳回其申请。

(四)回避

劳动争议仲裁中的回避,是指负责处理争议的仲裁员及其工作人员由于与案件或案件当事人有某种特殊关系而不得参与该案件处理的制度。根据《条例》第35、36条和《组织规则》的相关规定,回避制度包括以下内容:

1.回避的适用对象

回避制度适用于仲裁委员会组成人员、仲裁员、书记员、鉴定人、勘验人和翻译人员。

2.回避的适用条件

---

① 对此学界存有不同的观点,有的认为仲裁申诉时效不属于消灭时效,而属于除斥期间。参见王永起:《论劳动争议仲裁申请时效的性质和效力》,载《政法论丛》2001年第6期。

(1)仲裁员或其他人员是劳动争议当事人或者当事人近亲属的；

(2)仲裁员或其他人员与劳动争议有利害关系的；

(3)仲裁员或其他人员与劳动争议当事人有其他关系，可能影响公正仲裁的。

3.回避的提出和决定

仲裁员或其他人员存在应当回避的情形时，当事人有权以口头或者书面方式申请其回避。仲裁委员会主任的回避，由仲裁委员会决定；仲裁委员会其他成员、仲裁员和其他人员的回避由仲裁委员会主任决定。仲裁委员会或仲裁委员会主任对回避申请应在 7 日内作出决定，并以口头或书面方式通知当事人。

(五)中间裁决或部分裁决

仲裁委员会在作出最终裁决之前，对涉及职工生活保障、工伤医疗保障等有关职工切身利益的问题，能否裁决用人单位预先支付职工的劳动报酬或因工负伤急需的医疗费，对劳动者具有非常重要的意义。然而，《劳动法》、《条例》和《办案规则》均未对此作出规定。最高人民法院在发给原劳动部劳动关系和监察司的《关于在劳动争议仲裁程序中能否适用先予执行的函》(1994 年 8 月 10 日)中，同意仲裁委员会对案件经过初步审理后，确属紧急情况的，可以比照国际经济贸易仲裁中的中间裁决或部分裁决的形式，裁决企业支付职工的劳动报酬或因工负伤急需的医疗费，该裁决生效后，如企业不执行，职工可以申请人民法院强制执行。此后，《解释(二)》又一次明确了支持仲裁委员会所作的预先支付劳动者部分工资或者医疗费用的中间裁决或部分裁决，其第 8 条规定："当事人不服劳动争议仲裁委员会作出的预先支付劳动者部分工资或者医疗费用的裁决，向人民法院起诉的，人民法院不予受理。用人单位不履行上述裁决中的给付义务，劳动者依法向人民法院申请强制执行的，人民法院应予受理。"因此，在当前劳动争议仲裁立法不完善的情况下，仲裁委员会可以大胆尝试，对涉及职工生活保障、工伤医疗保障等争议案件作出预先支付劳动者部分工资或者医疗费用的中间裁决或部分裁决。

(六)送达

送达，是指司法和执法机关按照法定程序和方式，将法律文书、诉讼文书交付案件当事人的行为，通常分为直接送达、留置送达、委托送达、邮寄送达、公告送达等五种。

劳动争议处理中的法律文书送达制度，目前采用以下四种送达方式：(1)直接送达，即将仲裁文书直接送交受送达人(职工当事人和企业)，若职工本人不在场的,可交其成年家属代收。(2)留置送达。受送达人或代收人拒绝接受的,可由送达人、见证人签名盖章,将司法文书留置,即视为送达。(3)委托送达或邮寄送达。直接送达有困难的,仲裁委员会可委托其他仲裁委员会代为送达或通过邮局送达,收件日期为送达日期。(4)公告送达。当被诉方下落不明时,仲裁委员会可运用发出公告的形式,自发公告之日起,经过30日即视为送达。仲裁文书送交并签收后,应办送达证书(送达回证)作为已经送达的说明。

(七)仲裁裁决的内部监督

根据《办案规则》的规定,各级仲裁委员会主任对本委员会已发生法律效力的裁决书,发现确有错误,需要重新处理的,应提交本仲裁委员会决定。决定重新处理的争议,由仲裁委员会决定终止原裁决的执行,制作终止原裁决执行的仲裁决定书。仲裁决定书由仲裁委员会主任署名,加盖仲裁委员会印章。仲裁委员会宣布原仲裁裁决书无效后,应从宣布无效之日起7日内另行组成仲裁庭。仲裁庭再次处理劳动争议案件,应当自组成仲裁庭之日起30日内结案。

(八)妨碍仲裁的责任

根据《条例》第37条的规定,当事人及有关人员在劳动争议处理过程中有下列行为之一的,仲裁委员会可以予以批评教育、责令改正;情节严重的,依照《中华人民共和国治安管理处罚条例》①有关规定处罚;构成犯罪的,依法追究刑事责任:(1)干扰调解和仲裁活动、阻碍仲裁工作人员执行公务的;(2)提供虚假情况的;(3)拒绝提供有关文件、资料和其他证明材料的;(4)对仲裁工作人员、仲裁参加人、证人、协助执行人,进行打击报复的。

(九)仲裁费用

仲裁费用,是指当事人申请仲裁时或提出反请求时,向劳动争议仲裁委员会交纳的一定数量的费用。劳动争议当事人申请仲裁,应当按照国家有关规定交纳仲裁费。根据劳动部《劳动合同鉴证和劳动争议仲裁收费管理办法》的规定,仲裁费分为案件受理费和案件处理费。案件受理费一般按件收取,随当事人人数多少而不同,由申诉人在仲裁委员会决定立案时预付。案件处理费包括差旅费、勘验费、鉴定费、证人误工误餐费、文书表册印制费等。处理费由双方当事人在收到案件受理通知书和申诉书副本后5日内预付。

---

① 《中华人民共和国治安管理处罚条例》目前已废止,取而代之的是《中华人民共和国治安管理处罚法》(2006年3月1日起施行)。

五、职工在 30 人以上集体劳动争议仲裁的特别程序

《办案规则》在第七章中规定了对职工一方在 30 人以上的集体劳动争议案件的特别审理程序。

（一）受理

仲裁委员会应当自收到集体劳动争议申诉书之日起 3 日内作出受理或者不予受理的决定。仲裁委员会在作出受理决定的同时，组成特别仲裁庭，用通知书或布告形式通知当事人；决定不予受理的，应当说明理由。

（二）组建特别仲裁庭

仲裁委员会处理集体劳动争议，应当组成特别仲裁庭。特别仲裁庭由三名以上仲裁员单数组成。县级仲裁委员会认为有必要，可以将集体劳动争议报请市（地、州、盟）仲裁委员会处理。

仲裁庭对集体劳动争议应按照就地、就近的原则进行处理，开庭场所可设在发生争议的企业或其他便于及时办案的地方。

（三）具体程序

(1)先行调解，或者促成职工代表与企业代表召开协商会议，在查明事实的基础上促使当事人自愿达成协议。调解达成协议的，调解书自送达或布告公布之日起即发生法律效力。调解或协商未能达成协议的，仲裁庭应及时裁决。

(2)仲裁庭处理集体劳动争议，应当自组成仲裁庭之日起 15 日内结束。案情复杂需要延期的，经报仲裁委员会批准，可以适当延期，但是延长的期限不得超过 15 日。

(3)仲裁庭作出裁决后，应制作裁决书送达当事人，或用“布告”形式公布。

(4)仲裁委员会对受理的集体劳动争议及其处理结果应及时向当地人民政府汇报。

(5)双方当事人任何一方对仲裁裁决不服的，可以自收到裁决书之日起 15 日内向人民法院起诉。人民法院受理后，即按民事诉讼程序处理。

第四节　劳动争议的诉讼

劳动争议诉讼，是指劳动争议当事人不服劳动争议仲裁委员会的裁决，在规定的期限内向人民法院起诉，人民法院依法对劳动争议案件进行审理的活动。当事人对仲裁裁决不服的，可自收到仲裁裁决书之日起 15 日内向人民法院提起诉讼。劳动争议诉讼是处理劳动争议的最终程序，它通过司法程序保证了劳动争议的最终彻底解决。由人民法院参与处理劳动争议，从根本上将劳动争议处理工作纳入司法轨道，有利于保障当事人的诉权，有利于监督仲裁委员会的裁决。

对于劳动争议诉讼程序，我国并没有特别立法，长期以来，人民法院在审理劳动争议案件基本上适用《民事诉讼法》。然而，劳动争议不同于民事纠纷，劳动争议双方往往具有平等关系和隶属关系，在签订劳动合同前双方地位平等，签订劳动合同后双方就处于管理与被管理的关系当中，劳动者处于弱势地位。劳动争议与民事纠纷的差异，决定了劳动争议诉讼应当有别于民事诉讼。用处理平等主体关系的民事诉讼程序审理劳动纠纷势必会损害劳动者的合法权益。民事审判程序冗长，有悖效率原则，不利于劳动争议的及时处理。此外，劳动争议诉讼的其他相关制度，如管辖、举证责任、诉讼费用等也无法适应争议有效解决的需要。最高人民法院意识到了劳动争议诉讼与民事诉讼的不同特点，在总结多年司法实践经验的基础上，分别于 2001 年 4 月、2006 年 8 月出台了有别于民事诉讼规则的《关于审理劳动争议案件适用法律若干问题的解释》和《关于审理劳动争议案件适用法律若干问题的解释(二)》。这两部司法解释对劳动争议案件的受理、举证责任、仲裁效力等方面作了明确规定。

一、劳动争议案件的管辖

《解释》第 8 条规定："劳动争议案件由用人单位所在地或者劳动合同履行地的基层人民法院管辖。劳动合同履行地不明确的，由用人单位所在地的基层人民法院管辖。"依该解释，在地域管辖上，劳动争议案件由用人单位所在地法院或劳动合同履行地法院管辖；在级别管辖上，劳动争议案件一律由基层人民法院管辖。显然，在地域管辖方面，这一规定尚没有充分顾及到劳动者的弱势地位，应当考虑将劳动者的住所地法院作为管辖法院之一。在级别管辖方面，规定所有的劳动争议案件都由基层人民法院管辖，排除级别管辖，显然也是不合适的。权利争议纠纷一般应当按照其性质、案件的难易程度、涉及范围、社会影响以及诉讼标的金额大小等因素确定级别管辖。因此，应当考虑将案情比较简单、社会影响不大的劳动争议案件交由基层人民法院进行第一审，将案情复杂、涉及面广、社会影响很大的劳动争议案件(如集体劳动争议、涉外劳动争议)确定由中级人民法院进行第一审。

根据《解释》第 9 条的规定，当事人双方不服劳动争议仲裁委员会作出的同一仲裁裁决，均向同一人民法院起诉的，先起诉的一方当事人为原告，但对双方的诉讼请求，人民法院应当一并作出裁决。当事人双方就同一仲裁裁决

分别向有管辖权的人民法院起诉的，后受理的人民法院应当将案件移送给先受理的人民法院。

二、诉讼当事人①

劳动争议当事人若对仲裁裁决不服，依法向人民法院起诉的，在诉讼程序中就成为诉讼当事人。当事人包括原告和被告。如果只有一方不服仲裁裁决，依法向人民法院起诉的，则起诉方为原告。如果劳动者和用人单位双方均不服仲裁裁决，并向人民法院起诉的，先起诉的一方当事人为原告，人民法院应当并案审理，双方当事人互为原告和被告；在诉讼过程中，一方当事人撤诉的，人民法院应当根据另一方当事人的诉讼请求继续审理。如果劳动争议一方当事人为多数人，而且只有部分当事人向人民法院起诉的，则起诉的当事人为原告，对方当事人为被告，没有起诉的当事人不是诉讼当事人。

劳动力使用者是劳动争议诉讼中的一方当事人。随着经济改革的发展，劳动力使用者的组织机构变得越来越复杂，这间接地影响到诉讼当事人的确定。实践中对于劳动力使用者发生合并、分立后的诉讼地位、双重劳动关系中的劳动力使用者、承包经营者在劳动诉讼中的地位等问题，都存在很大的争议。最高人民法院在《解释》、《解释(二)》对这些问题特别作了规定。

(1)关于劳动力使用者发生合并、分立后的诉讼地位问题。《解释》第10条规定："用人单位与其他单位合并的，合并前发生的劳动争议，由合并后的单位为当事人；用人单位分立为若干单位的，其分立前发生的劳动争议，由分立后的实际用人单位为当事人。用人单位分立为若干单位后，对承受劳动权利义务的单位不明确的，分立后的单位均为当事人。"

(2)关于双重劳动关系中的劳动力使用者的诉讼地位问题。《解释》第11条规定："用人单位招用尚未解除劳动合同的劳动者，原用人单位与劳动者发生的劳动争议，可以列新的用人单位为第三人。原用人单位以新的用人单位侵权为由向人民法院起诉的，可以列劳动者为第三人。原用人单位以新的用人单位和劳动者共同侵权为由向人民法院起诉的，新的用人单位和劳动者列为共同被告。"

(3)关于承包经营者的诉讼地位问题。《解释》第12条规定："劳动者在用人单位与其他平等主体之间的承包经营期间，与发包方和承包方双方或者一方发生劳动争议，依法向人民法院起诉的，应当将承包方和发包方作为当事人。"

---

① 参见周长征著：《劳动法原理》，科学出版社2004年版，第288～289页。

(4)关于劳动力派遣中派遣单位和接受单位的诉讼地位问题。《解释(二)》第10条规定:“劳动者因履行劳动力派遣合同产生劳动争议而起诉,以派遣单位为被告;争议内容涉及接受单位的,以派遣单位和接受单位为共同被告。”

三、劳动争议审判组织

对于劳动争议案件的审理,我国目前普遍的做法是由普通人民法院的民事审判机构行使审判权。由于劳动争议案件在性质上不同于民事纠纷案件,劳动争议诉讼的一些程序和制度也有别于民事诉讼程序和制度,因此,由普通人民法院的民事审判机构承担劳动争议案件审理工作的模式已经不能适应形势发展的需要,建立适合劳动争议案件特点的专门的审判机构已成必然,这也与其他国家、地区的劳动争议审判机构模式趋于一致。①

至于专门的劳动争议审判机构的具体形式,当前学者的观点主要有:(1)主张在我国建立一种独立于现有普通人民法院系统之外的劳动司法机构即劳动法院,由其专门行使劳动争议审判权。(2)主张在现有普通人民法院内设立劳动法庭,作为专门行使劳动争议审判权的特别审判机构。目前,这种类型在我国已有少数法院试点采用,如河南省浙川县人民法院从1999年起设立了“维权法庭”,专门受理、解决有关劳动争议方面的案件。② (3)主张在普通人民法院的民事审判庭内设立专门的劳动争议合议庭,由专业的劳动争议法官组成,集体行使劳动争议审判权。(4)主张以在普通人民法院内设立劳动法庭为原则,以在普通人民法院内由民事审判机构兼职行使劳动争议审判权为例外,亦即,除个别劳动争议案件数量小、且增长幅度不大的地区可以继续由普通人民法院民事审判机构兼司劳动争议审判权以外,其他地区均在普通人民法院内部设立专门的劳动审判庭。③

第一种观点初衷虽好,但有浪费司法资源之嫌,因为劳动法院机构单列必

---

① 在国际上,劳动争议审判组织设置的总体趋势是建立起独立的劳动审判机构。例如,德国有一套独立的劳动法院系统审理有关劳动纠纷,新西兰、意大利等国家设立劳动法庭负责劳资纠纷的审判,在法国,由劳资争议委员会受理第一审劳资案件,由上诉法院和最高法院的社会庭受理劳资案件的上诉。这些审判机构的共同点之一是审判机构的专门性。参见张佳佳、赵宁:《劳动争议诉讼机制的改革构思》,载《当代经理人》2006年第7期。

② 王秋香、刘小鹏:《我国劳动争议仲裁体制改革刍议》,载《娄底师专学报》2003年第3期。

③ 陈彬:《论我国劳动争议处理制度的重构》,载《现代法学》2005年第6期。

然导致人员和经费的增多。[①] 而且，事实上，即使是在普通法院体系之外设有独立劳动法院的德国，近年来也出现了关于是否将劳动法院与普通法院进行合并的激烈争论。[②] 第三种观点较为保守，仍然没有解决劳动诉讼独立于民事诉讼的问题，避免不了劳动争议审判受民事审判影响的结果的出现。相比之下，第二种观点较为切实可行。由劳动法庭专门审理劳动争议案件，满足了劳动争议审判专业性的要求，又节约了司法资源。第四种观点则是在进一步考虑地区间劳动争议案件数量不平衡的基础上对第二种观点和第三种观点的整合，从当前来看应该说是最为恰当的。

按照国外惯例，劳动争议审判组织审理劳动争议案件时由职业法官、雇主代表和雇员代表三方组成，此即处理劳动争议的“三方原则”，这是劳动争议审判组织与民事审判组织不同的一个突出特点。以三方机制的形式解决劳动关系中存在的问题，有利于兼顾国家、企业和劳动者三方的利益。我国目前还不具备适用处理劳动争议的“三方原则”，但是我国基层人民法院实行的人民陪审员制度将会弥补这一不足。我们认为，除实行独任制审判以外，审理劳动争议案件均应在劳动法庭内设立由职业法官和人民陪审员组成的合议庭。由于人民陪审员来自用人单位或劳动者，对劳动关系状况熟悉，可以帮助法庭对劳动争议作出合理的裁判，另一方面，也使双方当事人增强对法庭裁决的信任，真正实现心理和情感上的慰藉，从而彻底解决纠纷。对参审劳动争议案件的人民陪审员，宜参照“三方原则”，从企业单位、工会组织、劳动行政部门的相关人员中聘任，从而有效地保证劳动法庭公正审理劳动纠纷案件。

四、起诉和受理

根据《劳动法》第 83 条及其他相关规定，当事人向人民法院提起劳动争议诉讼，应该符合以下条件：(1)起诉方为劳动争议中的一方当事人；(2)劳动争议已经经过劳动争议仲裁委员会裁决；(3)仲裁的事项属于人民法院受理的案件范围；(4)当事人应当在收到仲裁裁决书之日起 15 日内向人民法院提起诉讼。对当事人不服仲裁裁决而向人民法院提起诉讼的劳动争议案件，人民法院应当对当事人的起诉进行审查，认为符合受理条件的，应当受理；认为不符合条件的，人民法院不予受理，并应告知当事人理由。

---

① 周贤奇：《德国劳动、社会保障制度及有关争议案件的处理》，载《中外法学》1998 年第 4 期。

② 陈彬：《论我国劳动争议处理制度的重构》，载《现代法学》2005 年第 6 期。

在上述起诉的条件中，争议最多的是第二个条件，即如何认定劳动争议是否经过仲裁裁决的问题，如果仲裁委员会对劳动争议没有作出实体处理，而只是做了程序上的处理，例如仲裁委员会对当事人的起诉只是作出不予受理的裁决或决定，当事人能否向人民法院起诉？过去有一种观点认为，对未经劳动争议仲裁委员会作出实体仲裁而向人民法院起诉的劳动争议案件，法院均不予受理。显然，这会造成仲裁委员会作出的错误的程序上的裁决或决定无法得到司法救济，损害当事人诉权的行使。① 有鉴于此，《解释》规定人民法院对当事人不服仲裁委员会所作的程序上的裁决、决定或通知而提起的诉讼，应根据不同情况分别作如下处理：

(1)劳动争议仲裁委员会以当事人申请仲裁的事项不属于劳动争议为由，作出不予受理的书面裁决、决定或者通知，当事人不服，依法向人民法院起诉的，人民法院应当分别情况予以处理：属于劳动争议案件的，应当受理；虽不属于劳动争议案件，但属于人民法院主管的其他案件，应当依法受理。

(2)劳动争议仲裁委员会根据《劳动法》第 82 条之规定，以当事人的仲裁申请超过 60 日期限为由，作出不予受理的书面裁决、决定或者通知，当事人不服，依法向人民法院起诉的，人民法院应当受理；对确已超过仲裁申请期限，又无不可抗力或者其他正当理由的，依法驳回其诉讼请求。

(3)劳动争议仲裁委员会以申请仲裁的主体不适格为由，作出不予受理的书面裁决、决定或者通知，当事人不服，依法向人民法院起诉的，经审查，确属主体不适格的，裁定不予受理或者驳回起诉。

此外，《解释》、《解释(二)》还规定了人民法院对当事人的其他起诉的处理：

(1)劳动争议仲裁委员会为纠正原仲裁裁决错误重新作出裁决，当事人不服，依法向人民法院起诉的，人民法院应当受理。

(2)人民法院受理劳动争议案件后，当事人增加诉讼请求的，如该诉讼请求与讼争的劳动争议具有不可分性，应当合并审理；如属独立的劳动争议，应当告知当事人向劳动争议仲裁委员会申请仲裁。

(3)劳动争议仲裁委员会仲裁的事项不属于人民法院受理的案件范围，当事人不服，依法向人民法院起诉的，裁定不予受理或者驳回起诉。

(4)当事人不服劳动争议仲裁委员会作出的预先支付劳动者部分工资或者医疗费用的裁决，向人民法院起诉的，人民法院不予受理。用人单位不履行上述裁决中的给付义务，劳动者依法向人民法院申请强制执行的，人民法院应

① 周长征著：《劳动法原理》，科学出版社 2004 年版，第 289 页。

予受理。这一规定实际上肯定了人民法院对于仲裁委员会中间裁决或部分裁决的支持。

五、财产保全

根据《解释(二)》第14、15条的规定,在诉讼过程中,劳动者向人民法院申请采取财产保全措施,人民法院经审查认为申请人经济确有困难,或有证据证明用人单位存在欠薪逃匿可能的,应当减轻或者免除劳动者提供担保的义务,及时采取保全措施。人民法院作出的财产保全裁定中,应当告知当事人在劳动仲裁机构的裁决书或者在人民法院的裁判文书生效后3个月内申请强制执行。逾期不申请的,人民法院应当裁定解除保全措施。

六、举证责任分配

举证责任,是指当事人在诉讼中对自己提出的主张加以证明,并在自己的主张最终不能得到证明时承担不利的法律后果的责任。长期以来,我国将劳动争议诉讼与民事诉讼当作同一种诉讼对待,在劳动争议诉讼的举证责任分配上完全适用民事诉讼的举证责任分配规则,法院在审理劳动争议案件时,往往不加区分地完全采用民事诉讼中"谁主张,谁举证"的一般举证规则。由于劳动关系具有隶属关系的特点,劳动者处于弱势地位,在劳动争议中,争议双方当事人对证据掌控的能力有着悬殊的差别,大量的证据掌握在用人单位,劳动者所掌握的证据极少。在劳动争议司法实践中,适用"谁主张,谁举证"的一般举证规则的后果是,大量的劳动者因无法获取用人单位对其管理的相关原始资料,举不出证据,最终得不到法院支持而丧失对自己合法权益应有的法律保护。因此,在劳动争议诉讼中,应当采取不同于民事诉讼一般举证责任分配原则的劳动争议举证责任分配原则。最高人民法院注意到了这一问题,在《解释》中规定:"因用人单位作出的开除、除名、辞退、解除劳动合同、减少劳动报酬、计算劳动者工作年限等决定而发生的劳动争议,用人单位负举证责任。"同年,最高人民法院发布的《关于民事诉讼证据的若干规定》在第6条重申了这一规定。这一规定在理论界和实务界被普遍称为劳动争议诉讼举证责任倒置。[①] 这一司法解释将劳动争议诉讼举证责任的分配向前推进了一大步,在

① 这一规定能否构成举证责任倒置还存在着不同的观点,有的学者认为这只是属于举证责任的正常分配,并不存在举证责任倒置。孙德强:《劳动争议诉讼举证责任分配》,载《中国劳动关系学院学报》2006年第1期。

一定范围内切合了当事人双方强弱的特点，体现了诉讼的公平性，有利于保护劳动者的合法权益，也有利于法院对案件的调查取证。

但是，司法解释明确规定劳动争议诉讼举证责任倒置适用的场合是因用人单位作出的开除、除名、辞退、解除劳动合同、减少劳动报酬、计算劳动者工作年限等决定而发生的劳动争议，并没有规定大量其余类型的劳动争议案件到底是适用举证责任倒置，还是适用一般的民事诉讼的举证责任的正常分配原则。这导致各地高级人民法院甚至是中级人民法院纷纷制定自己的举证规则，这样必然在实践中导致举证责任分配的混乱，因为劳动争议诉讼举证责任分配是一个非常重大的问题，应当由国家立法机构或者至少应当由最高人民法院决定举证责任的分配，而不是地方各级人民法院。

鉴于最高人民法院的司法解释存在上述问题，应重新构建劳动争议诉讼举证责任分配的体系。可以确定如下劳动争议诉讼举证责任的分配原则：凡是因执行国家有关劳动基准法等内容而发生的争议，由用人单位负举证责任；凡是劳动者提出的用人单位侵害劳动者权益的劳动争议案件由用人单位负举证责任；凡是因用人单位依照自己制定的规章制度对劳动者进行处理而发生的争议，由用人单位负举证责任；劳动者提出辞职、自动离职发生的争议按照“谁主张，谁举证”的原则在用人单位和劳动者之间进行分配；其他情况下发生的劳动争议，按照举证能力和证据距离由用人单位负举证责任。劳动争议种类复杂而多样，很难用一个统一标准来确定劳动争议诉讼举证责任的分配，应当根据各种不同类型，分别制定适合于各自特征的劳动争议诉讼举证责任分配原则。①

七、判决

根据《解释》第 20 条的规定，用人单位对劳动者作出的开除、除名、辞退等处理，或者因其他原因解除劳动合同确有错误的，人民法院可以依法判决予以撤销。对于追索劳动报酬、养老金、医疗费以及工伤保险待遇、经济补偿金、培训费及其他相关费用等案件，给付数额不当的，人民法院可以予以变更。

---

① 孙德强：《劳动争议诉讼举证责任分配》，载《中国劳动关系学院学报》2006 年第 1 期。

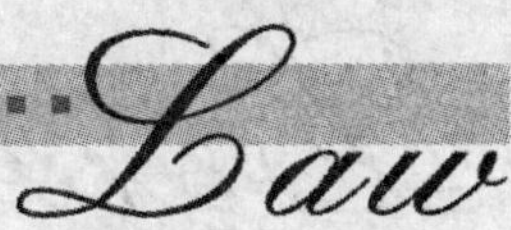

第二十一章　劳动监督、监察制度

第一节　劳动监督、监察制度概述

一、劳动监督、劳动监察的概念

劳动监督，又称劳动法监督，是指法定监督主体为保护劳动者合法权益，依法对用人单位和劳动服务主体遵守劳动法的情况，实行检查、督促、纠偏、处罚等一系列监督活动。① 从理论上讲，劳动监督就其内涵而言，在内容上和主体上都有广义和狭义之分。

从内容上讲，狭义的劳动监督是指依据《劳动法》的各项规定进行监督检查；而在广义上，则应包括对我国法律体系中各项劳动法律规范的实施情况进行监督，这里的劳动法律规范包括《宪法》以及我国加入的国际条约中的有关规定，也包括《劳动法》在内的各项法律、法规、规章和其他规范性文件，即只要是与劳动有关的法律规范，不论是以哪种法律形式表现出来，都属于劳动监督的范围。

从主体上讲，狭义的劳动监督即指劳动监察，是劳动保障行政部门依法对用人单位以及劳动中介单位遵守劳动保障法律法规情况的进行监督检查，并对违法行为进行行政处理或行政处罚的行政执法活动。广义上的劳动监督则包括四个方面的内容：一是劳动监察；二是相关行政部门监督；三是工会监督；四是人民群众的监督。这四个方面的监督彼此配合与支持，相互协调和补充，共同保障我国劳动法律规范准确有效地实施。

二、劳动监督立法概况

在我国，劳动监督立法一直是劳动立法的一个重要组成部分。1950 年 6

① 王全兴：《劳动法》，法律出版社 2004 年版，第 409 页。

月，中央人民政府公布的《中华人民共和国工会法》中规定了工会监督企业用工情况，财经委员会公布《关于各省、各市人民政府劳动局与当地国营企业工作关系的决定》中规定了劳动局有权监督、检查国营企业贯彻执行劳动法的情况。1956 年政务院公布了《工厂安全卫生规程》、《建筑安装工程安全技术规程》和《工人职员伤亡事故报告规程》，初步建立了劳动保护制度。1982 年国务院发布《锅炉压力容器安全监察暂行条例》和《矿山安全监察条例》，形成了劳动安全卫生监察制度，明确规定了劳动安全监察机构的职责、开展了劳动安全监察工作。1985 年，全国总工会颁发《工会劳动保护监督检查员工作条例》、《基层工会劳动保护监督检查委员会工作条例》、《工会小组劳动保护检查员工作条例》。1997 年和 2001 年先后对三个《条例》做了两次修改。1995 年全国总工会根据《劳动法》和《工会法》有关规定，制定《工会劳动法律监督试行办法》，就劳动保护监督以外的劳动监督，作了具体规定。《办法》规定工会依法代表劳动者对用人单位的劳动保护工作实行群众监督。工会对用人单位违反劳动保护法律、法规的行为和重大事故隐患，有权提出纠正意见和改进的建议；有权参加因工伤亡事故和其他严重危害职工健康问题的调查，并可以向有关部门提出追究有关主管人员和直接责任人员法律责任的建议。

自从实行社会主义市场经济以来，我国劳动监察立法取得了长足的发展，各地劳动行政部门相继开展了全方位的劳动监察工作，劳动监察的内容由对用人单位和劳动者遵守劳动安全与卫生方面法规情况进行监察，扩展到对所有劳动法律法规和规章的贯彻实施情况进行监察。1993 年 8 月，劳动部发布《劳动监察规定》，对劳动安全卫生以外的劳动法律法规内容的监察作了规定，明确了劳动行政部门的劳动监察职责。1994 年，全国人大常委会颁布《劳动法》，进一步明确了劳动监察职责。2004 年 11 月，国务院公布《劳动保障监察条例》，全面规范了劳动保障监察的范围、原则、主体、内容、程序及监察机构等法规问题。

第二节 劳动监督制度

我国《劳动法》规定："各级工会依法维护劳动者的合法权益，对用人单位遵守劳动法律、法规的情况进行监督。任何组织和个人对于违反劳动法律、法规的行为有权检举和控告。"该规定表明，工会监督在劳动监督中处于重要地位。

一、工会劳动监督

工会劳动监督是指工会依法对用人单位贯彻实施劳动保障法律法规情况进行的监督活动。工会对国家行政机关和企业、事业单位在执行国家劳动法律、法规、政策上有依法监督的权利，是我国劳动保障法律监督体系的重要组成部分。① 工会监督是一种有组织的社会监督，特别是工会拥有一套全国统一并且几乎遍及各个用人单位的组织体系，且以全体职工为后盾，其他任何分散性的社会监督无法与之相比。② 工会劳动监督可分为劳动保护监督和普通劳动监督。

（一）工会劳动保护监督

工会劳动保护监督，是指工会组织对用人单位遵守劳动保护法律制度方面进行的专项监督。

1. 对安全卫生设施建设的监督

《工会法》第23条规定，工会依照国家规定对新建、扩建企业和技术改造工程中的劳动条件和安全卫生设施有权提出意见，企业或者主管部门应当认真处理。这一规定赋予工会安全生产监督作用。根据国家有关规定，新建企业、扩建企业、技术改造工程的主体工程应与安全卫生设施同时设计、同时施工、同时投产，工会可以要求其按照国家规定增加或补建安全卫生设施，可以要求施工部门依法改善劳动条件，对未按国家规定同时配套安全卫生设施的，可以建议停止施工、投产，待安全卫生设施配套后再行施工，以保障职工的身体健康和生命安全。

2. 对企业违规生产的监督

工会发现企业或现场指挥人员违章指挥、强令工人冒险作业，或者生产过程中发现明显重大事故隐患和职业危害，有权提出解决的建议，建议企业停止违章指挥，改变工人冒险作业的指令，采取有力措施消除生产过程中存在的明显重大事故隐患和职业危害，以确保职工的身体健康和生命安全。当发现危及职工生命安全和身体健康的情况时，工会有权向企业或现场指挥人员建议组织职工撤离危险现场，企业必须及时研究工会的建议，果断地做出处理决定，避免伤亡事故的发生。

---

①　劳动和社会保障部、中华全国总工会《关于加强劳动保障监察与工会劳动保障法律监督相互协调配合工作的通知》（劳社部发[2001]18号）。

②　王全兴：《劳动法》，法律出版社2004年版，第409页。

3.对职工伤亡事故报告和处理的监督

职工因公伤亡事故和其他严重危害职工健康的调查处理，必须有工会参加。工会应当向有关部门提出处理意见，对于造成伤亡事故的直接责任者，负责要求有关部门进行查处，必要时，有权向司法机关提出控告。对工会提出的意见，有关部门应及时研究处理，给予答复。工会的任务就是保护工伤职工和职业病患者的法定权利不被侵犯。当职工的权利受到侵犯或不能实现时，基层工会首先要给予支持和帮助；基层工会解决不了的，工伤职工、职业病患者及其家属直接向上级工会请求帮助的，地方工会或全国总工会应出面进行协调和给予帮助。

（二）工会普通劳动监督

工会普通劳动监督，是指各级工会对用人单位遵守劳动保护以外劳动法律规范情况所进行的监督。其监督内容包括：

工会对县级以上全民所有制和集体所有制企业事业单位违反职工代表大会制度和其他民主管理制度行为进行监督，保障职工依法行使民主管理的权利。下列事项须经职工大会或者职工代表大会审议，未经审议的，不得实施：(1)公有制企业、事业单位的改革改组改制方案、兼并破产重组方案、合资合作经营方案、搬迁改造方案、职工分流安置方案、对领导干部进行民主评议方案；(2)集体合同草案、涉及职工切身利益的劳动规章制度草案；(3)法律法规规定应当提交职工大会或者职工代表大会审议的其他事项。①

工会可以派出代表对所属工会组织所在的企业、事业单位、机关就侵犯职工合法权益的问题进行调查，有关单位应当予以协助。企业在做出开除、除名职工的决定时，应当事先将理由通知工会，企业单方面解除职工劳动合同时，应当提前7日将理由告知工会。工会认为企业违反法律法规和有关合同，要求重新研究处理时，企业应当研究工会的意见，并在做出处理决定前书面通知工会。工会帮助、指导职工与企业或者实行企业化管理的事业单位签订劳动合同，对劳动合同的订立、履行、变更、解除、终止、续订等进行监督。

对企业、事业单位违反劳动法律法规规定、侵犯职工劳动权益情形进行监督。这些侵犯情形包括：(1)克扣、拖欠职工工资；(2)提供的劳动安全卫生条件不符合国家规定标准；(3)随意延长劳动时间或者不按照规定支付延长劳动时间报酬；(4)不为职工缴纳社会保险费；(5)不按照规定支付解除劳动合同经

---

① 《福建省实施〈中华人民共和国工会法〉办法》第17条。

济补偿金；(6)侵犯女职工和未成年工特殊权益；(7)其他严重侵犯职工劳动权益。[①] 工会应当代表职工与企业、事业单位交涉，要求企业、事业单位采取措施予以改正；企业、事业单位应当予以研究处理，并向工会做出书面答复；企业、事业单位拒不改正的，工会应当提请当地人民政府或者县级以上劳动保障行政部门依法做出处理。

地方各级劳动保障行政部门在同级工会组织中聘请劳动保障法律监督员。工会组织中被聘请的劳动保障法律监督员由县级以上劳动保障行政部门和工会组织培训，经考核合格后，由县级以上劳动保障行政部门、工会组织统一颁发证件。劳动保障法律监督员发现用人单位违反劳动保障法律法规的行为，应及时向其提出整改意见或建议，如用人单位拒不整改，劳动保障法律监督员应当向劳动监察机构和工会劳动保障法律监督组织报告。劳动保障行政部门对工会劳动保障法律监督员反映的违法问题应及时进行调查处理。

当前工会劳动法律监督的法律依据主要是《劳动法》、《工会法》和 1995 年中华全国总工会制定的《工会劳动法律监督试行办法》。由于《劳动法》、《工会法》对工会劳动法律监督的规定比较原则，加之基层工会不敢对本单位劳动违法行为进行监督，致使监督成本较高。近年来，我国先后颁布了《职业病防治法》、《安全生产法》、《工伤保险条例》，修改后的《工会法》大量增补了劳动保护监督的内容，上述法律和法规在全面规定工会劳动保护方面的参与权、协商权、建议权、监督权、制止违章权的同时，还加强了工会劳动保护监督的力度。

二、相关行政部门监督

相关行政部门监督是指县级以上各级人民政府有关部门，在各自职责范围内对用人单位遵守劳动法律制度的情况进行监督。因为劳动法与其他法律部门存在交叉情形，有的违反劳动法律、法规的行为同时也违反了其他法律部门的有关规定，需要其他行政部门相互配合处理。同时，各行政部门所拥有的职责权限和执法手段不同，某些违反劳动法的行政制裁措施只能由劳动行政部门以外的特定行政部门行使，如吊销安全生产许可证属于安全生产监督部门。所以，为了保障劳动法的全面实施，应当由相关行政部门在各自职责范围内，各司其职，对劳动法律制度遵守情况进行监督。

相关行政部门监督与劳动监察相比，有以下不同：一是监督主体不同。劳动监察是由劳动行政机关实施；相关行政部门的劳动监督由有职权、职责的行

---

① 《福建省实施〈中华人民共和国工会法〉办法》第 21 条。

政部门各自行使。二是监督范围不同。劳动监察是对企业遵守和执行劳动法律制度的情况进行全面监督检查;相关行政部门只是在自己特定的权限范围内,对劳动法律制度某一方面的实施情况进行监督检查。三是监督职权不同。劳动监察是劳动行政机关特有的,其他行政部门不能享有,同样,相关行政部门的特定权限只能由该行政部门在履行职责时行使,劳动行政机关不得享有。

相关行政部门监督可以大致分为两类:

1.行业主管部门的监督

如《矿山安全法》把检查矿山企业贯彻执行矿山安全法律法规的情况规定为矿山主管部门的首要管理职责。行业主管部门通过经常化、制度化的监督检查工作,对违反劳动法律法规行为及时制止;对违反劳动法律法规、侵犯职工劳动权利造成生产损失或人员伤亡的责任人给予行政处分。行业主管还应认真听取劳动行政部门、工会组织对企业在执行和遵守劳动法方面存在的问题提出的意见或改进方案,以及对有关责任人的处理意见,及时作出正确的决定。

2.专项执法部门的监督

安全生产监督、卫生行政、工商行政、公安等专项执法部门的监督。[①] 安全生产监督、卫生行政、工商行政、公安等专项执法部门在各自的权限范围内管理特定的事项,享有专属自己的权限。如《煤矿安全条例》规定了煤矿生产监察部门的职责;《禁止使用童工规定》规定了工商行政管理部门、教育行政部门、公安部门的监督职责。

三、群众监督

群众监督主要是劳动者个人和社会上一般群众、社会团体对违反劳动法律、法规的行为进行检举、控告和谴责。群众是对行政监督和工会监督的必要补充。其特点是:(1)监督主体具有多方性和分散性。任何组织和个人,都有权对劳动法律制度的遵守情况进行监督。(2)监督方式具有选择性或任意性。即群众监督的方式限于检举、控告和谴责,并且可以是口头形式也可以是书面形式,由群众自行选择;群众监督一般不具有强制性。

对于群众监督,有关部门应给予重视,为群众举报和控告提供方便,并保护检举、控告人的合法权益。

此外,共青团、妇联和法律援助组织也在劳动监督检查中发挥着重要作

---

① 王全兴:《劳动法》,法律出版社2004年版,第410页。

用，这些组织在依法维护未成年人合法权益、制止使用童工方面，为农民工追讨欠薪问题方面的作用尤其明显。

第三节　劳动监察制度

一、劳动监察概述

劳动监察作为专门行政机关保障劳动者权益而实施的一种强制性手段，广泛为世界各国所采用。我国于1993年开始建立劳动监察制度。1993年原劳动部发布了《劳动监察规定》，1994年颁行的《劳动法》对劳动法的执行情况进行监督监察的机构、人员职责以及形式、程序等，都作了原则规定。2004年11月1日，国务院发布《劳动保障监察条例》，这是劳动保障执法方面的专门法规。《条例》共分5章36条，对劳动保障监察的使用范围、监察事项、案件管辖、法律责任等方面均做出了明确的规定，同时进一步规范了劳动保障监察程序，明确了劳动保障行政部门、用人单位和劳动者在劳动保障监察工作中的权利和义务，强化了劳动保障监察执法手段。《条例》的颁发，标志着劳动监察工作进入了一个新的发展时期。

二、劳动监察的特征

1.劳动监察的专属性

《劳动法》第9条规定："国务院劳动行政部门主管全国劳动工作。县级以上地方人民政府劳动行政部门主管本行政区域内的劳动工作"。第85条规定："县级以上各级人民政府劳动行政部门依法对用人单位遵守劳动法律、法规的情况进行监督检查，对违反劳动法律、法规的行为有权制止，并责令改正"。这些规定明确了劳动与社会保障部门在监督检查体制中的法律地位，并赋予了县级以上劳动社会保障部门专门的行政职权。因此，劳动监察是整个劳动监督的一个部分，并具有特殊的行政法律地位，是以国家名义对劳动法律制度实施统一和全面的监督。

2.劳动监察具有行政性

《劳动法》等有关法律、法规中明确规定：国家劳动监察活动是运用国家行政权力在职权范围内依法进行的，其行为具有法律、法规所赋予的约束力。劳动与社会保障部门在行使劳动监察活动时任何单位和个人不能拒绝或阻挠。县级以上各级劳动与社会保障部门均须设置劳动监察机构，配备专门的劳动监察人员。劳动监察机构对违反法律、法规的行为，有监督检查和行政处理、处罚的权力。

劳动监察与劳动仲裁在一些领域存在职能交叉，但劳动监察与劳动争议仲裁有明显的区别：(1)性质和目的不同。劳动争议适用调解、仲裁是由劳动法所具有的私法因素决定的；劳动监察的产生是由劳动法所具有的公法因素决定的。其中，从合同到仲裁，带有传统的私法特征；而从基准到监察则主要体现公法的特征。劳动仲裁直接以处理劳动争议为目的；劳动监察直接以查处、纠正监察相对人违反劳动法律制度行为、督促相对人遵守劳动法律为目的。(2)机构不同。劳动争议仲裁机构的建立由国际通行的劳动行政部门、工会和用人单位团体三方组成。劳动监察的设立，主要强调行政性，它是国家机关依法行政的机构。(3)适用法律规范不同。劳动仲裁所依据的实体法可以是强制性规范也可以是任意性规范，并且还能够依据合法有效的劳动合同条款、企业内部劳动规定进行调解和裁决；劳动监察所依据的实体法只限于强制性规范，不得以合同条款和企业内部劳动规定作为监察决定的依据。(4)法律后果不同。劳动争议当事人不服仲裁裁决的，按我国现行法律规定，可依法提起民事诉讼；劳动监察相对人不服劳动监察处理决定的，可依法申请行政复议或提起行政诉讼。

三、劳动监察的主体

(一)劳动监察机构

劳动监察机构，在国外亦称劳工检查机构，是经法律授权代表国家对劳动法的遵守情况实行监察的专门机构。① 根据《劳动法》的规定，1994 年 11 月以来，各地劳动行政部门相继成立了劳动监察机构，并根据工作需要配备了专职劳动监察人员。省级劳动部门设立监察处和(或)监察总队，市(地)劳动行政部门设立了监察科(大队)，县级、设区的市级人民政府劳动保障行政部门可以委托符合监察执法条件的组织实施劳动保障监察，乡、镇人民政府和街道办事处负责监督管理本辖区乡镇、街道企业及个体经济组织的劳动保护工作，根据需要设置工作机构或者专职、兼职工作人员，初步形成中央、省、市(地)、县四级监察组织体系。

(二)劳动监察员

劳动监察员是从事劳动保护监督检查的行政执法人员。我国立法要求，

① 王全兴：《劳动法》，法律出版社 2004 年版，第 413 页。

劳动监察机构应当配备专职劳动监察员和兼职劳动监察员，其中兼职劳动监察员主要负责与其本职业务相关的单项检查，但其行政处罚权应会同专职监察员行使。凡担任劳动监察员者，须具备法定的资格。劳动监察员一般应当具备下列条件：(1)熟悉劳动保护法律、法规、规章以及有关技术规范；(2)坚持原则，作风正派，廉洁奉公；(3)具有大专以上文化程度，并从事劳动保护工作两年以上；(4)身体健康，能胜任劳动保护监察工作。劳动保护监察员应当经过相应的考核或者考试录用。

（三）劳动监察的职责

从世界各国的劳动监察实践看，劳动监察机构大多被授予广泛的权力，主要有：

1.调查权

即劳动监察人员进入工作地点进行检查的权力。如新加坡《就业法》规定，劳工专员或劳工专员委托的任何人有权不经事先通知在白天和晚间的任何时间，进入他有理由认为受雇人所居住或工作的任何地点。埃及《劳动法》规定，劳动监察员有权进入一切工作地点，执行任何监察任务。法国《劳动法典》规定，劳动监察员可以进入涉及劳动法典、法律、法规和劳动行政法规的实施的一切工作环境。加拿大《劳工法》规定，监察员可在任何适宜的时候进入跨省的工商企业或事业单位所使用的任何场所，并在雇主不在场的情况下对雇员进行询问。

2.检查审核权

世界各国的劳动法律都赋予劳动监察部门检查审核用人单位工资、工时、工作手册、工作细则、其他劳动条件方面的账簿、劳动合同和任何监察人员认为与劳动有关的文件和材料，并有权复制一切监察人员认为必要的文件材料。

3.抽样检查权

为了进行分析，多数国家都规定劳动监察人员有权对被监察单位的材料或物品进行抽样检查的权力。新加坡法律规定劳动监察人员有权取走或移动受雇人使用的或处理的物质的样品。

4.协助权

许多国家规定劳动监察人员在必要时有请示司法机关进行协助的权力，如埃及《劳动法》规定，劳动监察员要求负责维护公共秩序的当局提供一切协助；马达加斯加《劳工法》规定，劳动监察员有权在履行职责时请求警察的帮助。在劳动监察人员的权限方面，日本法律赋予劳动监察员（日本称为劳动标准监督官）与司法警察同等的权力，劳动标准监督官有权行使侦查、搜查、拘禁等权力，并可依照劳动法行使紧急处置权。

5. 处罚权

世界上大多数国家的法律都授予劳动监察机构对违法企业实行处罚的广泛权力，包括罚款、责令停业、吊销营业执照、封闭工厂等。在我国，按现行法规规定，劳动监察主体有权对违反劳动法规定的相对人，依法分别给予警告、通报批评、责令改正、罚款、吊销许可证等处罚。对涉嫌犯罪的，依法移送司法机关，追究刑事责任。

劳动监察主体在履行监察职责过程中，同时负有法定义务。根据我国《劳动保障监察条例》规定，主要有：(1)劳动保障监察员应当忠于职守，秉公执法，勤政廉洁，保守秘密；(2)劳动保障监察员进行调查、检查，不得少于2人，并应当佩戴劳动保障监察标志、出示劳动保障监察证件；(3)劳动保障监察员办理的劳动保障监察事项与本人或者其近亲属有直接利害关系的，应当回避；(4)劳动保障监察员滥用职权、玩忽职守、徇私舞弊或者泄露在履行职责过程中知悉的商业秘密的，依法给予行政处分；构成犯罪的，依法追究刑事责任；(5)劳动保障主体违法行使职权，侵犯用人单位或者劳动者的合法权益的，依法承担赔偿责任。

四、劳动监察的客体

劳动监察的客体，即劳动监察对象，一般是指监察相对人实施劳动法所规范的行为。劳动保障监察的对象主要是用人单位，即企业和个体工商户；其次，是国家机关、事业单位、社会团体的生产作业场所、危险性较大的特种设备和特种作业人员；再次，是职业介绍机构、职业技能培训机构和职业技能考核鉴定机构。但与用人单位形成劳动关系的劳动者是否作为劳动监察对象存在争议。如有的地方性法规规定劳动监察适用于本市行政区域内的企业、个体经济组织和与之形成劳动关系的劳动者；①而国务院颁布的《劳动保障监察条例》规定劳动监察对象只是用人单位而不包括劳动者。劳动者不应作为监察相对人的主要理由是：(1)劳动法将执行劳动纪律的权力赋予了用人单位，用人单位可依法对劳动者行使生产和工作指挥权，而劳动者在劳动关系中处于从属、弱势地位，对于用人单位遵守劳动法的情况，不可能像用人单位监督劳动者那样单凭自己的力量进行有效的监督。(2)劳动法是以保护劳动者为主旨，劳动基准法所规定的是用人单位向劳动者提供劳动条件所必须达到最低

---

① 《北京市劳动保护监察条例》第2条。

标准，即为用人单位设立最基本义务。劳动监察就是以保证劳动基准法得到遵守，当然只能以用人单位作为被监察主体。(3)劳动监察最初在雇主不遵守劳动法的现象相当普遍和严重的背景下产生的，以雇主方作为监督相对人已成为世界上普遍性的劳动监察规则。

目前，我国非公有制企业安全生产管理体制和制度不健全，管理人员匮乏；用工行为混乱，非法使用童工和在高危岗位使用未成年工；不依法与职工签订劳动合同，即便签订，合同中也缺少安全卫生相关条款，有些企业甚至与职工签订"霸王合同"、"生死合同"；不按国家有关规定为职工上工伤保险，职业因工造成各种伤害后得不到应有的医疗救治和经济赔偿。[①] 种种现象表明，只有将用人单位作为监察主体，才能与劳动关系和劳动法的本质要求相符。

五、劳动监察的内容

在国务院颁布的《劳动保障监察条例》中，明确了劳动监察机构的监察职责和监察事项，规定劳动监察主体实施劳动监察应当履行四项职责：[②](1)宣传劳动保障法律、法规和规章，督促用人单位贯彻执行；(2)检查用人单位遵守劳动保障法律、法规和规章的情况；(3)受理对违反劳动保障法律、法规或者规章的行为的举报、投诉；(4)依法纠正和查处违反劳动保障法律、法规或者规章的行为。此外还规定了九项具体的劳动监察事项：[③](1)用人单位制定内部劳动保障规章制度的情况；(2)用人单位与劳动者订立劳动合同的情况；(3)用人单位遵守禁止使用童工规定的情况；(4)用人单位遵守女职工和未成年工特殊劳动保护规定的情况；(5)用人单位遵守工作时间和休息休假规定的情况；(6)用人单位支付劳动者工资和执行最低工资标准的情况；(7)用人单位参加各项社会保险和缴纳社会保险费的情况；(8)职业介绍机构、职业技能培训机构和职业技能考核鉴定机构遵守国家有关职业介绍、职业技能培训和职业技能考核鉴定的规定的情况；(9)法律、法规规定的其他劳动保障监察事项。

劳动监察与劳动安全卫生监督内容存在着竞合关系。劳动监察是对劳动法律、法规、规章执行情况的监督。因此，从广义上说，劳动法涵盖的内容都是

---

① 全国总工会劳动保护部：《关于非公有制企业职工劳动保护问题的调研报告》，http://www.humanrights-china.org/china/newzt，下载日期：2006年12月1日。

② 《劳动保障监察条例》第10条。

③ 《劳动保障监察条例》第11条。

劳动监察的范围。目前，劳动法涵盖的内容包括劳动合同、集体合同、工时和休假、工资、劳动安全卫生、女职工和未成年特殊保护、职业培训、社会保险和福利等，对上述内容的监督，应属于广义上劳动监察的范围。但鉴于1998年国务院机构改革中，将有关劳动安全和职业卫生的管理监督职能分别交由安全生产和卫生部门。国家根据新的职能分工先后发布《安全生产法》和《职业病防治法》，为了处理好《条例》与现行的法律、行政法规之间的衔接关系以及考虑现行国务院各有关部门的职责分工，《劳动保障监察条例》规范的内容是狭义的劳动保障监察范围，对广义上的劳动保障监察，则是通过在《劳动保障监察条例》中作出与有关法律、行政法规衔接的条款加以规范。① 劳动安全卫生的监督检查，由卫生部门、安全卫生监督管理部门、特种设备安全监督管理部门等有关部门按照有关法律、行政法规的规定执行。其内容包括：(1)监督、检查行业管理部门、用人单位执行劳动保护法律、法规、规章以及国家、行业管理部门执行劳动安全卫生规程和标准的情况；(2)督促行业管理部门和用人单位编制、落实劳动保护技术措施计划；审查用人单位新建、改建、扩建和技术改造项目中有关劳动保护的工程技术措施；(3)监督用人单位的劳动者安全教育和安全技术培训工作，负责用人单位生产经营主要负责人、劳动保护专职管理人员和特种作业人员的考核、发证工作；(4)负责锅炉、压力容器和特种劳动防护用品生产许可证的管理工作，对特种设备进行产品安全认可；对特种设备的安装、维修保养和检测检验单位以及特种作业人员的培训机构进行资质认可；(5)对用人单位的劳动卫生工程技术措施及其组织管理实施监察；(6)组织重大事故隐患评估分级和伤亡事故的调查处理，参加职业病的调查，按照规定通报伤亡事故和职业病情况；(7)对违反劳动保护法律、法规和规章的用人单位，发出劳动保护监察指令书。

六、劳动监察的程序

(一)管辖

根据《劳动法》和《劳动保障监察条例》的规定，各级劳动行政部门之间的劳动监察工作，采取以地域管辖为主，级别管辖为辅的方式。对用人单位的劳动保障监察，由用人单位用工所在地的县级或者设区的市级劳动保障行政部门管辖。上级劳动保障行政部门根据工作需要，可以调查处理下级劳动保障

① 王岩：《〈劳动保障监察条例〉立法目的与主要内容》，载《中国社会保障》2005年第1期。

行政部门管辖的案件。劳动保障行政部门对劳动保障监察管辖发生争议的，报请共同的上一级劳动保障行政部门指定管辖。省级人民政府可根据当地的情况对省、地(市)、县三级劳动监察机构之间的管辖范围作出规定。

(二)监察方式

劳动监察以日常巡视检查、审查用人单位按照要求报送的书面材料以及接受举报投诉等形式进行。巡视检查是指劳动监察人员巡视用人单位及劳动场所，及时发现违法行为，并依法处理的过程。这是世界各国劳动监察机构通行的工作方式。巡视检查最为突出的特点是主动性和经常性。劳动保障书面审查工作制度是劳动监察机构审查用人单位按照要求报送的书面材料的措施，是劳动监察的一项有效的形式。劳动保障书面审查工作制度的内容是用人单位遵守劳动法律、法规情况，重点是检查用人单位制定的劳动管理规章制度、签订和履行劳动合同、遵守有关最低工资、工资支付、工作时间及休息休假、社会保险规定的情况。

受理举报是劳动监察的另一个重要制度。劳动行政部门或者受委托实施劳动监察的组织应当设立举报、投诉信箱和电话，方便群众和组织举报和投诉。建立和完善群众举报投诉制度，有利于保障劳动者的检控权。有利于劳动监察机构及时发现和纠正违法行为，从而有效监督劳动保障法律、法规的实施。

(三)立案和调查

劳动监察部门认为用人单位有违反劳动保障法律、法规或者规章的行为，需要进行调查处理的，应当及时立案。对因违反劳动保障法律、法规或者规章的行为引起的群体性事件，劳动监察部门应当根据应急预案，迅速会同有关部门处理。劳动保障行政部门实施劳动保障监察，有权采取下列调查、检查措施：(1)进入用人单位的劳动场所进行检查；(2)就调查、检查事项询问有关人员；(3)要求用人单位提供与调查、检查事项相关的文件资料，并作出解释和说明，必要时可以发出调查询问书；(4)采取记录、录音、录像、照相或者复制等方式收集有关情况和资料；(5)委托会计师事务所对用人单位工资支付、缴纳社会保险费的情况进行审计；(6)法律、法规规定可以由劳动保障行政部门采取的其他调查、检查措施。

劳动监察部门对事实清楚、证据确凿、可以当场处理的违反劳动保障法律、法规或者规章的行为，应当场予以纠正。

(四)决定

劳动监察部门对违反劳动保障法律、法规或者规章的行为的调查，应当自立案之日起 60 个工作日内完成；对情况复杂的，经劳动监察部门负责人批准，可以延长 30 个工作日。劳动监察部门对违反劳动保障法律、法规或者规章的行为作出行政处罚或者行政处理决定前，应当听取用人单位的陈述、申辩；作出行政处罚或者行政处理决定，应当告知用人单位依法享有申请行政复议或者提起行政诉讼的权利。劳动监察部门在其职权范围内作出责令停业、吊销许可证、处以较大数额罚款等重大行政处罚决定之前，应告知当事人有要求听证的权利；当事人要求听证的，劳动监察部门应依法组织听证。劳动监察部门作出重大行政处罚，应当在作出处罚决定之日起 10 个工作日内报送上一级劳动监察部门和同级人民政府备案。劳动监察部门对违反劳动保障法律、法规或者规章的行为，根据调查、检查的结果，做出以下处理：(1)对依法应当受到行政处罚的，依法作出行政处罚决定；(2)对应当改正未改正的，依法责令改正或者作出相应的行政处理决定；(3)对情节轻微且已改正的，撤销立案。

发现违法案件不属于劳动监察事项的，应当及时移送有关部门处理；涉嫌犯罪的，应当依法移送司法机关。违反劳动保障法律、法规或者规章的行为在 2 年内未被劳动保障行政部门发现，也未被举报、投诉的，劳动监察部门不再查处，自违反劳动保障法律、法规或者规章的行为发生之日起计算；违反劳动保障法律、法规或者规章的行为有连续或者继续状态的，自行为终了之日起计算。

用人单位对行政处罚决定不服的，可以依法申请复议或者向人民法院提起诉讼。用人单位逾期不申请复议，也不提起诉讼，又不履行处罚决定的，由作出处罚决定的劳动监察机关申请人民法院强制执行。

第四节 劳动监督、监察的法律责任

一、劳动监督、监察的法律责任的含义

劳动监督、监察的法律责任是指用人单位等相关劳动监督、监察相对人以及劳动监督、监察主体因违反劳动法而依法应当承担的法律后果。这一含义包括以下内容：

(1)劳动监督、监察的法律责任的发生原因是违反劳动法律、法规的行为，既包括直接违反劳动法律规范的行为，也包括违反劳动合同、集体合同和内部劳动规章的行为。

(2)劳动监督、监察的法律责任的主体是实施违反劳动监督、监察行为的

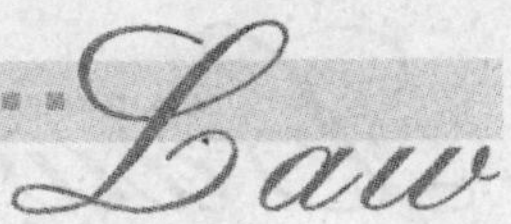

单位和个人，即违法行为人。其中，作为违法行为人的单位，除了用人单位以外，还包括工会组织、用人单位团体和作为劳动监察主体或劳动服务主体的机关、机构、事业单位和企业等组织。

(3)劳动监督、监察的法律责任的性质是违法行为人承担基于原义务的派生义务。即法律责任是国家对违反原义务者所强行追加的一种新义务。

(4)劳动监督、监察的法律责任的内容是违法行为人必须向违法行为相对人或国家给付一定财物和其他利益或者接受一定警诫和谴责。即法律责任对违法行为人而言，是一种于己不利的法律后果。这也是对违法行为的一种法律否定。

(5)劳动监督、监察的法律责任的实现方式是法律所要求或允许的方式。

二、劳动监督、监察的法律责任

(一)用人单位的责任

1.用人单位的行政责任

用人单位的行政责任是指用人单位实施了劳动法律、法规和内部劳动规章禁止行为，由劳动保障行政部门给予的行政制裁。

用人单位招用人员时有下列行为，由劳动保障行政部门责令改正，并可处以1000元以下罚款；对当事人造成损害的，应承担赔偿责任：①(1)提供虚假招聘信息；(2)招用无合法证件的人员；(3)向求职者收取招聘费用；(4)向被录用人员收取保证金或抵押金；(5)扣押被录用人员的身份证等证件；(6)以招用人员为名牟取不正当利益或进行其他违法活动。

用人单位在用工时有下列行为之一，劳动保障行政部门责令改正，按照受侵害的劳动者每人1000元以上5000元以下的标准计算，处以罚款：②(1)安排女职工从事矿山井下劳动、国家规定的第四级体力劳动强度的劳动或者其他禁忌从事的劳动的；(2)安排女职工在经期从事高处、低温、冷水作业或者国家规定的第三级体力劳动强度的劳动的；(3)安排女职工在怀孕期间从事国家规定的第三级体力劳动强度的劳动或者孕期禁忌从事的劳动的；(4)安排怀孕7个月以上的女职工夜班劳动或者延长其工作时间的；(5)女职工生育享受产假少于90天的；(6)安排女职工在哺乳未满1周岁的婴儿期间从事国家规定的第三级体力劳动强度的劳动或者哺乳期禁忌从事的其他劳动，以及延长其

① 参见《劳动力市场管理规定》第21条。

② 参见《劳动保障监察条例》第23条。

工作时间或者安排其夜班劳动的;(7)安排未成年工从事矿山井下、有毒有害、国家规定的第四级体力劳动强度的劳动或者其他禁忌从事的劳动的;(8)未对未成年工定期进行健康检查的。

用人单位违反劳动保护法律、法规,有下列情形之一,劳动保障行政机关根据情节,给予警告,责令改正,并可以处以罚款:(1)职工未经安全教育、培训,特种作业人员未取得特种作业资格,上岗作业的;(2)新建、改建、扩建和重大技术改造项目的劳动保护设施未经设计审查、竣工验收,擅自施工、投产的;(3)劳动保护设施和劳动安全卫生条件不符合国家规定的;(4)使用不符合国家规定的特种设备、安全防护装置和劳动防护用品的;(5)违反国家规定的工作时间和休息、休假制度的;(6)发生因工死亡、重伤、急性中毒事故或者锅炉、压力容器爆炸事故的;(7)发生因工伤亡事故后,隐瞒不报、谎报或者拖延报告的;(8)其他违反劳动保护法律、法规的。

用人单位违反劳动保障法律、法规或者规章延长劳动者工作时间,由劳动保障行政部门给予警告,责令限期改正,并可以按照受侵害的劳动者每人 100 元以上 500 元以下的标准计算,处以罚款。用人单位无故不缴纳社会保险费,由劳动保障行政部门责令其限期缴纳;逾期不缴的,可以按每月加收所欠款额 2‰的滞纳金。滞纳金收入并入社会保险基金。用人单位向社会保险经办机构申报应缴纳的社会保险费数额时,瞒报工资总额或者职工人数的,由劳动保障行政部门责令改正,并处瞒报工资数额 1 倍以上 3 倍以下的罚款。骗取社会保险待遇或者骗取社会保险基金支出的,由劳动保障行政部门责令退还,并处骗取金额 1 倍以上 3 倍以下的罚款。

用人单位无理由阻挠工会监督,违反《中华人民共和国工会法》,有下列行为之一,由劳动保障行政部门责令改正:(1)阻挠劳动者依法参加和组织工会,或者阻挠上级工会帮助、指导劳动者筹建工会的;(2)无正当理由调动依法履行职责的工会工作人员的工作岗位,进行打击报复的;(3)劳动者因参加工会活动而被解除劳动合同的;(4)工会工作人员因依法履行职责被解除劳动合同的。

用人单位无理由阻挠行政监督的,有下列行为之一,由劳动保障行政部门责令改正;对第(1)项、第(2)项或者第(3)项规定的行为,处 2000 元以上 2 万元以下的罚款:(1)用人单位无理抗拒、阻挠劳动保障行政部门依照《劳动保障监察条例》的规定实施劳动监察,实施下列行为之一,应认定为《劳动法》第

101 条中的“无理阻挠”行为[①]：①阻止劳动监督检查人员进入用人单位内（包括进入劳动现场）进行监督检查的；②隐瞒事实真相，出具伪证，或者隐匿、毁灭证据的。③拒绝提供有关资料的；④拒绝在规定的时间和地点就劳动行政部门所提问题做出解释和说明的；⑤法律、法规和规章规定的其他情况。(2)不按照劳动保障行政部门的要求报送书面材料，隐瞒事实真相，出具伪证或者隐匿、毁灭证据的。(3)经劳动保障行政部门责令改正拒不改正，或者拒不履行劳动保障行政部门的行政处理决定的；

用人单位有下列情形之一的，劳动保障行政机关可以提请同级人民政府决定责令停产整顿：(1)发生重大伤亡事故后，不采取相应防范措施，可能再次发生同类事故的；(2)事故隐患严重，接到劳动保护监察机关的指令后逾期不采取治理措施的；(3)劳动保护设施和劳动安全卫生条件不符合国家有关规定，情节严重，接到劳动保护监察机关的指令后逾期不改正的。

2. 用人单位的民事责任

用人单位的民事责任是指用人单位以及其管理人员实施违反劳动法律、法规所规定的行为，给劳动者或他人造成经济损失，依照有关劳动法规应承担的赔偿责任。

用人单位在订立和解除劳动合同方面对劳动者造成损害的，应赔偿劳动者损失：(1)用人单位故意拖延不订立劳动合同，即招用劳动者后故意不按规定订立劳动合同以及劳动合同到期后故意不及时续订劳动合同的；(2)由于用人单位的原因订立无效劳动合同，或订立部分无效劳动合同的；(3)用人单位违反规定或劳动合同的约定侵害女职工或未成年工合法权益的；(4)用人单位违反规定或劳动合同的约定解除劳动合同的。赔偿标准如下：(1)造成劳动者工资收入损失的，按劳动者本人应得工资收入支付给劳动者，并加付应得工资收入 25%的赔偿费用；(2)造成劳动者劳动保护待遇损失的，应按国家规定补足劳动者的劳动保护津贴和用品；(3)造成劳动者工伤、医疗待遇损失的，除按国家规定为劳动者提供工伤、医疗待遇外，还应支付劳动者相当于医疗费用25%的赔偿费用；(4)造成女职工和未成年工身体健康损害的，除按国家规定提供治疗期间的医疗待遇外，还应支付相当于其医疗费用 25%的赔偿费用；(5)劳动合同约定的其他赔偿费用。

用人单位招用未解除劳动合同的劳动者，对原用人单位造成经济损失的，除该劳动者承担直接赔偿责任外，该用人单位应承担连带赔偿责任。其连带

① 参见劳动部《关于贯彻执行〈中华人民共和国劳动法〉若干问题的意见》第 92 条。

责任赔偿份额不低于对原单位造成的经济损失总额的70%。

用人单位凡克扣或者无故拖欠劳动者工资，拒不支付劳动者延长工作时间工资报酬，低于当地最低工资标准支付劳动者工资，解除劳动合同未依法给予劳动者经济补偿的，应按照应付金额50%以上1倍以下的标准计算，向劳动者加付赔偿金。

3.用人单位的刑事责任

指用人单位及其行政管理人员严重违反劳动法律、法规，造成严重后果，以致触犯刑律，构成犯罪应承担的法律责任。我国《劳动法》规定应当追究刑事责任的，主要的以下五个方面：

(1)用人单位对事故隐患不采取措施，致使发生重大事故，造成重大伤亡和财产损失的，对其责任人追究刑事责任；

(2)用人单位及行政管理人员强迫劳动者违章冒险作业，发生重大伤亡事故，造成严重后果，依法追究责任；

(3)用人单位以暴力威胁或非法限制人身自由的手段强迫劳动及侮辱、体罚、殴打、搜查劳动者，情节严重，构成犯罪的，依法追究责任；

(4)用人单位无理由阻挠劳动保障行政部门、有关部门及其工作人员行使监督检查权，打击举报人员，构成犯罪的，依法追究刑事责任；

(5)违反《劳动法》，依照其他法律、法规应当追究刑事责任的情形。

(二)劳动服务机构的责任

职业介绍机构、职业技能培训机构或者职业技能考核鉴定机构违反国家有关职业介绍、职业技能培训或者职业技能考核鉴定的规定由劳动保障行政部门责令其改正，没收其违法所得，并处1万元以上5万元以下的罚款；情节严重的，吊销许可证。未经劳动保障行政部门许可，从事职业介绍、职业技能培训或者职业技能考核鉴定的组织或者个人，由劳动保障行政部门、工商行政管理部门依照国家有关无照经营查处取缔的规定查处取缔。

就业中介服务机构从事下列行为，由劳动保障行政部门责令改正，并可处以1万元以下罚款；有违法所得的，可处以不超过违法所得3倍的罚款，但最高不得超过3万元；情节严重的，提请工商部门吊销其营业执照，或提请原登记管理机关办理撤销登记；对当事人造成损害的，应承担赔偿责任：(1)为无合法证照的单位或无合法身份证的人员提供就业中介服务；(2)以暴力、胁迫、欺诈等方式进行就业中介服务；(3)伪造、涂改、转让就业中介服务许可证或者以其他方式允许他人以本就业中介服务机构名义从事就业中介服务；(4)提供虚假信息；(5)介绍求职者从事法律、法规禁止从事的职业；(6)未经许可从事职

业培训和职业技能鉴定；(7)为没有参加职业技能鉴定或鉴定不合格的人员申报职业资格证书；(8)违规收费；(9)违反劳动保障法律、法规规定的其他行为。

（三）劳动监察部门及劳动保障监察人员的责任

劳动监察部门的责任是指劳动监察部门和劳动保障监察员在行使职权时违法侵害劳动者、用人单位和其他组织合法权益造成损害时，所应承担的法律责任。其形式主要是劳动监察部门和劳动保障监察员行政责任，国家赔偿责任与公务员赔偿责任。劳动保障监察员滥用职权、玩忽职守、徇私舞弊或者泄露在履行职责过程中知悉的商业秘密的，依法给予行政处分；构成犯罪的，依法追究刑事责任。劳动保障行政部门和劳动保障监察员违法行使职权，侵犯用人单位或者劳动者的合法权益的，依法承担赔偿责任。[①] 劳动监察部门违法行使职权，致使用人单位或者劳动者的人身和财产权益损害的，可以依法向劳动保障行政机关或人民法院请求行政赔偿。劳动监察人员在执行公务时违法，无任何过错或只有过失而无故意的，一般不负个人赔偿责任，而是由国家向受害人赔偿。对劳动监察人员作为自然人的纯个人行为，一般不得依《国家赔偿法》向劳动保障行政机关请求赔偿，如执行公务时公报私仇、蛮横无理甚至付诸武力，而只能向劳动监察人员个人依据民法请求民事赔偿。[②]

① 《劳动保障监察条例》第 31 条。

② 《国际比较法百科全书》第 11 卷第 4 章第 126 页。

第二十二章 劳动保障行政复议与行政诉讼

第一节 劳动保障行政复议

一、劳动保障行政复议的含义

劳动保障行政复议是劳动保障行政机关内部自我纠正错误的一种监督制度，是指公民、法人或者其他组织认为劳动保障行政部门及所属社会保障经办机构作出的具体行政行为侵犯了其合法权益，向法律规定的行政复议机关申请复议，行政复议机关通过受理复议申请，对争议的具体行政行为的合法性、合理性进行审查并作出决定的活动。①

二、劳动保障行政复议的受案范围

公民、法人或者其他组织对劳动保障行政部门作出的下列具体行政行为不服，可以申请行政复议：(1)对劳动保障行政部门作出的警告、罚款、没收违法所得、没收非法财物、责令停产停业、吊销许可证等行政处罚决定不服的；(2)认为符合法定条件，申请劳动保障行政部门办理许可证、资格证等行政许可手续，劳动保障行政部门拒绝办理或者在法定期限内没有依法办理的；(3)对劳动保障行政部门作出的有关许可证、资格证等变更、中止、取消的决定不服的；(4)认为符合法定条件，申请劳动保障行政部门审批、审核、登记有关事项，劳动保障行政部门没有依法办理的；(5)认为劳动保障行政部门侵犯合法的用人自主权等经营自主权的；(6)申请劳动保障行政部门依法履行保护劳动者获取劳动报酬权、休息休假权、社会保险权等法定职责，劳动保障行政部门没有依法履行的；(7)认为劳动保障行政部门违法收费或者违法要求履行义务

① 刘贯学：《劳动行政复议与诉讼概述》，中国劳动出版社1992年版，第3页。

的；(8)对劳动保障行政部门认定工伤的具体行政行为不服的；(9)认为劳动保障行政部门作出的其他具体行政行为侵犯其合法权益的。[①]

公民、法人或者其他组织认为劳动保障行政部门的具体行政行为所依据的除法律、法规、规章和国务院文件以外的其他规范性文件不合法，在对具体行政行为申请行政复议时，可以一并向劳动保障复议机关提出对该规范性文件的审查申请。

此外，公民、法人或者其他组织对下列事项，不能申请行政复议：(1)劳动者与用人单位之间在执行劳动保障法律、法规、规章及其他规范性文件中发生的劳动争议；(2)对劳动鉴定委员会做出的伤残等级鉴定结论不服的；(3)对劳动争议仲裁委员会做出的仲裁决定或者裁决不服的；(4)向人民法院提起行政诉讼，人民法院已经依法受理的；(5)法律、法规规定的其他情形。[②]

三、劳动保障行政复议的管辖

1. 对县级以上劳动保障行政部门的具体行政行为不服的，可以向上一级劳动保障行政部门申请复议，也可以向本级人民政府申请复议。

2. 对依法受委托的属于事业组织的就业服务管理机构、职业技能鉴定指导机构、乡镇劳动工作机构等作出的具体行政行为不服的，可以向委托其行使行政管理职能的劳动保障行政部门的上一级劳动保障行政部门申请复议，也可以向该劳动保障行政部门的同级人民政府申请行政复议。委托的劳动保障行政部门是被申请人。

3. 对劳动保障行政部门和政府其他部门组织执法检查，以共同名义作出的具体行政行为不服的，可以向其共同的上一级行政机关申请复议。共同作出具体行政行为的劳动保障行政部门是共同被申请人之一。

四、劳动保障行政复议的程序

(一)申请

1. 申请人提起行政复议应当符合下列条件：(1)申请人是认为具体行政行为直接侵犯其合法权益的公民、法人或者其他组织；(2)有明确的被申请人；(3)有具体的复议请求和事实根据；(4)属于申请复议的范围；(5)属于受理复议机关管辖范围；(6)法律、法规规定的其他条件。

① 《劳动和社会保障行政复议办法》第3条。

② 《劳动和社会保障行政复议办法》第5条。

2.申请人向行政机关申请复议应当递交复议申请书，复议申请书应当载明下列内容：(1)申请人的姓名、性别、年龄、职业、住址等(法人或者其他组织的名称地址、法定代表人的姓名、职务)；(2)被申请人的名称、地址；(3)申请复议的要求和理由；(4)提出复议申请的日期。

3.申请人可以自知道具体行政行为之日起60日内提出行政复议申请，但是法律规定的申请期限超过60日的除外。因不可抗力或者其他正当理由耽误法定申请期限的，申请期限自障碍消除之日起继续计算。

(二)受理

1.行政复议机关收到行政复议申请后，应当在五日内进行审查，按照下列情况分别作出决定：(1)对符合法定受理条件，并属于本机关受理范围的，作出受理决定，制作《行政复议受理通知书》，送达申请人和被申请人，该通知中应当告知受理日期；(2)对符合法定受理条件，但不属于本机关受理范围的，应当书面告知申请人向有关机关提出；(3)对不符合法定受理条件的，应当作出不予受理决定，并制作《行政复议不予受理决定书》，送达申请人，该决定书中应当说明不予受理的理由。

2.除不符合行政复议的法定条件或者不属于本机关受理的复议申请外，行政复议申请自劳动保障复议机关的法定机构收到之日起即为受理。

3.劳动者与用人单位因工伤保险待遇发生争议，向劳动争议仲裁委员会申请仲裁期间，对劳动保障行政部门作出的工伤认定结论不服，又向劳动保障复议机关申请复议的，如果符合法定条件，劳动保障复议机关应当受理。

4.申请人认为劳动保障复议机关无正当理由不受理其复议申请的，可以向上级行政机关反映，上级行政机关在审查后可以作出以下处理决定：(1)申请人提出的申请符合法定受理条件的，应当责令予以受理，其中申请人不服的具体行政行为是依据劳动保障法律、法规、本级以上人民政府制定的规章或者本机关制定的规范性文件作出的，或者上级行政机关认为有必要直接受理的，可以直接受理；(2)上级劳动保障行政部门认为下级劳动保障行政部门不予受理行为确有正当理由，申请人仍然不服的，应当告知申请人可以依法对下级劳动保障行政部门的具体行政行为向人民法院提起行政诉讼。

5.法律、法规规定应当先向行政复议机关申请行政复议、对行政复议决定不服再向人民法院提起行政诉讼的，行政复议机关决定不予受理或者受理后超过行政复议期限不作答复的，公民、法人或者其他组织可以自收到不予受理决定书之日起或者行政复议期满之日起15日内，依法向人民法院提起行政诉讼。

(三)审查

1.行政复议原则上采取书面审查的办法,但是申请人提出要求或者行政复议机关负责法制工作的机构认为有必要时,可以向有关组织和人员调查情况,听取申请人、被申请人和第三人的意见。

2.劳动保障行政部门的法制机构或者负责法制工作的机构(以下简称法制机构)收到复议申请后,应当注明收到日期,并在5日内进行审查,由劳动保障行政部门按照下列情况分别作出决定:

(1)对符合法定受理条件,并属于本机关受理范围的,作出受理决定,制作《行政复议受理通知书》,送达申请人和被申请人,该通知中应当告知受理日期;

(2)对符合法定受理条件,但不属于本机关受理范围的,应当书面告知申请人向有关机关提出;

(3)对不符合法定受理条件的,应当作出不予受理决定,并制作《行政复议不予受理决定书》,送达申请人,该决定书中应当说明不予受理的理由。

3.申请人、第三人可以查阅被申请人提出的书面答复、作出具体行政行为的证据、依据和其他有关材料,除涉及国家秘密、商业秘密或者个人隐私外,行政复议机关不得拒绝。

4.劳动保障复议机关在审查申请人一并提出的作出具体行政行为所依据的有关规定的合法性时,应当根据具体情况,分别作出以下处理:(1)如果该规定是由本行政机关制定的,应当在30日内对该规定依法作出处理结论;(2)如果该规定是由其他劳动保障行政部门制定的,应当在7日内将有关材料直接移送制定该规定的劳动保障行政部门,请其在60日内依法作出处理结论,并将处理结论告知移送的劳动保障复议机关;(3)如果该规定是由政府制定的,应当在7日内按照法定程序转送有权处理的国家机关依法处理。对该规定进行审查期间,中止对具体行政行为的审查;审查结束后,劳动保障复议机关再继续本案具体行政行为的审查。中止审查期间,应当将有关中止的情况通知申请人和被申请人。

5.行政复议期间具体行政行为不停止执行;但是,有下列情形之一的,可以停止执行:(1)被申请人认为需要停止执行的;(2)行政复议机关认为需要停止执行的;(3)申请人申请停止执行,行政复议机关认为其要求合理,决定停止执行的;(4)法律规定停止执行的。

(四)决定

行政复议机关应当自受理申请之日起60日内作出行政复议决定;但是法

律规定的行政复议期限少于60日的除外。情况复杂，不能在规定期限内作出行政复议决定的，经行政复议机关的负责人批准，可以适当延长，并告知申请人和被申请人；但是延长期限最多不超过30日。行政复议机关经过复议，应当分别情况作出如下复议决定：

1.具体行政行为认定事实清楚，证据确凿，适用依据正确，程序合法，内容适当的，决定维持；

2.被申请人不履行法定职责的，决定其在一定期限内履行；

3.具体行政行为有下列情形之一的，决定撤销、变更或者确认该具体行政行为违法；决定撤销或者确认该具体行政行为违法的，可以责令被申请人在一定期限内重新作出具体行政行为：(1)主要事实不清、证据不足的；(2)适用依据错误的；(3)违反法定程序的；(4)超越或者滥用职权的；(5)具体行政行为明显不当的。

劳动保障复议机关对决定撤销、变更具体行政行为或者确认具体行政行为违法并且申请人提出行政赔偿请求的下列具体行政行为，应当在复议决定中同时作出被申请人依法给予赔偿的决定：

(1)被申请人违法实施罚款、吊销许可证、责令停产停业、没收财物等行政处罚行为的；

(2)被申请人非法对财产采取查封、扣押等行政强制措施的；

(3)被申请人造成申请人财产损失的其他违法行为。

4.被申请人不按照规定提出书面答复、提交当初作出具体行政行为的证据、依据和其他有关材料的，视为该具体行政行为没有证据、依据，决定撤销该具体行政行为。行政复议机关责令被申请人重新作出具体行政行为的，被申请人不得以同一的事实和理由作出与原具体行政行为相同或者基本相同的具体行政行为。

5.劳动保障复议机关作出复议决定，应当制作复议决定书，并根据《中华人民共和国民事诉讼法》规定的送达方式，采用直接送达、邮寄送达或者委托送达等方式，将复议决定书送达申请人和被申请人。

6.除终局复议外，申请人可在收到复议决定书之日起15日内或者法律、法规规定的其他期限内向人民法院起诉。

第二节　劳动保障行政诉讼

一、劳动保障行政诉讼的含义

(一)劳动保障行政诉讼的含义

所谓劳动行政诉讼是指公民、法人或其他组织认为行政机关的具体劳动行政行为侵犯其合法权益，按照《行政诉讼法》和有关劳动法律、法规向人民法院提起诉讼，由人民法院进行审理并作出裁决的活动，以及由这些活动所产生的劳动行政诉讼法律关系的总和。①

(二)行政复议与行政诉讼的关系

1. 对属于人民法院受案范围的劳动行政案件，公民、法人或者其他组织可以先向上一级行政机关或者法律、法规规定的行政机关申请复议，对复议不服的，再向人民法院提起诉讼；也可以在知道作出具体行政行为之日起 3 个月内或者法律、法规规定的其他期限内直接向人民法院提起诉讼。法律、法规规定应当先向行政机关申请复议，对复议不服再向人民法院提起诉讼的，依照法律、法规的规定。如根据《工伤保险条例》的规定，劳动者对劳动行政部门作出的工伤认定结论不服的，应先向作出工伤认定结论的劳动行政部门的上级行政机关申请行政复议，对复议决定不服的，再向人民法院起诉。

2. 复议机关已经受理的案件，在法定复议期限内不得以同样的事实和理由再向人民法院起诉；人民法院已经受理的行政诉讼，同样不得以同样的事实和理由再申请行政复议。

3. 除法律规定外，申请人对复议决定不服的，可以在收到复议决定书之日起 15 日内，或者法律、法规规定的其他期限内向人民法院起诉。

二、劳动保障行政诉讼的受案范围和管辖

(一)劳动保障行政诉讼的受案范围

劳动、社会保障类行政案件受案范围不能超过行政诉讼受案范围。《最高人民法院关于执行〈中华人民共和国行政诉讼法〉若干问题的解释》第 1 条规定："公民、法人或者其他组织对具有国家行政职权的机关和组织及其工作人

① 刘贯学：《劳动行政复议与诉讼概述》，中国劳动出版社 1992 年版，第 171 页。

员的行政行为不服，依法提起诉讼的，属于人民法院行政诉讼的受案范围。”该规定对劳动、社会保障类行政案件受案范围同样适用。行政诉讼受案范围的排除式规定对劳动、社会保障类行政案件受案范围也同样适用。

劳动、社会保障类行政案件案由可包括：(1)劳动、社会保障行政确认。如工伤行政确认；工龄行政确认；因工死亡行政确认；社会保险费征缴数额确认等。(2)劳动、社会保障行政许可。职业介绍机构、职业培训机构和职业技能考核鉴定机构必须遵守国家有关职业介绍、职业技能培训和职业技能考核鉴定的有关法律、法规的规定，在劳动和社会保障部门办理行政许可证。(3)劳动、社会保障行政处罚。处罚的种类为罚款、吊销许可证和执照、责令停产停业、没收财物等，当事人对劳动和社会保障部门处罚不服的或利害关系人认为该处罚的没处罚，就产生了行政诉讼。(4)劳动、社会保障行政监督。对《劳动法》执行情况的监督检查是劳动、社会保障部门的法定职责，违法作为，或不作为，令行政管理相对人不服，都将产生行政诉讼。(5)劳动、社会保障行政受理。如当事人申请劳动和社会保障部门对其作出工伤行政确认、工龄行政确认等，因劳动和社会保障部门认为当事人申请超过法定时效、申请人不具备主体资格、不属申请的劳动和社会保障部门管辖等，社会保障部门作出不予受理决定，当事人对该具体行政行为不服，而提起诉讼。(6)劳动、社会保障行政复议。根据国务院《工伤保险条例》的规定，行政管理相对人，对劳动和社会保障部门作出具体行政行为不服，可以向本级人民政府或上一级劳动和社会保障部门申请复议，如果复议结果改变了原具体行政行为，复议机关就成了被告，行政复议决定就成了被诉具体行政行为，这就产生了劳动、社会保障行政复议行政案件。(7)劳动、社会保障行政撤销。劳动和社会保障部门或其他行政机关对已作出具体行政行为撤销后，行政管理相对人，认为撤销决定侵犯其合法权益，有权依照本法向人民法院提起诉讼，这就产生了劳动、社会保障行政撤销行政案件。例如，劳动和社会保障部门撤销工伤认定、工龄认定等等。①

(二)劳动保障行政诉讼的管辖

行政诉讼的管辖是指人民法院之间受理第一审行政案件的分工。

行政案件只能由普通人民法院管辖。各级人民法院行政审判庭审理行政案件和审查行政机关申请执行其具体行政行为的案件。专门人民法院、人民法庭不审理行政案件，也不审查和执行行政机关申请执行其具体行政行为的

① 宁洲平等：《行政诉讼中有关劳动、社会保障类行政案件受案范围的思考》，http://www.chinalawedu.com/news，下载日期：2007年5月1日。

案件。

1.级别管辖

级别管辖是指按照法院的组织系统来划分上下级人民法院之间受理第一审案件的分工和权限。

第一审劳动保障行政案件原则上由基层人民法院管辖，但下列第一审劳动保障行政案件由中级以上人民法院管辖：(1)对国务院各部门或者省、自治区、直辖市人民政府所作的具体行政行为提起诉讼的案件；(2)本辖区内重大、复杂的案件。

2.地域管辖

地域管辖又称区域管辖，是指同级法院之间在各自辖区内受理第一审案件的分工和权限。

在行政诉讼中按照最初作出具体行政行为的行政机关所在地划分案件管辖称作一般地域管辖，有时也称普遍地域管辖。劳动保障行政案件由最初作出具体劳动保障行政行为的行政机关所在地人民法院管辖，经复议的案件，复议机关改变原具体劳动保障行政行为的，也可以由复议机关所在地人民法院管辖。两个以上人民法院对同一案件都有管辖权的情况下，原告可以选择其中一个法院起诉。

三、劳动保障行政诉讼的程序

(一)行政诉讼第一审程序

行政诉讼第一审程序是指人民法院审理行政案件的最初程序，它是行政诉讼的基本程序，它包括起诉、审查、受理、审理、判决等内容。

1.起诉

行政诉讼中的起诉，是指公民、法人或其他组织不服行政机关的劳动保障具体行政行为，依法诉诸人民法院，请求其行使审判权，以保护自己权益的诉讼行为。

2.受理

审查起诉是案件受理的重要环节。审查起诉的过程，就是决定起诉是否成立、案件是否受理的过程。人民法院经审查，认为符合起诉条件的，应当在7日内立案；不符合起诉条件的，应当在7日内裁定不予受理。人民法院7日内不能决定是否受理的，应当先予受理；受理后不符合起诉条件的，裁定驳回起诉。受诉人民法院在7日内既不立案，又不作出裁定的，起诉人可以向上一级人民法院申诉或者起诉。上一级人民法院认为符合受理条件的，应予受理；

受理后可以移交或者指定下级人民法院审理，也可以自行审理。

3.审理

行政诉讼经过原告起诉和法院受理后，就进入审理阶段。审理是人民法院对行政案件进行实质审查阶段，它为判决的最终作出奠定基础。

人民法院在审理前应当先作审理准备，即：第一，组成合议庭，并应当在立案之日起5日内将起诉状副本送达被告，以及在收到被告答辩状之日起5日内将答辩状副本发送原告；第二，必要时应通知当事人补充有关材料和证据；第三，在审查诉讼材料的基础上，可根据需要决定进行调查、收集证据或要求当事人补充证据；第四，必要时，应更换当事人或增加诉讼参加人；第五，确定开庭日期后提前3日通知当事人及其诉讼代理人和其他参与人。

审理前的准备工作完毕之后，便进入开庭审理阶段。开庭审理的程序是宣布开庭、法庭调查、法庭辩论，之后是合议庭评议，及至最终作出裁判。

审理的方式，根据《行政诉讼法》第45条规定，我国行政诉讼以公开审理为原则，不公开审理为例外，即涉及国家秘密、个人隐私和法律另有规定的行政案件，可以不公开审理；除此以外，其他行政案件一律公开审理。

4.裁判

裁判是指人民法院运用国家审判权对行政案件作出判决和裁定的合称。

裁定是人民法院在案件审理或判决执行过程中，就程序问题和部分实体问题所作的决定，主要适用于不予受理、驳回起诉、管辖异议、中止或终结诉讼、移送或指定管辖、诉讼保全、先予执行、诉讼期间停止执行具体行政行为以及撤诉或不准许撤诉等情形。

判决是人民法院就解决案件实体问题所作的决定。根据《行政诉讼法》以及《若干解释》有关规定，人民法院在行政诉讼一审程序中适用的判决有以下几种：

(1)维持判决。

(2)撤销判决。被诉具体行政行为有下列情形之一的，人民法院应判决撤销或部分撤销：主要证据不足、适用法律法规错误、违反法定程序、超越职权和滥用职权。

(3)重作判决。

(4)履行判决。如果被告不履行或者拖延履行法定职责的，人民法院应判决其在一定期限内履行。

(5)变更判决。

(6)赔偿判决。

(7)驳回诉讼请求判决。有下列情形之一的,人民法院应当判决驳回原告的诉讼请求:起诉被告不作为理由不能成立的;被诉具体行政行为合法但存在合理性问题的;被诉具体行政行为合法,但因法律、政策需要变更或者废止的;其他应当判决驳回诉讼请求的情形。

(8)确认判决。这类判决主要适用于以下情形:被告不履行法定职责,但判决责令其履行法定职责已无实际意义的;被诉具体行政行为违法,但不具有可撤销内容的;被诉具体行政行为依法不成立或者无效的;被诉具体行政行为违法,但撤销该具体行政行为将会给国家利益或者公共利益造成重大损失的;被诉具体行政行为合法,但不适宜判决维持或者驳回诉讼请求的。

人民法院应当在立案之日起3个月内作出第一审判决。有特殊情况需要延长的,由高级人民法院批准。高级人民法院审理第一审案件需要延长的,由最高人民法院批准。

(二)行政诉讼第二审程序

行政诉讼二审程序是指当事人不服第一审人民法院所作的裁判,故而行使上诉权,第二审人民法院据此对上诉案件进行审查的法律程序。

1.上诉的条件

上诉是法律赋予当事人的一项诉讼权利,当事人行使上诉权提起上诉,必须符合一定的条件:第一,提起上诉的人必须是享有上诉权并依法行使上诉权的人,第一审案件中的原告、被告、第三人、共同诉讼人都有上诉权;第二,上诉理由必须是当事人认为一审裁判认定事实有误,或者是适用法律法规错误,或者是违反行政诉讼程序;第三,当事人必须在法定期限内提起上诉。

2.上诉案件的审理

第二审人民法院在开始实质性审理前,应作好以下准备工作:第一,组成合议庭;第二,对当事人上诉进行审查,对无上诉权的人提起的上诉及超越期限的上诉,应裁定驳回,对不符合条件的被上诉人,应通知更换;第三,查阅案件材料,熟悉案情;第四,决定开庭时间与地点并通知诉讼参与人。

3.上诉案件的裁判

(1)维持原判

维持原判是指第二审人民法院通过对上诉案件的审理,确认一审判决认定事实清楚、适用法律、法规正确,从而作出的否定和驳回上诉人的上诉,维持一审判决的判决。根据行政诉讼法的规定,维持原判适用的条件有两个:一是原判决认定事实清楚,二是原判决适用法律、法规正确。

(2)依法改判

改判是指二审人民法院通过对上诉案件的审理，确认一审判决认定事实清楚，但适用法律、法规错误，而依据应正确适用的法律、法规，直接改变一审法院的判决，以改变的判决作为终审判决。

(3)撤销原判、发回重审

撤销原判、发回重审是二审法院在二审案件审结后，确认一审判决认定事实不清、证据不足，或者由于违反法定程序可能影响案件正确判决的，作出撤销原判，将案件发回一审法院，要求一审法院重新审理和重新作出决定的裁定。

根据行政诉讼法有关规定，撤销原判、发回重审适用以下情况：一审判决认定事实不清；一审判决证据不足；一审违反法定程序，可能影响案件正确判决；一审判决遗漏了必须参加诉讼的当事人或者诉讼请求的。

四、工伤行政诉讼

(一)工伤认定的前提

工伤认定须以劳动者与用人单位存在劳动关系为前提。劳动者与用人单位应当以书面形式订立劳动合同，双方虽没有按照法律规定签订书面劳动合同，但具有下列情形之一，并符合确立劳动关系的其他构成要件的，应认定劳动者和用人单位之间形成事实劳动关系：(1)以口头约定代替书面劳动合同的；(2)劳动合同期满后，双方未终止或续订合同而延续劳动关系的；(3)用人单位与劳动者就劳动报酬进行了口头约定，并提供了相应的劳动条件，劳动者在用人单位的管理下从事劳动的；(4)用人单位向劳动者发放了“工作证”、“服务证”等身份证件或已填写“登记表”、“报名表”，允许或默认劳动者以用人单位员工名义工作的；(5)试用期间未按规定订立劳动合同，试用期满后，用人单位既不解聘，又不与劳动者签订正式劳动合同的。(6)劳动者与用人单位没有签订书面劳动合同但应当认定为事实劳动关系的其他情形。①

劳动者与用人单位虽签订了书面劳动合同，但劳动合同因必备条款欠缺导致合同无效，或以其他名义签订的合同涉及劳动权利与义务内容的，应认定劳动者与用人单位之间形成事实劳动关系。

(二)工伤行政诉讼案件的受案范围

根据《重庆市高级人民法院关于审理工伤行政诉讼案件若干问题的暂行规定》，对有下列情形之一，有关单位和个人依法提起诉讼的，属于人民法院工

① 《重庆市高级人民法院关于审理工伤行政诉讼案件若干问题的暂行规定》第6条。

伤行政诉讼案件的受案范围:(1)认为其提供的工伤认定申请材料完整或符合受理条件,劳动保障行政部门无正当理由不予受理的;(2)对劳动保障行政部门作出的工伤认定结论不服的;(3)对经办机构确定的工伤保险单位缴费费率不服的;(4)对经办机构核定的工伤保险待遇有异议的;(5)要求经办机构履行支付已核定的工伤保险待遇的;(6)签订服务协议的医疗机构、辅助器具配置机构认为经办机构未履行有关协议或者规定的;(7)法律、法规规定属于工伤行政诉讼的其他情形。

职工发生工伤后,未经劳动保障行政部门认定,用人单位与职工就工伤赔偿问题达成协议后,一方在法定申请时效内又向劳动保障行政部门申请工伤认定,劳动保障行政部门不予受理,受伤职工或企业向人民法院起诉要求劳动保障行政部门受理的,人民法院应予支持。

具有下列情形之一的,有关单位和个人应当先申请行政复议,对行政复议决定不服的,可以依法向人民法院提起行政诉讼:(1)申请工伤认定的职工或者其直系亲属、该职工所在单位对工伤认定结论不服的;(2)用人单位对经办机构确定的工伤保险单位缴费费率不服的;(3)签订服务协议的医疗机构、辅助器具配置机构认为经办机构未履行有关协议或者规定的;(4)工伤职工或者直系亲属对经办机构核定的工伤保险待遇有异议的。①

(三)工伤行政诉讼案件的当事人

认为劳动保障行政部门、工伤保险经办机构及其工作人员的具体行政行为侵犯其合法权益而提起行政诉讼的工伤职工或其直系亲属、该职工所在单位、医疗机构、辅助器具配置机构、工伤保险缴费单位等可以作为工伤行政诉讼案件的原告;作出具体行政行为的劳动保障行政部门、工伤保险经办机构是工伤行政诉讼案件的被告。

① 《工伤保险条例》第53条。

图书在版编目(CIP)数据

劳动和社会保障法/李炳安主编. —厦门:厦门大学出版社,2007.8
(高等学校法学精品教材系列/朱崇实主编)
ISBN 978-7-5615-2815-0

Ⅰ.劳… Ⅱ.李… Ⅲ.①劳动法-中国-高等学校-教材②社会保障-法规-中国-高等学校-教材 Ⅳ.D922.5D922.182.3

中国版本图书馆 CIP 数据核字(2007)第 132727 号

厦门大学出版社出版发行
(地址:厦门大学 邮编:361005)
http://www.xmupress.com
xmup @ public.xm.fj.cn
三明日报社印刷厂印刷
2007 年 8 月第 1 版 2007 年 8 月第 1 次印刷
开本:787×960 1/16 印张:30.25 插页:2
字数:524 千字 印数:0001～3000 册
定价:37.00 元